Diogenes Taschenbuch 21244

Über Čechov

Herausgegeben von
Peter Urban

Diogenes

Nachweis der einzelnen Beiträge
am Schluß des Bandes
Umschlag: Porträt Anton Čechov
Jalta, 1900

Vor allem, meine Freunde, keine Lüge... Die Kunst ist darin besonders und gut, daß man in ihr nicht lügen kann... Lügen kann man in der Liebe, in der Politik, in der Medizin, man kann die Menschen und sogar den Herrgott selbst betrügen – auch solche Fälle hat es gegeben –, aber in der Kunst ist das unmöglich...

Mir wird oft vorgeworfen, sogar Tolstoj hat es mir vorgeworfen, ich schriebe über Lappalien, ich hätte keine positiven Helden: keine Revolutionäre, Alexander von Mazedonien oder, wie bei Leskov, zumindest ehrliche Polizeibeamte... Aber wo soll ich sie denn hernehmen? Ich wäre ja froh!

Unser Leben ist provinziell, die Städte ungepflastert, die Dörfer arm, das Volk schäbig gekleidet... wir alle zwitschern in der Jugend enthusiastisch wie die Spatzen auf dem Mist, aber gehn wir auf die Vierzig zu, sind wir schon Greise und beginnen, an den Tod zu denken... Was sind wir schon für Helden!

Sie sagen, Sie hätten in meinen Theaterstücken geweint... Und nicht nur Sie... Aber ich habe sie doch nicht dazu geschrieben, damit Alekseev so etwas Weinerliches daraus macht. Ich habe etwas anderes gewollt... Ich wollte den Menschen nur ehrlich sagen: ›Schaut euch an, wie schlecht und langweilig ihr lebt!...‹ Die Hauptsache ist, daß die Menschen das begreifen, und wenn sie es begriffen haben, werden sie sich unbedingt ein anderes, besseres Leben einrichten... Ich sehe es nicht, aber ich weiß, es wird anders sein, anders als das, das ist... Und solange es das noch nicht gibt, werde ich den Menschen wieder und wieder sagen: ›Begreift doch, wie schlecht und langweilig ihr lebt!‹ Was gibt es da zu weinen? Und die es schon begriffen haben? – Nun, die finden den Weg auch ohne mich... Gehen wir schlafen... Ein Gewitter zieht auf...

Anton Čechov, 1902, im Gespräch mit
Aleksandr Serebrov-Tichonov

Inhalt

Ernest Hemingway · Marina Cvetaeva · Anatolij Lunačarskij · André Gide ·
Gottfried Benn · Ludwig Hohl · Alberto Savinio · Georg Lukács ·
Aleksandr Fadeev · Anna Achmatova · Boris Pasternak · W. Somerset
Maugham · Vladimir Nabokov · André Maurois · Edmund Wilson · Vercors ·
Hermann Broch · Hermann Hesse · Arnold Zweig · Oskar Maria Graf ·
William Faulkner · Lidija Čukovskaja · Venedikt Erofeev · Georges Simenon ·
Herbert Eisenreich · Peter Handke · Michael Frayn · Walter Boehlich ·
Barbara Frischmuth · Peter Rosei · Helmut Eisendle · Heinrich Böll ·
John Huston   205

Der Briefschreiber

Der Dramatiker

Splitter II

Maksim Gorkij · Rainer Maria Rilke · Otto Brahm · Vsevolod Mejerchold ·
Arthur Schnitzler · Gerhart Hauptmann · Aleksandr Blok · D. H. Lawrence ·
Desmond MacCarthy · Jaques Copeau · George Bernard Shaw ·
Vasilij Kačalov · Frank Swinnerton · Robert Musil · Charles Du Bos · Georges
Pitoëff · Jean-Richard Bloch · Konstantin Lipskerov · Lev Trockij · Lev Lunc ·
Eugene O'Neill · Konstantin Stanislavskij · Alfred Kerr · Kurt Pinthus ·
Brooks Atkinson · Joseph Wood Krutch · Stark Young · Stanislavskij an
Gerhart Hauptmann · Malcolm Muggeridge · Friedrich Bethge ·

Osip Mandelštam · Graham Greene · George Bernard Shaw · Bertolt Brecht ·
Paul Rilla · André Barsacq · Eugène Ionesco · Hans Weigel · Arthur Miller ·
Albert Schulze-Vellinghausen · Willi Schmidt · Elsa Triolet · Peter Brook ·
Botho Strauß · Hartmut Lange · Antoine Vitez · Tennessee Williams ·
Rolf Hochhuth · Michelangelo Antonioni · Peter Stein · Ernst Wendt ·
Edward Albee · Marguerite Duras · Urs Widmer · Woody Allen · Samuel
Beckett 347

Anstelle eines
Vorworts

Vladimir Ivanovič Nemirovič-Dančenko

Drei Porträts von Anton Čechov

Ich habe drei Porträts von Čechov vor mir, jedes aus einem Stück seines Lebens gegriffen.

Das erste: Čechov, der »Vielversprechende«. Er schreibt eine unendliche Menge von Erzählungen, kleine, oft winzige, vornehmlich in humoristischen Zeitschriften und in der überwiegenden Mehrheit mit der Unterschrift »A. Čechonte«. Wieviele er geschrieben hat? Viele Jahre später, als Čechov sein Gesamtwerk verkauft hatte und dabei war auszuwählen, was neu zu drucken lohne und was nicht, fragte ich ihn, – er sagte: »Ungefähr tausend.«

All das waren Anekdoten mit einem großartigen Einfall, geistreich, treffsicher, genau.

Doch er wendet sich mittlerweile großen Erzählungen zu.

Er liebt die Gesellschaft, hört lieber zu, als daß er spricht. Nicht der leiseste Dünkel. Man hält ihn für »unbestreitbar talentiert«, aber wem wäre es damals in den Sinn gekommen, daß dieser Name einmal zu den russischen Klassikern zählen würde!

Das zweite Porträt. Čechov, bereits anerkannt als »einer der Talentiertesten«. Sein Erzählungsbändchen *Dämmerungen* hatte einstimmig den Preis der Akademie errungen; er schreibt weniger, beherrschter; über jede seiner neuen Novellen wird gesprochen; in jeder Redaktion ist er willkommen. Aber der Führer der damaligen Jugend, Michajlovskij, wird nicht müde zu unterstreichen, Čechov sei ein Schriftsteller ohne große Idee, und das hat Einfluß, hält die laute und einmütige Anerkennung in Schranken.

Dabei sagt Tolstoj:

»Das ist ein Schriftsteller, über den selbst zu reden angenehm ist.« Und der alte Grigorovič, eine der sogenannten »Koryphäen« der russischen Literatur, geht noch weiter. Als man in seiner Gegenwart anfing, Čechov mit einem wenig begabten, dafür aber sehr »ideentreuen« Schriftsteller zu vergleichen, sagte Grigorovič:

– Aber der ist doch unwürdig, auch nur die Spur des Flohs zu küssen, der Čechov beißt.

Und über die Erzählung *Gute Nerven* sagte er, wenn auch flüsternd, als sage er etwas sehr Unanständiges:

– Stellen Sie diese Erzählung in dasselbe Regal wie Gogol, – und fügte hinzu: da können Sie sehen, wie weit ich gehe.

Eine andere Koryphäe der russischen Literatur, Boborykin, sagt, er leiste sich jeden Tag das Vergnügen, unbedingt eine Erzählung von Čechov zu lesen.

In dieser Phase steht Čechov mitten im Trubel des hauptstädtischen Lebens, in Kreisen von Schriftstellern, Schauspielern und Künstlern; mal in Moskau, mal in Petersburg; er liebt Zusammenkünfte, geistreiche Reden, Theaterkulissen; er reist viel, in Rußland wie im Ausland; lebenslustig, wie zuvor bescheiden, und wie zuvor hört er mehr zu und beobachtet, als daß er selbst spräche. Sein Ruhm wächst unaufhaltsam.

Das dritte Porträt: Čechov im Künstlertheater.

Die zweite Phase endet in meiner Erinnerung irgendwie abrupt mit dem Mißerfolg der *Möwe* in Petersburg. So als habe eben dies sein Leben gebrochen, als gehe von hier eine jähe Wende aus. Davor hatte man, wie mir scheint, seine Krankheit nie auch nur erwähnt, jetzt jedoch kann man sich Čechov nicht mehr anders vorstellen denn als Menschen, an dem spürbar ein verborgenes Leiden nagt.

Er schreibt immer weniger, zwei-drei Sachen im Jahr; sich selbst gegenüber wird er immer strenger. Der deutlichste Zug in seinen Novellen ist, daß er, obwohl weiter objektiv, seine enorme künstlerische Meisterschaft verfeinernd, seinen Personen immer häufiger und ausführlicher gestattet, Meinungen zu äußern; vornehmlich über das Leben der russischen Intelligenz, die, in Widersprüche verstrickt, sich in Träumen und Willenlosigkeit wiegt. Unter diesen Meinungen kann man mit ungewöhnlicher Deutlichkeit die Gedanken des Autors selbst ausmachen, kluge, treffende, edle Gedanken, elegant und mit großem Geschmack formuliert.

Jede neue Erzählung von ihm ist bereits ein gewisses literarisches Ereignis.

Aber die Hauptsache in dieser Phase ist: Čechov der Dramatiker, der Schöpfer eines neuen Theaters. Er verdeckt beinahe den Erzähler. Seine Popularität verbreitet sich, sein Bild gewinnt durch das Theater einen neuen Reiz. Er wird zum Liebling, das Lied von der fehlenden Idee erstirbt. Sein Name tritt nur zurück hinter den des noch unter uns lebenden und unermüdlich arbeitenden großen Tolstoj.

Aber je mehr sein Ruhm wächst, desto näher rückt sein Lebensende. Jeder neuen Sache von ihm begegnet der Leser nicht mehr mit der alltäglichen Sorglosigkeit, sondern mit besonderer, zärtlicher Dankbarkeit, im Bewußtsein, daß sich hier Kräfte verausgaben, die zu Ende brennen.

Drei Porträts über einen Zeitraum von achtzehn Jahren. Čechov starb mit vierundvierzig Jahren, 1904.

1936

Nathalie Sarraute

Ich sterbe

Ich sterbe. Was ist das? Es sind deutsche Wörter. Sie bedeuten: ich sterbe. Aber woher kommen diese Wörter, und warum so plötzlich? Es wird sich noch zeigen, nur Geduld! Sie fallen einem wieder ein, wie man sagt, sie kommen von weit her, vom Anfang des Jahrhunderts, aus einem deutschen Badeort. Aber in Wirklichkeit kommen sie aus einer viel weiteren Ferne ... Wir wollen jedoch nichts überstürzen, wenden wir uns erst einmal dem Nächstliegenden zu. Also: Am Anfang des Jahrhunderts – und zwar im Jahre 1904 – hat sich in einem Hotelzimmer eines deutschen Badeortes ein Sterbender in seinem Bett aufgerichtet. Ein Russe. Sie kennen seinen Namen: Čechov, Anton Čechov.

Er war ein berühmter Schriftsteller, aber das tut hier nicht viel zur Sache. Sie können sicher sein, daß er nicht daran gedacht hat, uns ein Sterbewort zu hinterlassen. Nein, er nicht, ganz bestimmt nicht, das war gar nicht seine Art. Seine Berühmtheit bedeutet hier nur eins: Ihr ist es zu verdanken, daß diese Worte nicht der Vergessenheit anheimgefallen sind, so wie sie vergessen worden wären, wenn irgend jemand, irgendein x-beliebiger Sterbender sie gesagt hätte. Aber darin erschöpft sich ihre Bedeutung. Bemerkenswert ist allerdings noch etwas anderes. Čechov war, wie Sie wissen, Arzt. Er litt an Tuberkulose und war in diesen Badeort gekommen, um sich behandeln zu lassen, in Wirklichkeit jedoch, wie er Freunden voller Selbstironie, in seiner schonungslosen, wohlbekannten Bescheidenheit und Demut anvertraut hatte, um zu »krepieren«. »Ich verreise, um dort zu krepieren«, hatte er ihnen gesagt. Er war also Arzt, und im letzten Moment, während seine Frau an der einen Seite seines Bettes stand und ein deutscher Arzt an der anderen, richtete er sich auf, setzte sich hin und sagte, nicht auf russisch, nicht in seiner Muttersprache, sondern in der Sprache des anderen, in deutscher Sprache, laut und deutlich »ich sterbe«. Und er ist hintenübergefallen, tot.

Und auf einmal kommen diese, auf einem Bett in einem Hotelzimmer vor mehr als einem Dreivierteljahrhundert gesprochenen Worte... von welchem Wind getrieben... her und fallen hier wie ein paar glühende Funken auf den weißen Bogen Papier, den sie sengen und schwärzen...ich sterbe.

Gelassen. Bescheiden. Vernünftig. Immer so genügsam. Zufrieden mit dem, was man ihm gibt... Und er ist so mittellos, so wortlos... er hat keine Wörter dafür... dies gleicht nichts, dies erinnert an nichts, was je von jemand erzählt, was je erdacht wurde... das ist es sicherlich, wovon man sagt, es gebe keine Worte, um es auszudrücken... es gibt keine Worte mehr... Aber da ist ganz nahe, in seiner Reichweite, dienstbereit... mit dieser Arzttasche, diesen Instrumenten... da ist ein Wort guter deutscher Machart, ein Wort, das dieser deutsche Arzt gewöhn-

lich gebraucht, um ein Ableben festzustellen, um es den Ange-
hörigen mitzuteilen, ein hartes, starkes Verbum: sterben ....
danke, ich nehme es, ich werde es auch korrekt konjugieren
können, ich werde es richtig gebrauchen und gelassen auf mich
selbst anwenden: ich sterbe.

Ich persönlich werde... bin ich nicht selber Arzt?... es in
Worte fassen... Ein Unterfangen, das in diese grenzenlose
Unordnung ein wenig Ordnung bringen wird. Das Unsagbare
wird gesagt werden. Das Undenkbare wird gedacht werden. Das
Sinnlose wird wieder zur Vernunft gebracht werden. Ich sterbe.
Das, was in mir schwankt... wankt... flackert... zittert...
bebt... schaudert... zerfällt... sich zersetzt... sich auf-
löst... Nein, nicht das... nichts von alledem... Was ist denn
das? Ah, da, es ist hier, es hat sich gerade hierhin gekauert, hier in
diesen klaren, undurchlässigen Worten. Es nimmt ihre Form an.
Scharf gezeichnete Umrisse. Es hält inne. Es erstarrt. Wird
vernünftig. Beruhigt sich. Ich sterbe.

Ich sterbe. Ein Signal. Kein Hilferuf. Da, wo ich mich befinde,
ist keine Hilfe möglich. Keinerlei Abhilfe mehr. Sie wissen
ebensogut wie ich, worum es sich handelt. Keiner weiß besser als
Sie, worüber ich rede. Deshalb sage ich es Ihnen: ich sterbe.

1980

Versuche über Čechov

Wenn es in der Entwicklung der Gesellschaft irgendeine Logik gibt, mußte ein solcher Schriftsteller wie Čechov erscheinen, bevor die Literatur eine neue Richtung einschlagen und die neuen Typen schaffen konnte, die bereits im Leben sich zu zeigen beginnen. Auf alle Fälle mußte ein eindrucksvolles Abschiedswort gesagt werden, und das hat Čechov getan.

Pëtr Kropotkin, 1901

Čechov sah die Dinge neu und entdeckte in ihnen neue, eben diesen Dingen innewohnende Widersprüche. Von seinen Augen Gebrauch machend, lehrte er den Leser, ebenso zu verfahren. Für Literatur, die nur auf Literatur basierte, hatte er nichts als Verachtung übrig; er strich sie durch. Čechov: das ist eine neue Sehweise, ist der Anfang einer neuen Literatur.

Viktor Šklovskij, 1962

Aleksej Suvorin

Über Čechov

Das Jahr 1904 rechtfertigt den bösen Ruf der Schaltjahre. Der Tod ruft mit gebieterischer Stimme. Gestern ist Čechov für immer entschlafen.

Schon vor zehn Jahren hatte ihn der Husten überwältigt, hatte er starke Herzrhythmusstörungen, die er mehrfach in seinen Briefen an mich erwähnte. Aus Jalta schrieb er im April 1894 über einen Herzanfall: »Ein Gefühl von Wärme und Beklemmung, Ohrensausen... Schnell gehe ich zur Terrasse, auf der Gäste sitzen, und habe den einen Gedanken: wie peinlich, in Gegenwart von Fremden umzufallen und zu sterben.« Und die Schwindsucht nistete schon sehr lange in seiner Brust. Den ersten Bluthusten hatte er in Sibirien, durch das er nach Sachalin reiste (1890). Aber danach fühlte er sich besser. Den ersten schweren Schwindsuchtsanfall erlitt er in meiner Gegenwart in Moskau 1896, als wir uns gemeinsam zu Tisch gesetzt hatten. Es war ausgerechnet an dem Tag, an dem auf der Moskva der Eisgang begonnen hatte. Ich brachte ihn ins Hotel und ließ Ärzte holen. Einer von ihnen war mit ihm befreundet. Als sie nach der Untersuchung gegangen waren, sagte er zu mir: »So sind wir: die Ärzte sagen mir, einem Arzt, es sei eine Magenblutung. Und ich höre ihnen zu und widerspreche nicht. Dabei weiß ich doch, daß ich die Schwindsucht habe.«

Aber den Ärzten hatte er sich, vor diesem Anfall, nicht entdeckt, und seinen Familienangehörigen verheimlichte er seine Krankheit auf das sorgfältigste. Er war eine feinfühlige, stolze und unabhängige Natur. Tief in ihr verborgen lag etwas Selbstaufopferndes. Zu schreiben begonnen hatte er noch als Student; seine Eltern, denen noch andere Söhne und eine Tochter auf der Tasche lagen, lebten in armen Verhältnissen, und ihn hat es furchtbar bekümmert, daß für den Namenstag der Mutter nichts im Hause war, um eine Torte zu backen. Er schrieb eine Erzählung und brachte sie fort, ich glaube, zum *Budilnik*. Die Erzählung wurde gedruckt, und für die wenigen Rubel Honorar wurde der Namenstag der Mutter begangen. Seit dieser Zeit war er der Ernährer der Familie. Alles, was er tat, tat er auf ungewöhnlich einfache Art. Ob er für die Bauern eine Schule baute, und er hat ihrer einige gebaut, ob er jemandem half, ob er an jemandem Anteil nahm, er erfüllte dies alles gleichsam kraft eines angeborenen Pflichtgefühls, vollkommen schlicht und einfach. Es hatte den Anschein, als lebe dieser Mensch, ohne sich etwas einzubilden, ohne nach etwas zu streben, als lebe er, weil er geboren war, aber alles, was ihm nahestand, was Widerhall in seiner Seele fand, all das empfing von ihm eine gesunde Wärme. Seine Seele war so reich an schönen Gaben, daß jeder, der ihm nähergekommen, dies erfuhr. Er war gleichsam der normalste Mensch, mit allen Schwächen, mit den gewöhnlichsten Bedürfnissen den Menschen und dem Leben gegenüber; in Gesellschaft war er von anderen schwer zu unterscheiden: weder kluge Sätze noch Prätentionen auf Scharfsinn, weder falsche Bescheidenheit noch irgendwelche Besonderheiten in der Kleidung, durch die heutzutage, nach Vorbild der Ausländer, die neuen »Berühmtheiten« sich hervorzutun bemühen, die schnell zu Göttern werden und meinen, man müsse wenn schon nicht Federhut und Degen tragen, so doch zumindest irgendeinen Kaftan oder einen Bauernkittel. Alles an ihm war schlicht und natürlich. Er war gleichsam Ausdruck eben jenes Alltagslebens, das er so vorzüglich, als wahrer Meister, dargestellt hat und in dem die Helden und Heldinnen ebenso normale Menschen sind wie er. Er liebte seine Umgebung und hielt sich von allem fern, was ihm, so oder anders, fremd war. Mit einem Freund unter vier Augen oder in Briefen urteilte er über die Menschen und über das Leben mit außergewöhnlichem Scharfsinn und Feingefühl, aber wiederum ohne jede Gespreiztheit, ohne jedes Literatengehabe, ohne jede Schulmeisterei, in denen man irgendwelche Prätentionen eines Menschen hätte entdecken können, der in der eigenen Literatur auf bedeutender Höhe stand. Nie war er bestrebt zu belehren oder zu predigen. Ich übertreibe durchaus nicht, wenn ich einige seiner Briefe mit den Briefen Puškins vergleiche. Dieselbe Ehrlichkeit, dieselbe Einfachheit, derselbe klare Stil, dieselbe Unabhängigkeit des Denkens von irgendeiner »Richtung«. Er war zutiefst gekränkt, als ihn der damalige Verband der Schriftsteller nur mit knapper Mehrheit zum Mitglied wählte wegen seiner Novelle *Die Bauern*, die, weil wahrhaftig, wider die Tendenzen des Verbandes gesündigt hatte.

In ihm vereinigten sich ein Dichter und Mensch von großem gesunden Menschenverstand. Die künstlerische Objektivität lenkte ihn gleichsam auch im Leben, und er sah diesem kühn ins Gesicht und traf seine Entscheidungen selbständig. Ich erlaube mir, die folgenden Zeilen aus einem Brief an mich aus Jalta anzuführen (ich glaube, aus dem Jahre 1894, – er schrieb in seinen Briefen nie die Jahreszahlen):

»In meinen Adern fließt Bauernblut, mit Bauerntugenden setzt mich darum niemand in Erstaunen. Ich habe von klein auf an den Fortschritt geglaubt und gar nicht anders gekonnt, als an ihn zu glauben, denn der Unterschied zwischen der Zeit, als ich geschlagen wurde, und der Zeit, als man aufhörte, mich zu schlagen, war schrecklich. Ich liebte kluge Menschen, Nervosität, Höflichkeit, Scharfsinn, daß dagegen Leute an ihren Hühneraugen herumpulten und ihre Fußlappen einen atembenehmenden Geruch verbreiteten, war mir ebenso gleichgültig, wie wenn junge Fräuleins morgens mit Lockenwicklern im Haar herumlaufen. Aber die Tolstojsche Philosophie hat mich stark berührt, hat mich sechs-sieben Jahre lang beherrscht, und beeindruckt haben mich nicht die Grundthesen, die mir früher schon bekannt waren, sondern Tolstojs Art sich auszudrücken, seine Bedachtsamkeit und, wahrscheinlich, eine besondere Art von Hypnose. Jetzt dagegen protestiert etwas in mir; Überlegung und Gerechtigkeitssinn sagen mir, daß in Elektrizität und Dampfkraft mehr Menschenliebe liegt als in Keuschheit und Ablehnung des Fleischgenusses. Der Krieg ist ein Übel, Gerichtsverhandlungen sind ein Übel, aber daraus folgt nicht, daß ich in Bastschuhen gehen und neben dem Arbeiter und seiner Frau auf dem Ofen schlafen müßte usw. usw. ... Alle Erörterungen langweilen mich, und solche Schwätzer wie Max Nordau lese ich einfach mit Widerwillen. Kranke, die Fieber haben, möchten nichts essen, aber etwas möchten sie doch, und sie äußern ihren unbestimmten Wunsch meist so: ›irgend etwas Saures‹. So möchte auch ich etwas Saures. Und das ist kein Zufall, denn genau dieselbe Einstellung bemerke ich überall um mich her. Es sieht so aus, als wären alle verliebt gewesen, die Liebe wäre erloschen, und jetzt suchten alle nach neuen Verlokkungen. Es ist sehr gut möglich und sieht sehr danach aus, als erlebten die Russen wieder die Verlockung durch die Naturwissenschaften und als käme die materialistische Bewegung wieder in Mode. Die Naturwissenschaften vollbringen zur Zeit Wunder, und sie können gegen die Menschen anstürmen wie Mamaj und sie durch ihre Masse, ihre Großartigkeit unterwerfen...«

Er hat geirrt. Als Mamaj haben sich die Naturwissenschaften nicht erwiesen, sondern etwas anderes. Um die Wissenschaften ist es still geworden, sie haben sich sogar ins Verborgene zurückgezogen.

Ich habe Čechov vor sehr langer Zeit kennengelernt, bald nach Erscheinen seiner ersten Erzählung im *Novoe vremja* (1886). Zuvor hatte er für die *Peterburgskaja gazeta* gearbeitet und mit A. Čechonte gezeichnet. Ich schrieb ihm, er solle dieses Pseudonym aufgeben und mit seinem Namen unterschreiben. Das tat er auch, und er begann, an seinen Erzählungen mehr und mehr zu arbeiten. Früher hatte er schnell geschrieben, wie im Vorbeigehen, wie ein Journalist schreibt. Er sagte mir, eine seiner Erzählungen habe er im Badehaus geschrieben, auf dem Boden liegend, mit Bleistift, ins Couvert gesteckt und eingeworfen. Diese Erzählungen glichen Anekdoten und wanderten im Publikum. Einmal auf der Volga auf dem Dampfer erzählte ihm ein Offizier eine seiner eigenen Geschichten, behauptete, das sei einem seiner Bekannten widerfahren, einem Offizier. In der Ausgabe bei Marks, der ihm 1899 seine Werke für 75 000 Rubel abgekauft hatte, das, was gedruckt war, wie das, was gedruckt werden würde, sind, nach Zahlung dieses Geldes im Verlaufe von drei Jahren, viele solcher »Anekdoten« erschienen. Hr. Marks verlangte von Čechov so viele kleine Erzählungen wie möglich und stellte daraus einige Bände zusammen. Selbstverständlich holte Hr. Marks die gesamte an Čechov gezahlte Summe schon mit der ersten Auflage wieder herein. Dieser Verkauf war eine seiner Qualen während der letzten Jahre. Hätte er die 75 000 R. von Hrn. Marks auf einmal bekommen, so hätte er mit diesem Kapital etwas anfangen können. Aber da er sie in Raten auf drei Jahre verteilt bekam, plante er, ein Haus zu bauen, und in wenigen Jahren waren die Tausende dahingeschmolzen, und mit ihnen der Traum von Unabhängigkeit und Freiheit. Er stand erneut ohne Geld da, und die einzige Ressource, die ihm blieb – war die Arbeit. Aber die Krankheit verschlimmerte sich, mal abflauend, mal stärker ausbrechend. Zu seinem Unglück hatte Čechov seine Werke ausgerechnet am Vorabend jener Zeit verkauft, als Gorkij auftrat und mit ihm ein außergewöhnliches Verlangen nach neuen Schriftstellern und nach Čechov. Zwei Jahre zuvor, als ich mit ihm in Moskau die Friedhöfe abfuhr, – in Petersburg wie in Moskau liebte er es bis zur Absonderlichkeit, Friedhöfe zu besuchen, Grabinschriften zu lesen oder schweigend zwischen den Gräbern auf und ab zu gehen, – sagte er mir, er könne keine Belletristik mehr schreiben. Der Gedanke, alles verkauft zu haben, Vergangenheit und Zukunft, einen »Herrn« über sich zu haben, der kraft des Verkaufes über all das verfügen dürfe wie über sein Eigentum, vergiftete ihn. Er versuchte, Hrn. Marks, der an seinen Werken, wie man sagte, großes Geld verdient hatte, zu überzeugen, die Bedingungen zu ändern. Hr. Marks bot ihm für eine Auslandsreise zur Wiederherstellung seiner Gesundheit 5000 R. an sowie seine Ausgaben in Luxuseinband. Čechov nahm die schön gebundenen Ausgaben, die 5000 R. lehnte er ab.

Čechov behielt nur das Recht auf die Theatertantiemen, die die Stücke einspielten, für sich, und dieses Recht geht nun auf seine Erben über. Aber sogar das Recht auf den Druck der Theaterstücke gehört ebenfalls Hrn. Marks.

Wieviel er gearbeitet hat, wird ersichtlich aus der Masse von Erzählungen, die er unter dem Pseudonym Čechonte geschrieben hat. Einmal sprach ich mit L. N. Tolstoj über Čechov, der damals noch nicht mit ihm bekannt war.

– Ich habe eine Erzählung von ihm gelesen, in irgendeinem

Kalender, – sagte L. N., – sie ist lebendig geschrieben. Aber von solchen Erzählungen kann man tausend schreiben, und selbst dann ist es schwer, den Grad des Talents ihres Autors zu bestimmen. Und er hat doch wahrscheinlich nur ein paar Dutzend davon geschrieben.

Ich übermittelte Čechov dieses Gespräch mit Tolstoj in groben Zügen.

– Es stimmt, ich habe tatsächlich tausend Erzählungen geschrieben, – sagte Čechov.

Bekanntheit erlangte er nur langsam, aber was er erobert hatte, blieb ihm als äußerst dauerhafte Errungenschaft. Er sah, wie schnell sich das Verhältnis zu den jungen Schriftstellern veränderte, wie deren »Erzählungen« über den grünen Klee gelobt wurden, und nannte sich einen »Alten«, der zurückgeblieben wäre. Aber die jungen Schriftsteller gruppierten sich ehrfürchtig um ihn herum oder zollten ihm den Tribut des Respekts. Und der Patriarch selbst, L. N. Tolstoj, sprach nach dem *Krankensaal Nr. 6* von Čechov als einem großen Talent, interessierte sich nicht nur für ihn, sondern sogar für seine Meinung über die eigenen Werke und gab ihm die ersten Entwürfe zu *Auferstehung* zu lesen.

Und Čechov verfügte über ein sehr feines künstlerisches Gespür. Er arbeitete an seinen Werken so, daß »kein überflüssiges Wort« stehenblieb. Seine Phantasie war geradezu verblüffend, wenn man alle Motive und Einzelheiten des Milieus zusammennimmt, die über seine Werke verstreut sind. Eines quälte ihn – ein Roman wollte ihm nicht gelingen, dabei träumte er davon und hat sich mehrmals angeschickt, einen zu schreiben. Der große Rahmen gelang ihm nicht recht, so ließ er die angefangenen Kapitel liegen. Eine Zeitlang wollte er immer die Form der *Toten Seelen* benützen, d. h. seinen Helden in die Lage Čičikovs versetzen, der durch Rußland reist und mit dessen Vertretern zusammenkommt. Einige Male entwickelte er mir das große Thema eines Romans mit einem halbphantastischen Helden, der ein Jahrhundert lang lebt und an sämtlichen Ereignissen des XIX. Jahrhunderts beteiligt ist. Er hatte ein Drama begonnen, in dem König Salomon der *Paralipomena* und des

Hohen Lieds die Hauptrolle spielt. Ich denke, die ewige Sorge um das tägliche Brot und dann die Anfälle der Krankheit haben ihm für das große Werk keine Freiheit gelassen.

Gegenüber dem Erfolg seiner Werke war er sehr empfindlich und vermochte dies bei seiner Ehrlichkeit und Direktheit nicht zu verbergen. Als er nach den ersten beiden Akten der *Möwe* am Alexandra-Theater sah, daß das Stück keinen Erfolg haben würde, floh er aus dem Theater und trieb sich irgendwo in Petersburg herum. Seine Schwester und all seine Bekannten wußten nicht, was sie denken sollten, und schickten überall hin, wo sie ihn vermuteten. Er kam nach drei Uhr nachts nach Hause. Als ich zu ihm ins Zimmer trat, sagte er streng: »Nennen Sie mich den letzten (er sprach dieses Wort aus), wenn ich jemals wieder ein Stück schreibe.« Am folgenden Tag fuhr er nach Moskau, morgens in der Frühe, mit einem Passagier- oder Güterzug. Danach rechtfertigte er sich, indem er sagte, er denke, es sei ein Mißerfolg seiner Person und nicht des Stückes gewesen, und nannte einige Petersburger Literaten, die, wie er meinte, in der Pause in herablassendem Ton mit ihm gesprochen hätten, als abzusehen war, daß das Stück durchfallen würde. Zu Aufführungen seiner Stücke ging er fast nie. Als er die *Drei Schwestern* geschrieben hatte, bedauerte er danach, über dieses Thema keine Novelle geschrieben zu haben, das Thema sei eher für eine Novelle geeignet als für ein Drama.

Als seine Krankheit noch nicht erkannt war, zeichnete er sich durch außergewöhnliche Lebensfreude aus, durch den Wunsch zu leben und sich zu freuen. Obgleich sein erstes Buch, die *Dämmerungen*, und das zweite, die *Mürrischen*, bereits andeuteten, welche Struktur sein Werk annehmen würde, äußerte er selbst noch keinerlei Melancholie, nicht die leiseste Neigung zu Pessimismus. Alles Lebendige, Erregende und sich Erregende, alles Grelle, Fröhliche, Poetische liebte er, in der Natur wie im Leben. Ständig träumte er von Reisen, und hätte er einen Reisegefährten gehabt, er wäre nach Amerika und nach Afrika gereist. Wir waren zweimal zusammen im Ausland. Beide Male haben wir Italien gesehen. Die Kunst, Statuen, Bilder und Tempel interessierten ihn wenig, aber gleich nach der Ankunft in

Rom wollte er in die Stadt, sich ins grüne Gras legen. An Venedig fesselte ihn dessen Originalität, aber mehr noch das Leben, die Serenaden, nicht der Dogenpalast usw. In Pompeji ging er gelangweilt durch die freigelegte Stadt – sie ist in der Tat langweilig –, aber sofort ritt er voller Vergnügen auf den Vesuv hinauf, eine äußerst schwierige Strecke, und wollte dem Krater so nahe wie möglich kommen. Friedhöfe haben ihn im Ausland überall interessiert – die Friedhöfe und der Zirkus mit seinen Clowns, in denen er die wahren Komiker sah. Dies bestimmte gleichsam die zwei Charakteristika seines Talents – das Traurige und das Komische, Kummer und Humor, Tränen und Lachen über die Lebenden und über sich selbst.

So viele Einzelheiten, die einen bestürmen, so viel möchte man sagen, und doch ist das Ganze nicht zu fassen. Wie sollte dies auch möglich sein, da er doch noch lebendig vor mir steht und ich mich nicht damit abfinden kann, daß sein Leben zu Ende ist. Und man wird sich eines bewußt: wie wenig schätzen wir die Menschen, solange sie leben, und wie sehr wachsen sie plötzlich vor unserem seelischen Auge, wenn sich die Grabplatte über ihnen schließt. Da erhebt sich in unserer Seele plötzlich ein Vorwurf, plötzlich erinnert man sich einer Menge von Gesprächen, Begegnungen, gemeinsam verbrachten Tagen, erinnert sich an Leichtsinn, überflüssige Lappalien, Mißverständnisse, Verstummen und eitle Verschlossenheit, die manchmal plötzlich die ehrliche Regung unterdrückt. Ich verdanke Čechov viel, bin ihm verbunden durch seine schöne Seele, die mich verjüngt hat, die auch allen anderen, die mit ihm zusammenkamen, jenes Gefühl von etwas Lebendigem geschenkt hat, etwas Direktem, Edlem und damit gesund Menschlichem. Am allerwenigsten hätte man gemeint, dies sei ein Schriftsteller, ein Talent. Vielmehr vergaß man das alles – und stand einem Menschen gegenüber mit all dem Zauber seines Geistes, seiner Ehrlichkeit und Unabhängigkeit. Čechov hatte etwas Neues an sich, wie aus einem anderen Leben, einer anderen Atmosphäre. Dies zumindest ist mein Eindruck. Weder Sentimentalität noch geheuchelte Anteilnahme, noch Phrasen. Zuweilen sogar eine gewisse Härte, aber Härte des Im-Recht-Seins und der Festigkeit. In den letzten

Jahren, unter dem Einfluß seiner Krankheit, war er gutmütiger und weicher geworden. Etwas Melancholisches und Schicksalergebenes schien auf in seiner zerquälten Seele. Mit ihm ist ein Märtyrer gestorben, aber nicht in dem Sinne, der leicht zum Allgemeinplatz wird und zur banalen, für einen Schriftsteller unverständlichen Phrase sich verwandelt, sondern im Sinne eines wahrhaftigen Leidens, physisch und moralisch, das jedem Menschen nahe ist, nahe jenem Milieu, zu dessen Dichter er geworden ist, dem seine Dramen zu Herzen gingen und das Verständnis hatte für die – anderen verschlossenen – Schrecken des irdischen Daseins und das träumte von wenigstens einem Funken Sonne, wenigstens von einem Betrug, der es aus dem stickigen und untätigen Dahinbrüten herausführen würde. Ich habe ihn einmal in einem Brief (1894) gefragt: »Was soll der russische Mensch heute wünschen?« – »Hier meine Antwort«, schrieb er, »wünschen. Er braucht vor allem Wünsche, Temperament. Die Sauertöpfigkeit habe ich satt.« Das ist kurz und meinetwegen vage, aber ausdrucksstark und wahr. Er selbst hat immer gewünscht – den Fortschritt des russischen Lebens, starke Charaktere, Begabungen, er hat sein kurzes Leben lang immer die Sonne gewünscht und gesucht, und er starb, ohne je ein echtes Strahlen gesehen zu haben.

Vergangenen März sagte er, er wolle in den Krieg fahren. »Dort ist es interessant.« Es war für ihn jener beständige Krieg, der Leben genannt wird und in dem er einige schöne Siege errungen hat, und diese Siege bekränzen ihn als nichtstofflicher Kranz auf das »ewige Leben«. Der behandelnde Arzt, der uns über die letzten Tage seines Lebens telegraphisch Mitteilung gemacht hat, sagt, er habe die Krankheit getragen wie ein Held und mit bewundernswerter Kaltblütigkeit den Tod erwartet. Er wollte leidenschaftlich gern leben, hatte aber vor dem Tod keine Furcht: er lebte jenes einfache russische, nicht schreiende Heldentum, das jede edle russische Seele sehr gut begreift, und sterben konnte er nur wie ein Held, mutig der nahenden Unausweichlichkeit ins Auge sehend und mit ersterbenden Lippen flüsternd: »Gegrüßet seist du, Tod!«...

4. Juli 1904

Ivan Bunin

Čechov

In Moskau, Ende des Jahres 1895, machte ich seine Bekanntschaft. Wir sahen einander damals nur kurz, und ich würde es
nicht erwähnen, wenn mir nicht einige seiner sehr charakteristischen Redewendungen im Gedächtnis geblieben wären.

»Schreiben Sie viel?« fragte er mich einmal.

Ich antwortete, es sei wenig.

»Falsch«, sagte er fast mürrisch mit seinem brusttiefen Bari-
ton. »Wissen Sie, man muß arbeiten... ohne Unterlaß... das
ganze Leben.«

Und nach kurzem Schweigen fügte er, scheinbar zusammenhanglos, hinzu:

»Meiner Meinung nach muß man, wenn man eine Erzählung
geschrieben hat, ihren Anfang und ihr Ende durchstreichen. Wir
Belletristen hier haben am meisten Zeit... Und kürzer, so kurz
wie möglich, muß man sich fassen.«

Dann kam das Gespräch auf Gedichte, und plötzlich wurde er
lebhaft:

»Hören Sie, Gedichte von Aleksej Tolstoj, mögen Sie die?
Das ist, finde ich, ein Schauspieler! So, wie er in der Jugend
ein Opernkostüm angezogen hat, ist er sein Leben lang geblieben.«

Nach diesen flüchtigen Begegnungen und zufälligen Gesprächen, in denen Lieblingsthemen Čechovs, daß man arbeiten müsse, »ohne Unterlaß« arbeiten, und in der Arbeit bis
zur Askese wahrheitsliebend und einfach sein solle, gestreift
worden waren, sahen wir einander bis zum Frühling des Jahres 1899 nicht mehr. Ich war für einige Tage nach Jalta gekommen und traf Čechov eines Abends auf der Strandpromenade.

»Warum besuchen Sie mich nicht?« sagte er. »Kommen Sie
unbedingt morgen.«

»Wann?« fragte ich.

»Am Vormittag, gegen acht Uhr.«

Und er erläuterte, nachdem er wahrscheinlich mein erstauntes Gesicht bemerkt hatte:

»Wir stehen früh auf. Und Sie?«

»Ich auch«, sagte ich.

»Nun, kommen Sie, sobald Sie aufgestanden sind. Wir werden Kaffee trinken. Trinken Sie Kaffee?«

»Bisweilen ja.«

»Trinken Sie ihn jeden Tag. Eine wunderbare Sache! Wenn ich arbeite, begnüge ich mich bis zum Abend mit Kaffee und Bouillon. Morgens Kaffee, mittags Bouillon. Sonst arbeitet es sich schlecht.«

Ich bedankte mich für die Einladung, wir legten den Weg über die ganze Strandpromenade schweigend zurück und setzten uns in den Anlagen auf eine Bank.

»Lieben Sie das Meer?« sagte ich.

»Ja«, antwortete er. »Nur sehr einsam ist es.«

»Das ist doch gerade schön«, entgegnete ich.

»Ich weiß nicht«, antwortete er, durch die Gläser seines Pincenez irgendwohin in die Ferne blickend und offensichtlich über etwas ihn Angehendes nachdenkend. »Meiner Meinung nach ist es schön, Offizier zu sein, junger Student... Irgendwo an einem belebten Platz zu sitzen, fröhliche Musik zu hören...«

Dann schwieg er, wie es seine Art war, eine Weile und fuhr ohne ersichtlichen Zusammenhang fort: »Es ist sehr schwer, das Meer zu beschreiben. Wissen Sie, welche Schilderung des Meeres ich unlängst in einem Schulheft las? ›Das Meer war groß.‹ Nur das. Meiner Meinung nach ist das wunderbar.«

Mag sein, daß das manchem als Manieriertheit erscheint. Aber – Čechov und manieriert! »Ich sage geradeheraus«, erzählte jemand, der Čechov gut kannte, »ich bin Menschen begegnet, die nicht weniger aufrichtig waren als Čechov, aber an Menschen, die bis zu einem solchen Grad einfach und frei von jeglicher Phrase, von jeglicher Affektiertheit waren, erinnere ich mich nicht.« Er liebte wirklich nur das Aufrichtige, das Lebenswichtige, das Organische, es durfte aber nicht grob und träge

31

sein, er lehnte Schönredner, Buchgelehrte und Pharisäer entschieden ab und besonders diejenigen unter ihnen, die sich so sehr in ihre Rollen versetzt hatten, daß sie ihnen zur zweiten Natur geworden waren. In seinen Arbeiten sprach er fast nie über sich, über seine Neigungen, seine Ansichten, was, nebenbei gesagt, dazu führte, daß man ihn lange für einen prinzipienlosen, ungeselligen Menschen hielt. Im täglichen Leben sprach er ebenfalls sehr selten über seine Sympathien und Antipathien: »Ich liebe dieses«, »Ich verabscheue jenes«, das sind keine Čechovschen Wendungen. Aber seine Sympathien und Antipathien waren außerordentlich beständig und präzise, und bei den Sympathien stand gerade die Natürlichkeit an erster Stelle. »Das Meer war groß...« Das schien ihm, bei seinem konstanten Verlangen nach allerhöchster Einfachheit, bei seiner Abneigung gegen alles Geschraubte, alles Überspannte, »wunderbar«. Und in seinen Worten über den Offizier und über die Musik kam eine andere Eigenart zum Ausdruck: die Selbstbeherrschung. Der unerwartete Übergang vom Meer zum Offizier war zweifellos durch seinen geheimen Kummer um Jugendzeit und Gesundheit hervorgerufen worden. Das Meer ist einsam... Er aber liebte das Leben, die Freude, und in seinen letzten Jahren kam dieses Verlangen nach Freude, selbst nach der einfachsten, der alltäglichsten Freude, besonders häufig in Gesprächen zum Ausdruck. Aber eben nur zum Ausdruck.

Neuerdings sind Worte wohlfeil geworden. Gute und schlechte Worte werden jetzt mit verblüffender Leichtigkeit und Verlogenheit gesagt. Aber so scheint man meistens über Verstorbene zu reden. Man kann in den Erinnerungen an Čechov auf viel Leichtfertigkeit, Ungenauigkeit und bisweilen geradezu auf Einfältigkeit stoßen. Zum Beispiel heißt es einmal, Čechov sei schließlich nach Sachalin gefahren, um den Ruf des »ernsthaften« Mannes aufrechtzuerhalten, und habe sich unterwegs dermaßen erkältet, daß er sich die Schwindsucht zugezogen habe... Man schreibt, der Tod Čechovs sei durch die Aufführung des *Kirschgartens* beschleunigt worden: am Vorabend der Aufführung sei Čechov so erregt, so voll Angst gewesen, sein Stück würde nicht gefallen, daß er die ganze Nacht lang phantasiert habe... Das alles ist ausgemachter Unsinn. Nach Sachalin fuhr Čechov, weil Sachalin ihn interessierte, und außerdem, weil er auf der Reise dorthin seinen Kummer über den Tod seines Bruders Nikolaj, eines begabten Künstlers, vergessen wollte. Und die Schwindsucht zog er sich nicht in Sibirien zu – daß seine Lunge »Geräusche« habe, erwähnte er schon in Briefen an seine Schwester im Jahre 1887 –, obgleich er zweifellos nicht hätte fahren, nicht diese entsetzlich schwierige zweimonatige Reise mit Postpferden hätte antreten sollen, so zeitig im Frühjahr, in Regen und Kälte, und – durch die Unwirtlichkeit der sibirischen Landstraßen – fast ohne Schlaf und Essen. Was nun die Aufregung über den *Kirschgarten* anlangt... Die, die da schreiben, sind allerdings sehr empfindlich gegen das, was man über sie sagt, und viel, sehr viel erbärmliche, kleinliche, neurasthenische Empfindlichkeit haftet ihnen an. Doch wie fern ist das alles einem so bedeutenden und großen Menschen, wie Čechov es war! Wer folgte wohl wie er mit solcher Mannhaftigkeit den Geboten seines Herzens und nicht denen der Menge? Wer verstand es wie er, jenen heftigen Schmerz zu verbergen, den menschliche Dummheit dem Menschenverstand zufügt? Man weiß nur von einem Abend, an dem Čechov durch Mißerfolg sichtlich erschüttert war, dem Abend, als in Petersburg *Die Möwe* aufgeführt wurde. Aber seit dieser Zeit ist schon viel Wasser den Berg hinabgeflossen... Und wer hat schließlich wissen können, ob Čechov aufgeregt war oder nicht? Das, was sich in der Tiefe seiner Seele vollzog, kannten in ganzem Umfang sogar nicht einmal ihm nahestehende Menschen.

Čechov war als Junge, den Worten seines Schulkameraden Sergeenko nach, »ein schlapper Tölpel mit einem Mondgesicht«. Ich aber stelle ihn mir nach einem Porträt und nach den Erzählungen seiner Verwandten anders vor. Die Bezeichnung »Tölpel« paßt durchaus nicht zu dem gutgewachsenen Jungen, der größer war als der Durchschnitt. Und sein Gesicht war kein »Mondgesicht«: es war einfach großflächig, sehr klug und sehr gelassen. Gerade diese Gelassenheit wird wahrscheinlich dazu geführt haben, den Čechov-Jungen für einen »Tölpel« zu halten. Gelassenheit, aber durchaus keine Schlappheit – die hat es bei

Čechov niemals gegeben, selbst nicht in seinen letzten Lebensjahren. Doch auch die Gelassenheit war, wie mir scheint, das Ungewöhnliche – die Gelassenheit eines Jungen, in dem große Kräfte reiften, eine seltene Beobachtungsgabe, ein seltener Humor. Wie wären sonst die Worte Sergeenkos mit den Geschichten der Mutter Čechovs und seiner Brüder in Einklang zu bringen. »Antoša« sei in seiner Kindheit unerschöpflich gewesen in Phantastereien, die damals sogar den gestrengen Pavel Egorovič dazu brachten, zu lachen, bis ihm die Tränen kamen. In seiner Jugend – in jenen glücklichen Tagen, als es ihm Spaß machte, Werke zu planen wie *Die künstliche Zucht von Igeln – Handbuch für Landwirte* –, ging diese Gelassenheit im üppigen Aufblühen der ihm angeborenen Lebenslust unter: alle, die ihn in jener Zeit kannten, berichten, wie unwiderstehlich man von seiner Heiterkeit, von der Schönheit seines offenen, aufrichtigen Gesichtes und seiner strahlenden Augen bezaubert war. Doch die Jahre vergingen, Geist und Gedanken wurden tiefer und durchdringender. Nachdem er mit den ersten spontanen Offenbarungen seiner reichen Natur kühn der Jugend Tribut gezollt hatte, machte er sich in künstlerischer Unbestechlichkeit an das ernste Schildern der Wirklichkeit.

In Moskau, im Jahre 1895, hatte ich einen Menschen mittleren Alters gesehen, mit einem Pincenez, einfach und gut angezogen, ziemlich groß, sehr schlank und sehr ungezwungen in seinen Bewegungen. Er hatte mich zuvorkommend, aber so schlicht empfangen, daß ich – damals noch ein Jüngling und an einen solchen Ton bei ersten Begegnungen nicht gewöhnt – diese Schlichtheit für Kälte hielt. In Jalta fand ich ihn stark verändert: sein Gesicht war schmaler geworden und fahl, aber immer noch war es wie durchleuchtet von der ihm eigenen Schönheit. Doch war es jetzt die Schönheit eines Menschen, der viel durchgemacht hat und durch das Erlebte noch edler geworden ist. Und seine Stimme klang schon weicher ... Im großen und ganzen war er fast derselbe wie in Moskau: er war zuvorkommend, aber zurückhaltend, er sprach recht angeregt, doch schon einfacher und kürzer, sann während des Gesprächs über Eigenes nach, wobei er es dem Besucher anheimstellte, die Übergänge in dem verborgenen Fluß seiner Gedanken zu erfassen, und blickte fortwährend durch die Gläser seines Pincenez aufs Meer, das Gesicht leicht aufwärts gerichtet.

Am Tage nach der Begegnung auf der Uferpromenade begab ich mich zu ihm in sein Landhaus. Deutlich erinnere ich mich des sonnigen Morgens, den Čechov und ich im Garten verbrachten. Čechov scherzte viel und rezitierte für mich das einzige, wie er sagte, von ihm verfaßte Gedicht: *Die Hasen und die Chinesen, eine Fabel für Kinder.* Von nun ab begann ich ihn häufiger und häufiger zu besuchen und wurde schließlich zu einem guten Bekannten seines Hauses. Dieser Tatsache entsprechend änderte sich selbstverständlich auch Čechovs Beziehung zu mir. Er wurde animierter, herzlicher ... Aber die Zurückhaltung blieb; sie trat nicht nur im Umgang mit mir in Erscheinung, sondern auch gegenüber ihm sehr nahestehenden Menschen und war, wie ich mich später überzeugte, nicht Gleichgültigkeit, sondern etwas ganz anderes.

Das weiße, aus Stein gebaute Landhaus in Autka, unter der südlichen Sonne und dem blauen Himmel, der kleine Garten, den Čechov mit soviel Sorgfalt bebaute – wie liebte er Blumen, Bäume und Tiere –, sein Arbeitszimmer, zu dessen Verschönerung nur zwei, drei Bilder Levitans beitrugen, mit dem riesigen halbrunden Fenster, welches die Sicht auf das in Gärten versinkende Tal des Učan-Su-Flusses und das blaue Dreieck des Meeres freigab, – die Stunden, Tage, manchmal sogar Monate, die ich in diesem Landhaus zubrachte, und das Bewußtsein, dem Menschen nahe zu sein, der mich nicht nur mit seinem Geist und seinem Talent bezauberte, sondern auch mit seiner rauhen Stimme und seinem kindlichen Lächeln, all das bleibt auf immer eine der schönsten Erinnerungen meines Lebens. Stets war er mir gegenüber freundschaftlich gestimmt, bisweilen sogar zärtlich. Doch jene Zurückhaltung, die ich schon erwähnte, verließ ihn auch in den herzlichsten Augenblicken unserer Gespräche nicht. Sie war in allem.

Er liebte das Lachen, sein liebenswürdiges, ansteckendes Lachen erklang im allgemeinen aber nur dann, wenn jemand etwas Komisches erzählte; er selbst sprach über die drolligsten

Sachen ohne das geringste Lächeln. Für Streiche, verrückte Spitznamen und Foppereien hegte er große Vorliebe; in seinen letzten Jahren war er, wenn es ihm auch nur für ein Weilchen besser ging, unerschöpflich im Erfinden solcher Dinge; aber mit welch feinem Humor erregte er unaufhaltsames Gelächter! Er warf zwei, drei Worte hin, verschmitzt funkelten seine Augen über dem Pincenez... Und seine Briefe! Wie viele liebevolle Späße enthielten sie immer bei vollkommen gelassener Ausdrucksweise.

Die Selbstbeherrschung Čechovs kam auch in vielem anderen, Wichtigerem zum Ausdruck und zeugte von der ungewöhnlichen Kraft seiner Natur. Wer zum Beispiel hat je Klagen von ihm gehört? Und doch bestand so häufig Anlaß dazu. Inmitten seiner großen Familie, in der während seiner Jugendzeit Not herrschte, begann er zu arbeiten; und nicht genug damit, daß er um des Gelderwerbs willen schrieb, es kam noch eine Umgebung hinzu, die geeignet war, die leidenschaftlichste Begeisterung zum Erlöschen zu bringen: er arbeitete in einer winzigen Wohnung, bei Lärm und Gesprächen, oftmals an einem Eckchen des Tisches, um den nicht nur die ganze Familie, sondern auch Gäste, Studenten, saßen. Späterhin lebte er lange noch sehr dürftig. Aber niemand hat ihn je über sein Schicksal klagen hören, auch die Einschränkung seiner Bedürfnisse veranlaßte ihn nicht dazu: obgleich von außerordentlich edler Bescheidenheit in seiner Lebensweise, haßte er doch ein graues, dürftiges Dasein! Fünfzehn Jahre lang litt Čechov an einer zehrenden Krankheit, die unweigerlich zu seinem Tode führte; aber wußte das der Leser, der russische Leser, der so viele bittere Klagelieder von Schriftstellern hörte? Kranke lieben ihre Ausnahmestellung, oft finden sie fast Genuß darin, ihre Umgebung mit bösen, bitteren und unablässigen Gesprächen über ihre Krankheit zu quälen; aber wahrhaft bewundernswürdig war die Tapferkeit, mit der Čechov sein Kranksein ertrug und starb. Selbst an den Tagen, da ihm sein Leiden schrecklich zusetzte, ahnte kaum einer etwas davon.

»Fühlst du dich schlecht, Antoša?« so fragen ihn Mutter oder Schwester, wenn sie sehen, daß er an einem solchen Tag mit geschlossenen Augen im Sessel sitzt.

»Ich?« antwortet er ruhig, die Augen öffnend, die ohne Pincenez so hell und sanft sind. »Nein, gar nicht. Ich habe ein bißchen Kopfweh.«

Er liebte die Literatur leidenschaftlich, und über Schriftsteller zu sprechen, sich von Maupassant, Flaubert oder Tolstoj bezaubern zu lassen, war ihm ein Vergnügen. Über sie sprach er voller Begeisterung besonders oft, und ebenso über Lermontovs *Taman*.

»Ich kann nicht begreifen«, sagte er, »wie jener, fast noch ein Knabe, das fertigbrachte! So etwas schreiben und noch ein gutes Vaudeville, dann könnte man sterben!«

Doch seine Gespräche über Literatur unterschieden sich grundsätzlich von den üblichen professionellen Unterhaltungen, die durch ihre abgezirkelte Enge, durch die Kleinigkeit ihrer rein praktischen und oft ganz persönlichen Interessen so unangenehm sind. Er führte sie nur dann, wenn er wußte, daß sein Partner in der Literatur vor allem die Kunst, die selbstlose und unabhängige, liebte.

»Niemand braucht meine Sachen zu lesen, bevor sie gedruckt sind«, sagte er mitunter. »Doch die Hauptsache ist, niemals Allerweltsratschläge anhören zu müssen. Einer hat sich geirrt, hat gelogen, wie auch immer, der Irrtum wird nur dir zugeschrieben werden. Nach so hohen Maßstäben, wie sie Maupassant durch seine Meisterschaft gegeben hat, ist es schwer zu arbeiten, aber arbeiten müssen dennoch alle, besonders wir Russen, und kühn muß man in der Arbeit sein. Es gibt große Hunde und kleine Hunde, aber die kleinen sollen durch das Vorhandensein der großen nicht in Verwirrung geraten: alle sind verpflichtet zu bellen, mit der Stimme zu bellen, die der Herrgott ihnen gegeben hat.«

Alles, was sich in der literarischen Welt vollzog, war seinem Herzen sehr nahe, und er hatte viele Aufregungen durch Beschränktheit, Lüge, Maniertheit und Taschenspielerei, die so üppig in der Literatur gediehen. Aber niemals bemerkte ich in seiner Aufgeregtheit eine kleine Reizbarkeit, niemals mischte er ihr persönliche Gefühle bei. Von fast allen verstorbenen Schriftstellern sagt man, daß sie sich über fremden Erfolg freuten, daß sie frei gewesen seien von Egoismus, und ich hätte, wäre mir bei Čechov im Hinblick auf schriftstellerischen Dünkel auch nur der Schatten eines Verdachts gekommen, dieses Thema überhaupt nicht berührt. Er aber freute sich tatsächlich über jedes Talent, er konnte gar nicht anders als sich freuen: das Wort »Unbegabtheit« war, scheint mir, aus seinem Munde die ärgste Schmähung. Zu seinen eigenen Erfolgen und Mißerfolgen jedoch verhielt er sich so, wie nur er allein sich verhalten konnte.

Er arbeitete fast fünfundzwanzig Jahre, und wie viele oberflächliche und grobe Vorwürfe hörte er während dieser Zeit! Niemals sprach er, einer der sensibelsten russischen Dichter, im Predigerton. Doch war in Rußland auf diese Weise mit Verständnis und Gunst der Kritik zu rechnen? Wurde doch von Levitan verlangt, daß er seine Landschaft »belebe«, daß er nachhelfend eine Kuh, Gänse oder eine weibliche Gestalt hineinzeichne. Und Čechov war es natürlich nicht angenehm, solche Kritiker zu haben, sie gossen viel Bitterkeit in seine ohnehin durch die russische Lebensart vergiftete Seele. Und diese Bitterkeit wirkte sich aus.

»Nun werden wir bald Ihr Jubiläum feiern, Anton Pavlovič!«

»Ich, gestatten Sie, kenne diese Jubiläen. Fünfundzwanzig Jahre lang macht man einen Menschen nach Strich und Faden herunter, dann verehrt man ihm eine Gänsefeder aus Aluminium und schwätzt einen ganzen Tag lang, mit Tränen und Küssen, ausgefallenen Unsinn über ihn.«

»Haben Sie das gelesen, Anton Pavlovič?« sagt man zu ihm, nachdem man irgendwo einen Aufsatz über ihn gelesen hat.

Er aber schielt über sein Pincenez hinweg: »Untertänigsten Dank! Man schreibt über jemanden tausend Zeilen, doch unten fügt man hinzu: ›Was ist das schon für ein Schriftsteller, der Čechov: ein Miesmacher...‹ Aber wieso bin ich ein Miesmacher? Wieso ein ›verdrießlicher Mensch‹ und ›gleichgültig‹, wie die Kritiker behaupten? Warum ein ›Pessimist‹? Ist doch von meinen Sachen *Der Student* meine Lieblingsgeschichte... Ein besonders widerliches Wort ist das: ›Pessimist‹... Nein, die Kritiker sind noch schlimmer als die Schauspieler. Und die Schauspieler, wissen Sie, sind doch um fünfundsiebzig Jahre in der Entwicklung der russischen Gesellschaft zurückgeblieben.«

Und manchmal fügt er hinzu: »Wenn man Sie, verehrter Herr, irgendwo beschimpft, dann erinnern Sie sich hin und wieder an uns Sünder: uns haben die Kritiker für das allerkleinste Vergehen wie in einem Priesterseminar durchgeprügelt. Mir hat ein Kritiker prophezeit, daß ich hinterm Zaun sterben werde: ich bin ihm vorgekommen wie jemand, den man wegen Trunkenheit aus dem Gymnasium hinausgeworfen hat.«

Selten geriet er in Zorn, wenn es aber soweit kam, konnte er sich erstaunlich beherrschen. Kalt jedoch habe ich ihn nie gesehen. Kalt pflegte er, seinen Worten nach, nur bei der Arbeit zu sein, an die er erst heranging, nachdem ihm Idee und Gestalten seines zukünftigen Werkes völlig klar geworden waren; fast immer führte er die Arbeit ohne Unterbrechung zu Ende.

»Erst dann muß man sich ans Schreiben machen, wenn man sich kalt wie Eis fühlt«, sagte er einmal.

Freilich war das eine ganz besondere Art von Kälte.

Um einen derart komplizierten und schwer zu ergründenden Charakter begreifbar zu machen, müßte ein bedeutender und vielseitiger Mensch ein Buch über Leben und Schaffen dieses – wie L. N. Tolstoj sich ausdrückte – »unvergleichlichen Künstlers« schreiben. Ich jedoch bezeuge einstweilen von ganzem Herzen eines: Er war ein Mensch, der sich durch einen seltenen Adel der Seele, durch Wohlerzogenheit und Vortrefflichkeit auszeichnete, durch – im besten Sinne dieser Worte – Weichheit und Sensibilität bei ungewöhnlicher Aufrichtigkeit und Schlichtheit, Verstandesschärfe, Sanftheit und außerordentlicher Wahrheitsliebe.

Ich habe hier deshalb so häufig über die Gelassenheit Čechovs gesprochen, weil mir Gelassenheit kennzeichnend zu sein scheint für die einzigartige Kraft seiner Natur. Sie, nehme ich an, hat ihn auch in jenen Tagen, als seine Lebenslust am hellsten aufloderte, nicht im Stich gelassen, sie hat ihm gerade in seiner Jugend die Möglichkeit verschafft, sich nicht fremden Einflüssen zu beugen, sondern gleichermaßen anspruchslos und kühn mit seiner Arbeit zu beginnen, »ohne jegliche Abmachungen mit seinem Gewissen« und mit so unübertrefflicher Meisterschaft.

»Ich meine damit nicht«, sagt der Professor in der *Langweiligen Geschichte*, »daß die französischen Büchlein sowohl begabt wie gescheit und hochgestimmt wären. Auch sie befriedigen mich nicht. Allein sie sind nicht so langweilig wie die russischen, und man findet nicht selten darin das wesentlichste Element des Schaffens – das Gefühl für persönliche Freiheit...«

Und gerade dieses Gefühl für persönliche Freiheit zeichnet Čechov aus, er duldete nicht, daß man sie jemandem entzog, er wurde sogar scharf und sehr deutlich, wenn er sah, daß man einen Anschlag auf sie vorhatte.

Bekanntlich kam ihn diese »Freiheit« teuer zu stehen. Der Erfolg, den er hatte, wurde seiner Bedeutung lange Zeit nicht gerecht. Aber hat er je in seinem Leben auch nur die kleinste Anstrengung gemacht, seine Popularität zu vergrößern? Mit Schmerz und Abscheu schaute er auf all jene Machenschaften, die nicht selten in Gang gesetzt werden, um Erfolg zu erlangen.

»Und sie denken, sie seien – Schriftsteller! Sie sind – Kutscher!« sagte er bitter.

Sein Widerwillen gegen jegliches Sichhervortun ging manchmal bis zum Äußersten.

»Der ›Skorpion‹«, schrieb er mir nach Erscheinen des ersten Buches *Nördliche Blumen*, »berichtet so liederlich über seine Publikation. Er stellt mich als ersten heraus, und ich habe mir, als ich diese Ankündigung in den ›Russischen Nachrichten‹ las, geschworen, mich wahrhaftig niemals mehr mit Skorpionen, Krokodilen und Nattern einzulassen.«

Damals, im Winter 1900, hatte Čechov, der sich flüchtig für die Tätigkeit des eben gegründeten Verlages Skorpion interessierte, auf mein Drängen hin eine seiner Jugenderzählungen, *Auf See*, für den Almanach dieses Verlages gegeben. Später hat er das immer wieder bereut.

»Nein, all diese neue Moskauer Kunst ist ein – Unsinn«, sagte er. »Ich erinnere mich, in Taganrog las ich auf einem

Aushängeschild ›Fabrik künstlichen Mineralwassers‹. Das ist genau dasselbe. Neu ist nur, was begabt ist. Was begabt ist, ist neu.«

»Seien Sie gegrüßt, lieber Ivan Alekseevič!« schrieb er mir im Januar dieses Jahres nach Nizza. »Auf ein neues Jahr, auf ein neues Glück! Ihren Brief habe ich erhalten, ich danke Ihnen. Bei uns in Moskau ist alles wohlauf, es gibt nichts Neues (außer Neujahr), nichts läßt sich voraussehen; mein Stück ist nicht gelaufen, und wann es laufen wird, ist unbekannt. Es ist sehr gut möglich, daß ich im Februar nach Nizza komme... Grüßen Sie die liebe warme Sonne von mir, das stille Meer. Leben Sie voll und ganz Ihrem Vergnügen, seien Sie getrost, denken Sie nicht an Krankheiten, und schreiben Sie Ihren Freunden öfter... Bleiben Sie gesund, seien Sie vergnügt, glücklich und vergessen Sie Ihre tristen nördlichen Landsleute nicht, die an Verstimmung und schlechter Gemütsverfassung leiden. Ich küsse und umarme Sie.«

»Grüßen Sie die liebe warme Sonne von mir, das stille Meer...« – solche Worte habe ich selten von ihm gehört. Eher spürte ich oft, daß er sie hätte aussprechen müssen, und das waren Minuten, in denen mir sehr schmerzlich zumute war.

Ich erinnere mich einer Nacht im zeitigen Frühjahr. Es war schon spät; plötzlich ruft man mich ans Telephon. Ich gehe hin und höre: »Lieber, nehmen Sie den schnellsten Kutscher und kommen Sie zu mir. Wir wollen spazierenfahren.«

»Spazierenfahren? In der Nacht?« wunderte ich mich. »Was ist mit Ihnen los, Anton Pavlovič?«

»Ich bin verliebt.«

»Das ist schön, aber es ist zehn Uhr... Und dann – Sie könnten sich erkälten...«

»Junger Mann, belieben Sie nicht zu überlegen!«

Zehn Minuten später war ich in Autka. In dem Haus, wo er den Winter über nur mit seiner Mutter wohnte, herrschten wie immer tödliche Stille und Finsternis, matt brannten, sich im Halbdunkel verlierend, zwei Kerzen im Arbeitszimmer. Und wie immer zog mein Herz sich vor Mitleid zusammen beim Anblick dieses stillen Raumes, in dem für Čechov so viele einsame Winterabende dahingingen, vielleicht mit bitteren Gedanken über sein Schicksal ausgefüllt.

»Was für eine Nacht!« sagte er zu mir, mit einer für ihn ungewöhnlichen Weichheit und gewissen schwermütigen Freude, als wir an der Schwelle seines Arbeitszimmers zusammentrafen. »Und zu Hause – welche Langeweile! Und Freude erst, als das Telephon zirpt und Sofja Pavlovna fragt, was ich mache, und ich ihr antworte: Ich fange Mäuse. Lassen Sie uns nach Oreanda fahren. Ich werde mich erkälten – und drauf pfeifen.«

Die Nacht war warm und still, mit hellem Mond, leichten weißen Wolken und hier und da am hohen blauen Himmel aufstrahlenden Sternen. Die Equipage fuhr weich über die weiße Chaussee dahin, wir schwiegen und blickten auf das mattgolden schimmernde Meer. Dann kam der Wald mit sanften, spinnwebähnlichen Schattenmustern, schon frühlingshaft zart, schön und melancholisch. Zypressen dunkelten und strebten zu den leuchtenden Sternen empor. Als wir ausgestiegen waren und still dahingingen, vorbei an den Ruinen eines Schlosses, die bläulichbleich im Mondlicht schimmerten, sagte Čechov plötzlich zu mir: »Wissen Sie, wie viele Jahre man mich noch lesen wird? Sieben.«

»Warum sieben?« fragte ich.

»Nun, dann siebeneinhalb.«

»Nein«, sagte ich, »Dichtung lebt lange, und um so länger, je stärker sie ist.«

Er entgegnete nichts darauf; doch als wir uns irgendwo auf eine Bank setzten, von der aus sich noch einmal der Blick auf das im Mondlicht glänzende Meer auftat, nahm er sein Pincenez ab, sah mich mit seinen guten, müden Augen an und sagte: »Zu den Dichtern, verehrter Herr, zählen nur die, die Wörter benutzen wie ›silberfarbene Ferne‹, ›Akkord‹, oder ›Zur Schlacht, zur Schlacht, auf in den Kampf mit der Finsternis!‹«

»Sie sind niedergeschlagen heute, Anton Pavlovič«, sagte ich und schaute in sein schlichtes, gutes und schönes, in dieser Beleuchtung etwas blasses Gesicht. Er hatte die Augen gesenkt und warf mit der Spitze seines Spazierstocks kleine Steinchen hoch, blickte aber, als ich sagte, er sei niedergeschlagen, schalkhaft zu mir auf.

»Sie sind es, der niedergeschlagen ist«, antwortete er. »Und zwar deshalb, weil Sie sich mit dem Kutscher in große Unkosten gestürzt haben.« Und fügte dann, wieder ernst geworden, hinzu: »Trotzdem wird man mich nur noch sieben Jahre lesen, und zu leben bleibt mir im ganzen noch weniger: sechs Jahre nämlich. Sprechen Sie nur nicht mit den Odessaer Reportern darüber...«

Diesmal irrte er sich, ihm blieb noch weniger Zeit.

Er starb ruhig, ohne zu leiden, inmitten der Stille und Schönheit des beginnenden Sommers, den er immer so geliebt hatte. Und als er gestorben war, »erschien der Ausdruck des Glücks auf seinem plötzlich verjüngten Gesicht...« Man erinnert sich der Worte von L. de Lisle:

> Moi, je t'envie au fond du tombeau calme et noir,
> D'être affranchi de vivre et de ne plus savoir
> La honte de penser et l'horreur d'être un homme.

Moskau, im September 1904

Maksim Gorkij
A. P. Čechov

Eines Tages lud mich Čechov zu einem Besuch in das Dorf Kučuk-Koj ein, wo er ein kleines Grundstück und ein weißes zweistöckiges Häuschen besaß. Er zeigte mir seine »Besitzung« und sagte dabei lebhaft:

»Wenn ich viel Geld hätte, würde ich hier ein Sanatorium für kranke Dorfschullehrer bauen. Ich würde, wissen Sie, solch ein großes Gebäude errichten, mit sehr, sehr viel Licht, mit großen Fenstern und hohen Decken. Ich würde eine prächtige Bibliothek haben und verschiedene Musikinstrumente, Bienenstöcke, einen Obst- und Gemüsegarten... Man könnte da Vorträge über Landwirtschaft halten und über Meteorologie... ein Lehrer muß eben alles wissen.«

Er schwieg plötzlich, hustete, blickte mich von der Seite an, und auf seinem Gesicht erschien jenes sanfte, liebenswürdige Lächeln, das einen stets so unwiderstehlich zu ihm hinzog und ein ganz besonderes Interesse für seine Worte erregte.

»Meine Phantasien langweilen Sie? Und ich verweile gern bei diesem Thema... Wenn Sie wüßten, wie sehr das russische Dorf eines tüchtigen, gebildeten Lehrerstandes bedarf! Bei uns in Rußland sollte man ihm eine ganz besondere Stellung einräumen, und zwar müßte das so rasch wie möglich geschehen, wenn wir bedenken, daß ohne umfassende Volksbildung ein Staatswesen zerfallen muß, wie ein Haus, das aus schlecht gebrannten Ziegeln errichtet ist! Der Lehrer soll ein Meister in seinem Fache, ein seinem Beruf mit Begeisterung ergebener Künstler sein, bei uns aber ist der Lehrer ein Tagelöhner, ein mangelhaft vorgebildeter Mensch, der mit demselben Gefühl ins Dorf geht, um dort die Kinder zu unterrichten, wie wenn er in die Verbannung müßte. Er ist hungrig und verschüchtert, er zittert bei dem bloßen Gedanken, daß er sein Stückchen Brot verlieren könnte... Statt dessen sollte er der erste Mann im Dorfe sein, sollte befähigt sein, dem Bauern auf alle seine Fragen die rechte Antwort zu geben, damit dieser in dem Lehrer einen einflußreichen, wichtigen Faktor respektieren lernt und niemand ihn anzuschreien und zu demütigen wagt, wie dies heut jedermann sich herausnimmt: der Polizeibeamte, der reiche Krämer, der Pope, der Distriktskommissar, der Schulkurator, der Ortsvorsteher und jener Beamte, der den Namen eines Schulinspektors trägt, jedoch nicht auf die Förderung der Volksbildung, sondern nur auf die pünktliche Erledigung der Zirkulare bedacht ist. Ist es nicht widersinnig, daß man einen Menschen, der zur Erziehung des Volkes – verstehen Sie wohl? – zur Erziehung des Volkes! – berufen ist, aufs jämmerlichste bezahlt? Man sollte es nicht leiden, daß dieser Mensch in Lumpen einhergeht, daß er in den feuchten Schulbaracken, durch deren Ritzen der Wind pfeift, vor Kälte zittert, in Kohlendunst erstickt, Erkältungen ausgesetzt ist und mit dreißig Jahren an Laryngitis, Rheumatismus, Tuberkulose erkrankt... Schämen sollten wir uns solcher Zustände! Acht, neun Monate im Jahre bringt unser Dorflehrer wie ein Einsiedler zu, spricht mit keinem Menschen ein Wort, wird in der Einsamkeit, ohne Bücher, ohne Zerstreuungen völlig stumpfsinnig. Und lädt er sich ein paar Kollegen ein, dann beschuldigt man ihn der politischen Unzuverlässigkeit... ein törichtes Wort, mit dem gewisse Schlauberger die Dummen im Lande schrecken!... Widerwärtig ist das alles... als wenn man sich über einen Menschen, der eine so große und so ungeheuer wichtige Arbeit verrichtet, lustig machen wollte... Wissen Sie, wenn ich einen Lehrer sehe, schäme ich mich vor ihm – daß er so zaghaft ist und so schlecht gekleidet... und ich habe die Empfindung, als wäre ich selbst auch mit schuld an dieser Armut unserer Lehrer... in allem Ernst!«

Er schwieg, versank in Nachdenken und sagte dann leise, mit resignierender Geste:

»Ein unvernünftiges, schwerfälliges Land ist unser altes Rußland!...«

Ein Schatten tiefen Grams senkte sich auf seine prächtigen Augen, ein Strahlenkranz von feinen Fältchen umgab sie, seinen Blick noch vertiefend. Er schaute umher und sagte dann in leichter Selbstverspottung:

»Da habe ich Ihnen nun einen ganzen Leitartikel aus einer liberalen Zeitung hergesagt... Kommen Sie, jetzt sollen Sie Tee bekommen, dafür, daß Sie so geduldig sind.«

Es war das häufig so seine Art: erst sprach er ernsthaft, offen und mit Wärme über irgendeinen Gegenstand, und dann begann er plötzlich über sich selbst und seine Rede zu lächeln. Aus diesem sanften, schwermütigen Lächeln fühlte man einen feinen Skeptizismus heraus, der Worte und Gedanken auf ihre Tragweite hin abzuschätzen weiß. Aber auch liebenswürdige Bescheidenheit und Zartgefühl kamen in diesem Lächeln zum Ausdruck...

Wir gingen gemächlich und schweigend ins Haus. Es war ein lichter, heißer Tag; auf den schäumenden Wogen des Meeres spielten glitzernd die Sonnenstrahlen; weiter bergab ließ ein

Hund sein freudiges Gebell hören. Čechov nahm meinen Arm und sagte langsam, von einem Hustenanfall unterbrochen: »Es ist traurig und beschämend... aber wahr: es gibt viele Menschen, die die Hunde beneiden...«

Und sogleich fügte er lachend hinzu:

»Was ich heut rede, ist recht schwächliches Zeug... Man sieht – ich werde alt!«

Mehr als einmal sagte er zu mir:

»Wissen Sie, da ist ein Lehrer angekommen... er ist krank, hat Frau und Kinder; können Sie nicht irgend etwas für ihn tun? Vorläufig habe ich ihn hier untergebracht...«

Oder:

»Hören Sie, Gorkij – hier ist ein Lehrer, der Sie gern kennenlernen möchte... Er ist krank und kann nicht ausgehen... Wollen Sie ihn nicht einmal besuchen?«

Oder:

»Da bitten mich ein paar Lehrerinnen, ich möchte ihnen Bücher schicken...«

Bisweilen traf ich diesen »Lehrer« bei ihm: er saß gewöhnlich auf dem Stuhlrand, ganz rot im Bewußtsein seiner Verlegenheit, und suchte im Schweiße seines Angesichts nach Worten, um ja recht glatt und »gebildet« zu sprechen. Oder er überschüttete Anton Pavlovič mit der Ungezwungenheit eines überaus schüchternen Menschen, der alles daran setzen möchte, um nur ja in den Augen des Schriftstellers nicht dumm zu erscheinen, mit einem Schwall von Fragen, die ihm bis dahin kaum in den Kopf gekommen sein mochten.

Anton Pavlovič hörte der unbeholfenen Rede aufmerksam zu; über seine schwermütigen Augen huschte ein Lächeln, die feinen Runzeln an seinen Schläfen begannen zu zucken, und mit seiner tiefen, weichen, gleichsam verschatteten Stimme sprach er dann selbst einfache, klare, lebenswahre Worte – Worte, die den Besucher mit einemmal aus aller Verlegenheit befreiten: er gab es auf, den Gebildeten und Verständigen zu spielen, und wurde nun mit einemmal verständiger und interessanter...

Ich erinnere mich eines Lehrers, den ich bei Čechov antraf – es war ein hochgewachsener, hagerer Mensch mit einem gelben, hungrigen Gesicht und langer, melancholisch nach dem Kinn herabgebogener Nase. Er saß Anton Pavlovič gegenüber, sah ihm mit seinen schwarzen Augen starr ins Gesicht und sagte verdrießlich mit seiner tiefen Baßstimme:

»Aus solchen und ähnlichen Lebenseindrücken bildet sich schließlich im Laufe der pädagogischen Saison ein solches psychologisches Konglomerat, das jede Möglichkeit eines objektiven Verhaltens gegenüber der umgebenden Welt absolut ausschließt. Gewiß, die Welt ist nichts anderes als lediglich die Vorstellung, die wir von ihr haben...«

Damit begab er sich auf das Gebiet der Philosophie und begann darauf hin und her zu schwanken wie ein Trunkener auf dem Eise.

»Sagen Sie einmal«, fragte Čechov leise, in freundlichem Tone, »in Ihrem Kreise soll es Lehrer geben, die die Kinder schlagen?«

Der Lehrer sprang vom Stuhle auf und fuchtelte aufgeregt mit den Händen.

»Was sagen Sie da! Ich vielleicht? Niemals! Schlagen?«

Und er schnaubte gekränkt.

»Beruhigen Sie sich«, fuhr Anton Pavlovič mit einem beschwichtigenden Lächeln fort, »rede ich denn von Ihnen? Ich erinnere mich nur, in der Zeitung gelesen zu haben, daß da irgend jemand die Kinder prügelt... und zwar gerade in Ihrem Kreise...«

Der Lehrer setzte sich, trocknete den Schweiß von seinem Gesicht und sprach, erleichtert aufatmend, in seinem dumpfen Baß:

»Ganz recht. Wir hatten einmal einen solchen Fall. Da war ein gewisser Makarov. Aber, wissen Sie, es war wirklich kein Wunder! Es war eine Roheit, aber doch sehr erklärlich. Der Mann ist verheiratet... hat vier Kinder... seine Frau ist krank... er selbst hat die Schwindsucht... sein Gehalt beträgt zwanzig Rubel... und die Schule ist der reine Keller, der Lehrer wohnt in einem einzigen Zimmer. Unter solchen Umständen

kann sich ein Mensch an den Engeln des Himmels vergreifen...
und Schüler sind, weiß Gott, keine Engel... glauben Sie mirs!«

Derselbe Mensch, der eben noch erbarmungslos seinen ganzen Vorrat an »gebildeten« Worten über Čechov ausgeschüttet hatte, brachte plötzlich, während seine Adlernase drohend in der Luft auf und nieder fuhr, in wuchtigen, klaren, grell beleuchtenden Worten all den Fluch und Jammer zum Ausdruck, in dem das russische Dorf dahinvegetiert...

Beim Abschied nahm der Lehrer Čechovs magere, kleine Hand mit den feinen Fingern in beide Hände und sprach, sie kräftig schüttelnd:

»Ich ging zu Ihnen wie zu einem Vorgesetzten... schüchtern und bebend... ich sträubte meine Federn wie ein Puter, um Ihnen zu zeigen, daß ich kein Tropf bin... und nun gehe ich von Ihnen wie von einem guten Menschen, der mir herzlich nahesteht und alles begreift... Alles begreifen – oh, das ist ein großes Ding! Ich danke Ihnen! Und ich nehme einen guten, schönen Gedanken von hier mit; daß nämlich große Männer einfacher, verständlicher in ihrem Wesen und unsereinem verwandter sind als die Jammermenschen, unter denen wir leben... Leben Sie wohl... ich werde Sie nie vergessen...«

Seine Nase zuckte, um die Lippen spielte ein gutmütiges Lächeln, und unerwartet fügte er hinzu:

»Eigentlich sind ja auch die Schufte – unglückliche Menschen... der Teufel mag sie holen!«

Als er uns verlassen hatte, blickte Anton Pavlovič ihm nach und sagte lächelnd:

»Ein prächtiger Mensch... Er wird nicht lange Lehrer sein...«

»Weshalb nicht?«

»Sie werden gegen ihn hetzen... und ihn schließlich aus dem Amt jagen...«

Und nach kurzem Sinnen fügte er mit weicher, leiser Stimme hinzu:

»In Rußland spielt der ehrliche Mensch eine ähnliche Rolle wie der Schornsteinfeger, mit dem die Ammen die Kinder schrecken...«

Ich hatte den Eindruck, als ob jeder Mensch in Anton Pavlovičs Gegenwart unwillkürlich das Bestreben in sich fühlte, einfacher und aufrichtiger, mit einem Wort – mehr er selbst zu sein, und ich konnte öfter beobachten, wie die Leute, die ihn besuchten, im Gespräch mit ihm all den bunten Tand ihrer Bücherphrasen, Modewörter und sonstigen billigen Zierate von sich warfen, mit denen der Russe, in dem Bestreben, als Europäer zu erscheinen, sich so gern schmückt wie der Wilde mit Muscheln und Fischzähnen. Anton Pavlovič war ein entschiedener Feind jedes solchen Ausputzes; alles Bunte, Schreiende, Fremdartige – alles, mit einem Wort, was den Leuten dazu dienen soll, die Wichtigkeit ihrer Person zu unterstreichen, beunruhigte ihn, und ich habe bemerkt, daß er jedesmal, wenn er einen Menschen in solcher Maskierung vor sich sah, ihn am liebsten von dem überflüssigen Flitter befreit hätte, der sein wahres Wesen, sein wahres Gesicht verbarg. Sein ganzes Leben lang ist Čechov sich selbst treu geblieben, stets war er innerlich frei und unabhängig, nie hat er auf das Rücksicht genommen, was die andern von Anton Čechov erwarteten oder gar forderten. Er war ein Feind aller Gespräche über sogenannte »höhere« Fragen, mit denen der gute »russische Mensch« sich gar zu gern tröstet und erquickt, wobei er nur das eine vergißt, daß es lächerlich ist und durchaus nicht geistreich, über die Samtkostüme der Zukunft zu disputieren, wenn man in der Gegenwart nicht einmal ein Paar ordentliche Hosen am Leibe hat.

Wie er selbst in seinem ganzen Wesen von einer schönen, natürlichen Schlichtheit war, so liebte er auch alles Schlichte, Echte, Aufrichtige, und er besaß ein eigenes Geschick, die Menschen auf das Schlichte und Echte hinzuleiten.

Ich erinnere mich noch, wie ihn eines Tages drei elegant gekleidete Damen besuchten: das Knistern ihrer seidenen Röcke und der starke Duft ihrer Parfüms erfüllte sein Arbeitszimmer; geziert nahmen sie dem Hausherrn gegenüber Platz, taten, als ob sie sich Gott weiß wie sehr für die Politik interessierten, und begannen ihm »Fragen zu stellen«:

»Wie denken Sie über den Krieg, Anton Pavlovič? Wie wird er enden?«

Anton Pavlovič hustete, dachte ein Weilchen nach und antwortete dann ernst und freundlich:

»Vermutlich – mit einem Friedensschluß...«

»Nun ja... natürlich! Aber wer wird siegen? Die Griechen oder die Türken?«

»Ich glaube – der Stärkere wird siegen...«

»Und wer ist nach Ihrer Ansicht der Stärkere?« fragten die drei Damen, sich förmlich überstürzend.

»Derjenige, der besser genährt und gebildeter ist...«

»Ach, wie geistvoll!« rief die eine von den dreien.

»Und wen lieben Sie mehr – die Griechen oder die Türken?« fragte die zweite.

Anton Pavlovič sah sie freundlich an und versetzte mit liebenswürdigem, feinem Lächeln:

»Ich liebe... Marmelade. Und Sie – lieben Sie auch Marmelade?«

»Sehr!« rief die Dame lebhaft.

»Sie hat so ein feines Aroma!« bestätigte die andere ernst.

Und alle drei wurden nun ganz gesprächig und bekundeten in der Marmeladenfrage eine bewundernswerte Sachkenntnis und Erfahrung. Sie waren offenbar sehr zufrieden, daß sie ihren Verstand nicht anzustrengen und ein besonderes Interesse für die Türken und Griechen, die ihnen bisher völlig gleichgültig gewesen waren, an den Tag zu legen brauchten. Und als sie fortgingen, versprachen sie vergnügt, Anton Pavlovič Marmelade zu schicken.

»Sie haben entzückend geplaudert«, sagte ich zu ihm, als wir allein waren.

Er lachte still und sagte:

»Man braucht die Leute nur dahin zu bringen, daß sie reden, wie ihnen der Schnabel gewachsen ist...«

Ein andermal traf ich bei ihm einen hübschen, jungen Staatsanwalts-Substituten. Er stand vor Čechov, schüttelte seinen Lockenkopf und sagte lebhaft:

»In Ihrer Erzählung *Der Attentäter* haben Sie mich vor eine recht komplizierte Frage gestellt, Anton Pavlovič. Wenn ich bei Denis Petrovič, dem Helden der Erzählung, das Vorhandensein eines bewußt handelnden bösen Willens annehme, muß ich ihn, wie die Interessen der Gesellschaft es verlangen, ohne weiteres ins Loch stecken. Aber er ist ein Wilder, er hatte nicht das Bewußtsein der verbrecherischen Tat, und so fühle ich Mitleid mit ihm. Wenn ich ihn nun aber als ein Subjekt behandle, das ohne klares Bewußtsein handelt, wenn ich das Gefühl des Mitleids in mir sprechen lasse – wie soll ich dann die Gesellschaft dagegen schützen, daß Denis nicht ein zweites Mal die Muttern an dem Bahngeleise abschraubt und ein Unglück herbeiführt? Das ist die Frage! Was ist da zu tun?«

Er schwieg, lehnte den Oberkörper zurück und richtete seinen fragenden Blick auf Anton Pavlovič. Er trug eine nagelneue Uniform, und die Knöpfe an seiner Brust glänzten ebenso selbstbewußt und stupid wie die kleinen Augen in dem sauberen Gesichtchen des jungen Rechtsbeflissenen.

»Wenn ich Richter wäre«, sagte Anton Pavlovič ernst, »ich würde Denis freisprechen . . .«

»Ja – aber wie würden Sie das motivieren?«

»Ich würde ihm sagen: mein lieber Denis, du hast noch nicht die volle Reife des bewußten Verbrechers erreicht – geh hin und werde erst reif!«

Der Jurist lachte, wurde jedoch sogleich wieder feierlich ernst und fuhr fort:

»Nein, mein verehrter Anton Pavlovič – die von Ihnen gestellte Frage kann nur in Übereinstimmung mit den Interessen der Gesellschaft entschieden werden, deren Leben und Eigentum ich zu schützen berufen bin. Denis ist allerdings ein Wilder, das ist richtig, aber er ist eben – ein Verbrecher, und das genügt!«

»Sind Sie ein Freund des Grammophons?« fragte plötzlich Anton Pavlovič freundlich.

»Oh, gewiß – ein großer Freund! Eine ganz erstaunliche Erfindung!« versetzte der junge Mann lebhaft.

»Und ich kann die Grammophone nicht ausstehen!« bekannte Anton Pavlovič traurig.

»Warum nicht?«

»Weil sie sprechen und singen, ohne zu fühlen. Weil bei

ihnen alles so karikiert herauskommt... so tot... Beschäftigen Sie sich nicht auch mit der Photographie?«

Es stellte sich in der Tat heraus, daß der Jurist ein leidenschaftlicher Amateurphotograph war; er ging sogleich mit Begeisterung auf dieses Thema ein und zeigte gar kein Interesse mehr für das Grammophon, obschon zwischen ihm selbst und dieser »erstaunlichen Erfindung« eine von Čechov rasch herausgefundene Ähnlichkeit bestand. Wiederum sah ich, wie aus der Uniform ein lebendiges, ziemlich amüsantes Menschlein hervorkroch, das sich dem Leben gegenüber vorläufig noch ganz so benahm wie ein junger Hund auf der Jagd.

Als Anton Pavlovič ihm das Geleit gegeben hatte, sagte er düster:

»Und solche Schwachköpfe entscheiden im Namen der Gerechtigkeit über Menschenschicksale!«

Und nach einer Weile fügte er hinzu:

»Staatsanwälte angeln gern Fische... namentlich Kaulbarsche!«

Čechov verstand in hohem Maße die Kunst, das Triviale im Leben zu erkennen und zu schildern – eine Kunst, die nur derjenige beherrscht, der selbst an das Leben hohe Anforderungen stellt und von dem heißen Wunsche beseelt ist, die Menschen schlicht, schön und harmonisch zu sehen. Die Trivialität hat stets in ihm einen unerbittlich strengen Kritiker gefunden.

Irgend jemand erzählte in seiner Gegenwart, daß der Herausgeber einer populären Wochenschrift, ein Mensch, der stets das Mitleid und die Bruderliebe im Munde führte, ohne jeden Grund einen Eisenbahnschaffner beleidigt habe und daß er die von ihm abhängigen Leute maßlos grob behandle.

»Kein Wunder«, sagte Anton Pavlovič, düster lächelnd, »der Mann ist doch ein Aristokrat... ist gebildet... er hat ja das Seminar besucht! Sein Vater hat Bastschuhe getragen, und er trägt Lackstiefel...« Und in der Betonung dieser Worte lag etwas, was den »Aristokraten« knapp und scharf als einen erbärmlichen, lächerlichen Menschen charakterisierte.

»Ein sehr talentvoller Mensch«, sagte er von einem Journalisten. »Er schreibt stets so devot, so human, so limonadig ... und seine Frau nennt er in Gesellschaft offen eine dumme Gans ... seine Dienstboten läßt er in einem feuchten Zimmer schlafen ... und seine Stubenmädchen kriegen alle Rheumatismus ...«

»Wie gefällt Ihnen N. N., Anton Pavlovič?«

»Recht gut ... Ein angenehmer Mensch ...« sagt Anton Pavlovič hüstelnd. »Er weiß alles ... liest viel ... Bei mir hat er einmal während seines Besuches drei Bücher ausgelesen ... Etwas zerstreut ist er ja ... heute versichert er Ihnen, daß Sie ein prächtiger Mensch sind, und morgen teilt er irgend jemandem mit, daß Sie dem Gatten Ihrer Geliebten ein Paar seidene Socken – schwarz mit blauen Streifen – gestohlen haben ...«

Irgend jemand beklagte sich bei ihm über die Langeweile und Schwerfälligkeit der »wissenschaftlichen« Aufsätze in den dickleibigen Zeitschriften.

»Lesen Sie doch diese Aufsätze nicht«, riet Anton Pavlovič in überzeugtem Tone. »Das ist Freundschaftsliteratur ... Literatur von Freunden. Verfasser sind die Herren Rot, Schwarz und Weiß. Der eine schreibt einen Aufsatz, der zweite polemisiert dagegen, und der dritte söhnt die Gegensätze zwischen den beiden ersten aus. Es ist etwas Ähnliches wie das Spiel mit dem Strohmann beim Kartenspiel ... Was der Leser mit all dem Zeug anfangen soll – danach fragt keiner von den Herren ...«

Einmal besuchte ihn eine Dame – üppig, gesund, hübsch und sehr schick gekleidet. Sie begann die Unterhaltung ganz im »Čechov«-Ton:

»Das Leben ist so langwierig, Anton Pavlovič! Alles ist so grau: die Menschen, der Himmel, das Meer – ja, selbst die Blumen erscheinen mir grau ... Ich habe keine Wünsche ... meine Seele ist voll Gram ... Es ist mir, als ob irgendein Leiden ...«

»Gewiß ist das ein Leiden«, fiel Čechov ihr mit ernster Miene ins Wort. »Ein ganz bestimmtes Leiden: Morbus pritvorialis heißt es auf lateinisch ...«

Die Dame verstand glücklicherweise kein Latein, oder sie stellte sich wenigstens so, als ob sie es nicht verstände.

»Die Kritiker«, sagte er mit seinem klugen Lächeln, »sind wie die Bremsen, die das Pferd beim Pflügen belästigen. Das arme Pferd arbeitet, alle seine Muskeln sind gespannt wie die Saiten einer Baßgeige, und nun setzt sich ihm auf einmal solch eine Bremse aufs Kreuz, kitzelt es, brummt und zwingt es, sich zu schütteln und den Schweif zu bewegen... Was das Bremsentier eigentlich brummt – das weiß es vielleicht selbst nicht... Sein Wesen ist eben so unruhig, es will sich wichtig machen: seht, ich bin auch da auf Erden!... Und ich kann sogar brummen... über alles kann ich brummen! – Seit fünfundzwanzig Jahren lese ich die Kritiken über meine Erzählungen, und nicht einen einzigen wertvollen Fingerzeig, nicht einen einzigen brauchbaren Ratschlag habe ich in ihnen gefunden... Nur Herr Skabičevskij hat einmal Eindruck auf mich gemacht... er schrieb, daß ich betrunken hinter einem Zaun sterben würde...«

In seinen schwermütigen grauen Augen flimmerte es fast immer wie ein feiner Spott. Bisweilen jedoch nahmen diese Augen einen kalten, herben Ausdruck an; in solchen Momenten bekam seine geschmeidige, zu Herzen gehende Stimme einen härteren Klang, und ich glaube wohl, daß dieser bescheidene, sanfte Mensch nötigenfalls einer ihm feindlichen Macht mit dem gehörigen Nachdruck entgegenzutreten gewußt hätte.

Bisweilen schien es mir, daß in Čechovs Beziehungen zu den Menschen eine gewisse, an kalte, stille Verzweiflung grenzende Hoffnungslosigkeit zutage trat.

»Ein seltsames Wesen, der russische Mensch!« sagte er eines Tages. »Es bleibt nichts in ihm haften – es läuft alles hindurch, wie durch ein Sieb. In jungen Jahren füllt er seine Seele mit allem Möglichen an, was ihm gerade unter die Hand kommt, und nach dem dreißigsten Jahre ist nichts weiter davon übrig als ein grauer, schmutziger Niederschlag... Um ehrenhaft, nach Menschenart zu leben, muß man arbeiten, mit Liebe und Vertrauen arbeiten... und das versteht man bei uns nicht... Der Architekt, der zwei, drei anständige Häuser gebaut hat, setzt sich zur Ruhe und spielt sein Leben lang Karten, oder er treibt sich hinter den Theaterkulissen herum. Der Arzt, der eine Praxis hat, interessiert sich nicht weiter für die Wissenschaft, liest nur noch die

›Therapeutischen Mitteilungen‹ und ist mit vierzig Jahren fest davon überzeugt, daß alle Krankheiten auf Erkältung zurückzuführen sind. Ich bin nicht einem einzigen Beamten begegnet, der auch nur eine leise Ahnung von der Bedeutung seiner Arbeit gehabt hätte. Gewöhnlich sitzt er in der Residenz oder in einer Gouvernementsstadt, schreibt Akten und schickt sie nach Zmiev oder Smorgon zur Erledigung. Und wen etwa diese Akten und Schriftstücke, die er ausfertigt, in Zmiev oder Smorgon der Bewegungsfreiheit berauben – daran denkt der Beamte ebensowenig wie der Atheist an die Qualen der Hölle. Hat ein Advokat sich durch eine geschickte Verteidigung einen Namen gemacht, dann hört er auf, an die Verteidigung von Wahrheit und Recht zu denken – er verteidigt nur noch das Eigentumsrecht und amüsiert sich im übrigen bei Pferderennen, ißt Austern und spielt sich als feinsinniger Kunstkenner auf. Der Schauspieler, der zwei, drei Rollen erträglich gespielt hat, hält das Studium weiterer Rollen für überflüssig, setzt sich einen Zylinderhut auf und denkt, er sei ein Genie. Ganz Rußland ist ein Land gieriger und träger Menschen: sie essen schrecklich viel, trinken, schlafen am Tage und schnarchen im Schlaf. Sie heiraten um der häuslichen Ordnung willen und schaffen sich, um in der Gesellschaft etwas zu gelten, eine Geliebte an. Ihre Psychologie ist die der Hunde: schlägt man sie, dann winseln sie leise und verkriechen sich in ihre Löcher, streichelt man sie, dann legen sie sich auf den Rücken, strecken die Pfötchen in die Luft und wedeln mit dem Schwanz...«

Niedergeschlagenheit und kühle Geringschätzung klang aus diesen Worten. Doch Čechov bemitleidete zugleich diejenigen, die er verachtete, und wenn in seiner Gegenwart über irgend jemanden scharf hergezogen wurde, trat er sofort für den Angegriffenen ein:

»Warum schelten Sie ihn? Er ist doch ein Greis... Siebzig Jahre ist er alt...«

Oder:

»Er ist ja noch so jung... Seine Unerfahrenheit ist schuld...«

Und wenn er so sprach, bemerkte ich keine Spur von Widerwillen in seinem Gesicht...

In der Jugend wirkt das Niedrige nur erheiternd und erscheint uns nichtig, aber nach und nach umnebelt es den Menschen, verdüstert sein Gehirn, dringt in sein Blut, vergiftend wie Kohlendunst, und der Mensch wird einem alten, von Rost zerfressenen Schild ähnlich: es scheint, daß etwas darauf dargestellt ist, aber was? – daraus wird man nicht klug.

Schon in seinen ersten Erzählungen gelang es Anton Čechov, im trüben Meere der alltäglichen Plattheit ihre tragisch düsteren Scherze aufzudecken; man braucht nur seine »humoristischen« Erzählungen aufmerksam zu lesen, um sich zu überzeugen, wieviel Grausames und Widerwärtiges der Autor mit Gram in den drolligen Redensarten und Situationen sah und schamhaft verbarg.

Er war so keusch-bescheiden, wagte es nicht, den Menschen laut und offen zu sagen: »So seid doch… anständiger!« Er hoffte vergebens, daß sie selber die Notwendigkeit einsehen würden, sich zu bessern. Da er alles Niedrige und Schmutzige verabscheute, beschrieb er die Widerlichkeit des Lebens mit der edlen Sprache des Dichters, mit dem weichen Lächeln des Humoristen, und der innere, bittere und vorwurfsvolle Sinn seiner Erzählungen wurde durch die herrliche Form der Wiedergabe verborgen.

Wenn das verehrte Publikum *Albions Tochter* liest, lacht es über diese Erzählung und merkt kaum den rohen Spott des satten Herrn für einen einsamen Mann, der allem und allen fremd ist. Und aus jeder humoristischen Erzählung von Anton Pavlovič höre ich den leisen, tiefen Seufzer eines reinen, wirklich menschlichen Herzens; der hoffnungslose Seufzer des Mitleids mit allen, die ihre menschliche Würde nicht zu achten wissen und sich widerstandslos der groben Kraft unterwerfen, wie Sklaven dahinleben, an nichts glauben, außer an die Notwendigkeit, jeden Tag möglichst viel fette Kohlsuppe zu essen, und nichts fühlen außer der Furcht, daß irgendein starker und frecher Mensch sie vielleicht schlagen könnte.

Niemand verstand so klar und deutlich das Tragische der Kleinlichkeiten des Lebens wie Anton Čechov, keiner vor ihm vermochte es, den Menschen das schmach- und kummervolle

Bild ihres Lebens im düsteren Chaos des spießbürgerlichen Alltags so rückhaltlos und wahrheitsgetreu zu schildern.

Alles Niedrige war sein Feind; sein Leben lang hat er dagegen angekämpft; er hat es verspottet und es mit seiner scharfen, leidenschaftslosen Feder geschildert; er verstand es, den Schimmel der Plattheit sogar dort zu finden, wo beim ersten Anblick scheinbar alles sehr gut, bequem, ja sogar glänzend eingerichtet war... Und dafür hat sich die Gemeinheit durch einen bösen Streich gerächt, als sein Sarg, der Sarg mit dem Leichnam eines Dichters, in einen Güterwagen für den Transport von Austern gestellt wurde.

Der schmutzig-grüne Fleck dieses Transportwagens erscheint mir als das ungeheure, triumphierende Lächeln der Gemeinheit über den niedergesunkenen Feind, und die zahllosen »Erinnerungen« der Straßenblätter – die heuchlerische Trauer, hinter der ich den kalten, üblen Atem eben dieser Gemeinheit fühle, die sich insgeheim über den Tod ihres Feindes freut.

Wenn man die Erzählungen von Anton Čechov liest, hat man ein Gefühl wie an einem traurigen Spätherbsttag, an dem die Luft so durchsichtig klar ist und die blattlosen Bäume, die engen Häuser, die grauen Menschen in der Luft so scharf umrissen sind. Es ist alles so merkwürdig einsam, bewegungslos und kraftlos. Die tiefe blaue Ferne ist öde und umweht die mit erstarrtem Schmutz bedeckte Erde mit ihrem sehnsüchtigen kalten Hauch, dort, wo sie mit dem blassen Himmel zusammenfließt. Wie die Herbstsonne erhellt der Verstand des Autors mit unerbittlicher Klarheit die abgetretenen Wege, die krummen Straßen, die engen und schmutzigen Häuser, überall da, wo die kleinen, erbärmlichen Menschen vor Langeweile und Faulheit ersticken und sie mit ihrer sinnlosen, halbschlaftrunkenen Geschäftigkeit beleben. Da huscht, aufgeregt wie eine graue Maus, *Herzchen* vorbei – eine nette, sanfte Frau, die so ergeben, so viel lieben kann. Man kann sie ins Gesicht schlagen, und sie wird nicht einmal wagen, laut zu stöhnen, die sanfte Sklavin. Neben ihr steht traurig Olga aus *Drei Schwestern*: auch sie liebt viel und unterwirft sich ohne Widerspruch den Launen der gemeinen und sittenlosen Frau ihres Bruders, der ein Faulpelz ist; vor ihren Augen zerbricht das Leben der Schwestern, und sie weint und kann niemandem helfen, und in ihrer Brust gibt es kein lebendiges, starkes Wort des Protestes gegen die Gemeinheit.

Da ist die weinerliche Ranevskaja und andere frühere Besitzer des *Kirschgartens* – egoistisch wie Kinder und gebrechlich wie Greise. Sie haben versäumt, zur rechten Zeit zu sterben, und klagen, weil sie nichts Vertrautes mehr erblicken, nichts mehr begreifen; sie sind Parasiten, denen die Kraft fehlt, sich erneut ins Leben hineinzufinden. Der nichtsnutzige Student Trofimov spricht beredt von der Notwendigkeit zu arbeiten, dabei faulenzt er, vor Langerweile vertreibt er sich die Zeit damit, daß er sich für Varja lustig macht, die ununterbrochen arbeitet und für das Wohlergehen der Nichtstuer sorgt.

Veršinin träumt davon, wie schön das Leben in dreihundert Jahren sein wird, und lebt, ohne zu merken, daß um ihn herum sich alles zersetzt, daß Solënyj vor Langerweile und aus Dummheit im Begriff ist, vor seinen Augen den jammervollen Baron Tuzenbach zu töten.

Vor den Augen defiliert eine endlose Reihe Sklaven und Sklavinnen ihrer Eigenliebe, Dummheit und Faulheit und Gier nach den irdischen Gütern; da gehen Sklaven der finsteren Furcht vor dem Leben; in einer dumpfen Unruhe gehen sie dahin und erfüllen das Leben mit zusammenhanglosen Reden von der Zukunft, weil sie fühlen, daß die Gegenwart keinen Platz für sie hat…

Manchmal ertönt in ihrer grauen Masse ein Schuß – das waren Ivanov oder Treplev, die sich darauf besonnen haben, was ihnen zu tun übrig bleibt, und – gestorben sind.

Viele von ihnen träumen so wunderbar, wie schön das Leben in zweihundert Jahren sein wird, und niemandem kommt die einfache Frage in den Kopf: wer wird es denn schön machen, wenn wir nur davon träumen?

Ein großer, kluger, auf alles achtgebender Mann ging an dieser ganzen langweiligen, grauen Menge kraftloser Menschen vorbei, schaute auf diese faulen Bewohner seiner Heimat, und mit einem traurigen Lächeln, in einem Ton voll weichen, aber tiefen

Vorwurfs, mit hoffnungslosem Gram in den Gesichtszügen und in der Brust, sagte er mit einer schönen, aufrichtigen Stimme:

»Ihr lebt schlecht, Herrschaften!«

1905

Fünf Tage schon habe ich erhöhte Temperatur, liegen möchte ich aber nicht. Der graue finnische Regen besprengt die Erde mit nassem Staub. Im Fort Inno dröhnen die Kanonen; man »schießt sich ein«. Nachts leckt die lange Zunge des Scheinwerfers die Wolken: ein widerwärtiges Schauspiel, denn es läßt den Krieg – das Werk des Teufels – nicht vergessen.

Ich las Čechov. Wäre er nicht vor zehn Jahren gestorben, so hätte ihn wahrscheinlich der Krieg getötet, aber zuvor hätte er ihn mit Haß gegen die Menschen vergiftet. Ich erinnerte mich an seine Beerdigung.

Der Sarg des Schriftstellers, den Moskau so »zärtlich liebte«, wurde in einem gewöhnlichen, grün angestrichenen Güterwagen transportiert; die Tür des Wagens trug die mit großen Buchstaben geschriebene Aufschrift: »Für Austern«. Ein Teil der kleinen Menschenmenge, die sich auf dem Bahnhof versammelt hatte, um den Schriftsteller zu empfangen, folgte dem aus der Mandschurei hergebrachten Sarg des Generals Keller und wunderte sich sehr darüber, daß Čechov mit Militärmusik beerdigt wurde. Als der Fehler aufgeklärt wurde, fingen einige lustige Leutchen an zu schmunzeln und zu lächeln. Hinter Čechovs Sarg schritten etwa hundert Menschen, nicht mehr; gut erinnerlich sind mir zwei Rechtsanwälte, beide in neuen Schuhen und bunten Krawatten, wie auf Freiersfüßen. Da ich hinter ihnen ging, hörte ich, daß der eine, V. A. Maklakov, über den Verstand der Hunde sprach; der andere, unbekannte, pries die Bequemlichkeiten seines Landhauses und die Schönheit der Landschaft in dessen Umgebung. Und eine Dame in einem lila Kleid, unter einem Spitzenschirm schreitend, sprach auf einen Greis mit einer Hornbrille ein:

»Ach, er war ungewöhnlich nett und so geistreich...«

Der Greis hüstelte mißtrauisch. Der Tag war heiß, staubig. An der Spitze der Prozession ritt majestätisch der Polizeiaufseher auf einem dicken weißen Pferd. Dies alles und noch vieles andere war grausam trivial und unvereinbar mit dem Andenken an den großen und feinempfindenden Künstler.

In einem seiner Briefe an den alten A. S. Suvorin hat Čechov gesagt:

»Nichts ist langweiliger und unpoetischer, sozusagen, als der prosaische Kampf um die Existenz, der einem die Lebensfreude raubt und der Apathie in die Arme treibt.«

Mit diesen Worten wird die typisch russische Stimmung zum Ausdruck gebracht, die, meiner Ansicht nach, im allgemeinen Anton Pavlovič nicht eigen war. In Rußland, wo es viel von allem gibt, aber wo die Menschen keine Liebe zur Arbeit haben, denkt der größte Teil so. Der Russe bewundert die Energie, aber er glaubt kaum an sie. Ein Schriftsteller mit aktiver Einstellung, wie Jack London, ist in Rußland unmöglich. Obgleich die Bücher Londons bei uns gern gelesen werden, sehe ich nicht, daß sie bei dem russischen Menschen den Willen zur Tätigkeit erwecken; sie reizen nur seine Phantasie. Aber Čechov ist in diesem Sinne nicht sehr russisch. Schon in der Jugend nahm für ihn der »Kampf um die Existenz« die unangenehme, freudlose Form an von kleinlichen Sorgen um ein Stück Brot, nicht nur für sich selbst – um ein großes Stück Brot. Diesen freudlosen Sorgen gab er die ganzen Jugendkräfte hin, und man muß sich wundern, wie er seinen Humor dabei erhalten konnte. Er sah das Leben nur als langweiliges Streben der Menschen nach Sattsein, nach Ruhe; die großen Dramen und Tragödien des Lebens waren für ihn unter der dicken Schicht des Alltäglichen verborgen. Und erst, als er sich ein wenig von der Sorge, satte Menschen um sich zu sehen, befreit hatte, ergründete er mit scharfsinnigem Blick das Wesentliche dieser Dramen.

Ich habe keinen Menschen gesehen, der die Bedeutung der Arbeit als Grundlage der Kultur so tief und vielseitig empfunden hätte wie Anton Pavlovič. Dies kam bei ihm in allen Kleinigkeiten des Alltags zum Ausdruck, bei der Wahl von Gebrauchsgegenständen und in der edlen Liebe zu ihnen, die nicht müde wird, sich daran als an einem Erzeugnis des schöpferischen Geistes des Menschen zu ergötzen und dabei das Streben nach Anhäufung völlig ausschaltet. Er liebte es zu bauen, Gärten anzulegen, die Erde zu verschönern, er fühlte die Poesie der Arbeit. Mit welcher rührenden Sorge beobachtete er, wie die von ihm gepflanzten Obstbäume und Ziersträucher in seinem Garten wuchsen!

Bei seinen geschäftigen Bemühungen um den Bau des Hauses in Autka sagte er:

»Wie schön wäre unsere Erde, wenn jeder Mensch auf seinem Stück Land alles machen würde, was er kann!«

Als mir der Einfall gekommen war, das Stück *Vaska Buslaev* zu schreiben, las ich ihm den prahlerischen Monolog von Vaska vor:

>»Ach, daß ich Kräfte hätt', so wie ich wollt, o je!
> Mit meinem Atem schmelzte ich den Schnee...
> Rund um die ganze Erde würd' ich gehn
> Und sie mit rühr'ger Hand besä'n;
> Ich baute Städte unermüdlich überall,
> Mir Kirchen, Gärten zierte ich den Erdenball!
> Wie eine Braut würd' ich die Erde schmücken
> Und sie an meine Brust in Wonne drücken!
> Dem Himmel würde ich das Wunder zeigen:
> Schau, Herrgott, hin – ist sie nicht schön?
> Erfreue dich an aller neuerstand'nen Pracht
> Und frage dann, wer hat das alles so gemacht?!
> Der Vaska tat's, daß alles grünt, gedeiht –
> Wem sei das Wunderwerk jetzo geweiht?
> Du, Herrgott, warfst sie nur wie einen Stein ins All,
> Durch mein Bemühn wurd' sie zum Kleinod fein.
> Schenkt ich es dir, das würde ich bereu'n...
> Das würde mir für dich zu teuer sein!«

Dieser Monolog gefiel Čechov, erregt hüstelnd sagte er zu mir und zu Doktor A. N. Aleksin:

»Das ist gut... Sehr wahr, menschlich! Gerade darin liegt ›der Sinn der ganzen Philosophie‹. Der Mensch hat die Erde bewohnbar gemacht, er wird sie auch gemütlich für sich machen.« Er nickte eigensinnig mit dem Kopf und wiederholte:

»Das wird er!«

Er schlug vor, Vaskas Prahlerei noch einmal zu lesen, hörte, zum Fenster hinausschauend, zu, und gab mir den Rat:

»Die letzten zwei Zeilen – die lassen Sie weg, das ist zu frech... Das ist überflüssig!«

Er sprach wenig und nicht gern von seinen literarischen Arbeiten, man möchte sagen – keusch und vielleicht mit derselben Vorsicht, mit der er von Lev Tolstoj sprach. Nur selten, in einer frohen Stunde, erzählte er über ein Thema, stets humoristisch.

»Wissen Sie – ich werde über eine Lehrerin schreiben, sie ist Atheistin, sie schwärmt für Darwin, sie ist von der Notwendigkeit überzeugt, daß man die Vorurteile und Aberglauben des Volkes bekämpfen muß, und dabei kocht sie um Mitternacht einen schwarzen Kater im Badehaus, um das Schlüsselbein zu bekommen – das Knöchelchen, das den Mann anzieht, indem es Liebe in ihm erweckt – es gibt so ein Knöchelchen...«

Von seinen Schauspielen sprach er als von »lustigen Stücken«, und mir scheint, er war aufrichtig davon überzeugt, daß er eben »lustige Stücke« schrieb. Wahrscheinlich fußte Savva Morozov auf diesen Worten Čechovs, als er hartnäckig behauptete:

»Čechovs Stücke müssen als lyrische Komödien aufgeführt werden.«

Aber im allgemeinen verfolgte er die Literatur mit großer Aufmerksamkeit, ganz besonders rührend war sein Verhalten zu den »jungen Schriftstellern«. Mit bewundernswürdiger Geduld las er die umfangreichen Manuskripte von B. Lazarevskij, N. Oliger und vielen anderen.

»Wir brauchen viel mehr Schriftsteller«, sagte er. »In unserem Alltagsleben ist die Literatur noch eine Neuigkeit, etwas für ›Auserwählte‹. In Norwegen gibt es einen Schriftsteller für zweihundertsechsundzwanzig Einwohner, bei uns aber – einen auf eine Million...«

Die Krankheit rief manchmal bei ihm eine schwermütige Stimmung hervor, ja sogar die eines Misanthropen. An solchen Tagen war er launisch in seinem Urteil und schwierig im Verhalten zu den anderen Menschen.

Einmal lag er auf dem Diwan, trocken hüstelnd und mit dem Thermometer spielend, und sagte:

»Es ist überhaupt nicht amüsant zu leben, nur um zu sterben; aber zu leben, wenn man weiß, daß man vorzeitig sterben muß – das ist schon ganz dumm...«

Ein anderes Mal, als er am offenen Fenster saß und in die Ferne, auf das Meer schaute, sagte er auf einmal böse:

»Wir sind gewöhnt, von Hoffnungen auf schönes Wetter, gute Ernte, einen angenehmen Roman zu leben, von Hoffnungen, reich zu werden oder die Stelle eines Polizeimeisters zu bekommen; aber ich merke bei den Menschen nichts von der Hoffnung, klüger zu werden. Wir denken: unter dem neuen Zaren wird es besser, und nach zweihundert Jahren – noch besser, und niemand bemüht sich darum, daß dieses Bessere morgen eintritt. Übrigens wird das Leben mit jedem Tag komplizierter und bewegt sich von selbst irgendwohin, aber die Menschen verdummen merklich, und immer mehr Menschen bleiben abseits vom Leben.«

Er überlegte und fügte stirnrunzelnd hinzu:

»Genau wie die bettelnden Krüppel bei der Kirchenprozession.«

Er war Arzt, und die Krankheit eines Arztes ist stets schwerer als die seiner Patienten; die Patienten fühlen nur, aber der Arzt weiß auch einiges darüber, wie sein Organismus sich zersetzt. Dies ist einer von den Fällen, wo man sagen kann, daß das Wissen dem Tod näherbringt.

Er hatte schöne Augen, wenn er lachte – irgendwie frauenhaft, sanft und zärtlich weich. Auch sein beinahe lautloses Lachen war in seiner Art besonders schön. Wenn er lachte, genoß er geradezu das Lachen, er frohlockte. Ich weiß nicht, wer noch so – sagen wir – »geistig« lachen könnte.

Grobe Anekdoten belustigten ihn niemals.

Einmal erzählte er mir ganz reizend und von Herzen lachend:

»Wissen Sie, warum Tolstoj so ungleichmäßig zu Ihnen ist? Er ist eifersüchtig, er denkt, daß Suleržickij Sie mehr liebt als ihn. Ja, so ist es. Gestern sagte er zu mir: ›Ich kann mich zu Gorkij

nicht aufrichtig freundschaftlich verhalten, ich weiß selbst nicht
weshalb, aber ich kann nicht. Mir ist sogar unangenehm, daß
Suler bei ihm wohnt. Für Suler ist das nicht gut. Gorkij ist ein
böser Mensch. Er ähnelt einem Seminaristen, den man gewaltsam zum Mönch geweiht und dadurch auf alles erbost gemacht
hat. Er hat die Seele eines Kundschafters, er ist von irgendwoher
in das ihm fremde Land Kanaan gekommen, sieht sich alles an,
merkt alles und berichtet über alles irgendeinem eigenen Gott.
Und sein Gott – ist ein Ungeheuer, so etwas wie der Waldschrat
oder der Wassergeist der Dorfweiber.«

Während er erzählte, lachte Čechov bis zu Tränen, er wischte
sie ab und fuhr fort:

»Ich sage: ›Gorkij ist ein guter Mensch.‹ Und er: ›Nein, nein,
ich weiß, was ich sage. Er hat eine Entennase, solche Nasen
haben nur Unglückliche und Böse. Die Frauen lieben ihn nicht,
und die Frauen haben, wie die Hunde, einen Instinkt für gute
Menschen. Sehen Sie Suler, der besitzt die wirklich wertvolle
Fähigkeit der uneigennützigen Liebe zu den Menschen. Darin ist
er genial. Lieben können heißt – alles können...«

Als er Atem geschöpft hatte, wiederholte Čechov:

»Ja, der Alte ist eifersüchtig. Wie merkwürdig er ist...«

Von Tolstoj sprach er stets mit einem besonderen, kaum merklich weichen und befangenen Lächeln in den Augen; er sprach,
seine Stimme dabei senkend, wie von etwas Geisterhaftem,
Geheimnisvollem, das vorsichtige, weiche Worte erfordert.

Wiederholt beklagte er sich, daß kein Eckermann in Tolstojs
Nähe sei, ein Mensch, der die scharfen, unerwarteten und oft
sich widersprechenden Gedanken des alten Weisen gewissenhaft
aufzeichnete.

»Damit könnten Sie sich doch befassen«, überredete er Suler, »Tolstoj liebt Sie so, spricht so viel und so schön mit
Ihnen.«

Čechov sagte von Suler:

»Das ist – ein weises Kind...«

Sehr gut gesagt.

Einmal äußerte sich Tolstoj in meiner Gegenwart begeistert über eine Erzählung von Čechov, ich glaube *Herzchen*. Er sagte:

»Das ist wie Spitze, die ein keusches Mädchen geklöppelt hat; in der alten Zeit gab es solche Mädchen, Spitzenklöpplerinnen, ›alte Mädchen, die ihr Leben guten Werken geweiht haben, aber nicht im Kloster leben‹; sie haben ihr ganzes Leben, alle ihre Träume von Glück in das Muster hineingelegt. Mit den Mustern träumten sie vom Liebsten, sie flochten ihre ganze unklare, reine Liebe in die Spitzen hinein.«

Tolstoj sprach sehr aufgeregt, mit Tränen in den Augen.

Čechov aber hatte an diesem Tage erhöhte Temperatur, er saß mit roten Flecken auf den Wangen da und neigte den Kopf und wischte seinen Kneifer. Lange schwieg er, endlich sagte er aufseufzend leise und befangen:

»Es sind – Druckfehler drin...«

Man kann viel über Čechov schreiben, aber man muß unbedingt sehr eingehend und klar über ihn schreiben. Das kann ich nicht. Schön wäre es, so über ihn zu schreiben, wie er selbst die *Steppe* geschrieben hat: eine aromatische, leichte und so russisch nachdenkliche, traurige Erzählung. Eine Erzählung für sich.

Es tut wohl, sich an einen solchen Menschen zu erinnern; sofort kehrt der Mut in dein Leben zurück, aufs neue kommt klarer Sinn hinein.

Der Mensch ist die Achse der Welt.

Aber – wird man sagen – seine Fehler und seine Mängel?

Wir alle sind hungrig nach der Liebe zum Menschen, und bei Hunger ist auch schlecht gebackenes Brot eine süße Nahrung.

um 1915

Dmitrij Merežkovskij

Čechov und Gorkij

Wenn in dieser Zeit, da für Rußland das jüngste Gericht der Geschichte anbricht, die russische Intelligenz zu wissen wünschte, als was sie diesem Gericht entgegengeht, so erführe sie das am zuverlässigsten aus den Werken Čechovs und Gorkijs.

Wie wir auch über die relative Größe dieser beiden Autoren urteilen mögen, eines ist gewiß: sie verdecken uns die beiden letzten Riesen der russischen Literatur, L. Tolstoj und Dostoevskij. Denn unsere Schande läßt sich nicht verbergen, es hat sich deutlich gezeigt, daß diese Riesen uns »nicht liegen«.

Čechov und Gorkij aber sind der russischen Intelligenz auf den Leib geschnitten. Sie sind ihre geistigen Führer und Lehrer, die »Machthaber der Gedanken« unserer Generation.

Nach L. Tolstoj und Dostoevskij läßt sich nicht so sehr über die zeitgenössische Wirklichkeit urteilen, als über mehr oder weniger ferne Möglichkeiten des russischen Nationalgeistes, nicht sowohl darüber, was ist, als darüber, was sein wird und möglicherweise nicht so bald sein wird. Nach Čechov und Gorkij läßt sich dasjenige beurteilen, was augenblicklich ist und in nächster Zukunft sein wird. L. Tolstoj und Dostoevskij sind Verkünder des tiefsten nationalen Urelementes und des höchsten kulturellen Bewußtseins Rußlands. Čechov und Gorkij sind Ausleger nicht so sehr des volkstümlichen als des ständischen, nicht so sehr des kulturellen als des intellektuellen Milieus des russischen Mittelstandes, der zahlreichsten und tätigsten Kaste, der in dieser Zeit die Aufgabe zufällt, »die Geschichte zu machen« und das, was getan sein wird, auf dem jüngsten Gericht der Geschichte zu verantworten.

Wenn man einen durchschnittlichen russischen Intellektuellen fragen würde, weshalb er Čechov und Gorkij liebe, und ob es nicht deshalb geschehe, weil sie den Glauben an den Triumph des Fortschritts, der Wissenschaft und der menschlichen Vernunft lehren – alles desjenigen, was man »humane Ideen«

nennt –, so würde jener Intellektuelle antworten, daß dem so sei; und wenn man ihm dann entgegnete, daß Čechov und Gorkij, obwohl sie in der Tat diesen Glauben andere lehren und selbst an alles dieses zu glauben sich bemühen, dennoch selbst kaum daran glauben, und daß ihr wahres Schaffen darauf gerichtet ist, die Unmöglichkeit solchen Glaubens darzutun und den Seelenzustand von Leuten zu schildern, die die Fähigkeit jeglichen Glaubens verloren haben – so würde jener Intellektuelle solche Versicherung nicht nur für groben Unsinn halten, sondern auch für die größte Beleidigung des Ruhmes des lebenden und des Andenkens des verstorbenen Autors – und endlich für eine Beleidigung seiner selbst, des »Intellektuellen«, in seinem höchsten Heiligtum; denn der Glaube, eben dieser Glaube an die »humanen Ideen«, ist bis heute sein größtes und einziges Heiligtum. Aber für den, der nicht bei den allgemein zugänglichen Äußerlichkeiten der Literaturerscheinungen stehenbleibt, der nicht nur das zu hören vermag, was die Dichter sagen, sondern auch das, worüber sie schweigen, – für den ist es zweifellos, daß es mit diesem Glauben bei Čechov und Gorkij nicht so wohlbestellt ist, wie es den Anschein hat, und daß diese beiden Autoren, ohne es zu wollen, ja vielleicht sogar, ohne sich dessen bewußt zu sein, sich im Grunde nur und nur damit abgeben, allen Glauben, alle Ideale und Götzen der russischen Intelligenz zu untergraben und zu zertrümmern.

Doch bevor wir vom Inhalt reden, sind zwei Worte über die künstlerische Form der beiden Autoren zu sagen.

Über Gorkij nämlich, als Künstler, lohnt es nicht, mehr wie zwei Worte zu verlieren. Die Wahrheit vom Barfüßer, die Gorkij aussprach, verdient höchste Aufmerksamkeit; die Poesie jedoch, mit der diese Wahrheit zu verzieren er bedauerlicherweise manchmal für nötig hält, verdient nichts als gütiges Vergessen. Alle lyrischen Ergüsse des Autors, die Naturschilderungen, die Liebesszenen sind im besten Falle – mittelmäßige, im schlimmsten – ganz miserable Literatur.

Dennoch irren sich diejenigen, die hinter dieser zweifelhaften Poesie in Gorkij nicht eine bedeutungsvolle gesellschaftliche, eine Lebenserscheinung sehen, noch weit mehr als diejenigen, die in ihm den großen Dichter verehren. In den Werken Gorkijs steckt keine Kunst; aber es steckt in ihnen etwas, das kaum weniger wertvoll ist als höchste Kunst: das Leben, die wahrhaftigste Urschrift des Lebens, ein Stück, mit Fleisch und Blut aus dem Leben herausgerissen. Und wie in allem sehr Lebendigen, Wahren, liegt hier eine unerwartete Schönheit, unförmlich, chaotisch, aber mächtig, eine Ästhetik eigener Art, grausam, pervers, für die Verehrer reiner Kunst unannehmbar, jedoch bezaubernd für die Liebhaber des Lebens. Alle diese »gewesenen Leute«, die den Teufeln auf den Zeichnungen des großen Goya gleichen, sind bis zum Entsetzen realistisch, wenn nicht von äußerer, so doch von innerer Realistik: mag es immerhin solche Leute in Wirklichkeit nicht geben, aber es kann sie geben und es wird sie geben. Das sind Visionen einer seherischen Seele. »Mit meinem Herzblut schrieb ich, was wahr ist« – so unterschrieb sich Gorkij unter eines seiner Werke, und so könnte er sich unter alle unterschreiben.

Wie immer täuschte sich die Menge nicht in ihrer Witterung. Bei Gorkij richtete sie die Aufmerksamkeit auf das, was im höchsten Grade diese Aufmerksamkeit verdient. Vielleicht begriff sie nicht, wie sie begreifen sollte, oder begriff sogar, wie sie nicht sollte, aber wie vieles auch übertrieben sein mag, die Übertreibung hatte ihren Grund: es war mehr Rauch als Feuer da; aber das Feuer loderte und brannte mit gefährlicher Flamme.

Gorkij hat seinen Ruhm verdient: er entdeckte neue, unbekannte Länder, einen neuen Erdteil der geistigen Welt. Er ist der erste, einzige und aller Wahrscheinlichkeit nach nicht zu Wiederholende auf seinem Gebiet. Am Eingange in »jenes Land der Finsternis und der Todesschatten«, das genannt ist »Barfüßertum«, wird ewig Gorkijs Name gezeichnet sein.

Čechov ist legitimer Erbe der großen russischen Literatur. Wenn er auch nicht die ganze Erbschaft, sondern nur einen Teil antrat, so verstand er es doch, innerhalb dieses Teiles das Gold von den Zusätzen zu scheiden, und sei nun der zurückbleibende Barren groß oder klein, so ist doch das Gold in ihm von solcher Reinheit wie bei keinem der früheren, vielleicht größeren Autoren – mit Ausnahme von Puškin.

Die auszeichnenden Eigentümlichkeiten der russischen Poesie – Einfachheit, Natürlichkeit, Abwesenheit jeglichen konventionellen Pathos und jeglicher Anstrengung, das, was Gogol die »Stetigkeit der russischen Natur« nannte –, sie erweiterte Čechov bis zu den letzten möglichen Grenzen, so daß weiter nicht gegangen werden kann. Hier vereinigt sich der letzte große Künstler russischen Wortes mit dem ersten, das Ende der russischen Literatur mit dem Anfang, Čechov mit Puškin.

Čechov ist einfacher als Turgenev, der bisweilen die Einfachheit der Schönheit oder Gefälligkeit opfert; einfacher als Dostoevskij, der durch die äußerste Kompliziertheit hindurch muß, um äußerste Einfachheit zu erreichen; einfacher als L. Tolstoj, der sich bisweilen allzu viele Mühe geben muß, einfach zu sein.

Čechovs Einfachheit ist derartig, daß sie zuzeiten Beklemmungen verursacht; es dünkt einen: noch einen Schritt vorwärts auf diesem Wege – und die Kunst ist zu Ende, ja das Leben selbst ist zu Ende; die Einfachheit wird zur Leere – zum Nichtsein; es ist alles so einfach, daß es scheint, als wäre gar nichts da, und man muß genau zusehen, um in diesem Fast-Nichts – Alles zu erkennen.

Čechov erhebt nie die Stimme. Nicht ein unnützes, lautes Wort. Vom Heiligsten und Furchtbarsten spricht er ebenso einfach wie vom Allergewöhnlichsten und Alltäglichsten; von der Liebe und vom Tode ebenso ruhig wie von der besten Art, »zum Glase Vodka einen gesalzenen Pilz zu essen«. Er ist immer ruhig oder scheint immer ruhig. Je aufgewühlter innerlich, um so ruhiger ist er äußerlich; je stärker das Gefühl, um so leiser die Worte. Unendliche Zurückhaltung, unendliche Schamhaftigkeit – jene »erhabene Schamhaftigkeit des Leidens«, die Tjutčev in der russischen Natur entdeckte.

Čechov sprach einmal davon, wie man die Natur beschreiben solle, und bemerkte dabei:

»Kürzlich las ich mal einen Gymnasialaufsatz über das Thema ›Beschreibung des Meeres‹. Der Aufsatz bestand aus vier Worten: ›Das Meer war groß.‹ Ich halte das für ganz vorzüglich!«

Alle Naturbeschreibungen bei Čechov erinnern an diesen

Aufsatz aus vier Worten. Um sich nach alledem, was über das Meer gesagt worden ist, des ersten und wichtigsten Eindrucks – desjenigen der einfachen Größe – zu erinnern, muß man Wilder, Kind oder genialer Künstler sein. Wenn er die Natur beobachtet, vergißt Čechov nie, daß »das Meer groß war«.

Die Leute sehen das Wichtigste in sich und in den anderen deshalb nicht, weil es ihnen durch vieles Sehen gleichgültig geworden ist, weil es dem Auge allzu gewöhnlich erscheint. Das Auge Čechovs ist so gebaut, daß er immer und in allem dieses unsichtbare Gewöhnliche sieht und zugleich damit doch das Außerordentliche im Gewöhnlichen erkennt.

Das Vermögen, von der äußersten Kompliziertheit zur ursprünglichsten Einfachheit der Empfindung zurückzukehren, zu ihrem Ausgangspunkt, zu ihrem einfachsten, wahrsten und hauptsächlichsten Inhalt – dieses Vermögen ist die Eigentümlichkeit der Čechovschen, der Puškinschen und überhaupt der russischen alles vereinfachenden Ästhetik.

Von Homer bis zu den Dekadenten, wie unendlich viel prächtige Vergleiche sind da nicht zur Beschreibung des Gewitters aufgewandt worden. Čechov schildert es so:

»Links blitzte ein bleicher phosphoreszierender Streifen auf und erlosch wieder, als hätte jemand mit einem Streichholz über den Himmel gestrichen. Es hörte sich an, als schritte irgendwo irgend jemand über ein eisernes Dach. Wahrscheinlich ging er barfuß über das Dach, weil das Eisen so dumpf dröhnte.«

Was kann – so scheint es – kränkender für den Blitz sein, als der Vergleich mit einem angestrichenen Zündholz, und für den Donner – als der Vergleich mit dem Barfußgehen auf einem eisernen Dach? Und doch wird hier das Erhabene durch das Niedrige nicht nur nicht erniedrigt, sondern noch mehr erhöht; das Große wird nicht verkleinert durch das Kleine, sondern noch vergrößert.

Und so ist es immer; je poetischer die Natur, um so prosaischer die Vergleiche, mit deren Hilfe er sie beschreibt. Aber in der Tiefe der Prosa zeigt sich die ganze Tiefe der Poesie.

»Die abendliche Steppe versteckt sich wie Judenkinder unter der Decke.« Der Mond erscheint »provinzlerisch«; die Sterne gleichen »neuen Fünfzehnkopekenstücken«, die Birke – einer »jungen, wohlgebauten Dame«; die Wolke – einer »Schere«. In der Stille der Julinacht singt ein einsamer Vogel, immer dieselben zwei, drei Töne wiederholend, als frage er: – »Sahst du Nikitka?« – und antwortet sich sogleich selbst: – »Ich sah ihn, sah ihn, sah ihn!« Diese einfache Lautimitation versetzt einen mit einem Male in die heimatliche, wie die Kinderstube so liebe, warme, stubenmäßige Behaglichkeit eines Sommerabends im russischen Dorf.

Die Natur nähert sich dem Menschen, wird gleichsam in seine Lebensführung hineingezogen, wird einfach und alltäglich – aber, wie immer bei Čechov: je einfacher, um so geheimnisvoller – je alltäglicher, um so außerordentlicher.

Und nicht umsonst verflicht er Natur und Lebensführung: hier nämlich, in bezug auf die Lebensführung, entfaltet er seine Hauptstärke als Künstler. Er ist ein großer, vielleicht sogar der größeste Sittenschilderer der russischen Literatur. Wenn das heutige Rußland vom Antlitz der Erde verschwände, so könnte man nach den Werken Čechovs das Bild des russischen Sittenlebens am Ende des 19. Jahrhunderts mit den kleinsten Details wiederherstellen.

Hier liegt übrigens nicht nur seine Stärke, sondern auch seine Schwäche. Er kennt die heutige russische Lebensart wie kein zweiter. Aber außer dieser Lebensart kennt er nichts und will er nichts kennen. Er ist im höchsten Grade national, aber nicht universell; im höchsten Grade zeitgenössisch, aber nicht historisch. Das Čechovsche Sittenleben ist allein das der Gegenwart, ohne Berücksichtigung von Vergangenheit und Zukunft, ist der eine, zur Unbeweglichkeit erstarrte Moment, der tote Rumpf der russischen Gegenwart, ohne allen Zusammenhang mit der Weltgeschichte und der Weltkultur. Keine Zeitalter, keine Völker – als gäbe es inmitten der Ewigkeit nur das Ende des 19. Jahrhunderts und in der Welt nur Rußland. Unendlich scharfäugig und hellhörig in bezug auf alles Russische und Zeitgenössische, ist er fast blind und taub für das Fremde und Vergangene. Er sah Rußland klarer als sonst jemand, aber übersah Europa, übersah die Welt.

Langeweile, Verzagtheit – das ist die hauptsächlichste und im Grunde einzige Leidenschaft aller Čechovschen Helden, ja, eine *Leidenschaft*, denn die Verzagtheit ist, gemäß der tiefen Beobachtung der christlichen Kämpfer, – ebenfalls »Leidenschaft« und dazu eine der allerheftigsten Leidenschaften. Wie man Wein trinkt im Zustande chronischer Trunkenheit, so langweilen sich die Čechovschen Helden in chronischer Betäubung.

Der Postillon, den es auf seinem Postwagen fröstelt, der Arzt des Bezirkskrankenhauses, der Sohn des Ministers und Revolutionär, der als solcher diesen Minister töten will, der bereits erwachsene Gymnasiast, der die Schule nicht beendigte und sich mir nichts, dir nichts eine Kugel in den Schädel jagt, der alte Professor, der deportierte Vagabund in Sibirien, die Artistin aus der Provinz – die Guten und die Bösen, die Gescheiten und die Dummen, die Glücklichen und die Unglücklichen –, alle Stände, alle Klassen, alle Lebensalter geben sich dieser Leidenschaft der Verzagtheit hin. In den großen Städten und in den abgelegenen Städtchen, in den Dörfern und in den einsamen Halbstationen, in den verfallenen Adelsnestern und in den Fabriken, in den Hotels der großen Welt und in den Klöstern, in den Bordellen und in den Stuben der Gelehrten – überall Verzagtheit. Eine gewisse metaphysische Langeweile, das Gefühl unendlicher Leere, der Zwecklosigkeit und Nichtigkeit alles Bestehenden. »Der russische Mensch liebt nicht zu leben« – das ist die erstaunliche Entdeckung Čechovs. Es scheint, nicht nur der russische Mensch, auch die russische Natur lebt nicht gern.

Das Vorgefühl des allgemeinen Endes, des Weltunterganges – gibt den Grundgesang, das Leitmotiv der Čechovschen Musik. Bisweilen, bei toter Stille vor Gewittern, singt ein lustiger Vogel, stöhnt gleichsam, sehnsüchtig, traurig und klagend: so ist das Lied Čechovs.

Jetzt sind wir aus dieser Stille vor dem Gewitter bereits heraus – aus der Čechovschen Langeweile; schon sehen wir das Wetter, das er prophezeite: »Es kommt ein Unwetter herauf gegen uns alle, ein gesunder, starker Sturm bereitet sich vor, der schon im Anzuge, schon in der Nähe ist und der bald von unserer Gesellschaft die Trägheit, Gleichgültigkeit und faule Langeweile hinwegblasen wird« *(Drei Schwestern)*. Čechov empfand Lange-weile und Furcht; wir empfinden jetzt Furcht und Freude. Endlich einmal das Gewitter! Endlich »steigt es«, reißt sich los, stürmt dahin – alles ringsum fliegt, auch wir fliegen, herauf und herab, zu Gott oder zum Teufel –, wir wissen es einstweilen nicht, fürchten uns, es zu wissen, aber wir fliegen jedenfalls, stehen nicht still – und, Gott sei gelobt! das Leben ist zu Ende, es beginnt das Erleben.

Aber wie groß auch die Stärke des Sturmes sein mag, der die Čechovsche Lebensform fortfegen wird – wir werden sie nie vergessen, die weiße Möwe auf dem Dunkel der Gewitterwolke mit ihrem klagend-verheißungsvollen Schrei. Wie groß auch der Schrecken am Ende sein möge, die durchdringend-traurige Flöte des armen Anton, die dieses Ende prophezeite, vergessen wir nicht.

Wie verhielt sich Čechov selbst zur Religion überhaupt und zum Christentum im besonderen?

Nach seinen Werken läßt sich, wenn auch mit großer Wahr-scheinlichkeit, nur erraten, daß Čechov, ähnlich seiner Helden, im Christentum nur »eine der humanitären Wissenschaften« sah, die menschliche Moral in ihm anerkannte, alles andere aber verwarf als Aberglauben; jedoch auch in diesem gereinigten Zustande erschien ihm das Christentum so zweifelhaft, daß er selbst gleich dem Zoologen von Koren es vorzog, »niemals eine Frage auf sogenannten christlichen Boden zu gründen.« Wie dem auch sei, die Tatsache, daß das Christentum in den Werken Čechovs fast nie zu Worte kommt, ist bedeutsam.

Ich müßte mich mit dem Gesagten begnügen, wenn das Geschick mir nicht zwei Dokumente von außergewöhnlichem Wert für die Geschichte der inneren religiösen Erlebnisse Če-chovs in die Hände gespielt hätte, die er immer eifersüchtig und sorgfältig verbarg. Es sind zwei unveröffentlichte Privatbriefe an S. P. Djagilev, den Redakteur des *Mir Iskusstva*, dessen Liebenswürdigkeit ich die Erlaubnis verdanke, Auszüge aus diesen Briefen hier anzuführen. In dem einen von ihnen, vom 12. Juli 1903, das heißt ein Jahr vor seinem Tode, schreibt Čechov:

»Ich habe meinen Glauben längst verloren und kann nur mit Erstaunen auf jeden gläubigen Intelligenten blicken.«

In dem zweiten Briefe vom 30. Dezember 1902 heißt es anläßlich der modernen religiösen Bewegung in Rußland, die von Vl. Solovjev und Dostoevskij ausging, einer Bewegung, die sich zum Teil, wenn auch lange nicht vollständig, in den religiös–philosophischen Versammlungen und in der Zeitschrift *Der neue Weg* aussprach:

»Sie schreiben, wir hätten über eine ernsthafte religiöse Bewegung in Rußland gesprochen. Gesprochen haben wir über eine Bewegung nicht in Rußland, sondern unter den Intellektuellen. Über Rußland will ich nichts sagen, aber die Intellektuellen spielen einstweilen nur mit der Religion, und das vor allem, weil sie nichts Besseres zu tun wissen. Über den gebildeten Teil unserer Gesellschaft kann man sagen, daß er sich von der Religion entfernt hat und sich immer weiter und weiter von ihr entfernt, gleichgültig, was da gesagt werden mag und was für philosophisch-religiöse Gesellschaften sich da auch bilden mögen. Ob dies gut oder schlecht sei, wage ich nicht zu beurteilen, ich will nur sagen, daß die religiöse Bewegung, von der Sie schreiben, etwas für sich ist, wie die gesamte moderne Kultur etwas für sich ist, und daß man die zweite unmöglich in eine ursächliche Abhängigkeit von der ersten bringen kann. Die heutige Kultur ist der Anfang einer Arbeit im Namen einer großen Zukunft, einer Arbeit, die vielleicht noch Zehntausende von Jahren andauern wird, damit die Menschheit, und sei es erst in ferner Zukunft, die Wahrheit des wahren Gottes erkennt, d. h. sie nicht nur vermutet, sie nicht bei Dostoevskij sucht, sondern klar erkennt, so wie sie erkannt hat, daß zweimal zwei vier ist. Die heutige Kultur – ist der Anfang von Arbeit, die religiöse Bewegung dagegen, von der wir gesprochen haben, ist ein Überbleibsel, ist fast schon das Ende dessen, was sich überlebt hat oder im Begriffe ist, sich zu überleben.«

Dostoevskij glaubte an die Wahrheit der Lehre Christi; diese Wahrheit war gewiß für ihn von gänzlich anderer Ordnung als

»zweimal zwei ist vier«, aber nicht von geringerer, sondern von größerer Glaubwürdigkeit. Der Glaube Dostoevskijs erscheint Čechov als dunkles »Vermuten«, etwa deshalb, weil die Welt der inneren mystischen Erfahrung, der Dostoevskij so nahesteht, Čechov fast unbekannt ist? Diese innere religiöse Erfahrung ist vielleicht objektiv trügerisch, aber nicht im mindesten weniger genau und klar als die exaktesten und klarsten mathematischen Wahrheiten. Es versteht sich, daß demjenigen, der mit der Integral- und Differentialrechnung nicht vertraut ist, die Formeln der höheren Mathematik weniger klar erscheinen, als daß zweimal zwei vier ist. Daraus folgt aber nicht, daß sie weniger exakt und glaubwürdig sind. In jedem Falle heißt ein Zurückkehren von der höheren Mathematik zum Einmaleins beim Suchen nach allgemein verständlicher Klarheit – nicht vorwärts schreiten, sondern zurück, nicht der großen Zukunft, sondern der kleinlichen Vergangenheit entgegen. Wenn Čechov der angeblich ungenügend klaren religiösen Wahrheit, an die Dostoevskij glaubte, die aber nicht von Dostoevskij, sondern von Christus den Menschen offenbart wurde, die andere, noch unbewußte Wahrheit »vom echten Gott« gegenüberstellt, die vielleicht nach Zehntausenden von Jahren entdeckt werden wird und die alle göttlichen Geheimnisse, die bisher den Menschen furchtbar und unerforschlich erschienen, so allgemeinverständlich wie das Einmaleins macht –, so unterschreibt damit Čechov das Todesurteil nicht nur der heutigen religiösen Bewegung in Rußland, sondern auch des ganzen Christentums, des gesamten religiösen Lebens der Menschheit, als eines absterbenden »Überbleibsels«, als der Trümmer alten, niemandem nützenden Aberglaubens; so zerreißt er damit jedes lebendige Band zwischen Vergangenheit und Zukunft der Weltkultur. Wenn er recht hat, so ist allerdings nicht nur die heutige religiöse Bewegung in Rußland, sondern auch das ganze Christentum »ein Ding für sich«, und ebenso »die heutige Kultur ein Ding für sich«. Sie sind Feinde auf Leben und Tod. Wenn auch Čechov diese Folgerung nicht zog, so ist doch klar, daß er sie nicht hätte vermeiden können.

»Ich sterbe« – diese zwei Worte soll Čechov vor seinem Tod

gesagt und nichts weiter hinzugefügt haben, und er hatte ja auch nichts hinzuzufügen: Tod ist Tod, wie »zweimal zwei vier ist«; der Tod – ist das Nichts, das Leben – der Tod, alles – Tod, alles nichts. Und der tote Körper wird in den »Waggon zum Transport frischer Austern« verladen, und am Sarge des verstorbenen Lehrers halten lebendige Lehrmeister ihre Reden vom Fortschritt, vom ewigen Leben im Diesseits, vom irdischen Paradies der Zukunft, vom großen Menschengeist, der »einmal die Unsterblichkeit erfinden wird«. Laßt sie reden! Mag sogar Čebutykin, die lebende Leiche, sein lustiges Taradibumdiäh schmettern. Ist es nicht alles egal? »Der Tod fürchtet das Wort nicht«, wie einer der Barfüßer »auf dem Grunde« versichert. – »Die Toten stehen nicht auf, die Toten hören nicht... Schreie, brülle... die Toten hören nicht.«

Nicht darum wird der Tod zum Tode, weil es keine Unsterblichkeit gibt, sondern darum, »weil man keine Unsterblichkeit wünscht«, weil sie nicht notwendig ist, weil nichts oder richtiger das Nichts notwendig ist. Und nicht darum glaubt der Ungläubige nicht an die Unsterblichkeit, weil es keine gibt, sondern es gibt keine, weil er nicht daran glaubt, weil er sie nicht will, nicht wollen würde, auch wenn er wüßte, daß sie existiert, und weil er – wie Ivan Karamazov – in dem Falle »sein Billett dem lieben Gott hochachtungsvoll zurückschicken würde«.

Dies erst ist wahrer, nicht nur körperlicher, sondern auch geistiger Tod, der ewige Tod, von dem in der Apokalypse geweissagt ist, *der andere Tod*, von dem kein Auferstehen möglich ist.

In den beiden letzten und vielleicht gewaltigsten Werken Čechovs, den *Drei Schwestern* und *Kirschgarten*, scheinen alle handelnden Personen längst gestorben, und der Zustand, in dem sie sich befinden, ist wie »Leben, das sich nur wie aus Trägheit weiter fortsetzt«, wird eine Frist zwischen zwei Todesstunden – wie »eine letzte Gnade«. Übrigens haben sie selbst den Verdacht, als existierten sie gar nicht mehr, als wären sie gestorben: »Wir sind gar nicht vorhanden... wir existieren nicht, es scheint nur so, als existierten wir.« Sie reden, sie treiben einiges, wissen aber selbst nicht, was. Sie phantasieren wie im Schlaf oder wie im Sterben.

Bisweilen versuchen sie gleichsam »zu erkennen«, sich zu besinnen – flüstern angstvoll: »Wüßt ich nur, wüßt ich nur!« –, sofort aber schlafen sie wieder ein und phantasieren im Traum, im Tode vom Leben, vom Glück, von der Tugend, von den Kranichen, die am Himmel fliegen, unbekannt wohin und warum, vom blühenden Kirschgarten, vom künftigen Paradies auf Erden: »Welch ein Leben wird nach zwei-, dreihundert Jahren sein, welch ein Leben!« Und zwischen zwei Hymnen auf das Leben ertönt das lustige »Taradibumdiäh« – oder das stille Lachen des Teufels, des »klugen und furchtbaren Geistes des Nichtseins«.

Und als alles zu Ende ist, als alle des anderen Todes gestorben sind, tritt der unsterbliche Ermolaj Lopachin hervor, der Urheber des Fortschritts, der Inhaber des Kirschgartens, der Inhaber des Paradieses auf Erden, ein »stolzer, nackter Mensch«, der triumphierende Barfüßer, der triumphierende Plebejer.

»Kommt alle und seht, wie Ermolaj Lopachin die Axt im Kirschgarten schwingt, wie die Bäume zur Erde niederstürzen! Daraus wollen wir uns Sommerhäuser bauen, und unsere Enkel und Urenkel sollen darin das neue Leben schauen.«

Da ist es, dieses neue Leben, dieses neue Paradies auf Erden – das Paradies der Lopachinschen Sommerhäuser!

»Die Musik soll spielen!... Alles soll nach meinem Willen gehen! Der neue Herr ist da, der Besitzer dieses Kirschgartens! Ich kann alles bezahlen!«

Ermolaj Lopachin, der Prediger des ewigen Lebens, – ist der erste, noch belanglose Plebejer; nach ihm kommt ein zweiter Plebejer, der schon schlimmer ist – der greise Luka, der Prediger des ewigen Todes mit seinem schmeichelnden Geflüster: »Ich achte auch die Spitzbuben... ich achte auch die Leichen, mir ist kein Floh zu gemein, alle sind sie schwarz, alle hupfen sie« – hupfen und fliegen hupfend hinaus ins Leere! Nach dem greisen Luka kommen noch schlimmere Plebejer und endlich die letzten, die schlimmsten, der Pöbel der Zukunft.

Und die ganze russische Intelligenz klatschte in die Hände ob dieses Triumphes des neuen Lebens! Und niemand merkte den Leichengeruch, niemand begriff, daß dies kein neues Leben ist.

Hat Čechov selbst es begriffen? Wenn er es begriff, so hat er es doch keinem gesagt und hat geschwiegen.

»Ich sterbe.« Das waren die letzten Worte, die Čechov sprach.

»Stille herrscht, nur weit hinten im Kirschgarten läßt sich der Schlag der Axt vernehmen, die auf die Bäume niedersaust.« Das waren die letzten Worte, die Čechov niederschrieb!

Sie erwiesen sich als Prophezeiung. Kaum war er tot, erdröhnte die Axt. Schon sitzt das Beil an der Wurzel. Jeglicher Baum, der keine Früchte trägt, wird abgehauen und ins Feuer geworfen. Kaum verklang der letzte Ton der Flöte, die vom Ende sang, begann auch schon das Ende.

Čechov schwieg, was ihn aber dieses Schweigen kostete, zeigen einige unvorsichtige Bekenntnisse seiner Helden.

»Bin ich einmal Schriftsteller«, sagt der Schriftsteller Trigorin, »so habe ich die Pflicht, vom Volk zu sprechen, von seinen Leiden und von seiner Zukunft, sowie von der Wissenschaft, von den Menschenrechten usw. usw. ... Und ich rede über das alles, ich beeile mich, man hetzt mich von allen Seiten, man ärgert sich, ich renne von einer Seite zur andern, wie der Fuchs, wenn ihn die Hunde jagen ... Es scheint mir fast, als würde ich betrogen, wie der Kranke, und manchmal befürchte ich, daß sie sich an mich heranschleichen, mich greifen und wie Poprišcin ins Tollhaus sperren.«

»Es ist nicht leicht, seinen Bankerott einzugestehen«, sagt der *Unbekannte* in der gleichnamigen Erzählung. – »Aufrichtig sein ist schwer, und ich schwieg. Möge Gott jeden davor bewahren, das durchzumachen, was ich durchgemacht habe.«

Und als die russische Intelligenz an Čechov herantrat mit derselben verzweifelten Bitte, mit der »das arme Ding«, die Schülerin des alten Professors in der *Langweiligen Geschichte*, ihrem Lehrer naht: »Was soll ich tun?« – da hätte ihr Čechov wohl dasselbe antworten mögen, was der alte Professor »dem armen Ding« antwortet:

»Bei meinem Gewissen, ich weiß es nicht.«

Aber Čechov war zu »vorsichtig«, um diese Antwort zu geben. Er konnte von sich dasselbe sagen, was ein Freund, der an die Wissenschaft schon nicht mehr glaubt, zum alten Professor sagt:

»Ich bin vorsichtiger, wie Sie glauben, und denke nicht daran, so etwas öffentlich zu sagen, Gott bewahre!«

Und Čechov antwortet »dem armen Ding«:

»Nach zwei-, dreihundert Jahren wird das Paradies auf Erden sein.«

»Das Paradies der Lopachinschen Traumhäuser«, hätte er hinzufügen können – fügte es aber nicht hinzu, sondern lächelte nur und sang, wie Čebutykin, leise vor sich hin: »Taradibum-diäh.«

1906

Andrej Belyj

A. P. Čechov

Čechov ist die Vollendung einer ganzen Epoche der russischen Literatur. Und wir können nicht mit Bestimmtheit sagen, daß man nicht bereits begönne, ihn zu vergessen.

Čechov ist ein gewaltiges, uns allen notwendiges, für uns alle wichtiges Talent. Noch wichtiger ist sein theoretischer Platz in der Konfiguration der uns zeitgenössischen literarischen Schulen. In ihm treffen, in ihm kreuzen sich die gegensätzlichen Strömungen: Symbolismus und Realismus. In Čechov liegt die Nachfolge der uns teuren literarischen Traditionen eines Lev Tolstoj. Und zugleich liegt in Čechovs Schaffen das Dynamit des wahren Symbolismus, das es in sich hat, viele Zwischenströmungen der russischen Literatur in die Luft zu sprengen; diese Strömungen sagen sich oft los von dem gesunden ehrlichen Realismus, indem sie ihren Realismus mit der entliehenen Schminke quasi-symbolistischer Bilder verderben. Zugleich blühen unter den Symbolisten der letzten Zeit Tendenzen, den

Realismus von außen mit dem Symbolismus zu vereinigen. Eine solche Vereinigung ist nach Čechov absurd. Weder die einen noch die anderen haben mit Čechov irgend etwas zu tun. Für die einen wie die anderen ist es ein Kompromiß, ist es ein Verrat ihres literarischen Weges. Weder die einen noch die anderen überwinden etwas, weder Realismus noch Symbolismus; die einen wie die anderen bedeuten, im Vergleich zu Čechov, einen Schritt zurück in der Entwicklungsgeschichte der Literatur des letzten Jahrzehnts. Die Symbolisten, die sich zu *Znanie* hingezogen fühlen, die vom Symbolismus aufgeweichten *Znanie*-Autoren – alle diese Halbsymbolisten und Halbrealisten sind vom wahren Realismus Čechovs weit entfernt. Aber auch die Wirklichkeit von Čechovs Symbolen ist ihnen fremd.

Čechov hat sich nie zum Symbolismus bekannt, aber er hat vornehm und ehrlich sein gesamtes Schaffen gleichsam darauf angelegt, daß es für den russischen Symbolismus zu einem Stützpfeiler wurde.

Die gesamte Oberfläche seiner Bilder ist realistisch. Die Bilder seiner ersten Werke unterscheiden sich in nichts von denen unserer typischen Vertreter des Realismus. Je tiefer jedoch sein Blick in die eigentliche Struktur der Lebensverhältnisse eindringt, je eingehender er die Struktur ihrer Bilder studiert, desto durchsichtiger werden diese Bilder: so zerfällt das undurchsichtige Stück Holz, von dem das Mikrotom eine hauchdünne Schicht abschneidet, unter dem Mikroskop in einzelne Zellen, und weiter: die Zelle, ihre physischen Eigenschaften, die eine Reihe von Formeln umreißt, die sich dem Verständnis entziehen, – die Zelle selbst verwandelt sich in ein Geheimnis; und das Holz ist nicht mehr Holz, sondern die Gesamtheit vielfältiger Geheimnisse.

Derart geht mit der Vertiefung des Čechovschen Realismus die innere Grundlage dieses Realismus, ohne die Traditionen der Vergangenheit zu verraten, in den Symbolismus über. Čechov hat die gesamte Vielfalt reinrealistischer Verfahren um seinen zentralen symbolistischen Brennpunkt angeordnet; deshalb finden wir bei ihm den Widerhall der (immer ein wenig billigen) Maeterlinckmode und Hamsunsche Stimmungen. Nur ist bei ihm die Einheit von Symbol und realem Bild ein ferner Hintergrund; zwischen diesem Hintergrund und uns entwirft er eine Reihe von Perspektiven, die sämtlich den Erlebnisbereich verengen, das Bild aufbauen, bis Čebutykin in den Vordergrund tritt. Čebutykin sitzt, und während müde Menschen vom Glück träumen, ruft er: »Tsitsichar, da wüten die Pocken!« (*Drei Schwestern*). An der Oberfläche fließt das Leben der russischen Gesellschaft unter Alexander III. Aber die Striche seiner Handschrift, die an sich die Wirklichkeit ganz genau wiedergeben, bilden eine Konfiguration, die Ivan Ivanovič über die berühmte Epoche hinaushebt. Die Epoche wird zum Symbol der Menschheitsepoche überhaupt. Ivan Ivanovič wird zum Menschen, sein Zimmer wird zur Welt. Aber auch jeder einzelne Strich ist, allem Realismus zum Trotz, bei Čechov nur eine Resultante aus detaillierteren Strichen: zuerst zerlegt er die Wirklichkeit in einzelne Atome, dann vollzieht er unmerklich eine Umgruppierung dieser Atome und setzt aus ihnen ein Bild zusammen, das vom Bild der Wirklichkeit nicht zu unterscheiden ist, das uns aber von etwas anderem spricht, das weder Čechov selbst noch seine Helden begreifen: sie sind irgendwie durchsichtig, gleichsam Schatten, und ihr Gespräch über das Alltägliche verblüfft unser Ohr wie »Parkes Weibergeschwatz«. Und wir lauschen der Alltagsrede begierig, und sie scheint sich undeutlich zu doppeln, daß sowohl Čechov als auch seine Helden etwas nicht zu Ende sagen, etwas wissen, aber es weder zu sagen vermögen noch sich ihr Wissen ins Bewußtsein zu rufen. Alles, was uns Maeterlinck gesagt hat, ahnen wir unwillkürlich in Čechovs Worten. Maeterlinck hat hier nur den Schlüssel geliefert, damit wir mit Hilfe der Wörter in die entfernten Zonen der Čechovschen Intimität vordringen können. Und wir verstehen die weiche Wehmut des Čechovschen Lächelns auf neue Art. Dieses Lächeln hat Čechov schweigend mit ins Grab genommen und nichts sonst gesagt; vielleicht hat er es auch nicht sagen können, weil er selbst nicht wußte, in was sein Realismus sich verwandelt, bis an welchen Punkt er den Realismus der russischen Literatur geführt hat.

Das ist die Substanz des Čechovschen Schaffens – der transparent gemachte Realismus, der unwillkürlich mit dem Symbolismus zusammengewachsen ist. Zwei in sich geschlossene Welten berühren sich in ihm wie in einem Punkt. Die Frage ist nur die Methode des Zugangs zu diesem Punkt. Und Čechovs Methode ist der Realismus. Wir bewahren nach ihm den Titel des Realisten, wollen ihn aber nicht vereinigen mit dem Begriff jenes Realismus primitiver Prägung.

Diametral entgegengesetzt ist die Form der letzten Werke Čechovs. Sie ist – bedingt. Gestützt auf Tausende von Details, nimmt er unwillkürlich eine Auswahl vor und stilisiert das Bild. Anhand zweier Striche rekonstruieren wir die vorausgegangenen Striche. Und selbst wenn er seine Helden mit vielen Strichen zeichnet, so ist doch jeder von ihnen synthetisch: unmerklich führt er uns in die Sphäre des Bedingten, und wir füllen, ohne es zu ahnen, seine Striche und Details auf. Der Wahl der Züge entsprechend erstarkt die Form seiner Handschrift. Jeder Satz lebt sein eigenes Leben, aber alle Sätze ordnen sich einem musikalischen Prinzip unter. Der Dialog der *Drei Schwestern* und des *Kirschgartens* – ja, das ist Musik! Und oft hören wir sie nicht, weil die Helden sie gegen Schweigen eintauschen, ihre Alltagswörter flüstern wie: »Balzac wurde in Berdičev getraut« (*Drei Schwestern*).

Čechov ist ein wundervoller Stilist. Er ist der erste Instrumentalist des Stils unter den russischen Realisten. Gorkij, Leonid Andreev und die übrigen Realisten mit symbolistischem Sauerteig sind von Čechovs Stil so weit entfernt wie die Erde vom Himmel.

Die Bilder des Čechovschen Realismus, äußerlich stilisiert und innerlich den Symbolismus berührend, vollenden die Entwicklungsphase des russischen Realismus. Das ist der Grund, weshalb er keine selbständige Schule hat bilden können; den Anhängern Čechovs bleibt nichts anderes, als die Details eines Weges auszuarbeiten, den er bereits zu Ende gegangen ist. Und wenn es sich lohnt, von ihm zu lernen, so nur für Symbolisten, die allein dazu fähig sind, das gesamte Ausmaß seiner riesigen, bis heute verkannten Begabung einzuschätzen.

Das ist der Grund, weshalb heutzutage alle Versuche der Realismus-Epigonen lächerlich sind, äußerlich eine Verbindung mit der symbolistischen Weltanschauung herzustellen. Der einzig verbindende Punkt ist Čechov. Er war es und wird es bleiben. Alles andere wird verwehen wie Asche.

Ein Fenster wird immer nur ein Fenster bleiben, aber es kann auch als bedingtes Zeichen für ein Erlebnis dienen, das nie völlig in ein Bild der Wirklichkeit zu fassen ist. Und die neuesten Halbdekadenten (die »realen Symbolisten«) – diese Epigonen von Symbolismus und Realismus – scheinen uns sagen zu wollen: »Ein Fenster ist kein Fenster, aber es ist nicht auch kein Fenster.« Čechovs Werk entlarvt ihre Verlogenheit und ihr Mittelmaß, schonungslos.

Am schändlichsten aber sind Erklärungen von Symbolisten, denen zufolge der Symbolismus sich erschöpft habe, während wir bis auf den heutigen Tag keinerlei streng ausgearbeitete Theorie und beinahe kein einziges streng symbolistisches Werk besitzen. Vor uns liegt schwierige Arbeit, die die volle Hingabe aller intellektuellen, moralischen und schöpferischen Kräfte erfordert. Die Verbrüderung des Symbolismus mit dem Realismus markiert lediglich das volle Unverständnis der Fahne, unter der wir angetreten sind (ich möchte nicht annehmen, es sei Scharlatanerie).

Čechov hat den Realismus ausgeschöpft. Wir Symbolisten verneigen uns vor ihm und wollen nicht zurückkehren zu etwas Ausgeschöpftem, denn wir erkennen den Weitblick des Čechovschen Schaffens. Wir sind bereit, von ihm zu lernen, uns an ihm zu überprüfen, sogar, die Welt mit seinen Augen zu sehen – aber vorwärts zu sehen, in jene Bereiche, in welche die Zukunft führt.

Čechov nimmt zwischen zwei großen Entwicklungsphasen einen zentralen Platz ein. Er beschließt das xix. Jahrhundert und zieht zwischen dem Realismus und uns eine unüberschreitbare Grenze. Es gibt für uns keine Rückkehr zum reinen Realismus; die oberflächliche Synthese beider Schulen ist eine Verhöhnung des Realismus. Wir wollen eine solche Vermengung nicht, dazu achten wir den Realismus, in seiner reinen Gestalt, und schätzen das teure Andenken A. P. Čechovs zu sehr.

1907

Evgenij Zamjatin

Čechov

Die Revolution wird oft mit dem Schneesturm verglichen – jener grauen, ungestümen russischen Elementargewalt. Versuchen Sie am Morgen nach einem nächtlichen Schneesturm in den Garten zu gehen – Sie sehen keinen einzigen bekannten Weg mehr, keinen einzigen bekannten Gegenstand. Alles ist weiß, neu, überall Schneewehen, und Sie wissen nicht, was unter den Schneewehen liegt: vielleicht der Brunnen, vielleicht die Bank, vielleicht der Jasminstrauch. Ebenso verweht sind alle Wege, ebenso mit Schneewehen bedeckt ist alles nach diesen zehn Jahren des russischen Schneesturms. Und unter einer der Schneewehen liegt Čechov.

Sprechen Sie mit einem Leser der neuen, jüngsten Generation über Čechov. Am häufigsten werden Sie hören: »Čechov? Gejammer, Pessimismus, überflüssige Menschen...« – »Čechov? Keinerlei Bezug zur neuen Literatur, zur Revolution, zur Öffentlichkeit...« Das bedeutet, man kennt Čechov nicht, man sieht ihn nicht mehr, alle Wege zu ihm sind verweht. Und das bedeutet, es ist Zeit, daß man zur Schaufel greift, um die Schneewehe wegzuschaufeln und Čechov zu zeigen, seine Biographie zu zeigen. Nicht seine äußere Biographie – mit ihr hat man sich zur Genüge befaßt, sondern die Biographie seines Geistes, die Linie seiner inneren Entwicklung.

»So wie ich allein im Grabe liegen werde, verläuft auch mein Leben im Grunde einsam.« Das ist eine kurze, unbekannt auf wen bezogene Eintragung aus Čechovs Notizbuch, das nach seinem Tode veröffentlicht wurde. Man könnte meinen, er habe diesen Satz über sich geschrieben: ihm ging es nämlich genauso, er lebte sein Leben lang allein. Freunde hatte er viele, aber wirkliche Freunde – solche, denen er die Tür zu seiner Seele sperrangelweit geöffnet hätte – solche Freunde hatte er nicht. Eine besondere Art Keuschheit zwang ihn, sorgfältig all das zu verbergen, was ihn zutiefst, tatsächlich erregte. Deshalb ist es bei

Čechov schwierig, das auszumachen, was ich die »Biographie seines Geistes« genannt habe. Nur auf dem Wege der »mittelbaren Beweise«, indem man einige wenig beachtete Ereignisse seiner äußeren Biographie in Betracht zieht, indem man aufmerksam auf das hört, was die handelnden Personen seiner Werke sagen, kann man sehen, worin sein Glaube bestand und welcher Art seine sozialen Ansichten waren.

Den Gott der Kirche hatte Čechov schon in seiner Jugend verloren. Viel dazu beigetragen hatte, daß Anton Pavlovič (und seine Brüder) erzogen wurden in der »Furcht des Herrn«. Die obligatorische Verrichtung der Gebetsverpflichtungen bewirkte das genaue Gegenteil dessen, was die Eltern bezweckten. Später, bereits als Erwachsener, schrieb Čechov darüber so: »Eine Religion habe ich heute nicht. Wenn ich, damals, mit meinen beiden Brüdern mitten in der Kirche das ›Er richte sich auf‹ sang – dann sahen uns alle voller Rührung an und beneideten meine Eltern, wir dagegen haben uns gefühlt wie kleine Katorgasträflinge.«

Nach dem Verlust der Kirchenreligion fand Čechov so rasch keine andere; er lebte lange ohne jeden Gott, ohne jeden Glauben. Die erste Periode seiner literarischen Arbeit, bis Mitte der 80er Jahre, verging damit, daß er »herumsprang wie ein junges Kalb, das man auf die freie Wiese gelassen hatte, ich lachte selbst, und machte die anderen lächerlich« (aus Čechovs Briefen). Und erst in der zweiten Hälfte der 80er Jahre vollzieht sich in ihm eine jähe Wandlung, erst hier beginnt er erstmals ernsthaft über das Leben nachzudenken, über den Sinn des Lebens, über den Tod. Erstmals begegnet man in dem, was er schreibt, dem scharfen Beigeschmack der Bitternis, des Kummers, des Unbefriedigtseins. Schon im *Glück* und in der *Steppe* wird zeitweise die sonnenüberflutete Weite wie vom Schatten eines vorbeifliegenden Vogels verdunkelt vom Denken an den Tod, und auf einmal »erscheint das Wesen des Lebens verzweifelt, schrecklich«. In der *Langweiligen Geschichte* ist dieser leichte, flüchtige Schatten angeschwollen zu einer dunklen, hoffnungslosen, erdrückenden Wolke.

Und nicht nur diesen Tod hatte Čechov nun gesehen: er hatte

auch den anderen, vielleicht noch qualvolleren, den langsamen Tod gesehen – Tausende lebendig Begrabener im Sumpf des banalen und kleinlichen Alltagslebens. Mit der Kunst des erfahrenen Arztes, der an kleinsten, kaum faßbaren Anzeichen am Patienten die tödliche Krankheit feststellt, – spürt Čechov die Banalität dort auf, wo das Leben auf den ersten Blick scheinbar friedlich und glücklich verläuft (*Der Literaturlehrer, Flattergeist, Mein Leben, Ionyč*, später: *Die Braut*). Im *Schwarzen Mönch* sagt er mit Bestimmtheit: der Tod ist besser als das stumpfe, trübe Alltagsleben.

Und wenn Čechov in jenen Jahren aufgehört hätte zu schreiben – recht hätten diejenigen, die beim Namen Čechov sofort auf den Knopf mit den Etiketts »Pessimismus«, »Gejammer«, »überflüssige Menschen« drücken. Aber in den 90er Jahren erkennen wir in der Linie seiner inneren Entwicklung eine neue Wende: in diesen Jahren nämlich geht Čechov unverkennbar von seiner früheren Gleichgültigkeit über zu den öffentlichen Fragen. Jener Čechov, der unter dem Signet »Čechonte« in den verschiedenen *Budilniks* und *Strekozas* geschrieben hatte, hatte ohne zu überlegen die Mitarbeit am reaktionären *Novoe vremja* aufgenommen. Mittlerweile sagt Čechov über die *Novoe vremja*-Publizisten Burenin und Žitel: »Sie sind mir einfach widerwärtig; in meinen Überzeugungen stehe ich 7375 Verst weit entfernt von Žitel & Co.«; »Wenn ich Žitel, Burenin und die übrigen Richter der Menschheit gelesen habe, bleibt mir ein Geschmack von Rost im Mund, und der Tag ist mir verdorben« (Briefe); und schließlich stellt Čechov die Arbeit am *Novoe vremja* ganz ein.

Die von Čechov 1890–91 unternommene Reise nach Sachalin war keine Reise nach literarischem Material: diese Reise war in ebensolchem Maße diktiert von Motiven sozialen Charakters, und Čechovs Buch *Sachalin*, nach der Reise geschrieben, erbrachte ganz reale Resultate – eine ganze Reihe von Verbesserungen im Leben der Sträflinge von Sachalin. Čechovs Umzug aufs Land, nach Melichovo, war ebenfalls nicht nur – und vielleicht gar nicht so sehr – durch Čechovs Krankheit bedingt, sondern hatte auch andere Ursachen. »Wenn ich

Arzt bin, brauche ich Patienten und Krankenhäuser; wenn ich Literat bin, muß ich unter dem Volk leben, nicht in der Malaja Dmitrovka. Ich brauche wenigstens ein Stückchen gesellschaftlichen und politischen Lebens«, – so schrieb er in jener Zeit an einen seiner Freunde. Und schließlich, im Jahre 1902, nach der Annullierung der Wahl Gorkijs in die Akademie, legt Čechov gemeinsam mit Korolenko den Titel eines Akademie-Mitgliedes nieder. Mit diesem Akt schreibt sich Čechov ausdrücklich ein in die Reihen der »Unzuverlässigen«, und es wird absolut klar, mit wem er gegangen wäre, hätte er das Jahr 1905 noch erlebt.

In derselben Zeit berührt Čechov in seinen Novellen und Erzählungen immer häufiger Themen der sozialen Ordnung. Das beginnt mit dem *Anfall*, wo er mit unerhörter Schärfe und Härte die Frage der Prostitution aufwirft; im *Mord*, in den *Bauern*, *In der Schlucht* – wendet er sich der Bauernfrage auf neue Weise zu; eine Zeitlang folgt er den Ideen Tolstojs (*Mein Leben*). Immer häufiger beginnt er nachzudenken über die Ungerechtigkeit einer sozialen Ordnung überhaupt, in der die einen in Armut und Unwissenheit leben, die anderen im Reichtum. »Unverfrorenheit und Müßiggang der Starken, Unwissenheit und Tierähnlichkeit der Schwachen, ringsum unglaubliche Armut, Enge, Entartung, Trunkenheit, Heuchelei, Lügen... Dabei herrscht in allen Häusern und auf den Straßen Ruhe und Frieden; unter fünfzigtausend Menschen, die in der Stadt leben, ist kein einziger, der aufschreien oder laut protestieren würde... Es protestiert allein die stumme Statistik: soundso viele haben den Verstand verloren, soundso viele Eimer Vodka wurden getrunken, soundso viele Kinder sind an Unterernährung zugrunde gegangen... Und eine solche Ordnung ist offenbar notwendig; offenbar fühlt sich der Glückliche nur deshalb wohl, weil die Unglücklichen ihre Last schweigend tragen...« Das ist aus Čechovs Erzählung *Stachelbeeren*. Der Held einer anderen Erzählung (*Das Haus mit dem Zwischenstock*) deutet sogar einen Weg zur Heilung der sozialen Krankheiten an: »Wenn wir alle, wir Stadt- und Dorfbewohner, alle ohne Ausnahme übereinkämen, die Arbeit, die von der Menschheit für die Befriedigung der physischen Bedürfnisse aufgewendet wird, unter uns aufzuteilen, dann kämen vielleicht auf jeden von uns nicht mehr als zwei, drei Stunden am Tag. Stellen Sie sich vor, daß wir alle, die Reichen und die Armen, nur drei Stunden am Tage arbeiten, die übrige Zeit aber frei hätten ... Wir alle widmen diese Muße gemeinsam den Wissenschaften und Künsten. Wie die ganze Gemeinde der Bauern manchmal die Landstraße ausbessert, so würden auch wir gemeinsam nach der Wahrheit und dem Sinn des Lebens suchen, und – dessen bin ich gewiß – die Wahrheit würde sehr bald entdeckt sein, der Mensch würde sich von der ständigen, qualvollen, niederdrückenden Todesangst befreien und sogar vom Tode selbst.«

So schrieb Čechov 1895. Welch ein Unterschied zur Hoffnungslosigkeit in der *Steppe*, als das »Wesen des Lebens« ihm »verzweifelt und schrecklich« erschien. Auf einem komplizierten Wege, erst, nachdem er einen tiefen Blick geworfen hatte in den dunklen, schmutzstarrenden Brunnen der menschlichen Seele, – erst dort, irgendwo auf dem tiefsten Grund, hat Čechov schließlich seinen Glauben gefunden. Und dieser Glaube war ein Glaube an den Menschen, an die Kraft des menschlichen Fortschritts; und der Gott war der Mensch selbst. So scheinbar verschiedene Männer wie Gorkij und Čechov gelangten auf so verschiedenen Wegen zu demselben Glauben. »Der Mensch – das ist die Wahrheit. In ihm ist aller Anfang und Ende. Alles im Menschen, alles für den Menschen« – schrieb Gorkij. »Der Mensch muß sich seiner bewußt werden, muß sehen, daß er höher steht als Löwen, Tiger und Sterne, daß er das Höchste in der Natur ist, höher sogar als das Unbegreifliche und das wunderbar Erscheinende«, »Wir sind die höchsten Wesen, und wenn wir tatsächlich die ganze Kraft des menschlichen Genius erkannt hätten – wir wären wie die Götter!« »An Gott zu glauben ist nicht schwer. An ihn haben die Inquisitoren Biron und Arakčeev geglaubt. Nein, glauben an den Menschen« –, schrieb Čechov. Und je näher er dem Ende seines Lebens kommt, desto stärker wird sein Glaube an die »große, glänzende Zukunft« des Menschen, an das

»Reich der ewigen Wahrheit« (*Der schwarze Mönch*). »Oh, wenn es doch nur bald käme, dieses neue, klare Leben, wo man seinem Schicksal gerade und kühn ins Auge sehen, sich im Recht fühlen und fröhlich und frei sein kann«, schrieb Čechov kurze Zeit vor seinem Tode 1903 (*Die Braut*).

Wie schon früher liegt über allem, was er in den letzten Jahren schrieb, das stille Licht der Dämmerung. Aber diese Dämmerung ist nicht die von früher: es ist nicht die Abenddämmerung, der die Nacht folgt; es ist die Dämmerung, die dem Morgen voraufgeht und die von ferne immer heller das Morgenrot durchdringt.

Es wäre ein grober Fehler, wollte man aus dem Gesagten ableiten, Čechov sei ein Tendenzschriftsteller gewesen. Von Tendenz, von Predigt war er weiter entfernt als je ein russischer Schriftsteller. »Der Tendenziosität liegt das Unvermögen der Menschen zugrunde, sich über Einzelheiten zu erheben«... »Der Künstler soll nur ein leidenschaftsloser Zeuge sein«... »Ich bin kein Liberaler, kein Konservativer, kein Reformanhänger... Ich möchte ein freier Künstler sein.« Solche Gedanken kann man in vielen seiner Briefe finden. Im Leben war Čechov Arzt, aber in seinen Novellen, Erzählungen und Theaterstücken gibt es kein einziges politisches Rezept; mit vollem Recht konnte er die Worte Herzens auf sich beziehen: »Wir sind keine Ärzte – wir sind der Schmerz.«

Čechov sah das Leben ohne jede Brille – und gerade das half ihm, ein wahrer realistischer Schriftsteller zu werden. Als »leidenschaftsloser Zeuge« erlebte er das Ende des XIX. und den Beginn des XX. Jahrhunderts, und zum Studium des russischen Lebens in dieser Epoche ist alles, was Čechov geschrieben hat, ebenso ein Dokument wie die Nestorchronik zum Studium der Anfänge Rußlands.

Das ist es, was man entdeckt, wenn man die Schneewehe wegräumt, die die letzten Jahre über Čechov aufgetürmt haben. Man entdeckt einen Menschen, der zutiefst bewegt war von den sozialen Fragen; man entdeckt einen Schriftsteller, dessen soziale Ideale dieselben sind, von denen unsere Epoche lebt; man entdeckt eine Philosophie des Göttlichen im Menschen, des brennenden Glaubens an den Menschen, jenes Glaubens, der Berge versetzt. Und all das bringt Čechov den letzten Schneesturmjahren Rußlands näher, macht Čechov zu einem der Vorboten dieser Jahre.

Wenn man Čechov nur ein wenig aufmerksamer ansieht als Künstler, als Meister, so entdecken wir auch hier eine nahe Verwandtschaft zur Meisterschaft des Wortes in unserer Epoche.

In Čechovs Erzählungen ist alles real, alles hat sein Maß, alles kann man sehen und anfassen, alles ist irdisch. Nichts Phantastisches, nichts Geheimnisvolles, nichts Jenseitiges – nichts davon in auch nur einer Erzählung. Selbst wenn ein feueräugiger Pudel erscheint, der einen erschreckt mit dem Gedanken an den Satan – so erweist er sich am Ende einfach als der Hund des Freundes, der sich verlaufen hat (*Angst*); selbst wenn das Gespenst des Schwarzen Mönchs erscheint, so weiß der mit dem Gespenst plaudernde Kovrin die ganze Zeit, daß es nur ein Gespenst ist, eine Halluzination, die Krankheit. Für seelische Regungen, die kaum faßbaren, allerfeinsten, findet Čechov ein realistisches Bild, mit Maß und Gewicht: dem Gesang einer schönen Frau zuzuhören, ist »wie der Geschmack einer kalten, reifen Melone« (*Das ganze Leben*); die gekränkte Autoreneitelkeit ist »eine Kiste Geschirr, die leicht auszupacken, die jedoch wieder einzupacken, wie sie war, unmöglich ist« (*Schwere Naturen*); der ewige Spott, die Ironie des Petersburgers ist »gleichsam der Schild des Wilden« (*Erzählung eines Unbekannten*); ein vor Verachtung verbitterter Mensch ist »verrostet« (ebenda).

Und noch eines sagen diese wenigen, aus dem Stegreif gewählten Beispiele: Čechovs Bilder sind originell, kühn. »Der Kreisälteste und der Schreiber waren dermaßen von Falschheit durchdrungen, daß selbst ihre Gesichtshaut gaunerhaft war« (*In der Schlucht*), »Pimfovs Gesicht läuft noch weiter auseinander, und da, da schmilzt es vor Hitze und tropft die Weste hinab« (*Der Denker*). Vor Čechov hätte dies niemand zu sagen gewagt. Hier tritt Čechov in der Rolle des Neuerers auf: er als erster bedient sich der Mittel des Impressionismus.

Neu war auch die außergewöhnliche, bis an die äußersten Grenzen getriebene Kompaktheit und Kürze der Erzählungen

Čechovs. Er als erster machte in der russischen Literatur jene Form der künstlerischen Prosa zum Gesetz, die im Westen schon seit langem unter dem Namen der *Novelle* existierte. Der größte Meister der Novelle, Maupassant, hat Čechov zweifellos beeinflußt. Nicht von ungefähr hat Čechov die Kunst Maupassants so geliebt und so hoch geschätzt; nicht von ungefähr hat er davon geträumt, Maupassant zu nehmen und zu übersetzen, »wie es sich gehört«.

Das klare und bewußte Bestreben, neue literarische Formen zu schaffen, äußert sich auch in seinen Theaterstücken, besonders in den letzten – *Drei Schwestern* und *Der Kirschgarten*. Er ist absichtlich von den allgemein gültigen Regeln der Dramatik abgewichen. Nach Beendigung der *Möwe* schrieb er: »Das Stück habe ich bereits abgeschlossen. Ich habe es forte begonnen und pianissimo beendet – wider alle Regeln«... »Ich schreibe ein Stück... Vergehe mich furchtbar an den Bedingungen der Bühne... Wenig Handlung, fünf Pud Liebe« – heißt es in einem anderen Brief. Mit seinen Stücken hat er Musterbeispiele des »psychologischen Dramas« geliefert, wo meist die äußeren szenischen Effekte fehlen, wo alle Zusammenstöße unter der Oberfläche des Lebens geschehen – in der Seele des Menschen.

Als Neuerer und großer Künstler hat Čechov unbestreitbar Einfluß auf eine ganze Reihe jüngerer russischer Schriftsteller ausgeübt. Bei und von Čechov gelernt haben Bunin, Šmelëv, Trenëv und andere Schriftsteller der jüngeren Generation. All das ist eine Gruppe, ein Gestirn – das der Realisten.

Nach den Gestirnen bestimmen die Seeleute den Kurs; nach den literarischen Gruppen, die mehr oder weniger verwandte Schriftsteller vereinigen, muß man den Kurs im weiten Meer der russischen Literatur bestimmen. Aber um ein Gestirn auszumachen, muß man zuerst mit dem Auge Halt finden an einem besonders hellen und großen Stern. Im Gestirn der Realisten ist ein solcher Fixpunkt für das Auge – Čechov.

Und schließlich ist es von Čechov zum uns zeitgenössischen, neuen Realismus eine gerade Linie, die kürzeste Entfernung.

1924

Boris Ejchenbaum
Über Čechov

I

Die achtziger Jahre erschienen den Zeitgenossen als eine Epoche der Verarmung und des Niedergangs der Literatur – und mußten als solche erscheinen: Turgenev war gestorben, Dostoevskij war gestorben, Ostrovskij war gestorben, Saltykov-Ščedrin lag im Sterben. Eine mächtige Generation schied aus dem Leben, die noch in den vierziger Jahren angetreten war, und eine würdige Ablösung war nicht in Sicht. Die jungen Schriftsteller der Raznočinzen gingen am kräfteübersteigenden Kampf um Arbeit zugrunde: Pomjalovskij, Rešetnikov, Levitov, Slepcov, Garšin. Der größte unter den »Sechzigern«, Gleb Uspenskij, stand ebenfalls mit einem Bein im Grab. Einzig Lev Tolstoj war noch am Leben und »arbeitete für alle«, wie Čechov sagte; doch seine einsame, schon gebrochene Greisenstimme bestärkte noch das Gefühl der Leere.

Es konnte den Anschein haben, als seien die Kräfte der russischen Literatur erschöpft. Ein Zwischenstadium hatte eingesetzt, das irgendwie mit allerlei humoristischen »Splittern« und Werken des unverdrossenen Boborykin ausgefüllt wurde, der, seinen eigenen Worten zufolge, »schnell und gut« schrieb.

Doch die Lage war nicht so hoffnungslos, wie es scheinen mochte. Die Geschichte hatte ihren Plan und ihre Reserven. Literatur ist Sache des Volkes, und das Volk lebte und wollte weiterleben. Nicht die russische Literatur durchlebte eine Krise, sondern die volkstümlerische Intelligencija. Eine neue Literatur wurde gebraucht, frei von den Illusionen der Narodniki und vielen überlebten Traditionen, und sie trat auf den Plan.

Čechov hatte seine direkten Lehrer und Vorgänger. Neben der Literatur, die ausschließlich auf die drängenden Fragen des sozialen, politischen Kampfs konzentriert war, gab es noch eine andere Literatur, die sich jenseits des engen Kreises intellektueller Traditionen entwickelt hatte. Diese lebte von einem engen Kontakt mit dem provinziellen, hinterwäldlerischen Rußland – einer Welt, um die viele Schriftsteller einen Bogen machten. Sie verkündete nichts groß in der Öffentlichkeit, erteilte keine direkten Belehrungen, sondern erzählte nur detailliert und klar vom russischen Leben – von Menschen aller Stände und Berufe, die mit den Dingen ihres Milieus zu tun hatten. Hier gab es keine Rudins, keine Bazarovs, keine Raskolnikovs, keine Rachmetovs. Hier gab es nicht einmal klar gestellte soziale Fragen. Diese Literatur schien keine klare Richtung, keine erhabenen Ideen und »Standpunkte« zu vertreten. Dafür wurde sie des öfteren verurteilt und sogar als »zweitrangig« abgetan. Mehrfach versuchte sie sich zur Selbstverteidigung aufzuraffen, aber ohne Erfolg. Dabei hatte diese Literatur zweifellos ihre organische Existenzberechtigung, ihr Recht auf Entwicklung. Rußland mußte nicht nur in seiner Tiefe, sondern auch in seiner Breite gezeigt werden, mit allen Besonderheiten seines nationalen Lebens, seines Milieus, seiner Natur. Es mußten nicht nur Fragen gelöst, sondern es mußte auch Material gesammelt werden zur richtigen Stellung der Fragen; Rußland mußte untersucht werden – von allen Seiten, in all seiner Vielfalt, in allen Spielarten seines ständischen, beruflichen und geistigen Daseins. Diese »zweitrangige« Literatur wird vertreten durch die Namen Pisemskij und Leskov. Čechovs literarische Herkunft geht in der Hauptsache und grundsätzlich von ihnen aus. Nicht umsonst begeistert er sich beständig für Pisemskij, und Leskov hat er seinen Lieblingsschriftsteller genannt.

Čechov ist seitlich in die Literatur eingetreten – nicht aus den Kreisen der großen Intelligenz, nicht aus jenem Milieu, aus dem die Zeitgenossen das Erscheinen eines neuen Schriftstellers erwarteten. Er hatte lange Zeit sogar keinerlei Kontakt zu diesem Milieu, so als habe er sich dafür nicht interessiert. Charakteristisch ist, daß er sich später über die russischen Intellektuellen unfreundlich und gereizt geäußert und ihnen Untätigkeit, Mangel an Wissen und Geschwätzigkeit vorgeworfen hat. In den ersten Jahren begnügte er sich mit kleinen humoristischen Zeitschriften. Literatur war für ihn anfangs etwas wie ein zweiter Beruf: er beschäftigte sich mit der Medizin, und sie schätzte er sogar höher ein – als eine echte, ernsthafte und zweifellos nützliche Arbeit. Seine ersten Erzählungen, Szenen und Feuilletons schrieb er mit leichter Hand, fröhlich und nachlässig, wie ohne die Absicht, in die große Literatur einzugehen.

Diese Leichtigkeit war jedoch nicht Frucht eines schriftstellerischen Leichtsinns oder des Zynismus. Die Natur dieser Leichtigkeit war anders: Čechov hat den ganzen riesigen Bereich des Lebens entdeckt, den die Literatur vor ihm ungenutzt gelassen hatte, – den Bereich der bedeutungslosen Kleinigkeiten und Wechselfälle des Lebens, die auf den ersten Blick unbedeutend und nur komisch oder merkwürdig scheinen, die in Wirklichkeit aber charakteristisch und beharrlicher Aufmerksamkeit wert sind. Es zeigte sich, daß Literatur zu jedem Fenster, aus jeder Ritze herausschaut, – man mußte es nur vermögen, dieses kolossale Material an Beobachtungen im Notizbuch festzuhalten. Sujets begegneten einem auf Schritt und Tritt. Das war noch keine große Literatur, es war aber schon die Auseinandersetzung mit ihr und ihren Traditionen. Nicht von ungefähr hatte vieles der ersten Späße und Lappalien des Antoša Čechonte offen parodistischen Charakter: verspottet wurde nicht nur das Leben mit seinem Unfug, seinen Mißständen – verspottet wurden auch die Traditionen der hohen literarischen Helden, der rätselhaften Naturen, der komplizierten Leidenschaften, tragischen Probleme.

Korolenko erinnert sich, daß Čechov zu ihm sagte: »Wissen Sie, wie ich meine Kurzgeschichten schreibe?... So.« – »Er blickte über den Tisch, griff nach dem ersten ihm ins Auge fallenden Gegenstand – es war ein Aschenbecher –, setzte ihn vor mich hin und sagte: ›Wenn Sie wollen, haben Sie morgen eine Geschichte... Titel: Der Aschenbecher.‹« Das war eine Art Polemik: Čechov hat demonstrativ die »ersten ins Auge fallenden« Kleinigkeiten des Lebens in die Literatur eingeführt, die früher als jenseits der Literatur stehend galten. Er hat dies anfangs nur mit einem Scherz, einem Lachen versehen, hinter dem man weder Zorn noch Kummer noch Ärger verspürte, sondern manchmal höchstens Verwunderung: wie merkwürdig, wie unbequem und unsinnig die Menschen doch leben!

2

Nach Turgenev, Dostoevskij, Tolstoj, Saltykov-Ščedrin und Gleb Uspenskij hielten viele Kritiker die Erzählungen Čechovs für einen Ausdruck sozialer Gleichgültigkeit und Teilnahmslosigkeit. Man sprach von der »Zufälligkeit« der Themen Čechovs, von der beliebigen Auswahl der Fakten und Ereignisse, vom Fehlen einer Weltanschauung. Man wunderte sich, daß Čechov von allen möglichen Lappalien erzählte, ohne etwas zu erklären. »Sollte denn ganz Rußland dermaßen entleert sein«, wunderte sich z. B. Šelgunov, »daß es für einen denkenden Menschen gar nichts mehr gäbe, das man ihm verstehbar machen und erklären möchte?«

Dies war natürlich ein schwerwiegender Irrtum. Was als »beliebige Auswahl der Fakten« erschien, war in Wirklichkeit Realisierung eines der Grundprinzipien von Čechovs künstlerischer Arbeit – das Bestreben, das gesamte russische Leben in seinen verschiedenen Erscheinungsformen zu erfassen, und nicht eigens gewählte Sphären zu beschreiben, wie das gewöhnlich vor ihm getan wurde. Čechovs Zugriff auf das russische Leben ist verblüffend; in dieser Beziehung, wie in vielen anderen auch, ist er mit niemandem zu vergleichen (teilweise höchstens mit Leskov). Es gibt weder Beruf noch Stand, es gibt keinen Winkel des russischen Lebens, in den Čechov nicht einen Blick hineingeworfen hätte. Er hatte sich zum Ziel gesetzt, ein Bild von ganz Rußland zu entwerfen, weil er darüber nachdachte und es als Ganzes liebte. Den Postbeamten, den Kreisarztgehilfen, den kleinen Diakon brauchte er genauso wie den Ingenieur, den Professor oder Künstler. Ihm war wichtig, die Wechselbeziehungen all dessen zu begreifen, aus dem das russische Leben sich zusammensetzte, – das gesamte Wesen seines Nationalcharakters und seiner Möglichkeiten. Nicht von ungefähr wollte er die Form der *Toten Seelen* nutzen: seinen Erzähler in die Lage Čičikovs versetzen, der durch Rußland reist. In einigen Texten (*Der Mensch im Futteral, Stachelbeeren* und *Über die Liebe*) sind Spuren dieses Plans erhalten geblieben. Čechov warf Korolenko vor, daß er »sich spezialisiere«, »nicht trennen könne von seinen Häftlingen« (Brief an A. N. Pleščeev vom 5. Februar 1888), und von sich selbst sagte er: »In meinem Kopf ist eine ganze Armee von Menschen, die nach draußen drängen und nur auf den Befehl warten.« (Brief an A. S. Suvorin vom 27. Oktober 1888.) Wenn man alle von Čechov dargestellten Menschen zusammennimmt, so ergibt das tatsächlich fast eine Armee.

Die Zeitgenossen begriffen nicht, daß Čechov über Kleinigkeiten des Lebens ganz und gar nicht deshalb schrieb, weil er nichts Großes sah oder sehen wollte. Es ging um etwas ganz anderes: Čechovs Methode hob die Unterschiede und Widersprüche auf zwischen dem Gesellschaftlichen und Privaten, dem Historischen und Intimen, Allgemeinen und Persönlichen, Großen und Kleinen – jene Widersprüche, mit denen sich die russische Literatur so qualvoll und fruchtlos herumschlug auf der Suche nach Erneuerung des Lebens. Denn genau an der Quelle dieser Widersprüche entstand auch das »Tolstojanertum«, das Tolstoj selbst so suspekt war. Charakteristisch ist, daß auch Čechov zeitweise dem Einfluß dieser Lehre erlegen war (die Erzählungen *Der Bettler, Gute Menschen* und vor allem *Die Begegnung* von 1887): es konnte nicht anders sein, denn das Problem des moralischen Bewußtseins stand im Zentrum seiner Beobachtungen und seiner Arbeit. Aber nur wenige Jahre vergingen – und Čechov erklärte selbst: »Die Tolstojsche Moral hat aufgehört mich zu rühren, im tiefsten Innern meines Herzens bin ich ihr gegenüber feindselig eingestellt ... In meinen Adern fließt Bauernblut, mit Bauerntugenden setzt mich darum niemand in Erstaunen ... Tolstoj ist für mich bereits dahin, er ist von mir gegangen mit den Worten: siehe, ich verlasse euer leeres Haus. Ich bin von Einquartierung frei.« (Brief an A. S. Suvorin vom 27. März 1894.) In der Erzählung *Stachelbeeren* widerspricht Čechov Tolstoj direkt und unverblümt: »Die Stadt verlassen, dem Kampf, dem Getümmel des Lebens entfliehen und sich auf einem Landgut verstecken – das ist kein Leben, das ist Egoismus, das ist Trägheit, ein Mönchtum besonderer Art, aber ein Mönchtum ohne Heldenmut. Der Mensch braucht nicht drei Aršin Erde, kein Landgut, sondern den ganzen Erdball, die ganze Natur, wo er alle Eigenschaften und Besonderheiten seines freien Geistes ungehindert entfalten kann.«

Gerade die Erkenntnis, daß der Mensch zu großen Taten, großer Arbeit geschaffen sei, zwang Čechov, sich einzumischen in die alltägliche, banale Seite des Lebens – nicht um offen zu entlarven oder Unmut zu äußern, sondern um zu zeigen, wie wenig dieses Leben den in diesen Menschen angelegten Möglichkeiten entsprach. Er rief auf zur Vernunft, zum Willen – mal durch Lachen, mal durch Traurigkeit. Er sah, wie schwer die Menschen trugen an den Mißständen, diesem »Wirrwarr an Kleinigkeiten«, diesem »Sumpf« des Alltags. Am russischen Menschen beobachtete er tiefen Verstand, großen Elan, Freiheitsliebe und Feinheit der Gefühle, geschärftes Gewissen – alles Voraussetzungen dafür, dem Leben eine Bedeutung zu geben. Das ist der Grund, weshalb er mit solcher Inbrunst und Leidenschaft dem russischen Leser ganz Rußland vor Augen führte – in seinen Bestrebungen, Träumen, Aufschwüngen und Heldentaten, in seinem Niedergang, seiner Untätigkeit, Langeweile. Wichtig ist vor allem, daß Čechovs Menschen selbst die »Tragik des Kleinen« spüren, selbst von »logischen Widersprüchen«, von »Mißverständnissen« sprechen (*Ein Fall aus der Praxis*). Sie sind wie Kranke, die, von Unwohlsein erfaßt, von Gesundheit träumen, aber zu kraftlos, mit der Krankheit fertig zu werden.

In einem Aufsatz über Čechov, der sich gegen die damalige Kritik richtete, schrieb Gorkij 1900 die bedeutsamen Worte: »Čechov hat etwas Größeres als nur eine Weltanschauung – er hat eine Vorstellung vom Leben erlangt und steht deshalb über ihm. Er beleuchtet dessen Langeweile, Unsinnigkeit, Bestreben, das ganze Chaos von einem sehr hohen Gesichtspunkt. Und obwohl dieser Gesichtspunkt schwer faßbar ist, sich der Definition entzieht – vielleicht, weil er so hoch ist –, ist er in seinen Erzählungen immer spürbar und schlägt immer stärker durch.«

Diese Worte sind nicht nur auf Čechov zu beziehen, sondern auf jeden großen Künstler, unter anderen auch auf Gorkij. Aber in bezug auf Čechov haben sie eine doppelte Bedeutung – einmal, weil Gorkij sie gesagt hat, zum anderen, weil man Čechov so lange das Fehlen einer »Weltanschauung« vorgeworfen hat. Gorkij definiert in diesem Aufsatz Weltanschauung als »persönliche Vorstellung des Menschen von der Welt und seiner Rolle in ihr«. Sie ist in diesem Sinn – als persönliche – für niemanden verbindlich und kann nicht der einzige Grund für künstlerisches Schaffen sein. Dieses entsteht aus dem Bewußtsein der Komplexität des Lebens, seiner Widersprüche, der Mängel und Unvollkommenheiten des Erreichten, aus dem Bestreben, auf die Wirklichkeit einzuwirken, sie zu verändern. Nur unter dieser Bedingung erlangt das Schaffen eines Schriftstellers die für die Literatur unverzichtbaren Züge der allgemeinen Verbindlichkeit, Überzeugungskraft und echten Wahrhaftigkeit – Züge, die sie der Wissenschaft annähern. Und sie hat Gorkij bei Čechov gefunden: »Er sagt nichts Neues, aber das, was er sagt, gelingt ihm erschütternd überzeugend und einfach, bis zum Entsetzen einfach und klar, unwiderleglich genau.«

3

Čechov war Arzt, und nicht von ungefähr kam gerade ein Arzt in die Literatur der achtziger Jahre. Er schätzte die Medizin als die richtige Methode, Menschen und Gesellschaft zu erkennen, als wissenschaftlichen Rückhalt bei der künstlerischen Beobachtung und Bearbeitung des Materials. Ein Schriftsteller, der ernsthaft über das Leben nachdenkt, braucht einen solchen wissenschaftlichen Rückhalt – um nicht in Subjektivismus zu verfallen, um keinen persönlichen Vorstellungen zu erliegen, um nicht das Gefühl für das Ganze zu verlieren und nicht aus dem Kreis des Lebens hinauszutreten. Für Puškin war dieser Rückhalt die Geschichte, für Tolstoj die Pädagogik. Čechov selbst sagte: »Ich bezweifle nicht, daß meine Beschäftigung mit den medizinischen Wissenschaften großen Einfluß auf meine literarische Tätigkeit gehabt hat; sie hat den Horizont meiner Beobachtungen beträchtlich erweitert, mich um Kenntnisse bereichert, deren wahren Wert für mich als Schriftsteller nur der ermessen kann, der selbst Arzt ist.« Und weiter in demselben Brief (an G. Rossolimo, 1899): »Die Bekanntschaft mit den Naturwissenschaften, mit der wissenschaftlichen Methode hat mich immer wachsam bleiben lassen, und ich habe mich bemüht, mein Schreiben dort, wo es möglich war, mit den wissenschaftlichen Gegebenheiten in Einklang zu bringen, wo dies hingegen nicht möglich war, zog ich es vor, gar nicht zu schreiben... Ich gehöre nicht zu den Schriftstellern, die sich der Wissenschaft gegenüber negativ verhalten; und zu denjenigen, die alles aus ihrem eigenen Verstande schöpfen, möchte ich nicht gehören.« Čechov pries P. Bourget, weil er »mit der Methode der Naturwissenschaften so sehr vertraut ist und sie so tief empfunden hat, als hätte er mit Erfolg eine naturwissenschaftliche oder medizinische Fakultät absolviert« (Brief an A. S. Suvorin vom 7. Mai 1889). Er sagte: »In Goethe hat sich der Dichter ausgezeichnet mit dem Naturwissenschaftler vertragen« (Brief an Suvorin vom 15. Mai 1889). In diesem Interesse für die Naturwissenschaften und vor allem für ihre Methode bekundet sich Čechovs ideelle Verbindung zu den 6oer Jahren (»der heiligen Zeit«, wie er sich einmal ausdrückte) und zum Materialismus.

Die Medizin beginnt mit der Frage nach der Diagnose und endet mit der Frage der Therapie; so auch Čechov, der mit der Diagnose begann und dann zur Therapie überging. Zu Anfang behauptete er wiederholt und entschlossen, daß man vom Künstler keine Lösung der Fragen erwarten solle und dürfe (dafür gebe es andere Spezialisten), sondern nur deren »richtige Stellung«, d. h. die Diagnose. Er sagte: »In *Anna Karenina* und im *Onegin* wird keine einzige Frage gelöst, aber beide befriedigen Sie vollkommen, nur weil in ihnen alle Fragen richtig gestellt sind« (Brief an A. S. Suvorin vom 27. Oktober 1888). Er hätte sich auch auf Lermontov berufen können, der im Vorwort zum *Helden unserer Zeit* (als habe er das Auftreten Čechovs vorausgesehen) seine Position in medizinischen Termini technici ausdrückte: »Es kommt auch vor, daß man die Krankheit kennt, aber wie sie zu heilen ist – weiß Gott!« Seit Lermontov ist das die Grundsatzfrage der russischen Literatur; abgeschlossen wurde sie mit Tolstojs Absage an das Künstlerische und das »Tolstojanertum«.

Was verstand Čechov unter der richtigen Stellung der Frage? Genau das, was er in seinem Schaffen mehr und mehr erreichte: die Überwindung der Widersprüche zwischen dem Sozialen und Privaten, zwischen Groß und Klein. Bei Tolstoj stand bis ans Ende seiner Tage das »wahre Leben« (wie er schon in *Krieg und Frieden* sagte), also das private Leben im Widerspruch zum historischen; bei Čechov ist dieser Widerspruch aufgehoben. »Die richtige Stellung der Frage« bestand für ihn genau darin, daß sich in jedem noch so intimen und unbedeutenden Vorfall das Leben Rußlands als Ganzes auftat, das bedrängende sozial-historische Thema anklang. Er gibt nie Ratschläge, Hinweise oder Erklärungen, aber dafür läßt er das Mißliche des russischen Lebens um so deutlicher, mit aller Kraft spüren. Er überzeugt den Leser von dieser Mißlichkeit anhand von Lappalien, aber gerade deswegen wird das Bild der allgemeinen Mißlichkeit um so treffender.

Čechov begegnete Rußland am Vorabend einer historischen Krise; aber gerade deshalb begriff er, daß die Frage der Therapie außergewöhnlich schwierig und für die Literatur allein zu schwer war. Er befaßte sich, in der richtigen Reihenfolge, mit dem Wichtigsten – der Stellung der Diagnose. Die Genialität seiner Diagnosen liegt nicht in ihrer Genauigkeit, Schärfe und Überzeugungskraft, sondern auch darin, daß er sie anhand kleinster, kaum merklicher Anzeichen stellte. Er entdeckte Spuren und Folgen der Krankheit in den Kleinigkeiten des Milieus und Verhaltens, in Gang und Intonation – dort, wo ein anderes Auge alles in Ordnung oder nicht der Betrachtung wert gefunden hätte.

Natürlich verbirgt sich hinter Čechovs künstlerischer Methode das Mißtrauen gegenüber den sozial-politischen Theorien und Rezepten seiner Zeit. Gerade deshalb vermied er als Künstler immer die offene, dick aufgetragene, frontale Tendenz in seinen Texten und mochte sie nicht in denen anderer. Er fand zum Beispiel, Korolenko sei »ein bißchen konservativ« und denke »wie ein 45jähriger Journalist« (Brief an A. N. Plešceev vom 26. 7. 1889) – eben, weil er zu direkt tendenziös war. Für die 8oer Jahre, die infiziert waren von liberalen und volktümlichen Ideen, war diese Position natürlich progressiv und sehr notwendig. Gerade sie gab Čechov die Möglichkeit, eine ganze Reihe überlebter Traditionen zu überwinden und die russische Literatur auf einen neuen Weg zu führen.

4

Stets bescheiden in der Einschätzung des eigenen Schaffens, war sich Čechov seiner Rolle als Neuerer durchaus bewußt. »Alles, was ich geschrieben habe«, sagte er, »wird in 5–10 Jahren vergessen sein; aber die Wege, die ich gebahnt habe, bleiben heil und unversehrt – darin liegt mein einziges Verdienst« (Brief an A. S. Lazarev-Gruzinskij vom 20. 10. 1888). Diese Neuartigkeit der von Čechov gebahnten Wege bemerkte Tolstoj. Unter allen jungen Schriftstellern sah er gerade und nur in Čechov einen ernsten Rivalen – einen Schriftsteller, der etwas unbedingt Neues und unbedingt Wichtiges machte. »Čechov ist ein unvergleichlicher Künstler«, sagte er, »ja, genau: ein unvergleichlicher ... Ein Künstler des Lebens ... Čechov schuf neue, vollkommen neue, meiner Meinung nach für die ganze Welt neue Formen des Schreibens, wie ich ihnen sonst nirgends begegnet bin ... Und Čechov als Künstler kann man nicht mehr vergleichen mit früheren russischen Schriftstellern – mit Turgenev, mit Dostoevskij oder mit mir. Čechov hat seine eigene besondere Form, wie die Impressionisten.«

Es geht nicht nur darum, daß Čechov die Kurzgeschichte in die russische Literatur eingeführt hat, sondern daß diese Kürze ein Prinzip war und zu den traditionellen Genres des Romans und der Novelle im Gegensatz stand – als eine neue und vollkommenere Methode zur Darstellung der Wirklichkeit. Das ist der Grund, weshalb alles, was vor Čechov geschrieben worden war, plötzlich etwas altmodisch erschien, nicht in der

Thematik oder den Sujets, sondern in der Methode. Čechov sagte selbst: »Merkwürdig, ich habe zur Zeit eine Manie für alles, was kurz ist. Was ich auch lese, Eigenes oder Fremdes – alles kommt mir nicht kurz genug vor« (Brief an A. S. Suvorin vom 6.2.1889). Oder: »Ich vermag es, über lange Gegenstände kurz zu sprechen« (Brief an E. M. Lintvarëva vom 23.11.1888). Bemerkenswert dabei ist, daß Čechovs Erzählungen keinerlei Ähnlichkeit haben mit dem, was gemeinhin Novelle genannt wird; es sind eher Szenen, in denen das Gespräch der Personen weit wichtiger ist als deren Gedanken, als das Sujet. Oft geschieht in diesen Erzählungen nichts Besonderes: ein Mensch erkrankt an Unterleibstyphus und wird wieder gesund (*Typhus*); ein Müller sitzt auf der Schwelle und zankt sich mit den Mönchen, dann kommt die Mutter zu ihm und bittet ihn um Geld für den anderen Sohn (*In der Mühle*); Vanka Žukov schreibt einen Beschwerdebrief, den er adressiert »aufs Dorf, an Großvater« (*Vanka*). Statt eines Sujets reichte Čechov einfach eine Situation, die die Sitten oder den Menschen charakterisiert. Er sagte zu Kuprin: »Warum schreiben, daß sich jemand in ein Unterseeboot setzt und zum Nordpol fährt, um dort seinen Frieden mit den Menschen zu suchen, während sich seine Geliebte mit dramatischem Aufschrei vom Kirchturm stürzt? Das ist alles unwahr, in Wirklichkeit gibt es das nicht. Man muß einfach schreiben: Pëtr Semënovič heiratete Marja Ivanovna. Das ist alles.« Und da seine Freunde sahen, wie Čechov alles Überflüssige strich, um äußerste Kürze zu erreichen, sagten sie: »Man muß ihm die Manuskripte wegnehmen, sonst läßt er am Ende nur stehen: sie waren jung, verliebten sich, dann heirateten sie und waren unglücklich.« Čechov antwortete darauf: »Aber hören Sie, so ist es doch auch wirklich.«

Wichtig ist noch ein anderer Zug der Čechovschen Methode, der in der Literatur ebenfalls neu ist. Čechov reduzierte den auktorialen Text bis ins Extrem, er reduzierte ihn zuweilen auf die Bedeutung einer Regieanweisung. Seine Personen sprechen manchmal sehr viel, er selbst – sehr wenig. Thema und Situation werden bei ihm gewöhnlich nicht vom Autor angegeben, sondern von den handelnden (oft eben nicht handelnden, sondern nur sprechenden) Personen. Der Autor tritt gleichsam beiseite und überläßt es seinen Personen zu sprechen und das zu tun, was sie gewohnt sind und für nötig halten. Čechov behauptete: »Am besten meidet man die Beschreibung des Seelenzustands der Helden; man muß sich bemühen, daß er aus den Handlungen der Helden verständlich wird« (Brief an Aleksandr P. Čechov vom 10. 5. 1886). »Man muß schreiben, daß der Leser ohne Erklärung des Autors, aus dem Verlauf der Erzählung, aus den Gesprächen der Personen, aus ihren Handlungen begreift, worum es geht.« Diese scheinbar leichte Verschiebung der Tradition hatte in Wirklichkeit die Bedeutung einer Umwälzung und erzielte stärkste Wirkung nicht nur in der russischen, sondern auch in der Weltliteratur. Befreit von Eingriffen des Autors wurden die Menschen gesprächiger und offener, während der Leser die Möglichkeit erhielt, näher auf sie zuzutreten und sie tiefer zu verstehen. Und hier offenbart sich die Bedeutung der Kleinigkeiten und Lappalien: sie erlangen einen neuen und manchmal komplizierten lyrischen Sinn.

Es ist völlig natürlich, daß Čechov von Erzählungen nicht zu Romanen überging (wie es viele von ihm erwarteten und wovon er selbst oft geträumt hatte), sondern zu Theaterstücken. Das gesamte System Čechovs war auf Lyrik aufgebaut – auf Gelächter und Traurigkeit; das epische Prinzip hat seiner Methode nie entsprochen. Dieser zutiefst lyrische Ton offenbarte sich in dem Augenblick, als Čechovs Personen die Bühne betraten und vor den Zuschauern zu sprechen anfingen von eben jenen »Kleinigkeiten«. Čechovs Theater wurde Stimmungstheater genannt. Entdeckt wurde, was in den Erzählungen lange nicht bemerkt worden war: die Lyrik des Autors lag in einer unteren Schicht des Texts verborgen, in einer »Unterwasserströmung«. In den Gesprächen der Personen wurde ein zweiter Sinn entdeckt, der den gewöhnlichsten, banalsten Worten einen lebenswichtigen Sinn verlieh. So geschah es, daß das menschliche Leben als Ganzes in die Literatur Eingang fand. Čechov überwand die Hierarchie der Gegenstände, überwand den Unterschied zwischen der »Prosa des Lebens« und seiner »Poesie«, er wurde, nach Tolstojs Worten, zum wahren und unvergleichlichen »Künstler des Lebens«.

5

Čechov war ganz und gar kein niedergeschlagener, weicher Träumer, als den die Kritik ihn gewöhnlich hinstellte. Er war ein Mensch mit hohen Anforderungen an das Leben, ein Mensch der Arbeit und des Heroischen, ein Mensch mit großem Elan, großer Kühnheit und großer Willenskraft. Nicht von ungefähr schrieb er mit solchem Pathos über den Reisenden N. M. Prževalskij und ihm verwandte Naturen (»Menschen wie Prževalskij liebe ich unendlich«, schrieb er an E. M. Lintvarëva). »Ihre Persönlichkeiten sind lebende Dokumente, die die Gesellschaft daran erinnern, daß es außer Menschen, die sich streiten über Optimismus und Pessimismus, die aus Langeweile müßige Romane, überflüssige Projekte und billige Dissertationen schreiben, ein Lotterleben führen im Namen der Negation des Lebens und lügen um des lieben Stücks Brot willen, daß es außer Skeptikern, Mystikern, Psychopathen, Jesuiten, Philosophen, Liberalen und Konservativen auch noch Menschen anderer Ordnung gibt, Menschen der Tat, des Glaubens und eines klar bewußten Ziels« (aus dem Nachruf auf Prževalskij). Wieviel Galle und Verachtung liegt in diesen Worten – und zugleich wieviel Edelmut und Achtung vor dem Leben! Das ist 1888 geschrieben, 1890 floh Čechov vor diesen Skeptikern, Mystikern und Philosophen ans Ende der Welt, auf die Insel Sachalin – ein bemerkenswerter Schritt, der auf sein ganzes Leben, seine ganze Arbeit ein unverhofftes Licht warf. Vor der Reise schrieb er an Suvorin: »Vor nicht mehr als 25–30 Jahren haben unsere russischen Landsleute bei der Erforschung Sachalins unerhörte Heldentaten vollbracht, um derentwillen man einen Menschen vergöttern kann, und wir brauchen das nicht, wir wissen nicht, was das für Menschen sind, wir sitzen nur in unseren vier Wänden und beklagen, daß Gott den Menschen unvollkommen erschaffen hat.«

Gorkij hatte recht, als er den Geschworenen-Kritikern zum Trotz schrieb: »Jede neue Erzählung Čechovs hat eine tiefe, wertvolle und für uns notwendige Note verstärkt – die Note der Kühnheit und der Liebe zum Leben.« Und die Worte aus der Erzählung *In der Schlucht* zitierte: »Das Leben ist lang – Gutes und Böses wird es bringen, von allem ... Groß ist Mütterchen Rußland!« Selbst in Sibirien, am Ufer des Enisej, blickt Čechov in die Zukunft – und sieht: »An der Volga begann der Mensch mit Kühnheit und endete mit einem Stöhnen, das den Namen Lied trägt; helle goldene Hoffnungen vermischten sich bei ihm mit jener Ohnmacht, die man den russischen Pessimismus nennt; am Enisej aber begann das Leben mit Stöhnen und endet mit einer Kühnheit, von der man nicht einmal träumen kann ... Ich stand da und dachte: was für ein reiches, kluges und kühnes Leben wird einmal diese Ufer erhellen!«

Ja, Čechov war ganz und gar nicht so, wie ihn die »Skeptiker, Mystiker und Philosophen« oder Menschen dargestellt haben, die »müßige Romane« und »billige Dissertationen« schrieben. Hier das wahre Porträt, wiederum von Gorkij gezeichnet: »In seinen traurigen grauen Augen flimmerte fast immer ein feiner Spott. Bisweilen jedoch nahmen diese Augen einen kalten, herben Ausdruck an; in solchen Momenten bekam seine geschmeidige, zu Herzen gehende Stimme einen härteren Klang, und dann schien mir, daß dieser bescheidene, weiche Mensch nötigenfalls einer ihm feindlichen Macht mit dem gehörigen Nachdruck entgegenzutreten gewußt hätte.«

Dies schlug sich auch in seinem Schaffen nieder. Mit den Jahren präzisierten und vertieften sich die künstlerischen Diagnosen Čechovs. Die Krankheit des russischen Lebens gewann unter seiner Feder immer schärfere und deutlichere Konturen. Und je klarer Čechov diese Krankheit wurde, desto häufiger und bestimmter begannen seine Helden über sie zu sprechen. Von der Diagnose war Čechov allmählich zu Fragen der Therapie übergegangen. Mit besonderer Kraft trat dies in der Erzählung *Stachelbeeren* (1898) zum Vorschein – dort, wo der Tierarzt Ivan Ivanyč von seiner Reise auf das Gut des Bruders erzählt: »Ich überlege mir: wieviele zufriedene, glückliche Menschen es im

Grunde doch gibt! Sehen Sie sich dieses Leben an: Unverfrorenheit und Müßiggang der Starken, Unwissenheit und Tierähnlichkeit der Schwachen, ringsum unglaubliche Armut, Enge, Entartung, Trunksucht, Heuchelei, Verlogenheit... Dabei herrscht
in allen Häusern und auf den Straßen Ruhe und Frieden; unter
fünfzigtausend Menschen, die in der Stadt leben, ist kein einziger, der aufschreien oder laut protestieren würde... An der Tür
eines jeden zufriedenen, glücklichen Menschen müßte jemand
mit einem Hämmerchen stehen und mit seinem Klopfen ständig
daran erinnern, daß es Unglückliche gibt, daß das Leben, so
glücklich es auch sein mag, ihm früher oder später die Krallen
zeigen wird... Aber den Menschen mit dem Hämmerchen gibt
es nicht, der Glückliche lebt zu seinem Vergnügen, und die
kleinen Sorgen des Lebens bewegen ihn nur leicht wie der Wind
die Espe – und alles ist zum Besten bestellt... Warum sollen wir
warten, frage ich Sie? Aus welchen Überlegungen heraus?«

Wichtig ist, daß dies nicht Čechov selbst sagt, sondern sein
Held – ein einfacher Tierarzt aus der Provinz. Čechov hat nie
etwas erfunden – er hat diese Worte im Leben gehört und sich
über sie gefreut, denn er selbst war dieser Mensch mit dem
Hämmerchen. Er hat an Rußlands Herz geklopft – und wurde
erhört.

Čechov starb am Vorabend der Revolution von 1905. Und
Menschen erschienen, die hatten nicht mehr ein Hämmerchen,
sondern die Vorschlaghämmer der Fabrikarbeiter. Auf Čechovs
Frage: »Warum sollen wir warten?« antworteten sie: »Wir
werden nicht länger warten.«

Weitere vierzig Jahre sind vergangen. Čechovs Rußland gehört der Vergangenheit an. Zwischen Čechov und uns liegt eine
Epoche der Kriege und Revolutionen. Und man könnte meinen,
daß seine Worte heute eingetroffen wären: »Alles, was ich
geschrieben habe, wird vergessen sein.« In Wirklichkeit ist etwas
anderes geschehen: seine Helden gehören der Vergangenheit an,
er hingegen, als Schriftsteller wie als Mensch, ist uns heute näher
und teurer denn je. Wir haben seinen Spott und seine Trauer
begriffen, haben seinen Glauben an Rußland und dessen Zu-

kunft gefühlt, seinen Durst nach Taten, nach Arbeit, seinen Traum von einem »erfüllten, klugen und kühnen Leben« und seine Überzeugung, daß dieses Leben sogar in Sibirien anbrechen wird. Das neue, gesundete und erstarkte Rußland findet im Werk Čechovs den moralischen Rückhalt für seinen weiteren Kampf.

1944

Thomas Mann

Versuch über Tschechow

Als Anton Tschechow, Juli 1904, in Badenweiler an Lungentuberkulose starb, war ich ein junger Mensch, der mit einigen Erzählungen und einem Roman, welcher der russischen Erzählungskunst des neunzehnten Jahrhunderts sehr viel verdankte, in die Literatur eingetreten war. Vergebens suche ich mich heute zu erinnern, welchen Eindruck damals die Nachricht vom Tode des um fünfzehn Jahre älteren russischen Novellisten auf mich machte. Ich finde nichts. Die Meldung, natürlich auch von der deutschen Presse verbreitet und kommentiert, muß mich ziemlich unberührt gelassen haben, und was bei dieser Gelegenheit über Tschechow geschrieben wurde, mag wenig danach angetan gewesen sein, mir das Gefühl dafür zu vertiefen, wer da, zu früh für Rußland, zu früh für die Welt, dahingegangen war. Diese Nachrufe waren wohl Zeugnisse derselben Ignoranz, von der mein eigenes Verhältnis zu dem Leben und Werk dieses Autors bestimmt war, und die sich erst mit den Jahren langsam gelichtet hat.

Welches waren ihre Ursachen? Bei mir persönlich wird die Faszination durch das »große Werk«, den »langen Atem«, das in mächtiger Geduld durchgehaltene und vollendete epische Monument mitgespielt haben, die Vergötterung der großen Vollbringer gleich Balzac, Tolstoi, Wagner, denen es irgendwie nachzutun mein Traum war. Und Tschechow war ja, wie

Maupassant, den ich übrigens weit besser kannte, ein Mann der kleinen Form, der Kurzgeschichte, zu der es nicht des heroischen Ausharrens durch Jahre oder Jahrzehnte bedurfte, sondern mit der man, ein künstlerischer Leichtfuß, alle paar Tage oder Wochen fertig war. Ich hegte eine gewisse Geringschätzung dafür, ohne recht gewahr zu werden, welche inneren Maße, kraft des Genies, das Kurze und Knappe gewinnen, in welcher – vielleicht über alles zu bewundernden – Gedrängtheit es die ganze Fülle des Lebens in sich aufnehmen, sich durchaus zu epischem Range erheben, ja an künstlerischer Intensität das Große, das Riesenwerk, das unvermeidlich manchmal müde wird und ehrwürdiger Langerweile verfällt, wohl gar übertreffen kann. Wenn ich das in meinem späteren Leben besser begriff als in der Jugend, so danke ich es hauptsächlich der Beschäftigung mit Tschechows allem Stärksten und Besten in europäischer Literatur ebenbürtiger Erzählungskunst.

Allgemeiner gesprochen, scheint mir Tschechows langjährige Unterschätztheit in Westeuropa und sogar auch in Rußland mit seinem äußerst nüchternen, kritischen und zweifelnden Verhalten zu sich selbst, der Unzufriedenheit, mit der er auf seine Leistung blickte, kurz mit seiner Bescheidenheit zu tun zu haben, die so überaus sympathisch, aber nicht danach angetan war, die Welt zu bestimmen, hoch und groß von ihm zu denken, und mit der er ihr sozusagen ein schlechtes Beispiel gab. Denn die Meinung, die wir von uns selbst hegen, ist nicht ohne Einfluß auf das Bild, das die Menschen sich von uns machen; sie färbt ab auf dieses und verfälscht es unter Umständen. Dieser Kurzgeschichtenschreiber war zu lange überzeugt von der Geringfügigkeit seiner Fähigkeiten, von seiner künstlerischen Unwürde; sehr langsam und schwer gewann er einigen Glauben an sich – den Glauben, an dem es nicht fehlen darf, wenn andere an uns glauben sollen –, und bis zuletzt hatte er nichts vom literarischen Grandseigneur, noch weniger vom Weisen und Propheten gleich Tolstoi, der freundlich auf ihn hinabblickte und, nach Gorki, »einen prächtigen, stillen, bescheidenen Menschen« in ihm sah.

Dies Lob von seiten einer gigantischen Unbescheidenheit, die derjenigen Wagners nicht nachsteht, hat etwas Bedrückendes.

Tschechow hätte es wohl mit einem stillen, höflichen, ironischen Lächeln quittiert; denn Höflichkeit, pflichtschuldige Ehrerbietung nebst einiger Ironie bestimmten überhaupt sein Verhältnis zu dem Gewaltigen von Jasnaja Poljana, und zuweilen, natürlich nicht im persönlichen Verkehr mit der erdrückenden Persönlichkeit, aber in Briefen an Dritte, wird die Ironie zu offener Rebellion. Nach der Rückkehr von seiner Höllenfahrt, der opfervollen Informationsreise nach der Verbannungsinsel Sachalin, schreibt er: »Welch ein sauertöpfischer Geselle würde ich jetzt sein, wenn ich in meinen vier Wänden geblieben wäre. Vor der Reise erschien mir zum Beispiel die *Kreutzersonate* Tolstois als ein wichtiges Ereignis; jetzt dagegen kommt sie mir komisch und widersinnig vor.« Das imperiale – und dabei fragwürdige – Prophetentum geht ihm auf die Nerven. »Der Teufel«, schreibt er, »hole die Philosophie der Großen dieser Welt! Alle großen Weisen sind despotisch wie Generäle und unhöflich wie Generäle, da sie von ihrer Straflosigkeit überzeugt sind.« Das bezieht sich hauptsächlich auf Tolstois Beschimpfung der Ärzte als nichtsnutziger Schufte. Denn Tschechow war Arzt, war es mit Leidenschaft, ein Mann der Wissenschaft und des Glaubens an sie als Fortschrittsmacht, als große, die Köpfe und Herzen erhellende Gegnerin schimpflicher Zustände, und die Weisheit des »Widerstehe nicht dem Bösen«, die »passive Resistenz«, die Verachtung von Kultur und Fortschritt, welche die Größe sich erlaubte, erschien ihm recht eigentlich als reaktionäres Gefackel. Man verfuhr nicht, und wäre man noch so groß, mit wichtigen Problemen wie ein Ignorant – und das ist es, was er Tolstoi vorwirft. »Tolstois Moral«, schreibt er, »rührt mich nicht mehr, im Grunde meines Herzens bin ich ihr nicht wohlgesinnt. Ich habe Bauernblut in mir, und mir kann man mit Bauerntugenden nicht imponieren. Von Jugend auf habe ich an den Fortschritt geglaubt. Nüchterne Überlegung und Gerechtigkeit sagen mir, daß in der Elektrizität und im Dampf mehr Liebe zum Menschen liegt als in der Keuschheit und im Fasten.«

Kurzum, das ist ein Positivist – aus Bescheidenheit; ein schlichter, auf irgendwelche Lizenzen der Größe keinen Augenblick Anspruch erhebender Diener der bessernden Wahrheit.

Einmal, anläßlich des *Disciple* von Bourget, wird er sehr deutlich gegen die idealistisch tuende Herabsetzung des wissenschaftlichen Materialismus. »Solche Feldzüge sind mir unbegreiflich. Dem Menschen die materialistische Richtung verbieten, heißt ihm das Suchen nach Wahrheit verbieten. Außerhalb der Materie gibt es kein Experiment, keine Wissenschaft, also auch keine Wahrheit.« –

Seine langandauernde Selbstbezweiflung als Künstler reicht, wenn mir recht ist, über sein Selbst hinaus; sie erstreckt sich auf die Kunst, die Literatur überhaupt, mit der »in seinen vier Wänden« allein zu leben ihm widerstand. Der Umgang mit ihr schien ihm immer der Ergänzung bedürftig, durch männlich-praktische, soziale Tätigkeit in der Welt, unter den Menschen, im Leben. Die Literatur war, um seine eigenen Worte zu gebrauchen, seine Geliebte, die Wissenschaft aber, die Medizin, seine legitime Frau, bei der er sich in Schuld fühlte für die Untreue, die er mit jener an ihr verübte. Daher die strapaziöse, seiner schon angegriffenen Gesundheit gefährliche Reise nach Sachalin und sein aufsehenerregender Bericht über die entsetzlichen Zustände dort, der wirklich einige Reformen nach sich zog. Daher die unermüdliche Tätigkeit als praktizierender Landarzt, die immer neben der literarischen Arbeit her lief, die Verwaltung des Kreiskrankenhauses von Swenigorod bei Moskau, der Kampf gegen die Cholera, den er in Melichowo, seiner kleinen Besitzung, führt, wo er die Errichtung neuer Baracken durchsetzt, übrigens auch den Kurator der Dorfschule abgibt. Dabei wächst sein Ruhm als Schriftsteller; aber er betrachtet ihn mit Skepsis, mit schamhaftem Gewissen. »Führe ich nicht«, fragt er, »den Leser hinters Licht, da ich ja doch die wichtigsten Fragen nicht zu beantworten weiß?«

Das Wort hat mich wie kein andres getroffen; es war geradezu das Motiv, das mich bestimmte, mich mit Tschechows Biographie eingehender zu beschäftigen. Sie ist eine der rührendsten, gewinnendsten, die ich kenne. Er kam aus dem südrussischen Taganrog am Asowschen Meer, einem Nest, wo der Vater, ein bigotter Kleinbürger, dessen eigener Vater noch Leibeigener eines Gutsbesitzers gewesen war, einen Kramladen betrieb und Weib und Kinder tyrannisierte. Übrigens stümperte er als Heiligenbildmaler, versuchte sich autodidaktisch auf der Geige, hatte eine Passion für liturgische Musik und brachte einen Kirchenchor zusammen, in dem seine Buben singen mußten. Wahrscheinlich waren diese abseitigen Liebhabereien schuld daran, daß er noch während der Schulzeit Anton Pawlowitschs mit seinem Laden Bankrott machte und vor seinen Gläubigern nach Moskau fliehen mußte. Aber es steckte in dieser frömmlerischen Kleinbürgerenge irgend etwas Dunkel-Musisches, das sich nur in dem einen Sproß erhellen und bedeutend entfalten sollte. Immerhin wurde von seinen älteren Brüdern der eine »Publizist«, der andere Maler, – ein unansehnlicher Publizist und ein Maler, der sein Talent, wenn er welches hatte, wie der andre im Wodka ertränkte: schwache, hinfällige Charaktere, die der einzig Standfeste, zum Leben und zur Leistung Berufene vergebens zu stützen sucht.

Vorderhand müssen die Jungen dem Vater beim Verkauf seines Krames helfen, Botengänge machen und feiertags schon um drei Uhr morgens aufstehen, um bei gottesdienstlichen Singeproben zu fronen. Dazu kommt die Schule, das Taganroger Gymnasium, eine geistverlassene Drillanstalt, von oben her angewiesen, Lehrern wie Schülern beileibe jeden freien Gedanken fernzuhalten. Das Leben ist Zwangsarbeit, langweilig, drückend, öde. Aber es gibt da bei dem Einen, dem insgeheim Erkorenen, jenem Anton, eigentümliche Gegengewichte, eine kompensierende Anlage zur Lustigkeit und Lustigmacherei, zur Clownerie und zum mimischen Spaß, der sich von Beobachtung nährt und sie in karikierend vorführende Nachahmung übersetzt. Der Junge kann einen einfältigen Diakon, einen Herrn Beamten, der auf einem Balle das Tanzbein schwingt, den Zahnarzt, die Manieren des Polizeimeisters in der Kirche so lächerlich gut und lebenswahr kopieren, daß man sich wundert und sagt: »Mach's noch mal! Nein, so was! Wir haben es auch gesehen, aber es war nicht so komisch, wie es sich bei dem Lausbuben ausnimmt, und muß doch wohl so komisch gewesen sein, da wir dermaßen lachen müssen, wenn er es nachahmt. Das ist ja ganz was Neues bei uns, daß einer dergleichen anstellt und macht's natürlicher, als es war. Ha, ha, ha, was für ein Unsinn! Genug des unziemlichen Unsinns, du Lausbub! Aber wie der Polizeimeister zur Kirche geht, das mach nur erst gleich noch mal!«

Es ist der primitive, der äffische Urgrund der Kunst, der da zum Vorschein kommt, das Talent, die gauklerische Lust und Gabe, zu amüsieren, die einst zu ganz anderen Mitteln greifen, sich in ganz andere Formen ergießen, sich mit Geistigem vermählen, moralische Veredelung erfahren, aus dem Ergötzlichen zum Erschütternden aufsteigen soll – aber in tiefstem, bitterstem Ernst den Sinn fürs Komische nie verlernen, von der begabten Nachäffung des Polizeimeisters, des tanzenden Beamten immer viel bewahren wird...

Der Vater also muß seinen Laden schließen und sich nach Moskau davonmachen, während der damals sechzehnjährige Anton Pawlowitsch noch für drei Jahre in Taganrog zurückbleibt und weiter die Schulbank drückt. Denn das Gymnasium will absolviert sein, wenn sein sehnlicher Wunsch, Medizin zu studieren, sich erfüllen soll. Er absolvierte es, er bringt die drei oberen Klassen hinter sich, indem er sein Leben von einem winzigen Stipendium und schlecht bezahlten Nachhilfestunden bei jüngeren Schülern fristet, erhält sein Reifezeugnis und kann den Eltern nach Moskau folgen, um die Universität zu beziehen.

Macht den der provinziellen Enge Entkommenen das Leben in der großen Stadt wohl glücklich? Weitet sich ihm die Brust? Aber keinem Menschen konnte russisches Leben überhaupt damals die Brust weiten. Es war erstickend, dumpf, leisetreterisch-devot, befuchtelt und verschüchtert von brutaler Autorität, ein kommandiertes, zensuriertes, von Staats wegen angebrülltes und kriechendes Leben. Auf dem Lande lastete das absolutistisch-konservative Regierungssystem Alexanders III. und seines schauerlichen Pobedonoszew – ein System des Trübsinns. Und dem Trübsinn, buchstäblich, verfiel mancher feiner organisierte, des Ozons der Freiheit bedürftige Geist in Tschechows Nähe. Das Los Gleb Uspenskis, eines redlichen Schilderers russichen Bauernlebens, war geistige Umnachtung.

Garschin, dessen schwermütige Novellistik Tschechow hoch-
schätzte, beging Selbstmord. Einen Selbstmordversuch machte
in seiner Verzweiflung auch Lewitan, der Maler, zu dem Anton
Pawlowitsch freundschaftliche Beziehungen unterhielt. Der
Wodka gewann unter Intellektuellen sehr an Anziehungskraft.
Man trank – aus Hoffnungslosigkeit. Tschechows beide Brüder
tranken und kamen rapide herunter, obgleich der Jüngere sie so
herzlich bat, sich doch zusammenzunehmen. Nun ja, sie hätten
vielleicht auch ohne Pobedonoszew getrunken, aber leider
konnten sie sich unter anderem auf den lieben guten Paljmin, den
Dichter, auch einen Freund ihres Bruders, berufen, der gleichfalls trank.

Anton Pawlowitsch trank nicht und wurde auch nicht schwermütig und geisteskrank. Erstens betrieb er eifrig sein Medizinstudium, das sich der Einmischung des Herrn Pobedonoszew
entzog; und was den allgemeinen Trübsinn betraf, so hielt er sich
lustig dagegen auf dieselbe Weise wie einst gegen die Taganroger
Ödigkeit: er machte Spaß, er kopierte den Polizeimeister, den
dummen Diakon, den Beamten auf dem Ball oder ihresgleichen,
– nicht mehr mimisch, sondern schriftlich: in seiner Eltern
Wohnung, die er teilte und wo es laut und unordentlich zuging,
saß er und schrieb für irgendwelche Witzblätter, die gern ein
bißchen vorsichtige Satire trieben, allerlei komische kleine Sachen, ganz kurz, ganz flüchtig hingewischt: Anekdoten, Dialoge, drollige Kolportage, Federskizzen, die kleinbürgerliche
Hochzeiten, betrunkene Kaufleute, zänkische Ehefrauen oder
solche auf Abwegen, einen entlassenen, aber immer noch alle
Welt anschreienden Unteroffizier karikierten – und zwar so, daß
ganz wie zu Hause in Taganrog die Leute riefen: »Nein, so was!
Wie der's heraushat! Mach's gleich noch mal!«

Und er machte es immer wieder, sprudelnd, unerschöpflich an
kleiner Alltagsbeobachtung und ulkiger Nachahmung, obgleich
es eine rechte Belastung war für einen jungen Mann, das
anspruchsvolle Medizinstudium mit diesem öffentlichen Jux zu
verbinden. Denn irgendwie geformt und zugespitzt mußten die
Stückchen doch sein, was immerhin Geistesarbeit bedeutet, und
viele, viele davon mußte man liefern, wenn die knauserigen

Honorare sich summieren und nicht nur zur Bestreitung der Kosten des Studiums dienen, sondern auch ernstlich beitragen sollten zum Unterhalt der Eltern, der jüngeren Geschwister, denn der Vater verdiente fast nichts. Mit neunzehn Jahren war Anton die Stütze der Familie. *Antoscha Tschechonte* nannte er sich als Witzblattlieferant...

Und nun geschieht etwas Merkwürdiges, das bezeichnend ist für den Geist und Eigenwillen der Literatur und zeigt, welche unerwarteten Folgen es haben kann, wenn man sich, und sei es auf noch so zweckhafte, nebensächliche und scherzende Weise, überhaupt mit ihr einläßt. Dieser Geist »pocht an das Gewissen« – Antoscha Tschechonte, der Spaßmacher, sagt es selbst. In einem Brief schildert er, wie er in der elterlichen Wohnung bei Kindergeschrei, Kommen und Gehen, Spieluhrgeklimper, lautem Vorlesen des Vaters im Nebenzimmer an seinem ungeschützten Tische sitzt, vor sich seine literarische Arbeit, »die erbarmungslos an mein Gewissen pocht«. Das sollte sie doch nicht tun, da sie nur Jux ist und Bürger-Amüsement. Aber was ich das Merkwürdige, Bezeichnende, Unerwartete nannte, ist dies, daß allmählich, ohne daß er es eigentlich will und des Vorganges recht gewahr wird, in seine kleinen Feuilletons etwas eindringt, womit sie ursprünglich gar nichts zu tun haben wollten, etwas, das aus dem Gewissen der Literatur und zugleich aus dem eigenen, persönlichen Gewissen stammt: etwas zwar immer noch Lustiges und Unterhaltendes, zugleich aber Bitteres, Trauriges, Leben und Gesellschaft anklagend Bloßstellendes, leidend Kritisches, kurz – Literarisches. Denn mit dem Schreiben selbst, der Form, der Sprache hängt das, was da eindringt, unmittelbar zusammen – die kritische Traurigkeit und Aufsässigkeit ist ja das Verlangen nach einer besseren Wirklichkeit, einem reineren, wahreren, schöneren, edleren Leben, einer dem Geiste wohlgefälligeren menschlichen Gesellschaft, und dieses Verlangen bildet sich ab in der Sprache, in der Verpflichtung zu künstlerischer Arbeit an ihr, einer »erbarmungslosen« Verpflichtung, die unbedingt zu dem gehört, was eindringt in Antoschas lockere Schreiberei. Fünfzehn Jahre werden vergehen, da hat Gorki über diesen Antoscha das Wort und urteilt:

»Als Stilist ist Tschechow unerreicht, und der künftige Litera-
turhistoriker wird, wenn er über das Wachstum der russischen
Sprache nachdenkt, sagen, diese Sprache ist von Puschkin,
Turgenjew und Tschechow geschaffen worden.«

Dies Wort fiel anno 1900. Jetzt schreiben wir 1884/85. Der
Vierundzwanzigjährige hat ausstudiert und geht als Praktikant
ans Kreiskrankenhaus Woskressensk, wo er Obduktionen von
Selbstmörderleichen oder solchen Personen vornimmt, die unter
verdächtigen Umständen gestorben sind. Spaßliteratur aber
treibt er immer noch, das ist ihm zur Gewohnheit geworden,
und es sind ihm dabei ein paar Dinge untergelaufen, *Der Tod des
Beamten, Der Dicke und der Dünne, Ein Delinquent,* deren
Herstellung ihm eigentümliche Freude gemacht hat und die
vielleicht dem Gros seiner Leser nicht so recht behagen, weil ihre
Komik bitter schmeckt, bei deren Lektüre aber hie und da einer
die Brauen hochzieht. So D. W. Grigorowitsch. Wer kennt
Dmitri Wassiljewitsch Grigorowitsch? Ich nicht. Ich hatte,
offen gestanden, bevor ich mich mit Tschechows Biographie
beschäftigte, nie von ihm gehört. Und doch war er ein damals
weithin geschätzter Schriftsteller, ein Mann der hohen Literatur,
der mit seinen Romanen aus dem Leben der Leibeigenen viel
Ehre eingelegt hatte. Ein Brief von ihm kommt aus Petersburg an
den jungen Dr. Tschechow in Woskressensk bei Moskau, ein
sehr ernster Brief, der vielleicht das rührendste, erstaunlichste,
epochalste Ereignis in Tschechows Leben gewesen ist. Der
berühmte, schon alte Mann – er war noch mit Belinski, dann
auch mit Turgenjew und Dostojewski befreundet gewesen und
starb 1899 – sagt ihm darin: »Sie besitzen, mein Herr, ein ganz
außerordentliches Talent, das meiner Überzeugung nach auch
vor den höchsten Aufgaben nicht zurückzuschrecken braucht.
Es wäre ein Jammer, wenn Sie fortführen, Ihre Kräfte in
literarischen Quisquilien zu verzetteln. Es drängt mich, Sie zu
beschwören, das nicht zu tun, sondern sich zu wahrhaft künstlerischen Unternehmungen zu sammeln.« Das liest Anton Pawlowitsch schwarz auf weiß, darunter den großen Namen. Er war so
bestürzt, aufgewühlt, erschüttert wie wahrscheinlich in seinem
Leben nicht wieder. »Ich brach fast in Tränen aus und fühle, daß

der Brief tiefe Spuren in meiner Seele hinterlassen hat. Ich bin wie betäubt. Ich bin außerstande zu beurteilen, ob ich diese hohe Belohnung verdient habe oder nicht... Ist mir eine Begabung eigen, die der Achtung wert ist, so beichte ich vor der Reinheit Ihres Herzens, daß ich sie bis jetzt nicht geachtet habe... Um gegen sich selbst ungerecht, äußerst mißtrauisch und hypochondrisch zu sein, gibt es immer genügend Ursachen...Bis jetzt habe ich mich zu meiner Tätigkeit durchaus leichtsinnig, nachlässig und obenhin verhalten... Ich schrieb und war auf alle Weise darauf bedacht, für die Erzählung nicht die Bilder und Gestalten zu verausgaben, die mir teuer sind, und die ich, Gott weiß warum, so hütete und sorgfältig verbarg.« So hieß es in dem später bekanntgewordenen Dankesbrief an den alten Grigorowitsch. Nachdem er ihn geschrieben, ging er zu einer Obduktion oder zu einem Typhusfall im Kreiskrankenhaus – sagen wir: zu einem Typhusfall, im Gedenken an den Flecktyphus des Oberleutnants Klimow, eine Krankheitsgeschichte, ganz aus der Seele des Befallenen heraus mit vollkommener Meisterschaft etwas später erzählt von Anton Tschechow, der sich seit Empfang jenes Briefes nicht mehr Antoscha Tschechonte nannte.

Es war ihm nur eine kurze Lebensfrist gegeben. Schon bei dem Neunundzwanzigjährigen meldeten sich die ersten Anzeichen der Tuberkulose, und er war Arzt, er wußte Bescheid und hat sich gewiß nicht vorgemacht, daß seine Vitalität es weit bringen, es zu Tolstoischem Patriarchentum bringen könnte. Man fragt sich, ob nicht das Wissen um die Knappbemessenheit des Gastspiels seines Geistes auf Erden zu der eigentümlichen, skeptischen und so unendlich gewinnenden, leise auftretenden Bescheidenheit wesentlich beitrug, die fortfuhr, seine geistige und künstlerische Gesamthaltung zu bestimmen, – den Instinkt sogar eingerechnet, aus dieser Bescheidenheit eine Sonder-Qualität seines Künstlertums zu machen, sie zu einem spezifischen Zauber seiner Existenz zu erheben. Ungefähr fünfundzwanzig Jahre – das war alles, was ihm an Zeit zu seiner schöpferischen Entfaltung und Vollendung gegönnt war, und wahrhaftig, er hat die Frist genutzt: Rund sechshundert Erzählungen tragen seinen Namen, von denen nicht wenige den

Umfang der »long short story« haben, und Meisterwerke sind darunter, wie *Krankenstation Nr. 6*, worin ein Arzt sich aus Überdruß an einer dummen und miserablen Welt der Normalität mit einem interessanten Verrückten derart befreundet, daß diese Welt ihn selbst als verrückt befindet und ihn einsperrt. Die Novelle, 1892 geschrieben, siebenundachtzig Seiten lang, ist, obgleich sie jede direkte Anklage vermeidet, so grauenhaft symbolisch für die korrupte Hoffnungslosigkeit der Zustände in Rußland, die Entwürdigung des Menschen in der Spätzeit der Selbstherrschaft, daß der junge Lenin zu seiner Schwester sagte: »Als ich gestern abend diese Erzählung zu Ende gelesen hatte, wurde mir direkt unheimlich; ich konnte nicht mehr in meinem Zimmer bleiben, ich stand auf und ging hinaus. Mir war, als wäre ich selbst im Krankensaal 6 eingesperrt.«

Aber wenn schon angeführt und gepriesen werden soll, so muß ich unbedingt *Eine langweilige Geschichte* nennen, die mir teuerste von Tschechows erzählerischen Schöpfungen, ein ganz und gar außerordentliches, faszinierendes Werk, das an stiller, trauriger Merkwürdigkeit in aller Literatur kaum seinesgleichen hat und schon dadurch in Erstaunen setzt, daß diese sich als »langweilig« ankündigende und dabei überwältigende Geschichte von einem jungen Menschen von noch nicht dreißig Jahren mit letzter Einfühlung einem Greis in den Mund gelegt ist, – einem weltberühmten Gelehrten, General seinem Range nach, Exzellenz, der sich in seinen Geständnissen auch selber öfters so nennt, – »Meine Exzellenz«, sagt er, mit dem Unterton: »Du lieber Gott!« Denn obgleich er hochsteht in der offiziellen Hierarchie, steht er geistig, selbstkritisch und überhaupt kritisch hoch genug, seine Berühmtheit und die Devotheit, die man ihm zollt, albern zu finden und in tiefster Seele ein Verzweifelter zu sein, weil er nämlich gewahr wird, daß seinem Leben, mit all seinen Verdiensten, das geistige Zentrum, eine »allgemeine Idee« gefehlt hat, daß es im Grunde ein sinnloses Leben, das Leben eines Verzweifelten war. »Jedes Gefühl«, schreibt er, »jeder Gedanke lebt in mir abgesondert, und in meinen Urteilen über Wissenschaft, Theater, Literatur etc. etc. wird selbst der erfahrenste Analytiker nicht das finden, was man eine allgemeine Idee oder den Gott des lebendigen Menschen nennt. Und wenn das fehlt, ist überhaupt nichts da ... Es ist daher gar nicht verwunderlich, daß die letzten Monate meines Lebens durch Gedanken und Gefühle verdunkelt wurden, die eines Sklaven und Barbaren würdig sind, und daß ich jetzt gleichgültig bin. Wenn im Menschen nicht das lebt, was höher und stärker ist als alle äußeren Umstände, dann freilich genügt für ihn ein ordentlicher Schnupfen, damit er das Gleichgewicht verliert, und sein ganzer Pessimismus oder Optimismus samt seinen großen und kleinen Gedanken haben nur noch die Bedeutung von Symptomen – sonst keine. Ich bin besiegt. Wenn dem so ist, besteht kein Anlaß, weiterhin nachzudenken, keiner, weiterhin zu diskutieren. Ich werde sitzen und schweigend erwarten, was kommt.«

»And my ending is despair«: dies letzte Wort des Prospero fällt einem immer wieder ein bei den Geständnissen des alten berühmten Nikolai Stepanytsch, der sagt: »Aber ich liebe nun einmal die Popularität meines Namens nicht. Es kommt mir vor, als hätte sie mich betrogen.« Anton Tschechow war nicht alt, sondern jung, als er ihn dies und das Vorige sagen ließ; aber er sollte nicht lange leben, und vielleicht war es das, was ihn in den Stand setzte, die Stimmung des Alters unglaublich und bis zum Unheimlichen zu antizipieren. Er hat seinem alten sterbenden Gelehrten viel von sich selbst mitgegeben, vor allem dieses »Ich liebe nun einmal die Popularität meines Namens nicht.« Denn auch Tschechow liebte nicht seinen wachsenden Ruhm, es war ihm dabei »aus irgendeinem Grunde bange zu Mut«. Betrog er nicht seine Leser, indem er sie mit seinem Talent blendete, »auf die wichtigsten Fragen aber nicht zu antworten wußte«? Wozu schrieb er? Welches war sein Ziel, sein Glaube, der »Gott des lebendigen Menschen«? Wo die »Gesamtidee« seines Lebens und Schreibens, »ohne die überhaupt nichts ist«? »Ein bewußtes Leben ohne eine bestimmte Weltanschauung«, schrieb er an einen Freund, »ist kein Leben, sondern eine Last und ein Schrecken.« Den berühmten Gelehrten fragt sein Mündel Katja, eine gescheiterte Schauspielerin, das einzige Wesen, an dem sein Herz noch hängt, für das er eine heimliche Greisenzärtlichkeit hegt, – sie fragt ihn in großer Lebensnot und -ratlosigkeit: »Was soll ich tun? Nur ein Wort, Nikolai Stepanytsch, ich flehe Sie an: Was soll ich tun?!« Und er muß antworten: »Ich weiß es nicht. Auf Ehre und Gewissen, Katja, ich weiß es nicht.« Da verläßt sie ihn.

Die Frage »Was tun?« geistert beständig auf eine absichtlich konfuse Weise in Tschechows Dichtungen herum; fast wird sie ins Lächerliche gezogen durch die wunderliche und hilflos gespreizte Art, in der sich seine Figuren über sie, über die Lebensfrage ergehen. Ich weiß nicht mehr, in welcher Geschichte, aber irgendwo bei ihm kommt eine Dame herein und erklärt: »Man müßte das Leben wie durch ein Prisma betrachten, will sagen, man müßte es in Brechungen sehen, in seine einfachen Elemente aufteilen, und jedes dieser Elemente müßte man einzeln studieren.« Von dergleichen Redereien schwirrt es in seinen Novellen und in seinen Theaterstücken auch. Zum Teil mögen sie einfach die russische ufer- und ergebnislose Philosophier- und Disputierlust satirisch wiedergeben, wie es auch bei anderen Autoren geschieht. Aber bei Tschechow haben sie einen ganz eigentümlichen Hintergrund, eine besondere, beklemmend komische künstlerische Funktion. Die Ich-Erzählung *Der Taugenichts*, zum Beispiel, ist von solchen Diskussionen erfüllt. Das »Ich«, der Taugenichts, mit dem Spottnamen »Kleiner Nutzen«, ist ein der bestehenden gesellschaftlichen Ordnung aufsässiger sozialer Idealist, der an die Notwendigkeit körperlicher Arbeit für alle glaubt, seine Klasse, die gebildete, verläßt und sich einem dunklen, schweren, häßlichen Proletarierdasein ergibt, dessen rohe Wirklichkeit ihn viele quälende Enttäuschungen erleiden läßt. Seinen traditionsfrommen Vater bringt er vor lauter Kummer über seine Exzentrizität in die Grube und ist auch schuld daran, daß seine Schwester auf Abwege und ins Elend gerät. Jemand, ein Doktor Blagowo, sagt zu ihm: »Ich achte Sie, Sie sind eine edle Seele, ein ehrlicher Idealist. Aber finden Sie nicht, daß, wenn Sie all diese Ihre Willenskraft, das Leben so radikal zu verändern, diese ganze Anspannung und Potenz auf irgend etwas anderes verwendet hätten, zum Beispiel um mit der Zeit ein großer Gelehrter oder Künstler zu werden, Ihr Leben auch viel tiefer und in jeder Beziehung fruchtbarer geworden wäre?« –

Nein, erwidert der »Taugenichts«, vor allem sei es notwendig, daß die Starken die Schwachen nicht knechten, die Minderheit für die Mehrheit nicht zu einem Parasiten werde; es sei notwendig, daß alle, die Starken wie die Schwachen, die Reichen wie die Armen, gleichmäßig am Kampf ums Dasein teilnehmen, und da gebe es kein besseres nivellierendes Mittel als die zu einer allgemeinen, für alle obligatorischen Pflicht erhobene körperliche Arbeit. – »Aber glauben Sie denn nicht, daß, wenn sich alle, auch die hervorragendsten Menschen, die größten Denker und Gelehrten, am Kampf ums Dasein beteiligen und ihre Zeit zum Steineklopfen oder Dächeranstreichen verwenden, dem Fortschritt eine große Gefahr entstehen würde?« – Das ist gut gefragt. Aber nicht so gut, daß nicht der Gesprächspartner eine noch bessere oder mindestens ebenso gute Antwort darauf wüßte. Und da schon vom Fortschritt die Rede ist, kommt man auf seine Ziele zu sprechen. Nach Dr. Blagowos Ansicht liegen die Ziele und Grenzen des allmenschlichen, weltumfassenden Fortschritts in der Unendlichkeit, und von zeitlichen Anschauungen bestimmte, beschränkte Fortschrittsziele ins Auge zu fassen, findet er – beschränkt.

Welche Argumentation! Liegen die Grenzen des Fortschritts also im Unendlichen, so sind seine Ziele unbestimmt. »Wie kann man leben, ohne zu wissen, wozu man lebt? Gut! Aber dieses Nichtwissen ist weniger langweilig als Ihr Wissen. Ich steige eine Leiter hinauf, die man Fortschritt, Zivilisation, Kultur nennt, ich steige immer höher, ich weiß zwar nicht bestimmt, wohin sie mich führt, aber diese herrliche Leiter macht mir schon allein das Leben lebenswert. Sie aber wissen, wozu Sie leben: damit die einen die anderen nicht unterdrücken, damit der Künstler und derjenige, der ihm die Farben reibt, das gleiche Mittagsbrot essen. Das ist aber die spießbürgerliche, prosaische, graue Seite des Lebens, und für sie zu leben, ist einfach ekelhaft. An das große X müssen wir denken, das die Menschheit in der Zukunft erwartet...«

Blagowo spricht mit großem Eifer, – und dabei kann man ihm ansehen, daß ihn irgendein ganz anderer Gedanke beschäftigt. »Ihre Schwester wird wohl nicht kommen«, sagt er nach einem

Blick auf die Uhr. »Sie erwähnte gestern, daß sie Sie heute besuchen wolle.« – Er ist also nur gekommen, um die Schwester zu treffen, in die er verliebt ist, und redet nur in Erwartung des Mädchens. Durch dieses hinter seinen Reden stehende und ihm vom Gesicht abzulesende menschliche Motiv wird alles, was er sagt, ironisiert und lächelnd entwertet. Die radikale Lebensänderung des *Taugenichts* wird entwertet oder doch problematisiert durch die schmutzigen Enttäuschungen, die er dabei erfährt, und die Schuld, die er damit auf sich lädt; die Dialektik des Besuchers ironisiert sich selbst dadurch, daß sie dem Warten auf das Mädchen dient. Die Lebenswahrheit, auf die der Dichter vor allem verpflichtet ist, entwertet die Ideen und Meinungen. Sie ist von Natur ironisch, und leicht führt das dazu, daß einem Dichter, dem die Wahrheit über alles geht, Standpunktlosigkeit, Gleichgültigkeit gegen Gut und Böse, Mangel an Idealen und Ideen vorgeworfen wird. Tschechow verwahrt sich gegen solche Vorwürfe. Er vertraue, sagte er, daß der Leser die in der Erzählung fehlenden, unterdrückten »subjektiven«, das heißt: bekennenden Elemente, die sittliche Stellungnahme schon selbst ergänzen werde. Woher dann aber seine »Bangigkeit«, die Abneigung gegen seinen Ruhm, dieses Gefühl, seine Leser talentvoll hinters Licht zu führen, da er auf die wichtigsten Fragen doch die Antwort nicht wisse? Woher seine unheimliche Fähigkeit, sich in den verzweifelnden Greis zu versetzen, der erkennt, daß es seinem Leben an der »Gesamtidee« gefehlt habe, »ohne die überhaupt nichts ist«, und der auf die Frage einer Ratlosen: »Was soll ich tun?« zu antworten gezwungen ist: »Auf Ehre und Gewissen, ich weiß es nicht«?

Ist die Lebenswahrheit von Natur ironisch, so ist wohl die Kunst nihilistisch von Natur? Und dabei ist sie so arbeitsam! Sie ist ja sozusagen die Arbeit in Reinkultur und in hoher Abstraktheit, das Paradigma aller Arbeit, die Arbeit selbst und an sich. Tschechow hing der Arbeit an wie keiner. Gorki hat von ihm gesagt, er habe »keinen Menschen gekannt, der so tief die Bedeutung der Arbeit als Grundlage jeglicher Kultur empfunden habe wie Tschechow«. Tatsächlich hat er unaufhörlich und unermüdlich gearbeitet, seiner zarten Konstitution entgegen, ungeachtet der kräftekonsumierenden Natur seiner Krankheit, jeden Tag, bis ans Ende. Mehr noch, er hat diese heroische Arbeit getan unter beständigem Zweifel an ihrem Sinn, trotz dem Schuldgefühl, daß sie der zentralen, der »Gesamtidee« ermangele, daß er auf die Frage Was tun? keine Antwort habe und von dieser Frage durch bloße Lebensschilderung unterhaltend ablenke. »Wir zeichnen nur das Leben, wie es ist«, sagte er, »und weiter tun wir keinen Schritt.« Oder: »Wie die Dinge liegen, hat das Leben eines Künstlers keinen Sinn, und je begabter er ist, desto seltsamer und unbegreiflicher wird seine Rolle, weil es erwiesen ist, daß er zur Belustigung eines unsauberen Raubtiers arbeitet und die bestehende Ordnung damit unterstützt.« Die bestehende Ordnung, das sind die unmöglichen Zustände der neunziger Jahre in Rußland, unter denen Tschechow lebte. Aber sein Gram, seine Zweifel am Sinn seiner Arbeit, sein Gefühl für die Seltsamkeit und Unbegreiflichkeit seiner Rolle als Künstler sind zeitlos und nicht gebunden an die russischen Zustände von damals. »Zustände«, will sagen: schlimme, eine heillose Kluft zwischen Wahrheit und Wirklichkeit aufweisende Zustände, gibt es immer, und auch heute hat Tschechow Brüder im Leide, denen nicht wohl ist bei ihrem Ruhm, weil sie »eine verlorene Welt ergötzen, ohne ihr die Spur einer rettenden Wahrheit in die Hand zu geben« – so heißt es wenigstens –; die sich so gut wie er in den greisen Helden der *Langweiligen Geschichte* versetzen können, welcher auf die Frage Was soll ich tun? die Antwort schuldig bleiben muß; die den Sinn ihrer Arbeit nicht zu nennen vermögen – und die dennoch arbeiten, arbeiten bis ans Ende.

Mit diesem merkwürdigen »Dennoch« muß es etwas auf sich haben, es muß ihm ein Sinn zukommen und damit eben doch auch der Arbeit. Liegt vielleicht in dieser selbst, und sehe sie noch so sehr nach bloßer Belustigung aus, etwas Sittliches, Dienliches, Soziales, das am Ende sogar zu der »rettenden Wahrheit« hinführt, nach welcher eine ratlose Welt die Hände reckt? Ich versuchte vorhin von dem Eigenwillen der Literatur zu sprechen, von seinen unerwarteten Folgen, und wie ihr Geist ganz ungewollt und unerwartet in des jungen Tschechows spaßige Schreibereien eindrang, sie unwillkürlich moralisch hob. Dieser Prozeß zieht sich durch sein ganzes Schriftstellerleben hin, er ist darin immerfort wiederzuerkennen. Ein Biograph sagt von ihm: »Für die Entwicklung Tschechows erscheint, im Zusammenhang mit seinem Aufstieg zur Meisterschaft der Form, bemerkenswert sein verändertes Verhältnis zu seiner Zeit. Dieses bestimmt seine Stoffwahl, Personenzeichnung und Handlungsführung und ist aus alldem abzulesen, ja erhebt sich durch den Mund seiner ›Helden‹ hier und dort zur bewußten Reflexion, welche einen untrüglichen Instinkt und eine feine Unterscheidungsgabe zwischen den bald der Vergangenheit anheimfallenden Kräften und den in die Zukunft weisenden Ansätzen der Zeit erkennen läßt.« – Was mich an dieser Bemerkung interessiert, ist die Statuierung eines Zusammenhangs zwischen dem Aufstieg zur Meisterschaft der Form und der Zunahme moralisch-zeitkritischer Reizbarkeit, das heißt: dem immer sich verstärkenden Gefühl für das gesellschaftlich Verurteilte und Dahinsinkende und für das, was da kommen soll; des Zusammenhangs also des Ästhetischen und des Ethischen. Ist es nicht dieser Zusammenhang, welcher der Arbeitsamkeit der Kunst ihre Würde, ihren Sinn, ihre Dienlichkeit verleiht, und woraus sich auch Tschechows ungemeine Schätzung der Arbeit überhaupt, seine Verurteilung alles nichtarbeitenden Drohnen- und Schmarotzertums erklärt, seine immer klarere Verwerfung eines Lebens, das, wie er sagte, »auf Sklaverei aufgebaut ist«?

Das ist ein hartes Urteil über die bürgerlich-kapitalistische Gesellschaft, die sich ihrer Humanität doch rühmt und von Sklaverei nichts hören will. Aber unser Geschichtenerzähler bekundet einen auffallenden Scharfblick für die Fragwürdigkeit des Fortschritts im Humanen und der sozial-moralischen Verhältnisse nach der Bauernbefreiung in seinem heimatlichen Rußland, – Verhältnisse, denen indessen eine gewisse Allgemeingültigkeit zukommt. »Neben dem Prozeß der Entwicklung humaner Ideen«, läßt er seinen »Taugenichts« sagen, »kann man auch diejenige von Ideen ganz anderer Art beobachten. Die Leibeigenschaft ist abgeschafft, dafür aber« (er könnte auch sagen: gerade dadurch) »wächst der Kapitalismus, und selbst jetzt, wo die freiheitlichen Ideen in höchster Blüte stehen, muß die Mehrheit wie eh und je die Minderheit ernähren, kleiden und verteidigen, während sie selbst hungrig, nackt und schutzlos bleibt. Eine solche Ordnung kann sich mit beliebigen ideellen Strömungen sehr wohl vertragen, denn auch die Kunst der Knechtung wird allmählich kultiviert. Wir prügeln nicht mehr unsere Dienerschaft, aber wir verleihen der Sklaverei raffinierte Formen; jedenfalls verstehen wir es, sie in jedem Einzelfalle zu rechtfertigen. Wir halten die humanen Ideale in großen Ehren, aber wenn wir jetzt am Ausgange des neunzehnten Jahrhunderts die Möglichkeit hätten, auf die Arbeiter auch unsere unangenehmsten physiologischen Verrichtungen abzuwälzen, so täten wir es und sagten dann zu unserer Rechtfertigung: wenn die besten Menschen, die größten Denker und Gelehrten ihre goldene Zeit an diese Verrichtungen verschwenden müßten, so würde der Fortschritt sehr leiden.«

Das ist ein Beispiel für seine Art, die Selbstzufriedenheit des Fortschrittsbürgers zu verspotten. Als Arzt hegt er eine ausgesprochene Geringschätzung der Palliativmittel, mit denen dieser Fortschrittsbürger die soziale Krankheit behandelt. Es ist sehr komisch, wie in der Novelle *Ein Fall aus der Praxis* die Gouvernante des reichen Fabrikbesitzerhauses bei Sterlet und Madeira den Segen dieser Palliativmittel herausstreicht. »Die Arbeiter sind mit uns außerordentlich zufrieden«, sagt sie. »In unserer Fabrik gibt es in jedem Winter Theateraufführungen; die Arbeiter selbst spielen dabei, dann gibt es Vorträge mit Lichtbildern, eine prachtvolle Teestube und noch manches andere. Die Arbeiter sind uns sehr ergeben, und als sie erfuhren, daß es dem Fräulein schlechter geht, bestellten sie ein Bittgebet. Sie sind ungebildet, haben aber auch Gefühle.«

Der jedoch, aus dessen Praxis erzählt wird, Oberarzt Dr. Koroljow, der eigentlich Anton Tschechow heißt, kann dazu nur den Kopf schütteln. »Indem er die Fabrik und die Baracken, in denen die Arbeiter schliefen, ansah«, heißt es, »dachte er wiederum darüber nach, worüber er immer nachdachte, wenn er Fabriken sah. Mochte es hier Vorstellungen für die Arbeiter, Lichtbildervorträge, Betriebsärzte und allerlei Verbesserungen geben, dennoch unterschieden sich die Arbeiter, denen er heute auf dem Wege von der Bahnstation begegnet war, dem Äußeren nach in nichts von denen, die er schon in seiner Kindheit gesehen hatte, als es Verbesserungen und Vorstellungen in den Fabriken nicht gab. Er als Arzt, der ein klares Urteil über chronische Leiden hatte, deren Grundursache unbekannt und unheilbar war, sah auch die Fabriken als etwas Unnormales an, dessen Ursache auch nicht zu erkennen und nicht zu beseitigen war; und alle Verbesserungen im Leben der Fabrikarbeiter hielt er zwar nicht für überflüssig, verglich sie aber mit dem Herumkurieren an unheilbaren Krankheiten.« – »Wenn schon kurieren«, hört man ihn sagen, »dann nicht die Krankheiten, sondern ihre Ursachen.« – »Die Sanitätsstellen, die Schulen, die Lesestuben und Apotheken dienen unter den gegebenen Verhältnissen auch nur der Versklavung – da haben Sie meine Überzeugung.« Bei welcher Überzeugung man nicht vergessen darf, daß Tschechow selbst in seinem Kreis Schulen und Krankenhäuser errichtete. Aber er fand keine Ruhe dabei. Der Satz, zu dem sich, je länger er lebte und schrieb, sein Denken zusammenzog, war der: »Die Hauptsache ist, das Leben umzugestalten; alles übrige ist unnütz.«

Aber wie soll das geschehen, da doch die Verhältnisse nur zu »gegeben« sind und alles seine unheilbare Notwendigkeit hat? Wie ist zu antworten auf die Frage »Was tun?« Die Beunruhigung durch diese Frage verteilt sich in Tschechows Novellistik auf viele Gestalten. In dem erwähnten *Fall aus der Praxis* findet er das Wort von der »ehrenhaften Schlaflosigkeit«. Es ist da das kluge, unglückliche Fräulein, die Fabrikerbin und Millionärin, zu der Doktor Koroljow gerufen wird, weil sie nicht schlafen kann und nervöse Anfälle hat. Sie selbst sagt: »Mir scheint, daß ich nicht krank bin, sondern daß ich nur in Unruhe bin und voller Angst, weil es so sein muß und anders nicht sein kann.« Ihm ist es klar, was man ihr sagen sollte, nämlich: »Geben Sie so schnell wie möglich die fünf Fabrikgebäude und die Million auf und lassen Sie diesen Teufel fahren!« Und es ist ihm ebenfalls klar, daß auch sie selber so denkt und nur darauf wartet, daß jemand, dem sie vertraut, es ihr bestätigt. Aber wie es ihr sagen?

Man scheut sich, Verurteilte zu fragen, warum man sie verurteilt hat; so ist es auch peinlich, reiche Leute zu fragen, wozu sie soviel Geld brauchen, warum sie ihren Reichtum so schlecht verwenden, warum sie ihn nicht aufgeben, selbst dann nicht, wenn sie in ihm ihr Unheil sehen; und wenn man darüber ein Gespräch beginnt, verläuft es meist schamhaft, peinlich und langweilig. Darum antwortet er ihr, zwar offen, aber tröstlich: »Sie sind als Fabrikbesitzerin und reiche Erbin unzufrieden. Sie glauben nicht an Ihr Recht und schlafen daher nicht. Natürlich ist das besser, als wenn Sie zufrieden wären, fest schliefen und dächten, daß alles vortrefflich bestellt sei. Sie leiden an einer ehrenhaften Schlaflosigkeit. Wie dem auch sei, sie ist ein gutes Zeichen. In der Tat, bei unseren Eltern wäre ein solches Gespräch, wie wir es jetzt führen, nicht denkbar gewesen; nachts unterhielten sie sich nicht, sondern schliefen fest; aber wir von unserer Generation schlafen schlecht, quälen uns ab, sprechen viel und versuchen immer zu entscheiden, ob wir im Rechte sind oder nicht. Für unsere Kinder und Enkel aber wird diese Frage, ob sie im Rechte sind oder nicht, bereits entschieden sein. Sie werden klarer sehen als wir. Das Leben wird schön sein in fünfzig Jahren . . .«

Wird es? Man muß wohl einsehen, daß der Mensch ein verfehltes Wesen ist. Sein Gewissen, das des Geistes ist, wird wohl nie mit seiner Natur, seiner Wirklichkeit, seinem gesellschaftlichen Zustande in reine Harmonie zu bringen sein, und immer wird es »ehrenhafte Schlaflosigkeit« geben bei solchen, die aus irgendeinem dunklen Grunde für das Menschenlos und -leben verantwortlich fühlen. Wenn einer an ihr litt, so war es der Künstler Tschechow, und all sein Dichten war ehrenvolle Schlaflosigkeit, die Suche nach dem rechten, rettenden Wort auf die Frage: »Was sollen wir tun?« Das Wort war schwer, wenn überhaupt zu finden. Nur eines wußte er bestimmt: daß Müßiggang das Schlechteste ist und daß man arbeiten muß, weil nämlich Müßiggang Arbeitenlassen, Ausbeutung und Unterdrückung bedeutet. »Begreifen Sie doch«, sagte in der späten Erzählung *Die Braut* jener Sascha, der wie Tschechow schwindsüchtig ist und sterben soll, zu Nadja, einem Mädchen, das auch nicht schlafen kann, – »begreifen Sie doch: wenn Ihre Mutter und Ihre Großmutter nichts tun, so bedeutet dies, daß andere für Sie arbeiten, daß Sie das Leben Ihres Nächsten für sich ausnutzen, und ist das etwa anständig, ist das nicht unrecht?... Liebe, Gute, fahren Sie weg! Zeigen Sie allen, daß Sie dieses unbeweglichen, grauen, sündigen Lebens überdrüssig sind! Zeigen Sie es sich selber!... Ich schwöre Ihnen, daß Sie es nicht bereuen werden. Sie fahren weg. Sie werden studieren und sich von Ihrem Schicksal führen lassen. Sobald Sie Ihr Leben umgestaltet haben, wird alles anders. Die Hauptsache ist – das Leben umgestalten, alles andere ist nebensächlich. Also, reisen wir morgen?« Und Nadja reist wirklich. Sie verläßt ihre Familie, ihren nichtigen Bräutigam, gibt die Ehe auf und flieht. Es ist die Flucht aus den Bindungen der Klasse, aus einer als absterbend, als falsch und »sündig« empfundenen Lebensform, die mehrfach in Tschechows Geschichten wiederkehrt, dieselbe Flucht, zu welcher der greise Tolstoi sich noch im letzten Augenblick aufmachte.

Als Nadja, die geflohene Braut, später einmal zu Hause wieder vorspricht, scheint es ihr, »als ob alles in der Stadt schon lange alt geworden und abgelebt sei und nur noch warte: auf das Ende oder einen neuen frischen Anfang, ein neues, lichtes Leben«. Solch ein Leben würde früher oder später anbrechen. »Es wird eine Zeit geben, in der von Großmutters Haus, wo alles so eingerichtet war, daß vier Dienstboten nicht anders als im Kellergeschoß, in einem Raum, in Unsauberkeit leben konnten, keine Spur mehr übriggeblieben sein wird, eine Zeit, in der man es vergessen haben und niemand des Hauses sich mehr erinnern wird.« Der arme Sascha hat es ihr ja gesagt: »Von Ihrer Stadt wird einmal kein Stein auf dem anderen bleiben – das Oberste wird zuunterst gekehrt und alles wie durch einen Zauber verändert werden. Und hier werden dann riesige, wunderschöne Häuser stehen, herrliche Gärten mit Fontänen, und neue Menschen werden hier leben, und jeder wird wissen, wozu er lebt...« Das ist eine der euphorischen Zukunftsvisionen, wie dieser Dichter, der doch weiß, daß »das Leben ein ausweglases Problem ist«, sie sich oder einer seiner Personen zuweilen gestattet. Sie sind leicht hektischen Charakters und könnten wie zarte Schwärmereien eines Phthisikers wirken, so, wenn er von der »vielleicht nahen Zeit« spricht, »da das Leben ebenso licht und freudevoll sein werde wie ein stiller Sonntagmorgen«. Die Umrisse seines Zukunftsbildes sozialer Vollkommenheit sind vag. Es ist das Bild einer auf Arbeit gegründeten Vereinigung von Wahrheit und Schönheit. Aber ist nicht in seinem Traum von den »riesigen, wunderschönen Häusern mit herrlichen Gärten und Fontänen«, die sich einmal anstelle der abgelebten, nur auf ihr Ende wartenden Stadt erheben werden, etwas von dem sozialistischen Aufbau-Impetus, mit dem das moderne Rußland bei allem Schrecken, aller Feindseligkeit, die es erregt, den Westen beeindruckt?

Tschechow hatte zur Arbeiterklasse gar kein Verhältnis, und Marx hatte er auch nicht studiert. Ein Arbeiterdichter, wie Gorki, war er nicht, wenn auch ein Dichter der Arbeit. Aber er fand Laute sozialen Grames, die seinem Volk ans Herz griffen, wie in der großartig traurigen Sittenschilderung *Die Bauern*, wo bei einer religiösen Festlichkeit von Dorf zu Dorf das Heiligenbild, »die Lebenspendende«, in Prozession herumgetragen wird. Eine riesige Volksmenge Einheimischer und Fremder zieht in Lärm und Staub dem Bilde entgegen, und alle strecken die Arme nach ihm, blicken es gierig an und sagen weinend: »Beschützerin! Mütterchen!« – »Es war, als begriffen alle plötzlich, daß es zwischen Erde und Himmel nicht leer sei, daß die Reichen und Mächtigen noch nicht alles an sich gerissen hätten, daß es noch einen Schutz vor Kränkungen, sklavischer Unfreiheit, schwerer, unerträglicher Not und vor dem schrecklichen Schnaps gebe ... Beschützerin, Mütterchen! – Aber kaum war der Gottesdienst beendet und das Heiligenbild fortgetragen, da ging alles in alter Weise weiter, und wieder hörte man aus dem Wirtshaus die groben, betrunkenen Stimmen.« Das ist sehr echter Tschechow in seiner Rührung und seiner Bitterkeit darüber, daß alles noch immer in alter Weise weitergeht, und es sollte mich nicht wundern, wenn auf solchen Darstellungen die Popularität dieses Schriftstellers beruht hätte, die sich bei seinem Tode, seiner Bestattung in Moskau fast überraschend kundtat. Ein regie-

rungstreues Blatt fand sich dadurch zu der Bemerkung veranlaßt, dieser Anton Pawlowitsch habe wohl auch zu den »Sturm-
vögeln der Revolution« gehört.

Er sah nicht aus wie ein Sturmvogel, auch nicht wie der Genie
gewordene Muschik gleich Tolstoi oder wie Nietzsches bleicher
Verbrecher. Die Bilder zeigen einen schlanken Mann in der
Tracht vom Ende des neunzehnten Jahrhunderts, mit Stärk-
kragen, einem Pincenez an der Schnur, spitzem Bärtchen und
ebenmäßigen, etwas leidenden Gesichtszügen von freundlicher
Melancholie. Diese Züge drücken kluge Aufmerksamkeit aus,
Anspruchslosigkeit, Skepsis und Güte. Es ist das Gesicht, die
Haltung eines Menschen, der kein Aufhebens von sich macht.
Von Prätention keine Spur. Und wenn er schon Tolstois Lehr-
weisheit als »despotisch« empfand und Dostojewskis Werke
»gut, aber unbescheiden, prätentiös« nannte, so kann man sich
denken, wie grotesk ihm erst die Aufgeblasenheit der Leere
erscheinen mußte. Wo er sie darstellt, kann er außerordentlich
komisch wirken. Es ist viele Jahrzehnte her, daß ich in München
einmal eines seiner Stücke, dieser leise auftretenden Stücke, die
ganz aus dem Gefühle leben für das Absterbende, Unmöglichge-
wordene, nur noch fiktiv Existente, das Dasein der Gutsbesit-
zerklasse, und die alle dramatischen Knalleffekte durch stärkste
und feinste Intensität der lyrischen Stimmung – einer Stimmung
von Ende und Abschied – ersetzen, – daß ich eines davon, *Onkel
Wanja*, auf der Bühne sah. Darin kommt eine senile Berühmtheit, die Karikatur des Helden von *Eine langweilige Geschichte*,
ein Professor emer., vor, ein Geheimrat, der über Kunst
schreibt, von welcher er nicht das geringste versteht, und im
übrigen das ganze Haus mit seiner larmoyanten Altersmisere,
seiner Scheinbedeutung und seinem Podagra tyrannisiert – eine
von ihrer Würde überzeugte Null. Zu dem sagt eine gute Frau
beim Abschied, indem sie ihn küßt: »Lassen Sie sich wieder
photographieren, Alexander Wladimirowitsch!« – Mein ganzes
Leben lang habe ich lachen müssen, sobald ich mich an dieses
»Lassen Sie sich wieder photographieren, Alexander Wladimirowitsch!« erinnerte, und Tschechow ist schuld, wenn ich manchmal von dem oder jenem denke: »Laß dich photographieren!«

Nun, er selbst hat sich photographieren lassen, wenn es sein mußte, und Bilder sind es vollendeter Anspruchslosigkeit. Von einem wild bewegten Innenleben zeugen sie nicht, – es ist, als ob dieser Mensch auch für die Leidenschaft zu bescheiden gewesen wäre. Sein Lebenslauf weist keine große Passion auf für eine Frau, und seine Biographen stehen unter dem Eindruck, daß er, der von Liebe doch wohl zu erzählen wußte, selber den erotischen Rausch nie erfahren hat. In Melichowo, auf dem Lande, verliebte sich ein schönes, temperamentvolles Mädchen, das öfters dort zu Besuch weilte, Lydia Misinowa, sterblich in ihn, und auf einen Briefwechsel mit ihr ließ er sich auch ein. Aber seine Lettres d'amour sollen in ironischem Ton gehalten sein und die Scheu vor jedem tieferen Gefühl erkennen lassen, die vielleicht seine Krankheit ihm einflößte. Die hübsche Lydia hat selbst gestanden, daß er sie zweimal verschmäht habe, – worauf sie mit dem (übrigens verheirateten) Potapenko, einem anderen Gast Melichowos, vorliebnahm. Aber wenn mit Tschechow nichts anzufangen war – er wußte mit der Sache etwas anzufangen und hat die Episode in sein bei uns meistgespieltes Stück, *Die Möwe*, verwoben.

Nur drei Jahre vor seinem Tod heiratete er noch: Die Ehe kam dank seinem glücklichen Verhältnis zum Moskauer Künstlertheater und seiner Freundschaft mit Stanislawski zustande, und die Erwählte war die begabte Schauspielerin Olga Knipper. Auch Briefe an sie besitzt man, von seiner Hand, und auch sie sind von größter Vorsicht im Gefühl, halten sich im Schalkhaft-Ironischen.

Diese letzten Jahre auf der Krim, wo zu leben sein Lungenleiden ihn nötigte, in Jalta, wo das ganze Künstlertheater ihn besuchte, um ihm seine Stücke vorzuspielen, waren durch seine Ehe, durch die Freundschaft mit Gorki, auch durch den ehrenvollen Umgang mit Leo Tolstoi, der zeitweise als Rekonvaleszent auf einem Schloß nahe Jalta residierte, vielleicht die glücklichsten seines Lebens. Über seine Wahl zum Ehrenmitglied der Klasse für Schöne Literatur an der Petersburger Akademie der Wissenschaften hatte der Kranke eine kindliche Freude. Aber als zwei Jahre später Gorkis Wahl wegen radikaler Gesinnung von der Regierung untersagt wurde, legte er – gleich Korolenko – unter Protest die Ehrenmitgliedschaft nieder. Seine letzte novellistische Arbeit war *Die Braut* (1903), seine letzte dramatische *Der Kirschgarten*, – Dichtungen, in denen ein mit Fassung seiner Auflösung entgegensehender Geist, der auch von seiner Krankheit, seinem Sterben kein Aufhebens macht, noch am Grabe die Hoffnung aufpflanzt. In sein Lebenswerk, das doch auf epische Monumentalität verzichtet, ist gleichwohl das ganze weite Rußland mit seiner ewigen Natur und der trostlosen Unnatur seiner vorrevolutionären sozialen Zustände eingeschlossen: »Die Unverfrorenheit und der Müßiggang der Starken, die Ignoranz und Tierähnlichkeit der Schwachen, ringsum eine unmögliche Armut, Bedrängtheit, Entartung, Trunksucht, Heuchelei, Verlogenheit...« Aber je näher das Ende rückt, desto rührender umfließt das dunkle Bild ein inniges Licht von Zukunftsglauben, desto glänzender öffnet sich ein liebender Dichterblick auf eine kommende, stolze, freie und tätige Menschengemeinschaft, auf »neue, hohe und vernünftige Lebensformen, an deren Vorabend wir vielleicht schon stehen, und die wir zuweilen schon ahnen.«

»Ade, mein lieber, lieber Sascha«, sagt Nadja, die »Braut«, zu dem Toten, der sie für die Flucht aus einem falschen Dasein gewonnen hat. »Und vor ihr tauchte ein neues, weites und freies Leben auf, und dieses neue Leben, noch undeutlich und voller Geheimnisse, rief und lockte sie.« Ein Sterbender schrieb das zu guter Letzt, und vielleicht ist es nur das Geheimnis des Todes, was da ruft und lockt. Oder wollen wir glauben, daß Dichtersehnsucht das Leben wirklich zu ändern vermag?

Ich will aussprechen, daß ich die Zeilen hier mit tiefer Sympathie geschrieben habe. Dies Dichtertum hat es mir angetan. Seine Ironie gegen den Ruhm, sein Zweifel an Sinn und Wert seines Tuns, der Unglaube an seine Größe hat von stiller, bescheidener Größe so viel. »Unzufriedenheit mit sich selber«, hat er gesagt, »bildet ein Grundelement jedes echten Talents.« In diesem Satz wendet die Bescheidenheit sich denn auch ins Positive. »Sei deiner Unzufriedenheit froh«, besagt er. »Sie beweist, daß du mehr bist als die Selbstzufriedenen, – vielleicht sogar groß.«

Aber an der Aufrichtigkeit des Zweifels, der Unzufriedenheit ändert er nichts, und die Arbeit, die treue, unermüdliche Arbeit bis ans Ende, in dem Bewußtsein, daß man auf die letzten Fragen ja doch keine Antwort wisse, mit dem Gewissensbiß, daß man den Leser hinters Licht führe, bleibt ein seltsames Trotzdem. Es ist nicht anders: Man »ergötzt mit Geschichten eine bedürftige Welt, ohne ihr je die Spur einer rettenden Wahrheit in die Hand zu geben.« Man hat auf die Frage der armen Katja: »Was soll ich tun?« nur die Antwort: »Auf Ehre und Gewissen, ich weiß es nicht.« Und man arbeitet dennoch, erzählt Geschichten und formt die Wahrheit in der dunklen Hoffnung, fast in der Zuversicht, daß Wahrheit und heitere Form wohl seelisch befreiend wirken und die Welt auf ein besseres, schöneres, dem Geiste gerechteres Leben vorbereiten können.

1954

Frank O'Connor

Der Sklavensohn

Es gibt bis heute kein befriedigendes Buch über Anton Čechov, und das ist wahrlich kein Wunder. Er wurde schon mehr von seinen Enthusiasten mißverstanden als jeder andere Kurzgeschichtenschreiber, gelobt aus lauter falschen Gründen und nachgeahmt auf manche Weise, die ihn gewundert hätte. Er war ein schwieriger Mensch, in der Literatur wie im Leben: zaghaft, ausweichend und schwer auf eine klare Aussage festzulegen, höchstens auf die, daß Dreyfus unschuldig war oder daß russische Lehrer unterbezahlt wurden.

Und er muß immer schwierig gewesen sein. Schon in seiner Jugend bestand ein Widerspruch zwischen dem leichtherzigen Medizinstudenten, der Kurzgeschichten schrieb, die mitunter nicht eben erbaulich waren und eine Familie ernährten, die das wohl nicht unbedingt verdiente. Über seinen brutalen Vater weiß anscheinend niemand ein gutes Wort zu sagen, und zwei schlaue Brüder schienen diesem nicht viel nachzustehen. Das Eindeutigste, was Čechov je über sich selbst gesagt hat, stammt aus dem Jahre 1889, als er neunundzwanzig war und seine Meisterschaft schon in beachtlichem Maße erreicht hatte. Auf typisch unpersönliche Weise machte er da seinem Freund Suvorin den bitteren Vorschlag, er, Suvorin, solle doch eine Erzählung über ihn schreiben, »eine Erzählung von einem jungen Mann, Sohn eines Leibeigenen, seinerzeit Ladenschwengel, Kirchensänger, Gymnasiast und Student, erzogen zur Ehrfurcht vor Ranghöheren, zum Küssen von Popenhänden, zur Verbeugung vor fremden Gedanken, zur Dankbarkeit für jedes Stückchen Brot, oft verprügelt, ohne Galoschen zum Unterricht gegangen, der sich geprügelt hat, Tiere gequält hat, gern bei reichen Verwandten gegessen hat, ohne Notwendigkeit geheuchelt hat vor Gott und den Menschen, nur aus dem Bewußtsein seiner Minderwertigkeit, – schreiben Sie, wie dieser junge Mensch tropfenweise den Sklaven aus sich herauspreßt und wie er eines schönen Morgens aufwacht und spürt, in seinen Adern fließt kein Sklavenblut mehr, sondern echtes, menschliches...«

Dieser berühmte, schreckliche Brief ist das Werk eines Mannes, dessen Selbsterkenntnis über das Übliche hinausging – unsinnig bescheiden, wie seine Biographen meinen, wahnsinnig eitel, wie Suvorin dachte; und auch dieser Widerspruch ist Teil des Problems, denn beide Ansichten sind wahrscheinlich richtig – und mit das faszinierendste an seinem Werk ist ja, daß wir in ihm Schritt für Schritt beobachten können, wie Čechov den Sklaven aus sich herauspreßt.

Aber Problem und Lösung sind, wie Čechov sie darlegt, beide viel zu offensichtlich, so daß es nicht weiter wundert, wenn noch niemand wirklich versucht hat, sie anhand von Čechovs Geschichten nachzuvollziehen. Servilität, durch richtig aufgelegte Mannhaftigkeit korrigiert, wirft kein wirkliches Licht auf Čechovs Werk. Das eigentliche Problem, das Čechov behandelt, ist viel heikler – es ist die Natur der Servilität einerseits und die Mannhaftigkeit andrerseits. Die glaubt ja jeder in sich und andern zu erkennen, aber erkennen wir sie wirklich, oder sind es nur ihre herkömmlichen, nach Schuljungenart auf Begriffe wie »Kriecher« und »Mordskerl« vereinfachten Abbilder?

Steegmuller hat an mir getadelt, ich sei in das, wie er es sieht, gefährliche Klischee verfallen, Vergleiche zwischen Čechov und Maupassant anzustellen, aber was soll ein Kritiker denn machen? Dann ist Aristophanes demselben Fehler erlegen, der Aischylos und Euripides verglich, und Aristophanes war doch wohl kein Dummkopf. Bis ins achtzehnte Jahrhundert hat jeder gebildete Engländer Shakespeare mit Jonson verglichen, jeder gebildete Franzose Racine mit Corneille. *Du côté de chez Swann* und *Du côté de Guermantes*, das ist eine alte Geschichte, aber immer wieder neu.

Bei Čechov und Maupassant läßt sich so etwas ja gar nicht vermeiden, denn Čechov war jahrelang sehr von Maupassant beeinflußt. Er hatte keinen eigenen unterdrückten Stand entdeckt, also übernahm er den von Maupassant und versuchte, ihn auf seine Art zu behandeln. Beobachten können wir das in der *Choristin*, die er mit vierundzwanzig Jahren schrieb. Die Choristin wälzt sich gerade halbnackt mit Kolpakov, ihrem Liebhaber, herum, da kommt Kolpakovs Frau, und während Kolpakov sich versteckt hält, erklärt sie der Choristin, er sei dabei ertappt worden, aus seinem Amt fünfhundert Taler gestohlen zu haben, wohl um damit die Gunst der Choristin zu bezahlen, und damit er nicht ins Gefängnis müsse, sei Frau Kolpakov gekommen, um das Geld zurückzuholen. Die kleine Choristin hat außer Süßigkeiten noch nie etwas von ihm bekommen, aber peinlich berührt von der Trauer und Empörung einer Frau, die sie für eine wahre Dame hält, übergibt sie ihr die paar Schmuckstücke, die sie besitzt. Als Kolpakov aus seinem Versteck kommt, küßt er der Choristin nicht etwa vor Dankbarkeit die Füße, sondern schlägt sich verzweifelt an die Stirn bei der Vorstellung, daß eine »wahre Dame« wie seine Frau sich dazu erniedrigt hat, von einem »gefallenen Mädchen« eine Gunst zu erbitten, und mit diesem Sinneswandel, der ihn vom Niemand zum Flegel macht, stolziert er davon, während die Choristin in Tränen der Wut und Enttäuschung ausbricht.

Sonderbar an dieser Geschichte ist, daß sie geradewegs aus Maupassants *Boule de Suif* (Schmalzpummel) geklaut sein könnte, nachdem Čechov noch im Jahr zuvor Marija Kiselëva warnte, russische Lektoren würden jede Anleihe bei Maupassant sofort bemerken. Auch *Die Apothekersfrau* – geschrieben 1886, zwei Jahre später – könnte noch fast von Maupassant sein. Zwei Offiziere wollen den Ortsapotheker wecken, weil er eine hübsche Frau hat. Der Mann schläft, und die Frau verkauft ihnen für vier Kopeken Pfefferminzbonbons. Um sich länger mit ihr zu unterhalten, verlangen sie Apothekerwein. Nachdem die Apotheke dann wieder zu ist, beschließt der eine, noch einmal umzukehren, um die Eroberung vollständig zu machen. Zu seinem Pech wacht aber diesmal der Apotheker selbst auf, und der Offizier muß sich mit Pfefferminzbonbons für weitere vier Kopeken zufriedengeben. »So ist das Leben«, scheint Čechov sagen zu wollen. »Mal Leidenschaft, mal Pfefferminzbonbons.«

Aber schon 1886 schrieb Čechov Geschichten nach Art von Maupassant, in denen die Gegensätze deutlicher sind als die Gemeinsamkeiten. *Die Hexe* hat dasselbe Thema wie *Die Apothekersfrau*, nur haben wir diesmal statt des Apothekers einen Küster, der wie seine Frau einer ekklesiastischen Familie angehört, und nun meint der abergläubische Küster, daß die Verirrten, die an sein Haus kommen, durch die Machenschaften seiner Frau mit dem Teufel herbeigeführt werden. Die Verbindung mit der Kirche gibt dem Thema hier eine neue Schwere, und auf ungewöhnliche Weise unterstreicht der wüste Aberglaube des Mannes die Wut frustrierter Sexualität bei seiner Frau.

In einer weiteren Geschichte aus demselben Jahr, der *Seelenmesse*, haben wir ein Thema, bei dem man ebenfalls eine ungefähre Parallele zu Maupassant ziehen kann. Maupassants *Verfluchtes Brot* erzählt von einer Prostituierten namens Anna, die darauf besteht, daß die Hochzeitsfeier ihrer tugendhaften Schwester Rose in Annas schicker Wohnung stattfindet. Der dümmliche Bräutigam wird gebeten, ein Lied zu singen, und singt ein sehr unpassendes Lied vom »verfluchten Brot« der

Prostitution, und die Geschichte endet damit, daß der betrunkene Vater einstimmt und das Lied mitsingt. Čechovs schöne Geschichte beschreibt einen verbitterten puritanischen Vater, der für seine verstorbene Tochter, »die Buhlerin Marija«, wie er zum Priester sagt, eine Messe lesen lassen will. Der Priester macht ihm heftige Vorhaltungen ob dieser unchristlichen Haltung gegenüber seinem toten Kind, aber noch während die Messe dann tatsächlich gelesen wird, betet der frömmlerische Alte unablässig zu Gott, er möge »seiner hingeschiedenen Dienerin, der Buhlerin Marija«, gedenken.

Nun gilt in Maupassants Geschichte alle Sympathie der Prostituierten, und wir können ihren Schwager und Vater nur verachten, bei Čechov aber wird unser Mitleid fast ganz von der Prostituierten auf ihren alten Vater gelenkt, der in seiner Arroganz so blind ist, daß ihm nie der Gedanke kommt, nicht seine Tochter, sondern er bedürfe vielleicht unseres Gebets. An diesem Punkt geht Čechovs Leidenschaft für die Gerechtigkeit so tief, daß sie dem Ungerechten ebenso wie dem Gerechten gilt, und wir beginnen zu begreifen, daß der Fehler in der grundlegenden menschlichen Unfähigkeit zur Verständigung liegt. Irgendwo hört die Geschichte auf, nur von Gerechtigkeit und Ungerechtigkeit, von der Gesellschaft und ihrem unterdrückten Stand zu handeln, und wird zu einer Tragödie menschlicher Einsamkeit. Und schon wird die Konzeption des unterdrückten Stands erweitert und bereichert.

Der Čechov-Biograph könnte leicht den Finger auf dieses sein sechsundzwanzigstes Lebensjahr legen und sagen, es sei das Jahr, in dem er die Tiefe menschlichen Elends in sich selbst auslotete, und danach sei er ein anderer Mensch, ein anderer Schriftsteller geworden. Zwei schreckliche Meisterwerke belegen das – *Gram* und *Die Kostgänger. Gram*, eine seiner berühmtesten Geschichten, handelt von einem alten Droschkenkutscher, dessen Sohn gestorben ist und der nun seinen reichen, geschäftigen Kunden seinen Verlust klagen will. Aber keiner hat Zeit für ihn, und so geht er nachts in den Stall und erzählt es seinem alten Pferd. In den *Kostgängern* bringt ein alter Mann sein altes Pferd und seinen alten Hund, die er nicht mehr ernähren kann, zum Abdecker, und als er ihre Kadaver sieht, steigt er demütig aufs Gerüst und bietet seine eigene Stirn dem Schlag. Nie in der Geschichte der Literatur ist menschliche Einsamkeit mit solcher Passion geschildert worden wie in diesen beiden Geschichten.

Aber nicht nur in diesem Begriff von der menschlichen Einsamkeit als Element des unterdrückten Standes läßt sein Werk eine Entwicklung erkennen. Hinzu kommt ein tiefes moralisches Eindringen in die Natur der Schuld selbst. Das sieht man, wenn man *Gram* mit seiner Imitation, Katherine Mansfields *The Life of Ma Parker*, vergleicht. Ma Parker hat ihren kleinen Enkel verloren und ist von Leid erfüllt, doch als sie zu ihrem Arbeitgeber davon sprechen will, sagt der nur: »Ich hoffe, das Begräbnis war – ein Erfolg«, und tadelt sie dann, weil sie einen Teelöffel Kakao aus einer Dose verschüttet. Eine moralische Durchdringung findet bei Katherine Mansfield nicht statt; Ma Parkers Arbeitgeber ist eine herzlose Bestie, die der Leser so recht nach Herzenslust verabscheuen kann, aber die Kunden des alten Kutschers in *Gram* sind eigentlich Menschen wie wir, den Kopf voll eigener Sorgen, und wenn sie zusehen, wie dem alten Mann vor Einsamkeit das Herz bricht, tun sie nur, was jeder tun könnte.

Eine der typischsten Čechov-Geschichten, an die ich mich erinnere, habe ich vor Jahren gelesen; der Titel fällt mir nicht mehr ein, aber es muß eine frühe Geschichte gewesen sein, und ich vermute sie irgendwo in derselben Zeit. Sie hat ein echtes Maupassant-Thema. Eines regnerischen Abends geht ein junger Mann seine Maitresse besuchen, eine verheiratete Frau, deren Mann oft fort ist. Zu seinem Entsetzen wird ihm, nachdem er seine Droschke fortgeschickt hat, die Tür vom Ehemann geöffnet. Er bringt eine Entschuldigung vor und steht dann in seinem Jammer mit dem mitgebrachten Blumenstrauß draußen im Regen. Schließlich geht er, nur um aus dem Regen zu kommen, wieder an die Tür und gibt sich als Blumenbote aus. In dem Moment kommt die Frau aus dem Schlafzimmer und ruft, sie habe so auf ihn gewartet, und nachdem er ihr seine Aufwartung gemacht hat, geht er wieder, am Ehemann vorbei, verlegener denn je.

Über drei Viertel der Geschichte könnten wir da Boccaccio oder Maupassant lesen und vergnüglich warten, mit welchem raffinierten Trick nun Maitresse oder Liebhaber den eifersüchtigen Hahnrei überlisten werden, aber plötzlich scheint Čechov seine Karten auf den Tisch zu werfen und nicht mehr mitspielen zu wollen. Nein, der Ehemann ist nicht eifersüchtig, die Ehefrau nicht verlegen; nur der Liebhaber trollt sich mit einem Floh im Pelz, denn er ist ein Mann von normalen Anstandsbegriffen und hat Ehebruch noch nie von dieser speziellen Seite gesehen. Čechov wendet sich ja nie gegen Ehebruch – dafür war er zu sehr Romantiker und wußte, daß Ehebruch große Tugenden wie Mut und Aufopferung erfordern kann – aber er liebt weder Falschheit noch Rücksichtslosigkeit. In dieser Geschichte will er offenbar sagen, daß die Frau schlecht ist, allerdings aus einem Grund, den kein Moralist vor ihm angeführt haben würde: ihre Rücksichtslosigkeit. Čechovs Erzählstil ist in dieser Geschichte, soweit ich sie in Erinnerung habe, zögernd und unsicher, aber das Thema selbst sollte für immer eines seiner Grundthemen bleiben.

Zwei Themen, die sich in ihm zur Besessenheit steigerten – zum einen die läßliche Sünde im Gegensatz zur Todsünde, zum andern die menschliche Einsamkeit –, haben nach und nach sein ganzes Werk verändert. Ein neuer Begriff von Tugend taucht auf, und mit ihm ein neuer unterdrückter Stand von Ärzten, Lehrern und manchmal Priestern. Ärzte und Lehrer sind die beiden Pole in Čechovs Vision der Zukunft. Ärzte können helfen, uns vom Alptraum der Schmerzen und Leiden zu befreien, den die Natur dem Menschen auferlegt, und Lehrer können uns helfen, aus der Nacht des Aberglaubens und Unwissens aufzusteigen. In der halbbarbarischen Gesellschaft des zaristischen Rußlands wurden beide grausam unterbezahlt und schamlos ausgebeutet.

Čechovs heftigste Schelte auf die Art, wie Rußland mit seinen Intellektuellen umgeht, handelt zwar von einem Priester, könnte aber ebensogut von einem Arzt oder Lehrer dieser Zeit handeln. Das Jahr ist – wohlgemerkt – wieder 1886. Die Geschichte hat den Titel *Ein Alptraum* und erzählt, wie ein gemeinsinniger junger Mann namens Kunin sich mit dem örtlichen Priester in Verbindung setzt, weil er die Pfarrschule unter seine Fittiche nehmen will. Der Priester, ein dummer Mensch, verfolgt Kunin geradezu mit seinen Besuchen und seiner Leidenschaft fürs Teetrinken, doch als Kunin ihn besucht, bekommt er nicht einmal eine Tasse Tee angeboten. Kunin beklagt sich völlig zu Recht beim Bischof über ihn, obwohl der denkende Leser inzwischen längst erkannt hat, daß der Priester buchstäblich am Verhungern ist. Auch der gemeinsinnige Kunin begreift das zuletzt, aber man weiß schon, daß er nichts dagegen unternehmen wird. »Nur drei Rubel kostet im Monat das Essen für Vater Avraamij, dachte er. Für einen Rubel könnte sich die Frau des Popen ein Hemd nähen und die Frau des Doktors sich eine Wäscherin nehmen.«

Čechovs Gerechtigkeitssinn machte es ihm meist möglich, seine ob der Ausbeutung von Ärzten und Lehrern empfundene Wut im Zaum zu halten. 1887 schrieb er *Die Feinde*, die Geschichte eines Dorfarztes, den ein Ehemann, der seine Frau im Sterben wähnt, vom Totenbett des eigenen Sohnes fortruft; dabei will die Frau in Wirklichkeit nur ihren Mann aus dem Haus haben, um mit ihrem Liebhaber durchbrennen zu können. Čechovs ganze Sympathie gilt eindeutig dem Arzt, aber er kommt nicht umhin, auch gegen den wütenden Haß des Arztes auf den Ehemann zu protestieren. »Die Zeit wird vergehen«, schreibt er, und auch Kirilovs Leid, aber diese ungerechte, des menschlichen Herzens unwürdige Vorstellung wird nicht vergehen, sondern bis an sein Lebensende im Kopf des Doktors bleiben.« Aber im *Flattergeist* (1892) scheint mir Čechov selbst »einer des Menschenherzens unwürdigen Ungerechtigkeit« Raum zu geben, und anscheinend hat er das selbst gemerkt, denn es ist die einzige Geschichte, zu der er gelogen und sich aufgespielt hat, wie es auch ein irdischerer Autor als er getan hätte, dem man zu Recht den Vorwurf machte, er habe eine Situation ausgeschlachtet, zu der er nach den Geboten menschlichen Anstands besser hätte schweigen sollen. In dieser Geschichte unterhält die Frau eines faden Arztes eine Liebesaffäre mit einem Gesellschaftsmaler (im Leben Čechovs Freund Levitan); ihren rechtschaffenen Mann belächelt sie vor ihren schillernden Künstlerfreunden, und erst als ihr Mann den Heldentod stirbt, indem er einem Kind das Gift aus dem Hals saugt, begreift sie, daß er ein berühmter, von seinen Kollegen verehrter Wissenschaftler und, an normalen menschlichen Kategorien gemessen, tausendmal besser war als die protzigen Narren, denen sie ihr Leben lang zu imponieren gesucht hatte.

Die Begebenheit muß in Čechov eine Explosion ausgelöst haben, die seine Selbstbeherrschung überstieg, und damit ein Wiederaufleben dessen, was er als die eigene Sklavenmentalität ansah – Ausflüchte, Großmäuligkeit, Verlogenheit –, doch wir gewöhnlicheren Sterblichen können ihm das vielleicht eher nachsehen als er sich selbst. Er wollte sagen – und hat es in der ein Jahr zuvor geschriebenen Novelle *Das Duell* so viel klarsichtiger gesagt –, daß es gar nicht so sehr darauf ankommt, ob die Frau des Arztes eine Ehebrecherin war, wohl aber immer und ewig darauf ankommen wird, wie dumm und rücksichtslos sie war; daß sie einen Mann belächelte und von andern belächeln ließ, der so unvergleichlich hoch über ihnen allen stand. Nur wird die eigentliche Botschaft von Čechovs Wut vernebelt, denn im Leben müssen große Wissenschaftler und Gelehrte gar nicht unbedingt so fade sein, wie er sie malt, und es soll auch schon vorgekommen sein, daß selbst Künstler sich zu benehmen wußten, wenn ein großer Arzt ins Zimmer trat.

Aber die Botschaft ist im *Duell* klar, und je reifer sein Werk wird, desto klarer wird sie. Nicht unsere Todsünden, die so oft Mut und Würde erfordern, sind unsere Verdammnis, sondern die läßlichen Sünden, die wir so viel leichter vor uns selbst verbergen und hundertmal am Tag begehen können, bis wir ihnen so versklavt sind wie etwa Rauschgift oder Alkohol. Durch sie – und weil wir sie so auf die leichte Schulter nehmen – legen wir uns eine falsche Persönlichkeit zu, gegründet auf den Todsünden, die zu begehen wir uns scheuen, und unsere wahre Persönlichkeit ignorierend, die um die kleinen, unerkannten Sünden der Selbstsucht, Unbeherrschtheit, Unwahrhaftigkeit und Treulosigkeit herum entsteht. Eine solche Moralauffassung hätte wohl von Jane Austen bis Trollope keiner anerkannt.

Das Thema der falschen Persönlichkeit beherrscht Čechovs ganzes späteres Werk. Er selbst muß von ihm regelrecht besessen gewesen sein. In seinem schönen Essay auf den toten Freund schildert Gorkij, wie Čechov es verstand, Leute eine Zeitlang mit ihrer angenommenen Persönlichkeit sprechen zu lassen, um sie dann mit einer Frage zu unterbrechen, die darauf abzielte, ihre wahre Persönlichkeit hervorzulocken. Einmal waren bei ihm drei Damen zu Besuch und unterhielten sich mit großem Ernst über den Krieg zwischen Griechen und Türken – ein Thema, von dem sie nichts verstanden –, bis Čechov sie mit der Frage unterbrach, wie man Marmelade mache, und darin entpuppten sich alle drei als Expertinnen. Ein andermal versuchte ein Lehrer ihm mit hochgelehrtem Geschwafel zu kommen, und nachdem Čechov sich das eine Weile angehört hatte, ließ er eine hinterhältige Frage nach einem andern Lehrer aus der Nachbarschaft fallen, der angeblich die Schüler prügelte. Sofort verteidigte der Lehrer seinen geplagten, überarbeiteten Kollegen und wurde wieder, was er wirklich war – ein intelligenter, humaner, feiner Mensch. Wenn Čechov Menschen kritisierte, hob er nie auf das Offensichtliche, Schwerwiegende ab. »Ein sehr begabter Mensch«, sagte er einmal von einem Journalisten. »Was er schreibt, ist immer so erhaben, so human ... Saccharin! Er schilt seine Frau vor andern Leuten eine Närrin.« Und von einem andern: »Er weiß alles. Er liest sehr viel. Einmal hat er drei Bücher von mir mitgenommen und nie zurückgebracht.« Stets sind es, wie man sieht, die läßlichen Sünden, das Rohmaterial der falschen Persönlichkeit.

Die falsche Persönlichkeit läßt in seinen Werken nie lange auf sich warten. Manchmal, wie in dem *Brief*, behandelt er das Thema außerordentlich zart und humorvoll. Der Diakon Ljubimov beklagt sich bei einem amtsenthobenen, betrunkenen Priester, Vater Anastasij, über das Benehmen seines Sohnes Pëtr, der nicht nur die Fastenzeit nicht einhält, sondern in Sünde mit einer verheirateten Frau lebt. Da Ljubimov auf seinen Sohn keinen Einfluß hat, diktiert ihm Vater Fëdor Orlov, sein Kirchenoberer, einen großartigen Brief an den verlorenen Sohn.

»Dem Namen nach bist du ein Christ«, heißt es darin, »doch

deinem wahren Wesen nach bist du ein Heide, so jämmerlich und elend wie alle Heiden – noch elender sogar, denn jene Heiden wissen nichts von Christus und gehen aus Unwissenheit zugrunde; du aber gehst zugrunde, weil du einen Schatz besitzt und ihn verkommen läßt.«

Ein sehr eindrucksvoller Brief, an dem Ljubimov seine Freude hat, doch der betrunkene alte Priester, der beim Diktat zugegen war, nimmt ihn beiseite und bittet ihn, den Brief nicht abzuschicken. »Wißt Ihr, Diakon, es würde ihn doch kränken«, sagte er, aber Ljubimov läßt sich nicht davon abhalten, mit dem geschliffenen Stil seines Kirchenoberen vor dem Sohn zu glänzen. Bevor er jedoch den Brief in einen Umschlag steckt, setzt er ein eigenes Postscriptum hinzu: »Man hat uns einen neuen Inspektor geschickt. Er ist viel lustiger als der alte. Ganz groß im Tanzen und Reden, und es gibt nichts, was er nicht kann, so daß alle Mädchen von Govorovskoe verrückt nach ihm sind.« So schickt er den Brief ab und ahnt nicht, daß er die ganze majestätische Größe des von seinem Vorgesetzten diktierten Schreibens zunichte gemacht hat. Und das ist auch gut so, will Čechov sagen, denn damit ist die falsche Persönlichkeit des Diakons für einen Augenblick von ihm gefallen, und er zeigt uns die wahre. Keiner hatte die falsche Persönlichkeit erkannt, nur der betrunkene alte Priester, dessen eigenes Leben so hoffnungslos aus der Bahn ist, daß er gar keine Persönlichkeit mehr besitzt, weder falsch noch echt.

Im *Duell*, das man aufgrund seiner Länge als Novelle bezeichnen könnte, greift Čechov das Thema mit eindrucksvollem Ernst auf. Laevskij, ein Kulturnachläufer, lebt mit einer Frau zusammen, die er verachtet, und sie – Nadežda Fëdorovna – hat sich durch schmutzige Liebesaffären mit Ortsansässigen erniedrigt. Laevskij weiß etwas, was sie nicht weiß: daß ihr Mann tot ist und sie endlich heiraten könnten. Er will aber von ihr wegkommen und versucht, sich das Geld dafür von seinem Freund, dem Arzt Samojlenko, zu borgen, aber Samojlenko ist selbst knapp bei Kasse und muß sich seinerseits an einen andern Freund wenden, den Wissenschaftler von Koren. Von Koren hat sich über Laevskijs und Nadeždas dumme Witze über Wissenschaft und

Wissenschaftler sehr geärgert; er weiß, warum Samojlenko das Geld haben will, und durchschaut mit der Klarheit des Hasses genau, was Laevskij damit vorhat, darum will er Samojlenko das Geld nur leihen, wenn dieser ihm eine Garantie von Laevskij bringt, daß er Nadežda mitnehmen wird. Das Bemerkenswerte an der Figur von Korens ist, wie wir bald gewahr werden, daß er nur eine andere Seite Laevskijs ist, wie der Untersuchungsrichter in *Verbrechen und Strafe* nur eine andere Seite des Mörders Raskolnikov ist – und beide, er und Laevskij, sind eigentlich zwei Seiten Čechovs selbst, des Künstlers, der auch Wissenschaftler ist. Der Kampf zwischen den beiden Männern ist eigentlich ein Kampf in des Autors eigener Seele, ähnlich dem zwischen dem Gesellschaftsmaler und dem Arzt im *Flattergeist*.

Die Schilderung, wie Laevskij endlich gezwungen wird, seine falsche Persönlichkeit zu erkennen, ist die eindrucksvollste Passage, die ich in Čechovs Werk kenne. Die falsche Persönlichkeit ist ganz auf kleinen Lügen und kleinen Täuschungen aufgebaut, lauter läßlichen Sünden, denn der Würde einer einzigen Todsünde, die alle seine Schwierigkeiten lösen könnte, da sie ihm seine wahre Persönlichkeit vor Augen führen würde, ist Laevskij unfähig. Zuerst sieht er sein Heil in einer einzigen kleinen Notlüge, die ihm die Freiheit zu einem neuen Leben geben soll, doch als die Schwierigkeiten auf ihn eindrängen und er zu verzweifeln beginnt, erkennt er, daß eine Lüge allein nicht genügt, weil er moralisch schon so versklavt ist, daß jede Lüge schon die nächste unvermeidbar macht.

»In der Tat, um abreisen zu können, mußte er Nadežda Fëdorovna, den Gläubigern und den Vorgesetzten etwas vorlügen, dann müßte er, um sich in Petersburg Geld zu beschaffen, seine Mutter belügen und ihr erzählen, er habe sich bereits von Nadežda Fëdorovna getrennt, und die Mutter würde ihm nicht mehr als fünfhundert Rubel geben – folglich hatte er schon jetzt den Arzt betrogen, weil er nicht imstande sein würde, ihm in nächster Zeit Geld zu schicken. Wenn danach Nadežda Fëdorovna nach Petersburg käme, würde er eine ganze Reihe kleinerer und größerer Betrügereien begehen müssen, um sie loszuwerden; wieder würde es Tränen geben, Langeweile, das verhaßte Leben, Reue, und es würde nichts aus der Erneuerung. Ein Betrug, weiter nichts. In Laevskijs Phantasie erstand ein ganzer Berg von Lügen. Um ihn mit einemmal zu überspringen und nicht absatzweise zu lügen, müßte man zu einer harten Maßnahme greifen – zum Beispiel könnte er, ohne ein Wort zu sagen, aufstehen, die Mütze aufsetzen und gleich abreisen, ohne Geld und ohne ein Wort zu verlieren, doch Laevskij fühlte, daß das für ihn unmöglich wäre.«

Die Pointe der Geschichte liegt in dieser letzten bösen Zeile, die ich hervorgehoben habe. Das ist die Definition des moralischen Sklaventums an sich. Nach den Begriffen christlicher Ethik vermag Laevskij nur keine Todsünde zu begehen; die läßlichen Sünden aber, die er die ganze Zeit begeht, sind unendlich zerstörerischer, als es eine Todsünde nur sein könnte, denn er kann sie aus seinem Bewußtsein verdrängen und sich weiter für einen Mann von Ehre halten, für einen kultivierten Menschen, liberal und human, während er in Wahrheit nicht einmal ein anständiger Mensch ist. Nur wer für läßliche Sünden nicht anfällig zu sein glaubt, kann es sich jedoch leisten, über ihn zu lachen. Čechov, der sein Gewissen prüft, tut es nicht. Über den Arzt Samojlenko, die Schlüsselfigur der Geschichte, erkennt er, daß Nadežda Fëdorovna und Laevskij, was sie auch Niederträchtiges tun mögen, von Grund auf anständige Menschen und unvergleichlich besser sind als die Tausende von Niemanden, von denen sie umgeben sind.

Erst als Laevskij im Duell mit von Koren wirklich vom Tod bedroht ist, kann er über sich selbst hinauswachsen und sogar noch etwas mehr werden als ein anständiger Mensch. Und hier, denke ich, mogelt Čechov mit der Psychologie, denn heldische Tugend erwartet man nicht gerade von einem Menschen, der einer Todsünde nicht fähig ist, aber Čechov behandelt natürlich nicht nur den einen Konflikt, der in der Außenwelt zwischen einem Mann namens Laevskij und einem Mann namens von Koren besteht, sondern den Konflikt in sich selbst, zwischen dem Sklaven und dem Freien, dem Geschichtenerzähler und dem Arzt – genau der Konflikt, den er zwei Jahre zuvor Suvorin geschildert hat. Čechov war Künstler wie auch Wissenschaftler, aber beides befriedigte ihn nicht vollkommen, darum ist von Koren, obwohl ehrlich, wahrhaftig und fleißig wie Čechov, eine größere Gefahr als Laevskij. Er war der Kommunist vor seiner Zeit, ein Mann, den der Zweck mehr interessierte als die Mittel. Er konnte Gutes tun, aber wie der Diakon – der wichtigtuerische, gutmütige Vertreter der orthodoxen Religion – richtig durchschaute, konnte er nichts als Gutes tun, und alles, was er tat, wurde durch seine eigene Inhumanität pervertiert und dem eigentlichen Ziel entfremdet.

Es ist das älteste Problem in der Geschichte der Menschheit, diese Entscheidung zwischen dem ersten und zweiten Gebot, die auch Jesus sich bewußt zu treffen weigerte. Der Diakon hat das erkannt, wenn er sagt: »Glaube ohne Werke ist tot, aber Werke ohne Glauben sind noch schlimmer – reine Zeitverschwendung und sonst gar nichts.« Čechov, nach der Erkenntnis russischer Kritiker von allen großen Schriftstellern derjenige, der dem Kommunismus geistig am nächsten steht, läßt an dieser Stelle die Katze aus dem Sack; denn in diesem Augenblick der Erleuchtung sagt der Diakon genau das, was Jesus andeutete, als er sich nicht darüber auslassen wollte, ob unsere Pflicht gegen Gott die wichtigere sei oder unsere Pflicht gegen den Nächsten – beide seien nämlich voneinander abhängig, und die Anbetung eines Gottes, der uns keine guten Werke abverlangt, und das Tun guter Werke ohne den Bezug zu Gott, der unsern guten Werken allein einen Wert gibt, seien nur zwei Seiten eines und desselben Irrtums.

Keine Analyse von Čechovs Ideen, deren es so wenige gibt – und die wenigen so gut versteckt von einem Mann, der vor allem ein Künstler war –, kann eine Vorstellung von seiner ganzen Vielseitigkeit geben. Diese war ungeheuer, und zwar deshalb, weil er das Leben, so traurig es sein mochte, doch immer schön fand. Nur mußte man, um es schätzen zu können, frei sein – frei nicht nur von den äußeren Tyranneien brutaler Väter und herzloser Beamter, sondern von den inneren Tyranneien der Wut, Selbstsucht und Begierde. Čechov hebt sich seine gelegentlichen Wutanfälle für Charaktere auf, die außen und innen so völlig versklavt sind, daß sie das Leben gar nicht mehr wahrnehmen, die Laevskijs ohne Hoffnung auf Erlösung. Von diesen Geschichten ist die früheste und maßvollste *Der Tod eines Beamten*, worin ein subalterner Beamter beim Theaterbesuch auf die Glatze eines vor ihm sitzenden hohen Beamten niest und, bis er wenig später vor Verzweiflung stirbt, dem hohen Beamten klarzumachen versucht, daß es nicht respektlos gemeint war. Viel zorniger ist *Rothschilds Geige* mit dem Sargtischler Jakov Ivanov als Bösewicht, dem Judenhasser, der eine Frau hatte, aber nie liebte, und einen Fluß vor dem Haus, in dem er nie fischte. Jakov Ivanovs Särge sind Normen, ordentliche kleine Kisten, in die er Rassen, Geschlechter und Berufe einzuordnen versucht. Normen bleiben auch nur für den *Menschen im Futteral* übrig, eine von drei großartigen Geschichten, die Čechov 1898 schrieb, und zwar mit einer ganz neuen Erzähltechnik, denn er läßt nur ein paar Freunde einander Geschichten erzählen, aus denen dann allmählich die allgemeinen Ideen zum Vorschein kommen. Das Futteral, in dem sich Belikov befindet, ist einer von Jakov Ivanovs Särgen. Er ist so einer, der nie etwas tut, wofür er keine obrigkeitliche Verordnung gefunden hat, die es erlaubt, weshalb er dem Mädchen, das seine Frau werden und ihn hätte retten können, den Laufpaß gibt, nur weil er sie auf einem Fahrrad fahren sieht – was in keiner obrigkeitlichen Verordnung vorgesehen ist. Der Unterschied zwischen den beiden späteren Geschichten und dem *Tod eines Beamten* liegt in der Erkenntnis, die Čechov mit dem Älterwerden gewinnt, daß diese Mittelmäßigen mit ihren jämmerlichen läßlichen Sünden ihre Normen nicht nur sich selbst, sondern auch andern aufdrücken.

»Die ganze Stadt hatte er in seiner Gewalt. Unsere Damen haben an den Sonnabenden keine Theateraufführungen bei sich zu Hause veranstaltet, weil sie Angst hatten, er könnte es erfahren; und die Geistlichkeit genierte sich, in seiner Anwesenheit etwas anderes als Fastenspeisen zu essen und Karten zu spielen. Unter dem Einfluß solcher Leute wie Belikov hat man in unserer Stadt in den letzten zehn, fünfzehn Jahren angefangen, vor allem Angst zu haben. Man hatte Angst, laut zu sprechen, Briefe zu schicken, Bekanntschaften zu schließen,

Bücher zu lesen, man hatte Angst, Armen zu helfen, Lesen und Schreiben zu lehren...«

Als mit dem nahenden Ende Čechovs Bewußtsein für die Kürze und Schönheit des menschlichen Lebens wuchs, erkannte er auch mehr und mehr die Notwendigkeit, es beim Schopf zu packen. In diese Periode fallen die schönste seiner Komödien, *Der Kirschgarten*, und ein halbes Dutzend Geschichten, die so voll der reinen Poesie sind, daß sie schon fast in den Bereich der Musik gehören. Da und dort ergibt sich sogar ein seltsamer Romantizismus in Spiegelschrift, ein Romantizismus, wie er vielleicht einem Theologen in einem Augenblick der Inspiration vorschweben könnte. Nach wie vor betont Čechov die Bedeutung der läßlichen Sünde, aber fast scheint er ein gutes Wort für die Todsünde einzulegen, denn sie ist die Sünde, die Charakter und Zielstrebigkeit erfordert. Es ist, als riefe dieser fromme Mann, der uns sein Leben lang Fleiß, Achtung vor Ärzten und Lehrern und Rücksicht auf Verwandte und Freunde gepredigt hat, nun verzweifelt hinterdrein: »Aber wenn das alles nicht dazu führt, daß du das Leben mehr liebst, dann sei um Gottes willen schlecht!« In *Von der Liebe*, einer der drei herrlichen Geschichten von 1898, scheint er die Todsünde regelrecht zu verteidigen, wenn sie denn wirklich der einzige Ausweg aus einer unerträglichen Existenz ist. Einer aus der Freundesgruppe, die so allgemein vor sich hin diskutiert – der Čechov-Biograph David Magarshack identifiziert ihn als Čechov selbst –, schildert eine stille Liebe zwischen ihm und einer verheirateten Frau, bei der beide aus den besten Gründen völlig besonnen bleiben, bis sie in der Stunde des Abschieds feststellen, daß sie ihr Leben vergeudet haben. Der stille Liebhaber faßt das auf seine Weise zusammen:

»Ich begriff, daß man, wenn man liebt, in seinen Überlegungen von dem Höchsten ausgehen muß, von etwas Wichtigerem, als es Glück oder Unglück, Sünde oder Tugend im landläufigen Sinne sind, oder man braucht überhaupt nicht zu überlegen.«

Das hätte Browning von sich geben können, oder Yeats, der einmal zu mir sagte: »Stets bricht der ethische Impuls das ethische Gesetz.« Was da den Moralisten enthüllt, den Erzähler im Gegensatz zum Dichter, ist die Definition des »Höchsten« als das »Wichtigere als Glück oder Unglück«. Man mag das Essen bestellen, aber man muß für die Rechnung geradestehen; letzten Endes mag man tun, was einem als das Richtige erscheint, aber man muß auch die Verantwortung dafür übernehmen, in dieser und der nächsten Welt.

Genau im selben Jahr wie *Von der Liebe* schrieb Čechov die wohl schönste Kurzgeschichte der Welt: *Die Dame mit dem Hündchen*, in der er das Thema wieder aufnimmt. Die Geschichte ist eine Fußnote zum Thema vom *Flattergeist* und handelt von einer jungen Frau, die mit einem langweiligen Beamten verheiratet ist und in einem Seebad einen verheirateten Mann kennenlernt, dessen Geliebte sie wird. Wie die Heldin im *Flattergeist* wird sie bestraft, diesmal aber offenbar dafür, daß sie ihren Mann nicht ganz und gar verläßt. Sie und ihr Liebhaber sind wie Laevskij unfähig, die eine Todsünde zu begehen, die sie in Gottes Augen rechtfertigen könnte.

»Danach berieten sie lange, sprachen davon, wie sie sich von der Notwendigkeit, sich zu verstecken, zu betrügen, in verschiedenen Städten zu wohnen, sich lange nicht zu sehen, befreien könnten. Wie sie aus dieser unerträglichen Verstrickung herausfinden sollten.«

Ganz einfach, will Čechov sagen, indem ihr zusammenlebt und die Konsequenzen tragt; aber um einem Mann gerecht zu werden, der selbst immer gerecht sein wollte, muß man anmerken, daß er diese beiden Geschichten schrieb, bevor er die Frau kennenlernte, die er heiratete. Wie er darüber gedacht hätte, wenn er länger gelebt hätte, werden wir nie erfahren.

Ich bin sicher, daß *Der Bischof*, geschrieben in dem Jahr, bevor er starb, wie Mozarts Requiem eine Zelebrierung seines eigenen Todes ist. Der Bischof, ein armer Junge, der in der Kirche zu hohen Würden aufgestiegen ist, müht sich, seine Pflicht zu tun, obwohl er allabendlich vor Schmerzen zusammenbricht, wie Čechov selbst. Er denkt an seine Jugend zurück und sieht alles, was ihm da einfällt, verklärt, aber dennoch bleibt er ein einsamer Mann, einsam wie der alte

Droschkenkutscher, dessen Sohn gestorben ist, oder der Mann, der Pferd und Hund loswerden muß. Seine Mutter ist mit einer Nichte zu Besuch gekommen, doch die Mutter nennt ihn immer noch »Eminenz« und errichtet so die unüberwindbaren gesellschaftlichen Barrieren zwischen ihm und dem einzigen menschlichen Kontakt, auf den er noch hoffen kann. Ich muß mich fragen, ob Čechov vielleicht einmal von seiner Mutter mit »Herr Doktor« angeredet wurde. Erst kurz bevor der Bischof stirbt, fällt die falsche Persönlichkeit, die sich die Mutter um des großen Sohnes willen zugelegt hat, in sich zusammen, und sie ruft ihn wieder mit den Kosenamen, die sie dem kleinen Jungen gab, der sich noch nicht selbst die Hosen zuknöpfen konnte. Es ist die letzte Bekräftigung von Čechovs Glauben an das Leben – einsam und traurig, unermeßlich traurig und doch schöner, als es der größte Künstler erzählen könnte.

1962

Der Erzähler

Nicht, daß ich gerade zu träge zum Ernstnehmen der Infragenahme Ihres geschätzten Auftrages wäre, Ihnen spannende Novellen zu liefern ... Würden Sie mir gütig die Genehmigung erteilen, Ihnen zu verkündigen, ich sei so gut wie überzeugt, Tschechow- und Maupassant-Talentiertheiten seien in der nach und nach Wirklichkeit gewordenen Zivilisationszentralisation oder Gebildetheitausgebildetheit, wie sie heute vorhanden ist, denkbar rar geworden? Wer lebt und liebt heutzutage noch spannend und packend? Wo begegnet einem Augen und Ohren aufmerksam Öffnenden, mit Novellen usw. Rechnenden irgendein menschliches Benehmen, das etwas Novellistisches an sich hätte oder aufwiese? Indem ich Sie höflich ersuche, mir eine derartige Frageaufwerfung nicht etwa übelzunehmen, mute ich Ihnen zu, daß Sie ziemlich oder schon eher sehr genau wissen, daß sich beinahe alle heute lebenden und schaffenden Schriftsteller mit Vorliebe mit Problemhaftem befassen, das gleichsam menschheitsumspannend ist und daher freilich weiter absolut nicht ergreift und packt.

Robert Walser, 1932

Lev Tolstoj
Über Čechov

Čechov war ein unvergleichlicher Künstler... Ja... Ein unvergleichlicher... Ein Künstler des Lebens... Und der Wert seines Schaffens ist, daß es nicht nur dem Russen verständlich und verwandt ist, sondern jedem Menschen überhaupt... Und das ist die Hauptsache. Irgendwann habe ich einmal ein Buch von einem Deutschen gelesen, und da war ein junger Mann, der seiner Braut ein schönes Geschenk machen wollte, und er schenkt ihr Bücher – von wem? Von Čechov... Weil er ihn höher schätzte als alle berühmten Schriftsteller... Das ist sehr richtig, ich war betroffen, damals...

Er nahm aus dem Leben das, was er sah, unabhängig vom Inhalt dessen, was er sah. Und wenn er etwas genommen hatte, so gab er es erstaunlich bildhaft und verständlich wieder, klar bis in die kleinsten Einzelheiten... Das, was ihn im Moment des Schaffens interessierte, erschuf er wieder bis in die letzten kleinen Züge... Er war ehrlich, und das ist ein großer Wert, er schrieb über das, was er sah und wie er es sah...

Und dank seiner Ehrlichkeit schuf er neue, vollkommen neue, meiner Meinung nach für die ganze Welt neue Formen des Schreibens, wie ich ihnen nirgends sonst begegnet bin! Seine Sprache ist eine außergewöhnliche Sprache. Ich erinnere mich, als ich ihn zum ersten Mal zu lesen begann, kam er mir merkwürdig »disharmonisch« vor, aber sowie ich mich eingelesen hatte, hat mich diese Sprache gefesselt.

Ja gerade dank diesem »Disharmonischen« oder, ich weiß nicht, wie ich es nennen soll, fesselt er ungemein und legt Ihnen, gleichsam ohne daß Sie es nur im geringsten wollten, sehr schöne künstlerische Bilder ins Herz...

Ich wiederhole, Čechov hat neue Formen geschaffen, und ohne jede falsche Bescheidenheit muß ich sagen, daß er, Čechov, was die Technik betrifft, weit über mir steht!... Er ist ein einzigartiger Schriftsteller...

Ich will Ihnen noch sagen, daß es für Čechov noch ein großes Kennzeichen gibt: er gehört zu den seltenen Schriftstellern, die man, wie Dickens und Puškin und einige wenige ihrer Art, viele, viele Male wieder lesen kann – ich weiß das aus eigener Erfahrung.

15. Juli 1904

John Middleton Murry
Gedanken über Čechov

I

Das Eigenartigste an Čechovs Einheit ist die Tatsache, daß sie viel unverhüllter ästhetisch ist als die der meisten großen Schriftsteller vor ihm. Andere Schriftsteller von gleichem Rang – es gibt ihrer nicht so viele – sahen die Notwendigkeit, ihren Blickwinkel zu ändern, bis sie eine allumfassende Einheit erkennen konnten; aber damit waren sie nicht zufrieden. Sie sahen und folgten der weiteren Notwendigkeit, der wahrgenommenen Einheit gegenüber Stellung zu beziehen. Sie billigten oder mißbilligten sie, akzeptierten oder lehnten sie ab. Vielleicht wäre es genauer zu sagen, daß sie ihr die Genehmigung erteilten oder verweigerten. Sie ließen ein anderes Element als ihren Schönheitssinn das definitive Urteil über ihre Entdeckung sprechen; sie fragten, ob diese gerecht oder gut sei.

Für Čechov ist es bezeichnend, daß er sich mit der Einheit zufriedengibt, die er entdeckt. Ihre Einzigartigkeit genügt ihm. Es fällt ihm nicht ein zu fordern, daß sie eine andere oder bessere sein solle. Der Akt des Verstehens ist unmittelbar vom Akt des Akzeptierens begleitet. Er ist wie ein Mensch, der ein vollkommenes Kunstwerk betrachtet; aber das Schöpfungswerk war das seine, und es bestand im schrittweisen Zurechtrücken seiner

Sicht, bis er erkennen konnte, daß die Durchkreuzung menschlicher Schicksale und die willkürliche Auferlegung von Schmerzen Vorgänge sind, die nicht weniger unausweichlich, natürlich und schön sind als das Erblühen einer Pflanze. Es ist nicht so, daß Čechov ein größerer Künstler wäre als einer seiner großen Vorgänger; er ist nur viel mehr Künstler, was etwas ganz anderes ist. Bei ihm ist die Beimengung nicht rein ästhetischer Aufgaben geringer, und wahrscheinlich aus diesem Grund verfügt er über weniger schöpferische Kraft als irgendein anderer Künstler gleichen Ranges. Es sieht so aus, als bedürften Künstler, wie Rinder und Obstbäume, vielfacher Kreuzung mit substantiell fremden Elementen, um sehr kräftig und fruchtbar zu werden. Čechov besitzt die Tugenden und Mängel eines reinen Exemplars.

Man denke nicht, ich wollte damit sagen, Čechov sei eine Manifestation des »l'art pour l'art«, denn das ist er in keinem geläufigen Sinn dieses Begriffs, obwohl er als ein Beispiel dafür angesehen werden kann, wie man diesen Begriff verstehen könnte. Doch um nicht in einen unfruchtbaren Streit über Terminologisches einzutreten, könnte man einen Aspekt bei Čechov hervorheben, der von unmittelbarem Interesse ist – seine Modernität. Wiederum paßt das Wort nicht recht. Es deutet an, daß er in Mode und zeitgemäß sei. Dabei ist Čechov all dem, was in der Kunst der Literatur als modern bezeichnet wird, um viele Phasen voraus. Das künstlerische Problem, dem er gegenüberstand und das er gelöst hat, ist eines, das dem Bewußtsein des modernen Schriftstellers höchstens zum Teil präsent ist – die größtmögliche Vielfalt des Inhalts mit der größtmöglichen Einheit des ästhetischen Eindrucks zu verbinden. Die Vielfalt des Inhalts finden wir bereits zuhauf ... doch wie selten sehen wir auch nur einen Schimmer der Erkenntnis der Notwendigkeit eines einheitlichen ästhetischen Eindrucks! Die moderne Methode beruht auf der Annahme, daß alles, was dem Bewußtsein gegenwärtig ist oder war, ipso facto ästhetisch vereinheitlicht sei. Das Resultat dieser Annahme ist die offenkundige Auflösung von Sprache und künstlerischem Bemühen, eine bloße Zurückentwicklung von der klassischen Methode.

Die klassische Methode beruhte im wesentlichen darauf, daß man ästhetische Einheit durch einen Prozeß des rigorosen Ausscheidens all dessen erzielte, was nicht zum willkürlich gewählten (weil nichtästhetischen) Argument gehörte. Dieses Argument wurde wie eine Schnur in die gesättigte Lösung des Bewußtseins getaucht, bis sich eine einheitliche kristalline Struktur darum bildete. Von allen großen Künstlern der Vergangenheit zeigt Shakespeare sich als der großartigste in seinen Abweichungen von dieser Methode. Wieviel bewußte künstlerische Absicht in seiner Verwendung von Liedern und Verrückten und Narren liegt (und diese Verwendung unterschied sich von der seiner Zeitgenossen grundsätzlich), ist ein viel zu großer Gegenstand für eine Parenthese. Aber auch er war im Grunde ein klassischer Künstler. Das moderne Problem – es ist noch nicht hinreichend gelöst worden, um von einer modernen Methode zu sprechen – entspringt dem Gefühl, daß die klassische Methode allzu große Vereinfachungen erzeugt. Sie erlaubt keine genügende Wahrnehmung der Vielfalt. Es fallen einem ein Dutzend halber Lösungen des Problems ein, von Balzac bis Dostoevskij, aber sie alle liegen auf der alten Linie. Man könnte sie Shakespearesche Modifikationen der klassischen Methode nennen.

Čechov, meinen wir, versuchte eine radikal neue Lösung. Um die obige Metapher auf seine reiferen Werke anzuwenden, er wählte eine andere Schnur, die er in die gesättigte Lösung des Bewußtseins tauchte. In gewissem Sinne begann er am anderen Ende. Er hatte sich für die Qualität des ästhetischen Eindrucks entschieden, nicht durch einen Willensentschluß, sondern einen, der sich aus der kontemplativen Einheit des Lebens, die er erreicht hatte, natürlich ergab. Die wesentliche Qualität, die er erkannt hatte und darstellen wollte, war sein Argument, seine Schnur. Alles, was diese Qualität steigerte und ergänzte, sammelte sich darum an, unabhängig davon, ob es vom alten Kriterium – Handlung und Argument – abgestoßen worden wäre.

1920

Im Werk Anton Čechovs hat der russische Genius die Streitfrage weiter vorangetrieben als je zuvor. Wenn der besondere Genius Čechovs nicht so groß und beherrschend ist wie der Tolstojs und Dostoevskijs, was er tatsächlich nicht ist, so ist er vielleicht subtiler. Čechov beginnt, zumindest beginnt er den Teil seines Werks, den wir als für ihn charakteristisch bezeichnen können, mit der unerschütterlichen Überzeugung, daß es für das Problem keine Lösung gibt, daß es keine Harmonie gibt. Und er unterläßt von vornherein den Versuch, eine zu finden. Mehr noch, er konzentriert sich in seinem Werk absichtlich auf das menschliche Leben in seinen am wenigsten harmonischen Erscheinungen. Wo der Mißklang nackt und ganz offenkundig jenseits einer menschlichen Lösung ist, da ist Čechovs Hand dabei, ihn behutsam zu enthüllen, ohne auch nur einen Hauch von Linderung zu geben. In der *Langweiligen Geschichte* kann der alte Professor, als Katja ihn fragt, was sie tun solle, nur sagen: »Ich weiß es nicht.« Sie ist gebrochen und jung; er ist gebrochen und alt; er ist zu ehrlich, sie zu täuschen. *Der schwarze Mönch* führt sein Opfer zu einer beseligenden Vision, wie sie Alëša Karamazov gewährt wurde, und siehe! wenn sein Opfer in sein Glück eintritt, fällt es tot zu Boden; sein Traum war der Traum des Deliriums. Dann wieder in der *Dame mit dem Hündchen* gibt es keinen Ausweg für die hoffnungslosen, glücklos Liebenden: sie lesen die Zukunft in den Augen des anderen und nehmen sie zur Kenntnis: es ist nichts zu machen, nichts. Und schließlich fällt *Der Kirschgarten* unter der unvermeidlichen Axt; der Klang der Axtschläge hallt in unseren Ohren wider, während der Vorhang über Firs fällt, dem alten Diener in dem aufgegebenen Haus. Sie haben ihn vergessen.

Harmonie! Wenn wir Čechov zum ersten Mal lesen, erscheint das bloße Wort, der bloße Begriff wie ein grausamer Scherz über die Kraft, die das Bewußtsein des Menschen schuf, sie sich vorzustellen. Wir denken, wenn wir Čechov zum ersten Mal lesen, vielleicht mehr noch, als wenn wir Hardy lesen, an Hardys bittere Vermutung, »ob des Menschen Bewußtsein ein Fehler

Gottes war«. Wir denken das, sage ich, wenn wir Čechov zum ersten Mal lesen, aber nur dann. Beim zweiten Mal halten wir vor Staunen den Atem an. Was macht dieser seltsame Zauberer mit uns; in was für einen Bann hat er unsere Seelen gezogen? Mißklang, der extremste Mißklang, und doch ist diese Musik göttlich. Fragmente, ein Gemisch von Fragmenten, und doch ist dieses Muster himmlisch. Diese Finger, die das Leben nur berühren, um es zu zerstören, beschenken, was immer sie anfassen, mit einer atemlosen Schönheit. Sein extremstes Verleugnen ist eine Bestätigung. Es gibt keine Harmonie, schreit er, und der bloße Klang seiner Stimme läßt Sphärenmusik ertönen.

Gentlemen, wenn ich das ganze Ausmaß meiner Bewunderung für Anton Čechov gestände, müßte ich beschämt sein. Es ist eine Anbetung. Ich weiß, daß er kein großer Schriftsteller ist in dem Sinne, in dem Tolstoj und Dostoevskij es waren. Und doch, denke ich, hat er einen größeren Sieg errungen als sie. Tolstoj ging hinaus in die Nacht; Dostoevskij hinterließ uns einen halbfertigen Roman, dessen Hälfte einer der größten Romane der Welt ist: Čechov gab uns den *Kirschgarten*. Und für Menschen wie uns, die die Kämpfe der Helden beobachten, aber nicht selbst Helden sein können, war Čechovs Geschenk das kostbarste von allen. Tolstoj errichtete seine ewige Ruhe in einer symbolischen Geste; Dostoevskij sagte, die Menschen müßten noch einmal geboren werden, um die Welt mit den Augen Alëšas zu sehen. Es gibt eine Harmonie, vielleicht, kann sein, sagten sie: ob es sie gibt oder nicht, es lohnt sich, das schrecklichste Risiko einzugehen, um es zu erfahren. Das war heldenhaft gesagt und heldenhaft getan. Das waren große Stimmen, die bis ans Ende der Menschheit weiterklingen werden. Čechov ist nur ein Flüstern. Aber seine Stimme flüstert dies: vielleicht – vielleicht – gibt es Harmonie, schon die ganze Zeit. Ich habe an nichts geglaubt, ich habe auf nichts gehofft – und doch – schau her – schau noch einmal her. Sie kennen die *Langweilige Geschichte*. Sie ist vielleicht das früheste von Čechovs charakteristischen Werken. In ihr wurde er, der ein amüsanter humoristischer Autor des russischen *Punch* war, plötzlich zum Zauberer. Der alte Professor und Katja treffen sich zum letzten Mal: er erzählt die Geschichte selbst.

»Wenigstens ein Wort, ein einziges Wort«, sagt sie weinend und streckt mir die Hände entgegen. »Was soll ich tun?«

Aber er kann es nicht sagen: er gibt der Unterhaltung eine andere Wendung. Katja steht auf und hält ihm, ohne ihn anzusehen, die Hände hin.

»Ich möchte sie fragen: Du wirst also nicht auf meiner Beerdigung sein? Aber sie sieht mich nicht an, ihre Hand ist kalt und kommt mir ganz fremd vor. Schweigend begleite ich sie zur Tür... Da ist sie von mir gegangen, sie schreitet durch den langen Korridor und schaut sich nicht um. Sie weiß, daß ich ihr nachblicke, wahrscheinlich wird sie sich an der Ecke umdrehen. Nein, sie hat sich nicht umgedreht. Ihr schwarzes Kleid leuchtet zum letzten Mal auf, ihre Schritte verhallen... Leb wohl, mein Schatz!«

»Leb wohl, mein Schatz.« Das ist der Zauber, der eine Wüste menschlicher Hoffnungen zum Paradies macht. Wir schauen noch einmal und hören hin: ja, das ist Harmonie. Und wenn es Harmonie gibt, wo Čechov sie gefunden hat, dann ist sie überall. Er ist in der großen Gesellschaft der Genies der Letztgeborene. Er kommt, der jüngste Sohn, es gibt kein Erbteil für ihn. Das große Anwesen des menschlichen Lebens ist schon aufgeteilt; so geht er allein fort zu den öden und trostlosen Plätzen, der eintönigen, alltäglichen Wildnis des Geistes, die so der Wildnis der heroischen Schriftsteller ähnelt, wie die Müllhalde einer modernen Stadt dem majestätischen Dschungel des Amazonas. Čechov geht dorthin, ohne Hoffnung, ohne Glauben; es ist das letzte aussichtslose Suchen: und er bringt in seinen Händen den Gral zurück.

Für meine Begriffe endet die russische Literatur mit Čechov: er ist der letzte große russische Schriftsteller; er ist auch der letzte große Schriftsteller überhaupt, denn er gehörte zu einer Generation, die nach den beiden großen Schriftstellern kam, die noch unter uns leben. Er ist das Ende einer Periode; und die neue Periode hat noch nicht begonnen, weder in der russischen noch in der europäischen Literatur. Wir brauchen nicht über Čechovs

Geheimnis zu sprechen; außerdem ist es viel einfacher, an ihm teilzuhaben, wenn man ihn liest.

1922

Virginia Woolf

Geschichten über gar nichts

I

Unser erster Eindruck von Čechov ist nicht der der Schlichtheit, sondern der Irritation. Wozu soll das gut sein, und warum macht er hieraus eine Geschichte, fragen wir, Erzählung um Erzählung lesend. Ein Mann verliebt sich in eine verheiratete Frau, sie trennen und sie treffen sich, und am Ende sitzen sie da und reden über ihre Situation und darüber, wie sie aus dieser »Verstrik-kung« herausfinden sollen.

»Nur wie?« fragte er und faßte sich an den Kopf... Und es schien ihnen, daß sie bald eine Lösung finden würden und daß dann ein neues herrliches Leben beginnen würde. Das ist das Ende. Ein Postbote fährt einen Studenten zum Bahnhof, und auf dem ganzen Weg versucht der Student, den Postboten zum Reden zu bringen, aber der bleibt stumm. Plötzlich sagt der Postbote unvermittelt: »Es ist gegen die Vorschriften, jemanden mit der Post mitzunehmen: Und mit zornigem Gesicht geht er den Bahnsteig auf und ab. ›Auf wen war er zornig? Auf Menschen, auf die Armut, auf die Herbstnächte?‹« Wieder ist die Geschichte zu Ende.

Aber ist das das Ende, fragen wir. Wir haben eher das Gefühl, unsere Signale übersehen zu haben; oder es ist, als sei eine Melodie kurz vor den erwarteten Schlußakkorden abgebrochen. Diese Erzählungen sind nicht schlüssig, sagen wir und fahren fort, an einer Kritik zu basteln, die auf der Annahme beruht, Erzählungen sollten in einer Weise enden, die wir anerkennen. Indem wir das tun, stellt sich uns die Frage nach unserer

Tauglichkeit als Leser. Wo die Melodie vertraut und das Ende eindrücklich ist – Liebende vereint, Schurken geschlagen, Intrigen aufgedeckt –, wie das in der viktorianischen Prosa meistens der Fall ist, können wir kaum fehlgehen, aber wo die Melodie nicht vertraut und das Ende ein Fragesatz oder, wie bei Čechov, die bloße Mitteilung ist, daß sie weiterredeten, brauchen wir ein sehr wagemutiges und waches Gefühl für Literatur, damit wir die Melodie hören und vor allem jene letzten Noten hin zur Tonika. Wahrscheinlich müssen wir sehr viele Erzählungen lesen, bis wir spüren, und das Gefühl ist wesentlich für unsere Befriedigung, daß wir die Teile zusammenhalten, und daß Čechov nicht einfach unzusammenhängend drauflosschrieb, sondern mit voller Absicht jetzt diese und dann jene Note anschlug, um seine Absicht zu verwirklichen.

Wir müssen suchen, um zu entdecken, wo der Schwerpunkt dieser merkwürdigen Erzählungen eigentlich liegt. Čechovs eigene Worte führen in die richtige Richtung. »Eine solche Unterhaltung wie diese zwischen uns«, sagt er, »wäre für unsere Eltern undenkbar gewesen. Nachts haben sie nicht geredet, sondern fest geschlafen; wir – unsere Generation – schlafen schlecht, sind ruhelos, reden viel und versuchen immer zu klären, ob wir recht haben oder nicht.« Unsere Literatur der Gesellschaftssatire und psychologischen Finesse entsprang jenem ruhelosen Schlaf, jenem unablässigen Reden; doch letzten Endes besteht ein gewaltiger Unterschied zwischen Čechov und Henry James, zwischen Čechov und Bernard Shaw. Offensichtlich – aber woher kommt er? Auch Čechov ist sich der Übel und Ungerechtigkeiten des Zustandes der Gesellschaft bewußt; die Lage der Bauern entsetzt ihn, doch der Eifer des Reformers liegt ihm nicht – dies ist nicht das Signal für uns innezuhalten. Die Psyche interessiert ihn ungeheuer; er ist ein äußerst scharfsinniger und empfindsamer Analytiker menschlicher Beziehungen. Doch wieder: nein, da ist das Ende nicht. Ist er in erster Linie nicht an der Beziehung der Seele zu anderen Seelen interessiert, sondern an der Beziehung der Seele zur Gesundheit – der Beziehung der Seele zur Güte? Diese Erzählungen zeigen uns immer irgendeine Affektiertheit, Pose, Unaufrichtigkeit. Irgendeine Frau ist eine falsche Beziehung eingegangen, irgendein Mann ist durch die Unmenschlichkeit der Umstände verdorben worden. Die Seele ist krank; die Seele wird geheilt; die Seele wird nicht geheilt. Das sind die Schwerpunkte in seinen Erzählungen.

Ist das Auge einmal an diese Schattierungen gewöhnt, verblaßt die Hälfte aller »Schlüsse« in der Literatur; sie zeigen wie Transparente mit einem Licht dahinter – grell, gleißend, oberflächlich. Das allgemeine Aufräumen im letzten Kapitel, die Heirat, der Tod, die Festsetzung von so kräftig hinausposaunten, so heftig hervorgehobenen Werten werden absolut rudimentär. Nichts ist gelöst, spüren wir; nichts ist richtig zusammengehalten. Andererseits scheint die Methode, die zunächst so beiläufig, unschlüssig, mit Nichtigkeiten beschäftigt schien, jetzt das Ergebnis eines erlesen ursprünglichen und anspruchsvollen Geschmacks zu sein, der kühn auswählt, unfehlbar arrangiert und von einer Ehrlichkeit kontrolliert wird, für die wir außer bei den Russen selbst keine Entsprechung finden. Vielleicht gibt es keine Antwort auf diese Fragen, doch hüten wir uns ebenfalls, die Beweise zu manipulieren, damit sie etwas Passendes, Schickliches, unserer Eitelkeit Gefälliges schaffen. Dies ist vielleicht nicht der Weg, das Ohr der Öffentlichkeit zu erreichen, diese ist schließlich lautere Musik, wildere Rhythmen gewöhnt; doch wie die Melodie klang, so hat er sie geschrieben. Infolgedessen weitet sich der Horizont, wenn wir diese kleinen Erzählungen über gar nichts lesen; die Seele gewinnt ein überraschendes Gefühl von Freiheit.

2

Für die modernen Autoren liegt der Hauptpunkt des Interesses sehr wahrscheinlich in den dunklen Stellen der Psychologie. Deshalb fällt der Akzent ein wenig anders, die Betonung liegt auf etwas bisher Übergangenem; sofort wird ein anderer Entwurf der Form notwendig; für uns schwer zu begreifen, für unsere Vorgänger unverständlich. Nur ein Moderner, vielleicht nur ein Russe hat den Reiz der Situation gespürt, aus der Čechov eine

Kurzgeschichte gemacht hat, die er *Gusev* nennt. Einige russische Soldaten liegen krank an Bord eines Schiffes, das sie nach Rußland zurückbringt. Wir bekommen wenige Fetzen ihres Gesprächs und einige ihrer Gedanken mit; dann stirbt einer von ihnen und wird weggebracht; das Gespräch unter den anderen geht eine Zeitlang weiter, bis Gusev selbst stirbt und, »wie eine Mohrrübe oder ein Rettich« aussehend, über Bord geworfen wird. Die Betonung wird auf derart unerwartete Stellen gelegt, daß es zunächst so scheint, als gebe es überhaupt keine Betonung; erst dann, so wie sich die Augen ans Zwielicht gewöhnen und die Formen der Dinge in einem Zimmer unterscheiden, sehen wir, wie vollständig die Geschichte ist, wie tief, und wie Čechov, seiner Vorstellung getreu, wirklich dies, das und jenes ausgewählt und einander zugeordnet hat, um etwas Neues zu komponieren. Aber es ist weder möglich zu sagen: »dies ist komisch« oder »das ist tragisch«, noch sind wir sicher, da ja Kurzgeschichten, wie man uns beigebracht hat, kurz und abgeschlossen sein sollen, ob dies, das vage und nicht abgeschlossen ist, überhaupt eine Kurzgeschichte genannt werden kann.

Selbst einfachste Bemerkungen über moderne englische Literatur kommen kaum umhin, den russischen Einfluß zu erwähnen, und wenn man die Russen erwähnt, läuft man Gefahr zu spüren, daß über eine andere Literatur außer der ihren zu schreiben reine Zeitverschwendung ist. Wenn wir Verständnis von Seele und Herz wollen, wo sonst sollten wir sie in vergleichbarer Tiefe finden? Wenn wir unseres eigenen Materialismus überdrüssig sind, so hat selbst der am wenigsten angesehene ihrer Schriftsteller durch das Recht der Geburt eine natürliche Ehrfurcht vor dem menschlichen Geist.

1925

Edmond Jaloux

Anton Čechov

Offensichtlich lesen wir heute im Werk Čechovs etwas, was seine Zeitgenossen darin nicht sahen oder zumindest noch nicht freilegten. Nicht sein Pessimismus zieht uns an, auch nicht das Schauspiel so vieler gescheiterter Existenzen und unvollendeter Schicksale, das er uns bietet. Nein, das hätten wir auch bei uns, das müßten wir nicht in so weiter Ferne suchen; in Wirklichkeit legt er uns eine Art authentisches Zeugnis vor, dessen Aufrichtigkeit uns beeindruckt und ergreift.

Noch in den besten französischen Werken – von ganz wenigen Ausnahmen abgesehen – fühlen wir sehr deutlich, daß die Wahrheit verfälscht ist zugunsten eines gewissen Überraschungseffekts oder einer vorgegebenen Gliederung, was uns fasziniert, gleichzeitig aber blind macht. Um das Beispiel Maupassants zu nehmen: wir wissen genau, daß seine bewundernswerte Begabung als Erzähler und Beobachter noch besser zur Geltung käme, wenn er nicht ständig bestrebt wäre, einen komischen, tragischen oder unerwarteten Schlußeffekt zu erzielen. Und da sind wir schon bei dem, was wir an Čechov so überaus bewundern: er opfert der Rhetorik gar nichts, er zeigt uns das Leben ungefähr so, wie es ist, und er benutzt seine Beobachtungsgabe weder dazu, uns in Erstaunen zu versetzen, noch uns Tränen oder Gelächter zu entlocken, noch um eine dieser emphatischen und leeren Formeln zu finden, die den Sinnen einen flüchtigen Eindruck von Schönheit vermitteln, den der Verstand nicht gutzuheißen vermag. Ich kenne wenige Schriftsteller, die so frei von Gewöhnlichkeit sind wie er, einem Klassiker gleich, und seine wesentlichen Gaben sind denn auch die eines Klassikers.

Aus jeder Erzählung Čechovs könnte man eine Erzählung Maupassants machen, indem man einen oder zwei Züge logisch weiterentwickeln und aufblasen würde, bis es zu einem Zusammenbruch oder Eklat käme; der Ausgangspunkt ist hier wie dort derselbe; aber was ich bei Čechov eben liebe ist, daß seine Kunst darin besteht, uns die feinen Nuancen und die Entwicklung seines Themas innerhalb der Grenzen der Wahrheit vorzuführen, und nicht darin, es zu entstellen und so den zerstreuten Leser brüsk aufzuwecken.

Čechov hat in England einen großen Einfluß gehabt, gerade weil er um die einfache Wahrheit bemüht ist und weil er sachlich ist. Er hat viele Schriftsteller der Schule der Realität zugeführt; aber einer anderen Realität als jener der französischen Realisten um 1880; einer Realität, die ein geistiges und moralisches Leben in sich einschloß, für das sie nur die Hülle war. Ich weiß nicht, ob James Joyce ihn häufig gelesen hat, aber seine Kurzgeschichten, *The Dubliners*, sind von demselben Bemühen um Genauigkeit gekennzeichnet; und dann vor allem Katherine Mansfield, die dieser Tage so qualvoll gestorben ist und deren schöne Erzählungen die Realität auch nicht übertragen, sondern das, was ist, auf aufrichtigere und feinere Weise wiedergeben.

Es wäre zu wünschen, daß viele von uns auch über den Fall Čechov nachdächten. Denn bei uns liegt die Erzählung im Sterben; sie stirbt an der Lüge und an der Dramatik, und es könnte nicht schaden, wenn unsere jungen Schriftsteller von Anton Čechov die Kunst lernten, Wahres zu schaffen und dennoch kurz und völlig aufrichtig zu bleiben, um so diese nationale Literaturgattung zu verjüngen, die von den Zeitungen zerstört wird, weil sie ihr zu wenig Zeilen zur Verfügung stellen und ihr eine Einheitsform vorschreiben. Hüten wir uns vor diesem Fehler der nationalen Geistesverfassung, den Amiel unsere *spéciosité* (augenscheinliche Schönheit) nennt; es ist weniger wichtig, phantasievolle oder originelle Themen zu finden, als alle im gewählten Thema enthaltenen Elemente der Menschlichkeit zu entwickeln.

1925

Ernst Weiß

Gogol und Tschechow

Ein berühmter russischer Schriftsteller hat das Wort geprägt:
Wir kommen alle aus Gogols *Mantel*. Herrlich das Wort;
herrlicher, über den tiefen Sinn dieses Wortes hinaus, die
leibhaftige Vorstellung, wie aus den Falten des Mantels, des in
seiner Demut berühmten, des in seiner Dürftigkeit unnachahmlich schönen Gewandes, wie aus den Falten dieses trésor des
pauvres heraus die unzähligen Figuren der russischen Dichter
steigen, nicht nur aus dem pelzbesetzten rauhen Stoff sich
entwirren, sondern auch aus dem Halsausschnitt des Mantels frei
emporwehen und anderen sich zugesellen, die aus den Fußsäu-
men hervorgleiten und aus den breit und schräg angehefteten
Taschen herabfallen. Alle diese Gestalten in der Fülle der
unnachahmlich stolzen Demut, der herrischen Sklavennatur,
wie sie vielen Figuren und Seelen dieses gestaltenreichsten
Volkes bewohnter Erde eigen ist.

Wie aber versteht man den Sinn des Wortes? Was ist der
Mantel? Ist es etwas Einmaliges, einmalig für den Dichter,
einmalig für den Leser, einmalig für die Nation? Ist je in
historischem Sinne die Zeit dagewesen, da man die Russen das
Volk der Akaki Akakiewitsch nennen konnte? Ist denn dieser
Mantel ganz von russischen Händen zugeschnitten, entworfen,
geheftet und genäht, sind seine Säume, um besseren schärferen
Kniff zu gewinnen, sämtlich duch die niedrigen, eher sand- als
elfenbeinfarbenen Zähne des nationalen Verfassers gezogen
worden?

Immer bleibt es schwierig, so sehr bezeichnend auch die
künstlerischen Leistungen für eine Nation sein sollen, den
gerechten Anteil der Nation an dem einmaligen Kunstwerk zu
bemessen. A posteriori will man alle Eigenheiten der großen,
volksmäßigen Gesamtheit mit mikroskopischer Genauigkeit den
großen, »repräsentativen« Kunstwerken der Nationen anmerken: a priori aber sind die Charakterisierungen schon weniger

mikroskopisch, weniger sicher und weniger voll von unbedingtem Eigenlob. Alle völkischen Propheten wollen Historiker sein, Richter und Dichter; keiner aber Seher und Künder.

Sicher ist, daß Gogols *Mantel* einer ganzen auch heute noch nicht abgeschlossenen literarischen Epoche den Stempel aufgedrückt hat: Zum erstenmal war es ein »Mühseliger und Beladener«, ein kleiner Held, ein namenloser, ein bürgerlich gekreuzigter, ein winziger Christus hinter dem Aktentisch. Vielleicht nur christlich, und nicht Christus – ein aus dem Komischen ins Tragische, aus dem Heroischen ins Groteske gewendeter Mensch, ein leidender und doch lächerlicher Mensch. Dies ist das Neue, dies das Bleibende. –

Zum erstenmal ist das Kleine, das lächerlich Reale, die »Rangklasse« groß gesehen, mit allem Ernst angefaßt, und in diesem Ernst liegt seine Güte. Dieser Ernst hebt auch das »Zauberische« in dem *Mantel* aus dem einfach Phantastischen, dem E.T.A.-Hoffmann-artigen in eine andere Sphäre.

Dieser neuen, eigenartig russischen, realen, greifbaren, rauhen Phantastik sind die späteren russischen Meister nicht alle treu geblieben, wohl aber dem Ernst, der Würdigung des Kleinen und Kleinsten. Daher ihre Liebe zur Natur, keine Liebe zur heroischen Natur, wie sie selbst Stifter nicht verleugnet (Wüste im *Abdias*, Schneesturm und Hochwasserkatastrophe in der *Mappe meines Urgroßvaters*), sondern es zieht auch die Naturliebe der Russen das Kleine, das Alltägliche vor, der Russe beugt sich auch nicht vor der Natur, noch auch scheut er sie, sondern er sieht, vielleicht als der erste in der Weltliteratur, in der Natur etwas Lebendes, weil Leidendes.

Von Gogol zu Tschechow ein weiter Weg, aber doch einer. Von Gogol, dem Negerblütigen, Urrussischen, zu Tschechow, dem Westeuropäischen, »Angekränkelten« – oder darf man sich einmal erlauben, das Russische nicht als Quell ewiger Gesundheit und Jugendfrische, das Europäische nicht als Pandorabüchse aller Leiden, Verirrungen und Laster zu sehen? Einerlei, Tschechow liegt an der westlichen Grenze Rußlands, wie Gogol in dessen asiatischem Zentrum.

Man muß dem Wiener Verlag Zsolnay dankbar sein dafür, daß

er uns in dem Bande *Der schwarze Mönch* ein Werk Tschechows zugänglich gemacht hat, das uns diesen Dichter von einer neuen, eben der phantastischen Seite zeigt, einer Seite, die nicht für ihn so sehr bezeichnend ist wie für die Nation, aus der er hervorgegangen und in die er eingegangen ist, für immer, wie wir glauben. Zwar: welcher Schätzung er sich in dem jetzigen leninistischen Rußland erfreut, ist mir nicht bekannt. Möglicherweise keiner außerordentlichen, denn das Bürgerliche, geben wir sogar zu, das Kleinbürgerliche verleugnet sich bei Tschechow nie. Und doch! Welche Weite, welch ein Herz, welch eine Fülle! Auch das Phantastische ist bei ihm kleinbürgerlich, vorsichtig, zart, es schlägt die Augen scheu auf und macht sich nichts wissen, darin liegt seine scheue, seine verhaltene, phrasenlose, »gedeckte«, eben kleinbürgerliche Liebe. In der Hauptnovelle des Bandes, in der Titelnovelle, kommt ein Gespenst vor, ein Schemen, romantisch in die Tracht eines Mönches gekleidet. Es erscheint nicht wie aus einer Gewitterwolke, einer geisterbleichen, in die schemenhafte Seelenverfassung eines auf immer vereinsamten Menschen hinabgeschauert, wie Maupassants *Horla*; sondern es kommt, freundlich eher als feindselig, mehr begütigend als drohend mitten in ein Liebesidyll; unter den Schatten von blühenden Obstbäumen duckt es sich, im Dunstkreise an Spalieren prachtvoll reifender Pfirsiche entfaltet es sich, ein Gespenst, sicherlich, aber nicht die Ankündigung von Tod und Verderben auf den papierfarbenen Lippen tragend, sondern sich ohne Gewaltsamkeit dem Leben angleichend; ein Spiegelbild, sicherlich, aber nicht das des ewig isolierten Einzelnen, sondern eher ein Zeugnis dessen, daß der Mensch nie allein sei. »Hinter den Fichten eines Gutsparkes kommt es hervor, lautlos ohne das leiseste Geräusch. Ein Mann von mittlerem Wuchse, mit unbedecktem grauem Haupt, ganz in Schwarz, barfuß, ähnlich einem Bettler. Auf seinem bleichen Gesichte zeichneten sich scharf schwarze Augenbrauen ab. Dieser Bettler oder Sonderling nickte freundlich, kam lautlos zur Bank und setzte sich. Kowrin erkannte in ihm den schwarzen Mönch. Eine Minute lang betrachteten beide einander. Kowrin erstaunt, der Mönch zärtlich, von Zeit zu Zeit ein bißchen listig, mit dem Ausdruck von

Selbstzufriedenheit. ›Aber du bist doch ein Spiegelbild‹, sprach Kowrin, ›warum bist du hier und sitzest an dieser Stelle? Das paßt nicht zur Legende.‹«

Hier zeigt sich der Faden, noch von dem Gewebe, woraus Gogols Mantel gearbeitet. Das Nicht-zur-Legende-Passen, das Irdischsein und himmlisch zugleich, das Leiden und Lächerlichsein in einem. Man muß diese zarte, ganz mit erdhaften und doch nirgends wirklich faßbaren Farben gemalte Schilderung eines blühenden Obstgartens mit seinem ganzen Überfluß an Früchten, Raupen und zusammengedrängter, duftender Schwüle ganz in sich aufgenommen haben, um das tief Gespenstige dieses kleinen, geduckten, jenseitigen Gastes nachzufühlen. Und dann ein Stück Leben, ein Stück Rußland von 1900 oder 1910. Was ist? Was bleibt? Der Garten bleibt nicht, nicht die Schwüle der Nachtluft im Pfirsichblütenduft, nicht die Jugend, die seelenhafte, unversiegliche. Alter, Enttäuschung, Wirklichkeit, Sorgen und Mühen, die ganze Schwere des Daseins, die komische Tragik des Kleinbürgerlichen wird von Tschechow wie eine erst wegzuwehende, dann aber immer schwerere Wolkenschicht darübergeschoben. In den alltäglichen Gang eines bürgerlichen Schicksals begleitet der schwarze Mönch seinen Helden, ohne von ihm zu weichen, sein alter ego, daß heißt sein Gegen-Ich, sein metaphysisches Teil, die Verkündigung seiner »wirklichen«, seiner bleibenden, seiner seligen, weil göttlich anerkannten Existenz.

Auch in der zweiten Erzählung des Bandes der Kampf zweier »Ich«. In der ersten war es der Kampf zwischen dem irdischen und dem bleibenden Ich, in der zweiten Erzählung ist es der Kampf zwischen dem Besseren und Schlimmeren, zwischen dem Echteren und dem Sittlicheren. Hier ist nichts mehr von Mönchen: freilich auch nichts mehr von blühenden Obstgärten. Keine Jugend mehr und keine Illusion, nur noch Wirklichkeit. Aber welche Wirklichkeit! Welch ein Leiden, welch eine Lächerlichkeit! Welche Mißverständnisse zwischen dem guten Wollen und dem bösen Wirken. Wie hier ein liebender Mann mit den Augen der hassenden Frau gesehen ist und sich bis in die innersten Herzensfalten entschleiert, wie hier eine hassende Frau

mit den liebenden Augen eines alternden Mannes gesehen wird,
– es schauert einen, wenn man es liest. Manche Seiten sind mit
solcher Größe, solcher Schlichtheit geschrieben, daß sie als
persönliche Konfession des lebenden Dichters wirken. Dieser
Paul, diese Natalie sind Heilige, wenn das Leiden den Heiligen
macht, leidend sind sie und lächerlich zugleich. Wahr vor allem
und unvergeßlich für jeden, der sie gesehen hat und sich selbst in
ihnen.

14. Juli 1926

John Galsworthy
Čechovs Anziehungskraft

Ich würde sagen, Čechov hat in den letzten zwanzig Jahren auf
junge Schriftsteller in verschiedenen Ländern die stärkste Anziehungskraft ausgeübt. Er war ein sehr bedeutender Schriftsteller,
doch sein Einfluß war, im großen und ganzen, zersetzend. Denn
er bediente sich einer Methode, die einfach zu sein scheint, für
Menschen im Westen jedoch sehr schwierig ist, und seine Werke
wurden Westeuropa in einer Zeit zugänglich, als Schriftsteller
ruhelos danach trachteten, ohne harte Arbeit zu Erfolg zu
kommen – eine Mentalität, die sich übrigens nicht nur auf
Schriftsteller beschränkt, sondern auch bei Klempnern und an
der Börse festzustellen ist.

Čechov erschien ihnen als die Patentlösung, als der ›schnelle
Schnitt‹, und es ist kaum übertrieben zu sagen, daß die meisten,
die diesen Weg gegangen sind, ihr Ziel nie erreicht haben. Sein
Werk war ein Irrlicht. Schriftsteller meinen vielleicht, sie
bräuchten bloß den täglichen Ablauf von Gefühlen und Ereignissen getreulich aufzuschreiben, um eine so wunderbare Erzählung hervorzubringen wie Čechov. Aber wehe! Dinge werden
nicht dadurch ›wunderbar‹, daß man sie so bezeichnet, sonst
hätten wir heute sehr viel ›Wunderbares‹.

Ich bewundere den unternehmungslustigen Eifer unserer

neuesten Autoren, auch wenn dieser ein wenig zu selbstbewußt ist; ich muß mich fragen, ob sie, indem sie sich so klug, so kühn über Form und Auswahl der Erzählfolge in Bausch und Bogen hinwegsetzten, nicht die Wahrheit verfehlt haben, daß menschliches Leben, mag es in dieser Zeit der schnellen Fortbewegung auch noch so unbeständig erscheinen, in Wirklichkeit an tiefe, spezielle Wurzeln gebunden ist. Čechov jedenfalls hat diese Wahrheit in seinen Erzählungen, so formlos sie erscheinen mögen, nie vergessen, noch wirkt er je gekünstelt.

Das russische Temperament, wenn wir das voreilig sagen dürfen, als handle es sich um ein einzelnes Phänomen in einem Land, das viele Rassen beherbergt, legt (oder legte – denn wenn das neue Regime ihm befahl, sich zu ändern, so hat es dies vermutlich getan) praktisch keinen Wert auf Zeit oder Ort; es zeichnet sich durch Gefühl aus, mehr noch vielleicht durch den Ausdruck von Gefühl, so daß seine Ziele von neuen Wogen des Gefühls hinweggespült werden, bevor es sie erreichen kann. Das russische Temperament, das in vieler Hinsicht so anziehend ist, scheint unfähig zu sein, auf ein Ziel zu halten. Dies zumindest ist der Eindruck, den das Studium der alten russischen Romanciers vermittelt. Es strömte und verebbte unaufhörlich, und die alte nationale Losung »Ničevo« – »Macht nichts« – brachte den Fatalismus dieses ständigen Fließens gut zum Ausdruck. Materielle Dinge und die darin enthaltenen Prinzipien bedeuteten der russischen Natur nicht genug; Emotionen und deren momentaner Ausdruck bedeuteten ihr zu viel. Das ist natürlich vom englischen Standpunkt aus gesagt. Ein Russe hätte gesagt, uns würden die materiellen Dinge und die darin enthaltenen Prinzipien zu viel bedeuten, Emotion und deren Ausdruck dagegen zu wenig. Eben dieser Gegensatz der nationalen Temperamente hat Čechovs Form so attraktiv und für englische Schriftsteller so ungeeignet gemacht. Diese Form ist flach wie die Ebenen seines Landes. Und Čechovs Triumph bestand darin, daß er diese Flachheit zu etwas Aufregendem gemacht hat – wie eine Steppe oder Wüste für denjenigen aufregend ist, der ihr zum ersten Mal begegnet. Wie er das zuwege gebracht hat, war ein Geheimnis, von dem bisher viele meinten, sie hätten es verstanden, aber – um es unumwunden zu sagen – sie haben nicht.

Auch seine Stücke werden auf der englischen Bühne nie adäquat aufgeführt. Zum Teil deshalb, weil sie für russische Schauspieler geschrieben wurden, die vielleicht die besten auf der Welt sind; zum anderen wegen seiner Methode und seines Temperaments. Englische Schauspieler können die Atmosphäre eines Čechov-Stückes nicht wiedergeben. Aber es ist genau die Atmosphäre – im Drama wie in der Erzählung –, die Čechovs Werk unvergeßlich macht.

Das intuitive Wissen um menschliche Gefühle verleiht diesen Erzählungen eine durchgeistigte Gestalt, die an die Stelle der Form durch dramatische Ereignisse tritt. Er hat nie einen großen Roman geschrieben, vermutlich, weil die Notwendigkeit eines definitiven Geschehens umso größer ist, je länger die Erzählung wird. Was seine Charaktere betrifft, so sind sie entweder zu lebensecht oder vielleicht einfach zu russisch, als daß wir uns ihrer Namen erinnern könnten. Man entsinnt sich der Personen im *Kirschgarten* oder in *Onkel Vanja* – ein oder zwei kann ich sogar benennen – sehr lebendig, sehr wirklich, doch so überschattet von Stimmung und Atmosphäre, daß sie eher in den Korridoren herumgeistern, als ihre Plätze im Saal einzunehmen. Doch Čechovs Werke haben ein überragendes Verdienst, denn er offenbart uns, was die innerste Seele eines großen Volkes war, und er tut das mit einem Minimum an Zurschaustellung oder Heuchelei.

1932

Herbert Ernest Bates

Čechov und Maupassant

Genau wie Burns plädierten Maupassant und Čechov als Voraussetzung ihres Werkes dafür, die menschliche Schwäche hinzunehmen – die Tatsache hinzunehmen, daß, wie Edward

Garnett bemerkte, »die Menschen nicht anders sein können, als sie sind«[1]. Bei allem, was Čechov über diese Schwäche zu sagen hatte, war er doch nie zynisch; er benutzte für ihre Interpretation Eigenschaften wie Zartheit, Geduld, eine Art von humorvoll weisem Verständnis und etwas, das als »Aufrichtigkeit der Seele« beschrieben worden ist, eine Eigenschaft, die, wie gesagt, durchaus nicht ausschließlich für Čechov galt; vielmehr ist sie eine Tugend, die allen größten russischen Schriftstellern von Puškin bis hin zu Gorkij gemeinsam war. Maupassant hatte nichts von dieser Aufrichtigkeit der Seele, sondern glänzte eher durch Aufrichtigkeit des Verstandes. Wo er zynisch war, war Čechov bloß skeptisch, und das, wofür mir Čechov wirklich bemerkenswert scheint, war weniger Aufrichtigkeit der Seele als Größe des Herzens. Mr. Middleton Murry hat das vielleicht recht zutreffend »Reinheit des Herzens« genannt – »in ihr liegt, obwohl wir uns nicht trauen, sie näher zu analysieren«, sagt er, »das Geheimnis seiner Größe und seiner gegenwärtigen Bedeutung für uns«[2].

Dies wurde vor zwanzig Jahren geschrieben, als Čechovs extreme Modernität Murry darüber hinaus zu der Bemerkung veranlassen konnte: »Heute fangen wir an wahrzunehmen, wie vertraut Čechov zu uns gehört; morgen könnten wir spüren, wie unendlich weit er uns voraus ist.«[3] Čechov übt noch heute einen wesentlichen Einfluß auf die Kurzgeschichte aus und scheint uns in vielem weiter voraus als fast jeder ihrer anderen Vertreter, Maupassant eingeschlossen. Es scheint beispielsweise bemerkenswert, daß Čechov an der Arbeit war, als Bret Harte an der Arbeit war und tatsächlich nur zwei Jahre nach ihm starb. Beeinflußt der Autor von *Mliss* heute maßgeblich das zeitgenössische Denken oder Schreiben? Scheint er uns voraus? Das einmal gedruckte Werk von Schriftstellern verändert sich ja nicht. Die Worte z. B., die Bret Harte und Čechov 1896 zu Papier brachten, sind die Worte, die noch heute auf dem Papier erscheinen. Und doch hat sich offensichtlich etwas sehr radikal und sehr drastisch verändert, und wenn dieses Etwas nicht das Werk ist, können es nur die Maßstäbe, das Urteil und die Welt derer sein, die das Werk lesen. Zeit ist der unerbittliche Säuretest. In wenigen Jahren zerfrißt sie das trügerische, äußere Fournier von Schriftstellern wie Bret Harte, die danach einen schnellen Prozeß durchmachen, bekannt als »aus der Mode kommen«, und läßt die unempfindliche Oberfläche solcher Schriftsteller wie Turgenev, Sarah Orne Jewett, Čechov, Maupassant und so weiter unangetastet. Zeit kennt keine Maßstäbe der Kritik und ist doch der entscheidende Test. »Wenn einer ziemlich eindeutig schreibt«, sagt Hemingway, »kann jeder merken, ob er schwindelt.«[4] So ist es: wenn der Schwindel subtilerer Art ist, fährt Hemingway fort, ist es nur eine Frage der Zeit, bis der Schwindel entdeckt wird. Und so hat vielleicht die sogenannte Modernität von Čechov und in diesem Zusammenhang auch die von Maupassant schließlich nichts mit Reinheit des Herzens zu tun. Sie hat nichts mit Technik zu tun, außer wenn Technik ein anderes Wort für Kontrolle ist. Sie entsteht vielleicht aus etwas sehr Altem und sehr Einfachem und doch aus etwas, das überhaupt nicht einfach zu erreichen ist: dem Aufschreiben von Wahrheit, wie man sie sieht und spürt – ohne Tricks, Heuchelei oder Schwindel, so daß sie nie nach Mode oder Geschmack veraltet erscheint, sondern die Wahrheit bleibt, oder zumindest ein Teil der Wahrheit, solange die Wahrheit etwas bedeuten kann.

Maupassant und Čechov bemühten sich beide um diese Wirkung; beiden gelang sie mit bemerkenswertem Erfolg. Der Künstler, der schwindelt, muß sein Publikum anfangs mit einer Art Verachtung betrachten, die von so einer Haltung wie »es so verpacken, daß die Dummköpfe es nicht merken« nicht zu trennen ist. Weder Maupassant noch Čechov schrieben für ein Publikum von Dummköpfen; keiner von beiden verpackte etwas – eher im Gegenteil. Wenn wir aber nach einem anderen Punkt suchen, in dem sie sich unterscheiden, ist es der, daß Čechov sein Publikum um ein oder zwei Nuancen höher einschätzte als Maupassant. Čechov, der als selbstverständlich hinnahm, daß sein Publikum Details und sogar die Farbe eines teilweise festgelegten Bildes ausfüllen könnte, schrieb durchgehend auf der feinen Linie der implizierten Bedeutung. Maupassant neigte eher dazu, das Bild auszufüllen; sein natürliches Mißtrauen gegenüber der Intelligenz der Menschheit erstreckte sich unweigerlich auch auf seine Leser. Folglich ist er direkter; die Farben werden ausgefüllt; seine Argumente klar ausgesprochen, der Leser ist weit weniger sich selbst überlassen. Maupassant scheint in der logischen, sparsamen Art eines französischen Bauern zu sagen: »Nachdem ich mir so viel Mühe gemacht habe, die Zutaten vorzubereiten und zu kochen, werde ich dafür sorgen, daß das Essen nicht dem Zufall überlassen bleibt.« Čechov geht, bevor die Mahlzeit zu Ende ist, im vollen Vertrauen auf die Intelligenz und Fähigkeit seines Lesers, selbst mit den Dingen fertig zu werden.

Genau das ist natürlich für die beharrlichste Konstante der Kritik an Čechov verantwortlich – daß nie etwas geschähe. In Wahrheit geschieht bei Čechov immer sehr viel: nicht immer auf dem Papier oder während einer Szene oder in der Gegenwart. Ereignisse oder Vorfälle werden impliziert; sie geschehen im »off«; sie werden angedeutet, nicht ausgeführt; und am allerwichtigsten, sie geschehen weiter, wenn die Geschichte zu Ende ist. Der Leser, der sich beschwert, daß nichts geschähe, äußert in Wirklichkeit eine Kritik an sich selbst; das »Es geschieht nichts« ist bedauerlicherweise in seinem eigenen Kopf. Čechov hat für gewisse scheinbar belanglose Umrisse gesorgt, die, wenn sie richtig ausgefüllt werden, ein Bild von Gehalt und Tiefe ergeben, und er ehrt den Leser damit zu glauben, daß er so einfühlsam sei, genau den Gehalt, der nicht ausgeführt wird, auszufüllen. Jeder einzelne Leser wird vom Bild mehr oder weniger ausfüllen, je nach eigenem Wahrnehmungs- und Einfühlungsvermögen. Aber derjenige, der nichts auszufüllen vermag und dann die Anklage auf Čechov zurückwirft, daß »nie etwas geschähe«, verdieht einfach Čechovs großzügige Einschätzung seiner Person in eine Beschimpfung Čechovs.

Vielleicht können wir uns ein typisches Beispiel für Čechovs Methode der implizierten Bedeutung anschauen, eine Geschichte, in der »nichts geschieht«. Nehmen wir eine sehr kurze, *Auf dem Wagen*. Was geschieht in ihr? – das heißt, was geschieht, was als geordnetes Material und physische Handlung festgelegt werden kann? Die Antwort ist, daß eine Lehrerin, die dreizehn

Jahre lang in einem abgelegenen Dorf ihre Stelle hatte, in die Stadt fährt, um ihr Gehalt abzuholen; auf der Rückfahrt wird sie von einem reichen, recht intelligenten und gutaussehenden Nachbarn eingeholt, der einen Teil des Weges mit ihr fährt, ein paar belanglose Dinge sagt und sich dann verabschiedet; es folgt eine kurze Auseinandersetzung mit ein paar Bauern, und kurz bevor die Geschichte zu Ende ist, sieht sie den Mann noch einmal wieder, als ihre Pferde auf das Hochgehen der Schranken am Bahnübergang warten. Das ist alles, was man Handlung nennen könnte; der Mann, der Kutscher des Wagens, die Bauern und das bezaubernde Aprilwetter werden alle kurz beschrieben. Aber es gibt keine schnelle Handlung, kein dynamisches Aufeinander-treffen von Ereignissen, kein entlaufenes Pferd, keine Verfol-gung, keine Ohnmacht, keine dramatische Rettung. Der Leser, der nach solchen Dingen sucht, muß allerdings das Gefühl haben, daß dies ermüdend ist. Wovon also handelt die Ge-schichte?

Der Leser selbst muß die Antwort nachliefern. Čechovs Geschichte ist nicht überschrieben mit Wahre Liebe, Herzeleid, Enttäuschung oder Eine tragische Frau; sie ist kein öffentlicher Park wie einige Geschichten, mit Wegweisern, auf denen steht Zum See, Zum Feengrund und schließlich Ausgang. Čechov liefert keine Etiketts; er deutet und drängt nicht. Er zeigt die Lehrerin, wie sie an ihr Zuhause in Moskau denkt, an ihre Mutter, »das Aquarium mit den Fischen... die Klänge des Klaviers«, er zeigt sie, wie sie dann wieder an ihr Leben als Lehrerin denkt – Unannehmlichkeiten, Unbehagen, Langewei-le, Einsamkeit. Die zwei Leben, das wirkliche und das erinnerte, werden zusammengeworfen, wie so oft in unserer Erfahrung, plötzlich verschmolzen. Von dem erinnerten Leben ist der gebildete Chanov, selbst durch Einsamkeit und unglückliche Ehe verbraucht, eine Art reales, aber unerreichbares Symbol. Während Čechov diese Gedanken ausbreitet, erweitern sich die Grenzen der Geschichte allmählich, bis das, was wie eine Reihe beiläufiger Bemerkungen über eine belanglose Reise erscheint, zu einer allgemeingültigen Tragödie über abhanden gekom-mene Leben, über Enttäuschung wird, über »das Glück, das es niemals geben würde«. Wenn die Geschichte endet, treten Chanov und die Lehrerin aus ihr heraus zu unabhängigem Leben. Als Individuen vorgestellt, gehen sie als Persönlichkeiten von allgemeiner Gültigkeit hervor; und obwohl wir von dem angerührt werden, was ihnen innerhalb der Begrenzungen der Geschichte geschieht, ist es der Gedanke an das, was ihnen jenseits dieser Begrenzung geschieht, der uns noch tiefer bewegt.

Darauf in etwa zielt Čechov ab. Es zu erklären, es einem Prozeß der Analyse zu unterziehen, bedeutet eigentlich, sein lebendes Gewebe zu zerstören. Es ist eher so, als sezierte man einen Vogel, um die Geheimnisse des Flugs zu lösen. Beim Sezieren geht der Zauber verloren.

Čechov legt daher dem Leser eine riesige Verantwortung auf. Ist er mit einem fein abgestuften Maß an Einfühlungs- und Wahrnehmungsvermögen und Verständnis begabt, wird der Leser nicht scheitern. Aber wo das Einfühlungsvermögen tot und der Leser mit einer Art Kurzsichtigkeit geschlagen ist, muß der Vorwurf des »eintönigen Graus« und »nie geschieht etwas« automatisch folgen. Čechovs Methode ist daher riskant, zum einen, weil das, was er liefert, ein Negativ ist, das ein gleichwertiges Positiv braucht, um ihm Leben zu geben, und weil die Gefahr besteht, daß es dieses Positiv nie bekommt; und zum anderen aus noch einem Grund. Nehmen wir an, daß Čechov nicht richtig belichtet hat, zu ernsthaft zum Beispiel, und nehmen wir weiter an, daß der Leser eine Reaktion beisteuert, die nicht ernsthaft empfunden ist. Von einem Augenblick zum anderen produziert Čechovs ernsthaftes, schönes Bild genau das Gegenteil von Čechovs Absicht; es reizt zum Lachen und wird durch Lachen zerstört.

Diesem Risiko setzte sich Čechov in Hunderten von Geschichten aus. Als sehr bewußter Schriftsteller erkannte er das und schirmte sich dagegen auf die einzig mögliche Art ab, durch seinen eigenen Sinn für Humor. In einem Vorwort zu Ernest Hemingways *Sturmfluten des Frühlings*[5], einer Parodie auf Sherwood Anderson, bemerkt David Garnett, wie Anderson im *Dunklen Lachen* seinen Stil zu einem Grad von übervereinfachter Affektiertheit trieb, die ganz die entgegengesetzte Wirkung von der beabsichtigten, ernsthaften produzierte. Selbst für Hemingway, damals eine Art Verehrer von Anderson, war *Dunkles Lachen* einfach zu viel. Es zu parodieren, war das einzige Korrektiv, das Hemingway anwenden konnte, und es zu tun, war eigentlich mutig, denn indem er Anderson parodierte, parodierte Hemingway auch sich selbst. Aber Hemingway wußte wohl, daß es besser war, es bewußt getan zu haben, als es bis ans Ende seines Lebens unbewußt weitergemacht zu haben.

Natürlich könnte Čechov parodiert werden und hätte sich zweifellos selbst parodieren können. Eine Parodie ist etwas, mit dem der besonders individuelle Schriftsteller belohnt wird. Auf sich selbst angewandt, ist sie ein Korrektiv. Čechov war glücklicherweise in der Lage, bei einer tragischen Sicht des Lebens (das seiner Meinung nach von keiner Literatur an Zynismus überboten werden konnte) ein ständiges Korrektiv in Form von Humor anzuwenden. Nach seinen Anfängen als Autor komischer Sketches für Witzblätter ließ sich Čechov nur mit einiger Mühe von Grigorovič überzeugen, sich und sein Werk ernster zu nehmen. Zum Glück lernte er diese Lektion nie gründlich, und durch sein ganzes Werk bricht immer wieder der verschmitzte Blick des korrektiven Humors. Man könnte sich tatsächlich mit Čechov als Humorist befassen. Er hat sein Vergnügen an der possenhaften Situation, der Burleske des Lebens; er spielt mit Wichtigtuerei, Würde und der Kopflastigkeit der Menschheit im allgemeinen gern Kegel; er schwärmt für die Möglichkeit zu entlarven, daß die eindrucksvollsten Persönlichkeiten im Leben oft Pappnasen tragen. Doch dieser Humor ist nie bösartig; im ganzen Čechov gibt es kein Echo eines einzigen sauren Hohngelächters. Die Eigenschaften, die seine tragische Sicht des Lebens beeinflussen, beeinflussen auch seine humorvolle Lebenssicht: Menschenfreundlichkeit, Mitgefühl, sanfte Ironie, eine Art geduldige Distanzierung. Čechov hatte kein Urteil abzugeben, weder durch Humor noch durch Tragik, weder über die lächerlichsten noch über die verkommensten seiner Mitmenschen. Angesichts der furchtbaren Kräfte, die das Leben formen, sprach Čechov keine Verdammung aus. Er scheint eher das Gefühl gehabt zu haben, es sei bemerkenswert, wie gut die Menschheit aus ihnen hervorgegangen ist.

1945

1 Edward Garnett, *Tchehov and His Art* aus *Friday Nights* (Cape).
2 J. Middleton Murry, *Aspects on Literature* (Collins).
3 Ibid.
4 Ernest Hemingway, *Tod am Nachmittag*.
5 Ernest Hemingway, *Sturmfluten des Frühlings*, Einleitung (Cape).

Vladimir Nabokov
Anton Čechov

Čechovs Bücher sind traurige Bücher für humorvolle Menschen, denn nur ein Leser mit Humor weiß die darin mitschwingende Trauer wirklich zu schätzen. Es gibt Autoren, deren Werke so halbwegs zwischen einem Kichern und einem Gähnen liegen – viele von ihnen sind beispielsweise Berufshumoristen. Bei anderen wieder liegt die Wirkung zwischen einem Schmunzeln und einem Schluchzen – zu ihnen gehört Dickens. Es gibt aber auch jene abscheuliche Art von Humor, die ein Autor ganz bewußt einführt, um dem Leser nach einer richtig schönen traurigen Szene eine rein technische Erleichterung zu verschaffen – aber das ist ein Kunstgriff, der wirklicher Literatur fernsteht. Čechovs Humor gehört keiner dieser Kategorien an; er ist ganz spezifisch Čechovsch. Für Čechov waren die Dinge gleichzeitig lustig und traurig, aber das Traurige sieht nur, wer auch das Lustige sieht, weil beide miteinander zusammenhangen.

Russische Literaturwissenschaftler haben angemerkt, daß sich in Čechovs Stil, seiner Wortwahl und so weiter keine der künstlerischen Besonderheiten finde, von denen beispielsweise Gogol, Flaubert oder Henry James besessen waren. Der Wortschatz ist ärmlich, seine Wortverbindungen sind nahezu banal – die sentimentale Phrase, das saftige Verb, das hochgezüchtete Adjektiv, das pikante Attribut, all das, auf dem Silbertablett hereingetragen, war ihm fremd. Er war kein Worterfinder wie Gogol; sein literarischer Stil geht im Straßenanzug auf Abendgesellschaften. Somit kann Čechov als Beispiel dafür dienen, daß ein Autor ein vollkommener Künstler sein kann, ohne in seinem Wortgebrauch besonders lebhaft zu sein oder sich in ungewöhnlichem Maße um die Art zu kümmern, in der seine Sätze dahinfließen. Wenn Turgenev sich hinsetzte, um eine Landschaft zu beschreiben, merkte man, daß es ihm um die Bügelfalten seiner Ausdrucksweise zu tun war; wenn er ein Bein über das andere schlug, schielte er nach der Farbe seiner Socken. Čechov war das gleichgültig, nicht etwa, weil diese Dinge nicht wichtig wären – für einige Autoren, die das entsprechende Temperament haben, sind sie in natürlicher und sehr schöner Weise wichtig –, sondern weil sein Temperament der Worterfindung fremd gegenüberstand. Selbst eine schlechte grammatische Konstruktion oder ein schlampiger Satz im Zeitungsstil machten ihm nichts aus. Zauberhaft daran ist aber, daß Čechov, obwohl er Schnitzer übersah, die ein begabter Anfänger vermieden hätte, und sich durchaus mit Wörtern zufriedengab, die man in Anlehnung an den Begriff vom »Mann auf der Straße« als »Wort auf der Straße« bezeichnen könnte, einen Eindruck künstlerischer Schönheit zu vermitteln vermochte, der weit über das hinausgeht, was vielen Autoren gelang, die zu wissen glaubten, was schöne und gehaltvolle Prosa sei. Sein Geheimnis beruht darauf, daß er über alle seine Wörter dasselbe Dämmerlicht und genau dieselbe Nuancierung von Grau ausgießt, die zwischen der Farbe eines alten Zaunes und der einer niedrighängenden Wolke liegt. Die Vielfalt seiner Stimmungen, das Aufblitzen seines bezaubernden Witzes, die im tiefsten Künstlerischen sparsame Charakterzeichnung, das lebhafte Detail und das langsame Verblassen menschlichen Lebens – lauter typisch Čechovsche Merkmale – werden dadurch hervorgehoben, daß um sie herum ein leicht irisierender Wortdunst hängt.

Sein stiller und feinsinniger Humor durchzieht das Grau der Existenzen, die er schuf. Für die philosophischen, sozialen russischen Kritiker war er der einzigartige Exponent einer einzigartigen russischen Wesensausprägung. Es fällt mir recht schwer zu erklären, worin diese bestand, da sie so eng mit der psychologischen Entwicklung und der Sozialgeschichte des XIX. Jahrhunderts in Rußland verknüpft ist. Es ist nicht ganz richtig zu sagen, Čechov habe charmante und energielose Gestalten geschaffen. Es ist etwas richtiger zu sagen, seine Männer und Frauen seien charmant, weil sie energielos sind. Was den russischen Leser wirklich anzog, war, daß er in Čechovs Helden den Typus des russischen Intellektuellen, des russischen Idealisten wiedererkannte, ein seltsames und anrührendes Geschöpf, das im Ausland wenig bekannt ist und im Rußland der Sowjets nicht existieren kann. Čechovs Intellektueller ist ein Mann, der den tiefsten menschlichen Anstand, zu dem der Mensch fähig ist, mit einer nahezu lächerlichen Unfähigkeit verbindet, seine Ideale und Grundsätze in Handlung umzusetzen; ein Mensch, der moralischer Schönheit verpflichtet ist, dem Wohlergehen seines Volkes, dem Wohlergehen des Universums, aber unfähig, in seinem privaten Leben irgend etwas Nützliches zu tun; er vergeudet sein Leben in der Provinz, in einem Nebel utopischer Träume; er weiß genau, was gut ist und wofür zu leben sich lohnt, aber zugleich sinkt er immer tiefer in den Morast eines eintönigen Daseins, unglücklich in der Liebe, hoffnungslos untüchtig in allem – ein guter Mensch, der nichts zustande bringt. Diese Gestalt zieht sich – in der Verkleidung eines Arztes, eines Studenten, eines Dorfschullehrers und zahlreicher anderer akademischer Leute – durch sämtliche Erzählungen Čechovs.

Seine politisch orientierten Kritiker irritierte vor allem, daß der Autor die von ihm Dargestellten an keiner Stelle einer bestimmten politischen Partei zuordnete oder ihnen irgendein politisches Programm unterlegte. Aber genau das ist es ja. Čechovs Idealisten, die nichts bewirken, sind weder Terroristen, Sozialdemokraten, angehende Bolševiki oder Angehörige einer der zahllosen anderen damals in Rußland bestehenden revolutionären Gruppierungen. Gerade darauf kommt es an, daß der typische Čechovsche Held der unglückliche Träger einer nicht genau erkennbaren, aber schönen menschlichen Wahrheit ist, einer Last, die er nicht zu tragen, deren er sich aber auch nicht zu

entledigen vermag. Er stolpert durch alle Erzählungen Čechovs, aber er stolpert, weil er zu den Sternen hinaufstarrt. Er
ist unglücklich, dieser Mann, und macht andere unglücklich; er
liebt nicht seine Brüder und auch nicht seine Nächsten, sondern
seine Fernsten. Die unglückliche Lage eines Schwarzen auf
einem anderen Erdteil, eines chinesischen Kulis, eines Arbeiters
im fernen Ural verursacht ihm größere moralische Schmerzen
als das Unglück seines Nachbarn oder der Kummer seiner Frau.
Es bereitete Čechov besonderes künstlerisches Vergnügen, all
die feinen Nuancen jenes Vorkriegs- und vorrevolutionären
Typus des russischen Intellektuellen festzuhalten. Jene Männer
konnten träumen; sie konnte nicht herrschen. Sie zerstörten ihr
eigenes Leben und das anderer, sie waren albern, schwach,
hoffnungslos, hysterisch; und doch – Čechov deutete es an – ist
das Land gesegnet, das diese besonderen Menschen hervorbrin-
gen konnte. Sie verpaßten Gelegenheiten, unterließen es zu
handeln, verbrachten schlaflose Nächte mit dem Planen der
Welten, die sie nie zu bauen vermochten; doch die bloße
Tatsache, daß es Menschen voll solchen Eifers, solchen Feuers
der Selbstverleugnung, Reinheit des Geistes, Höhe der Moral
gab; die bloße Tatsache, daß solche Menschen lebten und wohl
irgendwo und irgendwie im rücksichtslosen und unerquickli-
chen Rußland von heute noch leben, ist ein Versprechen, daß
für die Welt im ganzen bessere Tage kommen – denn das
möglicherweise bewundernswerteste unter den bewunderns-
werten Naturgesetzen ist das vom Überleben der Schwächsten.
  Von diesem Standpunkt aus schätzten diejenigen Čechov,
denen das Elend des russischen Volkes und der Ruhm der
russischen Literatur gleichermaßen am Herzen lag. Denn wenn
Čechovs Genie auch zu keinem Zeitpunkt eine soziale oder
ethische Botschaft verkündete, so enthüllte es doch nahezu
unfreiwillig mehr von den schlimmsten Auswüchsen des hun-
gernden, unsicheren, dienenden und wütenden bäuerlichen
Rußlands als eine Vielzahl anderer Autoren wie beispielsweise
Gorkij, die ihre sozialen Ideen in einer Prozession angemalter
Puppen vorüberziehen ließen. Ich gehe sogar noch weiter und
sage, daß jemand, der Dostoevskij oder Gorkij Čechov vor-

zieht, nie in der Lage sein wird, das Wesentliche der russischen Literatur und des russischen Lebens zu erfassen, und, wichtiger noch, das Wesentliche literarischer Kunst ganz allgemein. Es war in Rußland ein richtiges Gesellschaftsspiel, den Bekanntenkreis nach Čechov-Lesern und Nicht-Čechov-Lesern einzuteilen. Wer nicht Čechov las, war nicht von der richtigen Sorte.

Ich empfehle von Herzen, Čechovs Werke (selbst in den Übersetzungen, die sie über sich ergehen lassen mußten) so oft wie möglich zur Hand zu nehmen und durch sie hindurchzuträumen, wie das ein Leser soll. In einer Zeit der rauhen Goliaths ist es sehr nützlich, etwas über zarte Davids zu lesen. Jene trüben Landschaften mit den welken Weiden entlang elend verschlammter Wege, die grauen Krähen unter grauen Wolken, der plötzliche Hauch einer erstaunlichen Erinnerung an einer ganz gewöhnlichen Ecke – all dies pathetisch Verschwommene, diese schöne Schwäche, diese taubengraue Čechovsche Welt ist es wert, wie ein Schatz festgehalten zu werden, angesichts des blendenden Lichts dieser starken und sich selbst genügenden Welten, die uns die Anbeter totalitärer Staaten versprechen.

1948

Vladimir Ermilov

Unser Čechov

Das reinigende Gewitter hat sich entladen, die Heimat begann sich in einen herrlichen Garten zu verwandeln, das Gesetz der Wahrheit und Schönheit wurde zum Lebensgesetz.

»Die Menschen muß man behutsam und aufmerksam aufziehen, wie der Gärtner einen Obstbaum hegt und aufzieht.« Diese weisen Worte Stalins haben die Arbeiter, Bauern und Intellektuellen, die zu einem einigen Volk verschmolzen sind, zu immer neuen Taten beflügelt. Lenin und Stalin haben dieses Volk erzogen, haben den Millionen »gewöhnlicher Dutzendmenschen« dazu verholfen, sich zur vollen Größe aufzurecken.

»Welch ein Genuß ist es, die Menschen zu achten!« hatte Čechov in sein Notizbuch geschrieben.

Wir haben diesen Genuß kennengelernt. Alles, was wir bauten und bauen, ist aus der großen Achtung vor dem Menschen entstanden. Und die Schönheit des heimatlichen Landes hat sich mit unserer Wahrheit vereinigt – mit der einfachen und weisen Wahrheit der Liebe zum Menschen, dem Glauben an ihn, mit der Wahrheit des freien Schaffens im Namen unserer herrlichen Heimat. Unser Volk wurde zu einem Volk unermüdlicher Novatoren, die sich nie mit dem Erreichten begnügen und sich immer neue großartige Schaffensziele stecken.

Es war Čechovs leidenschaftlicher Wunsch, diese Zeit zu erleben, an dem Aufbau der Heimat, dessen gigantisches Ausmaß er vorausgesagt hat, selbst teilzunehmen. Er lebte und arbeitete sowohl für seine Zeit als auch für die Zukunft, für uns. Er glaubte an uns, an unseren Verstand, an unseren Willen, an unser Glück.

Der sehr, sehr russische Mensch Anton Pavlovič bestätigte mit seinem ganzen Schaffen das Recht der einfachen russischen kleinen Leute auf Glück, jener Arbeitenden und Schaffenden, die sich nach freier Arbeit, nach der großen Gesamtidee sehnten, die nach russischer Art Wahrheit, Schönheit und Gerechtigkeit allen Gütern der Welt vorzogen.

Unsere sowjetische Wirklichkeit dient dem Glück von Millionen redlicher Arbeiter, von Millionen kleiner großer Leute. Dieses unser sowjetisches Leben hat den »kleinen Mann« auf eine ungeahnte Höhe erhoben, hat ihn mit einer großen Idee erfüllt, hat seinem Leben ein helles Ziel gesetzt, führt ihn zu immer neuen Taten, verleiht jedem Augenblick seiner Tätigkeit und seines Ruhens Sinn und Bedeutung. Die einfachen gewöhnlichen Menschen bilden das Fundament unseres ganzen Lebens.

Es gibt kein anderes Land auf der Welt, wo Millionen kleiner Leute so unerschütterlich fest wissen, daß sie mit ihrer Arbeit nicht dem »Teufel«, nicht dem »Idol«, sondern ihrem Glück, dem Glück der Heimat und der Heimat der ganzen werktätigen, progressiven, freiheitliebenden Menschheit dienen.

Das eben war Čechovs Traum.

Lenin schätzte und liebte Čechovs große Werke, Stalin rechnete des Dichters Namen mit in die Reihe der geheiligten Namen des russischen Volkes. Čechovs Name, die Gestalten seiner Werke lebten auf in den Reden der führenden Staatsmänner, halfen uns beim Aufbau unseres Lebens, im Kampf gegen Feinde, die unseren unaufhaltsamen Vorwärtsdrang zu immer neuen, immer helleren und vernünftigeren Lebensformen unterbinden wollten. Lenin und Stalin bedienten sich der Čechovschen Gestalten als einer Waffe im Kampf für das Glück und die Freiheit der Heimat. Die Gestalt des Geographielehrers Ippolit Ippolitovič aus der Erzählung *Der Lehrer* mit seinen flachen Gemeinplätzen, die Gestalt des Herzchens, die Gestalt des Lehrers Belikov hat Lenin in seinem Kampf gegen die Feinde der Heimat gebracht. »Menschen im Futteral, die immer vom Leben ganz abseits gestanden«, sagt Lenin von den Feinden des arbeitenden Volkes und bringt damit zugleich auch das Wesentliche in der Gestalt Belikovs, der so jämmerlich in seiner Lebensfremdheit und -feindseligkeit ist, zum Ausdruck. Genosse Stalin hat die satirische Gestalt Belikovs als Kampfwaffe (im politischen Bericht des ZK beim XVI. Parteitag) gebraucht, indem er mit genialer Klarheit und Einfachheit den verächtlichen Kern der Vaterlandsfeinde, der gemeinen Agenten des Faschismus mit ihrem Lebenshaß und ihrer Lebensangst entlarvt hat.

Die Feinde Čechovs sind auch die Feinde des ganzen sowjetischen Volkes. »In unserem Lande mag man keine Prišibeevs«, sagt Stalin. In unserem Lande haßt man all das, was den Menschen und seine Würde herabdrückt; im Lande der Werktätigen und Novatoren haßt man Überheblichkeit, Prahlerei, Selbstzufriedenheit, hier liebt man Wahrheit, Geist, Schönheit, die Bescheidenheit der echten Kraft. Und das ist es, warum man in unserem Lande Čechov so sehr liebt.

1949

Sean O'Faolain

Anton Čechov

Čechov war Russe in seinem Werk, aber in seinem Denken nie
Regionalist. Man findet in seinem Werk Spuren seines Lebens in
Taganrog, in Melichovo, auf Sachalin, in der Ukraine – ein
Schriftsteller erfindet das Leben nicht! –, aber die Dinge, die die
Grundlage seiner Lebenshaltung bildeten, sein Evangelium der
Normalität, waren weit wie die Welt. Als Künstler befaßte er
sich nie mit Slavophilie oder irgendeiner anderen Art von
»Bewegung«. Er verabscheute Bewegungen. »Etiketts« oder
»Vorurteile« waren seine Worte für jede Art von »Feldzügen« in
der Literatur. Er beschäftigte sich mit Dingen wie Anstand,
Lüge, der Enttäuschung des Einzelnen, persönlicher Freiheit,
Trug, Scheinheiligkeit, menschlicher Torheit und menschlicher
Tugend in all ihren ältesten Formen: er glaubte, wie Balzac, an
das Christentum und machte es zur Grundlage seiner persönlichen Vorstellung davon, wie das Leben aussehen solle, obwohl
er kein bestimmtes Glaubensbekenntnis hatte und nicht an die
Unsterblichkeit des Menschen glaubte. Er hatte nur ein bewußtes Ziel, wahrheitsgetreu das Leben zu schildern und damit zu
zeigen, wie weit es von der Norm abwich.

Was die Norm sei, so war es sicher keine spezifisch russische
Vorstellung von Normalität. »Ich weiß nicht, was die Norm ist,
und Sie wissen es auch nicht«, sagte er. »Wir alle wissen, was eine
anständige Tat ist, aber was Ehre ist, wissen wir nicht. Ich halte
mich, wie es schon von tüchtigeren und klügeren Menschen als
mir versucht worden ist, an die Grundlage nahe meines Herzens.
Die Grundlage ist die vollkommene Freiheit des Menschen,
Freiheit von Gewalt, von Vorurteilen, Unwissenheit, vom Teufel, von Leidenschaften etc.« Daraus ergab sich, daß seine
Geschichten, wo immer sie gelesen werden, Gültigkeit haben.
Sie haben nichts von dem bloß auf Eigenheiten oder Malerisches
gerichteten Interesse des regionalistischen Schriftstellers, dessen
Personen, wie er selbst, nach einer vom jeweiligen Ort geprägten

Norm leben. Ihre Gültigkeit ist nicht abstrakt oder doktrinär, wie es von sozialen und religiösen Regionalisten gefordert wird. Čechov war ein Mann, der sich, abstrakt gesehen, damit zufrieden gab, wenig vom Leben und seinem Sinn zu wissen. Er begnügte sich damit, zu schreiben, was er sah, wahrheitsgetreu, freundlich und ohne Groll, als ein ehrenhafter und anständig gesinnter Mann von Welt – ein russischer Mann von Welt, zweifellos orthodox geprägt –, und er überließ es seinen Lesern, jedem verdientermaßen und nach seinen Fähigkeiten, aus seinem Werk herauszulesen, was sie wollten oder konnten. So brachte er das Universum nach Rußland.

Der Ursprung für Čechovs Anziehungskraft ist nicht schwer zu finden. Es ist seine persönliche Gesinnung – sein gesunder Verstand angesichts eines damals wie heute gleichermaßen verwirrenden Chaos von Moral und sozialen Werten. Er hatte die persönliche Integrität und den Verstand zu sehen, daß die französischen Schriftsteller nach 1830 und deren russische Sprößlinge wie Lermontov und Tjutčev zwar gute Handwerker waren, aber kein angemessenes »Evangelium der Normalität« hatten. Er lehnte sie ab, denn er war so integriert, wie sie es niemals waren. Er riß in seinem Werk die Mauer ein, die sie zwischen Kunst und Leben errichteten, und wenn er auch nicht forderte, wie Balzac von seinem eigenen Werk gesagt hatte: »Laßt die Gesellschaft auf ihrer Stirn die Gründe ihres Seins tragen«, so verlangte er vom Leben in Rußland doch, was Balzac »eine innere Bedeutung« nannte. Sein Werk war in seiner Wirkung konstruktive Kritik am Leben. Die Grundlagen dieser Kritik, ihre Bezugspunkte, waren bei ihm wie bei Balzac christlichen Ursprungs. Soweit man sehen kann, glaubte zwar keiner von beiden entschieden und unumschränkt an ein übernatürliches Christentum: aber sie glaubten an das christliche »System«, und ihm waren sie voller Bewunderung im Herzen treu und gründeten auf ihm alles, was sie über menschliches Verhalten dachten und zu sagen hatten. Es ist, meiner Ansicht nach, dieses Verlangen nach Normalität, das Čechov seine Festigkeit gibt. Nie erzwingt er sie. Man braucht kaum zu erwähnen, daß er nie predigt. Meist ist man sich seines ironisch kritischen Blicks bewußt. Trotzdem gibt es immer Verstrickungen – sogar in einer anscheinend leichten und zarten Erzählung wie *Veročka*. Das heißt, seine Geschichten sind immer wahrhaftig.

War Čechov im wesentlichen Romantiker oder Realist? Der Leser, der bei seinen Geschichten und Stücken in Begriffen wie bezaubernd, beschwörend, atmosphärisch, poetisch, sogar malerisch denkt, wird sie leicht auch als romantisch ansehen. Aber wenn Čechov ein moralischer Schriftsteller ist, für den ich ihn nachdrücklich halte, im gleichen Sinn wie Balzac ein moralischer Schriftsteller war, wie kann man ein solches Adjektiv auf den einen anwenden und auf den anderen nicht? Und niemand würde Balzac einen Romantiker nennen wollen, es sei denn als Herausforderung zu feineren Definitionen, wie Faguet es tut, wenn er Zola einen »verkommenen Romantiker« nennt.

Beide, Balzac und Čechov, sind Realisten in dem Sinn, daß für beide eine festgesetzte Norm von anständigem menschlichen Wesen und Verhalten existiert, ein Maßstab und ein Prüfstein, einmütig, dauerhaft und allgemein akzeptiert, ihre alltägliche Welt, in der ihre Personen stehen oder fallen, und die ihre Vorstellung von Wirklichkeit ist. Sie sind gesellige Menschen, Menschen in der Gesellschaft, mit sozialem Bewußtsein und historischem Verständnis, und solche Menschen brauchen permanenten Bezug und Überprüfung. Der Romantiker braucht diese Kontrollen nicht nur nicht, sondern mißbilligt sie, weil sie ihn festlegen, ihn zu Vergleichen und daraus resultierenden Schlüssen zwingen, wo er seine Figuren doch lieber in Redekunst oder Gebärdenspiel sich ausbreiten und auflösen, zügellos erschöpfen oder in stimmungsvollem, poetischem Gefühl aufgehen läßt, wie es so oft und so köstlich bei Daudet vorkommt.

Diesen Empfindungsraum verweigert der Realist; seine Freuden, Freiheiten und Illusionen sind nichts für ihn; er findet seine Entschädigung in der Zeit, in der Vergangenheit, Gegenwart und Zukunft. Dieses Zeitgefühl läßt den Realisten Leid und Visionen so intensiv erleben, daß ein extremer Realist – als den man Maupassant bezeichnen muß – leicht zum Misanthropen oder zum Wahnsinnigen wird. Weil die Zeit betrügt. Sie nimmt mehr, als sie gibt. Ein zu großes Bewußtsein dessen ruft immer Unglücklichsein hervor, und die glücklichsten Menschen sind die ohne jeden Sinn für die Zeit. Das ist der Grund, warum Realisten immer eher düster als fröhlich sind und Romantiker weniger düster als schwermütig – angesichts des Herbstes, vor einem erlöschenden Feuer, im Zwielicht, in Gedanken an die Liebe oder ein besseres Leben anderswo. »Vergehe, löse dich auf und vergiß«: so der Romantiker Keats. »Wie schön wird das Leben in drei- oder vierhundert Jahren sein«: so der Realist Čechov.[1] Diese Hoffnung, dieser Sinn für Entwicklung, Geschichte und Veränderung, für den handelnden Menschen, verlangt vom Realisten eine Objektivität, die für den Romantiker zweitrangig ist. Dies wird heute, da wir alle mehr oder weniger Realisten sind, von manchen Kritikern, die bei Romantikern wie Tennyson die objektiveren Passagen herauspicken, um sie dann auf Grund völlig uncharakteristischer Ausführungen als gute romantische Dichter zu rühmen, unbewußt bestätigt. Ich muß hinzufügen, daß ich die gleiche Falle hier bewußt vermeide. Ich stelle keine *kritischen* Vergleiche zwischen Realisten und Romantikern an. Sie sind lediglich verschieden in ihren Temperamenten, Haltungen, Bedürfnissen, Begabungen und Namen. Tatsächlich ist der Kern dieser beiden ersten Essays über Daudet und Čechov, daß der erste unklugerweise sein Wesen seiner Natur beraubte, fremde Standpunkte annahm, sich Bedürfnisse einbildete, die er gar nicht hatte, während Čechov klugerweise sich selbst treu blieb. Čechov schrieb keine Romane, und wenn er Stücke schrieb, erfand er eine besondere Technik, die seiner Individualität entsprach. Man kann nur sagen, daß er als Schriftsteller zweifellos sehr viel intelligenter war als Daudet.

Ebenso klar ist, daß er auf seine Weise, und nicht wie irgendein anderer, Realist war. Er bestand auf Poesie, Stimmung und poetischem Gefühl. Er konnte dies auf einzigartige Weise mit gleichzeitiger Wahrheitstreue zum Alltagsleben verbinden. Es gibt bei Čechov keine Charaktere, über die nicht auch Flaubert hätte schreiben können; keine anomalen Situationen; keine Wesensstruktur, die der Mann auf der Straße nicht wiedererkennen könnte. Der Durchschnittsleser, der zum ersten Mal auf Čechov stößt, ist tatsächlich nicht etwa am meisten erstaunt darüber, daß seine Themen und Figuren ungewöhnlich, sondern daß sie ganz offenbar banal sind. »Sie wandern auf der Bühne herum und reden!« Umgekehrt ist für die Gebildeteren manchmal die Poesie irreführend, mit der er diese Banalität zu übertünchen scheint, so daß sie die schönen Nebel, aber dahinter nicht den harten spöttischen Geist des Arztes, des Moralisten und des Richters sehen. So verliert sowohl der einfache als auch der gebildetere Leser den Kontakt zur Persönlichkeit des Autors. Nicht, daß er zu subtil wäre. Es ist einfach so, daß er Arzt ist, der seine Diagnosen als Dichtung schreibt, weshalb er mich manchmal an italienische Primitive erinnert, deren Werk man mit solcher Freude betrachtet, daß man noch lange nicht erkennt, daß es so lebenswahr ist wie bezaubernd. Diese Balance hat er meiner Ansicht nach gemeint, als er sagte, ein Schriftsteller brauche Reife und ein Gefühl persönlicher Freiheit: das war, meine ich, seine Art zu sagen, daß ein Schriftsteller ein zivilisierter Mensch sein muß. Was er darunter verstand – es ist sein in seine Geschichten übertragenes Wesen.

1951

1 Meine These, daß der Romantiker keinen Sinn für die Zeit habe, mag als Widerspruch zu seiner notorischen Vergangenheitsliebe scheinen. Aber es ist eine Traum-Vergangenheit, nie eine historische. Vergleiche, zum Beispiel, die Idealisierung des Mittelalters durch die Präraffaeliten mit einem zeitgenössischen Gemälde.

Lillian Hellman

Das Leben, wie es war

Čechov wollte das Leben so sehen, wie es war.

War das so, weil er Arzt war? Oder war er Arzt, weil er so war? Es spielt keine Rolle. Wir müssen nur wissen, daß er als Schriftsteller ein guter Arzt war, sozusagen der Hausarzt seiner

Figuren. Ein ehrlicher Arzt bemüht sich um die richtige Diagnose; seine ganze Existenz hängt davon ab, daß er die Symptome zu erkennen und die Krankheit zu bannen vermag. Es muß nicht sein, daß so einer unbedingt wahrheitsliebender ist als alle anderen, aber sein Beruf verlangt von ihm, sich der Wahrheit stärker verpflichtet zu fühlen. Čechov fühlte sich ihr verpflichtet.

In keinem seiner Werke zeigt sich Čechovs Entschlossenheit, die Dinge zu sehen, wie sie waren, stärker als in der Novelle *Eine langweilige Geschichte*. Da denkt ein berühmter und hochgeehrter Wissenschaftler, der weiß, daß er bald sterben muß, noch einmal ausgiebig über seine Familie, seine Schüler, seine Mitarbeiter nach. Sein Leben lang hatte er etwas zu hinterlassen gehofft; jetzt weiß er, daß sein ganzes Tun umsonst war und alle seine Orden das nicht verdecken können.

Eine langweilige Geschichte ist nicht nur eine herrliche Novelle, sondern für ihr Erscheinungsjahr 1889 eine klare, erfrischende Lebensaussage. In der Geschichte wird fast der ganze Čechov sichtbar, im Guten wie im Schlechten. Dr. Stepanovič ist eine neue Figur in der russischen Literatur; ein Mensch, der die Welt sehen muß, wie sie ist, ohne Tränen, ohne Aufregung, weil er glaubt, daß nur die Wahrheit für die Zukunft Hoffnung bringen kann. Aber Katja, die romantische junge Schauspielerin in der Novelle, ist ein literarischer Rückschlag. Sie sucht die Antwort auf die Frage nach dem Sinn des Lebens auf die gleiche mühsame Weise wie schon so viele ihresgleichen zuvor. Katja ist natürlich die Nina in der *Möwe*. Die Figuren aus der *Langweiligen Geschichte* tauchen immer wieder in Čechovs Geschichten und Stücken auf. Es ist gesagt worden, daß Čechov mit den Ninas dieser Welt zwar Mitleid habe, sich aber auch über sie lustig mache und ihre Nöte nie als erhabene Tragödie habe mißverstanden wissen wollen. Das stimmt, aber noch eher ist es wohl so, daß ein Schriftsteller, der schnell voranschreitet, stets Zweige von totem Holz an den Kleidern oder, wie Katja, alte Steine in den Schuhen hat. Diese Zweige und Steine sind für den kreativen Künstler aber nicht von Bedeutung; es kommt nur darauf an, wie weit und wie schnell er vorankommt. Egal, wie schnell er läuft, er hat sehr wenig Zeit und kann nicht unterwegs, wie ein Hausierer, Pause machen, um die gute Ware von der schlechten, das Alte vom Neuen zu sortieren.

Die Konflikte und Widersprüche zwischen dem Alten und dem Neuen haben bei Čechov eine ungewöhnliche Vielzahl von Meinungen über ihn selbst und verschiedene Interpretationen seiner Stücke zur Folge. Die Leute sehen in ihm, was sie sehen wollen, auch wenn sie seine eigenen Worte darüber ignorieren oder, noch häufiger, die Zeit vergessen müssen, in der diese Worte geschrieben wurden. Manche Kritiker sehen in Čechov einen politischen Radikalen, einen Mann, der den Umsturz einer verfaulten Gesellschaft herbeiwünschte. Andere halten ihn für einen unpolitischen Beobachter der Szene, einen Schriftsteller, der das Problem aufzeigte, aber die Antwort darauf verweigerte. Wieder andere sehen einen Menschen, der weit davon entfernt war, irgend etwas oder jemanden zu kritisieren, und nur traurig über eine Welt war, die das Zarte zerstörte und das Schöne schändete. Keine dieser Ansichten ist richtig, aber jede enthält ein Körnchen Wahrheit. Dabei ist die Wahrheit über Čechov für den, der seine Vorurteile aus dem Spiel läßt, gar nicht schwer zu finden. Seine Worte sind ja da, und die Worte sind datiert.

1955

W. Somerset Maugham
Die Kurzgeschichte: Anton Čechov

Čechovs frühe Erzählungen waren zum größten Teil humoristisch. Er schrieb sie sehr leicht; er sagte, er schreibe, wie ein Vogel singt, und er maß ihnen keine Bedeutung bei. Erst nach seinem ersten Besuch in Petersburg begann er, sich ernst zu nehmen. Daraufhin bemühte er sich, sein Handwerk zu vervollkommnen. Eines Tages traf ihn ein Freund dabei an, wie er eine Erzählung Tolstojs abschrieb, und als er ihn fragte, was er da mache, antwortete er: »Ich schreibe sie noch einmal.« Sein

Freund war entsetzt, daß er sich eine solche Freiheit mit dem Werk des Meisters herausnähme. Čechov erklärte, er mache das zur Übung; es war ihm der Gedanke gekommen, den ich gut finde, daß er dadurch die Methoden der Schriftsteller, die er bewunderte, erlernen und einen eigenen Stil entwickeln könne. Offensichtlich war seine Mühe nicht umsonst. Er lernte, seine Erzählungen mit vollkommener Kunstfertigkeit zu gestalten: *Die Bauern* zum Beispiel sind ebenso vollkommen wie Flauberts *Madame Bovary*. Čechov bemühte sich, einfach, klar und knapp zu schreiben.

»Alles, was keinen Bezug zur Geschichte hat, muß erbarmungslos ausgemerzt werden«, schrieb er, »wenn man im ersten Kapitel sagt, daß ein Gewehr an der Wand hängt, dann muß es im zweiten oder dritten Kapitel unfehlbar losgehen.« Das scheint klar genug, und klar ist auch seine Forderung, daß Naturbeschreibungen kurz und genau sein sollten. Er selbst konnte dem Leser in ein oder zwei Worten einen lebhaften Eindruck von einer Sommernacht geben, in der die Nachtigallen aus voller Kehle sangen, oder von dem kalten Glanz endloser Steppen im Winterschnee. Es war eine unbezahlbare Gabe. Zweifel hege ich gegenüber seiner Verdammung des Anthropomorphismus. »Das Meer lacht«, schrieb er in einem Brief, »und natürlich gerät man darüber in Begeisterung. Aber es ist grob und billig... Das Meer lacht nicht und weint nicht, es grollt, blitzt, leuchtet. Man sehe nur, wie Tolstoj es macht: ›Die Sonne geht auf und unter, die Vögel singen.‹ Niemand lacht oder seufzt. Und das ist die Hauptsache – Einfachheit.« Das ist wohl wahr, aber vom Beginn der Zeiten an hat man die Natur personifiziert, und es kommt uns so natürlich vor, daß wir es nur mit Mühe vermeiden können. Čechov selbst gelang es nicht immer, und in seiner Erzählung *Das Duell* erzählt er uns: »Ein Stern sah heraus und blinzelte schüchtern mit einem Auge.« Ich finde das nicht tadelnswert; ich mag das sogar gern. Zu seinem Bruder Alexander, ebenfalls ein – wenn auch schlechter – Autor von Kurzgeschichten, sagte Čechov, ein Autor dürfe niemals Emotionen beschreiben, die er nicht selbst empfunden habe. Das ist ein hartes Wort. Natürlich ist es nicht nötig, einen Mord zu begehen, um die Empfindungen eines Mörders nach der Tat überzeugend zu beschreiben. Schließlich haben Schriftsteller Phantasie, und wenn sie gut sind, haben sie ein Einfühlungsvermögen, mit dem sie die Empfindungen ihrer erfundenen Figuren nachfühlen können.

Die drastischste Forderung Čechovs aber war, daß der Autor Anfang und Ende seiner Erzählungen fortlassen solle. Er selbst hat es getan, und zwar so rigoros, daß seine Freunde sagten, man solle ihm die Manuskripte wegschnappen, bevor er die Möglichkeit habe, sie zu verstümmeln. »Sonst steht schließlich in seinen Erzählungen nur noch, daß sie jung waren, sich ineinander verliebten, heirateten und unglücklich wurden.« Als man Čechov das erzählte, antwortete er: »Aber so ist es tatsächlich, sehen Sie hier.«

Čechov nahm sich Maupassant zum Vorbild. Ich hätte das nie geglaubt, wenn er es nicht selber erzählt hätte, denn mir kommen ihre Ziele und Methoden gänzlich verschieden vor. Maupassant suchte im allgemeinen seine Erzählungen dramatisch zu gestalten, und um das zu erreichen, war er bereit, wenn nötig die Wahrscheinlichkeit zu opfern. Ich neige zu der Ansicht, daß Čechov die Dramatik bewußt ausschloß. Er beschrieb gewöhnliche Leute, die ein gewöhnliches Leben führten. »Die Leute gehen nicht zum Nordpol, um von einem Eisberg zu stürzen«, schrieb er in einem Brief. »Sie gehen ins Büro, streiten sich mit ihrer Frau und essen Kohlsuppe.«

Man kann allerdings einwenden, daß es Leute gibt, die zum Nordpol fahren, und wenn sie auch nicht gerade von Eisbergen stürzen, so geraten sie doch in ebenso gefährliche Abenteuer, und es gibt nicht den gringsten Grund, weshalb ein Autor nicht sehr gute Erzählungen darüber schreiben sollte. Es genügt offensichtlich keineswegs, daß Leute ins Büro gehen und Kohlsuppe essen, und ich glaube nicht, daß Čechov das jemals gedacht hat: um überhaupt von ihnen zu erzählen, müssen sie bestimmt eine kleine Summe im Büro stehlen oder sich bestechen lassen, ihre Frau schlagen oder betrügen, und wenn sie Kohlsuppe essen, dann muß das eine bestimmte Bedeutung haben, symbolisch sein entweder für ein glückliches häusliches Leben oder für die Qual eines frustrierten Daseins.

Čechovs Arztpraxis, so lax sie auch geführt war, brachte ihn mit allen möglichen Menschen in Berührung, mit Bauern und Fabrikarbeitern, mit Fabrikbesitzern, Händlern und den höheren und niederen Beamten, die im Leben der Leute eine verheerende Rolle spielten, mit den Landbesitzern, die durch die Befreiung der Leibeigenen verarmt waren. Mit dem Adel schien er nie Kontakt gehabt zu haben, und ich kenne nur eine Erzählung, die bittere Geschichte mit dem Titel *Die Fürstin*, in der er sich damit beschäftigt. Mit schonungsloser Aufrichtigkeit beschrieb er die Schwäche der Landbesitzer, die ihren Besitz zugrunde gehen ließen; die elende Masse der Fabrikarbeiter, die am Rande des Hungertodes lebten und sich täglich zwölf Stunden abschinden mußten, damit ihre Arbeitgeber Vermögen auf Vermögen häufen konnten; die Gemeinheit und Habgier der Händler; den Schmutz, die Trunksucht, die Brutalität, die Unwissenheit und Faulheit der schlecht bezahlten, ewig hungrigen Bauern und die stinkenden, verlausten Hütten, in denen sie wohnten.

Čechov konnte den Ereignissen, die er beschrieb, immense Realität verleihen. Man akzeptiert, was einem erzählt wird, wie man den Bericht eines vertrauenswürdigen Reporters über irgendein Ereignis akzeptieren würde. Aber Čechov war nicht nur ein Reporter; er beobachtete, wählte aus, vermutete und kombinierte. Wie Kotel festgestellt hat: »In seiner wundervollen Objektivität, über persönlichen Freuden und Leiden stehend, wußte und sah Čechov alles. Er konnte freundlich und großzügig sein, ohne zu lieben; zärtlich und mitfühlend ohne Zuneigung, ein Wohltäter, der keine Dankbarkeit erwartete.«

Aber Čechovs Unbeteiligtheit war eine Beleidigung für viele Schriftsteller seiner Zeit, und er wurde heftig angegriffen. Man warf ihm seine augenscheinliche Gleichgültigkeit gegenüber den Ereignissen und sozialen Bedingungen seiner Zeit vor. Die Intelligenzija machte es den russischen Schriftstellern zur Pflicht, sich damit zu befassen. Čechov antwortete, es sei Sache des Autors, Tatsachen zu erzählen und seinen Lesern die

Entscheidung zu überlassen, was damit anzufangen sei. Er bestand darauf, daß man vom Künstler keine Lösung ganz spezieller Probleme verlangen dürfe. »Für spezielle Probleme«, sagte er, »haben wir Spezialisten; ihre Aufgabe ist es, über die Gesellschaft, über das Verhängnis des Kapitalismus und den Teufel der Trunksucht zu urteilen.« Das klingt vernünftig. Aber da dieser Gesichtspunkt gerade jetzt in der literarischen Welt ziemlich ausführlich diskutiert wird, will ich mir einige Bemerkungen dazu erlauben, die ich vor einigen Jahren anläßlich eines Vortrages an der *Natinal Books League* gemacht habe. Eines Tages las ich wie gewöhnlich in einer der besten englischen Wochenzeitungen die Seite, die der gegenwärtigen Literatur gewidmet ist. Diesmal begann der Rezensent seinen Artikel über ein vor kurzem veröffentlichtes Werk mit den Worten: »Mr. Soundso ist kein bloßer Geschichtenerzähler.« Der Ausdruck »kein bloßer« blieb mir in der Kehle stecken. Ich las an diesem Tag nicht weiter. Der Rezensent selbst ist ein sehr bekannter Novellist, und obschon ich nicht das Glück hatte, eines seiner Werke zu lesen, zweifle ich nicht daran, daß sie bewundernswürdig sind. Aber aus dieser Bemerkung kann ich nur schließen, daß seiner Ansicht nach ein Novellist mehr sein muß als ein Novellist. Offensichtlich hält er es, wenn auch vielleicht mit einigen Zweifeln, wie viele Schriftsteller heutzutage für frivol, in dem verworrenen Zustand der Welt, in der wir leben, Geschichten zu schreiben, nur um dem Leser ein paar angenehme Stunden zu bereiten. Bekanntlich werden solche Werke verächtlich als »eskapistisch« bezeichnet, ein Wort, das genau wie »pot-boiler« aus dem Vokabular der Kritiker gestrichen werden könnte. Alle Kunst ist »eskapistisch«, Mozarts Symphonien ebenso wie Constables Landschaften. Oder lesen wir Shakespeares Sonette oder die Oden von Keats aus einem anderen Grund, als weil es uns Freude macht?

Warum sollten wir vom Novellisten mehr verlangen als vom Lyriker, vom Komponisten oder vom Maler? In Wirklichkeit gibt es keine »bloße« Erzählung. Wenn ein Autor eine Erzählung schreibt, kritisiert er das Leben, ob er will oder nicht – manchmal einfach, um die Erzählung lesbar zu machen. Als

Rudyard Kipling in seinen *Kleinen Geschichten aus den Bergen* die indischen Zivilisten, die polospielenden Offiziere und ihre Frauen beschrieb, tat er das mit der naiven Bewunderung eines jungen Journalisten von bescheidener Herkunft, geblendet von dem, was er für »Glamour« hielt. Es ist erschreckend, daß damals niemand sah, welch ein Verdammungsurteil des Imperialismus diese Erzählungen waren. Man kann sie heute nur noch mit dem Bewußtsein lesen, wie unvermeidlich der Zwang für die Engländer kommen mußte, ihren Anspruch auf Indien früher oder später aufzugeben. So auch bei Čechov. Gerade weil er versuchte, objektiv zu sein und das Leben lediglich realistisch zu beschreiben, kann man seine Geschichten nicht lesen, ohne zu erkennen, daß es bei der Brutalität und Unwissenheit, von der er berichtet, bei der Korruption, der elenden Armut der Armen und der Sorglosigkeit der Reichen unvermeidlich zu einer blutigen Revolution kommen mußte.

Ich vermute, die meisten Leute lesen, weil sie nicht viel anderes zu tun haben. Sie lesen zum Vergnügen, und das sollen sie auch, aber verschiedene Leute wollen sich auch verschieden vergnügen. Da gibt es einmal das Vergnügen des Wiedererkennens. Die zeitgenössischen Leser von Trollopes *Barchester Chronicles* lasen sie mit tiefer Befriedigung, weil er das Leben porträtierte, das sie selbst führten. Es waren zum größten Teil Leser aus dem oberen Mittelstand, und sie fühlten sich in dem oberen Mittelstand, den er beschrieb, heimisch. Sie empfanden dieselbe angenehme, selbstgefällige Wärme, wie wenn der gute Mr. Browning ihnen sagte: »Gott ist in seinem Himmel – alles ist gut auf der Welt.« Die Zeit hat diesen Novellen die Anziehungskraft des »genres« verliehen. Wir finden sie unterhaltsam und ziemlich rührend (wie hübsch ließ es sich doch in einer Welt leben, die für die Reichen so bequem war, und in der schließlich immer alles richtig herauskam!), und sie haben den gleichen Charme wie die anekdotischen Bilder aus der Mitte des 19. Jahrhunderts mit den bärtigen Herren in Frack und Zylinder und den schönen Damen in Schutenhüten und Krinolinen.

Andere Leser suchen in den Novellen das Fremde und Neue. Die exotische Erzählung hat immer ihre Anhänger gehabt. Die meisten Leute führen ein unendlich langweiliges Leben, und es befreit sie von der Monotonie des Daseins, wenn sie für eine Weile von einer Welt des Zufalls und der gefährlichen Abenteuer gefesselt werden. Ich vermute, die russischen Leser von Čechovs Novellen fanden ein ganz anderes Vergnügen daran als die Leser der westlichen Welt. Nur zu gut kannten sie die Lebensbedingungen der Menschen, die er so lebendig beschreibt. Englische Leser entdeckten in diesen Erzählungen etwas Neues und Fremdes, oft schrecklich und deprimierend, aber von einer Echtheit, die eindrucksvoll und faszinierend, ja sogar romantisch war.

Nur wer ganz naiv ist, kann annehmen, daß eine Dichtung uns verläßlich über Themen informieren könne, die zu kennen für unsere Lebensführung wichtig ist. Gerade wegen seiner schöpferischen Begabung ist der Novellist für solche Dinge unzuständig, gerade weil er nicht »warum« fragt, sondern fühlt, vorstellt, erfindet.

Der Schriftsteller ist voreingenommen. Was für Themen er sich aussucht, was für Charaktere er schafft, wie er sich ihnen gegenüber verhält, alles ist durch seine Voreingenommenheit bedingt. Was er schreibt, ist der Ausdruck seiner Persönlichkeit und die Manifestation seiner Instinkte, seiner Emotionen, seiner Intuition und seiner Erfahrung. Er spielt mit falschen Würfeln, manchmal weiß er es nicht, aber manchmal weiß er's sehr wohl; und dann wendet er seine ganze Geschicklichkeit auf, um zu verhindern, daß der Leser ihn ertappt. Henry James verlangte, daß der Schriftsteller dramatisieren müsse. Das ist eine anschauliche, wenn auch vielleicht nicht gerade klare Art auszudrücken, daß er seine Fakten so anordnen muß, daß die Aufmerksamkeit seines Leser gepackt und gehalten wird. Das tat Henry James bekanntlich immer, aber so entsteht natürlich kein Werk von wissenschaftlichem oder informativem Wert. Wenn die Leser sich mit drängenden Tagesproblemen befassen, sollten sie besser, wie Čechov ihnen riet, keine Novellen oder Kurzgeschichten, sondern Werke lesen, die sich ausdrücklich mit diesen Problemen befassen. Das eigentliche Bestreben des Dichters ist nicht, zu informieren, sondern zu gefallen.

Autoren führen ein Leben im Dunkeln. Sie werden nicht zum

Bankett des Oberbürgermeisters gebeten. Von der großstädtischen Freiheit haben sie nichts. Sie haben nicht die Ehre, eine Champagnerflasche am Bug eines Ozeandampfers zu zerbrechen, der zu seiner Jungfernfahrt startet. Sie werden nicht wie die Filmstars von einer Menge umringt, die sie aus dem Hotel kommen und in einen Rolls-Royce springen sehen will. Sie werden weder eingeladen, Basars zur Unterstützung verarmter Aristokratinnen zu eröffnen, noch im Beisein einer heiteren Menge dem Gewinner des Einzels in Wimbledon den Silberpokal zu überreichen. Aber sie können sich entschädigen.

Seit vorgeschichtlicher Zeit sind schöpferisch begabte Menschen aufgestiegen, die mit ihren Kunstwerken das grimmige Geschäft des Lebens verschönt haben. Wie jeder Besucher auf Kreta selbst sehen kann, sind Schalen, Becher und Krüge mit Mustern verziert worden – nicht weil sie dadurch nützlicher, sondern weil sie schöner für das Auge wurden. Durch alle Zeiten hindurch hat es den Künstlern vollkommene Befriedigung gewährt, Kunstwerke zu schaffen. Wenn der Dichter das kann, hat er alles getan, was vernünftigerweise von ihm verlangt werden kann. Es ist ein Mißbrauch, die Geschichte als Kanzel oder als Bühne zu benutzen.

1958

Ilja Erenburg

Maupassant und Čechov

Čechov hat oft mit Dankbarkeit und Zärtlichkeit von Maupassant gesprochen. In der Meisterschaft Čechovs und Maupassants gibt es Gemeinsames – und sei es das, was beide durch die außerordentliche Ausdruckskraft der Kurzgeschichte erreicht haben, die oft jeder Fabel entbehrt. Dennoch hat Čechov mit Maupassant keine Ähnlichkeit, und man kann sich nur wundern, wie einige Kritiker Anton Pavlovič jahrzehntelang den »russischen Maupassant« nennen konnten.

Der Vergleich eines Schriftstellers mit ausländischen Autoren hat immer etwas Angestrengtes. Im Genie des Künstlers äußert sich der Nationalcharakter – einen französischen Dickens, einen russischen Voltaire hat es nicht gegeben und nicht geben können, ebensowenig einen französischen, englischen oder deutschen Čechov. Der Schriftsteller Elpatjevskij schrieb unmittelbar nach Čechovs Tod: »Für Čechov war es unbestreitbar ein Unglück, in Rußland geboren worden zu sein. Mit seiner Gier nach Leben, nach dessen Farben, mit seinem Sinn für Schönheit, mit seiner enormen Begabung und seinem rein künstlerischen Temperament hätte er sich dort in der ganzen Breite seines Talents entwickelt, wäre er dort in der ganzen Schönheit seiner künstlerischen Natur voll erblüht, wo es so viel Sonne und so viele Farben des Lebens gibt, wo denjenigen, der wachsen kann, nichts am Wachstum hindert, wo dem Menschen keine Last aufgebürdet wird, die seine Kräfte übersteigt. Er hingegen lebte in der Dämmerung des russischen Lebens . . .« Ein halbes Jahrhundert später sehen wir, wie zufällig und undurchdacht solche Mitleidsbekundungen sind. Es geht nicht darum, daß Maupassant, der in einem Lande lebte, in dem es viel Sonne und viele Farben gibt, ebenso wie Čechov, wenn auch aus völlig anderen Gründen, am Leben litt und im Alter von dreiundvierzig Jahren starb; es geht um etwas anderes: Wenn Čechov nicht in Rußland geboren worden wäre, so wäre er vielleicht ebenfalls ein wunderbarer Schriftsteller, er wäre aber nicht Čechov geworden.

Natürlich hat Čechov als Künstler vieles begonnen und mit vielem gebrochen. Natürlich hat er, im Unterschied zu seinen Vorgängern, keine Belehrungen erteilen wollen; von ihm war unmöglich ein *Tagebuch eines Schriftstellers* zu erwarten, in dem Dostoevskij seine Leser belehrte, auch kein *Nachwort zur ›Kreutzersonate‹*. Aber das Verantwortungsbewußtsein, das allen russischen Schriftstellern des xix. Jahrhunderts eigen war – sowohl Gogol als auch Dostoevskij als auch Tolstoj –, lebte auch in Čechov. Elpatjevskij erzählt in dem von mir zitierten Aufsatz, daß Maupassant einmal gemeinsam mit einigen jungen Schriftstellern beschlossen hatte, eine Zeitung herauszugeben. Turgenev fragte, nach welchen Prinzipien diese Zeitung geführt

werden sollte; Maupassant erwiderte: »Nach gar keinen Prinzipien!« Es genügt, sich daran zu erinnern, wie wütend Anton
Pavlovič wurde, als man ihn in der *Russkaja mysl* einen »prinzipienlosen« Autor genannt hatte, um zu verstehen, welch tiefe
Kluft ihn von Maupassant trennte. Die »scheußlichen Tage und
Stunden«, die Sorge um den Menschen und die Verantwortung
für ihn waren nicht nur Balzac fremd, sondern auch dem traurig-
unglücklichen Maupassant.

Ich erinnere an die Bauern in den Novellen Čechovs und in
denen Maupassants. Beide führen ein wüstes, schreckliches
Milieu vor Augen; aber für den einen sind die Bauern Menschen,
verdorben durch die Bedingungen ihres Lebens, für den anderen
sind sie Ungeheuer, Raritäten, Wesen aus einer anderen Welt.
Und wenn Maupassant zerrissen wurde vom Bewußtsein seiner
Einsamkeit, so litt Čechov an der Einsamkeit der Menschen.
Maupassant verfiel in Verzweiflung – er wußte nicht, was er tun
und wie er sich am Rande des Lebens festhalten sollte. Čechov
quälte sich, gleich dem Professor in der *Langweiligen Geschichte*, weil er nicht wußte, was er Katja antworten sollte, oder
Zinaida Fëdorovna, Tausenden anderer, die nach der Wahrheit
suchten, was er den Menschen zuflüstern sollte, damit ihr Leben
reiner, heller, menschlicher würde. Es liegt mir fern, die Kunst
Maupassants herabzusetzen; er ist ein Schriftsteller, den ich
liebe; und im Zusammenhang mit Čechov würde ich es auch
nicht wagen, einen Künstler anzuschwärzen, der ihm teuer war
und ihm nahestand. Ich will nur einen überflüssigen und unglücklichen Vergleich zurückweisen. Bei Maupassant gibt es
Farben, Gefühle, Themen, die Čechov fremd und ihm sicher
unzugänglich waren. Aber nie hätte Maupassant eine *Langweilige Geschichte*, die *Erzählung eines Unbekannten* oder den
Krankensaal Nr. 6 schreiben können. Im Gespräch über Rußland versuchen französische Literaten allzu oft, ihnen unbegreifliche Erscheinungen mit dem Begriff der »russischen Seele« zu
erklären. Irgendwelche besonderen Eigenschaften einer besonderen Seele machen, ihnen zufolge, sowohl die Oktoberrevolution als auch die russische Musik, den Tod Tolstojs auf einer
Bahnstation und vieles andere erklärlich. Und natürlich kom-

men auch Aufsätze über Čechov ohne die »russische Seele« nicht aus. So naiv dergleichen Meinungen sein mögen, sie verweisen dennoch auf das Bestehen bestimmter Züge in der russischen Geschichte wie in der russischen Literatur, die dem Westen fremd sind; mich dünkt, an russischen Büchern beeindruckt den Leser das außerordentlich geschärfte Gewissen, und vielleicht unterscheidet gerade dieses Čechov von Maupassant am meisten.

1960

Splitter

I

Čechov!... Čechov ist der Puškin der Prosa. So wie in den Gedichten Puškins jeder etwas finden kann, das er selbst erlebt hat, so erblickt der Leser auch in Čechovs Erzählungen, und sei es in irgendeiner, sich selbst und seine Gedanken... Einige Sachen von Čechov sind einfach wunderbar. Wissen Sie, ich habe alles, was mir von seinen Erzählungen besonders gefällt, ausgewählt und lese es immer wieder mit großem Vergnügen. Nur, seine Stücke gefallen mir überhaupt nicht...

Lev Tolstoj, September 1903

Thomas Mann

Den *Zweikampf* habe ich mit ungeheurem Interesse gelesen. Diese Russen können erzählen...! Und endlich einmal eine glänzende Übersetzung!

7. Juni 1898

Maksim Gorkij

Ich habe Ihre *Dame* gelesen. Wissen Sie, was Sie tun? Sie erschlagen den Realismus. Und er wird bald mausetot sein – für immer, für lange. Diese Form hat sich überlebt, das ist Tatsache! Auf diesem Pfad kann niemand weiterkommen als Sie, niemand kann so einfach über so einfache Dinge schreiben, wie Sie es vermögen. Nach der unbedeutendsten Ihrer Erzählungen – erscheint alles andere grob, nicht mit der Feder geschrieben, sondern wie mit einem Holzscheit. Und vor allem erscheint alles nicht einfach, d. h. nicht wahrhaftig. Das stimmt. (In Moskau gibt es einen Studenten Grigorij Čulkov, der Sie ausgesprochen erfolgreich nachahmt, und bei Gott, ich glaube, er ist ein begabter Junge.) So ist das, – Sie machen dem Realismus den Garaus. Und ich bin darüber außerordentlich froh. Es reicht! Zum Teufel mit ihm!

Es ist doch wahr – eine Zeit ist angebrochen, die das Heroische braucht: alle wollen das Aufrüttelnde, Helle, wissen Sie, das, was nicht wie im Leben ist, sondern über ihm steht, besser, schöner ist. Es ist unbedingt nötig, daß die heutige Literatur damit beginnt, das Leben ein bißchen schöner zu färben, und sowie sie damit beginnt, wird sich auch das Leben schöner färben, d. h., die Menschen werden schneller, bewußter leben. Heute dagegen – schauen Sie sich doch an, was für scheußliche Augen sie haben – langweilig, trübe, eingefroren.

Sie leisten etwas Riesiges mit Ihren kurzen Erzählungen –

indem Sie in den Menschen Abscheu wecken für dieses verschlafene, halbtote Leben – der Teufel solls holen! Auf mich hat Ihre *Dame* so gewirkt, daß ich am liebsten sofort meine Frau betrogen hätte, gelitten, geflucht hätte und ähnliches in diesem Sinn. Aber – ich habe meine Frau nicht betrogen – ich hätte nicht gewußt, mit wem, statt dessen habe ich sie nur wüst beschimpft und ihren Schwager, meinen Busenfreund, gleich mit. Solch eine Wirkung haben Sie nicht erwartet, wie? Aber im Ernst – es war genau so. Und es geht nicht nur mir so – lachen Sie nicht. Ihre Erzählungen sind elegant geschliffene Flakons mit allen Parfums des Lebens darin, und – Sie müssen mir glauben! – eine empfindliche Nase wird darunter immer den feinen, scharfen und gesunden Geruch des »Echten«, wirklich Wertvollen und Nötigen herausriechen, das immer da ist, in jedem Ihrer Flakons. Aber genug jetzt, sonst denken Sie, ich wolle Ihnen Komplimente machen.

5. Januar 1900

Lev Tolstoj

Čechovs *Dame mit dem Hündchen* gelesen. Das ist alles Nietzsche. Menschen, die sich nicht zu einer klaren Weltanschauung hochgearbeitet haben, die zwischen Gut und Böse trennt. Früher hatten sie Angst, suchten, jetzt dagegen meinen sie, jenseits von Gut und Böse zu stehen, und bleiben daher diesseits, d. h. beinahe Tiere.

16. Januar 1900

Arthur Schnitzler

Nm Frau Domansky, Frau d Arztes, russ. Übersetzerin, die mir, wie neulich Matern erfreuliches über meine Verbreitung in Rußland sagte. Insbesondere war mir angenehm zu hören, daß man mich mit Tschechow verwandt findet, den ich so sehr liebe. Neulich wieder, nach einer Lecture v T.schen Novellen hab ich in der sonderbar kindischen Empfindg: das muß ja gz leicht sein, eine neue kleine Novell. zu schreiben versucht und bin, – wie beinah in allen meinen letzten Sachen, nicht weitergekommen.

2. Dezember 1902

Arthur Schnitzler

Es gibt in der gesamten Weltliteratur wenige Novellen, die so stark auf mich gewirkt haben, wie Tschechows *Zweikampf* und *Schatten des Todes*. Und von der Bühne herab hat nicht vieles einen so unvergeßlichen Eindruck auf mich gemacht wie *Onkel Wanja* in der Darstellung des Moskauer Künstlerischen Theaters, obwohl ich der russischen Sprache nicht mächtig bin. Von allen russischen Dichtern – und ich fühle wohl, daß es größere und umfassendere gegeben hat als Tschechow – hat keiner mit so rein menschlicher Stimme zu mir gesprochen als eben er. Ich habe ihn leider nie von Angesicht zu Angesicht gesehen, aber ich kenne ihn von Seele zu Seele, und so bleibt er mir für alle Zeit lebendig.

18. Januar 1910

René Schickele

Anton Tschechow, geboren in Taganrog 1859, starb in Kissingen 1904. Er wurde in den letzten Jahren sehr überschätzt. Als russischer Novellist weltbekannt, hat es ihm nicht geschadet, daß er fast nichts anderes tat, als die Novellen Maupassants noch einmal zu schreiben. Trotzdem trennt ihn von seinem Meister, den er nirgends auch nur entfernt erreicht, ein weiter Abstand.

1910

Vladimir Majakovskij

Das zerzauste Leben der aufstrebenden Städte, das neue, hur-
tig–betriebsame Menschen hervorgebracht hatte, machte es erforderlich, der Schnelligkeit auch den Rhythmus anzupassen,
der die Wörter hervorbringt. So treten an die Stelle der Perioden
aus Dutzenden von Nebensätzen – Sätze aus wenigen Wörtern.
Neben dem Rechenbrettklicken der Sätze Čechovs wirkt die
gestelzte Rede der alten, zum Beispiel Gogols, wie plumpes
Seminaristengestammel.

Čechovs Sprache ist bestimmt wie »Guten Tag«, einfach wie
»Geben Sie mir ein Glas Tee.«

In der Ausdrucksweise des Gedankens einer gedrängten,
kurzen Erzählung hört man bereits den eiligen Ruf des Kom-
menden: »Sparsamkeit!«

Eben diese neuen Ausdrucksformen des Denkens, dieser
richtige Zugriff auf die gegenwärtigen Aufgaben der Kunst
berechtigen, von Čchov als einem Meister des Wortes zu
sprechen.

1914

John Cowper Powys

Čechov zeichnet sich unter den russischen Autoren durch seine
Milde und Gutmütigkeit aus. Er besitzt eine unverfälschte
Freundlichkeit, eine Höflichkeit der Seele, ein angeborenes
Zartgefühl, das durch keinerlei selbstbewußtes Olympiertum –
wie es dem Werk Turgenevs oft anhaftet – beeinträchtigt wird.
Als Arzt, Schwindsüchtiger und leidenschaftlicher Kinderlieb-
haber verleiht er allem, was er schreibt, eine wundersame
Menschlichkeit, die einen eigentümlichen, ganz unvergleichli-
chen Reiz ausübt.

Die Möwe ist ein Stück mit feinen Subtilitäten und träumeri-
schen Andeutungen einer scheuen humanen Weisheit. Die Art,
wie äußerliche Dinge – der bloße Hintergrund und die Szenerie
des Stücks – dazu benutzt werden, das dramatische Interesse zu

vertiefen und zu steigern, ist ein besonderes Charakteristikum dieses Autors. Čechov eignet jene phantasiereiche Empfindsamkeit, die jeden materiellen Gegenstand, der einem begegnet, mit spirituellen Bedeutungen ausstattet.

Die bloße Handlung – ob nun in seinen Stücken oder seinen Geschichten – ist nicht weiter wichtig. Wichtig ist vielmehr eine gewisse plötzliche und erschütternde Erleuchtung, die von einer zufälligen Ansammlung von Menschen oder Dingen – einer ausdrucksvollen oder symbolischen Geste –, einer bedeutsamen Bewegung unter den stummen »Zuhörern«, auf die entscheidende Wahrheit fällt.

1916

Alfred Edgar Coppard

Die vier großen Russen Čechov, Turgenev, Tolstoj und Dostoevskij, von Constance Garnett so schön übersetzt, haben mich, so überragend sie sind, immer in ihren Bann gezogen. Čechov war und ist für mich immer der Erste in diesem großen Quartett geblieben, aber ich habe mich nie für die Reihenfolge entscheiden können, in der ich bewundernd die anderen sehe. Während ich Dostoevskij lese, vor allem die *Dämonen*, neige ich dazu, ihn unmittelbar neben Čechov zu stellen. Seine verwirrenden Abfolgen ausufernder Episoden sind Literatur, die den Mahlströmen verstandesmäßiger Übersteigerung, Stürmen des Wahnsinns entspricht, die mich rasend machen, aber doch voll Verehrung zurücklassen – denn wie großartig ist dieser Wahnsinn! Aber wenn ich zu *Auferstehung* greife, tritt Dostoevskij augenblicklich hinter Tolstoj zurück, der zu anderen Zeiten – es kommt so sehr auf die eigene Stimmung des Lesers an – vorübergehend verdrängt wird von Turgenev und seiner gewaltigen und unvergeßlichen Erzählung *Der Kreisarzt* aus den *Aufzeichnungen eines Jägers*.

um 1920

Katherine Mansfield

Aber habe ich nicht gedacht, es sei ein Fehler gewesen, die Russen höher einzuschätzen als Maupassant? Und daß Proust nicht nur der größte lebende Schriftsteller sei, sondern vielleicht (ich mag das Vielleicht) der größte Novellist, der je gelebt hat!!!!! Und was für eine memmenhafte Scham, L.s Novelle (eine der »frischesten« Stimmen unserer Tage) in einer kurzen Notiz aufgegeben zu haben. Und – aber genug. Und lassen wirs. Ich werde antworten, ich gäbe jedes einzelne Wort, das Maupassant und Tumpany je geschrieben haben, für eine Kurzgeschichte von Anton Čechov. Was Proust betrifft mit seinen Morceaux de Salon (wen kümmert das, wenn der Salon »literarisch« ist), laß ihn abdampfen. Er gehört einfach geschlagen.

1. Dezember 1920

Kornej Čukovskij

Ich erinnere mich, als Čechov starb, lebte ich in London und habe den ganzen Tag geheult – und niemand, dem ich hätte sagen können, niemand, der gewußt hätte, was Čechov war –, und es sah so aus, als würde es auch niemand je erfahren. Heute dagegen lese ich im *London Mercury*, 1922, 1, daß es seit Shakespeares Zeiten kein solches Durchdringen der menschlichen Seele gegeben habe wie bei Čechov. Man imitiert ihn bis zur Lächerlichkeit. Hugh Walpole, Katherine Mansfield reproduzieren alle seine Verfahren – aber ihnen fehlt die Čechovsche Musik, und sie spüren das. Sie spüren, Rußland ist für sie die Katharsis – und übersetzen sogar Evreinov! Aber darauf sollte man nicht stolz sein...

4. Juni 1922

Charles Du Bos

Um die wahre Stellung und Kraft Čechovs richtig zu definieren, müßte man einen Ausdruck finden, der zwischen Weisem und Heiligem liegt: denn von der Weisheit hat Čechov keine der Selbstgefälligkeiten, mit denen sie meistens einhergeht; und von der Heiligkeit hat er nichts von dem extremen Charakter, der nicht von ihr zu trennen ist – und den er übrigens mißbilligen würde. Selbst von Marc Aurel, dem er in vieler Hinsicht so nahe ist, daß ich ihn in meiner Bibliothek zu seinem Nachbarn gemacht habe, unterscheidet sich Čechov durch das Fehlen sichtbarer Trauer: durch die Hinnahme Marc Aurels schimmert nämlich, an dem Gesicht erkenntlich, das uns Büsten und Reliefs zeigen – wie ich es kürzlich festgestellt habe –, der Überdruß des ausgesetzten Wesens hindurch: ausgesetzt ist Marc Aurel und will es bis ans Ende sein; aber bei ihm ist es, als sei es das Wissen, das seinen Zügen eine Art majestätische sulkiness verleiht. Čechov ist nicht so sehr ausgesetzt als vielmehr, so könnte man sagen, auf seinem Posten, an seinem Platz: not only does he never dream of shirking, but it is as if – da ein Sichdrücken nicht einmal in Frage kam – es keinen Anlaß gegeben hat, sich die Hinnahme als solche, um sie in thought zu verwirklichen, auszudenken. Bei Čechov ist diese Hinnahme less a thought than a fact, the fact: es gibt keine Alternative, und man könnte diese selbst bei den Besten wahrzunehmende Trauer als das Gefühl definieren, es gebe zwar eine Alternative, aber es sei Pflicht, darauf zu verzichten.

Je mehr ich darüber nachdenke, desto besser begreife ich, daß sich diese Zwischenstellung nicht mit einem einzigen Wort definieren läßt, sondern nur mit der Verbindung, dem Zusammenfließen des Begriffs der decency mit dem der personal freedom. That's where Tchekhov is so great, unique, – and that is what will have to be fully brought out.

21. Mai 1925

Ernest Hemingway

Turgenev ist für mich der größte Schriftsteller, den es je gegeben hat. Hat nicht die größten Bücher geschrieben, aber war der größte Schriftsteller. Das gilt natürlich nur für mich. Hast Du mal die Erzählung *Es rattert* von ihm gelesen? Sie steht in *Aufzeichnungen eines Jägers*. Das beste Buch, das ich kenne, ist *Krieg und Frieden*, aber stell Dir vor, was das für ein Buch geworden wäre, wenn Turgenev es geschrieben hätte. Čechov hat ungefähr 6 gute Erzählungen geschrieben. Aber er war ein Amateur-Schriftsteller. Tolstoj war ein Prophet. Maupassant war ein professioneller Schriftsteller, Balzac war ein professioneller Schriftsteller, Turgenev war ein Künstler.

20. Dezember 1925

Marina Cvetaeva

Čechov mit seinen kleinen Witzchen, seinen komischen Sprüchen, seinem ironischen Gelächel – ich habe ihn von kleinauf gehaßt.

1. Juli 1926

Anatolij Lunačarskij

Zwei Seiten des Werks muß man im Auge behalten: den historischen Čechov und den bis heute lebendigen Čechov. Der historische Čechov ist für uns außergewöhnlich wichtig insofern, als er einer der genialen Schriftsteller der Übergangsepoche war, der Dämmerepoche der 80er Jahre und des allmählichen Erwachens des gesellschaftlichen Denkens in den 90er Jahren. Aber Čechov ist nicht nur eine historische Figur, sondern ein für uns lebendiger Schriftsteller, denn er war ein bissiger und in seinem Sarkasmus tödlicher Kämpfer gegen kleinbürgerliche Banalität, und von dieser kleinbürgerlichen Banalität gibt es um uns herum noch sehr viel. Čechovs Rußland ist durchaus nicht gestorben, wir atmen noch in beträchtlichem Maße dessen Ausdünstungen ein. Immer wieder kann ich hören, wie noch heute bestimmte Seiten unseres Lebens mit Čechov-Begriffen bestimmt werden. Bis auf den heutigen Tag ertönen dauernd Worte wie: »Ein Mensch im Futteral«, »Aber das ist ja ein richtiger Čechovscher Pečenege«, »Sie jammern wie die drei Schwestern« usw.

Für den Leser, der Čechov noch nicht kannte oder sehr wenig kannte, wird die neuerliche Lektüre eine echte Entdeckung sein, und Čechovs Werke werden ihm durchaus nicht historisch erscheinen. Die schreckliche Revolution ist vorüber, wir errichten den Sozialismus, aber rings umher stehen noch so viel nicht zerstörte Katen des Alten, so daß viele Werke Čechovs dem Leser die Gegenwart widerspiegeln werden – natürlich von deren schlechtestem, rückschrittlichstem Ende, aber gegen dieses rückschrittliche Ende muß man doch ankämpfen.

8. Dezember 1928

André Gide

Mit der lebhaftesten Bewunderung einen Band von Čechov gelesen (in der überaus mittelmäßigen Übersetzung von Roche): *Krankensaal Nr. 6.* Die zweite Novelle: *In der Schlucht,* im besonderen, ist ausgezeichnet, und genau bis in die kleinsten Details.

7. April 1932

Gottfried Benn

Frage K., ob sie Tschechow kennt, seine Novellen. Das ist einer der großartigsten Schriftsteller des 19. J., und man kann riesig von ihm lernen. Wenn sie ihn nicht kennt, möge sie doch mal seine Kleinstadtnovellen lesen, der genialste Provinzdarsteller, der lebte. Na, überhaupt die Russen.

30. Juli 1935

Ludwig Hohl

Denen, die behaupten, Katherine Mansfield sei eine Nachahmung von Tschechow (wäre ohne Tschechow nichts gewesen usw.), muß man antworten: Ihr habt recht. Und Tschechow seinerseits (der zu seinem eigentlichen Leben erwachte durch die Novelle *Der Tod des Iwan Iljitsch*) wäre ohne Tolstoi nichts gewesen. Tolstoi selbst aber ist von ein paar Früheren mit geringer Mühe herzuleiten, und diese wiederum haben nichts ausgeführt, als was schon in Adam vorgebildet war. – Wenn wir von keinem Vater abstammten, wären wir freilich nichts – wären wir nicht gewesen.

Bliebe noch der Blick auf diejenigen, die von einem Vater abstammen und doch nichts sind.

1937

Alberto Savinio

Čechov. Zufällig habe ich in diesen Tagen einige Erzählungen von Čechov gelesen, die ich noch nicht kannte. Die eine heißt *Der schwarze Mönch*, die andere *Weiberreich*, und sie gehören zu den schönsten Erzählungen dieses Autors, die ich kenne. Im übrigen kenne ich keine Erzählung von Čechov, die nicht schön wäre, und ich meine mit dieser allgemeinen Bezeichnung »schön« die Sympathie, die sie erwecken, die »lange« Rührung, die sie vermitteln, und vor allem das poetische Gefühl, das sie einflößen. Und doch ist Čechov ein »veristischer« Schriftsteller, der das Leben nicht verherrlicht, seine Personen nicht idealisiert, der unter dem, was er erzählen will, nicht das auswählt, was den Ruf hat, schön, edel, poetisch zu sein. Andere »veristische« Schriftsteller dagegen, wie Maupassant (und ich nehme Maupassant, um als Beispiel einen Schriftsteller zu nennen, der von Čechov mehrmals zitiert wird), interessieren mich, fesseln mich mit der Wahrheit ihrer Erzählung, aber rufen in mir nicht dieselbe Sympathie hervor, vor allem flößen sie mir nicht das poetische Gefühl ein, das mir die Erzählungen Čechovs immer einflößen, auch wenn er, in *Schlafen, nur schlafen*, erzählt, daß Varka, um schlafen zu können, das Kind in der Wiege erwürgt, das sie hüten sollte. Mehr noch: die Berührung, die ich durch Maupassant mit dem »wahren« Leben erfahre, ist derart, daß ich mir nach der Lektüre die Hände waschen möchte, während die Berührung mit dem »wahren« Leben, das mir Čechov verschafft, in mir nach der Lektüre den Wunsch weckt, noch weiter in jenem Leben zu verweilen, einem Krankenhaus, einem Irrenhaus, einem Armenhaus, oder einfach in der Gesellschaft von Dummköpfen, Schwärmern, Unzufriedenen, lächerlichen Personen, Gescheiterten. Es besteht also ein »tiefer« Unterschied zwischen dem Verismus Maupassants und dem Čechovs. Obwohl sie die Realität nicht im mindesten verbirgt oder verändert, vermag Čechovs Kunst das, was abstoßend an der Wahrheit ist, was man nicht ansehen und einatmen kann, zu »desinfizieren«. Und dieses Vermögen ist Poesie, das heißt, das Vermögen, die Dinge in ihrer Totalität und bis in die Wurzeln zu sehen, zu fühlen, also bis zu jenem Punkt, an dem die Dinge und Menschen, so verschiedenartig sie sein mögen, ihr gemeinsames Wesen wiederfinden. Und eben dadurch, wie Čechov schreibt, das heißt, auf poetische Art, werden alles und alle würdig, vom Dichter besungen zu werden: alle werden Helden; der Feigling ist auf derselben Ebene des menschlichen Interesses mit dem Palladin Roland, und die trivialste Frau steht neben der Heiligen, der Mann aus dem Pöbel neben dem Fürsten, der Dumme neben dem Intelligenten, der Mann im Dunkel neben dem im hellsten Licht. Das Werk Čechovs wird somit das Werk, das am weitesten von allem Schein entfernt ist, am weitesten von der Oberfläche, das christlichste Werk, wenn man unter »christlich« den gemeinsamen und wahren Grund der gesamten Menschheit versteht.

um 1940

Georg Lukács

Die konkreten Antworten, die die Dichtwerke selbstverständlich immer geben, haben oft – von dieser Warte gesehen – in der bürgerlichen Literatur einen Zufallscharakter, ja können sogar für die eigentliche dichterische Frage verwirrend wirken. Goethe hatte dies bei seinem *Werther* bald gesehen. Schon einige Jahre später läßt er in einem Gedicht Werther dem Leser zurufen: »Sei ein Mann, und folge mir nicht nach.« Ibsen sah mit voller Bewußtheit im Fragen das Amt des Dichters und lehnte die Verpflichtung zur Antwort prinzipiell ab. Tschechow gab für diesen ganzen Komplex eine abschließende Erklärung, wenn er einen scharfen Unterschied machte zwischen der »Lösung der Frage und dem richtigen Stellen der Frage. Nur letzteres ist für den Künstler verpflichtend. In *Anna Karenina* und *Onegin* ist keine einzige Frage gelöst worden, aber diese Werke befriedigen dennoch voll und ganz, und nur deshalb, weil in ihnen alle Fragen richtig gestellt sind.«

1943

Aleksandr Fadeev

Čechov ist zweifellos einer der wunderbarsten Schriftsteller. Trotzdem ist es sehr schwer, viel von seiner Prosa hintereinander zu lesen: sie wird einem dann langweilig. Warum? Er ist außergewöhnlich klug, will für die Menschen das Glück, in all seinen Erzählungen gibt es eine »zweite Handlungsebene«. Čechov schreibt ungewöhnlich klar, eindeutig, einfach. Man kann nicht behaupten, er sei nur analytisch, er ist zweifellos auch emotional; die meisten Erzählungen haben nichts Überflüssiges, sein Humor ist bezaubernd, die Erzählungen sind unterhaltsam, sogar vom Standpunkt ihres Sujetaufbaus, wenn man das Sujet sozusagen abstrakt nimmt. Aber dennoch wird es einem langweilig, ihn hintereinander zu lesen. Weil seine Menschen einförmig und uninteressant sind.

Außer einigen wirklich langweiligen Gestalten wie Dymov im

Flattergeist oder Kirillov in den *Feinden* hat Čechov fast keinen einzigen einprägsamen, seiner Sache ergebenen, das Volk liebenden, ihm alle seelischen Kräfte gebenden, charakterstarken Volksschullehrer, Arztgehilfen, Agronomen, Arzt gezeigt, wie ich nicht wenige aus meiner Kindheit kenne, er hat keinen einzigen ungewöhnlichen Bauern von wirklicher Klugheit und wirklichem Schwung, keinen einzigen Bauern mit großer Originalität und Individualität gezeigt, von denen ich allein aus meinem Dorf Dutzende nennen kann, die ich kraft ihres shakespeareschen Äußeren und Charakters so reliefhaft im Gedächtnis bewahrt habe, als wären sie aus Kupfer oder Bronze gegossen – und daß Čechov das nicht erkannt hat, ist eine kolossale Niederlage für ihn als Künstler.

Im Volk lebten Mičurins, Mendeleevs, Repins, Ermolovas, Čajkovskijs, aber das wichtigste ist, daß täglich neue Lenins heranwuchsen, und ebenso ungewöhnlich waren wie ihre großen Vorbilder – sie hatten keinerlei Ähnlichkeit mit Dymov oder Kirillov, aber Čechov hat das nicht erkannt.

In der Reihe der großen russischen Literatur – Puškin, Gogol, Lermontov, Turgenev, Nekrasov, Tolstoj, Dostoevskij, Čechov, Gorkij – muß man Čechov als den geringsten betrachten. Als den geringsten gerade in dieser großen Reihe.

1944

Anna Achmatova

Čechovs Welt ist eintönig mausgrau; nie scheint die Sonne, nie blitzen Schwerter auf, alles ist von einem schrecklichen grauen Nebel bedeckt. Čechovs Welt ist ein schlammiges Meer, das die armseligen menschlichen Kreaturen in ihrer Hilflosigkeit gefangenhält, es ist eine Travestie des Lebens.

1945

Boris Pasternak

Alle russischen Schriftsteller halten dem Leser Predigten: sogar
Turgenev sagt ihm, die Zeit sei ein Heilmittel, und Dinge dieser
Art; allein Čechov tut dies nicht. Er ist ein reiner Künstler – alles
bei ihm ist in Kunst aufgelöst – er ist unsere Antwort auf
Flaubert.

1945

W. Somerset Maugham

Schließlich las ich Čechov und Gorkij. Gorkij ließ mich gleichgültig. Seine Themen waren ungewöhnlich und lagen fern, aber
sein Talent schien mittelmäßig; er war durchaus lesbar, wenn er
ungekünstelt das Leben der untersten Bevölkerungsschichten
festhielt, aber mein Interesse an den Slums von Petrograd war
bald erschöpft; und wenn er zu reflektieren oder zu philosophieren begann, fand ich ihn trivial. Sein Talent kam von seiner
Herkunft. Er schrieb über das Proletariat als Proletarier und
nicht wie die meisten Autoren, die dieses Thema behandelten, als
Bourgeois. In Čechov dagegen entdeckte ich einen Geist, der mir
überaus gefiel. Hier war ein Schriftsteller von wirklichem Charakter, keine wilde Kraft wie Dostoevskij, die verblüfft, inspi-
riert, entsetzt und vor den Kopf stößt; sondern jemand, mit dem
man vertraut werden konnte. Ich hatte das Gefühl, daß man von
ihm wie sonst niemandem das Geheimnis Rußlands würde erfahren können. Sein Horizont war weit und seine Kenntnis des
Lebens direkt. Er ist mit Guy de Maupassant verglichen worden,
aber man möchte annehmen, nur von Leuten, die keinen von
beiden gelesen haben. Guy de Maupassant ist ein geschickter
Geschichtenerzähler, wirkungsvoll in seinen besten Momenten – nach denen beurteilt zu werden natürlich jeder Schriftsteller das Recht hat –, aber ohne wirkliche Beziehung zum Leben.
Seine bekannteren Geschichten sind von Interesse, solange man
sie liest, aber sie sind künstlich und vertragen deshalb das
Nachdenken nicht. Die Menschen sind Bühnenfiguren, und ihre

Tragödie entsteht nur daraus, daß sie sich eher wie Puppen verhalten, nicht wie menschliche Wesen. Die Lebenseinstellung, die ihren Hintergrund ausmacht, ist dumpf und gewöhnlich. Guy de Maupassant hatte die Seele eines wohlgenährten kleinen Handlungsreisenden; seine Tränen und sein Lachen schmecken nach dem Geschäftszimmer eines Provinzhotels. Er ist der Sohn von Monsieur Homais. Bei Čechov dagegen hat man überhaupt nicht das Gefühl, Geschichten zu lesen. Es gibt in ihnen keine zur Schau gestellte Geschicklichkeit, und man könnte meinen, jeder könnte sie schreiben, abgesehen davon, daß niemand es tut. Der Autor hatte eine Gefühlsregung, und er ist imstande, sie so in Worte zu fassen, daß man sie seinerseits verspürt. Man wird sein Mitarbeiter. Man kann auf Čechovs Geschichten nicht den abgedroschenen Ausdruck der »Scheibe vom Leben« anwenden, denn eine Scheibe ist ein abgeschnittenes Stück, und das genau ist der Eindruck, den man nicht bekommt, wenn man sie liest; es ist eine Szene, die man durch die Finger sieht und von der man weiß, daß sie so oder so weitergeht, obwohl man nur einen Teil von ihr sieht.

Im oben Gesagten war ich Maupassant gegenüber grob unfair. *La Maison Tellier* genügt, um das zu belegen.

1946

Vladimir Nabokov

In der *Dame mit dem Hündchen,* dieser wundervollen Kurzgeschichte von rund zwanzig Seiten, hat Čechov mit allen herkömmlichen Regeln des Erzählens gebrochen. Es gibt kein Problem, keinen normalen Höhepunkt, keine Pointe am Ende. Und sie ist eine der größten Geschichten, die je geschrieben wurden.

1948

Das Thema eines Romans oder einer Erzählung mußte, um Čechov zu interessieren, genauso einfach sein wie die Worte, die er benutzte, um es zu notieren. »Ein alter Professor erfährt, daß er an einer tödlichen Krankheit leidet, und führt Tagebuch über seine letzten Monate« – daraus machte er ein Meisterwerk (*Eine langweilige Geschichte*). Was ihm hier gefiel, war der Kontrast zwischen der Größe des nahen Todes und der Banalität der letzten Handlungen. Seine Notizbücher enthalten Hunderte von derartigen Themen: »Ein Mann, dem vom Rad eines Eisenbahnwaggons ein Bein abgerissen worden war, machte sich Sorgen, weil in dem Stiefel, den er am abgerissenen Bein getragen hatte, 21 Rubel steckten.« – »... ehemaliger Unternehmer, betrachtet alles vom Gesichtspunkt der Reparatur und sucht sich auch als Frau eine junge, die keiner Reparatur bedarf; N. verlockt ihn, weil sie bei all ihrer Leibesfülle leise geht, geschmeidig, nicht poltert; bei ihr ist also alles in Ordnung, der ganze Mechanismus intakt, alles gut verschraubt.« – »Titel: *Stachelbeeren*. X. arbeitet im Departement, ist schrecklich geizig, scharrt Geld zusammen. Sein Traum: heiraten, ein Gut kaufen, im Freien in der Sonne schlafen, im Grünen trinken, Suppe aus eigenem Kohl essen. Er wird 25, 40, 45 Jahre alt. Vom Heiraten hat er bereits Abstand genommen, träumt von dem Gut. Am Ende ist er 60. Liest vielversprechende verlockende Anzeigen von Hunderten von Desjatinen, Wäldern, Flüssen, Teichen, Mühlen. Tritt in den Ruhestand. Kauft über Makler ein kleines Gut an einem Teich... Schreitet seinen Garten ab und merkt, daß etwas fehlt. Stutzt bei dem Gedanken, daß Stachelbeeren fehlen, schickt zur Baumschule. 2–3 Jahre später, als er Magenkrebs hat und der Tod naht, bringt man ihm auf einem Teller eigene Stachelbeeren: das ist alles, was mir das Leben am Ende gebracht hat! Im Nebenzimmer wirtschaftet bereits seine vollbusige Nichte, eine Person mit durchdringender Stimme.«

Diese Themen hätten Maupassant oder Thomas Hardy verlocken können, aber Čechov behandelte sie nicht so, wie sie es getan hätten. Bei ihm war alles mehr angedeutet, angeregt als ausgedrückt. Die Personen waren nur durch äußere Züge charakterisiert. »Psychologie« war ein Wort, das er verabscheut hätte. Einem Schauspieler, der ihn fragte: »Aber welches ist denn der Charakter dieses Professors? Wie muß ich ihn verstehen?«, antwortete Čechov: »Das ist leicht. Er trägt immer eine schwarzweiß karierte Hose.« Ein Ehemann, eine Frau waren für ihn vor allem universelle Personen, Muster der unglücklichen menschlichen Gattung, die sich unter den Nadelstichen des Lebens langsam verformen. Seine sympathischen Helden sind diejenigen, die unter diesen Schikanen leiden; nur die Ungeschliffenen haben eine genügend dicke Haut, um unempfindlich zu bleiben. Was uns zu sehen erlaubt, daß dieser sanfte und fröhliche Mann sehr unglücklich war. Aber mit Anstand.

23. März 1950

Edmund Wilson

Ich habe den gesamten Čechov in der sowjetischen Ausgabe gelesen. Sie ist äußerst bemerkenswert und etwas anders, als ich erwartet hatte. Die Erzählungen werden hier in der Reihenfolge gedruckt, in der sie geschrieben wurden, und man kann sehen, daß er in den späteren Jahren eine Reihe von Erzählungen gemacht hat, die in Wirklichkeit kurze Romane sind, wobei jede einzelne Erzählung eine intensive Studie eines bestimmten sozialen Milieus ist, die zusammen eine Art Anatomie der russischen Mittelklasse und bäuerlichen Gesellschaft am Vorabend der revolutionären Periode ergeben. (Die Bände der englischen Übersetzung vermischen diese kunstvollen längeren Erzählungen mit den kürzeren und leichteren Erzählungen, die viele Jahre vorher geschrieben worden sind, so daß man keine direkte Vorstellung von der Richtung und Absicht seines Werkes bekommt.) Im gegenwärtigen Zeitpunkt ist Čechov hochinteressant, weil es sich bei diesen halbfertigen, unvollständigen Bourgeois und den befreiten, verdutzten Leibeigenen um die Leute handelt, die unter der Führung der Bolševiki an die Spitze kamen und nun Sowjetrußland zu regieren hatten. Čechov, der ja selbst aus diesen Schichten kam, ist auf ihrer Seite, räumt ihnen jedoch nur wenige Hoffnungen ein. Nur ganz gelegentlich gibt es einen Hoffnungsstrahl, daß sie auf sehr lange Sicht hin etwas erreichen könnten. Er war so weit wie nur irgend möglich von Tolstojs Glauben an die Weisheit und Tugend der Gegenwart entfernt. Einige dieser Erzählungen sind Meisterwerke – oder vielmehr, die ganz kleine comédie humaine ist ein Meisterwerk.

5. September 1950

Vercors

Ich frage mich, ob es derzeit auch nur einen französischen Romancier gibt, der von sich behaupten könnte, er sei nicht – direkt oder indirekt – von Čechov beeinflußt.

Selbst unter denen, die vielleicht keine Zeile von ihm gelesen haben oder die (wie ich) nur einen Teil seines Werkes kennen, dürfte kaum einer zu finden sein, dessen Schreibweise oder Ausdruck dem großen Russen nichts verdankte.

Denn der Einfluß Čechovs auf die Weltliteratur seiner Zeit war enorm. Eine Autorin wie die große englische Erzählerin Katherine Mansfield zum Beispiel verdankt ihm alles. Andere verdanken ihm mehr oder weniger, aber er hat in seiner Epoche die Kunst der Erzählung revolutioniert. Und so selten heute Schriftsteller sind (wenn es sie denn überhaupt gibt), die keine Verbindung zu einem oder zu mehreren Vorgängern haben, so sicher bin ich, daß in den Adern aller heutigen Romanciers zumindest einige Tropfen vom geistigen Blut Čechovs fließen.

Ich für mein Teil weiß sehr wohl, daß ich, hätte es Čechov nicht gegeben, nicht geschrieben hätte, wie ich geschrieben habe. Die Technik einer Erzählung wie *Das Schweigen des Meeres* leitet sich her von der der angelsächsischen Romanciers zu Anfang des Jahrhunderts (Katherine Mansfield, Maurice Baring, Joseph Conrad), die sich ihrerseits herleitet von der Technik Čechovs. Natürlich ähnelt, was ich geschrieben habe, ihm ebenso wenig wie ein Kind einem seiner vielen Vorfahren ähnelt, aber ein Literaturkritiker könnte leicht aufspüren, was von Čechov in meinen Werken vorhanden ist. Ich glaube, er könnte es ohne Mühen in den meisten zeitgenössischen Romanen. Es ist also, neben tiefer Bewunderung, zugleich ein Gefühl des Sohnesrespekts, das jeder von uns für Čechov hegen muß.

August 1954

Hermann Broch

Ob Tolstoi, ob Dostojewskij, ob Tschechow (der überdies dartut, daß – im Gegensatz zur westlichen Erzählerkunst – eine echt satirische Epik möglich ist), sie alle haben zwar die letzten Konsequenzen aus dem Roman-Realismus gezogen, ja sind bis an seine Unendlichkeitsgrenze vorgestoßen, d. h. bis an die Grenze des »Ur-Naturalismus«, dem Grenzpunkt, an dem das Naturalistische sich anschickt, ins Essentielle umzuschlagen, aber der Roman ist trotzdem Roman geblieben.

Das Erkenntnisziel der Dichtung, ihr Wahrheitsziel ist nicht allein mehr das Schöne in seiner Mitleidlosigkeit, ist nicht allein mehr die Realität der Seele und ihres Kampfes gegen das Schicksal, den sie zu führen hat, wenn sie menschlich bleiben will. Damit hat der Roman, und gerade der russische (im Gegensatz zum westlichen, z. B. dem Joyceschen) die Grenze des l'art pour l'art »nach oben« durchbrochen: er hat die Tür zum »ethischen Kunstwerk« hin aufgestoßen; er ist im letzten politisch geworden, ja er hat eben daraus satirische Möglichkeiten gewonnen (Tschechow), und obwohl »bloß« Roman, obwohl bloß belles lettres, und obwohl infolge seines Naturalismus nicht eigentlich stilschaffend, ist er zu einer Epoche-Repräsentanz aufgestiegen, zu einer ästhetisch repräsentativen Geltung, die im Westen bloß das Theater – und zwar als »Ersatz« – errungen hat, weil hier die Erzählungskunst, trotz ihrer Zeit-Adäquatheit, nicht imstande gewesen ist, sich über das Romantische, über das Psychologische, über das Dekorative ihres bürgerlichen Ursprungs zu erheben.

1955

Hermann Hesse

Ich kann nicht sagen, daß er einen Einfluß auf mich geübt habe. Als ich ihn näher kennenlernte, war ich längst literarischen Einflüssen nicht mehr zugänglich. Dennoch verdanke ich ihm sehr viel, und er gehört, seit ich ihn gut kenne, zu meinen Lieblingen. Meisterwerke wie die vom *Krankenzimmer Nr. 6* und die herrliche *Steppenreise* des Knaben Jegoruschka lese ich alle paar Jahre wieder.

April 1955

Arnold Zweig

Ihre Anfrage bezüglich Tschechows kann ich Ihnen ohne Schwierigkeiten beantworten: sein Einfluß auf mich und meine Altersgenossen war in keiner Weise wirksam. Wir nahmen damals Turgenjew, Gogol, Tolstoi und Dostojewski mit voller Begierde auf und erschlossen uns ihrer Bedeutung und Künstlerschaft mit großer Freude; die jüngeren russischen Schriftsteller aber, Andrejew, Tschechow, Gorki, Korolenko und Kuprin galten uns mehr als Altersgenossen, mit denen wir wetteifern konnten und wollten. Ich erinnere mich nicht einmal daran, daß ich während meiner Studentenzeit Tschechows Stücke auf deutschen Bühnen gesehen hätte, da wir unsere Theaterkarten von unseren kleinen Wechseln bezahlen mußten; und dieser reichte für Ereignisse wie Tolstois *Lebenden Leichnam* oder Gorkis *Nachtasyl*, aber nicht die schönen Kammerspiele wie Tschechows *Kirschgarten* oder seine *Möwe*. Es wird Sie vielleicht interessieren zu hören, daß uns junge Schriftsteller und Studenten von damals von außerdeutschen Dramen die skandinavischen Autoren Björnson und Ibsen, Hamsun und Strindberg bei weitem mehr beeinflußten und interessierten als die aus dem Russischen übersetzten Werke. Falls Ihnen die Sammlungen von Theaterkritiken von S. Jabobsohn (*Jahr der Bühne*) und Alfred Kerr (*Die Welt im Drama*) zugänglich sein sollten, finden Sie diese meine persönliche Erfahrung als allgemeinen Bildungsvorgang und Ausdruck der Repertoire-Gestaltung voll bestätigt.

7. Mai 1955

Oskar Maria Graf

Ihre Anfrage, ob Tschechow einen Einfluß auf meine literarische Arbeit gehabt hat, kann ich kurz mit »nein« beantworten, obgleich ich diesen Schriftsteller ungemein hochschätze und seine menschliche Haltung während seines ganzen Lebens stets als anspornend und beispielhaft empfand. Ich las zwar einige kleinere Novellen Tschechows schon im Alter von ungefähr 10 oder 11 Jahren, als ich noch Bäckerlehrling und Schulbub auf dem Dorf war. Sie blieben mir aber damals ohne größeren Eindruck. Erst viel-viel später – in München, ungefähr um 1929 und 30 – las ich eine sechsbändige Ausgabe von Tschechows Novellen und erlebte, was für ein mächtiger Schriftsteller mir bis dahin entgangen war.

Ich halte T. literarisch für einen der größten und wichtigsten Schriftsteller des vorsowjetischen Rußland, er übertrifft Gorki weit (was dieser auch in seiner unbestechlichen Art, soviel ich weiß, einbekannt hat) und grade die heutigen jungen Schriftsteller, die alle eingekeilt sind in die abstrusen literarischen Experimente einer sterilen Intellektuellenliteratur auf der einen und in eine allzu primitive Tendenzliteratur auf der anderen Seite, sollten Tschechow lesen und von seiner lapidaren Einfachheit lernen, von seiner leidend aufrichtigen, echt sozialen Sehnsucht, die Menschen zu bessern und auch von seiner tiefen Melancholie, in welcher trotz allem Humor und Ironie wohnen.

Ich liebe Tschechow so sehr, daß ich seine Geschichten immer wieder lese, und ich bin nicht ganz sicher, ob er nicht an Plastik, Wortschlagkraft und Echtheit den anderen wirklichen Meister der europäischen Novelle, Guy de Maupassant, übertrifft, jedenfalls aber spricht uns sein ausgeprägtes soziales Gerechtigkeitsgefühl mehr an. Dieses vermisse ich beim großen Franzosen.

3. Juli 1955

William Faulkner

Die Kurzgeschichte wird zumeist in der gleichen Art konzipiert wie ein Roman. Die erste Aufgabe, der sich der Schriftsteller gegenübergestellt sieht, ist die, das, was er sagen will, so rasch und so einfach zu erzählen, als er nur irgend kann. Und wenn er gut ist, wenn er ein erstrangiger Schriftsteller ist wie Anton Čechov, so kann er das jeweils in zwei- oder dreitausend Wörtern tun. Ist er nicht so gut, so braucht er dazu manchmal achtzigtausend Wörter.

In der Kurzgeschichte, die sich hierdurch bereits dem Gedicht nähert, muß fast jedes einzelne Wort haargenau das richtige sein. Im Roman kann man sorgloser sein, aber nicht in der Kurzgeschichte. Ich meine damit die guten Kurzgeschichten, wie sie zum Beispiel Anton Čechov schrieb. Die Kurzgeschichte verlangt eine größere, eine beinahe absolute Exaktheit. In ihr ist weniger Platz für Plunder.

1957

Lidija Čukovskaja

Die Akmeisten wollten Čechov von Bord des Dampfers der Literatur stoßen, wie zuvor die Futuristen Tolstoj und Puškin. Literarische Schulen vergehen. Čechov bleibt.

1962

Venedikt Erofeev

Anton Čechov in Jalta ein Denkmal zu errichten, ist absolut unsinnig – dort kennt ihn sowieso jeder Hund. In Voronež dagegen – ja, dort hat ihn jeder Hund vergessen, und gerade dort müßte jeder Hund an ihn erinnert werden.

1973

Georges Simenon

Bei Čechov finde ich beinahe alle meine Ziele verwirklicht, nur besser. Vor allem seine Art, die Menschen zu sehen, die ich übernommen habe oder schon von mir aus hatte (welche Rolle äußere Einflüsse oder persönliche Eigenart spielen, ist immer ungewiß). Ich glaube, Čechov ist der erste in der Literatur, der, statt den Menschen als Wesenheit, als in sich vollständige Einheit zu nehmen, ihn in seinem Rahmen und im Auf und Ab des Lebens sieht. In einem Stück von Čechov nimmt man außer den Personen auch alle psychischen Zustände dieser Personen wahr, die von den Begegnungen oder Jahreszeiten, von den Beziehungen zu anderen Menschen oder zur Natur abhängen, und dadurch bekommen sie eine dritte Dimension. Čechovs Prosa ist vollständig; der Autor versucht nicht, sie zu erklären, sondern läßt sie in ihrer Komplexität auf uns wirken.

Im Gegensatz zu den Personen bei den meisten Romanciers kennt sich die Person bei Čechov selbst nicht ganz, sie ist auf der Suche nach sich selbst, so wie jeder von uns im Leben auf der Suche nach sich selbst ist.

1973

Herbert Eisenreich

Čechov hat geschrieben von den täglichen Plackereien der Bauern, der Arbeiter, der Ärzte, der Heilgehilfen; er hat geschrieben von den kleinen Sorgen und den kleinen Illusionen, vom Suff und von der Langeweile, und selbst wenn einmal ein Mord oder ein Selbstmord vorkommt, dann wird dieses Ereignis in der Diktion Čechovs gleichsam eingeebnet zu einem Bestandteil dieser Banalität des Alltags. Čechov wäre damit gewiß nicht mehr auf uns gekommen, wenn er nicht noch etwas anderes gezeigt hätte, in seinem erzählerischen Werk, nämlich daß der Mensch eine Ahnung hat davon, vielleicht eine sehr vage Ahnung nur, daß es hinter der Banalität etwas gibt, etwas, das Čechov nie präzisiert, das er nur das »Wichtige« nennt; und daß der Mensch diese Hoffnung hat nach diesem Wichtigen, die Sehnsucht danach, und daß er sehr oft freilich dieses Wichtige verfehlt, sei es durch äußere Umstände, durch gesellschaftliche Zwänge, sei es durch die eigene Faulheit, die eigene Trägheit des Herzens. Das ist aber Čechovs eigentliches Thema, das Wichtige hinter der Banalität, die Ahnung des Menschen davon. Er handelt davon, was Faulkner in seiner Nobelpreisrede genannt hat: die alten Wahrheiten des Herzens. Und deshalb können wir Čechov auch heute noch lesen; und vielleicht auch deshalb, weil er ein großer Künstler war, und primär Künstler und kein Ideologe. »Zum Teufel mit aller Philosophie«, hat er einmal ausgerufen im Hinblick auf den alten Tolstoj, den Tolstoj der Weltverbesserungstraktate. Und er selbst hat auch die allerstrengsten Vorschriften gemacht für seine Kunst. Er wollte möglichst knapp sein, möglichst klar sein, und er hat damit eine erzählerische Ökonomie erreicht, die, glaube ich, über der von Dostoevskij und der von Tolstoj steht. Das ist auf den ersten Blick gar nicht so einsichtig, man glaubt, das ist irgendwie hingeplaudert, irgendwie hinerzählt; aber wenn man sich die Erzählungen genauer anschaut, dann merkt man, daß man nicht die kleinste Stelle verändern oder weglassen könnte, ohne dadurch das Ganze zu zerstören. Wenn Čechov seine Kunst so rein und zeitlos halten konnte, dann zweifellos deshalb, weil er streng getrennt hat zwischen seiner Verpflichtung als Künstler und seinen Verpflichtungen als Staatsbürger. »Der Künstler«, das hat er immer wieder gesagt, »der Künstler muß so objektiv sein wie der Chemiker, der Künstler darf nichts weiter sein als ein leidenschaftsloser Zeuge.« Als Mensch und Staatsbürger hingegen war Čechov im höchsten Maße engagiert, so war er in seinem Beruf als Arzt, wo er geholfen hatte, wo er nur konnte, und so war er es nicht zuletzt durch sein Buch über die *Insel Sachalin*. Čechov hat erfahren, daß in dieser Strafkolonie grauenhafte Zustände herrschen, und hat sich entschlossen, hinzufahren, um darüber zu berichten, mit der Begründung, eine Gesellschaft, die Tausende von Menschen dort hinschickt, die Millionen ausgibt dafür, die muß sich dafür interessieren, was dort geschieht, und wie es dort aussieht. Das Buch konnte sogar erscheinen nach anfänglichen Schwierigkeiten mit der Zensur, und hat dazu beigetragen, daß zumindest die ärgsten Schwierigkeiten beseitigt worden sind. Und so lernen wir, in dieser zehnbändigen Gesamtausgabe des erzählerischen Werkes, den ganzen Čechov kennen, den ganzen Čechov, der als Mensch von unendlicher Güte und Liebe war, und als Künstler eine der reinsten und klarsten Erscheinungen nicht nur der russischen Literatur. Und im Hinblick auf den ganzen Čechov versteht man den Ausspruch, so muß man wohl sagen, von Maksim Gorkij: »Ich verpflichte mich, jeden, der Čechov kritisiert, umzubringen.« Und zumindest in diesem Punkt bin ich als ein dankbarer Schüler Čechovs durchaus solidarisch mit Maksim Gorkij.

18. Oktober 1976

Peter Handke

Gorkij, Dostojewskij und Tschechow haben meine Welt, mich selbst geformt. Tschechow ist mein Ideal. Ich möchte so schreiben wie er – frei, natürlich, ohne die Form zu zwingen, ohne zu dramatisieren und unauffällig und präzis. Tschechow zieht mich noch deshalb an, weil er aller Hysterie fern ist, in der ich meine Gefahr sehe. Tschechow ist ein ruhiger Epiker, vielleicht weil er einen anderen Beruf hatte, weil er ein Arzt war.

April 1978

Michael Frayn

Čechov ist einer der wenigen bedeutenden Schriftsteller in der gesamten Geschichte der Literatur, der sowohl Prosa als auch Drama absolut meisterhaft beherrschte. Autoren, die zuerst Prosa und dann Theaterstücke schreiben, wird es oft zum Verhängnis, daß sie ihre Sprache als Autor verlieren. Sie zwingen ihre Figuren, das zu sagen, was sie selbst nicht mehr direkt sagen können; und die Figuren unterwerfen sich diesem Zwang nur sehr widerwillig. Daß Čechov diese schmale, aber eigenartig tiefe Kluft überschreiten konnte, lag an der Klarheit seines Stils. Schon in seinen Erzählungen (auch wenn er nie eine einzige Zeile für das Theater geschrieben hätte, wäre er einer der wunderbarsten Schriftsteller, die es je gegeben hat) schreibt er sehr einfach und sparsam. Selbst aus der kürzesten Erzählung tauchen ganze Landschaften mit ihren Menschen auf und erstrecken sich bis zum Horizont; und doch entsteht jede Erzählung aus dem tiefsten Inneren ihrer Figuren. Čechov scheint in jeder einzelnen Figur leben zu können, und zwar so vollkommen und natürlich, wie sie selbst in sich leben. Er kann ein Bauer sein, eine alte Bauersfrau, und den ganzen langen Winter mit der Bauernfamilie eingeschlossen in ihrer Hütte leben. Und doch sieht er die Figuren gleichzeitig von außen mit gänzlich unsentimentaler Kälte und Ironie.

1978

Walter Boehlich

Bei Čechov, denke ich mir, ist Heimweh im Spiele, die Sehnsucht nach einer Zeit, die für immer vergangen ist, und mit ihr ist etwas vergangen, das wir trotzdem zu brauchen glauben und auf keine andere Weise mehr zurückgewinnen können als durch Lesen. Was Čechov über unsere sentimentalen Bedürfnisse erhebt, ist seine eigene Kritik an dem, was er entschwinden sah; das macht ihn für uns, unsere bewußten Augenblicke, möglich. Wäre es nur das alte »fuit antea tempus«, wären es nur all diese ausgeträumten Träume, nur die Trauer um den Kirschgarten, in den wir uns alle zurücksehnen, dann brauchten wir heute Čechov kaum, oder wir sollten ihn jedenfalls nicht zu brauchen glauben. Was ihn für uns Nachgeborene nach hundert Jahren noch haltbar macht, ist seine Gewißheit, daß das, was vor seinen Augen zugrunde gegangen ist, zugrunde gehen mußte, durch die Schuld derer, die es besaßen, durch die Schuld der Besitzenden.

Aber dieser so stille, so nostalgisch scheinende Čechov hat eben nicht nur seine Erzählungen und seine Dramen geschrieben, sondern auch das Buch über die *Insel Sachalin*, die russische Sträflingskolonie. Als er dreißig war, hat sie ihn gepackt wie ein Fieber, diese »mania sachalinosa«. »Ich bin froh« – schreibt er einmal – »daß in meiner belletristischen Garderobe auch dieser grobe Häftlingskittel hängen wird.« Dem unverständigen Suvorin schreibt er vor seiner Abreise: »Aus den Büchern, die ich gelesen habe und lese, geht hervor, daß wir in den Gefängnissen Millionen von Menschen haben verfaulen lassen, umsonst verfaulen, ziellos, barbarisch; wir haben die Menschen in Ketten Zehntausende von Verst durch die Kälte getrieben, mit Syphilis infiziert, demoralisiert, Verbrecher vermehrt und all das auf die rotnasigen Gefängnisaufseher abgewälzt. Heute weiß das gesamte gebildete Europa, daß nicht die Aufseher schuld sind, sondern wir alle, aber uns geht das nichts an, für uns ist das nicht von Interesse.« Wir, die wir Schlimmeres getan haben, haben auch unsere Suvorins, aber halten sollten wir uns wohl doch an den einen Čechov.

1981

Barbara Frischmuth

Die Erzählung heißt *Zeit, Tschechow zu lesen.*

Sonst nur so viel, daß ich Čechov seit langem liebe, verehre und immer wieder lese. Besonders die Briefe, die ich für das Berührendste an Brief-Literatur halte unter dem, was ich kenne.

10. Dezember 1982

Peter Rosei

Viele Erzählungen Čechovs (oder doch Teile von ihnen) lassen sich auf ein, zwei »strahlende« Bildkerne verkürzen: der berühmteste ist wohl die Wassermelone, von der Gurov sich ein Stück abschneidet, als wäre die Melone die Dame mit dem Hündchen selber. – Oder der rosafarbene Rauch, der aus der Lokomotive aufsteigt, hinten die Kirchenkreuze, die in der Abendsonne leuchten, das grüne Dach der Schule: da schauen wir der armen Marja Vasiljevna direkt ins Herz.

Im übrigen hab ich noch Čechov nach Sachalin begleitet, und es nicht bereut. Was soll man sagen? Dies vergangene Leid zeigt ja nur, daß das heutige in anderer Gestalt auftritt. Wenn Leid eine Flüssigkeit wäre, so eine, die nicht versickern kann.

Čechov ist der Strukturalist, der noch nicht vergessen hat, daß das Erkennen einer Struktur nicht Selbstzweck ist; also kein »Vergnügen am Text«.

Mir scheint, er setzt seine Hoffnung auf die Dialektik zwischen der Darstellung des Leides und dem Mitleid, das damit, unter anderen Gefühlen, beim Leser ausgelöst wird: zuletzt käme dann der Umschlag in die dritte Qualität, die nur Aktion sein kann.

4. Juli 1983

Helmut Eisendle

Čechov, ein wichtiger Vorfahre von unsereinem aus einer fremden Zeit! Er, Herr Čechov, schrieb – wenn die Übersetzung stimmt, was ich nicht beschwören kann – in seiner lustigen Geschichte *Der Schriftsteller* folgendes:

»Was denn für eine Arbeit!

Hingesetzt, hingeschrieben und fertig. Geschriebenes kann man weder essen noch trinken... gespucktes Zeug! Keinen Rubel wert!«

Gut. Wenn Čechov diese Sätze auch einem seiner bösen

232

Protagonisten, Herrn Zachar Semenyc, in den Mund gelegt hat, kann ich nicht umhin, meinem großen Kollegen für seinen verschwiegenen Zynismus zu danken.

Was denn, über Čechov!

Was denn für eine Arbeit!

Hingesetzt, hingeschrieben und fertig. Geschriebenes kann man weder... noch... Gespucktes Zeug! Keine Mark wert!

31. Dezember 1982

Heinrich Böll

Als junger Mann – so mit siebzehn, achtzehn – erwarb ich aus einem Ramschkatalog – für Bücher zum Ladenpreis hatte ich kein Geld – um ein paar Groschen die ersten kleinen Bände mit Čechov-Erzählungen: ich spürte ihren Reiz, fand aber keinen Zugang: dieser Čechov war zu »trocken«, auch zu kühl – und erschien mir zu routiniert; die »Offenheit« der Schlußpassagen und -szenen erschien mir als ausweichend, hingetupft – aber gerade dieses Hingetupfte empfand ich bei späterer Lektüre als seine Stärke, und Hintupfen, das brachte mich auf einen Vergleich: er ist der große Aquarellist unter den russischen Erzählern des 19. Jahrhunderts, und es ist kein Zufall, daß sein umfangreichstes Werk (jedenfalls das mir bekannte umfangreichste) ein großartiges Skizzenbuch, eben die *Insel Sachalin* ist; mein musikalischer Vergleichsautor wäre Chopin, den man allzu leicht als »unernst« abtut. Erst spät – bei wiederholter Čechov-Lektüre in den vergangenen Jahren – ist mir klar geworden, daß die fast zahllosen Skizzen, Gestalten, Beschreibungen des Kleinstadt- und Landlebens – etwa in *Mein Leben, Rothschilds Geige*, auch in *Die Bauern* oder *Auf dem Gutshof* – vielleicht dem »wahren Rußland« näherkommen als die Beschreibungen der großen Gestalter von unsterblichen Ideen, Problemen, die allgemein menschlich sind, westlich, antiwestlich, slawophil oder antislawophil, mehr oder weniger – was auch ihre Größe ausmacht – tendenziös, ideologisch und dogmatisch; insofern empfinde ich Čechov weit »realistischer« (vorausgesetzt ist, daß man über den Begriff »Realismus« einige Wochen lang streiten müßte) als etwa Gorki, der – mir jedenfalls – »naturalistischer« vorkommt.

Čechovs Stücke lese ich lieber, als daß ich sie sehe – das Gehauchte, Getupfte bleibt mir so besser erhalten, und ich fürchte eben immer, daß Regisseure sich selbst inszenieren, immer mehr.

Über allem liegt bei Čechov eine fast wieder metaphysische Melancholie, mit der das Vergängliche unvergänglich wird. Was ich außerdem an ihm bewundere, ist sein ungeheurer Fleiß und sein Selbstverständnis als Arzt und Berichterstatter über Sachalin; *Sachalin* sollte Pflichtlektüre werden für alle, die auch nur irgendwo, irgendwie mit dem sogenannten Strafvollzug zu tun haben.

28. Dezember 1983

John Huston

Joyce' Erzählungen sind für Irland das, was Čechovs Erzählungen für Rußland sind. Joyce war wahrscheinlich von Čechov beeinflußt..., gerade in seinen frühen Jahren, als er die *Dubliners* schrieb.

1987

Der Briefschreiber

Wieviel wissen wir von Čechov aus seinen Briefen? War das alles? Natürlich nicht. Glaubst Du nicht, daß er ein ganzes Leben voller Sehnsucht hatte, von dem kaum ein Wort in den Briefen steht? Dann lies seine letzten Briefe. Da hat er die Hoffnung aufgegeben. Wenn man diese letzten Briefe aller Sentimentalität entkleidet, dann sind sie schrecklich. Es gibt da keinen Čechov mehr. Die Krankheit hat ihn verschlungen.

Katherine Mansfield, 14. 10. 1922

Der insgesamt ausgeglichenste Mensch unter den Schriftstellern, die ich kenne, war wahrscheinlich Čechov. Aber ich fürchte, das Innenleben dieses Mannes wird uns zum größten Teil immer unzugänglich bleiben. Als Mensch war er sehr verschlossen, und es gab ja damals noch keine Interviews wie dieses. Wenn er nicht von sich aus in einigen Essays seine Grundsätze und sein persönliches Leben beschrieben hätte, wüßten wir überhaupt nichts über seine Person.

Arthur Miller, 1958

John B. Priestley

Čechov als Kritiker und Lehrer

Es war eine gute Idee, aus der Fülle von Čechovs Korrespondenz die Briefe über Literatur und Theater auszuwählen und einen Band daraus zu machen. Čechovs Einfluß war bereits enorm und ist zweifellos noch nicht zu Ende. Freimütig bekennen sich unsere besten Kurzgeschichtenschreiber als in seiner Schuld; einmal wegen der Anregung, der sie eine fortgesetzte und begeisterte Beschäftigung mit seinem Werk verdanken, zum anderen wegen des direkten Einflusses seiner Technik und seiner scharfsinnigen Beobachtungen über das Schreiben von Erzählungen im allgemeinen. Für das Drama hat er bislang eine geringere Rolle gespielt. Doch hier, vermute ich, wird sein Einfluß sogar noch größer sein, und sei es nur deswegen, weil er in *Drei Schwestern* und im *Kirschgarten* Erstaunlicheres geleistet hat als selbst in den besten Kurzgeschichten. Mir scheint, daß er im Drama, der widerspenstigsten aller Formen, mehr Wunder vollbracht hat als in der kurzen Erzählung. In der Erzählung mag er der vollkommenere Künstler gewesen sein, aber als Neuerer, als Einfluß, wird der Dramatiker den Erzähler noch in den Schatten stellen. Wenn ein Dramatiker wie Mr. Bernard Shaw, viel älter als Čechov, erfahrener im Theater und weit bekannter, Čechovs Einfluß so offensichtlich erkennen läßt wie in *Haus Herzenstod*, kann man sicher sein, daß dieser Einfluß weiterreichen wird. Tatsächlich haben wir eben erst begonnen.

Aber ein Leser, der, wie ich, tiefer von Čechovs Dramentechnik beeindruckt ist als von seinen erzählerischen Methoden, beschließt die Lektüre dieser Briefe mit einem Gefühl der Enttäuschung. Zwar ist ein Teil der Briefe den Dramen gewidmet, doch Čechov beschäftigt sich darin nahezu ausschließlich mit der Thematik und der Besetzung seiner Stücke. (Natürlich sind da für jeden Regisseur einige unschätzbare Hinweise zu finden.)

Eine andere Abteilung ist seiner Kritik an Stücken gewidmet, die Freunde ihm zur Beurteilung vorgelegt hatten. Diese Briefe widerlegen den von dummen Theatergängern erhobenen Vorwurf, wonach er weder etwas vom Theater noch vom Stückeschreiben verstanden hätte. Er erweist sich als eifriger Erforscher der dramatischen Technik. Wie alle genuinen Neuerer machte er sich als erstes gründlich mit dem vertraut, was er umstürzen sollte, bevor er es umstürzte. Er kannte sämtliche Tricks, und schob sie erst dann beiseite. Aber – und das erklärt unsere Enttäuschung – er mochte wohl an keiner Stelle darlegen, was er in seinen späteren Stücken vorhatte. War er sich in den Dramen seiner Technik weniger bewußt als in den Geschichten? Oder war es nur, daß er während seiner Phase als Dramatiker älter, weniger drängend und müder war und technische Fragen deshalb nicht mit der jugendlichen Gründlichkeit und Begeisterung behandeln konnte, die er in seinen frühen Briefen an zeitgenössische Romanschriftsteller erkennen läßt?

Das mit Sicherheit wichtigste Kapitel des ganzen Buches ist überschrieben mit »Die Kunst der Kurzgeschichte«, in dem wir zahlreiche Briefe an Schriftstellerkollegen finden. Jeder, der einmal versucht hat, selbst eine Kurzgeschichte zu schreiben, jeder, der gern moderne Kurzgeschichten lesen, dies mit Verstand tun und ihre Entwicklung begreifen will, sollte diese Briefe erwerben. Sie enthalten viel Fleisch. Man nehme nur eine Beobachtung wie diese:

»Ja! Irgendwann hatte ich Ihnen geschrieben, man müsse gleichgültig sein, wenn man traurige Erzählungen schreibt. Und Sie haben mich mißverstanden. Man kann über Erzählungen weinen und stöhnen, man kann gemeinsam mit ihren Helden leiden, aber ich finde, man muß das so machen, daß der Leser nichts davon bemerkt. Je objektiver, desto stärker wird der Eindruck.«

Und ein Jahr später wiederum, an denselben Adressaten:

»Sie machen gute Fortschritte, aber lassen Sie mich meinen Rat wiederholen – schreiben Sie mit mehr Gleichmut, kühl. Je empfindlicher der Gegenstand, desto bedachter sollte man ihn beschreiben – desto ergreifender ist schließlich die Wirkung.«

Diese Beobachtung ist für jeden Schriftsteller Gold wert. Warum läßt uns das Pathos so vieler Autoren, sogar großer Autoren wie Dickens und Sterne, nicht nur unberührt, sondern stößt uns sogar ab? Weil sie sich so ausgiebig an ihren Gefühlen weiden. Doch wenn ein Erzähler sich nicht nur nicht in Gefühlen ergeht, sondern seinen Gegenstand mit betonter Kühle behandelt, dann verstärkt eben diese Kühle unsere Empfindungen. Čechov war klug genug, diesen Trick auf das Theater zu übertragen. Ein Theaterstück hat keinen Erzähler, der in gefühlsträchtigeren Augenblicken Gleichmut zeigen kann, sondern es bringt eine Anzahl von Personen zusammen. Angenommen, eine von ihnen empfindet etwas besonders tief und rührt dabei sehnsuchtsvoll an einen verborgenen Traum; wenn sich dann die anderen völlig gleichgültig verhalten, mit ihren eigenen Gedanken und Angelegenheiten beschäftigt, so hat dies auf das Publikum die gleiche Wirkung. Wenn niemand Interesse zeigt oder berührt ist, dann zeigen sie, die Zuschauer, Interesse, fühlen sich berührt. Und das erklärt, was viele verwirrt hat, die die jüngste Inszenierung des *Kirschgartens* gesehen haben; es erklärt, warum seine Personen so unabhängig voneinander erscheinen, so gleichgültig und unaufmerksam anderen gegenüber.

Was ist nun die Substanz des Rates, den Čechov so freigebig zeitgenössischen Prosaschriftstellern erteilt? Was ist die Čechovsche Erzählmethode? Sie läßt sich, kurz, beschreiben als die Umwandlung des Subjektiven in Objektives. Čechov bezeichnete sich selbst als objektiven Schriftsteller (er benutzt diesen Begriff ständig), doch das stimmt nicht ganz. Als Kind seiner Zeit zielt er in Wirklichkeit auf Subjektives ab, d. h. er ist nicht so sehr an Handlungsabläufen interessiert als an Seelenzuständen. Aber er macht es sich nicht, wie die meisten typisch modernen Schriftsteller, zur Aufgabe, Seelenzustände zu beschreiben. Er beschreibt, so kurz wie möglich (und er besteht immer und überall auf Knappheit, auf der schlichten Aussage), äußeres Ereignis, Handlungsablauf und Dialog, und daraus schließen wir auf die Empfindungen seiner Personen. »Wenn ich schreibe«, hat er einmal gesagt, »rechne ich fest auf den Leser, in der Annahme, daß er die in der Erzählung fehlenden subjektiven

Elemente selbst hinzufügt.« Deshalb trennen ihn Welten von der Mehrzahl unserer typischen Modernen, die vom ersten bis zum letzten Kapitel im Bewußtsein ihrer Helden und Heldinnen wühlen. Und die Čechovsche Methode ist zweifellos die Methode für das Erzählen schlechthin, für die reine und schlichte Erzählung (für einen Roman kann manches ganz anders sein, etwa die *Pickwickier*); und sie oder ähnliches ist die Methode, die sich die beste Erzählliteratur in unmittelbarer Zukunft aneignen wird. Die Joyces unserer Erzählliteratur stehen nicht am Anfang einer neuen Ära, wie so viele zu glauben scheinen, sondern am Ende einer alten; sie sind ein heftiger, logischer Abschluß, ihr Name ist finis. Die andere Methode, bei der eine scheinbar schlichte Objektivität der Darstellung einer subtilen Subjektivität der Anteilnahme dient, ist alles andere als einfach; sie läßt keine Täuschungen zu; sie verlangt Genie, wahre Imagination. Der Schriftsteller muß vollkommen in seinem Gegenstand aufgehen, muß mit ihm leben, bis er schließlich das Wesentliche an ihm erkennt, und seine scheinbar schlichten, direkten Aussagen gewinnen beschwörende Kraft. Wenn man diese Art der Erzählliteratur überhaupt mit einem Wort beschreiben kann, so können wir sie »beschwörend« nennen. Sie ist das Beste, was sich in der zeitgenössischen Literatur ereignet.

17. Oktober 1925

Georges Banu

»Heute lasse ich meine Seele ausruhen, indem ich Briefe schreibe«[1]

Čechov hat viele Briefe verschickt. Aus Moskau, aus Sachalin, aus Jalta, aus Nizza... Wenn das Bekenntnis auch fehlt, so ist dagegen das Reale immer vorhanden: die Finanzen, das Wetter, die Natur und, manchmal, die Krankheit.

Čechov erklärte sich unfähig, über etwas anderes als Literatur zu schreiben. Dennoch hat er in den Briefen über sich geschrieben, wenn auch immer via negativa, ausgehend von einem bestimmten Gegenstand, den er ausarbeiten oder aber beiseiteschieben wollte. Čechov braucht das Ablenken und Ausweichen, und er überläßt dem anderen die Mühe, den Entwurf eines Plans, eines Projekts aufzuzeichnen. Fragmentarisches Projekt, denn es hat nichts von einem echten Programm, und flüchtiges Projekt, denn es ist nichts als das Zeichen eines momentanen Bandes zwischen Čechov und denjenigen, die sich über seine Briefe beugen.

»Zwischen ›es gibt Gott‹ und ›es gibt keinen Gott‹ liegt ein riesiges Feld«[2]...

... das Feld des Realen, »das ein echter Weiser mit großer Mühe durchschreitet«[3]. Und Čechov sieht keinen Grund, dieses Feld zu verlassen, denn es gibt keine Tragödie, die es überträfe: »Wozu mußte Hamlet sich mit Visionen nach dem Tode quälen, wo doch das Leben heimgesucht wird von viel schrecklicheren Visionen?«[4] Und vielleicht wollte er sich das beweisen, indem er Sibirien bis zum GULAG von Sachalin, der russischen Hölle, durchquerte. Es ging ihm nicht nur darum, einen Skandal anzuprangern, sondern auch darum, sich mehr und mehr dem Realen zu nähern, dieser Wirklichkeit, die schlimmer ist als der Tod. Suvorin, der beunruhigt ist über das, was Čechov über seinen Aufenthalt auf der Insel schreibt, bekommt die Antwort: »Nein, dieses mein Kindsbalg kann ich nicht hinwerfen. Wenn mich die Langeweile der Belletristen ankommt, ist es mir oft angenehm, mich mit Nichtbelletristischem zu befassen.«[5] Das Čechovsche Ausruhen: Schreiben über das Reale im Reinzustand.

Einem der wenigen ihm wichtigen Menschen, P. I. Čajkovskij, schreibt Čechov, in seinen Erzählungen seien »die künstlerischen Elemente stark vermischt mit medizinischen«[6]. Der Schriftsteller-Arzt hat nur Augen für das, was ihn umgibt, für das, was seine Sinne empfinden und überwachen. Er prüft, nicht flüchtig, mit teilnahmslosem Blick, sondern im Gegenteil mit einem Blick, der die Welt ohne ideologische Entstellungen und

Verzerrungen erfaßt: »Wie Reporter ihre Berichte über Feuers-brünste schreiben, so schrieb ich meine Erzählungen: mecha-nisch, halb unbewußt.«[7] Es gibt also keine vorgängige Auswahl, denn für Čechov muß der Schriftsteller, wie der Chemiker, mit dem Realen als Ganzem fertig werden. Nur auf dieser Grundlage kann er es weiteren Eingriffen unterziehen.

Im Verlauf langer Stunden, die er im Garten verbringt oder beim Fischen, verfeinert Čechov seinen Blick. In der Stille, dösend, vernichtet er sein Ich, um zu sehen, um sich vom Äußeren durchdringen zu lassen. Er führt so, aber ohne auf dieselbe Weise zu theoretisieren, die Übungen des orientalischen Weisen durch, der sich mit starker Konzentration zwischen Wachen und Schlafen hält. Das ist die halluzinatorische Wirkung des gelenkten Blicks, der durch seine Beharrlichkeit die Mauern der Klarsicht aufbricht. Das ist es, was Čechov meiner Meinung nach dem moralisierenden Suvorin gegenüber verteidigte: »Sie schreiben – mein Ideal sei die Faulheit. Nein, es ist nicht Faulheit. Ich verachte die Faulheit, so wie ich Schwäche und Trägheit der seelischen Regungen verachte. Ich habe nicht von Faulheit gesprochen, sondern von Müßiggang.«[8] Der Müßig-gang ist also nichts anderes als dieser intensive Zustand, in dem das Auge fähig ist, alles aufzunehmen, denn nichts vermag es zu stören. Weder der Wunsch zu leben noch die Angst zu sterben. Immer dieser Zwischenzustand, der »Hang zu kaltem Schlaf«[9].

»Ein großer Mond und um ihn herum eine Masse sehr kleiner Sterne«[10]...

...damit dieses »harmonische Ganze«[11], das eine Erzählung zu sein hat, »gleich ins Gehirn geht, augenblicklich«[12]. Čechov verabscheut den Pointillismus, der das übermäßig detaillierte Bild verschwommen macht, denn das, wovon er träumt, ist eine umfassende und sofortige Wahrnehmung. Das Ganze erfassen – den Mond und die Sterne, die Person und die Natur –, das ist das höchste Ziel. Um es zu erreichen, müssen sich die Umrisse klar und sparsam abheben, wodurch Ungenauigkeit wie übertriebe-ner Reichtum vermieden werden. Die Zersplitterung schadet

dem Blick und verwirrt das Gedächtnis. Dagegen lassen Knappheit der Striche und Genauigkeit der Komposition ein synchro-
nes Erfassen der Beschreibung zu: »In Naturbeschreibungen
muß man sich an kleine Einzelheiten halten, die man so grup-
piert, daß sie beim Lesen, wenn man die Augen schließt, ein Bild
ergeben«[13], rät Čechov, der die Landschaftsfresken des neunzehnten Jahrhunderts zugunsten von Bildern von einer sozusagen japanischen Präzision ablehnt.

Čechov beruft sich immer auf das Gesetz der Sparsamkeit, das
sowohl für die Komposition als auch für das Sprachmaterial zu
gelten hat. Man muß immer abbauen, um zur Anmut, zur
Leichtigkeit zu gelangen: »Wenn ein Mensch auf eine bestimmte
Handlung die geringste Menge an Bewegungen verwendet, so ist
das Grazie«[14], schreibt er an Gorkij.

Man legt »den Mond und die Sterne« frei, indem man alles
wegläßt, was die Sicht zu behindern und den Gehalt zu beein-
trächtigen droht: die Neologismen, die gesuchten Ausdrücke,
die damals geschätzten Wendungen wie ideeller Aufschwung
[essor idéal] und, »wo es möglich ist, die Attribute zu den
Substantiven und den Verben«[15]. Keinen Pomp, keinen
Schmuck. Die Vergleiche oder die Metaphern, welche die Natur
vermenschlichen, verdunkeln sie: um sie zu sehen, ist man es sich
schuldig, nicht in sie einzufallen. In Čechovs Augen ist nur die
Feststellung dessen legitim, was man »die Handlungen der
Natur« nennen könnte: »die Sonne war untergegangen«, »es
wurde dunkel«, »es fing an zu regnen«[16]. Ereignisse. Im Rahmen
dieser Ablehnung von Ungenauigkeit und Verworrenheit lobt
Čechov den Punkt und lehnt alle Zeichen der Unsicherheit ab:
Anführungszeichen, Klammern, und, vor allem, Auslassungspunkte. Ihre Zweideutigkeit stört den Schriftsteller, der sich um
die Sparsamkeit eines Bildes sorgt, mit dem die Vollendung des
»Himmelsgewölbes« erreicht werden soll. Der Gehalt der Erzählung gehört letztlich nicht in den Bereich des Fragments,
sondern in den Bereich des Mikrokosmos, und er braucht die
Solidität des Atoms.

Čechov übt sich, wie schon gesagt, in der Beobachtung des
Realen, ohne sich indessen in seiner Arbeit dem flüchtigen

Zauber der freien Natur hinzugeben. »Ich kann nur nach Erinnerungen schreiben; ich habe nie direkt nach der Natur geschrieben. Mein Gedächtnis muß den Gegenstand filtern, damit wie in einem Filter nur das zurückbleibt, was wichtig ist.«[17] Er unterzieht die Wahrnehmung der Prüfung durch das Gedächtnis, durch die Zeit, um das geistige Bild blank zu putzen und ihm unter Beibehaltung der Spuren des Konkreten eine neue Klarheit zu verleihen. Nur sie vermag diese »gleichzeitige Wahrnehmung« herbeizuführen, die Čechov in einer Zeit anstrebt, die noch geblendet ist von der Größe der epischen Entwicklungen.

Die allmähliche Beförderung des geistigen Bildes zur Niederschrift wird nie sichtbarer als in der Arbeit für den *Kirschgarten*. Am Anfang schreibt Čechov, das Stück »hat kaum in meinem Gehirn aufgeleuchtet«[18]. Ein Jahr später, im Februar 1903, berichtet er Stanislavskij: »In meinem Kopf ist es bereits fertig. Es heißt ›Der Kirschgarten‹.«[19] Das geistige Bild hat sich im Titel kristallisiert, der als erstes davon zeugt.[20] Und schließlich eine letzte Etappe im März: »Ich habe das Papier auf dem Schreibtisch zurechtgelegt, und ich habe den Titel hingeschrieben.«[21] Genau wie der orientalische Künstler, der seinen Plan geistig bereits verwirklicht hat, legt er das Schreibzeug zurecht, das Werkzeug der überlegten Spontaneität. Langsamkeit und Geschwindigkeit eines Blitzes. Sechs Monate später befürchtet Čechov, der den gewollten Rhythmus nicht hat einhalten können, man merke das dem Werk an: »Das Schlechteste am Stück ist, daß ich es nicht in einem Zuge, sondern daß ich lange, sehr lange dran geschrieben habe, so daß eine gewisse Zähigkeit zu spüren sein muß.«[22] Die berühmte Čechovsche Geschwindigkeit ist nichts anderes als das Hervorsprudeln eines über lange Zeit gereiften Bildes: »Drei Jahre lang habe ich den ›K.g.‹ schreiben wollen.«[23]

»Es lohnt sich nur, ehrlich zu sein: sich überall über Bord zu werfen«[24] ...

...»sich von sich selbst zu befreien«, predigt Čechov mit dreiundzwanzig Jahren seinem schreibenden Bruder. Das Werk verlangt die Aufhebung des Ichs, denn das Ich verfälscht die Wiederherstellung des Realen und entstellt es durch Mißbrauch der Subjektivität. Die Subjektivität beeinträchtigt sowohl den Blick als auch das Gedächtnis: die Wahrnehmung des Realen ist begrenzt, und das geistige Bild unklar. Die Askese des Ichs ist die erste Voraussetzung des Schreibens.

Čechov verhehlt die Schwierigkeit der Aufgabe nicht. Das Vergessen des Ichs erfordert Verbissenheit und Verzicht, wenn es zum »Gefühl der persönlichen Freiheit«[25] führen soll. Mit neunundzwanzig Jahren, als er dieses Gefühl eben erst gestreift hat, gesteht er ein, welchen Preis er dafür bezahlt hat: den »Preis der Jugend«[26]. Čechov erkennt sich in keinem Programm, ohne indessen abzuleugnen, daß der Schriftsteller eins haben müsse. Und er, der Müßiggänger, unterzieht sich dem härtesten: er hält sich im Hintergrund.

Er will nicht eine Ethik schaffen, indem er das Ich zum Schweigen bringt: was er sucht, betrifft nur den Schriftsteller. Sein Rückzug hat keinen anderen Grund als den, dem Werk eine Öffnung zu lassen, die den Lesern mitteilt, daß sie erwünscht sind. Es gibt nur dann einen Platz für die Leser, wenn sich die Stimme des Schriftstellers nicht zur einzigen Macht erhebt, zur höchsten Instanz. Seine Abwesenheit bietet ihnen einen Bereich an, in den sie investieren können. Eine Art anonymes, »konzentriertes Leben«.

Wenn das letzte Wort Čechovs »seien Sie kalt«[27] sein kann, dann deshalb, weil man nur dann imstande ist, »die Dinge klar zu sehen, gerecht zu sein und zu arbeiten«[28], wenn man die Mauern der Subjektivität überwunden hat. Um die Verblendung durch Programme zu vermeiden, muß man sich zunächst darin üben, sich zu vergessen, damit man tatsächlich das Reale, das Nahe betrachtet.

»Als könnte eine schöne Zukunft diese Lüge sühnen!«[29]

Čechov verneint die Notwendigkeit, die Wahrheit zu unterdrücken, um zu ihr zu gelangen. Keine »schöne Zukunft« kann mit diesem Preis bezahlt werden, und er würde sie sogar dann zurückweisen, »wenn man mir für ein Zolotnik gemeiner Lüge einhundert Pud Seligkeit verspräche«[30]. Dieser Unbeugsamkeit liegt nicht nur seine eigene Abneigung gegen das Unwahre zugrunde, sondern auch seine Überzeugung, daß sich keine Sache, und sei sie noch so gerecht, dem Unwahren entziehen könne. Sobald sie sich in dieses Räderwerk hineinziehen läßt, entgeht nichts mehr dem unwiderstehlichen Zyklus des Verfalls. Für einen Čechov, der davon überzeugt ist, daß die neuen Zeiten – vorausgesetzt man hält sie für möglich – nur auf dem Boden der Wahrheit entstehen können, nimmt die Moral die Bedeutung eines politischen Imperativs an. Wer würde eine solche Herausforderung annehmen? Auf keinen Fall der einsichtige Mensch, der Mensch des stillen Einverständnisses, der Zeitumstände, des Relativen, sondern vielleicht nur »das Genie«, jener, der zu sagen wagt, »das ist eine Lüge, also darf man sie nicht aufrechterhalten«[31]. Čechov glaubt indessen nicht an den exemplarischen Helden – die Geschichte ist nicht mehr zu retten – und er sagt voraus: »Moskau ist eine Stadt, die viel zu leiden haben wird.« Wenn schon die Politik den Lockungen der Lüge nicht widerstehen kann, so muß die Literatur jeden Kompromiß meiden, der sie um ihre Raison d'être bringen könnte. Sie hat nur ein Gesetz, nur eine Legitimation: das Wahre.

In einem berühmten Brief weist Čechov mit Vehemenz auf einen schwerwiegenden Irrtum seines Gesprächspartners hin: »Sie verwechseln zwei Begriffe: die Lösung der Frage und die richtige Stellung der Frage. Nur zum zweiten ist der Künstler verpflichtet.«[32]

Indem er sich jedem theoretischen Gedankenflug verweigert, nähert sich der Schriftsteller sorgfältig dem Realen, um die Fragestellungen daraus herauszuschälen: das Erfassen der wahren Fragen ist bereits eine gewaltige Aufgabe, und sie genügt. Es liegt nicht an ihm, mit Hilfe von Strafe und Belohnung Grundsätze aufzuzwingen. »Der Künstler soll nicht Richter..., sondern nur ein leidenschaftsloser Zeuge sein.«[33] Den anderen, den Lesern, einem jeden obliegt es zu entscheiden.

Warum aber ein solches Sichzurückziehen, eine solche Distanz? Ist es eine Strategie des Prosaschriftstellers, der sich nicht

mit »gefesselten Füßen und Fäusten«[34] ausliefern will? Aber die
Ungewißheit, die er auf sich nimmt, wird doch spürbar. Ungewißheit in bezug auf die Menschen, die, nach Ansicht Čechovs,
alle zwischen zwei Polen schwanken – dem der Fehlbarkeit und
dem der Undurchsichtigkeit – zwischen »alle Menschen sind
Sünder«[35] und »die Seele des anderen ist ein dunkler Wald«[36]. Es
genügt also ein Sturz, ohne daß er die Gründe dafür zu liefern
oder ein Urteil abzugeben hätte.

Er lehnt jedes Programm ab, die Sicherheit, die blind macht,
und fährt fort, »die Irrtümer, d. h. die Menschen«[37] zu untersuchen. Doch verwandelt er schließlich die Machtlosigkeit in
Macht. Preisgegeben, schreitet er ohne Licht voran. »Man
schreibt, weil man mit der Nase in die Erde stößt und nicht
weiter kann«[38], gesteht er Gorkij. Es ist nicht lange her, daß
Heiner Müller dieselbe Gleichung beizog: Schreiben oder der
Optimismus der Maulwürfe.

»Der Mohammedaner gräbt zur Rettung seiner Seele einen
Brunnen.«[39]

Wenn es eine Hoffnung gibt, so kann sie nur auf der Seite des
Konkreten, des Unmittelbaren liegen, der Handlungen, die über
das Individuum hinausgehen, ohne aber letzte Lösungen anzu-
streben. Čechov faßt keine davon ins Auge. Doch da die
Verankerung fehlt, wankt er manchmal: »Ich weiß nicht, wer
sich durch meine Lippen verkündet, ob Gott oder einer, der
geringer ist als er.«[40] Flößt ihm die hoffnungsvolle Stille Angst
vor den Dämonen ein?

Für Čechov gibt es keinen Ausweg: man verbessert das Reale,
aber man findet keine Antwort darauf. Was uns noch zu
vollbringen bleibt, ist, die Weisheit des Mohammedaners zu
übernehmen. »Es wäre schön, wenn jeder von uns eine Schule,
einen Brunnen oder etwas Ähnliches hinterließe.«[41] Gesten, die
dem Leben nahestehen. Dank ihnen kann man von jemandem
sagen, er habe etwas getan, »damit sein Leben nicht spurlos
vorübergeht und sich in der Ewigkeit verliert«[42]. Als man
Brancusi bat, ein Denkmal zu schaffen für den Begründer des

konfessionslosen Unterrichts in Rumänien, wollte er einen Brunnen errichten. Niemand verstand, und der Staat ließ eine Statue aufstellen.

Čechov redet schließlich nicht mehr vom Schriftsteller, sondern vom Menschen, vom Menschen allein, der, einzig auf sich selbst bauend, eine andere Welt schaffen möchte. Zu Beginn unseres Jahrhunderts, des Jahrhunderts der Massen, übermittelt uns Čechov sein letztes Wort: »Ich glaube an den einzelnen Menschen, ich sehe die Rettung in Einzelpersönlichkeiten, die hier und da über ganz Rußland verstreut sind.«[43] Weder kollektive Projekte noch rettende Eingriffe, sondern der Mensch, der einen Brunnen gräbt. Der einzige Weg, um wenigstens einen Augenblick lang dieses flüchtige Glück zu erfahren, das so lange dauert, »wie nötig ist, um die Uhr aufzuziehen«[44]? Oder um aus der hohlen Hand Wasser zu trinken.

1980

1 5. 10. 1888, Moskau; an N. A. Lejkin.
2 *Notizbücher* I, 49/4
3 desgl.
4 *Notizbücher* I, 10/5
5 16. 8. 1892, Melichovo, *Briefe*, Nr. 404
6 12. 10. 1889, Moskau, *Briefe*, Nr. 236
7 28. 3. 1886, Moskau, *Briefe*, Nr. 44
8 7. 4. 1897, Moskau, *Briefe*, Nr. 607
9 24. 10. 1892, Melichovo; an I. L. Leontjev-Ščeglov: »...Das Alter! Das Alter, oder Lebensüberdruß, ich weiß nicht was, aber keine sonderliche Lust zu leben. Keine Lust zu sterben, aber auch das Leben habe ich gleichsam satt. Mit einem Wort, die Seele genießt einen kalten Schlaf/Traum.«
10 27. 10. 1888, Moskau, *Briefe*, Nr. 153
11 2. 4. 1895, Melichovo, *Briefe*, Nr. 498
12 3. 9. 1899, Jalta, *Briefe*, Nr. 777
13 10. 5. 1886, Moskau, *Briefe*, Nr. 49
14 3. 1. 1899, Jalta, *Briefe*, Nr. 715
15 3. 9. 1899, Jalta, *Briefe*, Nr. 777
16 3. 1. 1899, Jalta, *Briefe*, Nr. 715
17 15. 12. 1897, Nizza; an F. D. Batjuškov: »Sie haben den Wunsch geäußert *in einem Ihrer Briefe*, ich solle eine internationale Erzählung schicken, die ein Sujet aus dem hiesigen Leben wählt. Eine solche Erzählung kann ich nur in Rußland schreiben, nach der Erinnerung. Ich kann nur nach Erinnerungen schreiben und habe nie unmittelbar nach der Natur geschrieben. Mein Gedächtnis muß das Sujet filtern, damit in ihm wie in einem Filter nur das zurückbleibt, was wichtig und typisch ist.«
18 20. 1. 1902, Jalta, *Briefe*, Nr. 990

19 5. 2. 1903, Jalta, *Briefe*, Nr. 1077

20 29. 7. 1902, Ljubimovka, *Briefe*, Nr. 1028 (vgl. Schluß des Briefs).

21 1. 3. 1903, Jalta; an O. L. Knipper: »Die eine Erzählung, nämlich *Die Braut*, habe ich schon längst an das *zurnal dlja vsech* geschickt, sie kommt, wahrscheinlich, im Aprilheft, die zweite Erzählung ist angefangen, die dritte ebenfalls, und das Stück – für das Stück habe ich bereits das Papier auf dem Tisch zurechtgelegt und habe den Titel aufgeschrieben.«

22 12. 10. 1903, Jalta, *Briefe*, Nr. 1139

23 2. 11. 1903, Jalta, *Briefe*, Nr. 1155

24 20. 2. 1883, Moskau, *Briefe*, Nr. 12

25 7. 1. 1889, Moskau, *Briefe*, Nr. 181

26 ibid.

27 19. 3. 1892, Melichovo; an L. A. Avilova. Vgl. dasselbe Zitat länger in dem Aufsatz von → J. B. Priestley.

28 4. 5. 1889, Sumy, *Briefe*, Nr. 210

29, 30 1. 8. 1892, Melichovo, *Briefe*, Nr. 403

31 *Notizbücher* I, 116/2

32 27. 10. 1888, Moskau, *Briefe*, Nr. 153

33 30. 5. 1888, Moskau, *Briefe*, Nr. 127

34 20. 10. 1883, Moskau. Unter diesem Datum findet sich unter Čechovs Briefen keiner, der diese Formulierung enthielte.

35 30. 12. 1888, Moskau, *Briefe*, Nr. 172

36 lt. Banu 30. 10. 1898, Melichovo. Um diese Zeit war Čechov in Jalta, das benützte Zitat gibt ein berühmtes russisches Sprichwort wieder, das zu belegen überflüssig scheint.

37 15. 5. 1889, Sumy, *Briefe*, Nr. 215

38 18. 1. 1899, Jalta; an Maksim Gorkij, als Antwort auf Gorkijs Sätze: »Ich bin dumm wie eine Lokomotive. Seit zehn Jahren stehe ich auf eigenen Füßen, hatte keine Zeit zu lernen, ich habe dauernd im Leben in mich hineingefressen und gearbeitet, und das Leben hat mich mit den Schlägen seiner Fäuste gewärmt und, da es mich mit allem Guten und Schlechten ernährt hat, schließlich aufgewärmt, in Bewegung gesetzt, und so – fliege ich jetzt dahin. Aber Schienen unter mir gibt es nicht, ich fühle frisch und stark, jedoch – denken kann ich nicht – auf mich wartet ein Zusammenstoß.« – Darauf Čechov: »Ihre Zeilen über Lokomotiven, Schienen und Nase, die in die Erde fährt, sind sehr lieb, aber falsch. Mit der Nase in die Erde stößt man nicht, weil man schreibt; im Gegenteil, man schreibt, weil man mit der Nase in die Erde stößt und nicht weiterkann.«

39 *Notizbücher* I, 103/6

40 20.–25. 11. 1888, Moskau *Briefe*, Nr. 164

41, 42 *Notizbücher* I, 103/6

43 22. 2. 1899, Jalta, *Briefe*, Nr. 737

44 *Notizbücher* I, 70/8.

Der Dramatiker

Čechov kam am 11. Sept. 98 zum zweiten Mal auf der Probe zur Möwe *ins Künstlertheater und hörte von einem Schauspieler, daß in der* Möwe *hinter der Bühne Frösche quaken, Grillen zirpen, Hunde bellen sollten.*

– Wozu das? – fragt Anton Pavlovič unzufrieden.

– Das ist realistisch, – antwortet der Schauspieler.

– Realistisch, – wiederholt A. P. lächelnd und sagt nach kurzer Pause: – Die Bühne ist Kunst. Kramskoj hat ein Genrebild, auf dem großartige Gesichter dargestellt sind. Was, wenn man aus einem dieser Gesichter die gemalte Nase herausschnitte und eine echte einsetzte? Dann wäre die Nase »realistisch«, und das Bild verdorben.

Einer der Schauspieler erzählt voll Stolz, daß am Ende des 3. Aktes der Regisseur das ganze Gesinde auf die Bühne bringen wolle, und noch eine Frau mit einem weinenden Kind.

Anton Pavlovič sagt:

– Das sollte er lassen. Das ist, als würden Sie auf dem Flügel pianissimo spielen, und im gleichen Augenblick fällt der Klavierdeckel herunter.

– Es kommt doch im L e b e n oft vor, daß in ein pianissimo ein forte einbricht, völlig unerwartet – versucht jemand aus der Gruppe der Schauspieler zu widersprechen.

– Ja, aber die Bühne, – sagt A. P. – fordert eine gewisse B e d i n g t h e i t. Sie haben nicht die vierte Wand. Außerdem ist die Bühne Kunst, die Bühne bildet die Quintessenz des Lebens, man soll nichts Überflüssiges auf die Bühne bringen.

Vsevolod Mejerchold, Tagebuch, 1898

Lion Feuchtwanger

Der Kirschgarten

I

Der deutsche Dichter Ferdinand Freiligrath dachte sich eines
Tages, Deutschland sei Hamlet, und schrieb darüber einige
Verse. Der russische Dichter Anton Tschechow spürte, daß
Rußland Hamlet war, ist und sein wird, und gestaltete seine
Überzeugung zu einem süßen, innigen, schwermütigen dramati-
schen Gedicht, das *Der Kirschgarten* heißt.

Deutsche Chauvinisten werden sich freuen, wenn das Werk in
Deutschland aufgeführt wird. Sie werden den verzweifelten
Ausspruch des revolutionären Studenten zitieren: »Bei uns in
Rußland gibts so wenige, die arbeiten. Der größte Teil der
Intellektuellen, die ich kenne, hat keinen Drang nach Erkenntnis, weiß von keiner Arbeit und ist ihrer auch nicht fähig. Man
heißt sich intellektuell; aber die Dienstboten duzt man, die
Bauern behandelt man wie's liebe Vieh, was lernen heißt, was
lesen heißt, weiß man nicht, von den Wissenschaften wird bloß
geredet, von der Kunst versteht man nichts. Alle haben ein
düsteres Gehabe, alle machen wichtige Gesichter, alle reden nur
von den letzten Dingen, alle philosophieren. Und dabei leben
wir in den meisten Fällen, in neunundneunzig von hundert, wie
die Wilden, jeder Wortstreit wird durch Ohrfeigen ausgetragen,
wüste Schimpfereien sind an der Tagesordnung, man ißt scheußlichen Fraß, man schläft in dumpfigen, dreckigen Löchern,
überall Wanzen, Gestank, Sumpf, moralische Verkommenheit.
Und alle die schönen Phrasen sind nur dazu da, sich selber und
andern Sand in die Augen zu streuen. Zeigen Sie mir doch die
Zöglingsheime, von denen man so viel und so oft spricht, zeigen
Sie mir doch die Volksbibliotheken! Bloß in Romanen wird von
ihnen erzählt, in der Wirklichkeit existieren sie nicht. Was da ist,

ist Schmutz, Gemeinheit, Asiatentum.« Man wird triumphierend schreiben: »So urteilt ein Russe über Rußland. Am Verfall einer Familie zeigt er den Verfall seines Volkes.«

Aber das Problem liegt viel tiefer. Gewiß wollte Tschechow ursprünglich eine Art russischer Buddenbrooks, den Verfall einer Familie, geben. Aber der *Kirschgarten* wurde immer weiter, größer und tiefer, und schließlich atmete in ihm nicht nur die Resignation eines Volkes, nein: er wurde zum schwermütigen Spiegel des Menschengeistes überhaupt, des Menschengeistes, der seine Grenzen am Grenzenlosen mißt, und der erkennt, lächelt und verzichtet.

2

In diesen vier Akten geschieht so gut wie nichts. Der Kirschgarten der Familie Gajew wird verkauft; der Kirschgarten des alten, adligen, heruntergekommenen, verschuldeten Geschlechts wird verkauft an einen handfesten, geschäftstüchtigen Proletarier-sprößling, einen weiland Leibeigenen eben dieses Geschlechts. Das ist alles.

Aber dieses handlungsarme Stück ist das Reichste und Reifste, Süßeste und Bitterste, Weiseste, was Tschechow je geschrieben. Diese Tragikomödie ist ganz einsam, es geht ein Lächeln durch sie, mild, sehnsüchtig und dennoch voll Hohn. »Dieses Stück hat das Lächeln der Gioconda«, schrieb nach der Aufführung bei Stanislawski Rußlands größter Kritiker.

Es handelt, wie gesagt, nur von einem Kirschgarten, der verkauft wird. Dieser Kirschgarten ist, real gesehen, ein Stück Boden, das einen Wert repräsentiert von etwa neunzigtausend Rubeln mehr als die Hypothek, die auf ihm lastet. So sieht ihn der Realist des Stückes, der heraufgekommene Proletarier Lopachin. Oh, er ist ein kluger, tüchtiger Mann, der Herr Jermolai Lopachin, der fest mit beiden Beinen auf der Erde steht und genau weiß, was er will. Das Areal muß man parzellieren, rät er, das alte, baufällige Herrenhaus abtragen, den Kirschgarten niederhauen.

Aber so gesund und vernünftig diese Ansicht ist, sie ist dennoch falsch, und die Gutsbesitzerin Frau Ranjewski hat ganz recht, wenn sie ihm empört erwidert: »Entschuldigen Sie, mein Lieber, das verstehen Sie nicht.« Denn dieser Garten ist etwas ganz Ungewöhnliches und wirklich zu gut, um kleinbürgerlichen Villenkolonisten als Baugrund zu dienen. Nicht, weil er so schön ist, so fein und zart und licht, mit dem strahlenden Weiß seiner Blüten unterm blauen Himmel, auch nicht, weil er im Konversationslexikon steht als die größte Sehenswürdigkeit des ganzen Gouvernements. Der uralte Diener Firs, der wacklige, schwerhörige, den die Gutsherrschaft von Generation zu Generation übernommen hat, ahnt dumpf das wahre Wesen des Kirschgartens. Mit greisenhafter Geschwätzigkeit plappert er in die Unterhaltung der Herrschaften hinein von der Zeit vor vierzig oder fünfzig Jahren: »Da hat man die Kirschen getrocknet, gedünstet, eingesäuert, eingemacht, und dann –«. Man will ihn zur Ruhe weisen; aber der Greis schwatzt fort: »Und dann hat man die getrockneten Kirschen versandt. In ganzen Fuhren. Nach Moskau und nach Charkow. Das hat Geld ins Haus geschneit! Und wie die getrockneten Kirschen schmeckten, damals! Weich und saftig und süß! Und wie sie geduftet haben! Ja, die hatten das richtige Rezept, damals...«. Jemand fragt nach dem Rezept. Aber es ist verloren gegangen.

Kein gewöhnliches Terrain, ein Symbol, das eindringliche Symbol dieses »damals«, jener patriarchalischen Zeit, da man noch reinlich schied zwischen Herren und Knechten und den zweifelhaften Luxus sozialen Gewissens nicht kannte, ein Symbol des alten Rußland ist der Kirschgarten. Die Gutsherrschaft spürt es. Die Ranjewska ist verwachsen mit dem Kirschgarten. »Alle Engel Gottes wandeln in ihm.« Unter seine Bäume flüchtet sie sich aus der hilflosen Hetzjagd ihres Pariser Lebens. Er ist ihre Jugend, ihre Reinheit. Durch seine Alleen sieht sie, weißgewandet, ihre tote Mutter schreiten. Mit dem Kirschgarten entgleitet ihr und ihrem Bruder die Wurzel nicht nur ihrer äußern, sondern auch ihrer innern Existenz, ihres innern Aristokratentums, mit dem Gut, mit dem Feudo verlieren sie ihren Feudalismus.

Und auch der Hauslehrer Petja Troffimow, der verbummelte Student, der Schwärmer, der Utopist, spürt, daß dies das Wesen des Gartens ist. Als Anni, die siebzehnjährige Tochter der Gutsherrin, ihm klagt: »Was haben Sie aus mir gemacht, Petja! Warum hab' ich den Kirschgarten nicht mehr lieb! Ich liebte ihn so zärtlich, es schien mir, als gäb' es keinen schönern Platz auf Erden als unsern Garten!«, erwidert er: »Denken Sie, Anni: Ihr Großvater, Ihr Urgroßvater, alle Ihre Ahnen besaßen Leibeigene, besaßen lebendige, menschliche Seelen. Fühlen Sie denn nicht hinter jedem Kirschbaum im Garten, hinter jedem Stamm ein menschliches Antlitz Sie anstarren? Hören Sie nicht Menschenstimmen jammern? Oh, grauenvoll ist das, Ihr Garten ist grauenvoll, und wenn man ihn am Abend oder des Nachts durchstreift und die faulende Baumrinde so düster und seltsam schimmert, dann ist es, als ob die Kirschbäume davon träumten, was hier vor hundert, vor zweihundert Jahren geschah, als ob sie gequält würden von schrecklichen Gesichtern!«

Aber tiefer als sie alle sieht Tschechow den Kirschgarten. Recht hat ihm Lopachin, der den Garten als Terrain sieht, recht die Ranjewska, die das Symbol ihrer Jugend und Reinheit, einer herrlichen und herrenhaft selbstverständlichen Vergangenheit, in ihm erblickt, recht der schwärmerische Student, dem er zum Symbol blutiger Despotie wird. So weitet sich dem Dichter der Garten nicht nur zum Bild seines Volkes, das, an sich rein und schön und groß, hilflos aus einer unverstandenen Vergangenheit jäh in eine dumpfe und ebenso unverstandene Zukunft taumelt: nein, er formt den sterbenden Kirschgarten mit stillem und schwermütigem Lächeln zum Gleichnis vom Sansara, von der Relativität und der Vergänglichkeit alles Irdischen, das dem Weisen wie dem Narren zerfließt.

3

Die Menschen des *Kirschgartens* haben alle was Gemeinsames: eine dumpfe, vergrübelte, schwingenlahme Sehnsucht, die sie quält und die sie doch nicht lassen mögen. Das Merkwürdige und typisch Russische an ihnen ist, daß sie diese Sehnsucht lieben, streicheln und verhätscheln und daß sie gar nichts tun, um sie Erfüllung werden zu lassen. Man hat das Gefühl, daß es ihnen gar nicht recht wäre, wenn sie sich erfüllte. Sie bohren in sich herum, ewig unbefriedigt, sie spüren immerfort ihre Grenzen und klagen darüber, sie rütteln an ihren Schranken, aber mehr um der Gebärde des Rüttelns willen als um diese Schranken zu zerbrechen. Zur prachtvollen Karikatur wird diese kokette Selbstbejammerung in dem Gutsverwalter Jepichodow, der, wenn er über einen Stuhl stolpert, weltschmerzliche Betrachtungen anstellt und, fällt ihm eine Fliege in den Tee, Kant zitiert und mit Selbstmordgedanken spielt. Und selbst der Tatmensch des Stückes, Lopachin, ist von dieser dumpfigen Unentschlossenheit, von dieser melancholischen Passivität angekränkelt; es ist kein Zufall, daß ihm unvermittelt eine unklare Hamlet-Reminiszenz über die Lippen dringt.

Es sind zwölf Menschen, die den Kreis des *Kirschgartens* bilden, erstaunlich russische Menschen, aber gesehen durch das Temperament eines mehr als russischen, eines europäischen Dichters, der sie in eine Atmosphäre süßer und bitterer Resignation und ganz leiser Ironie hüllt und ihr Leid zu unserm macht.

Da ist der Kaufmann Lopachin, Gajews früherer Leibeigener, der schließlich den Kirschgarten ersteigert, der Tatmensch mit dem brennenden Arbeitsdurst. Aber selbst er ist angefressen von jener sentimentalen Sucht, zu grübeln, sich selbst zu zerfasern, von jener Bedenklichkeit und Zaghaftigkeit, die allen Menschen des *Kirschgartens* anhaftet. Prachtvoll, wie er sich endlich entschlossen hat, Warja einen Heiratsantrag zu machen, und wie er befreit aufatmet, als er unverrichteter Dinge weggehen kann, weil irgendein Gleichgültiger ihn abruft. Wie er ehrlich unglücklich ist, daß Frau Ranjewski den Kirschgarten verliert, den er doch selber niederhauen läßt. Wie er in dem Idealisten Troffimow das feindliche Prinzip wittert, ihn neckt und höhnt, aber ihn gleichzeitig bewundert und mit Geld unterstützt. Wie er für den unpraktischen Gajew ein verächtliches Mitleid empfindet, sich aber in eingeborenem Sklaventum immer wieder vor dem ehemaligen Herrn duckt. Zum Stärksten, was die ganze russische

Literatur geschaffen hat, gehört die Szene, wie er von der Auktion zurückkehrt, auf der er den Kirschgarten erstanden hat. Lachend, lallend, stampfend, trunken vom Rausch des Besitzes. Und dann tröstet er unvermittelt mit täppischen Worten die Gutsherrin und beklagt die Ungereimtheit und Ungerechtigkeit des Lebens. Und dann schreit er nach Musik. Und dann folgt wieder ein sentimentaler Rückschlag, bis schließlich sein Proletentum jäh durchbricht. Er stößt zufällig an ein Tischchen, daß ein Armleuchter beinah umfällt; er packt den stürzenden Leuchter, schleudert ihn zu Boden und schreit: »Ich kann's zahlen!«

Und dann ist da Warja, Frau Ranjewskis Pflegetochter, ein vierundzwanzigjähriges, derbes Bauernmädchen. Sie ist immer ängstlich, eine Groschensparerin, sie arbeitet rastlos, aber mit kleinen und bis zur Komik kleinlichen Mitteln, um den Verfall des Gutes aufzuhalten. Sie hat was Mütterliches an sich, was Streng-Kleinbürgerliches, und ihre Sehnsucht ist ein beschauliches Klosterleben. Und dann ist der Gutsnachbar da, Simeonow-Pischtschik, der vollblütige Optimist mit dem Patriarchenbart, den Kopf voller Schnurren und das Gut voller Schulden, der gern und leicht Erstaunte, der sich was zugute tut auf den Witz seines Vaters, daß sein Geschlecht von jenem Gaul abstamme, den Caligula zum Konsul machte.

Es folgt das Quartett der jüngern Bediensteten: Fräulein Charlotte, die Bonne, die keine Papiere hat und nicht weiß, ob sie jung ist oder alt, ein verdrehtes, unnützes, alterndes Mädchen, das sich und andern die Bitterkeit ihres Geschicks hinter Possen und Kartenkunststücken zu verbergen sucht. Der Buchhalter Jepichodow, dem die unverdaute Weisheit der vielen gelesenen Bücher den Kopf verwirrt, der sich vom Schicksal verfolgt glaubt und bei der belanglosesten Ungelegenheit in mißverstandenen papierenen Phrasen triumphierend die raffinierte Bosheit seines Geschicks beklagt. Sein Gegenstück, der Zierbengel Jascha, der von seinem Pariser Aufenthalt eine tiefe Verachtung für alles Russische (»Asiatentum!«) mitgebracht hat, den Sekt ausleckt und seine westeuropäische Kultur durch das Tragen bunter Westen bestätigt. Die Zofe Dunjascha, ein geziertes Ding, das den Herrschaften die »feinen Gewohnheiten« nachstümpert und für ihre Sucht, jemand anzuhimmeln, in Jascha das rechte Objekt gefunden hat.

Der Student Petja Troffimow ist der typische Vertreter der revolutionären russischen Jugend. Einer von den Propheten, die nicht alle werden seit den Zeiten der Heuschrecken essenden Wüstenasketen. Hager, häßlich, schmutzig, abgerissen, verkündet er verblasene Zukunftsschwärmereien, tut sich, ein blutloser Schwätzer, viel auf seine Keuschheit zugute und übersieht, ein Hoffnungslos-Blinder, bei seiner Sorge für die ganze Menschheit den einzelnen Menschen, so daß er selbst gegen diejenigen, die er gern hat, taktlos und roh wird. Seine Schülerin Anni ist ein kindliches, harmloses, liebenswürdiges Geschöpf und, grade weil sie so harmlos ist, empfänglich für seine Ideen.

Mit der zärtlichsten Liebe, die aber der Sachlichkeit und leichten Ironie der Gestaltung keinen Eintrag tut, sind die Vertreter der stürzenden alten Welt gesehen: die Gutsherrin Frau Ranjewski, ihr Bruder Gajew und der Diener Firs. Die Gutsherrin ist eine schöne, liebenswerte, gutherzige, leichtsinnige, sentimentale, jedem Eindruck sogleich unterliegende Dame von etwa fünfunddreißig Jahren. Sie hat viel und Bitteres erlebt, aber all diese Bitterkeit hat ihren mit ein bißchen Sentimentalität verbrämten Leichtsinn nicht unterdrückt. Während ihr die Gläubiger die Türen einrennen, während ihre Dienerschaft hungert, bestellt sie Musikanten zum Tanz und schüttet den Bettlern ihr Portemonnaie in den Hut. Alle Liebe zu ihrer Tochter, alle fromme Zerknirschung über den Tod ihres Söhnchens hindert sie nicht, mit einem eleganten Lumpen, der sie aussaugt, nach Paris durchzugehen. Hilflos, ohne Widerstand, läßt sie sich ausplündern. Eine kleine komische Äußerlichkeit reißt sie aus der düstersten Stimmung in die tollste Ausgelassenheit. Immer schwach, immer ratlos und bei allem Reichtum immer ohne Geld, verliert sie niemals ihre eingeborene damenhaft überlegene Anmut. Wie ein lichter Schimmer liegt über ihrem Leben die innige Liebe zu dem Kirschgarten, dem blühenden Hort einer reinen und beglückten Jugend.

Ihr Bruder Gajew hat es schwerer, sein Aristokratentum in dem Zusammenbruch des Kirschgartens zu wahren. Schon weil seine

Voraussetzungen komplizierter sind. Er ist aufgewachsen in den liberalen Überzeugungen der sechziger Jahre, jener Generation, die die sozialen Reformen Alexanders des Zweiten, die Aufhebung der Leibeigenschaft, ermöglichte. Seine liberale Erziehung belastet ihn mit dem Hang zu phantastischen, jeglicher realen Unterlagen entbehrenden Plänen, zu rhetorischem Optimismus und mit dem fatalen Drang, bei jeder Gelegenheit lange, geschwätzige Reden höchst allgemeiner Natur zu halten. Dabei ist aber der Zweiundfünfzigjährige nicht nur in der Kleidung von peinlichster, altmodisch vornehmer Eleganz, sondern er ist auch im Wesen feudal bis in die Knochen. Und es ist ergreifend, wie seine diskrete Vornehmheit, angewidert von dem Ansturm der Proletarier, sich zusammenzieht und sich windet. Wie er, dessen ganzes Ideal Korrektheit, Sicherheit, grandseigneurale Lässigkeit ist, aus einer Verlegenheit in die andere stürzt. Wie er sich nicht zwingen kann, seinen ehemaligen Leibeigenen Lopachin, in dessen Hand er ist, anders denn als plumpen Bauernlümmel zu betrachten. Wie er, hilflos vor der groben Sachlichkeit dieses Bauern und der frechen Vertraulichkeit des Dieners, sich in eine leichte, liebenswürdige Trottelhaftigkeit hineinrettet, peinliche Worte mit einem krampfhaft hochmütigen »Wie?« überhört oder zusammenhanglos mit zerstreuten Termini aus dem englischen Billardspiel erwidert.

Die rührendste Gestalt des Dramas aber ist der alte Firs, ein Tapergreis von siebenundachtzig Jahren, der Diener dreier Generationen des Geschlechts Gajew. Schwach, schwerhörig, zitterig humpelt er durch das Stück. Er kann nur noch murmeln und faseln, der alte Lakai; aber es wird still, wenn er den Mund auftut, und man hört auf ihn. Denn aus ihm lallt die alte Zeit, aus ihm tönt jene Blütezeit des Kirschgartens, da man das rechte »Rezept« noch nicht verloren hatte, da man noch säuberlich schied zwischen Herren und Knechten, da der Herr, nur um der Zarin die Treue seiner Leibeigenen zu beweisen, befehlen konnte: Spring vom Turm! und der Knecht tat den Todessprung. Er ist ein Hohelied auf den Kirschgarten, auf das alte patriarchalische Leben, auf die gottgewollten Abhängigkeiten, auf die Süßigkeit der Servilität, ein Spiegel hündischer Treue, ein melancholisches

russisches Gegenbild zu Tellheims Just. Die neue Zeit ohne
Leibeigene und ohne Prügel betrachtet er mit wehmütigem
Staunen, mit leichter, brummelnder Verachtung. Er paßt nicht in
diese veränderte, entknechtete Welt. Man empfindet es denn auch
als eine wehe Selbstverständlichkeit, daß die ersten Beilhiebe, die
den Kirschgarten verheeren, seinen Tod bedeuten, und man preist
den Dichter, der das Verdämmern des alten Dieners und des
Kirschgartens in einer über alle Worte zart und schwermütig
hingehauchten Szene in eins zusammenklingen läßt.

4

Unendlich zart und hauchig ist alles in dem Stück. Jede grelle Be-
lichtung, jeder schreiende Kontrast ist vermieden. Das Unbe-
schreibliche, hier ist es getan. Mit den feinen, zarten, ganz undramatischen Mitteln eines Keyserling, eines Herman Bang hat
einer ein Drama geschrieben, das auf einer wirklichen realen
Bühne das anspruchsvollste Publikum Europas, Stanislawskis
Publikum, viele hundert Male in seinen Bann zwang. Immer von
neuem erstaunt man über den sichern Takt dieses Dichters, der
alles Unterstreichen, jedes laute Wort vermeidet, und dessen halbe Töne, dessen verdämmernde Bewegungen so ungleich beredter sind als das überlaute Geschrei und die übertriebenen Gesten
handfester Dramatiker. Sein Blick dringt ebenso scharf wie Ibsens
oder Strindbergs in heimlichste Untergründe des Bewußtseins:
aber seine Technik ist das genaue Gegenteil. Dort harte, klare,
helle Konturen und des Dichters Absicht möglichst scharf unter-
strichen: bei Tschechow alles in weiches, verfließendes Licht ge-
hüllt, immer der Mensch mit seiner ganzen Atmosphäre gegeben.
Mit ganz wenigen Worten Stimmungen festgehalten von der Sug-
gestionskraft Bangs oder Keyserlings. Und dies auf der Bühne!
   Seine Menschen – furchtbarer Verstoß gegen alle Grundregeln
anständiger dramatischer Technik! – entwickeln sich nicht. Nicht
um ein Quentchen. Sie sind alle am Ende genau so, wie sie am
Anfang waren. Der Dichter begnügt sich damit, sie gewissermaßen um sich selbst zu drehen, sie transparent zu machen. Zeigt mit

lässiger Gebärde, wie seine dünnhäutigen, feinnervigen Menschen auf verschiedene Situationen reagieren, oder wie rührend tragikomisch verschieden die gleiche Situation in den verschiedenen Köpfen sich malt. Dabei vermeidet er peinlich jedes irgendwie absichtliche Wort. Es wird lauter anscheinend bedeutungs- und zusammenhangloses Zeug geschwatzt, und erst aus der Entfernung, erst mit dem Fortgang des Stückes gewahrt man, wie jedes Wort, jede Nuance tief notwendig ist, wie alles schön und bedeutungsvoll und ohne aufdringliche Symbolik gleichnishaft sich rundet. Spachteltechnik. In der Nähe scheint es ein sinnloses Gewirr von Farbenflecken, sieht mans aber aus der Ferne, so rundet sichs duftig und eindrucksvoll zum Bild. »Ja«, wandte jemand gegen Monet ein, »aber bei Defregger kann man näher herangehen.« Das Gleiche können ›Kritiker‹ gegen Tschechow einwenden: bei Schönherr kann man näher herangehen. Tschechow erkennt die Abgründe, die ganze desolate Unzulänglichkeit des Menschseins ebenso bitter wie Strindberg. Aber er schreit, er brüllt seine Bitterkeit nicht pathetisch hinaus, sondern er äußert seine Verzweiflung leise, lächelnd, weltmännisch, mit ironischer Anmut, gewissermaßen im Konversationston.

24. August 1916

Siegfried Jacobsohn
Ibsen und Tschechow

Zweimal *Rosmersholm* ist zuviel; anderthalbmal genügt. Am zweiten Abend drückt man sich in der Mitten. Zu Bergen liegen die neuen deutschen Dramen, und da müssen gleich zwei Bühnen ein und dasselbe fremde Drama spielen, aus dem der Zahn von dreißig Jahren den geistigen Inhalt samt dem künstlerischen Gehalt herausgenagt hat, daß nur noch das Gehäuse geblieben ist. Dies allerdings wird nicht kleinzukriegen sein. Der alte Ibsen war ein verteufelt solider Handwerker; und wenn eine anspruchsvolle Literaturgeschichte nichts weiter von ihm aufbewahren wird als eine so gestaltenreiche Dichtung wie die *Wildente* und ein so schmerzensreiches Bekenntniswerk wie den *Baumeister Solness*: die Theatergeschichte wird ihn entschädigen. Auf die letzten beiden Berliner Aufführungen hätte man grade jetzt gern verzichtet – aber das allenfalls ist ihr Wert: daß sie Ibsens frühere und seine künftige Stellung in Deutschland abzeichnen.

Schwer zu glauben, daß nach ebenfalls dreißig Jahren Anton Tschechows *Kirschgarten* abgeblüht sein wird. Diese Kunstlosigkeit wird die Künstelei und die literarischen Moden überleben. Ein Muster zeitloser Poesie. In diesen Blättern ist es der Mitwelt bereits am vierundzwanzigsten August und am einunddreißigsten Oktober 1916 erkärt worden, und gleich zehn Seiten lang. Mir bleibt wenig nachzuholen. Unter dem Kirschgarten mag man sich mancherlei denken: das Jugendland jedes Erdensohnes; das Kindheitsland der Menschheit, ihr unwiederbringlich verlorenes Paradies; das Rußland des guten alten Zaren-Regimes; überhaupt das Leben. Aber ob man sich unter dem Kirschgarten dies oder das oder alles zusammen oder nur eben einen Kirschgarten denkt: es ist gar nicht so wichtig, daß man sich hier »was denkt«. Das unterscheidet Tschechow zu seinem Vorteil von Ibsen, daß seine Gestalten sind, daß sie nicht, um zu sein, was bedeuten müssen. Aber weil sie sind, bedeuten sie gleichzeitig was; während bei dem berühmtern skandinavischen Gegenfüßler schon heute die Lippen eingeschrumpft sind, von denen die Zettel mit der Erläuterung herunterhängen – eine Erläuterung, die, wo sie nötig ist, eigentlich überflüssig ist.

Im *Kirschgarten* hausen ein Dutzend Menschen, und wie sie kribbeln und wibbeln, streiten und lieben, steigen und fallen, herrschen und dienen, wollen und resignieren, dämmern und sterben: das gibt einen ergreifenden Widerschein von unsrer eigenen Existenz, trotzdem die zwölf Menschen Russen sind und Russen in einem Grade, daß ein lebensfähiger Deutscher Mühe hat, so viele Stufen und Zwischenstufen von Lebensunfähigkeit, Passivität und Resignation sich auf einmal vorzustellen. Dieser Widerschein entsteht, weil Tschechows zwölf Russen neben ihren ausgeprägt russischen ja doch auch allgemeinmenschliche Eigenschaften haben, und weil hierauf wie darauf ein weise lächelndes Dichteraug ruht. Es ruht und bannt, was es sieht, in dieselbe Ruhe. Nichts weiter geschieht, als daß der Kirschgarten der verschuldeten Aristokratin Ranewskaja dem frühern Leibeigenen ihrer Familie, dem emporgekommenen Lopachin anheimfällt und daß der die Bäume, unbekümmert um ihre Geschichte, niederlegt, um den Boden nutzbringend zu parzellieren. Nichts weiter geschieht. Am Anfang kehren die Ranewskis von Reisen auf ihr Gut zurück, und da sie außerstande sind, es länger zu halten, so ziehen sie am Ende heimatlos in die Welt hinaus, nach Paris (und wer dazu neigt, symbolische Fäden zu spinnen, der wird vielleicht meinen, daß so Rußland die Beute Frankreichs geworden ist: was Tschechow selber kaum gemeint haben wird, da er das Glück gehabt hat, vor diesem Kriege zu sterben). Zwischen Anfang und Ende des Schauspiels ist Raum, der riesenhaft ausgiebig russische Raum, um eine Fülle kleiner Schicksale auszutragen, versonnene Gespräche über sie zu führen und sie in eine Atmosphäre von ironischer Schwermut zu hüllen. Es sind kleine Schicksale, durchweg Alltagsschicksale, und die Gespräche wollen gar nicht geistig repräsentieren: wie groß muß also Tschechows Dichterschaft sein, seine Feinnervigkeit, seine Seelenkenntnis, seine Durchleuchtungskraft, seine Gabe, das Weh des Bruders zu fühlen und aufzufangen, daß er uns ohne die feierlichen dramatischen Agenden, ohne Akzente und Aktionen, ohne Konflikte und Kontraste so tief bewegt. Dieser Verfallsluft entrinnt man nicht. Freilich darf keiner, wenn Chopins morbider Trauermarsch ertönt, die aufbegehrenden Klänge von Beethovens Fünfter Symphonie verlangen.

17. Oktober 1918

Virginia Woolf
Der Kirschgarten

In der englischen Literatur ist dem *Kirschgarten* nichts auch nur irgendwie vergleichbar. Mag sein, daß wir weiter fortgeschritten sind, oder weniger fortgeschritten, oder fortgeschritten in einer gänzlich anderen Richtung. Jedenfalls fühlt sich der Engländer, der sich bei Morgengrauen im Kinderzimmer von Madame Ranevskaja wiederfindet, fehl am Platz, wie ein Fremder, der in gänzlich anderen Traditionen großgeworden ist. Aber diese Traditionen sind (das ist natürlich eine Verallgemeinerung persönlicher Erfahrung) nicht so in einem verwurzelt, als daß man sie nicht nur schmerzlos, sondern mit wahrer Erleichterung und Selbstvergessenheit abstreifen könnte. Sicher, am Ende einer langen Eisenbahnreise ist man gewohnt, Gute Nacht zu sagen und ins Bett zu gehen. Aber lassen Sie uns bei dieser Gelegenheit, da alles so befremdlich ist, der Morgen heraufdämmert, die Vögel in den Kirschbäumen zu zwitschern beginnen, zu einer Tasse Kaffee zusammenkommen; lassen Sie uns reden über Gott und die Welt. Wir alle sind in dem seltsamen Gemütszustand, in dem Gedanken in Worte überzugehen scheinen, ohne ausgesprochen zu werden. Die Reise ist vorüber, und wir sind am Ende von allem angekommen – wo der Raum grenzenlos und die Zeit unendlich erscheint. Fälschlicherweise (denn in der von Čechov abgenommenen Inszenierung singen die Vögel tatsächlich und sind die Kirschblüten an den Bäumen zu sehen) hatte ich auf meiner imaginären Bühne versucht, meinem Gefühl Nachdruck zu verleihen, daß die menschliche Seele frei von allen Zwängen sei und unablässig von Gedanken und Gefühlen durchkreuzt werde, die sich von hier, von dort, von den fernsten Horizonten aufschwingen – ich hatte das auszudrücken versucht, indem ich mir einen luftigen Ausblick aus dem Fenster mit ätherisch roten Kirschen und vielleicht Schneebergen und blauen Dunst dahinter vorstellte. In dem Zimmer sagten die Personen plötzlich alles, was ihnen in den Sinn kam, jedoch immer vage, als dächten sie laut. Da war keine »Sittenkomödie«; kaum ein Gedanke streifte den anderen, ganz zu schweigen davon, daß sie sich aneinander entzündet hätten; da war kein Konflikt zwischen Individuen, die etwas wollen. Gleichzeitig waren die Personen höchst konkret und ohne Sentimentalität. Nicht einen Augenblick lang hatte man den Eindruck, daß Madame Ranevskaja, wenn sie sprach, mystische Anspielungen auf anderes gemacht hätte. Ihre eigenen Gefühle reichten ihr völlig aus. Wenn das Gesagte symbolisch wirkte, dann, weil es tiefgründig genug war, um weit mehr als einen Vorfall im Leben eines Individuums zu beleuchten. Und obgleich der Sprung vom einen Gedanken zum anderen so groß war, daß ein Eindruck gefährlicher Zerrissenheit aufkommen konnte, vereinten sich schließlich all die einzelnen Haltungen und Personen zu einem einzigartigen, überwältigenden Eindruck.

Wenn ein Kritiker sich nicht festlegen und nicht an sich zweifeln möchte, zieht er sich in der Regel auf die Atmosphäre zurück. Und wäre die Zeit vorhanden, ließe sich auch Genaueres über die Ursachen sagen, die diese Atmosphäre erzeugten – die befremdenden, losgelösten Sätze, jeder so erratisch und doch die Form von Realismus, Humor und künstlerischer Einheit so genau treffend. Doch nimmt man den Begriff Atmosphäre wörtlich, so besagt er, daß es Čechov gelungen ist, einen leuchtenden Nebel über uns auszuschütten, in dem das Leben erscheint, wie es ist, ohne Schleier, transparent und bis in die Tiefen einsehbar. Lange bevor das Stück zu Ende war, schienen wir unter die Oberfläche der Dinge hinabgetaucht zu sein und unseren Weg durch untergründige, aber wiedererkennbare Gefühle zu ertasten. »Ich habe keinen gültigen Paß, ich weiß nicht, wie alt ich bin, und mir kommt es immer so vor, als sei ich noch jung« – wie diese Worte im Bewußtsein des Zuschauers fortklingen – wie das ganze Stück von solchen Sätzen widerhallt, Sätzen, die nachhallen, in einander aufgehen und weit draußen, jenseits von allem, verklingen! Kurz, wenn es denn zulässig ist, sich einer so vagen Sprache zu bedienen, dann weiß ich nicht, wie ich das Gefühl am Ende des *Kirschgartens* besser beschreiben soll als mit den Worten: das Stück schickt einen auf die Straße zurück mit dem Gefühl, ein Flügel zu sein, auf dem endlich gespielt worden ist, nicht nur in der Mitte, sondern auf der ganzen Tastatur, und zwar mit geöffnetem Deckel, damit der Klang nachschwingt.

24. Juli 1920

Desmond MacCarthy

Der Künstler des Abschieds

Čechov ist der Künstler des Abschieds; Abschied von der Jugend,
unserer Vergangenheit, von Hoffnungen, von Geliebten. Der
Höhepunkt im *Kirschgarten* ist der Abschied von einem vertrauten Heim und allem, was dies für Menschen mittleren Alters
bedeuten kann; am Schluß von *Onkel Vanja* klingen die Worte
»Sie sind weg« – von allen Personen nacheinander beim Wieder-
auftritt nach Verabschiedung des Professors und seiner verführe-
rischen Frau wiederholt – wie das Läuten der Totenglocke für die
Beerdigung von Leidenschaft und Erregung. Dann tritt Sonja auf
ihren Onkel zu und hält ihre verschwommene kleine Ansprache
über das Jenseits, wo alle Tränen weggewischt werden und von
wo aus der Rückschau selbst die noch vor ihnen liegenden langen
trüben Jahre schön erscheinen; eine Ansprache, deren Pathos um
vieles ergreifender wirkt, als wir wissen, daß für Vanja selbst ein
solch tröstlicher Glaube unmöglich ist. Er ist, um eine Formulierung von Tom Kettle aufzugreifen, nicht in der Lage, »das
Abschiedswort in seine beiden Rechnungen zu zerlegen – à
Dieu«. Der Schluß der *Drei Schwestern* ist noch bitterer. Er ist ein
Good-bye, zu ihrer Jugend gesagt. Die Militärkapelle spielt; das
Regiment zieht aus der verhaßten Provinzstadt ab; die Mädchen
werden nie wieder, weder hoffnungsvoll noch verzweifelt,
ausrufen: »Nach Moskau! Nach Moskau!«; Irinas Verehrer, der
schlichte, schwache, rechtschaffene Baron, ist von einem romantischen »Superman«, dessen Hände parfümiert sind, erschossen
worden; der ehemals vielversprechende, talentierte, jetzt zum
Hahnrei und Pantoffelheld gewordene Bruder Andrej wird für
seine zänkische, ungebildete Frau auch weiterhin den Kinderwa-
gen schieben; Maša hat ihren eloquenten Geliebten verloren und
muß künftig mit ihrem unausgesetzt heiteren, pedantischen Ehemann leben – freundlich, ja, auf rührende Weise freundlich, aber
auch wie entsetzlich beschränkt ist Kulygin. Mašas Schicksal erinnert mich wieder an einen Satz aus Tom Kettles Essay *The Day's*

Burden, an dem auch Čechov Gefallen gefunden hätte: »Das Leben ist eine billige table d'hôte in einem ziemlich schmuddeligen Gasthaus, und die Zeit tauscht die Teller aus, ehe man von irgend etwas genug bekommen hätte.« Um Adieu zu sagen brauchen wir unseren ganzen Mut.

Doch aus dieser Lebensauffassung, die man durchaus »deprimierend« nennen könnte, macht Čechov ein Kunstwerk, das uns bewegt und erhebt wie ein wunderbares Musikstück. Nach einer Aufführung der *Drei Schwestern* kommt man keineswegs deprimiert aus dem Theater. Wie wahr ist, daß ein gutes Theaterstück wie ein Musikstück sein sollte! Für unseren Verstand muß es die Fakten logisch miteinander verknüpfen, für unser Gefühl hingegen die schwingende, nicht analysierbare Wirkung von Musik haben. Wieder und wieder werden das Thema der Menschheitshoffnung und das der individuellen Verzweiflung miteinander verwoben. Jede Person ist wie ein anderes Instrument, das abwechselnd die Führung übernimmt und zurücktritt, und es spielt, manchmal allein, manchmal mit anderen, das Thema vom Leiden kultivierter Heimatloser oder das tiefergehende vom sehnsüchtigen Verlangen der Jugend: die träumerische, früher einmal fröhliche Irina, die nüchterne und zuverlässige Olga, die leidenschaftliche Maša, die sich, halb beschämt wegen ihres gierigen Griffs nach dem Glück, wie sie wohl weiß, fallen läßt und sich dennoch nicht darum schert. Und welch merkwürdig schrille Töne dringen aus jenem schwarzen Abgrund von egoistischem Größenwahn und grausamer Schüchternheit, Solënyj sah sich als romantischen Lermontov; heutzutage wäre er stolz darauf, ein skrupelloser Boß der Unterwelt zu sein. »Plus ça change, plus c'est la même chose.«

Und mit welcher Wirkung wiederum kommt das Leitmotiv »Ist doch alles egal« aus der gesprungenen alten Fiedel Čebutykin, die schon seit langem jede Resonanz für Gefühle verloren hat. Mit dieser Person und mit der Zeichnung des irritierenden Kulygin demonstriert Čechov seine besondere Gabe, die Enthüllung eines Charakters bis zum genau richtigen Zeitpunkt hinauszuzögern. Zunächst erscheint uns Čebutykin als ein freundlicher alter Mann, der den drei Schwestern ergeben ist, besonders seinem

Liebling, der jüngsten. Im letzten Akt sehen wir, daß all die Liebenswürdigkeit aus seiner Gefühllosigkeit kommt, und desgleichen erkennen wir in jenem verblüffenden Moment, in dem der steife kleine Lehrer sich den Bart anlegt, den er am Morgen einem Schüler im Unterricht abgenommen hat, um seine Frau von ihrem Abschiedsschmerz abzulenken, in jenem dramatisch richtigen Moment erkennen wir, daß in Kulygin trotz allem eine Quelle von loyaler Freundlichkeit vorhanden ist; wirkungsloser, wenig tröstlicher Freundlichkeit, aber schöner, unerschöpflicher und menschlicher. Ebenso meisterhaft ist die Wandlung der niedlichen, schüchternen Nataša zur krassen Parvenue gelungen, als die sie sich entpuppt, sobald sie ihren Mann eingefangen hat; in ihrer schablonenhaften Mütterlichkeit, ihrer affektierten Vornehmtuerei und ihrer verletzenden, zänkischen Selbstsucht. In den Szenen zwischen ihr und ihren Schwägerinnen begreift man, welch Nachteil hochherziges Feingefühl im Umgang mit einem schluchzenden, tobenden und alle bevormundenden Plebejer sein kann. Es hat Dramatiker mit weiterem Horizont und kräftigerer Hand gegeben als Čechov, aber niemand hat beim Abwägen der menschlichen Natur einen feineren Gerechtigkeitssinn bewiesen.

6. März 1926

Brooks Atkinson
Čechov heute

Wie kann geschehen, daß Stücke, die früher einmal als düster und verschwommen gemieden wurden, heute hell und gestochen scharf erscheinen? Natürlich hat Čechovs Ruhm stetig zugenommen; zudem hat der allgemeine Verlust an dramatischen Formen geholfen, seine zentrifugalen Stücke verständlicher zu machen. Aber, wie in diesen ketzerischen Spalten hartnäckig immer wieder behauptet, ist der Hauptgrund für seine plötzliche Bewunderung durch New Yorks Bühnen die Ähnlichkeit zwischen dem Amerika heute und den lähmenden Umständen, unter denen er in

Rußland gearbeitet hat. Das Stagnieren unseres kulturellen Lebens hat andere Ursachen. Aber die Ergebnisse sind nicht weniger tödlich. Nach einer Phase, in der sich die vitalen Kräfte des Landes in Spekulationen und einer Inflation von Geschäft und Industrie erschöpft haben, und in der der Kunst der Abenteuergeist abhanden gekommen ist – einer Phase der allgemeinen gefühlsmäßigen Verflachung, in der man nur noch darüber streiten kann über das »Wer schreibt besser und wer schlechter« und die alleinige Führung in Theater und Literatur bei gewitzten Geschäftsleuten liegt – schreibt Čechov von Dingen, die wir verstehen.

Zu Čechovs Zeit war das stagnierende Moment ein politisches. Bei uns kommt es aus einer verdammten Intellektualisierung der normalen künstlerischen Impulse und einer willigen Unterwerfung der Kunst unter das Geschäft. In allen Künsten fehlt es an Feuer, an Vorwärtsdrängen, an Überzeugung und Richtung.

Es ist nicht nur eine Frage der Regisseure und Zuschauer, die keine echte Liebe zum Theater hätten. Wir leben vielmehr in einer Zeit, der kreative Impulse völlig abgehen. Solange diese Impotenz vorhält, werden sich die Diskussionen in langweiligen Spitzfindigkeiten ergehen wie »Wer schreibt besser und wer schlechter«.

Jetzt, da Čechov in der Luft liegt, sollte man bedenken, daß auch Könige nicht unfehlbar sind und daß seine objektive Methode des Schreibens sich ihre eigenen Grenzen setzt. *An der großen Straße* zum Beispiel ist ganz offensichtlich eine Anfängerarbeit – gewaltsam in ihren Farbkontrasten, schwülstig im literarischen Stil, mit wenig Einfallsreichtum. Čechov besaß handwerklichen Stolz und war daher sorgsam darauf bedacht, dieses Erstlingswerk den Blicken zu entziehen. Auch *Ivanov* und *Onkel Vanja* sind noch unausgereifte Stücke, die ausgiebig in düsterem Nebel schwelgen, denn Čechov beherrschte seinen Stil noch nicht. Alles, was an Personenzeichnung und genauer Beobachtung in diesen Stücken vielversprechend erscheint, ist in den *Drei Schwestern* und dem *Kirschgarten* bestechend durchgeführt. Čechovs Entwicklung als Bühnenautor war die ständige Kristallisierung seiner Methode.

Was ist nun die Besonderheit seines Genies? Ist es nicht die erstaunliche Kraft, die Dinge zu durchleuchten? Für ihn war es die einzige Aufgabe des Künstlers, »die Frage richtig zu stellen«. In gewissem Sinn entsprach das dem leidenschaftlichen Wunsch des Arztes nach exakter Diagnose. Als geübter Mediziner beobachtete Čechov mit kundigem Auge, und er war stolz auf seine Fähigkeit, die Krankheiten genauestens zu beschreiben, die seine Personen quälten. In ihrer thematischen Beschränkung enthalten seine Stücke etliche Wiederholungen in Personen und Milieu, und die Stimmung ist generell die gleiche. Aber die Verzweiflung ist keine Pose und auch nicht absolut, wie in Andreevs *Ekaterina Ivanovna*. »Wenn Sie traurige oder unglückliche Menschen darstellen und des Lesers Herz damit rühren wollen«, sagte er einmal zu einer Schülerin, »versuchen Sie, kälter zu sein – das gibt Ihrem Schmerz einen Hintergrund, von dem er sich deutlicher abhebt. Ihre Helden weinen und seufzen.«

Ja, genau das macht die Besonderheit seiner Stücke aus. Er schrieb mit solch klarsichtiger Distanz, daß seine russische Schwermut Würde hat.

2. Juni 1929

Sean O'Casey

Ein Dramatiker von Weltrang

Es sind nicht viele, wenn man sie zählt, aber Anton Čechov ist mit Sicherheit einer von ihnen. Es ist schwer zu sagen, was ich von diesem glänzenden Dramatiker und Meister der Kurzgeschichte halte. Ich bin kein Kritiker und habe es nie unternommen, aufgrund meiner Erfahrung oder Bildung, die Schönheit, Macht und Anmut großer Dramen oder irgendeiner anderen Kunst genau zu beschreiben oder unfehlbar zu erläutern. Am Anfang (denn ich mußte mich in einem schmerzhaften Prozeß selbst bilden) folgte ich denjenigen, die ich mochte und aus der Ferne verehrte, bis ich ehrlich auf sie zugehen und sagen konnte: Seid meine Freunde. So war es mit Shakespeare, Milton, Shelley, Burns, Keats, Walt Whitman und anderen; und so war es mit Čechov, der nun schon seit über dreißig Jahren mein Freund ist.

Für mich ist Čechov ein Geschenk Gottes an die Menschen, ein großzügiges und seltenes Geschenk. Er ist ein Bischof ohne Mitra für die Menschen. Čechov war freundlich zu mir, er begrüßte mich herzlich, obwohl er russisch und ich englisch sprach. Nach meiner Ansicht ist er ein Schriftsteller, auf den die größte Nation und das wackerste Volk stolz sein dürfen; und ich nehme mit Freude zur Kenntnis, wie das russische Volk sein Andenken würdigt und in Ehren hält. Vor einiger Zeit verwarfen die Kommunisten (manche tun es noch heute) in ihrer unerbittlichen, alles sprengenden Aufrichtigkeit die schöpferischen Werke ihrer Rasse als volksfeindlich und der Zukunft des Proletariats nicht gemäß, sofern diese ohne eigenes Verschulden zufällig einer anderen Klasse angehörten als derjenigen, die sie die Arbeiter nannten. »Diese gehören nicht dazu«, sagten sie und warfen damit manche edle Perle fort – vorläufig. Das war eine unsinnige und ignorante Geisteshaltung, und ich handelte mir manch kühles Kopfnicken und manch hartes Wort ein, wenn ich es wagte, ihnen dies zu sagen. Ja, erst vor einem Jahr schrieb ich einen Artikel über *Irish Freedom* mit dem Titel *Empty Vessels* (Leere Gefäße), in dem ich ihre Gleichgültigkeit und Verachtung gegenüber den herrlichen Werken der Menschheit in Literatur, Malerei und Bildhauerei anprangerte. Ich machte geltend, daß ich kein schlechterer, vielmehr ein besserer Kommunist sei wegen der Liebe und Verehrung, die ich den aus dem Geist und der Phantasie des Menschen entströmten Reichtümern entgegenbrachte. Ich konnte dieser irrigen (manchmal zum Dogma erhobenen) Meinung nie beipflichten und argumentierte, daß alles Schöne und Starke nicht der Besitz dieses oder jenes Menschen ist, sondern des Volkes, das es in sich verherrlichte. Dies waren Schätze, und niemand konnte mich dazu überreden, sie fortzuwerfen, und Čechov war einer von ihnen: eine schöne, anmutige Perle von großer Kostbarkeit.

Seine Stücke sind natürlich hier gespielt worden, aber nicht annähernd oft genug; und manchmal sind sie schlecht gespielt worden.

Ich habe zwei schöne Inszenierungen der *Drei Schwestern*, eine von *Onkel Vanja* und eine vergleichsweise schwache vom *Kirschgarten* gesehen. Die Aufführung von *Onkel Vanja* wird mir noch lange in Erinnerung bleiben, denn ich ging schnurstracks hinein, als ich vor fast achtzehn Jahren von Irland nach England gekommen war. Es war das erste Mal, daß ich ein Drama von Čechov auf der Bühne sah, obwohl ich mit seinen Dramen und Erzählungen in Buchform schon lange vertraut war. Außerdem war es das erste Stück, das England mir zeigte, ein gutes Vorzeichen für das englische Theater, eine Prophezeiung, die sich leider als leer erwies. *Die Möwe* habe ich noch immer nicht gesehen, und obwohl ich mich schäme, es zu sagen, ist es doch eine bedauerliche Tatsache. Aber jetzt, da man ein gründliches Erwachen des englischen Theaters vorausgesagt hat, hoffe ich, daß die Dramen Čechovs dazu beitragen werden, unsere Bühne zu einem lebendigeren und attraktiveren Ort zu machen, als sie es seit langer, langer Zeit gewesen ist. Ein russischer Regisseur inszenierte für uns *Drei Schwestern*, eine sehr gelungene Aufführung, in der er uns die Zärtlichkeit, die Sehnsucht, die traurige und anmutige Schönheit des Stückes mit der Sanftmut einer sensiblen, hübschen Frau zeigt, die ihrem Geliebten zum ersten Mal ihr schönes Selbst enthüllt.

Es wurde immer wieder darüber gestritten, welches seiner Stücke das beste sei, und im allgemeinen wurde *Der Kirschgarten* als das zweifellos liebste Kind des Dramatikers hingestellt. James Agate, der Theaterkritiker der *Sunday Times*, äußert in einem 1933 veröffentlichten Buch, in dem er die Engländer ermutigt, die Angst vor dem Unbekannten abzulegen: »Über die meisten Dinge habe ich eine Meinung, und wie ein Politiker bin ich bereit, die meisten davon zu ändern. Aber eine Meinung werde ich für keinen Lebenden oder Toten und niemanden, der in den nächsten tausend Jahren geboren wird, ändern, nämlich daß *Der Kirschgarten* des großen russischen Dramatikers Anton Čechov ein Meisterwerk der Weltliteratur ist. Sie denken vielleicht«, fährt er fort (er schreibt im Konversationsstil), »daß es ein düsteres, trauriges Stück sei, das die Hochgestochenen aus dem simplen Grunde loben, weil sie es nicht verstehen, und deshalb meinen, es müsse wunderbar sein. Das trifft keineswegs zu. Vieles darin ist so lustig wie *Charleys Tante*, obwohl Teile des Stücks so viel Pathos haben wie Adelina Patti, wenn sie ihr *Home Sweet Home* singt.

Das Stück ist ganz leicht zu verstehen, und es ist in einer so einfachen Sprache geschrieben wie ein Kinderbuch mit dem Titel *Lesen ohne Tränen*.« Nun, ich stimme mit Mr. Agate darin überein, daß *Der Kirschgarten* ein Meisterwerk ist, aber es ist nicht so »lustig« wie *Charleys Tante*; es hat auch nicht das Pathos von Madame Patti, wenn sie ihr Lied *Home Sweet Home* singt, und es ist auch kein Stück, das »ganz leicht zu verstehen« ist. Es ist voller Gedanken, die für Tränen zu tief sind. Sein Humor ist von der Beschaffenheit des Stückes selbst, in dem die Farben, manche lebhaft, manche in zartem Pastell, sich durch das anmutige, liebliche, sanfte Grau des Stückes winden. Dann macht Mr. Agate eine kuriose Feststellung. Er sagt: »Es fällt einem schwer zu glauben, daß dieses Stück in Rußland nicht mehr aufgeführt werden darf. Es wurde verboten, weil es sich mit den Leiden der Aristokratie befaßt; und die neue Ordnung erkennt, daß es neben Verurteilung auch Mitleid enthält, und erlaubt daher nicht, daß das Stück gespielt wird.« Jetzt wissen Sie es! Diesen Vortrag hielt Mr. Agate als Radiosendung im Jahre 1925, und 1933 erschien das Buch, in dem er abgedruckt ist. Es gibt also keine Entschuldigung für Mr. Agate. Hätte er Huntly Carters *Theatre and Cinema in Soviet Russia* gelesen, hätte er nicht nur erfahren, daß dieses Stück in jenen Jahren und den Jahren davor aufgeführt wurde, sondern auch andere Stücke von Čechov, zusammen mit Stücken europäischer Dramatiker, einschließlich (einem Drama nach) Dickens' *Heimchen am Herd*. Er hätte auch mit Gewinn die Worte Lenins lesen können: »Wenn wir uns nicht klar machen, daß eine proletarische Kultur nur auf der Grundlage der genauen Kenntnis der gesamten, von der Menschheit in ihrer ganzen Entwicklung geschaffenen Kultur und durch Anpassung dieser Kultur an ihre eigenen Bedürfnisse aufbauen kann – wenn wir das nicht begreifen, werden wir nicht imstande sein, unsere Probleme zu lösen.« Das hätte er in der Zeitschrift *The International Theatre* nachlesen und entdecken können, daß der Begründer des Sowjetstaates Čechov sicher nicht von der Hand gewiesen hätte.

Kehren wir also zurück – welches von Čechovs Stücken ist sein »Meisterwerk«? Ich persönlich mag dieses Wort nicht. Ein großartiges Stück, ein schönes Stück, ein prächtiges Stück, das sind Worte, die einem Werk, das all diese Attribute verdient, viel mehr Ehre erweisen. Wenn ich Čechovs Stücke lese, ist immer das das beste, das ich gerade lese, und wird von dem abgelöst, das ich danach lese; und genau so ist es, wenn ich sie auf der Bühne sehe. Die Wahrheit ist, daß alle seine Stücke wundervoll sind und sich neben den besten sehen lassen können. Da ist die düstere Kiefer, die anmutige Buche, dort die in Perlmutter gewandete Birke mit den Farbnuancen vieler Vögel in ihren Zweigen, darüber das Banner eines silbrigen Himmels, der mit zartem Mauve getönt ist; und überall sind Stimmen, die beten, die seufzen, die nach mehr Leben, mehr Licht, mehr Beweisen rufen zur Rechtfertigung des Adels im Menschen. Ehre gebührt auch dem Großvater dieses Mannes, der seine Familie aus der Leibeigenschaft befreite und der Welt damit die Gelegenheit gab, diesen Großen hervorzubringen, Čechov, der in seinem großen Werk die Schönheit und Stärke seiner eigenen Natur manifestierte und das Leben des Menschen um diesen Ruhm bereicherte.

1943

Julius Hay

Tschechows revolutionäre Haltung

Die zeitgenössischen Kritiker haben richtig beobachtet, daß die Tschechowschen Figuren nebeneinander dahinleben, jede für sich ihr nach innen gekehrtes Leben führend. Sie haben aber nicht bemerkt, wie sehr diese Figuren durch dieselbe Wirklichkeit, die sie einerseits so sehr zu Einzelgängern macht, andererseits zu einem Haufen aneinandergeschmiedet sind. Die Menschen von *Onkel Wanja* sind durch ihre wirtschaftliche Situation untrennbar miteinander verbunden. Diese Verbundenheit drängt sich jedoch nur einmal in ihr Bewußtsein, als nämlich Serebrjakow ihnen seinen Plan entwickelt, das Gut zu verkaufen. Sonst äußert sie sich nur in ihrer seelischen Abhängigkeit von dem »Professor«. Der überflüssigste – und auch rechtlich fast am wenigsten dahin gehörende – Mensch im Haus übt mit seiner absoluten Selbstsucht einen derart suggestiven Einfluß auf jeden aus, wie es nur bei Menschen möglich ist, denen die Kenntnis ihrer eigenen gesellschaftlichen Situation abgeht. Entwurzelt, wie sie durch den Kapitalismus sind, können sie nicht einmal beurteilen, wer das Recht hat, über sie zu herrschen, und wer nicht. Das Ansehen der Pseudowissenschaft lastet mit der Wucht einer realen Macht auf den Bewohnern des Hauses. Die Schwiegermutter des »Professors« dient so blind ihrem Schwiegersohn und dem Zipfel der Scheinwissenschaft, dessen sie sich bemächtigt hat, daß sie nicht einmal merkt, wie der Professor auch ihr den Boden unter den Füßen wegziehen will. Telegin, der in der Wirtschaft vielleicht in einer Woche mehr nützliche Arbeit leistet als der Professor in der Wissenschaft während eines ganzen Lebens, fühlt sich verletzt, als ihm im Dorf jemand zuruft, er lebe vom Gnadenbrot. Dieses Vertauschen der Begriffe ist kennzeichnend für den Kapitalismus, der den Kapitalisten, den Schmarotzer des vom Arbeiter erarbeiteten Mehrwertes, »Arbeitgeber« und den Geber der Arbeit den »Arbeitnehmer« nennt.

Die Serebrjakowsche Ausbeutung tut der Arbeit das Ungeheuerlichste an, was sich überhaupt vorstellen läßt: sie macht sie überflüssig, sinnlos. Wanjas und Sonjas emsige Hände waren von Anfang an zu einer leeren und ziellosen Arbeit verurteilt. Sie arbeiteten nicht, um dies oder jenes zu produzieren, sondern nur, um das Gut schuldenfrei zu halten und Serebrjakow mit Geld zu versorgen, das heißt, um dem Professor sein nutzloses Leben zu ermöglichen. Jedoch sehen sie anfangs nicht, wie überflüssig ihre Arbeit ist. Ein Ergebnis der im Stück abgewickelten Handlung ist, daß sie später bewußt vom frühen Morgen bis zum späten Abend nur darum Frondienste leisten, damit »die endlose Reihe der Tage und ferner Abende« irgendwie totgeschlagen und Menschen ernährt werden, von denen sie nunmehr wissen, daß sie nichtsnutzige Schmarotzer sind.

Astrows Arbeit ist, auf einer anderen Ebene, ebenso sinnlos. Er wird von einzelnen ausgebeutet. Ein Arzt, der aus freien Stücken die übermenschliche Arbeit des ländlichen Kreisarztes auf sich genommen hat. Aber die Erfahrung hat ihn Schritt für Schritt gelehrt, daß, solange die bestehende soziale Ordnung, der zerstörende Raubbau im Kapitalismus, nicht einem besseren System Platz gemacht hat, die Arbeit des Arztes ein ebenso aussichtsloser Kampf bleibt wie eine »Aufforstung«, die sich auf das gelegentliche Auspflanzen einzelner Setzlinge beschränkt. Er ist in seiner Hoffnungslosigkeit zu einem »Querkopf« geworden und hat sich das Wodkatrinken angewöhnt. Astrow kommt in der Erkenntnis so weit wie Tschechow selbst: er sieht, was nicht zum Ziel führt, findet aber den Weg zum Ziel nicht.

Tschechows revolutionäre Haltung beruht auf seinem Wissen um die Unhaltbarkeit der Lage und beschränkt sich fast ganz darauf, diese Unhaltbarkeit sein Volk tief empfinden zu lassen. Er ist sich klar darüber, was er Trigorin über die Verantwortung des Dichters sagen läßt, und beherzigt Dorns Rat an Treplew auch selber. Seiner Pflichten dem Volk gegenüber bewußt, flüchtet er weder in zynische Routine wie Trigorin, noch in pseudoradikalen Formalismus wie Treplew. Er formt das Drama, die kämpferischste Kunstgattung, um und macht es geeignet, den Kapitalismus bis in seine Wurzeln im Alltag der Zeitgenossen darzustellen und – zu entlarven.

Tschechow findet sich niemals mit dem Kapitalismus als einer unabänderlichen Wirklichkeit ab. Seine Gestalten resignieren oft in bezug auf ihre eigene Person, aber ihr schwach glimmendes Gemeinschaftsgefühl erlischt nicht und lodert zuweilen gerade im Augenblick der Resignation auf. Die Resignation verlockt bei Tschechow niemals zur Nachahmung, er überzeugt niemals von ihrer Richtigkeit. Man muß Sonjas Sich-Ergeben in *Onkel Wanja* richtig zu verstehen wissen. Ihr Sich-Abfinden ist gewissermaßen religiösen Charakters, indem sie die Lösung von der Überwelt erwartet. Doch wir wissen, daß Tschechow Atheist war und nicht an eine Überwelt glaubte. Hat er in Sonjas Fall eine Ausnahme gemacht? Vermag man, sein Gehör an Tschechows stilistische Feinheiten anzupassen, dann begreift man, wie wenig er sich mit den Worten seiner Heldin identifiziert. »Wir werden die Engel hören, wir werden den Himmel in Diamanten strahlen sehen«, sagt Sonja. Hätte Tschechow nicht auch bessere Bilder zur Veranschaulichung himmlischer Freuden zu finden vermocht? Sonjas Charakter ließe selbst die höchsten dichterischen Ausdrücke zu. Doch nicht das ist es, was Tschechow wollte. Er verhält sich ebenso kritisch zu Sonjas Himmelssehnsucht wie zu jeder anderen Form der Resignation. Daher die »falschen« Töne, daher die kitschigen »Engel« und »Diamanten«. Sie dienen im wesentlichen dem gleichen Zweck wie das »Bums!« bei Wojnizkis Schießerei.

Resignation ist also keine Grundeigenschaft der Tschechow-schen Helden, sondern eine ihnen durch die Umstände – die kapitalistische Gesellschaft – aufgezwungene Art des müden Ausscheidens aus einem Kampf, den sie auf sich gestellt eingegangen sind, weder sich selbst noch den Gegner kennend.

Wie sehr die Gesellschaftsordnung am Scheitern der Tsche-chowschen Gestalten schuld ist, können wir erst ersehen, wenn wir versuchsweise den Lebenslauf einzelner Figuren nach dem Schluß der Stücke weiterführen. Sonja war zur Zeit der Oktober-revolution keine 40 Jahre alt. Sie muß im ersten Augenblick verständnislos den Ereignissen gegenübergestanden haben, die die »endlosen Tage und Nächte« der Resignation unterbrachen. Dann muß sie aber verstanden haben, daß sie in der neuen Welt keine andere Pflicht hat als zu arbeiten, aber jetzt nicht mehr ohne Sinn. Sie arbeitet nicht mehr, um Parasiten zu ernähren, auch nicht, um den Rest des Lebens irgendwie zu vergeuden, sondern um das Wohl ihres Volks zu fördern und damit auch das eigene ruhige Alter zu sichern. Sie wird schon diesseits ausruhen können – ohne Engel und Diamanten. Sie wird dieses strahlende Leben, an das sie glaubt, ohne es sich real vorstellen zu können, selbst erleben. Noch einfacher läßt sich das Leben Ninas weiterdenken. Sobald der »große Sturm«, von dem Tusenbach träumt, die Zudringlichkeit der Jelezer Kaufleute wegfegt, enden alle Erniedrigungen des Künstlerlebens. Die Menschenleben blühen auf wie Doktor Astrows Wälder.

Am deutlichsten sieht man das aber bei Anja im *Kirschgarten*, von der, wie Zeitgenossen berichten, Tschechow selbst erklärte, sie würde sich nach dem Ende der Stücke zu einer Revolutionärin entwickeln.

Hier ist der Punkt, wo das sonst so vollkommene Tschechow-sche Bild der kapitalistischen Gesellschaft mangelhaft ist. Gromow, der Novellenheld von *Krankensaal Nr. 6*, erwartete die große Umwälzung zur Zeit der Urenkel. Tschechow hat im Augenblick seines Todes noch nicht geahnt, daß nur noch wenige Monate sein Volk von dem ersten großen Ansturm des Kampfes – der Revolution 1905 – trennten und bloß 13 Jahre vom Endsieg. Er hat in *Kirschgarten* gezeigt, wie der untergehende Feudalismus seinen eigenen Totengräber, den Kapitalismus, gebar; daß aber der neu heraufgekommene Kapitalismus, dessen Unhaltbarkeit er so sicher sah, bereits bei seiner Geburt von den Kräften der ihm nachdrängenden neuen Gesellschaftsform, des Sozialismus, schwanger war, hat er nicht erkannt. Wie der Physiker, der auf der Tabelle genau zeigen kann, wo ein neues Element stehen muß, jedoch außerstande ist, es zu finden, oder wie der Astronom, der die Stellung seines Planeten errechnet hat, ihn aber mit seinem Fernrohr vergebens sucht, so zeigen Tschechows sämtliche Dramen, daß es irgendwelche Kräfte geben muß, die die verhaßte kapitalistische Gesellschaft irgendwann von der Erdoberfläche wegfegen werden. Tschechow sieht auch, daß dies nicht in der Form einer Rückkehr in die Vergangenheit, sondern in der eines stürmischen Vorwärtsdrängens in die Zukunft geschehen wird, aber die tragende Kraft dieser Änderung, die Kraft des revolutionären Proletariats als den gesuchten geschichtlichen Faktor zu erkennen, hat er nicht vermocht.

Fadejew sagte in seinem Vortrag von den Aufgaben der Kritik: »Wir mußten die Bücher kritisieren, die die apolitische Haltung Tschechows verschwiegen, sie zu verschmieren suchten.«

Tschechow schuf die vollkommenste dramaturgische Methode des kritischen Realismus, darüber hinauskommen konnte er aber nicht.

Diese geschichtliche Rolle war Maxim Gorki vorbehalten. Nur dieser Dichterriese, der den Kampf der Bolschewiki kannte, die Revolution von 1905 erlebte, die Wegweisung Lenins und Stalins verstand, das Leben des Volks bis in die Wurzeln kennenlernte, war imstande, den Realismus des russischen Dramas auf die Stufe des sozialistischen Realismus zu erheben und damit die fortgeschrittenste Dramenliteratur der Welt, die sowjetische Dramenliteratur, zu begründen.

1949

Carlo Emilio Gadda

Drei Schwestern

Die zarte Sprache der Dinge und Gefühle ist, ein wenig, die Sehweise Čechovs. Er betrachtet das Gesamtereignis wie einen langsamen Fluß mehrerer Motive, d. h. mehrerer paralleler musikalischer Phrasen, zwischen denen sich ein Spiel von subtil wahrnehmbaren Interaktionen einstellt. Und aus solcher Verflechtung, solchem Zusammenspiel entsteht und entwickelt sich – in der dem Gedanken eignenden, langsamen Weise des Entstehens und Fortschreitens – in einem reinen, tristen, wohldurchdachten Kontext die dramatische Bedeutung.

In dieser Aufhebung allzu kühner Evidenz der ›Figur‹, insbesondere der ›Hauptfigur‹, in diesem Zurückgreifen auf eine Pluralität von ›Personen‹, die bei der expressiven Arbeit ebenbürtig nebeneinanderstehen, statt im Rückgriff auf eine pyramidale Schauspielerhierarchie, in dieser seiner Art, unserem Herzen zu suggerieren, daß jede Person in ihren Empfindungen und Handlungen der Linie der eigenen Individualität folgt, doch mit großzügiger innerer Anteilnahme an den Geschicken der anderen, den Geschicken der Mitwelt, in dieser Technik, die als ›chornisch‹ bezeichnet worden ist und der wir zusätzlich die Attribute ›musikalisch‹ und ›verhalten‹ verleihen möchten (im Verhältnis zu den für andere Formen des Theaters typischen evidenzstiftenden Ausbrüchen der ›Figur‹) – in all dem liegt vielleicht das süßeste, fruchtbarste Geheimnis Anton Čechovs. Doch nicht allein die Pluralität der in ihren Aufgaben gleichgestellten Personen betraut er mit der Aufgabe, seine Technik – seine Art des Betrachtens und Seins – zu tragen und zu verfechten, auch die Motive der einzelnen Ereignisse und die beiläufigen Zeichen der Objekte, jener Objekte oder Requisiten oder Ornamente oder Instrumente oder Nichtigkeiten, welche die Atmosphäre, das Ambiente ausmachen, hebt er auf die Ebene dieser egalitären Würde.

Das müde oder harmlose Ritual von Ort, Zeit und Stunden wird in den Stunden, in der Zeit und vor Ort vertraulich beobachtet. Das verschneite Land draußen und das Haus, die Tischtücher, die Gedecke, Kuchen, Weine, der Samovar, die Uhr im Salon oder die, die Ivan Romanovič aus der Tasche zieht, nicht weniger als die Blicke und Worte der Frauen, die Seufzer und Säbel wirken stumm am Ritus mit (an der szenischen Handlung wagen wir nicht zu sagen, nennen wir sie vielleicht besser szenische Passion). Sie sagen, was Zeit, was das enttäuschte Spiel der Hoffnung, was Nichtigkeit, das beharrliche Bild der Trostlosigkeit, die Vorahnung des Nichts ist. Genauso sprechen der Wind und die Schellen der angeschirrten Pferde, die Kutschen, die nächstens ankommen oder abfahren, der (kurze und vielleicht nur scheinbare) Aufruhr, den der Brand verursacht, die ›blasse‹ Wirkung des Duells, des Mordes aus Eifersucht. Nicht anders als die Kleider und die Farben der Gürtel und Schärpen, die passend oder unpassend sind, einbezogen also in ein Zweckdenken oder ungewollt und nutzlos rebellisch.

Nirgends ist deshalb mehr Sorgfalt der szenischen Gestaltung vonnöten als bei Čechov und diesen *Drei Schwestern*, und nie hat Viscontis »Stabile« mehr Lob verdient als für diese römische Aufführung, die sie mit so viel Liebe und so schöpferisch gestaltetem Bühnenbild inszeniert hat. Mit den Mitteln der Rekonstruktion, d.h. einer natürlichen (oder naturalistischen) Szenographie versetzt uns das Bühnenbild in die letzten Jahre des XIX. Jahrhunderts, indem es jene häuslichen, will heißen die menschliche Existenz so anheimelnd umschreibenden Aspekte wiedererstehen läßt, die typisch waren für das alte, provinzielle Rußland. Die greise achtzigjährige Amme Anfisa und der betagte Bote der Zemstvoverwaltung, Ferapont, scheinen beide in sich, in ihrer Menschlichkeit, oder in ihrer Zerstreutheit, das langsame Wiederkäuen der Zeit, jenen trägen Stillstand des Lebens in der ländlichen Einsamkeit zu verwalten; sie drücken die schmerzliche Beharrlichkeit der menschlichen Gewohnheit aus, sich an die Handlungen und, mehr noch, ans Herz der Menschen zu klammern. Das Herz ist umwachsen von Gewohnheiten und ihren bekannten, gewohnten Formen: seiner möchte es sich um keinen Preis entledigen; selbst die Aussicht auf Veränderung verletzt, vernichtet es.

Eine andere bemerkenswerte Tatsache, die unachtsamen Beobachtern entgehen mag, ist, daß dieses Drama mit Militärischem nahezu überladen ist. Doch es geht ja, man darf das nicht vergessen, um *Drei Schwestern*, drei Frauen also, elternlos, in einem Haus in der Provinz. Diese Fülle an Militärs hat mithin ihren Sinn, ihr Gewicht, möchten wir meinen: neun Offiziere auf der Bühne, die Hälfte also der achtzehn Personen, plus ein paar gewöhnliche Soldaten, die im vierten Akt als Statisten zwischen den Birken umherspazieren, um den Abschied und Abzug der Garnison anzudeuten, plus der Offiziersbursche mit der Tunika, in den Pflichten des Gabenträgers, der den silbernen Samovar, das Geschenk des mittellosen und säumigen Ivan Romanovič (des Militärarztes, der bei den drei Schwestern zur Miete wohnt) zu Irinas Namenstag hereinbringt.

In einer surrealistisch von jungen Mädchen bevölkerten, von Ehefrauen erfüllten und von einem Gymnasiallehrer kaum aufgeheiterten Provinz ist es die Garnisonsbrigade, die angesichts der grenzenlosen Einsamkeit das männliche Element, männlichen Halt und Zuspruch verkörpert. Der Abzug der Bataillone und Batterien (die, so scheint es, nicht durch neue ersetzt werden) kommt einer unfreiwilligen Fahnenflucht der Männlichkeit gleich, die sich zusammen mit den schmerzlichen Träumen der drei Schwestern am fernen Horizont verliert. Der Aufbruch der Militärs ist das traurige Schicksalssiegel auf die zu Ende gegangene Jugend der Schwestern und vielleicht auch auf ihr ganzes, so nutzlos gelebtes Leben: das Ereignis ist real, erlangt indes eine bezeichnende Intensität, die es zu fast qualvollem Symbolwert steigert.

Von Symbolwert kann man bei Čechov nur insofern sprechen, als die allgemeinsten und einfachsten Objekte aus dem sie umgebenden Kraftfeld, d. h. aus den gleichzeitigen, nebensächlichen Begebenheiten ein ihre herkömmliche Bedeutung so stark übersteigendes Gewicht beziehen, daß aus ihnen gedankliche Objektivierungen werden.

Zwei der drei Schwestern hatten mit Offizieren zu tun oder

ihnen etwas zu sagen: Maša, die Frau des Lehrers Fëdor Iljič Kulygin, weil sie den Oberstleutnant Veršinin liebt und von ihm geliebt wird; und Irina, die Jüngste, weil sie von Baron Nikolaj Lvovič Tuzenbach und dessen halbverrücktem Rivalen, Stabshauptmann Vasilij Vasiljevič Solёnyj, geliebt wird, ohne deren Liebe zu erwidern.

Just an dem Tag, als die Brigade abrückt, bringt Solёnyj in einem gnadenlosen Duell Tuzenbach um; er tötet den Mann, der liebt wie er und der wie er nicht wiedergeliebt wird, dem sich Irina jedoch voll Gleichgültigkeit versprochen hat. Liebe ist eine Pflicht, hatte Maša der Schwester gesagt, und die Pflicht muß man erfüllen. In diesem Vorsatz, der zunächst paradox erscheint, liegt eine tiefe Wahrheit, die Feststellung einer Tatsache. Deshalb hat Irina sich so ergeben verlobt. Nikolaj scheint noch nicht einmal die Kraft oder die Möglichkeit zu haben, sich dem Schicksal zu widersetzen: er verlobt sich und liebt ohne Leidenschaft und läßt sich umbringen, wie es sich gehört. Im ersten Akt, ein Jahr nach dem Tod des Vaters, ist Irinas Seele noch offen für die Hoffnung, für das wundervolle Spiel der Zukunft; und diese geträumte Zukunft hat einen Namen und wird ihn für einige Zeit noch behalten, und dieser Name ist Moskau. Dann schließt sich allmählich die Realität über die Blüte der Jugend, die langsam dahinwelkt: sie schließt sich wie ein Sargdeckel – Realität, die Einsamkeit und Provinz heißt.

1952

Jean-Louis Barrault

Warum »Der Kirschgarten«?

Ich halte den *Kirschgarten* für Čechovs Meisterwerk. Von den vier großen Stücken, die er fürs Theater geschrieben hat, ist es dasjenige, das sich am zwingendsten, am besten zur Verallgemeinerung anbietet.

Obgleich es mit großer Genauigkeit die russische Seele widerspiegelt, reißt es sich spontan von ihr los und findet, derart in den Raum projiziert, Widerhall in allen Seelen der Menschheit.

Auf allen Ebenen.

Der *Kirschgarten* entsteht in erster Linie in der Stille. Eine große Pantomime gewissermaßen, die während zweier Stunden abläuft, von Zeit zu Zeit verziert mit einem Monolog, einem richtigen Gedicht, so wie man an einem gleichmäßigen Collier da und dort ein Kleinod einfügt.

Der Rest? Ein diskreter Aufbau aus kurzen Reden und Gegenreden, die diese rare Stille einfassen.

Der *Kirschgarten* verfließt langsam wie das Leben. Eine Quelle, die, ganz fein, wie eine Seele murmelt. Wenige Stücke nur geben uns diesen »physischen« Eindruck der Zeit, die abläuft.

Das kommt daher, daß dieses Stück, so grundlegend von der Stille ausgehend, in außergewöhnlicher Weise die Gegenwart nachahmt. Das Theater aber ist die eigentliche Kunst der Gegenwart.

Es ist essentielles Theater.

Die Gegenwart ist im Leben das, was am wenigsten faßbar ist. Nicht erstaunlich deshalb, daß auch der *Kirschgarten* nicht faßbar ist. Die eigentliche Handlung des *Kirschgartens* spielt sich also in der Stille ab, und die Dialoge sind, neben den Monolog-Gedichten, die sich davon abheben, wie in der Musik nur dazu gemacht, diese Stille vibrieren zu lassen.

Diese mit der Zeit kämpfende Stille, mit dieser unerbittlichen Zeit, die auf der Stelle, vor uns, unter uns, hinter uns, diese Zukunftszukunft defilieren läßt und in Erinnerungsvergangenheit verwandelt.

Man sagt, die Zeit läuft ab. Sie läßt was ablaufen? Denn sie ist ganz Handlung! Sie läßt das Leben ›passieren‹ wie durch ein Sieb. Aus dem, was auf uns zukam und was noch nicht konkret existierte, macht sie mit Hilfe ihres magischen Siebs das, was fertig ist und was von nun an nur noch in der Erinnerung existieren wird. Ein Erinnerungspüree...

Der Kaffee ist ein festes Pulver. Die Kaffeemaschine läßt ihn »durchlaufen«, und hier ist er – flüssig.

Was macht die Zeit? Pst! Sie arbeitet...

Woran? Sie »läuft ab«.

Es ist dieses geheimnisvolle, nicht faßbare »Ablaufen«, das unsere »Gegenwart« macht. Ein bestürzendes Verschwindenlassen der Existenz, ausgeführt von diesem verblüffenden Taschenspieler Zeit.

»Da haben Sie ein Spiel Karten«, heißt es im *Kirschgarten*. Und man denkt, das Kartenspiel: das ist das Leben.

»Denken Sie sich irgendeine Karte« (der Augenblick, den man gleich erleben wird).

»Mischen Sie jetzt die Karten . . . Geben Sie her« (die gegenwärtige Handlung).

»Eins, zwei, drei! Jetzt sehen Sie nach, sie steckt in Ihrer Seitentasche« (und unter Ihrem Taschentuch, mein Lieber! Die Gegenwart ist vergangen, es ist aus!). So im *Kirschgarten*. Es ist das Stück der-Zeit-die-abläuft.

Auf der Stille aufgebaut und nur in der Gegenwart lebend, ist die dramatische Komposition dieses Werks fundamental musikalisch. Und die Gegenwart ist ein so flüchtiger Stoff, daß der Autor ein vorliegendes Thema nicht entwickeln, geschweige denn beenden kann, er geht zu einem nächsten Thema über. Könnte er es, würde er es übrigens nicht tun: Eine tödliche Fatalität lastet auf dem *Kirschgarten*; kaum streift man sie, hält man inne und schleicht sich dann weg, um ihr auszuweichen. Und so geht man von einem alltäglichen Augenblick zu einer Gemütsbewegung, von dieser Gemütsbewegung zu einer allgemeinen Überlegung, von dieser Überlegung zu einem Witz, von einer Posse zu sozialen Betrachtungen usw. usw., ohne je einen dieser Augenblicke auszuschöpfen, die nichts sind als die Flucht vor einer Gefahr, zu der man ständig wieder zurückkehrt. Phasen der Teilnahmslosigkeit, unterbrochen von plötzlichen Erschütterungen, als wolle man diesem Magnetismus entfliehen, der zum Unglück hinzieht . . . oder als wolle man nicht einschlafen, aus Angst im Schlaf zu sterben.

Dieses Nichtausschöpfen der Augenblicke hinterläßt einen stillen Rest von Angst, der das eigentliche Thema ausmacht.

Diese theatralische Komposition kunstvoll musikalischen Charakters macht es sehr schwierig, die dramatische Bewegung der Handlung einzuhalten; es ist vor allem eine langsame Bewegung. Und auch darin liebe ich den *Kirschgarten*. Die dramatische Bewegung eines Theaterwerks entspricht weder der Schnelligkeit der Ereignisse noch der Geschwindigkeit des Spiels der Personen. Es ist eine Frage der Dichte, nicht der Schnelligkeit.

Man pflegt heute zu sagen, bei Čechov gebe es wenig Handlung (und der *Dictionnaire des Œuvres* führt als Beispiel den *Kirschgarten* an!). Darunter ist zu verstehen, daß es bei Čechov wenig kombinierte Handlungen gibt, wenig sich überschneidende Ereignisse und wenig Intrigen; das heißt aber nicht, daß es wenig Handlung gibt. Handlung und Intrige sind nicht zu verwechseln. »Was ihr tut, sei immer einfach und eins«, sagt Horaz. Und Racine fügt hinzu: »Die ganze Erfindung besteht darin, aus nichts etwas zu machen.« Im *Kirschgarten* aber ist die Handlung konstant, gespannt und vollständig, denn, noch einmal, jeder Augenblick ist gut ausgefüllt. Jeder Augenblick hat seine eigene Dichte, doch findet sich diese Dichte nicht im Dialog, sie findet sich in der Stille, im Leben, das verfließt.

Das Thema der *Drei Schwestern* läßt sich so zusammenfassen:
Man möchte gern in die Stadt ziehen.
Wird man in die Stadt ziehen?
Man wird nicht in die Stadt ziehen.

Ein einziger Katalysator nur (das »Objekt«, von dem Stanislavskij sprach), der die Entstehung dieser einzigen und einfachen Handlung begünstigt: das Militär.

Im *Kirschgarten* ist es der Katalysator selbst, der die Handlung liefert: das Gut »Der Kirschgarten«.

ERSTER AKT:	Der Kirschgarten muß vielleicht verkauft werden.
ZWEITER AKT:	Der Kirschgarten wird verkauft werden.
DRITTER AKT:	Der Kirschgarten ist verkauft.
VIERTER AKT:	Der Kirschgarten ist verkauft worden.

Der Rest: das Leben.

Dieses ganz aus Stille gemachte Leben, diese geheimnisvoll abgestimmten Themen flüchtiger Handlungen, diese schmerzliche und angst machende Langsamkeit, mit der das Stück abläuft, stellen den französischen Schauspieler vor faszinierende Probleme.

Der französische Schauspieler ist es gewohnt, sich auf den Text zu stützen, um sein Spiel zu ordnen, denn im französischen Theater ist die Handlung meistens im Text enthalten. In unserem Fall wickelt sich das Spiel aber außerhalb des Textes ab.

Ist die Handlung im Text eingeschlossen, dann läuft sie in einem raschen Rhythmus ab. Der französische Schauspieler ist also dem Wesen nach ein schneller Schauspieler. Der Rhythmus des *Kirschgartens* ist langsam, selbst für Russen. Nun kann aber die französische Langsamkeit nicht der russischen Langsamkeit entsprechen.

Auf französisch muß sich der *Kirschgarten* folglich für Franzosen abspielen, mit französischer, nicht mit russischer Langsamkeit, die nur für Russen Gültigkeit hätte. Aber diese Langsamkeit stellt für eine französische Truppe eine ausgezeichnete Übung dar. Eine eigentliche Lektion in dichtem Leben. Außerdem gibt es wenig Stücke, welche die Schauspieler so stark beschäftigen wie der *Kirschgarten*.

Der Schauspieler, der sich hingibt, ist selten; aber er kommt vor. Und dieser Schauspieler erlebt dann einen der besten Augenblicke seines künstlerischen Lebens.

Noch seltener ist die Truppe, die sich hinzugeben vermag. Der *Kirschgarten* ist eines jener wenigen Werke, dem sich eine ganze Truppe in einer Art widmen kann, daß sie das Theater vergißt und an die Existenz dieser Familie, dieses Hauses glaubt, daß sie im Leben zu stehen wähnt.

Und diese einzigartige Metamorphose wird mit einwandfreien Mitteln erreicht; denn das Stück gehört weder zum Naturalismus, der 1904 Mode war, noch zum Realismus. Es ist der Wahrheit zuzuordnen; einer Wahrheit, die ihren beiden Gesichtern gemäß (die Wahrheit hat immer zwei Gesichter) aus Wirklichkeit und Dichtung zugleich besteht: dem Augenscheinlichen und dem Geheimen. Das ist, wenn man so will, poetischer Realismus – wie bei Shakespeare.

Der *Kirschgarten* läßt sich mit diesen Beistelltischchen vergleichen, die man beinahe endlos untereinanderschieben kann.

Das intime, vertraute, universell alltägliche Thema entwickelt sich, unwiderstehlich, vom Besonderen zum Allgemeinen. Wie diese japanischen Blumen, die wunderbarerweise in einem Glas Wasser zu wachsen beginnen, sobald man ihnen die geheimnisvolle Tablette dazugegeben hat.

Der *Kirschgarten* hat die Bedeutung einer Parabel. Das Stück geht vom alltäglichen Leben aus und stößt, ohne den Anschein zu erwecken, bis an die Grenzen der metaphysischen Bereiche vor.

Erstaunlich ist, daß es, ausgehend von dem in seiner vertrauten und alltäglichen Umgebung beobachteten Individuum, rasch beim allgemeinen Gesichtspunkt der Gesellschaft anlangt, dort aber nicht stehenbleibt; er bricht nochmals auf, um sich wieder dem Individuum zuzuwenden und es diesmal unter dem weitesten, dem philosophischen, dem universellen Gesichtswinkel zu betrachten. Genau das ist es, was den *Kirschgarten* zum ganz großen Stück macht.

Alle auch für unsere Generation so wichtigen gesellschaftlichen Fragen werden im übrigen vom Autor mit einem Gefühl für Takt und Maß dargelegt, das auch dem feinfühligsten Franzosen Bewunderung abnötigt. Keinerlei Schwere; der Stil ist beinahe oberflächlich. Die soziale These des *Kirschgartens* hat die Leichtigkeit einer Feder. Und dennoch ist sie wirksam: den Stichen der chinesischen Akupunkturnadeln vergleichbar, übt sie auf den Zuschauer einen enormen Einfluß aus, der über den ›russischen Fall‹ hinausgeht. Sie berührt jeden von uns, räumlich wie zeitlich gesehen (überall auf der Welt fühlen sich die Menschen berührt, und jeder spürt, daß dies für alle Zeiten Gültigkeit hat). Weil die soziale Ebene überwunden worden ist. Ist die Gruppe von Individuen ein Fall für die Soziologie, so ist die Soziologie, die das Absolute erreicht, eine Wissenschaft, die das Ewige Individuum zum Thema hat. In einem seiner Monologe gibt uns Trofimov den Schlüssel zu eben dieser neuen Entwicklung, die bis zur universellen Ebene vorstößt:

»Es ist so doch klar, um ein Leben in der Gegenwart zu beginnen, müssen wir zuerst unsere Vergangenheit sühnen, mit ihr Schluß machen, und sühnen können wir sie nur durch Leiden, durch außergewöhnliche, ununterbrochene Arbeit.«

Dieser Satz richtet sich offensichtlich an eine ganze Generation, an eine ganze Gesellschaft, sogar an die religiöse Vorstellung des Loskaufs, er kann sich aber genausogut und einfacher, durch alle Zeiten hindurch, an jeden einzelnen von uns richten, an das Individuum in seinem allgemeinsten Sinn.

Das Wesen Mensch wird geboren, lebt, stirbt und wird ersetzt, wie die Gesellschaften, wie die Zivilisationen. Heißt es nicht, drei Wochen genügten, um alle unsere Zellen zu ersetzen? Folglich ist unser Wesen nach jeweils drei Wochen völlig erneuert worden! Und so leben in ihm andauernd die drei Arten von Menschen, die Čechov in Szene setzt: Gaev, das Wesen, das nach und nach verschwindet, Lopachin, der dazu bestimmt ist, Gaev für den Augenblick zu ersetzen; Trofimov, der bereits das Wesen vorbereitet, das Lopachin ersetzen soll. Der eine ist die Vergangenheit, der andere die Gegenwart, der dritte die Zukunft. Polarisierung des ewigen menschlichen Wesens.

Deshalb drückt der *Kirschgarten* das Leben, das abläuft, so gut aus.

Wie anziehend unsere Vergangenheit auch sei, wie sehr wir, aus legitimen Gründen, an ihr hängen, wir müssen das Recht, die Zukunft zu empfangen, von der Zukunft angenommen zu werden, verdienen; und deshalb, um den Preis außergewöhnlicher, ununterbrochener Arbeit, um den Preis des Leidens sogar, müssen wir den Mut haben, uns von dieser Vergangenheit loszureißen. Das ist der Kaufpreis für das Recht zu leben. Der vom Leben erforderte Loskauf, das Lösegeld.

»Leb wohl, altes Leben!«

»Guten Tag, neues Leben!« ruft man gegen den Schluß. Und während die Augen noch gerötet sind von den Tränen, öffnen sich die Lippen bereits wieder zu einem morgendlichen Lächeln. Das ist das Leben. Das ist die Lektion des *Kirschgartens*. Das ist es, was auf einer Ebene, die über der sozialen Ebene liegt, diese drei Männer verkörpern, mit denen Čechov Ljubov Andreevna Ranevskaja umgibt, bewegendes Symbol der ewigen Menschheit – der wandernden Menschheit.

Der *Kirschgarten* ist also kein realistisches Stück; er ist auch kein soziales Stück, Čechov war zu geschickt, um sich auf die soziale Ebene zu beschränken; es ist das Stück eines großen Dichters, der mit seiner Herzenstiefe und seiner außergewöhnlichen Feinfühligkeit über das Soziale hinaus, dem es die ihm zustehende Bedeutung gibt, zu den Quellen der eigentlichen Existenz vorstößt.

Eine weitere Lektion des *Kirschgartens*? Čechov zeigt uns durch die Behandlung seines Themas, was ein Künstler zu sein hat. Es ist geheuchelte Bescheidenheit, die uns das Wort »Künstler« gewöhnlich vermeiden läßt. Der Künstler muß sich also bemühen, vor allen Dingen der Gerechtigkeit zu dienen. Wie kann man aber Partei ergreifen und gerecht sein? Unmöglich. Ein echter Künstler kann folglich nicht Partei ergreifen, es sei denn für die Gerechtigkeit. Das ist der einzige Fall, wo er sich engagieren kann; und da es der einzige Fall ist, muß er sich dafür um so mehr engagieren. Für die Gerechtigkeit... Es heißt, Čechov habe zu den wenigen Schriftstellern gehört, die von beiden Lagern anerkannt worden seien.

Im *Kirschgarten* liebt man Gaev, so wie man sich auch heute noch nach der Zeit um 1900 sehnt. Aber man liebt auch Lopachin, und man möchte ihm helfen, ihn verfeinern, ihn weniger schüchtern machen, ihm dieses Etwas geben, das ihm fehlt – was er weiß und wessen er sich schämt. Und gleichzeitig kann man nicht anders, als den Äußerungen Trofimovs zustimmen; man bedauert sogar die Weichheit unseres Studenten, man wünscht sich ihn realistischer in seinen revolutionären Perspektiven. Kurz, das, was dank Čechov vom *Kirschgarten* bleibt, das ist die Unparteilichkeit. Seine Kunst ist eine Kunst der Gerechtigkeit. Noch einmal: großes Theater.

Čechov ist auch deshalb »Künstler«, weil er uns eine Lektion in Takt, in Maß erteilt; um es direkt zu sagen: in Schamgefühl. Groß ist nur der Künstler, der Schamgefühl besitzt. Schamlosigkeit entschuldigt sich einzig durch ein Übermaß an Arglosigkeit oder Kindlichkeit. Verwechseln wir hier nicht Schamgefühl und Prüderie. Ferner lehrt uns Čechov Sparsamkeit.

Im *Kirschgarten* gibt es absolut nichts zu streichen. Alles, was überflüssig hätte sein können, hat Čechov weggelassen. Alles ist bestmöglich gestrafft. Und man denkt beim Studium dieses

Werks an eine Bemerkung Charlie Chaplins, dieses unvergleichlichen Künstlers, die er im Zusammenhang mit einem seiner Filme gemacht hat: »Wenn ein Werk beendet scheint, muß man es gut schütteln, wie man einen Baum schüttelt, um nur diejenigen Früchte reifen zu lassen, die gut an den Ästen halten.« – »Nichts auf die Bühne bringen, was nicht absolut notwendig ist«, sagte unser Meister Racine.

Bei Čechov sind zudem die Anweisungen mit Vorsicht und Umsicht zu studieren. Sagt er nicht in einem seiner Briefe: »Oft heißt es bei mir ›unter Tränen‹, aber das bedeutet nur die Stimmung der Personen, nicht Tränen.«

Und schließlich ist Čechov deshalb ein exemplarischer Künstler, weil alle seine Personen, wie bei Shakespeare, zwiespältig sind: der schreckliche Lopachin ist schüchtern, unentschlossen und ein guter Mensch; das zarte Opfer Ranevskaja von leidenschaftlichem Temperament; der traditionsgebundene Gaev ein träger Mensch; der Revolutionär Trofimov weich, launenhaft.

Kein einziger konventioneller Held, nichts als komplexe Wesen, kein einziger Roboter, nichts als Herzen, die schlagen.

Und dies ist der letzte Punkt, bei dem ich verweile, um einige der Gründe anzuführen, weshalb ich den Kirschgarten liebe: Der Kirschgarten »entsprießt« letztlich dem Herzen. Das Herz, dieses Fleisch, das sich über den Geist erhebt, das alle fünfundneunzig Sinne in sich schließt, von denen Trofimov spricht, die wir nicht kennen und die uns in Dingen der Empfindsamkeit sehr viel weiter bringen als die fünf armen Sinne, die uns offiziell zur Verfügung gestellt worden sind.

Das Herz, das uns in diesen »Tränenzustand« versetzt, wenn wir die Dinge aus der Vergangenheit wiedersehen, das uns aber gleichzeitig durch seinen hartnäckigen Pulsschlag in die Zukunft treibt, uns mit sich zieht, um die Gegenwart auszukosten.

Das Herz, das ganz Empfindung ist, ganz Wille; sehr überlegen, wie mir scheint, dem Kopf, der nur die Idee, den Sinnen, die nur die Begierde beitragen. Das Herz ist in erster Linie Offenbarung, Weissagung, und warum das Wort nicht aussprechen: Liebe, das heißt wahres Wissen.

1954

Peter Szondi

Die Krise des Dramas:
Tschechow

In den Dramen Tschechows leben die Menschen im Zeichen des Verzichts. Verzicht vor allem auf die Gegenwart und die Kommunikation kennzeichnet sie: Verzicht auf das Glück in der realen Begegnung. Diese Resignation, in der sich Sehnsucht und Ironie zu einer Haltung der Mitte verbinden, bestimmt auch die Form und damit Tschechows Ort in der Entwicklungsgeschichte der modernen Dramatik.

Verzicht auf die Gegenwart ist Leben in der Erinnerung und in der Utopie, Verzicht auf die Begegnung ist Einsamkeit. *Drei Schwestern* – vielleicht das vollendetste der Tschechowschen Dramen – ist die ausschließliche Darstellung einsamer, erinnerungstrunkener, von der Zukunft träumender Menschen. Ihre Gegenwart wird erdrückt von Vergangenheit und Zukunft, ist Zwischenzeit, Zeit des Ausgesetztseins, in der die Rückkehr in die verlorene Heimat das einzige Ziel ist. Das Thema – um das übrigens alle romantische Dichtung kreist – konkretisiert sich für *Drei Schwestern* in der bürgerlichen Welt der Jahrhundertwende auf diese Weise: Olga, Mascha und Irina, die drei Schwestern Prosorow, leben mit ihrem Bruder Andrej Sergejewitsch seit elf Jahren in einer größeren Garnisonstadt im Osten Rußlands. Damals verließen sie ihre Heimatstadt Moskau mit ihrem Vater, der hier die Führung einer Brigade übernahm. Das Stück beginnt ein Jahr nach dem Tode des Vaters. Der Aufenthalt in der Provinz hat seinen Sinn verloren, die Erinnerung an die Zeit in Moskau überflutet die Langeweile des täglichen Lebens und steigert sich in den einzigen verzweifelten Schrei: »Nach Moskau!« Die Erwartung dieser Rückkehr in die Vergangenheit, die zugleich die große Zukunft sein soll, füllt das Leben der Geschwister Prosorow aus. Umgeben werden sie von Offizieren der Garnisonstadt, an denen dieselbe Müdigkeit, dieselbe Sehnsucht zehrt. Bei einem von ihnen weitet sich aber das futurische Moment, das die bestimmten

Ziele der Geschwister bilden, zur Utopie aus. Alexander Ignatje-witsch Werschinin sagt:

»In zwei-, dreihundert Jahren wird das Leben auf der Erde unvergleichlich schöner und herrlicher sein. Der Mensch hat ein Bedürfnis nach einem solchen Leben, und wenn es bisher noch nicht verwirklicht ist, dann soll er es wenigstens vorausahnen, soll es ersehnen, soll von ihm träumen und sich darauf vorbe-reiten...«

Und später:

»Nach meiner Meinung wird sich nach und nach in den irdischen Dingen eine Wandlung vollziehen, ja, sie vollzieht sich schon jetzt vor unseren Augen. In zwei-, dreihundert, vielleicht auch in tausend Jahren – auf den Zeitraum kommt's nicht an – wird ein neues, glückliches Leben auf Erden beginnen. Wir werden an diesem Leben allerdings keinen Anteil mehr haben, aber wir leben, arbeiten und leiden schon jetzt um dieses zukünftigen Lebens willen, wir schaffen dieses Leben, und darin allein ruht der Zweck unseres Daseins und, wenn Sie wollen, unser Glück.«

»Es gibt kein Glück für uns, es kann und wird keins geben... Wir können nur arbeiten und arbeiten, das Glück aber wird erst unsern Enkeln zuteil werden. Nun denn, wenn ich nicht glück-lich sein soll, so werden es wenigstens meine Enkel sein oder die Enkel meiner Enkel.«

Mehr noch als diese utopische Orientierung vereinzelt die Menschen die Last der Vergangenheit und ihre Unbefriedigtheit in der Gegenwart. Sie alle reflektieren auf ihr eigenes Leben, verlieren sich in ihren Erinnerungen und quälen sich ab in der Analyse der Langeweile. Jeder in der Familie Prosorow und ihrem Bekanntenkreis hat sein eigenes Problem, auf das er inmitten der Gesellschaft immer wieder zurückgeworfen wird, das ihn so von seinen Mitmenschen trennt. Andrej zermürbt die Diskrepanz zwischen der erträumten Moskauer Professur und seiner tatsächlichen Stellung als Sekretär der Landschaftsverwal-tung. Mascha lebt seit ihrem siebzehnten Lebensjahr in unglück-licher Ehe. Olga ist, als »schwände ihre Kraft, seit sie am Gymnasium angestellt ist, tropfenweise hin.«[1] Und Irina, die sich in die Arbeit stürzte, um das Mißvergnügen und die Traurigkeit zu verlieren, bekennt:

»Ich bin vierundzwanzig Jahre alt, ich arbeite nun schon so lange, und was hab' ich erreicht? Mein Gehirn ist wie ausgetrocknet, ich bin abgemagert, verdummt, gealtert, und nichts, nicht die geringste Befriedigung hab' ich in meiner Arbeit gefunden. Die Zeit entflieht so rasch, und es ist mir, als ob ich mich von dem wahren, wirklich schönen Leben immer mehr entferne – als ob ich in einen Abgrund versinke. Ich bin ganz verzweifelt – daß ich noch lebe, daß ich noch nicht Selbstmord begangen habe, ist mir unbegreiflich...«

Es stellt sich die Frage, wie diese thematische Absage an das gegenwärtige Leben zugunsten der Erinnerung und der Sehnsucht, diese perennierende Analyse des eigenen Schicksals jene dramatische Form noch gestattet, in der sich das Renaissance-Bekenntnis zum Hier und Jetzt, zum zwischenmenschlichen Bezug einst auskristallisierte. Absage an die Handlung und den Dialog – die zwei wichtigsten Formkategorien des Dramas –, Absage also an die dramatische Form selbst scheint dem doppelten Verzicht, der die Menschen Tschechows kennzeichnet, entsprechen zu müssen.

Doch ist sie nur im Ansatz festzustellen. Wie die Helden der Tschechowschen Dramen trotz ihrer psychischen Abwesenheit das gesellschaftliche Leben weiterleben, aus ihrer Einsamkeit und Sehnsucht nicht die letzte Folgerung ziehen, sondern in der schwebenden Mitte zwischen Welt und Ich, Jetzt und Einst ausharren, so verzichtet auch ihre Form nicht ganz auf die Kategorien, deren sie als dramatische bedarf. Sie bewahrt sie in einer unbetonten Beiläufigkeit, die die Formwerdung der eigentlichen Thematik im Negativen, als Abweichung von ihr, zuläßt.

So zeigt das Stück *Drei Schwestern* Rudimente der traditionellen Handlung. Der erste Akt, die Exposition, spielt an Irinas Namenstag; der zweite lebt aus den Veränderungen der Zwischenzeit: aus Andrejs Heirat und der Geburt seines Sohnes; der dritte spielt nachts, während in der Nachbarschaft eine Feuersbrunst wütet; den vierten schließlich markiert ein Duell, bei dem Irinas Zukünftiger getötet wird, am Tag, an dem das Regiment

abzieht und die Prosorows vollends der Langeweile des Provinz-
lebens verfallen. Schon dieses beziehungslose Nebeneinander der
Handlungsmomente und ihre seit je als spannungsarm erkannte
Gliederung in vier Akte verrät die Stelle, die ihnen im Formgan-
zen zukommt: ohne eigentliche Aussage sind sie eingesetzt, um
der Thematik ein Weniges an Bewegung zu verleihen, das dann
den Dialog ermöglichen kann.

Aber auch der Dialog ist ohne Gewicht, gleichsam die fahle
Grundfarbe, von der sich die als Replik verbrämten Monologe als
jene Farbtupfen abheben, in denen sich der Sinn des Ganzen
verdichtet. Und aus diesen resignierten Selbstanalysen, die fast
sämtliche Personen einzeln zu Wort kommen lassen, lebt das
Werk, um ihretwillen ist es geschrieben.

Es sind keine Monologe im traditionellen Sinne des Wortes. An
ihrem Ursprung steht nicht die Situation, sondern die Thematik.
Der dramatische Monolog formuliert (wie G. Lukács ausgeführt
hat[2]) nichts, was sich der Mitteilung schlechthin entzieht. »Hamlet verbirgt aus praktischen Gründen seinen Seelenzustand vor
den Leuten des Hofes; vielleicht gerade deshalb, weil diese nur zu
gut verstehen würden, daß er seinen Vater rächen will, daß er ihn
rächen muß.«[3] Anders hier. Die Worte werden inmitten der
Gesellschaft, nicht in der Vereinzelung gesprochen. Aber sie
selbst vereinzeln den, der sie spricht. Beinahe unbemerkbar geht
so der wesenlose Dialog in die wesenhaften Selbstgespräche über.
Sie bilden keine isolierten Monologe, eingebaut in ein dialogi-
sches Werk, vielmehr verläßt in ihnen das Werk als Ganzes das
Dramatische und wird lyrisch. Denn in der Lyrik besitzt die
Sprache eine größere Selbstverständlichkeit als im Drama, sie ist
gleichsam formaler. Das Sprechen im Drama drückt neben dem
konkreten Inhalt der Worte immer auch, daß gesprochen wird,
mit aus. Wenn nichts mehr zu sagen ist, wenn etwas nicht gesagt
werden kann, verstummt das Drama. In der Lyrik wird aber noch
das Schweigen Sprache. Freilich ›fallen‹ in ihr die Worte nicht
mehr, sondern werden mit einer Selbstverständlichkeit gesprochen, die zum Wesen des Lyrischen gehört.

Diesem steten Übergang aus der Konversation in die Lyrik der
Einsamkeit verdankt die Tschechowsche Sprache ihren Reiz.

Ermöglicht wird er wohl durch die hohe Mitteilsamkeit des russischen Menschen und durch die immanente Lyrik seiner Sprache. Einsamkeit ist hier nicht schon Erstarrung. Was der Westen vielleicht nur im Rausch kennt: die Teilhabe an der Einsamkeit des andern, die Aufnahme der individuellen Einsamkeit in die sich bildende kollektive, das scheint als Möglichkeit schon im Wesen des Russischen, des Menschen wie der Sprache, enthalten zu sein.

Deshalb kann der Monolog der Tschechowschen Dramen im Dialog selbst beheimatet sein, deshalb wird in ihnen der Dialog kaum je zum Problem und führt ihr innerer Widerspruch, der nämlich zwischen monologischer Thematik und dialogischer Aussage, nicht zur Sprengung der dramatischen Form.

Nur für Andrej, den Bruder der drei Schwestern, ist auch diese Aussagemöglichkeit verschlossen. Seine Einsamkeit zwingt ihn zum Schweigen, darum meidet er die Gesellschaft; sprechen kann er nur, wenn er weiß, daß er nicht verstanden wird.

Tschechow gestaltet dies, indem er den Diener des Landschaftsamtes, Ferapont, als Schwerhörigen einführt:

ANDREJ Guten Abend, alter Freund. Was gibt's?

FERAPONT Der Vorsteher schickt das Buch hier und die Akten... *Reicht ihm das Buch und das Paket.*

ANDREJ Ich danke dir. 's ist gut. Sag' mal – warum bist du so spät gekommen? Es ist schon in der neunten Stunde!

FERAPONT Was?

ANDREJ *lauter:* Warum du so spät gekommen bist, frag' ich.

FERAPONT Ach so! Na... ich war doch schon hier, wie's noch hell war, aber man hat mich nicht vorgelassen. [...] *Glaubt, daß Andrej ihn etwas frage:* Was?

ANDREJ Nichts. *Blättert in dem Buche.* Morgen ist Freitag, da ist keine Sitzung, aber ich komme doch hin... Hab' wenigstens was zu tun... Zu Hause ist's langweilig... *Pause.* Ja, mein lieber Alter, so ändern sich die Dinge! So betrügt uns das Leben! Aus Langerweile hab' ich heut mal dieses Buch herausgeholt – ein altes Kollegienheft... und ich mußte lachen... Du lieber Gott, ich bin Sekretär beim Landschaftsamt, dessen Vorsitzender Herr Protopopow ist! Sekretär bin ich – und der höchste

Rang, den ich erlangen kann, ist der eines Mitglieds der Landschaftsverwaltung! Ich, der ich jede Nacht davon träume, daß ich Professor der Moskauer Universität, daß ich ein berühmter Gelehrter bin, auf den das Vaterland stolz ist!

FERAPONT Kann wirklich nichts dazu sagen... bin schwerhörig...

ANDREJ Wenn du nicht schwerhörig wärest, würde ich wahrscheinlich mit dir nicht so reden. Reden muß ich mit jemandem – meine Frau versteht mich nicht, vor meinen Schwestern fürcht' ich mich, sie würden sich über mich nur lustig machen... Ich liebe Kneipen wahrhaftig nicht – aber wie froh wär' ich, wenn ich jetzt so in Moskau säße, bei Tjestow oder in sonst einem netten Restaurant... ja, mein Lieber!

FERAPONT In Moskau ... von Moskau erzählte neulich ein Herr im Bureau 'ne Geschichte, ganz was Tolles! Da aßen ein paar Kaufleute Pfannkuchen, und einer von ihnen, der vierzig Stück aufgegessen hatte, blieb gleich tot. Vierzig oder fünfzig – genau weiß ich's nicht, aber so herum war's.

ANDREJ Da sitzt man nun in solch einem Moskauer Restaurant, in einem riesigen Saal, kennt keinen Menschen und wird von keinem gekannt – und fühlt sich doch wie zu Hause... Und hier kennst du alle, und alle kennen dich – und doch bist du ein Fremder... fremd und einsam.

FERAPONT Was? *Pause.* Und derselbe Herr erzählte auch – kann ja sein, daß er lügt – daß quer durch ganz Moskau ein langes Seil gespannt ist...

Was hier mit der motivischen Stütze der Schwerhörigkeit als Dialog erscheint, ist im Grunde Andrejs verzweifelter Monolog, kontrapunktiert durch die gleichfalls monologischen Reden Feraponts. Während sich sonst im Sprechen über denselben Gegenstand die Möglichkeit echten Verständnisses zeigt, drückt es hier seine Unmöglichkeit aus. Der Eindruck der Divergenz ist am größten, wenn sie als Folie Konvergenz vortäuscht. Andrejs Monolog geht nicht aus dem Dialog hervor, sondern entsteht durch dessen Negation. Die Expressivität des Aneinander-vorbei-Redens gründet im schmerzhaft-parodistischen Kontrast zum wahren Dialog, den es damit in die

Utopie entrückt. Das aber stellt die dramatische Form selbst in Frage.

Indem die Aufhebung der Verständigung in *Drei Schwestern* thematisch motiviert wird (Feraponts Schwerhörigkeit), ist eine Rückkehr in die Dialogie noch möglich. Die Auftritte Feraponts bleiben Episoden. Aber alles Thematische, dessen Gehalt allgemeiner und gewichtiger ist als das ihn darstellende Motiv, strebt danach, sich zur Form niederzuschlagen. Und die formale Zurücknahme des Zwiegesprächs führt notwendig zur Epik. Deshalb weist Tschechows Schwerhöriger in die Zukunft.

1956

1 im russischen Original in der ersten Person.
2 G. Lukács, *Zur Soziologie des modernen Dramas*, Archiv für Sozialwissenschaft und Sozialpolitik, Bd. 38 (1914), p. 678 f. Vgl. auch *Schriften zur Literatursoziologie*, hrsg. v. P. Ludz, Neuwied 1961, p. 261–295.
3 ebenda, p. 679.

Arthur Miller

Anton Čechov und unser Theater

Ich möchte vorgreifen und sagen, daß es mir weiterhin darum geht, Licht auf die heutige Situation des Dramas zu werfen, auf die Herausforderung sozusagen, die, wir mir scheint, vor uns liegt. Ich will einen Augenblick innehalten, um ein paar Dinge über einen Dramatiker zu sagen, der neben Ibsen einen enormen Einfluß auf unser Theater ausgeübt hat, ob wir uns dessen bewußt sind oder nicht. Man kann sich kaum einen Schriftsteller vorstellen, der, wenn er Čechov liest, ihn nicht um eine ganz besondere Qualität seiner Stücke beneidet: ihre Ausgewogenheit. Darin ist er in meinen Augen Shakespeare näher als irgendein anderer mir bekannter Dramatiker. Die Notwendigkeit der Zeitverdichtung auf dem Theater erzeugt bei ihm weniger Verzerrung, es gibt weniger abgekartetes Spiel, und man spürt weniger Angst vor der Lächerlichkeit und weniger Angst vor dem Heroischen. Seine

Hand ist zart, sein Blick warm, so warm, daß die Čechov-Legende in unserer Theaterwelt ihn darstellt als einen fast sentimentalen Mann und Schriftsteller, dessen Stücke Elegien seien, Nachrufe auf ein sterbendes Zeitalter. Nebenbei sollte gesagt werden, daß er nicht der einzige russische Autor ist, der mit seinen Figuren umzugehen scheint, als sei er mit ihnen verwandt. Dies ist eine Eigenschaft, die nicht nur Čechov besitzt, sondern ein Großteil der russischen Schriftsteller, und ich erwähne das, um ihn sowohl mit dieser allgemeinen Haltung in Verbindung zu bringen, als auch, um ihn davon abzugrenzen.

Čechov ist für uns wichtig, weil er als Waffe gegen zwei einander befehdende Auffassungen von Drama benutzt worden ist. Manchmal – so sieht es offensichtlich Walter Kerr – scheint er andere Dramatiker zu übertriebener Selbstbespiegelung, wenn nicht zu Selbstmitleid ermuntert zu haben. Den Leuten, die diesen Standpunkt vertreten, erscheint er als Dramatiker der Aktionslosigkeit, der perversen Selbstanalyse, der dunklen melancholischen Stimmung. In den 30er Jahren wurde er von vielen Linken verdammt, weil er ihnen nicht militant genug war, und man verwechselte ihn mit den Menschen, über die er schrieb.

Ich glaube, seine Stücke werden überdauern, aber in einer Beziehung ist er als Vorbild für uns so wenig zu gebrauchen wie der Gehrock und die Pferdekutsche. Unsere Welt ist unermeßlich viel lauter und greller als seine, und zu versuchen, die Stimmungslage seiner Zeit nachzuschaffen, würde bedeuten, unsere eigene verzerrt darzustellen. Gewichtiger aber ist in meinen Augen, daß, worin auch immer das persönliche Leid seiner Figuren besteht, ihr Schicksal in Beziehung gesetzt wird zu einer Tradition, deren sie sich wohl bewußt sind, einer Tradition, deren Untergang sie als eine der Ursachen ihrer Leiden ansehen. Ob das, objektiv gesehen, je wahr war oder ist, ist natürlich belanglos; der Punkt ist, daß sie zurückblicken können auf eine Zeit, als der Kutscher noch jung war und glücklich, Kutscher zu sein, als es noch eine große, festverwurzelte Familie gab, die im langen Fluß der Jahre stetig reifte, als es, mit einem Wort, noch eine Ordnung gab, die von menschlichen Beziehungen bestimmt war. Um es viel knapper auszudrücken, als es die Komplexität des Sachverhalts eigentlich erlaubt: Der Kirschgarten wird abgeholzt von einem Grundstücksmakler, der, wie nett er auch sein mag, schlicht und einfach das Gelände für eine Siedlung räumen muß.

Unsere nächste Entsprechung zu dieser Art von Bindung an eine Tradition haben wir im Werk von Tennessee Williams, der als verstörter Flüchtling von einer Plantage etwa achtzig Jahre nach ihrer Zerstörung in unserer Welt auftaucht. Wir können Čechov nicht wiederholen, und sei es nur, weil wir längst über die Zeit hinaus sind, als wir noch an die Vorrangigkeit der menschlichen Beziehungen über wirtschaftliche Notwendigkeit glaubten. Worum zu seiner Zeit noch erbittert gestritten wurde, das bedeutet uns nicht mehr viel. Wir glauben, oder nehmen es zumindest als unumstößliche Tatsache hin, daß, wo immer ein Konflikt zwischen menschlichen Beziehungen und wirtschaftlicher Notwendigkeit ausbricht, der Ausgang nicht nur von vornherein feststeht, sondern es als Fortschritt angesehen wird, wenn, wie es offensichtlich nicht anders sein kann, die Notwendigkeit siegt.

Im Zusammenhang mit unserem eigenen Theater möchte ich hier folgendes als wesentlich hervorheben: Obwohl Čechov seinen psychologischen Einsichten freien Lauf läßt und sein größtes Interesse dem geistigen Leben seiner Figuren gilt, geht sein Blick doch über die Grenzen ihrer individuellen Psyche hinaus. Hier ist eine Rede – und es ist nur eine von vielen, die ganz und gar nicht zur üblichen Charakterisierung seiner Stücke als angeblich so dünnblütig passen wollen –, die Ihnen das noch einmal deutlich machen soll, eine Rede, in der es um nichts anderes geht als um realistische Charakterzeichnung und Selbsterkenntnis. In *Drei Schwestern* sagt Veršinin:

»Was soll ich Ihnen noch zum Abschied sagen? Worüber philosophieren? Lacht. Das Leben ist schwer. Es erscheint vielen von uns dumpf und hoffnungslos, aber dennoch muß man zugeben, es wird immer klarer und leichter, und offensichtlich ist die Zeit nicht fern, in der es ganz hell sein wird. Schaut auf die Uhr. Es ist Zeit, es ist Zeit! Früher war die Menschheit mit Kriegen beschäftigt, erfüllte ihr ganzes Dasein mit Feldzügen,

Überfällen und Siegen, heute ist das alles überlebt, und ein riesengroßer leerer Fleck ist geblieben, den wir einstweilen noch nicht ausfüllen können; aber die Menschheit sucht leidenschaftlich und wird natürlich finden. Ach, wenn sie es nur bald täte! *Pause.* Wissen Sie, wenn man dem Arbeitswillen Bildung verleihen könnte, und der Bildung Arbeitswillen. *Schaut auf die Uhr.* Aber ich muß gehen...«

Mit anderen Worten: diese Stücke sind nicht nur psychologische Studien. In ihnen zeigt sich eine sehr kritische Haltung nicht nur gegenüber den Figuren, sondern auch gegenüber der sozialen Umgebung, in der sie leben, eine Haltung – weit davon entfernt, eine willkürliche zu sein, – die das beseelende Prinzip dieser Stücke ist. Ich habe hier nicht die Zeit, die Stücke einzeln zu untersuchen, und darum geht es im Augenblick auch nicht. Alles, was ich gesagt habe, läuft auf folgendes hinaus: Bei all unserem technischen Geschick, unseren Beleuchtungseffekten, Bühnenbildern und einem Theater, das über mehr Geld verfügt als irgendein anderes, das ich kenne – ja sogar trotz all unserer Freiheit zu sagen, was wir wollen –, wird der Horizont unseres Dramas von Jahr zu Jahr enger, und es wiederholt nur, was es schon vorher geleistet hat.

Ich höre schon, wie meine Kritiker behaupten, daß ich die Rückkehr zu dem fordere, was sie Problemstücke nennen. Diese Art Kritik ist nur insofern aufschlußreich, als sie etwas Aufschlußreiches über den Kritiker aussagt. Sie bedeutet, daß er einen Menschen nur als Privatwesen zu sehen vermag und seine sozialen Beziehungen nur als etwas ihm Äußerliches, das ihn nur dann beeinflußt, wenn er sich der Gesellschaft bewußt wird. Ich hoffe, ich habe bis hierher eines klargemacht, und zwar, daß die Gesellschaft im Menschen lebt und der Mensch in der Gesellschaft, und daß man kein psychologisch wahrheitsgetreu gezeichnetes Einzelwesen auf der Bühne darstellen kann, bevor man seine sozialen Beziehungen und deren Macht verstanden hat, die es zu dem machen, was es ist, und es daran hindern, das zu werden, was es nicht ist. Der Fisch ist im Wasser, und das Wasser ist im Fisch.

Ich glaube, daß wir hier in Amerika an das Ende einer Epoche gelangt sind, denn wir wiederholen uns Saison für Saison, auch wenn das anscheinend niemand merkt. Fast alle Erfolgsstücke ähneln sich erstaunlich in Atmosphäre und Charakter. Ein Stück nach dem anderen handelt davon, wie ein junger Mensch, meistens ein Mann, meistens ein sensibler, durch die mangelnde Sensibilität der Eltern, meistens des Vaters, entweder zu selbstzerstörerischer Revolte getrieben oder zerbrochen wird. Bei einem schnellen, keineswegs erschöpfenden Rundblick fallen einem sofort *Schau heimwärts, Engel, Das Dunkel am Ende der Treppe, Die Katze auf dem heißen Blechdach* und *Ein Hut voll Regen* ein. Ich möchte betonen, daß ich hier nicht etwa diese Stücke als Stücke kritisieren möchte noch die Absicht habe, ihre literarischen Meriten gegeneinander abzuwägen. Ich betrachte sie vielmehr wie ein Fremder, wie ein Marsmensch, den ein so verbreitetes Phänomen mit Sicherheit in Erstaunen versetzen würde.

Ich will nicht sagen, daß irgend etwas an diesem Thema an sich »falsch« sei, schon deshalb nicht, weil ich selbst mehr als einmal darüber geschrieben habe. Es ist ein Grundthema menschlicher Entwicklung, und sein Echo reicht zurück bis zu *Hamlet, Romeo und Julia* und *König Ödipus*. Was ich kritisiere, ist die Tatsache, daß unser Theater sich fast ausschließlich mit diesen menschlichen Grundbeziehungen befaßt. Wo die Eltern stehen, endet die Welt, und wo der Sohn steht, sollte die Welt beginnen, kann es aber nicht, weil er entweder zerbrochen ist oder sich aufgelehnt hat oder, was häufiger vorkommt, davonläuft. Was ist daran falsch? Geschieht das nicht immer wieder? Offensichtlich doch, denn sonst würden nicht so viele Dramatiker das Thema ständig wiederholen, und es besäße nicht die Faszination, die es augenscheinlich auf ein so breites Publikum ausübt.

Falsch ist nicht das Thema an sich, sondern daß man es selten weit genug gefaßt hat, um die letzten Ursachen aufzudecken. Nicht nur die Frustration der Kinder und der Zusammenbruch der moralischen Autorität der Eltern sind Tatsachen; Eltern und Kinder wissen heute nämlich, daß ihr Versagen verborgene Ursachen, tiefe Ursachen hat. Dieses Phänomen kann man mit Recht als ein allgemein-soziales bezeichnen, schon weil das Thema so häufig wiederkehrt. Und deshalb muß man in diesem

Falle feststellen, daß die genannten Dramen die in ihrer Thematik angelegte Weite der Perspektive nicht ausfüllen und damit ihre mögliche ästhetische Größe und Vollkommenheit nicht erreichen. Noch gewichtiger ist vielleicht, daß sich in dieser begrenzten Sicht Mutlosigkeit ausdrückt, ein Nachlassen der Kraft, die ganze Welt auf die Bühne zu stellen und bis auf die Grundfesten zu erschüttern, wie es die geschichtliche Aufgabe des großen Dramas ist. Natürlich können wir das geheimnisvolle Rätsel unseres Daseins nicht lösen, aber wir wissen mehr darüber, als auf unserer Bühne gezeigt wird.

Ich verlange gar nichts Neues, sondern etwas, das so alt ist wie das griechische Drama. Wenn Čechov, dieser fast legendäre Subjektivist, Veršinin und viele andere in seinen Stücken die sozialen Fragen, die sein Stück aufgeworfen hat, objektivieren läßt, reiht er sich ein in jene große Tradition, die in ihren Kunstwerken immer wieder die Frage nach dem Fortbestehen der Menschheit aufwirft. Die Neuerer sind wir, oder genauer: wir begeben uns auf gefährliche Pfade, wenn wir uns weigern, auf der Bühne ein Niveau objektiven Bewußtseins wiederzugeben, das wenigstens dem entspricht, das wir normalerweise außerhalb des Theaters im Leben haben.

1958

Jean Vilar

Sie leben schlecht, meine Herren!

Die Jungen von heute, wie »verstehen« sie Čechov, wenn sie ihn lesen? Unterliegen sie demselben Irrtum wie wir damals? Und wenn sie die Theaterwerke von Anton Pavlovič lesen, ergötzen sie sich da an der Düsternis seiner Personen?

Čechov ist, ganz wie unser Molière, quer durch seine großen oder kleinen Komödien, ein Farceur. Die Personen sind zumindest lustig, und in den schmerzlichsten Stunden ihres kleinen Schicksals gehören sie, wie dem auch sei und was immer sie sagen und selbst wenn sie sich das Leben nehmen wollen, der Welt der Ironie an. Čechov ist nicht der Labiche der Verzweiflung.

Ich weiß, es gibt Treplev, es gibt Nina ... oder Ivanov und viele andere. Aber eben, das Genie Čechovs, sein ureigenes Wesen, der Satiriker, der er, wenigstens im Theater, immer war, hat den Tod oder den Selbstmord in die Domäne der Komödie hineingebracht, ohne daß der eine oder der andere sich dort ungewöhnlich ausnähme. Arzt von Beruf und krank, kennt er die physiologischen Realitäten allzugut, um das Romanhafte oder die Hinfälligkeit der Helden ernst zu nehmen. Der Tod geht in diesem Theater in das Magazin des komischen Zubehörs ein, und das Lächerliche ist hier ein Instrument der Farce. Kurz, ich sehe nichts Trauriges in diesen Fehlschlägen und in diesen Mißerfolgen, in diesem Verfall. Der jugendliche Tod selbst ist ein einfaches Ereignis. Wir sind weit entfernt von Chatterton. Mit diesen alltäglichen Personen exorziert Čechov lächelnd das Romantische des Mißerfolgs und des Todes. Wohlan, lieber Leser, man muß die Stücke Čechovs wie Komödien spielen und lesen. Sie sind lustig. Sie belustigen sich. Sie sind lebendig.

»Die Geschichte ist gründlich und macht viele Phasen durch, wenn sie eine alte Gestalt zu Grabe trägt. Die letzte Phase einer weltgeschichtlichen Gestalt ist ihre Komödie. Die Götter Griechenlands, die schon einmal tragisch zu Tode verwundet waren im gefesselten Prometheus des Äschylos, mußten noch einmal komisch sterben in den Gesprächen Lucians. Warum dieser Gang der Geschichte? Damit die Menschheit heiter von ihrer Vergangenheit scheide.«

Bestätigt die vergleichende Kunst- und Sozialgeschichte dieses Urteil von Marx? Es scheint so. Und dieser Satz von Marx ist sehr verführerisch. In Frankreich ist es Molière, der mit seinem komischen Werk über das Schicksal der französischen Tragödie entscheidet. Das Beste, das Wahrste, das Echteste, das bis heute nachfolgt, entspringt der kritischen Ader, dem burlesken Temperament, der Ironie, der Satire (Marivaux, Régnard, Lesage, Beaumarchais, Musset, Mérimée, Giraudoux). Die dramatische Literatur Englands bestätigt den Gesichtspunkt des deutschen Philosophen. Und so ungefähr entscheiden unsere mittelalter-

lichen Narrenspiele und Possen über das Überleben der Myste-
rien. Ich gebe mich keinerlei Täuschung hin über diese Äußerungen, die ich dem Urteil von Marx hinzuzufügen wage, aber
ich sehe, wie das fünfte griechische Jahrhundert, das des Äschylos und des Sophokles, mit dem kritischen Werk endet, mit
dem Werk der Läuterung, mit der gewaltigen Burleske, die
keinerlei Achtung zeigt vor den Göttern und Gesetzen des
Augenblicks, mit dem politischen und komischen Werk des
Aristophanes. Und in Deutschland Brecht, nach dem Helden
Goethe, nach dem Helden Schiller, nach dem Helden Kleist.

Zu Beginn unseres zwanzigsten Jahrhunderts, dreizehn Jahre
vor dieser Oktoberrevulution, welche die Welt oder zumindest
Rußland erschüttern sollte, stirbt derjenige, der auf der Bühne
spielerisch das grelle Bild dieser untergehenden Gesellschaft,
dieser unglücklichen Geister, dieser müßigen Körper malt. Ich
mag es anstellen, wie ich will, ich weiß nicht, ich kann kein
Mitleid empfinden für Arkadina, ihren Sohn, ihre Komparsen.
Ich weiß wohl, daß Čechov mit den Unglücklichsten unter
ihnen mitfühlt, aber nicht mehr und nicht weniger, als er es mit
den Lebenden tat. Nein, ganz entschieden nein, und welches
auch der Eindruck der ersten Lektüre sein möge, man darf die
Drei Schwestern, den *Onkel Vanja*, die Personen der *Möwe*
nicht traurig, melancholisch spielen… Man muß nicht traurig
sein ob ihres Schicksals. Das hieße, sie zu unbedeutenden
Erfindungen herabmindern. Es hieße Čechov nicht ernst nehmen, wenn man aus ihm einen Dramatiker der Melancholie, der
empfindsamen Seele oder, wie wir im Westen noch sagen, der
russischen Seele machen würde. Daß der Autor mit seinen
Personen unerbittlich ist, daß er sie ihrem Verderben entgegen-
führt, einem Ende in Verzweiflung nach einem ungewissen
oder leeren Leben, das stimmt. Aber das ergibt nicht ein
düsteres Werk, denn es wird gerade von der Ironie des Autors
erhellt. Von seiner Freundlichkeit, von seinem zurückhalten-
den Mitgefühl ebenso wie von seiner Gleichgültigkeit. Er hat
sehr unverblümt gegen jede, sagen wir »doloristische« Ausle-
gung seiner Stücke protestiert. Und Gorkij erzählt: »Er sprach
von ihnen als von komischen Stücken, und er war, so glaube

ich, ehrlich davon überzeugt, daß er tatsächlich komische Stücke schrieb.« Nach Čechovs Tod befaßt sich Stanislavskij, der gewissenhafte Künstler, von neuem mit dem Werk seines Freundes und schreibt:

»An Stelle eines Nekrologes will ich einige Gedanken über ihn niederschreiben: Ungeachtet seines Erfolges und seiner Popularität blieb er für viele unverständlich; mancher weiß ihn auch heute noch nicht zu schätzen. Bis auf den heutigen Tag besteht die Ansicht, daß Čechov der Dichter des Alltags, grauer, farbloser Menschen sei, daß seine Werke die traurige Seite im Buch des russischen Lebens darstellen und der Beweis für das geistige Dahinvegetieren des Landes seien. Unbefriedigtsein, das alles Beginnen paralysiert, Hoffnungslosigkeit, die alle Energie erschlägt, ein völlig freier Raum für die Entwicklung der den Slaven eigenen Schwermut, – das seien die Motive seiner Bühnenwerke. Warum widerspricht diese Charakterisierung Čechovs so sehr meiner Vorstellung und meinen Erinnerungen an den Verstorbenen?« Und etwas weiter: »So spielen zum Beispiel die Darsteller des Ivanov diesen gewöhnlich als einen Neurastheniker und erwecken im Zuschauer lediglich Mitleid für den Kranken. Und dabei hat ihn Čechov als eine kräftige Natur und einen Kämpfer im gesellschaftlichen Leben gekennzeichnet. Aber Ivanov hält nicht durch und verausgabt sich bei dem aussichtslosen Kampf mit den schweren Bedingungen der russischen Wirklichkeit.« An anderer Stelle sagt Stanislavskij von seinem Autor und Freund: »Ich sehe ihn bedeutend häufiger zuversichtlich und lächelnd vor mir als finster, obwohl ich ihn in den schwersten Perioden seiner Krankheit gekannt habe. Dort, wo sich der kranke Čechov aufhielt, herrschten meist Scherz, Witz, Frohsinn und sogar Ausgelassenheit.«

Dasselbe gilt für seine Stücke.

1963

Siegfried Melchinger

Stanislavskij und die Folgen

Das Čechov-Theater, das wir kennen, ist Stanislavskijs Čechov-Theater. Aber von diesem Theater hat Čechov nicht das geringste gehalten. Wenige Wochen vor seinem Tod schrieb er über die Aufführung des *Kirschgartens* am Moskauer Künstlertheater: »Stanislavskij hat mein Stück ruiniert.«

Es wird behauptet, Autoren seien nicht fähig, über die Aufführung ihrer Stücke zu urteilen. Das mag für diejenigen gelten, die nichts vom Theater verstehen. Es gilt nicht für Čechov, der die Bühne von Kindheit an kannte. Schon der Lieblingsaufenthalt des Gymnasiasten war hinter den Kulissen. Als er, neunzehnjährig, nach Moskau kam, um zu studieren, wurde das Theater die Welt, die ihn mehr anzog als irgend etwas anderes. Geschichten schrieb er, um Geld zu verdienen. Was ihn in Wahrheit beschäftigte, wissen wir erst, seit man 1923 in seinem Nachlaß ein Stück gefunden hat, an dem er damals lange und leidenschaftlich gearbeitet hat; es ist inzwischen mit einigem Erfolg in meist unerträglichen Bearbeitungen gespielt worden. Giorgio Strehler hat ihm für seine Mailänder Inszenierung, die mir die Bedeutung des genialen Erstlings erschlossen hat, den Titel *Platonov und andere* gegeben. Als Čechov dieses Stück schrieb, das er im Schreibtisch verschloß, da er damit in der Theaterwelt auf totale Verständnislosigkeit gestoßen war, hatte er ein Programm. Er ist später von dem *Platonov*-Programm vorübergehend abgewichen, um dem konventionellen Theater Konzessionen zu machen, aber in seinen Meisterwerken hat er nichts anderes verwirklicht. Die Zeitgenossen fanden das Neuartige dieses Programms so befremdend und schockierend, daß sie zwei Čechov-Uraufführungen auspfiffen. Keines seiner Stücke hatte bei der ersten Aufführung einen wirklichen Erfolg. Auch Stanislavskij, dessen Verdienst es ist, dem Čechov-Theater zum Erfolg verholfen zu haben, hat nur einen Teil davon begriffen. Čechovs Urteil über Stanislavskijs Čechov-Theater ist bisher nicht ernst genommen worden. Die Tradition, die vom Moskauer Künstlertheater begründet wurde und heute noch, wie man an musealen Gastspielvorstellungen ablesen konnte, bewahrt wird, hat sich nicht deshalb überlebt, weil man die Frage zu beantworten suchte, was denn das »andere« war, das Čechov wollte, sondern weil sich das Welttheater verändert hat. Erstaunlicherweise haben einige Aufführungen der letzten Jahre Intentionen verwirklicht, die dem Programm des Čechov-Theaters näher kommen als die traditionelle Spielweise, deren angebliche Authentizität von Stanislavskij stammt.

Čechov stimmte in manchem mit den Gründern des Moskauer Künstlertheaters, vor allem mit Stanislavskijs literarischem Partner Nemirovič-Dančenko überein, so in der Aggression gegen das korrupte und verstaubte Theater, das ihre Generation vorgefunden hatte. Und man muß es dem großen Theatermann, der, nach eigenem Geständnis, sein Leben hindurch »ein Langsamer« war, hoch anrechnen, daß ihm um 1925, als er seine Memoiren schrieb, eine Einsicht gedämmert ist, die ihm einen neuen »großen Horizont« eröffnete: »Wenn auch das Čechovsche ›Was‹ in diesem oder jenem seiner Werke veraltet wirkt und für die nachrevolutionäre Periode als nicht annehmbar gilt, so hat doch das Čechovsche ›Wie‹ noch nicht einmal begonnen, sein volles Leben zu entfalten. Das Kapitel über Čechov ist nicht abgeschlossen, man hat es noch nicht eingehend studiert, ist noch nicht in sein innerstes Wesen eingedrungen und hat das Buch vorzeitig zugeschlagen. Man muß es von neuem aufschlagen, um es zu studieren und zu Ende zu lesen.«

Stanislavskij hat auch das Čechovsche »Was« nie verstanden. Er hat es verdorben durch die Fixierung der Theaterarbeit auf Elemente, die zwar in Čechovs Stücken enthalten sind, aber von ihm falsch interpretiert wurden. Er inszenierte Stimmungstheater, und die Stimmung, die das Theater beherrschte, war die des »Ennui«. Bei Čechov ist Stimmung ein Element unter anderen, wenn auch eines, das er wie wenige zuvor dramaturgisch verwendet hat, und »Ennui« das Gegenteil dessen, was Stanislavskij daraus gemacht hat, nämlich nichts Weinerliches, Rührseliges, Melancholisches, Elegisches, Sentimentales, sondern etwas Hassenswertes. Was Čechov als »Ennui« auf die Bühne brachte, kann man am besten als Leere übersetzen. Das Ennui seiner Epoche, die Langeweile, unterscheidet sich nur äußerlich von dem der unsrigen: dem Lärm.

Das Bewußtsein der Leere wird betäubt, heute wie damals. Das ist hassenswert, heute wie damals, weil diejenigen, die sich so verhalten, keine Lust und nicht den Mut haben, der Wahrheit ins Auge zu sehen, wie sie ist, und Folgerungen daraus zu ziehen. Dieses Hassenswerte muß dem Protest ausgeliefert werden – genau das hat Čechov immer wieder gefordert. Das Schlimmste, was man damit machen kann, ist Stimmung. Das Einlullen in eine wehleidige Rührseligkeit enthebt die Zuschauer der Aufgabe, die ihnen Čechov stellt: Sie sollen, nach seiner Lieblingsformulierung, »die Geschworenen« sein: Sie haben das Urteil zu fällen. Nicht der Autor hat die Urteile zu fällen, sondern das Publikum.

Das Grundprinzip ist wissenschaftlich (Čechov war Arzt): Objektivität. Zu seiner Anwendung ist äußerste Kälte erforderlich: »Nur wer kalt ist, ist gerecht.« Gerechtigkeit bestimmt die Organisation des Stoffes, der ebenso objektiv wie demonstrativ dargestellt werden muß, wenn die »Geschworenen« die Wahrheit finden sollen. Ehrenburg spricht von einem »Theater des Zeigens«. Ist das so weit entfernt von Brecht? Der Gegensatz zu Stanislavskij spitzt sich vor allem darin zu, daß dieser glaubte, die Regie müsse durch Details und Einfälle die Stimmung so unentrinnbar wie möglich machen. Mejerchold berichtet: Als Stanislavskij in der *Möwe* beim Abschied der Arkadina von der Dienerschaft (die bei Čechov nur aus drei Personen besteht) ein ganzes Rudel auf die Bühne jagte, darunter eine Frau mit einem schreienden Baby auf dem Arm, fragte Čechov: »Wozu?« Man antwortete, das sei doch »ganz wie im Leben«, »realistisch«. Čechov lachte: »So, ›realistisch‹.« Nach einem Schweigen fuhr er fort: »Bühne – das ist doch Kunst. Nehmen Sie ein gutes Porträt, schneiden Sie die Nase heraus und setzen Sie in das Loch eine echte Nase. Das ist realistisch, aber das Bild ist verpfuscht.« Und zum Geschrei des Babys bemerkte er: »Es ist unnötig. Es ist, wie wenn Sie pianissimo spielen und der Klavierdeckel fällt krachend auf die Tasten.« Wieder gab man zur Antwort, es sei doch auch im Leben oft so, daß ein Forte in ein Pianissimo einbreche. »Zweifellos«, sagte er, »aber die Bühne hat ihre eigenen Bedingungen. Sie haben doch keine vierte Wand! Die Bühne drückt die Quintessenz des Lebens aus, es ist unnötig, sie mit überflüssigen Details zu füllen.« Die Quintessenz ist im Text enthalten. Was nicht im Text steht, darf nicht auf die Bühne kommen. Wenn die Schauspieler ihn drängten, er möge ihnen ihre Rollen erklären, wurde er unwirsch: »Fragen Sie nicht mich. Ich bin Arzt. Es ist alles aufgeschrieben!« Es ist in der Tat alles aufgeschrieben.

Das *Platonov*-Programm nannte Čechov eine »Enzyklopädie des Lebens«. Das war das Neue, das dem Well-made-Play des zeitgenössischen Konfektionstheaters entgegengesetzt wurde. Čechov war kein Freund von Ibsen: »Er versteht nichts vom Leben.« Dieser selbst hat eingeräumt, daß er seine dramatische Technik bei den Meistern des Well-made-Play (Scribe, Sardou, Dumas) studiert habe; danach bildete er das »plot«, den Handlungsablauf, der sich durch die Kalkulation »dramatischer« Zuspitzungen als »bühnenwirksam«, als »Theater« auswies. Čechov war der Ansicht, daß ein »plot« unwichtig sei. Er lehnte das »Dramatische« ab, wenn es aus der Kalkulation auf den Effekt entwickelt wurde. Die Methode, die er entdeckte, als er sein Programm entwarf, ist die des doppelten Bodens der Bretter, die indirekte. Wenn Menschen miteinander reden, liegt die Wahrheit selten in dem, was sie sagen, sondern in dem, was sie nicht sagen. Sie reden, um zu reden. Sie reden, ohne einander zu antworten: aneinander vorbei, jeder mit sich selbst beschäftigt. Sie reden, um zu verschweigen, was sie denken. Sie reden, um sich selbst etwas vorzumachen. Immer wieder entstehen Pausen, weil sie einander nicht verstehen oder nicht zuhören. Čechov entdeckte (was schon die Griechen gekannt hatten) die dramatische Bedeutung des Schweigens.

Die Regie des Künstlertheaters, wo man das verstand und mißverstand, inszenierte das Schweigen in doppelter Richtung. Erstens füllte sie es aus mit unzähligen Details von »stummem Spiel«, zweitens suchte sie mit allen Mitteln die Emotionen durch »stummes Spiel« so zum Ausdruck zu bringen, daß keinem Zuschauer verborgen bleiben konnte, was im »inneren Dialog« vor sich ging. Čechov sagte von diesem »stummen Spiel«, das vor

allem von Stanislavskij selbst bis zur Virtuosität entwickelt
wurde, es sei »nichts als gewöhnliches Theater«. Er haßte
Überdeutlichkeit. Den jungen Mejerchold, den Treplev der
berühmten *Möwe* von 1898, mahnte er, Nervosität nicht durch
dauerndes Herumrennen und An-den-Kopf-Greifen auszudrük-
ken: »Legen Sie sie in den Tonfall und in den Blick, aber spielen Sie
sie nicht mit den Händen und den Füßen. Mit Grazie, nicht mit
Gestikulation.« Das Wort »Grazie« ist merkwürdig; aber es
erinnert mit Recht an Kleists »Marionettentheater«; denn was
Čechov unter »Grazie« verstand, definierte er so: »Wenn der
Mensch bei einer bestimmten Handlung ein Mindestmaß von
Bewegung aufbringt, dann ist das Grazie.«

Das Schweigen, das Čechov vorschreibt, ist das genaue Gegenteil von stummem Spiel. Es ist nichts als Schweigen. Reglosigkeit,
Konzentration. Dieses »Nichts machen« haben die Schauspieler
des japanischen No zu höchster Kunst entwickelt. Čechov hat sie
sicher nie gesehen; aber er hat oft genug Schauspieler auf der
Bühne studiert; er wußte, was sie schweigend zu sagen vermochten. Und er hat die Duse gesehen, über die ihm nichts ging. So
komponierte er seine Sätze. Sein Dialog setzt sich zusammen aus
dem Gesagten und dem Ungesagten, dem vielleicht Unsagbaren.
Das ist der doppelte Boden, aus dem im Künstlertheater die alten
einschichtigen Bretter gemacht wurden.

Stanislavskijs Čechov-Theater war undenkbar ohne Geräusch-
kulisse. Aber Stanislavskij selbst berichtet, was Čechov davon
hielt: »Wissen Sie«, sagte er zu ihm, »ich werde ein neues Stück
schreiben, und das wird folgendermaßen beginnen:›Wie wunderbar still ist es hier, kein Vogel zu hören, kein Hund bellt, kein
Kuckuck ruft, keine Eule schreit, keine Nachtigall singt, keine
Uhr schlägt, keine Glocken läuten, und nicht eine einzige Grille
zirpt.‹« Wo Čechov Geräusche vorschreibt, sind sie niemals
illusionistisch, sondern stets dramaturgisch. Sie gehören zur
Komposition eines Gebildes, in dem es den Zufall nur als Absicht
gibt, aus dem alles Überflüssige eliminiert ist. Gorkij sprach von
Čechovs »Lakonismus«. Er selbst sagte: »Die Kunst des Schreibens besteht weniger darin, daß man gut schreibt, als daß man das
schlecht Geschriebene ausmerzt.« Gorkij riet er: »Streichen Sie

alle Attribute. Schreiben Sie: Der Mann setzte sich ins Gras, basta.« Er liebte es, aus einem Schulaufsatz die »beste Beschreibung« zu zitieren: »Das Meer war groß.« Einer Schriftstellerin sagte er: »Das Wichtigste ist, einen Satz zu konstruieren.« Freilich fügte er hinzu: »…und für seine Musikalität zu sorgen.« Stanislavskij fühlte und inszenierte die geheime Musik in Čechovs Sprache. Aber er machte Theaterpoesie daraus. Čechov haßte Prosa, die »wie Poesie« klingt. Der ewig »gedämpfte« Tonfall der Schauspieler des Künstlertheaters ging ihm ebenso auf die Nerven wie die Weinerlichkeit. »Es sind doch Komödien!« brummte er böse. Wenn er sagte, »es ist alles aufgeschrieben«, so heißt das, daß nichts inszeniert werden soll, was nicht dasteht, aber auch, daß nichts nicht inszeniert werden soll, was dasteht.

Freilich, das einzige Material, aus dem die Stücke gebaut sind, ist das Leben. Wahrheit. »In der Kunst«, pflegte er zu sagen, »kann man nicht lügen.« Er hat nur Rußland und Russen auf die Bühne gebracht. Aber so lächerlich es ist, zu behaupten, er habe das Bild seiner Epoche zeigen wollen (worüber Ehrenburg Erfrischendes und hoffentlich endgültig Klärendes gesagt hat), so lächerlich wäre es, anzunehmen, er habe Rußland zeigen wollen. Er arbeitete nur mit Material, das er kannte. Wenn er Tolstoj (den er liebte) vorwarf, er sei ein Ignorant, so war sein Argument, Tolstoj habe über die Syphilis geschrieben, ohne eine Ahnung davon zu haben, wie Syphilis sei. Hinter dem russisch gefärbten Vordergrund sah und zeigte Čechov die Quintessenz allen Lebens, ein »Amalgam aus persönlichen Beobachtungen, Empfindungen, Konjekturen, aus seiner Erfahrung und seiner Einbildungskraft« (Ehrenburg). Nichts ließ er so, wie es war. Er verabscheute den Subjektivismus ebenso wie den Naturalismus. Alle Kunst lief für ihn darauf hinaus, das, was er die »Enzyklopädie« nannte, als Konzentrat darzustellen. Seine Vorbilder waren Shakespeare, Cervantes, Puškin.

Čechov vervollkommnete die Methode seiner Kunst wie eine Wissenschaft, deren Ziel die exakte, präzise und subtile Darstellung der Wahrheit ist. Er arbeitete kalt, aber er liebte das Material, mit dem er arbeitete: die Menschen und das Leben.

Brecht war der Ansicht, die Sprache der Wahrheit sei zu leise, sie müsse »auffallend« gemacht werden. Čechov war der Ansicht, die Wahrheit sei so leise, daß Schallmauern eingerissen werden müßten, um sie hörbar zu machen: Er verschärfte nicht die Dialektik, sondern schärfte das Gehör. Wahrheit beginnt, wo das Gerede endet, neben den Worten, hinter den Worten, jenseits aller Worte. Sie ist, wie auch Brecht sagte, das, was dahinter ist.

So gleicht Čechovs Theater einem wissenschaftlichen Experiment. Das Resultat ist entweder genau oder es stimmt nicht. Die Kunst der leisen Wahrheit ist schwerer zu erlernen, als er geglaubt hat. Wir haben gerade erst damit angefangen.

2. November 1968

Joyce Carol Oates
Čechov und das Theater
des Absurden

Die naturgetreue Darstellung wirklichen Lebens mit ihrer von der unbarmherzigen Banalität dieses Lebens vorgegebenen Tragik, die sie stets in die Nähe des Komischen rückt; die beharrliche Betonung des Unheroischen, Unpathetischen, Selbstbetrügerischen, Sinnlosen; die Willenslähmung als Merkmal der Kultivierten und zugleich Zeichen für ihre Dekadenz: dies sind die augenscheinlichen Charakteristika der Dramen Čechovs. Dort aber, wo Čechovs übergenauer symbolischer Naturalismus das Unerklärliche, Lächerliche, Paradoxe berührt, wird seine Verwandtschaft mit unserem zeitgenössischen Theater des Absurden am deutlichsten. Vieles von dem, was in den letzten beiden Theaterjahrzehnten so erstaunlich und avantgardistisch anmutet, wurde theoretisch und praktisch bereits von Čechov vorweggenommen. Sieht man sich zum Beispiel nur einmal die Kernthemen von *Der Kirschgarten* und *Drei Schwestern* an – das hoffnungslose, tragikomische Vergehen einer Tradition und die sinnlose Sehnsucht nach Moskau –, erkennt man, wie eng sich Becketts *Warten auf Godot* und andere Werke an Čechov anlehnen.

Der Begriff des »Absurden« bedarf der Definition. Es ist ein verwirrender Ausdruck, weil wir es gewöhnt sind, die Werke vieler moderner Autoren mit dem existentiellen Begriff der »Absurdität« auf eine Stufe zu stellen. Sartre und Camus setzen sich systematisch mit den Grundlagen und Konsequenzen einer absurden Welt, einer Welt ohne Bedeutung auseinander, aber ihre literarischen Werke, vor allem ihre Dramen, sind in Aufbau und Sprache traditionell angelegt. Aber erst, wenn ein Dramatiker dem Absurden durch Struktur und Sprache seines Werks Ausdruck zu geben versucht, gilt er als ein Dramatiker des Absurden (ein Begriff, den man in Anführungszeichen setzen könnte, da er in keiner Weise einfach zu deuten ist). Čechovs philosophische Basis ist eindeutig der Naturalismus des neunzehnten Jahrhunderts, aber seine Technik ist nur scheinbar naturalistisch, im Grunde jedoch zutiefst symbolisch. Absurd sind bei Čechov einmal der Inhalt seiner Werke – die eigentliche Handlung – sowie verschiedene von ihm eingesetzte Mittel, vor allem soweit sie mit Sprache zu tun haben. Immer wieder werden wir mit intelligenten Menschen konfrontiert, denen irgendwie die Fähigkeit abhanden gekommen ist, sich auszudrücken, seien es reiche Grundbesitzer und ihre Nachkommenschaft, Arbeiter oder »Emanzipierte«. Und mit der Fähigkeit zum Ausdruck haben sie auch die Fähigkeit verloren zu leben.

Literatur befaßt sich stets mit Willensgegensätzen, aber das Drama macht die inneren Kämpfe, die das Leben verlangt, durch die ritualistische Darstellung des Agons am deutlichsten. Lebenslange Konflikte – Konflikte einer abstrakten und spirituellen Art – bekommen auf der Bühne einen Körper, werden komprimiert und vor unsern Augen durchgespielt. Auf der Bühne wird jemand entweder geboren oder liegt im Sterben; wenn er nicht (wie meist bei Shakespeare) gegen menschliche Widersacher kämpft, muß er gegen die Kräfte seines unbekannten Ichs oder, wie in Ionescos *Der König stirbt*, gegen die Kräfte des Todes kämpfen. Čechovs Werke sind Tragödien der Ohnmacht des Willens und dauernd an der Grenze zur Komödie, weil ihre Protagonisten reduzierte Menschen sind; wie Čechov selbst sagt, gerät *Der Kirschgarten* stellenweise zur Farce, obwohl er vom Ende einer ganzen

Gesellschaftsordnung und dem Auseinanderbrechen einer Familie handelt. Solch bittere Komödie ist vielleicht Tragödie, die den Glauben an sich selbst nicht mehr aufrechterhalten kann.

In der philosophischen Behandlung seines Stoffes wie auch durch verschiedene dramatische Mittel nimmt Čechov das zeitgenössische Theater des Absurden vorweg. In diesem Essay soll die Verwandtschaft der Techniken Čechovs mit denen der Dramatiker des Absurden untersucht werden, vor allem die Verformungen der dramaturgischen und sprachlichen Konvention, die Verwendung unerklärlicher Ereignisse, des »beliebigen Gegenstands« oder poetischen Gleichnisses, und der unbarmherzige Rhythmus des Zerfalls, der Äußerlichkeiten durchdringt, aber bewußt nicht zur Erkenntnis einer zugrundeliegenden Realität gelangt.

In mancher Hinsicht sind die Dramatiker des Absurden konventioneller als Čechov. Mit Ausnahme Becketts geben sie Spannungssituationen vor, die einer Klimax zustreben – einen Bewegungsrhythmus, den jedes Publikum fühlen, wenn auch vielleicht nicht verstehen kann. Becketts wie Čechovs Stücke sind Dramen vom Verlust des Willens, in denen die unerreichbare Erlösung bewußt verschwommen bleibt wie in einem Traum und in denen Sprache die einzige Beschäftigung des Menschen ist. Da die Erlösung im Transzendenten und außerhalb des Menschen liegt, ist Handlung auf jeden Fall unnötig; man sitzt und redet. Bei Čechov ist der Handlungsablauf im Hinblick auf das Wollen der Charaktere unwesentlich. Eine irgendwie erkennbare Katharsis, selbst ein echter dramatischer Höhepunkt, wird tunlichst vermieden. Höhepunkte sind, wo sie sich ergeben, immer unscharf, weil Čechovs Figuren nicht klar genug sehen können, um das zu tun, was man nach normalen Maßstäben von ihnen erwarten würde. In der *Möwe* hat Treplev schon einmal versucht, sich umzubringen, dadurch wird sein erfolgreicher Selbstmord zu einer Art Antiklimax; darüber hinaus wird dem Publikum, wie ihm selbst, die Bedeutung seiner Tat für andere vorenthalten. So ist sie eben nur eine Tat, und solange sie nicht im Kontext des Stücks interpretiert wird, gewinnt sie nie eine Bedeutung. Der Höhepunkt in *Drei Schwestern* – Tuzenbachs Tod im Duell – ist eher nur eine

Bestätigung als eine Zusammenfassung oder ein konkretes Sinn-bild für den Verlust, den die Schwestern erleiden; dem Tod kommt kein Gefühlswert, nicht einmal eine Bedeutung zu, denn Irina liebt Tuzenbach gar nicht. Der Höhepunkt im *Kirschgarten* – die Eröffnung des Kaufmanns Lopachin, daß er der Käufer des Gutes ist, auf dem sein Vater einmal Leibeigener war (»Ich habe ihn gekauft«, verkündet er mit Stolz und Ehrfurcht) – löst bei allen die falsche Reaktion aus, denn Lopachin ist die Hauptfigur und hatte mit nicht näher begründeter Anerkennung für sein Handeln gerechnet; das leitet in den merkwürdigen vierten Akt über, einen Akt des Verzichts und Abschiednehmens in banalsten Gesprä-chen. Formal hat jedes Stück seinen Höhepunkt, aber thematisch gesehen ist dieser Höhepunkt nie der richtige. Das, worum es eigentlich geht, wird immer gemieden. Nur in *Onkel Vanja* sieht der »Held« seinen Feind völlig klar, aber natürlich ist er unfähig, ihn zu töten, und unfähig auch, sich selbst zu töten. Wenn es bei Čechov eine Katharsis in irgendeinem akzeptablen Sinne gibt, so erwächst sie aus einer Summe kleiner Details und der Bloßlegung eines Charakters, aus der Geschichte eines gegebenen Augen-blicks in bezug auf mehrere Personen und nicht, wie in den meisten Dramen, auf eine oder zwei Personen. Das läuternde Erkennen der Beziehung zwischen der Bühnenwirklichkeit und der durch sie gespiegelten echten Wirklichkeit macht die Werke zur Kunst, aber es ist eine schwierige Kunst, denn sie baut die emotionalen Erwartungen des Publikums bis zu einem gewissen Punkt auf und durchkreuzt sie dann, läßt eine tragische Situation ins Komische abgleiten, verweigert den Helden oder Heldinnen das Wissen, das sie adeln würde, und befremdet vor allem dadurch, daß sie die Emotionen des Publikums bewußt auf eine ganze Gruppe von Personen verteilt. Könnte das Publikum seine Sympathien auf eine Person konzentrieren, so gewänne diese eine Person eine gewisse Erhabenheit; aber bei Čechov interessieren mehr die Beziehungen zwischen Menschen als die »Realistika« der Menschen selbst. Solche Kunst ist schwierig, da kein Publi-kum darauf vorbereitet ist.

Im Gegensatz dazu sind so bekannte absurde Stücke wie Ionescos *Die kahle Sängerin*, *Die Unterrichtsstunde* und *Die*

Stühle schon beinahe anekdotisch aufgebaut und enden jedesmal in einer Katharsis der Gewalt, in der die aufgebauten Spannungen durch völlige Irrationalität exorzisiert werden. *Mörder ohne Bezahlung*, Ionescos bekanntestes abendfüllendes Stück, endet mit einer Szene, die eigentlich ein Akt für sich ist, in dem ein einigermaßen normaler, intelligenter, pseudoheroischer Mann den geheimnisvollen Mörder, einen verwachsenen, kichernden Kretin, stellt und schließlich von dessen »unendlich störrischem Willen« besiegt wird. Trotz der metaphysischen Poesie in Ionescos Bildern – seine »beliebigen Gegenstände« erinnern an Kafkas ureigenste, in ihm selbst erschaffene Welt – sind Spannungsaufbau und -abbau eigentlich klassisch. Die Emotionen des Publikums werden von kundiger Hand geleitet. Ionescos Thema ist Wandel, und trotz den Schwierigkeiten, die man intellektuell mit diesem Wandel haben könnte, ist seine emotionale, visuelle Realität durchaus klar. Er selbst spricht von zwei fundamentalen Bewußtseinszuständen als Grundlage aller seiner Werke: Gefühlen des Flüchtigen und der Schwere. Am häufigsten »verwandelt sich Leichtigkeit in Schwere, Transparenz in undurchdringliche Dichte; die Welt lastet auf mir; das Universum bedrückt mich . . . die Materie füllt alles aus, nimmt den ganzen Raum ein, sie vernichtet jegliche Freiheit unter ihrem Gewicht . . . die Sprache zerbricht.« Wenn es nicht Materie im wörtlichen Sinne ist, die vernichtet, dann ist es das Bestialische, das den Geist unterdrückt – die Verwandlung von Menschen in Tiere, nie nur angedeutet, oder die tatsächliche Tötung eines Menschen auf der Bühne. Bei Čechov werden solche Strukturen nie deutlich gezeigt; die Emotionen des Publikums verzetteln sich, wenden sich in mehrere Richtungen, können sich nicht auf einen einzelnen Konflikt konzentrieren. Bei Ionesco mag die Bedeutung verwirrend sein, aber der dramatische Brennpunkt seiner Werke ist es nicht. Bei Čechov kann die von der eigentlichen Handlung losgelöste Bedeutung ebenfalls unerklärlich sein, aber die Konzentration dramatischer Handlung ist schon in sich selbst verwirrend. Daher die bekannten Schwierigkeiten bei der Inszenierung Čechovscher Stücke. Wenn in der Schlußszene des *Kirschgartens* der sterbende alte Diener Firs, von den Scheidenden in dem großen Haus allein gelassen, auf die Bühne humpelt, weiß man nicht, ob man lachen oder weinen soll; es ist ein in seiner Folgerichtigkeit genialer und doch unmöglich zu definierender Schluß. Gewiß ist dies das eigentliche Ende der »alten Ordnung« – ein treuer Diener, den seine Herrschaften bedenkenlos im Stich gelassen haben, hängt wehmütig seiner Leibeigenschaft nach. Aber in einem anderen, theatergemäßen Sinne ist dieser Schluß einfach absurd, willkürlich und unerwartet und lenkt die Aufmerksamkeit von dem ab, was die eigentliche Handlung hatte sein sollen: wie der Verkauf des Guts sich auf die Hauptfiguren auswirkt.

Bei Ionesco endet das Stück abrupt, weil die Charaktere seelenlos und als Bühnenimitationen des Lebens in seinem lächerlichen oder mysteriösen Sinn schlicht akzeptiert worden sind, und die Bedeutung des Werks ist letztlich abstrakt und allgemein; bei Čechov endet das Stück zwar formal, aber die Charaktere nehmen, nachdem ihnen so gewissenhaft Leben eingehaucht wurde, ihre Bedeutung mit sich fort und geben sie, wenn der Vorhang fällt, nicht preis. Das Theater des Absurden hat begrenzte Wirkungskräfte, weil seine Werke im wesentlichen Parabeln sind, deren Erfolg oder Mißerfolg gänzlich davon abhängt, wie genial die Idee (zum Beispiel, daß ein Mensch endlos auf sein wirkliches Leben, sein wahres Ich, seine Erlösung wartet) in packende Bilder umgesetzt werden kann, und als Parabeln können sie ja nur intellektuelle Reaktionen im Publikum auslösen. Man kann über Becketts Figuren lachen, da sie bewußt zum Lachen herausfordern, aber ihre Nöte kann man nicht teilen, da es keine menschlichen Nöte sind; es sind Verkörperungen, in ihrer sterilsten Form allegorische Verkörperungen echter Nöte, die in der Menschenwelt irgendwo existieren – eine sonderbare Parallele zum Postulat mittelalterlicher Moralitäten. Bei Čechov werden selbst die rätselhaftesten Charaktere durch abrupten Wechsel des Blickwinkels real gemacht, so daß die Figuren – Solënyj oder Šarlotta – nicht so ohne weiteres zur Karikatur geraten. Čechovs Bühne hat ein durchaus reales »Aussehen«, und die Sprache, die seine Figuren sprechen, hat die oberflächliche Formlosigkeit der Sprache des wirklichen Lebens, im Wesen ist sein dramatisches

Konzept aber komplexer und ikonoklastischer als das der Absurden, deren Revolte vorwiegend aus einer Simplifizierung des Lebens und der damit einhergehenden Überspitzung begrenzter Erfahrungen besteht.

Zu den spektakulären Mitteln des absurden Theaters gehört die Sprache. Ionesco schrieb *Die kahle Sängerin*, weil er sich gedrängt fühlte, die »Tragödie der Sprache« auszudrücken – den Zusammenbruch der Kommunikation, der aus dem Unvermögen des Menschen rührt, sich selbst zu erkennen, sich zu andern Menschen und zu seiner Welt in eine sinnvolle Beziehung zu setzen. Man spürt, daß sich darin im Grunde wieder einmal die Trauer um die alten, toten Götter manifestiert, deren Vorhandensein oder vermutetes Vorhandensein eine Notwendigkeit für den Menschen ist, damit er Mensch bleiben kann. Der Humanismus sei ein Fehlschlag, sagen die Absurden, weil der Mensch nicht »human« sei, sich selbst nicht kenne, sich folglich nicht kontrollieren und vor allem seine Welt nicht kontrollieren könne. Bei Beckett ist die Welt nicht kontrollierbar, und nichts geschieht; bei Ionesco ist die halluzinatorische Bewegung der Welt nicht kontrollierbar, denn der Mensch, der dies versucht (Behringer in *Mörder ohne Bezahlung* und den *Nashörnern*), entdeckt in sich selbst eine unbewußte Kollaboration mit den Mächten der Zerstörung. Die Stasis normalen Menschseins im Theater des Absurden ist eine extreme Fortführung des Dilemmas humanistischer oder liberaler Autoren: wie man in einer eingeebneten Welt, in der alle gleich und alle vielleicht ohne Wert sind, eine Tragödie schafft, die auf der Einmaligkeit menschlicher Wesen basiert. Die stupide Qual der Figuren Ionescos ist ein beredter Spiegel unserer Zeit; wenn man sich, wie Raymond Williams in einer Untersuchung der liberalen Tragödie (der Tragödie des »heroischen Befreiers, der von einer falschen Gesellschaft bekämpft und vernichtet wird«) sagt, mit der falschen Gesellschaft identifiziert, kann man sich der Gesellschaft nicht entgegenstellen und ihr mit Tod drohen; man muß sie sich eingestehen, sich mit ihr aussöhnen und mit ihr leben. Leiden ist »etwas für sich Stehendes und letztendlich Isoliertes; das Patt ist absolut, und wir alle sind die Opfer.«

Die Verzerrungen und Verrücktheiten der Sprache im Theater des Absurden entsprechen also den Verzerrungen und Verrücktheiten einer Gesellschaft, die sich immer noch auf einer konventionellen, von Klischees gespickten Ebene verständlich machen kann. Es ist ein Theater von Opfern für Opfer – Geschöpfe, die ihre Seelen fehlplaziert oder bewußt verraten haben – und wendet sich an ein Publikum, das sich im selben Zustand befindet und, wie Nietzsche sagen würde, die Botschaft noch nicht vernommen hat. Ihre Sprache spiegelt ihre Entwurzelung wider, denn ohne absolute Werte kann die romantische Phantasie Vernunft nicht ertragen; sie verlangt nach grotesken Bildern, einem entfesselten Tanz des Wahnsinns, um ihre Qual zum Ausdruck zu bringen. Wenn Čechov nicht romantisch erscheint, so liegt dies an seiner Unpersönlichkeit, an seiner Weigerung, die Leiden zu überspitzen oder poetisch zu überhöhen, die seine hohlen Charaktere erdulden. Immer werden ihre Grenzen gewissenhaft als selbstverursacht herausgestellt, nicht als krasse Mißgeschicke zur Symbolisierung der Bosheit des Universums. Aber das Bild des Menschen ist im Theater des Absurden ähnlich wie bei Čechov, wenn nicht gleich. Dem Klagelied in *Warten auf Godot* –

»Hören Sie endlich auf, mich mit Ihrer verdammten Zeit verrückt zu machen? . . . Eines Tages, genügt Ihnen das nicht? Irgendeines Tages ist er stumm geworden, eines Tages bin ich blind geworden, eines Tages werden wir taub, eines Tages wurden wir geboren, eines Tages sterben wir, am selben Tag, im selben Augenblick . . . Sie gebären rittlings über dem Grabe, der Tag erglänzt einen Augenblick und dann von neuem die Nacht.« – entspricht die Klage einer typisch Čechovschen Gestalt (Andrej in *Drei Schwestern* im Gespräch mit einem schwerhörigen Mann):

»Oh, wo ist sie, wohin ist sie entschwunden, meine Vergangenheit, als ich jung war, fröhlich, klug, als ich noch träumen konnte und glänzende Ideen hatte, als Gegenwart und Zukunft für mich noch von der Hoffnung beschienen waren? Weshalb werden wir, kaum daß wir zu leben angefangen haben, so langweilig, grau, uninteressant, träge, gleichgültig, unnütz, unglücklich . . . Unsere Stadt besteht seit zweihundert Jahren, sie hat einhunderttausend Einwohner, und kein einziger, der nicht dem anderen ähnlich wäre, kein einziger Held . . . kein einziger Gelehrter, kein einziger Künstler, kein auch nur irgendwo bemerkenswerter Mensch. Was sie tun, ist essen, trinken, schlafen, dann sterben sie . . . andere werden geboren, und auch sie essen, trinken, schlafen, und um vor Langeweile nicht völlig abzustumpfen, verschaffen sie sich Abwechslung mit widerwärtigen Klatschgeschichten, Vodka, Kartenspielen . . . und der Einfluß der Gemeinheit drückt unwiderstehlich die Kinder zu Boden, der göttliche Funke in ihnen erlischt, und sie werden zu genau solch erbärmlichen Leichen, einander ähnlich, wie ihre Väter und Mütter.«

Becketts *Ausgestoßene* scheinen unvermittelt zu ihren Einsichten zu gelangen, bewegen sich nicht auf eine irgendwie geartete Erkenntnis zu; Čechovs in ein dreidimensionales Drama verstrickte Figuren bewegen sich auf eine Weise, die weniger ein Fortschreiten als ein Zerschlagen von Illusionen ist. Ionescos Figuren sind als Opfer ihrer Unfähigkeit, sich auszudrücken, schon nicht mehr menschlich. In der *Kahlen Sängerin* brüllen am Schluß die Smiths und Martins wütend aufeinander ein, nachdem sie unter der Rationalitätsebene eine leidenschaftliche Beziehung zueinander entwickelt haben, aber der Durchbruch zur Leidenschaft ist das Ende ihres Menschseins. In den *Stühlen* geht es um nichts als Worte – im ersten Teil um halb ausformulierte persönliche Anekdoten, im zweiten Teil um den verzweifelten, kläglichen Versuch, persönliche Erfahrung in universelles Wissen umzumünzen, grausam verhöhnt von Ionescos stummem Redner, der entweder den alten Mann betrügt oder seine Botschaft wortgetreu wiedergibt; so oder so ist die »Botschaft« verloren. Der traditionelle Schluß der Tragödie – Othellos Schlußworte, Mark Antons Schlußworte – wird hier parodiert, denn wenn das Leben seinen Sinn verloren hat und es nur noch »metaphysische Leere« gibt, sind Worte wertlos.

Čechovs Naturalismus weckt, wenn er am »natürlichsten« ist, beim Publikum dasselbe Gefühl des Geheimnisvollen, das Ionescos Absurdität bewußt weckt. Wenn Maša, die Tabak schnupft und hoffnungslos in den jungen Schriftsteller Treplev verliebt ist, in der *Möwe* im zweiten Akt von der Bühne geht und ihr eingeschlafenes Bein nachziehen muß, ist dieses Detail sowohl naturalistisch wie von willkürlicher Absurdität; ebenso ist es mit Sorins Schnarchen in derselben Szene. Die Gouvernante Šarlotta im *Kirschgarten*, die Gurken aus der Tasche zieht und ißt und bizarre Taschenspielertricks vollführt, bleibt unerklärbar. In *Drei Schwestern* wird der fugenartige, zusammenhanglose Vortrag der Hauptthemen durch die ernste Rezitation von »Fakten« unterbrochen: »In Moskau... da haben irgendwelche Kaufleute Bliny gegessen; einer, der vierzig Bliny gegessen hat, soll gestorben sein. So vierzig, oder fünfzig. Ich weiß nicht mehr genau.« – »Balzac wurde in Berdičev getraut«, und »Zizichar. Da wüten die Pocken.« Der düstere vierte Akt wird von Čebutykins »Tara...ra...bumbia« untermalt. Das große Figurenaufgebot auf Čechovs Bühne ermöglicht gewissermaßen einen persiflierten Chor, der unabsichtlich sein Urteil über die Hauptpersonen spricht. Im wesentlichen aber sprechen Čechovs Figuren das Urteil über sich selbst. Der erste Akt der *Drei Schwestern* beginnt mit einer Namenstagsfeier, aber sein Ton ist sonderbar elegisch. Olga, die älteste Schwester, sagt gleich als erstes: »Vater starb vor einem Jahr, auf den Tag genau.« Das ganze Stück, das ja über mehrere Jahre spielt, dreht sich um die Bedeutung dieser Tatsache. »Vater«, der tote General, der Intellektuelle, der seinen Kindern Bildung »aufzwang«, um sie für eine völlig unerreichbare Art Leben vorzubereiten, wird gleichgesetzt mit Moskau, dem Paradies, dem verlorenen Garten Eden, der verlorenen »Heimat«, und die schon krankhafte Sehnsucht der Schwestern nach dieser gespenstischen verlorenen Heimat wird dazu führen, daß sie ihre wirkliche Heimat verlieren. Aber die verschiedenen Äußerungen verzückter Sehnsucht nach Moskau gleich zu Beginn des Stücks werden unterlaufen von den scheinbar zufälligen Bemerkungen der zu Besuch weilenden Männer: »Sonst noch was!« – »Natürlich ist das Quatsch.« – »Mit einem Arm stemme ich nur anderthalb Pud, mit beiden dagegen fünf, sogar sechs Pud...« – Und: »Bei Haarausfall... zwei Unzen Naphtalin auf eine halbe Flasche Spiritus... Auflösen und täglich anwenden...« In diese Phrasen hinein tönen die Gedichtzeilen, die Maša durch den Kopf gehen und die ein Ausdruck ihrer Liebe sein werden – »Ein grüner Eichbaum steht am Meer, aus Gold dran eine Kette blinkt ...« sowie die von Solënyj zitierten Zeilen einer Fabel, mit denen er vorwegnimmt, daß er und Protopopov den Traum dieses ersten Akts zerstören werden: »Er hatte noch nicht Ach! gesagt, als ihn auch schon der Bär gepackt ...«

In Ionescos *Kahler Sängerin* wird alle Konversation zum Nonsense. Sie deutet keinerlei thematischen Sinn an, sondern ist einfach hanebüchener Ausdruck des Unsinns, den Leute so daherreden:

MR. SMITH   Man geht auf den Füßen, aber man wärmt sich mit Kohle oder Elektrizität.

MR. MARTIN   Wer heute ein Ei kauft, hat morgen zwei.

MRS. SMITH   Man muß im Leben durchs Fenster schauen.

MRS. MARTIN   Man kan auf dem Stuhl sitzen, auch wenn der Stuhl keine hat.

MR. SMITH   Man soll immer an alles denken.

MR. MARTIN   Die Decke ist oben, der Boden ist unten.

Diese Aphorismen, so sinnvoll wie die meisten Klischees, degenerieren zu bloßem Geräusch, Lärm, tierischem Gebrüll, wenn die Smiths und Martins einander wütend anschreien. Man mag den unnötigen Schluß mit »Er ist nicht da, er ist hier« – wobei »er« offenbar für »Verstand« steht – bedauern, aber der Einfall, das Stück damit enden zu lassen, daß die Martins die Plätze der Smiths einnehmen, ist einfach glänzend, hebt er doch das Nichtendenwollen dieses Fegefeuers hervor. Für Ionesco wie Čechov gleicht der Zustand der Menschheit Becketts Vision vom sphärischen Fegefeuer, in dem man niemals irgendwohin weiterkommen kann, und wo »der Schatten am Ende nicht besser ist als die Substanz.« Daß die »Wirklichkeit« nicht besser ist, als ihr Schein vorgibt, und daß der Schein, obwohl er ja gerade durch seine illusionären Eigenschaften besser sein will als die Wirklichkeit, letzten Endes auch nicht besser *ist*, bedeutet eine ironische Umkehrung dessen, was eigentlich zu erwarten wäre: Der Mensch läßt sich willig von seiner Sprache und seiner Vorstellung von der Welt täuschen, aber die Täuschung nützt ihm nichts, weil er selbst nicht die Phantasie hat, ihr Schönheit mitzugeben.

Wie bei Ionesco und Beckett muß Sprache auch bei Čechov das

Handeln ersetzen. In allen seinen Stücken wird die Ohnmacht des Willens demonstriert. Der Arzt im *Onkel Vanja* arbeitet sehr schwer und hat seit zehn Jahren nicht einen einzigen freien Tag gehabt, doch er betrachtet seine gegenwärtige Arbeit als sinnlose Plackerei und erwartet von der nebelhaften Zukunft ein Zurechtrücken gegenwärtiger Abscheulichkeiten. Bei den meisten andern haben Reden und Handeln nichts miteinander zu tun. Während Irina ekstatisch von »Arbeit« redet, ist sie unfähig, ihren sehr natürlichen und unausbleiblichen Widerwillen gegen die Arbeit, die sie schließlich findet, vorherzusehen. Der unglücklich verheiratete Veršinin teilt Astrovs Vorhersage von einer in ferner Zukunft liegenden Erlösung: »In zweihundert, dreihundert Jahren wird das Leben auf der Erde unvorstellbar schön, wunderbar sein. Der Mensch braucht ein solches Leben, und wenn er es jetzt nicht hat, so muß er es vorausahnen, erwarten, erträumen, sich darauf vorbereiten.« Die Schwestern und ihr Bruder Andrej haben von ihrem Vater Französisch, Deutsch und Englisch gelernt – die Mittel, sich in noch drei Sprachen außer ihrer Muttersprache auszudrücken –, aber natürlich haben sie nichts auszudrücken; Maša sagt: »In dieser Stadt drei Sprachen zu können, ist ein überflüssiger Luxus. Nicht einmal Luxus, sondern ein unnötiges Anhängsel, wie ein sechster Finger.« Im *Kirschgarten* sprechen die Personen kaum eine gemeinsame Sprache. Der Kaufmann Lopachin erklärt, was die Familie tun soll, um ihr Gut zu retten, aber sie können ihn alle nicht verstehen. Als die Katastrophe naht, ergehen sie sich in unnützen Dialogen, die nur dazu dienen sollen, sie von der Wirklichkeit abzulenken. Selbst der Student Trofimov, der einmal mehr Čechovs eigene Hoffnung auf eine ideale Zukunft zum Ausdruck bringt, ist ein »ewiger Student«, der vom Leben nichts weiß, und seine erhaben klingenden Worte sind vielleicht nur lächerlich. Über seine Beziehung zu Anja sagt er:

»...daß wir über der Liebe stehen. Allem Nichtigen und Trügerischen ausweichen, das uns daran hindert, frei und glücklich zu sein, das ist Sinn und Zweck unseres Lebens. Vorwärts! Wir schreiten unaufhaltsam dem strahlenden Sterne entgegen, der dort in der Ferne leuchtet! Vorwärts! Nicht zurückbleiben, Freunde!«

Und Anja ruft entzückt: »Wie schön Sie das sagen!« Und die Betonung liegt eindeutig ironisch auf »sagen«, womit der illusionäre Zustand des jungen Mannes selbst erfaßt wird. Das gleiche Reden als Ersatz für Handeln findet man im Theater des Absurden überall wieder, am deutlichsten in Becketts Stücken (und auch in seinen Romanen). In Ionescos *Unterrichtsstunde* wird die Überschattung des Lebens durch Sprache auf merkwürdige Weise umgesetzt, wenn der tyrannische Professor seine Studentin mit dem Wort »Messer« tötet – er hat die absolute Kontrolle über die Bedeutung von Wörtern, kontrolliert die Reaktionen des Mädchens auf Wörter und kontrolliert somit ihr Leben. Der totalitäre Mißbrauch der Sprache, wie die Allmacht des Professors ihn andeutet, klingt auch in *Mörder ohne Bezahlung* an, wo die faschistische Mother Peep ihre Fähigkeit demonstriert, Dummheit als Intelligenz, Feigheit als Tapferkeit, Klarsichtigkeit als Blindheit und die Liquidation als »rein körperlich« anzusehen.

Drei Schwestern zeigt am deutlichsten den fortschreitenden Verfall auf, der den meisten Stücken des Absurden zugrunde liegt. Nachdem Handeln schon durch Reden ersetzt ist, wird Wahrheit durch falsche Rhetorik ersetzt. Wenn Olga zu Beginn des Stücks glücklich sagt, sie sehne sich leidenschaftlich nach der »Heimat« (Moskau), und dieser Traum werde »immer stärker und stärker«, akzeptiert man dies als die reine Wahrheit und sehr bewundernswert dazu. Wenn aber dieser Refrain dann im ganzen Stück dauernd wiederholt wird, bekommt er einen düsteren, ironischen Unterton, den die Schwestern selbst nicht verstehen. So bleibt am Ende des zweiten Akts, wenn Nataša zu einem sehr realen Mann geht, Irina mit der Sehnsucht nach ihrem illusorischen Paradies allein. »Nach Moskau!« schreit sie, und der Schrei ist inzwischen beklemmend. Am Ende des dritten Aktes hört man Irina, die jüngste, wieder nach Moskau schmachten, aber inzwischen mußte sie einer Heirat zustimmen, die sie eigentlich nicht will. »Ich werde ihn heiraten, einverstanden, nur – fahren wir nach Moskau! Ich flehe dich an, fahren wir! Es gibt nichts Besseres auf der Welt als Moskau!« Die Sehnsucht ist jetzt schon hysterisch und soll nur noch das schon früher zum Ausdruck gebrachte Wissen zudecken, daß alles irgendwie schiefgegangen ist, daß sie ihr Italienisch vergessen hat, daß sie Moskau nie, nie sehen werden. Am Schluß des Stücks sitzen die Schwestern zusammen und trösten sich mit Reden, ähnlich wie Sonja am Schluß des *Onkel Vanja*. Wir haben es hier mit einer brutalen Kontrapunktierung von Idealismus und Nihilismus zu tun, wenn die Schwestern die Militärmusik hören und sagen, daß sie leben werden, daß »...mir scheint, noch ein wenig, und wir werden erfahren, warum wir leben, warum wir leiden...«; und der alte Arzt sitzt »liebenswürdig« und ungerührt von Tuzenbachs Tod dabei und singt sein »Tara...ra...bumbia...ich sitz im Dunkeln da...«; der letzte Eindruck dieses außergewöhnlichen Stücks ist der einer eingefrorenen Dialektik, einer Intelligenz, die sich selbst mit Worten betrügt, und im Gleichgewicht gehalten von einer Gedankenlosigkeit, die durchaus geschickt mit Worten umzugehen versteht, um ihr »Im-Dunkeln-Sitzen« oder ihre moralische Lähmung auszudrücken, ein Bild, das für die Schwestern ebenso wie für den Arzt zutrifft. In der Tat ist es ihr Idealismus, ihr Unvermögen, die Worte, mit denen sie so charmant umgehen, zu konkretisieren und damit zu aktivieren, was ihr »wirkliches« Leben ruiniert. Nataša, die gar nicht gut reden kann und deren Französisch bestürzend schlecht ist, bleibt eindeutige Siegerin über die Schwestern. Andere, in der Sprache gespiegelte Symptome des Verfalls sind der Übergang von den Liebesduetten des zweiten Akts (Maša und Veršinin; Irina und Tuzenbach) zu den Monologen des vierten Akts (Abgesang des Arztes auf sein ruiniertes Leben, Andrejs Monolog in Gegenwart eines Tauben); die Unterbrechungen, zielloses Gerede und Solënyjs Witze, deren Pointen immer vorbeigehen; die amüsanten und zugleich beklemmenden Trugschlüsse, die ein schweres Unvermögen zu vernünftiger Kommunikation verraten. Čechovs Stücke sind, wie Ionescos, Tragödien der Sprache, Angriffe auf die konventionelle Sprache, die gerade durch ihre Konventionalität die Hohlheit derer entblößt, die sie benutzen.

Die interessanteste Parallele zwischen Čechov und der Avantgarde liegt im Einsatz des »beliebigen Gegenstands« als dichterisches Gleichnis. Im Theater des Absurden muß der beliebige Gegenstand, obwohl augenscheinlich dazu untauglich, als Transportmittel für die fixen Ideen der Charaktere dienen. In Adamovs *Le Ping-Pong* nimmt ein Spielautomat die Phantasie zweier Männer gefangen, die daran spielen und darüber alt werden, ihr Leben vertun, ihre natürlichen, auf das Überweltliche gerichteten menschlichen Triebkräfte in sinnlose Trivialitäten über den Automaten umsetzen. Wie Esslin in seinem hervorragenden Aufsatz über das Stück schreibt, ist das Werk ein machtvolles Gleichnis für die »Selbstentfremdung des Menschen durch den Kult eines falschen Wunschbildes« – der Automat selbst wird zum offensichtlichen Gleichnis für alles, was das Leben von Menschen einnimmt, ohne dieses Opfer wert zu sein. Bei Ionesco ist der beliebige Gegenstand ebenfalls etwas ohne Erklärung »Vorgegebenes«: Man muß herausfinden, ob Mallot sich mit »t« oder »d« am Ende schreibt; man muß den wachsenden Leichnam aus der Wohnung schaffen; man muß sich bis zuletzt der Verwandlung in ein Nashorn widersetzen. Die Bilder haben keine Bedeutung an sich (außer eben als Theater), sondern nur als das, worauf sie anspielen. Dieses Konzept unterscheidet sich zum Beispiel von den sehr realen und keineswegs beliebigen Gegenständen Ibsens, der in den *Gespenstern* die Heuchelei der Gesellschaft angreift, oder Strindbergs, der leidenschaftlich die vampirische Frau angeht. Als ob es auf der Welt keine realen Themen mehr gäbe, erschaffen diese Dramatiker groteske, parodierende Themen, von denen ihre Charaktere beherrscht werden und, wenn das Stück erfolgreich ist, auch das Publikum. So etwas ist wahre Poesie, wie Kafkas Werke wahre Poesie sind: ein Gleichnis zu schaffen und durchzuhalten, das eine symbolische Bedeutung in sich trägt, ohne in dieser Bedeutung bereits enthalten zu sein. Da aber dieses Gleichnis notwendigerweise ein privates, niemals gesellschaftliches, historisches oder mythisches Bild ist, muß seine Bedeutung ausgedehnt werden durch ein Publikum, das als eine Art vereintes Bewußtsein nicht mehr – wie Picasso es von den meisten Menschen behauptet – damit zufrieden sein kann, nur das zu erfahren, was es schon weiß. Die Schwierigkeiten mit dem Theater des Absurden liegen in seiner bewußten

Weigerung, uns zu sagen, was wir schon wissen, seinen unheldischen Helden und unschurkischen Schurken, seinen Scheinhandlungen, seinem beharrlichen Durchkreuzen von Erwartungen, seiner Übernahme der Klamaukeffekte und Schnellfeuerdialoge des Vaudevilles, wobei es den »ehrlichen« Ulk aber hinter sich läßt. Als poetische Bilder kommen sie jedoch der Poundschen Definition des Gleichnisses vielleicht näher als manche, ohne weiteres akzeptable Gleichnisse wie die Papierlaterne in Williams' *Endstation Sehnsucht* und der todgeweihte Vogel in *Fräulein Julie*. 1913 definierte Pound das »Gleichnis« als »etwas, was einen intellektuellen und emotionalen Komplex in einem Ausschnitt der Zeit präsentiert ... Es ist die momentane Präsentation eines solchen ›Komplexes‹, die dieses Gefühl der plötzlichen Befreiung vermittelt; ein Gefühl der Freiheit von Zeitgrenzen und Raumgrenzen; ein Gefühl plötzlichen Wachsens, das wir in Gegenwart der größten Werke der Kunst empfinden.« Die Imagisten selbst haben keine Gleichnisse geschaffen, die so vollständig aus der konventionellen »Poesie« herausfielen, wie die Dramatiker des Absurden es taten.

Im traditionellen Theater dreht sich alles um ein Zentralthema; das ist der einzige Sinn der Handlung. Man tötet schließlich den König, wenn auch um einen hohen Preis; man heiratet schließlich doch den, der es sein muß; man reißt sich los von Mann, Kindern und scheinheiliger Gesellschaft. Im allgemeinen wird bei Čechov und den Dramatikern des Absurden das Zentralthema entweder nicht verstanden oder nicht abgehandelt oder beides. Der Kirschgarten hat alle Merkmale des Symbols, nur daß sein Symbolgehalt – anders als bei der ausgestopften Möwe in dem früheren Stück – in mehrere Richtungen weist. Er bedeutet verschiedenes für verschiedene Leute, aber in sich existiert er gar nicht, er hat keinerlei Bedeutung. Von niemandem wird der Kirschgarten als das gesehen, was er ist; man sieht ihn als verpaßte Gelegenheit zum Geldverdienen, oder man sieht in ihm gespenstische Gesichter, wie der Student Trofimov, der die Gesichter Leibeigener sieht, oder die Gutsbesitzerin Ranevskaja, die ihre verstorbene Mutter darin spazieren gehen sieht. Sie können nur sehen, was sie selbst einbringen, sehen nur sich selbst. Und wenn der Kirschgarten schließlich verkauft wird, wenn die Katastrophe eintritt, herrscht eine sonderbar unpassende Erleichterung; der durch den Wechsel völlig entwurzelte Gaev sagt fröhlich:

»Wirklich, jetzt ist alles gut. Bis zum Verkauf des Kirschgartens haben wir uns alle aufgeregt, haben gelitten, und dann, als die Frage endgültig entschieden war, unwiderruflich, haben wir uns alle beruhigt, sind sogar fröhlich geworden.«

Man fühlt sich an Manns berühmte Definition von Ironie in seinem Essay *Goethe und Tolstoj* erinnert: eine Technik, die nach beiden Seiten schielt, »schlau und verantwortungslos zwischen Gegensätzen« spielend. Bei solcher Ironie sind sentimentale Exzesse nicht möglich, da der Autor ja nicht Partei nimmt.

Wenn das so ist, fragt da der Theaterbesucher, worum geht es denn dann in dem Stück? Wozu wurde es geschrieben? Daß der augenscheinliche Inhalt eines Werks, nachdem so viele Worte und Tränen darauf verwendet wurden, auf einmal trivial und völlig unbedeutend sein soll, ist ein unerhörter Vorgang in der Literatur. Es ist, als ob die konventionelle Form der Kunst sich selbst, ihre eigene Existenzberechtigung oder zumindest die Erwartungen des konventionellen Publikums in Frage stellte. Wenn man in unmittelbarem Bezug zu konkreten Kunstwerken überhaupt von Genres sprechen kann, so könnte man sagen, daß in der tragischen Vision stets tödlicher Ernst das Zentralthema umgeben und das Anliegen des Stücks nicht nur im Zusammenhang des Stückes selbst, sondern im übertragenen Sinne auch für das Publikum von wirklichem Interesse sein müsse. Die Tragödie ist eine geheiligte Kunstform. Wenn Verlegenheit und Zweifel oder gar eine Neigung zur Selbstironie hinzukommen, fällt die Tragödie auseinander. Und genau das ist bei Čechov der Fall.

Wie bei Beckett wird die Sehnsucht nach Erlösung um so größer, je weniger greifbar die Mittel zur Erlösung sind. Die intelligenten Menschen in solchen Dramen sind so in der Vorhölle der Gegenwart gefangen, daß sie nur reden können; die Dummen – Nataša, Solënyj, Arkadina, der Professor in *Onkel Vanja* – sind es, die auf festem Boden leben, die andere zwingen, sich ihrem Willen unterzuordnen, die einfach dadurch, daß sie leben, anderen den Tod bringen. Das eine Element gewinnt, das andere verliert an Kraft. Die Verschwommenheit des Zentralthemas oder Gleichnisses bei Čechov weicht abrupt der unverblümten Rätselhaftigkeit des Zentralthemas in einem Stück wie *Godot*. Godot als Gleichnis nähert sich dem Unergründlichen wie Melvilles weißer Wal – ersterer durch sein Nichtvorhandensein, letzterer durch sein ungeheuer konkretes Vorhandensein. Natürlich sind Čechovs Gleichnisse konventioneller als die der Absurden, da er einer naturalistischen Bühne verhaftet ist, aber er macht von seinen Gleichnissen einen ähnlichen Gebrauch: das wahrhaft dichterische Gleichnis, dessen Bedeutung einem, wie Pound sagt, ein Gefühl der Befreiung und plötzlichen Wachsens gibt, indem es sich – anders ausgedrückt – nicht auf das leicht Deutbare beschränkt.

Wenn es im Theater des Absurden intellektuelle Diskussion gibt, dann ist sie, wie die »intellektuellen« Diskussionen bei Čechov, ironisch, übertrieben und albern, denn sie kommt zu einem Zeitpunkt der Geschichte, da die Philosophie sich gerade von den transzendentalen Werten hat scheiden lassen, die sie einstmals zu entdecken oder unterstützen versuchte. Folglich werden Diskussion, Gespräch und Zwiesprache bedeutungslos, und die Figuren sind ihr eigener Chor, der unentwegt redet und die eigene Rede kommentiert. Stecken hinter dieser Sprache Bilder? Steckt hinter diesen Bildern Wirklichkeit? In der existentialistischen Literatur herrscht das Geheimnisvolle vor. In dieser Kunstform ist an die Stelle der älteren, lebensnäheren, ritualisierten Anliegen der Bühne ein sonderbares, verzetteltes Handeln getreten, oder die Erinnerung oder ein vager Wunsch nach Handeln. Čechov und die Absurden bleiben ihrem Thema – dem Leben – treu, indem sie ihre Kunst nicht auf ein einziges Gefühl, eine einzige Idee reduzieren lassen.

1972

Giorgio Strehler
Der Kirschgarten

29. Januar 1974
Ich nenne das Problem Čechov immer das der »drei chinesischen Kästchen«.

Drei Kästchen, ineinander verschachtelt. Das erste ist das Kästchen des »Wahren« (des möglichen Wahren, das im Theater das Höchstmaß des Wahren ist), und die Erzählung ist eine menschliche, interessante Geschichte. Es ist z. B. nicht wahr, daß der *Kirschgarten* keine »unterhaltende« Handlung habe. Er ist sogar voller Überraschungseffekte, voller Ereignisse, Einfälle, Atmosphären, sich wandelnder Charaktere. Es ist eine unendlich erregende menschliche Geschichte, ein faszinierendes menschliches Abenteuer. In diesem ersten Kästchen erzählt man also die Geschichte Gaevs und Ljubas und der anderen. Und es ist eine wahre Geschichte, die in die historische Geschichte eingebettet ist, ins große Lebensgefüge; das Interessante ist, daß sie zeigt, wie diese Menschen wirklich leben und wo sie leben. Es ist eine »realistische« Interpretation-Vision, ähnlich einer ausgezeichneten Rekonstruktion, wie man sie in einem Film »atmosphärischen« Charakters erreichen könnte.

Das zweite Kästchen dagegen ist das Kästchen der Geschichte. Hier wird die Story der Familie gesehen im Zusammenhang mit der geschichtlichen Entwicklung, die zwar auch im ersten Kästchen nicht ganz fehlt, dort aber nur den Hintergrund, die quasi unsichtbare Spur abgibt. Hier ist dagegen die Geschichte nicht lediglich »Verkleidung« oder »Objekt«: sie ist der Zweck der Erzählung. Hier interessiert am meisten die Bewegung der sozialen Klassen in ihrer Beziehung zueinander. Die Mutation der Charaktere und Dinge als Besitzwechsel. Die Personen sind natürlich sie selbst als »menschliche Wesen« mit präzisen individuellen Charakteristika, ihren Kleidern, ihren Gesichtern, aber sie repräsentieren in erster Linie einen Teil der Geschichte, die sich wandelt: sie sind die besitzende Bourgeoisie, die langsam an

Apathie und Wirklichkeitsfremdheit stirbt. Und da ist die neue kapitalistische Klasse, die aufsteigt, sich Macht aneignet mit neuen, sich nur erst ankündigenden revolutionären Intentionen. Hier sind die Objekte, die Dinge, die Kleider, die Gesten, obgleich sie ihren plausiblen Charakter behalten, ein wenig »verschoben«, ein wenig »verfremdet« im perspektivischen Diskurs der Geschichte. Ohne Zweifel birgt das zweite Kästchen das erste in sich und ist deshalb größer; die beiden Kästchen vervollständigen einander.

Das dritte Kästchen ist schließlich das des Lebens, des menschlichen Abenteuers, des Menschen, der geboren wird, wächst, lebt, liebt, nicht liebt, gewinnt, verliert, versteht, nicht versteht, vergeht, stirbt. Es ist eine »ewige« Parabel (soweit Ewigkeit im kurzen Lebenslauf eines Menschen sein kann). Und hier werden die Personen zwar noch im Rahmen der Wirklichkeit einer Erzählung und der Realität einer »politischen« Entwicklung gesehen, aber auch in einer quasi metaphysischen Dimension, gleichsam einer Parabel des menschlichen Schicksals. Da sind die Alten, da sind die mittleren Jahrgänge, da sind die Jüngeren und die ganz Jungen; da sind die Herren, die Diener, die Möchtegern-Herren, das Tier, das Lächerliche etc., eine Art Paradigma des menschlichen Alters und der Menschen. Die Erzählung wird zu einer großen poetischen Paraphrase, in der zwar noch die Erzählung enthalten, alles aber Teil ist des großen Abenteuers des Menschen, der vergängliches Fleisch ist.

Dieses letzte Kästchen bringt die Inszenierung auf die »symbolisch und metaphysisch allusive« Linie, mir fällt kein exaktes Wort dafür ein. Hier wird viel Anekdotisches abgestoßen, alles freier für eine höhere Ebene. Jedes Kästchen hat also seine eigene Physiognomie und seine eigene Gefahr. Das erste die der pedantischen Kleinmalerei, des Geschmacks an der »Rekonstruierung« (ausgeprägt bei Visconti) und der Begebenheit, die »durchs Schlüsselloch« gesehen wird; hier bleibt es quasi dabei. Das zweite birgt die Gefahr, die Personen als Embleme der Geschichte zu isolieren, d. h. sie einzufrieren in einer Position historischer These oder Thematik (Marx, *Kritik an Sickingen*, Lassalle usw., z. B. die »Schillerei«). Damit wird den Personen die wahre Menschlichkeit genommen, werden sie zum histori-schen Symbol erhoben. Der alte Student ist nicht mehr alter Student, weil es so ist, sondern weil die Geschichte es so will; alter Student, Repräsentant einer unterdrückten Klasse, vorzeitig alt, weil er vielleicht als Repräsentant einer neuen Welt, die mit Ungewißheiten und Erschütterungen heraufkommt, im Kerker war: er ist die Zukunft, in ihm ist etwas Heroisches, mehr Positives als Negatives. Und Ljuba und Gaev sind arme Ver-schwender, auch »lasterhaft«, sind die Symbole einer sterbenden Klasse (in einer tschechoslowakischen Aufführung ließ sich Ljuba vom Diener Jaša die Schenkel unterm Rock »massieren«, und Dunjaša war im letzten Akt sichtlich schwanger, etc.; das waren vielleicht Konzessionen an die aktuelle Pan-Erotik, ohne die man kein »modernes« Theater mehr macht!). Die Szene ist noch die gleiche wie vorher, aber doch auch schon »übersetz-ter«, gezeichneter als vielleicht prekäres, alterndes, sterbendes Ambiente.

Das dritte Kästchen ist in Gefahr, nur Abstraktes zu zeigen. Nur Metaphysisches, gleichsam außerhalb der Zeit, Neutrum-Ambiente. Eine Bühne mit einem Hintergrund in einer be-stimmten Farbe mit einigen konkreten Dingen (Rückkehr wo-möglich zu Pitoëff, vielleicht mit Verfremdung der Materie wie bei Svoboda: das ändert nichts). Die Personen sind nur noch andeutungsweise im Stil der Zeit gekleidet: sie versuchen viel-mehr, universale Embleme zu werden, ich weiß nicht, durch welche Mittel. Aber hier wird jedenfalls alles abstrakt, universal, symbolisch, da es an irdischem Gewicht verliert.

Čechovs *Kirschgarten* ist »alle drei Kästchen«, eines im ande-ren. Alle zusammen. Denn jeder große Dichter jeder Epoche bewegt sich auf allen drei Ebenen gleichzeitig. Und diese drei Ebenen können nur zum Spiel oder zum Studium gespalten werden, wie von einem Insektenforscher, der ein Exemplar unter Glas seziert, um verschiedene Charakteristiken zu examinieren. Weil das lebende Wesen in seiner Beweglichkeit nicht greifbar und nicht auf *eine* seiner Charakteristiken zurückzuführen ist. Man muß es in seiner Ganzheit sehen, um es zu erkennen. Die Dichter wissen das und geben uns ewige und zeitgebundene Menschen, die dialektische Geschichte (Revolution und Reaktion, alte und neue Welt) und die Geschichte des menschlichen Abenteuers...

Eine »richtige« Inszenierung müßte uns die drei Perspektiven in einer vereint geben, uns einmal mehr die Bewegung eines Herzens oder einer Hand sehen lassen, ein andermal die Geschichte vor uns aufblitzen lassen, ein andermal eine Frage über das Geschick unserer Menschheit stellen, das Geburt, Altern und Sterbenmüssen heißt, trotz allem, inklusive Marx.

10. *März 1974*

Die Zeit, Probleme der Zeit. In diesem Vaudeville-Tragödie-Komödie-Farce-Drama, in diesem Stück, das mir immer perfekter, immer größer, immer dichter in seiner Klarheit und – so möchte ich sagen – Unschuld erscheint. Ich höre Mozarts Quintett KV 516, und denke an Mozarts Klarheit... so wahr, so tief... Das Zeit-Konzept ist wesentlich.

Ich bemerke heute zum ersten Mal, scheint mir, eine Tatsache, der ich aber bisher noch keine Bedeutung beimaß: Ljuba war fünf Jahre fort. Wenn sie zurückkommt, fragt Lopachin sich: »Wird sie mich wiedererkennen?« und: »Wer weiß, wie sie jetzt sein wird!« Dann wird Dunjaša von Jaša nicht wiedererkannt, Trofimov wird von Ljuba nicht wiedererkannt. Und während des ganzen ersten Aktes schauen und sprechen die Personen mit dem Unterton, daß »die Zimmer und der Garten unverändert geblieben sind«, sich aber inzwischen fast alle Personen verändert haben. Auch Firs: »Wie alt ist er geworden!« Ljuba sagt: »Gottseidank lebst du noch!«

Klar ist damit: die Dinge wandeln sich nicht, bleiben unbeweglich, ob Gärten, Möbel, Mauern, Gegenstände, Zimmer... (mir fällt da der stupende Anfang von Comissos *Jugend, die stirbt* ein, jene Frau, die im Schnee, in der Sonne unter dem blauen Himmel zum ersten Mal fühlt, daß dies alles bleibt und sie selbst nicht, daß sie alt werden und sterben wird: die Ekstase der unvergänglichen Natur, während die Menschen vergehen).

Und dann: die Menschen vergehen rasch. Es genügen fünf Jahre, um sie alle zu verändern. In diesem Sinn sind die fünf Jahre im Ausland ein ganzes Leben. Sie erscheinen subjektiv und objektiv viel länger. Die fünf Jahre sind nicht nur fünf Jahre, sondern die Zeit, die vergeht und wandelt. Daher das Gefühl der Unsicherheit, des Allzusehr-Veränderten und des Alles-wie-vorher-Gebliebenen. Dieser so in der Schwebe gehaltene Akt mit seiner Unsicherheit, dem Schritt zurück in die Vergangenheit, während alle vorwärts gingen im Gegenwärtigen und sich in die Zukunft projizieren ... diese Rückkehr zur Kindheit, zum Schlaf im Morgengrauen, in die innere und äußere Müdigkeit, in diese Erschöpfung der Nerven, die allzu angespannt gewesen waren durch zu viel Leben und zu viel Kaffee – das ist wahrhaft »unglaublich«, wie Piscick sagt. Unglaublich wie das Auf-der-Erde-Existieren, das Dasein und Gehenmüssen ...

Ljuba sagt zu allen, sie seien älter geworden. Niemals sagt sie es von sich selbst. Ljuba hat kein Gefühl für »ihre« Zeit. Und das ist richtig so. Ljuba ist die Seele, die sich niemals wandelt, immer sich gleichbleibt, vielleicht von nichts angerührt wird. Aber selbst wenn man im Bereich des »ersten Kästchens« bleibt, ist unschwer die Zeit der anderen auszumachen, schwer nur, sich der eigenen bewußt zu werden. Die anderen sind »anders« als wir selbst. Wir finden uns »zu alt«, »zu jung«, die zeitliche Realität, die uns selbst betrifft, entgeht uns. Vielleicht muß sie uns entgehen, weil wir sie sonst nicht ertragen würden. Zu schmerzhaft ist dieses unausweichliche Mit-der-Zeit-Gehen, die Unmöglichkeit, die Wandelbarkeit der Existenz zu begreifen. Was insbesondere Ljuba betrifft: sie will wahrscheinlich nicht einmal daran denken. Sie stellt sich das Problem Zeit nicht, und ich glaube, Ljuba ist auch physisch eine jener Frauen, die wie angewurzelt, mit aufgerissenen Augen vor dem Schlund der Zeit stehen, unbeweglich wie Porzellan-Puppen, denen die Zeit nur ganz vorsichtig nach und nach etwas von der Glasur zerstört . Ljuba nicht Seele: Frau, und als Frau sieht sie nichts als die anderen. Sich selbst ist sie nur bewußt in einer »Flucht in die Vergangenheit«. Jenes Heimweh nach der Kindheit und Unschuld macht aus ihr eine menschliche Wahrheit und das Symbol unserer geheimnisvollen Projektionen in die vorgeburtliche Welt bis hin zum warmen und stillen mütterlichen Uterus, der uns für eine Zeit behütete und nach dem wir nach der Geburt immer Sehnsucht haben.

5. April 1974

Das soziale Gewirk im *Kirschgarten*

Fehlen im *Kirschgarten* einige »soziologische« Aspekte? Diese Frage stellt sich einem, wenn man das Stück unter dem Gesichtspunkt des »zweiten Kästchens«, dem der Geschichte, durchforscht. Klar ist, daß nicht alle Embleme oder besser: »typischen Fälle« der »Geschichte« vorhanden sein können.

Es ist ein weitverbreiteter Irrtum, das »Typische« als das »Positive« oder wenigstens bis zu einem gewissen Grade Positive zu denken, und gleichzeitig das »Typische« als absolute, abstrakte »Totalität« einer sozialen Realität zu sehen. Das »Typische« ist vielmehr ein »relatives Potential« der Realität, so wie sie ist und ihre typischen Merkmale zeigt. Ich würde sagen: das »Typische« ist die höchste Potentialität der typischen Kennzeichen, die der historische Kontext und die poetische Notwendigkeit gewähren. Vor allem gibt es im historischen Bereich, in der historischen Realität nicht »die Person«, die in sich alle Widersprüche ihres geschichtlichen Moments vereint und für ihn als repräsentativ gelten könnte. Diese Realität wird von allen, die zum gleichen Moment leben, bestimmt, d. h. die typische Realität einer historischen Phase ist die Summe aus vielen typischen Realitäten, die untereinander, auch gradmäßig, sehr verschieden sein können. Die Typisierung ist die Masse. Die Massen sind typisch. Die einzelnen Menschen können es sein, aber nur relativ. Zweitens: das Typische hat die »typischen« Widersprüche, die ihm anhaften. Drittens: für den, der schreibt, besteht die Freiheit der Wahl wie der Zwang zur Auswahl im Bereich seiner geschichtlichen Phase, seines Sujets und seines Handlungsablaufs.

Die Wahl, die Čechov für seinen *Kirschgarten* in »seiner Welt«, seiner geschichtlichen Phase traf, ist zweifellos eines der beachtlichsten Beispiele für mögliche Typizität-Emblematik-Realität, hat aber eine Beschränkung: gab es nicht zum Beispiel zur Zeit der Niederschrift des *Kirschgartens* ein mehr oder weniger seiner selbst bewußtes Proletariat? Gab es einen unerschütterlichen und zukunftsgläubigeren »Revolutionär« als den ewigen Studenten? Gab es unbelehrbarere, zähere »Reaktionäre« als Gaev und Ljuba? Ganz bestimmt. Aber Čechovs Typisierung ist dennoch enorm, betrachtet man sie im Bereich der Welt, die er für die Geschichte dieser Menschen wählte.

Čechov nimmt als Musterbeispiel den Landbesitz. Er hätte auch den Industriebesitz einsetzen können. Schon das ist eine Wahl. Aber daß er den Landbesitz wählte, ist gleichzeitig zwingend, parteiisch und typisch, weil in jenem geschichtlichen Moment für sein Land das Grundbesitz-Problem eines der wesentlichsten war. Einer der verzweigtesten Konflikte. Čechov kannte diese Gegebenheiten sehr genau und nahm sich ihrer sozusagen automatisch an. Čechov sagte: »Jeder schreibt, was er weiß und wie ers kann.« In diesem Wissen liegt der wesentliche Unterschied zwischen »Naturalisten und Realisten«. Hier gibt es noch in aller Vollkommenheit das, was Lukács in seiner Theorie vom Erzählen und Beschreiben sagt. Wer Wissen hat, erzählt, wer es nicht hat, oder es nur »äußerlich annahm«, beschreibt. Und Čechov erzählt immer. Also: Besitztum, und als Besitztum ein Haus und ein Garten. In diesem Haus und Garten diejenigen, die dort wohnen und hindurchgehen. Der Garten wird der Ort für eine Begegnung-Wahl eines Teils der Gesellschaft. Ein anderer Teil der Gesellschaft wird ausgeschlossen. Von höchster Wichtigkeit ist aber der Teil, der bleibt, und er hat alle Charakteristiken einer, wenn auch begrenzten, historischen und menschlichen Typik.

Und hier muß man aufpassen und bestätigen, daß Čechov über »dies« nicht hinausgehen konnte und durfte. Denn Čechovs Wissen ging über diese Grenze nicht hinaus; er konnte in Richtung Zukunft wahrscheinlich nicht mehr wissen als der alte Student, in Richtung Vergangenheit nicht mehr, als der alte Diener Firs ahnen läßt. Zwischen diesen beiden Polen sind in einer unglaublich exakten Perspektive alle anderen Männer und Frauen angesiedelt. Mit all den »Leerflächen«, die andere Stücke oder Erzählungen Čechovs bis zu einem gewissen Grad füllen.

Peter Brook

Der Kirschgarten

Die Sensibilität verändert sich. Es hat den Zeitpunkt gegeben, da man einen von einem Dichter neu geschaffenen Text brauchte. Heute tendiert man zur Texttreue und geht dabei so vor, daß man nicht ein einziges Wort unklar läßt. Eine solche Befangenheit ist im Falle Čechovs um so interessanter, als seine wesentliche Qualität die Genauigkeit ist. Ich würde seine Dichtung mit dem vergleichen, was die Schönheit eines Films ausmacht: eine Folge von natürlichen und richtigen Bildern. Im übrigen suchte Čechov das Natürliche, er wollte, daß das Spiel der Schauspieler und die Inszenierung klar wie das Leben sind. Aber um seine Atmosphäre einzufangen, ist man versucht, den Sätzen eine literarische Wendung zu geben, während sie auf russisch die Einfachheit selbst sind. Der extrem dichte Stil Čechovs benutzt ein Minimum an Wörtern, ein bißchen wie Pinter oder Beckett. Wie bei ihnen ist es die Konstruktion, die zählt, der Rhythmus, diese rein theatralische Dichtung des richtigen Worts im richtigen Moment, im richtigen Ton. Jemand sagt nur Ja, aber auf eine Weise, daß dieses Ja zu einem perfekten Ausdruck wird, es kann kein anderer dastehen.

Von dem Augenblick an, da man sich für die Texttreue entscheidet, möchte man, daß sich der französische Text genau dem russischen anpaßt, daß er ebenso kraftvoll und realistisch ist. Und dann riskiert man auf künstliche Annäherungen zu verfallen. Gleichwertigkeit ist beim literarischen Stil möglich, die gesprochene Sprache dagegen läßt sich nicht exportieren. Zusammen mit Jean-Claude Carrière haben wir versucht, Zeile um Zeile des Dialogs, den Schauspielern die strenge Struktur zu liefern, auf die sich der Gedankenablauf stützt. Wir haben sogar die Interpunktion respektiert.

Shakespeare bediente sich ihrer nicht. Jene, die man bei ihm findet, ist später hinzugefügt worden. Seine Stücke sind wie Telegramme, die Schauspieler müssen die Wortgruppen selbst zusammensetzen. Bei Čechov dagegen sind die Punkte, die Kommata, die Auslassungspunkte von wesentlicher Bedeutung, sie sind ebenso wesentlich wie »die Zeiten« bei Beckett. Trägt man ihnen nicht Rechnung, verliert man den Rhythmus des Stücks und seine Spannungen. Bei Čechov stellt die Interpunktion eine Reihe von verschlüsselten Botschaften dar, welche die Beziehungen und Gefühle der Personen umschreiben, die Momente, in denen sich Ideen zusammenfügen oder aber ihren Weg gehen. Die Interpunktion erlaubt das zu begreifen, was die Wörter verbergen.

Čechov beherrscht die Technik des Filmschnitts. Er schneidet aber nicht, um von einem Bild zum anderen zu gehen – das heißt, vielleicht von einem Ort zum anderen –, vielmehr geht er von einem Gefühl zum anderen, kurz bevor alles ausgedrückt worden ist. In dem Augenblick, da der Zuschauer Gefahr läuft, sich allzusehr mit einer Person zu befassen, tritt eine unerwartete Situation ein, nichts ist beständig. Čechov zeigt Individuen und eine Gesellschaft im Zustand unablässiger Veränderung, er ist der Dramatiker der Bewegung des Lebens, zugleich ernst und heiter, lustig und bitter, man muß »seine kleine Musik« vergessen, die slavische Nostalgie, die nur in den Nachtclubs existiert. Er hat oft gesagt, seine Stücke seien Komödien – das ist das große Thema seiner Auseinandersetzungen mit Stanislavskij. Der dramatische Ton, die vom Regisseur auferlegte Langsamkeit waren ihm zuwider. Daraus schließen, der *Kirschgarten* sei als Vaudeville zu spielen, nein. Čechov ist ein genauer Beobachter der Comédie humaine. Er ist Arzt, kennt die Bedeutung der Verhaltensweisen und weiß das Wesentliche darin zu erkennen, er legt die diagnostischen Elemente dar. Er zeigt Zärtlichkeit, aufmerksames Mitfühlen, doch keinerlei Sentimentalität. Kann man sich einen Arzt vorstellen, der ob der Leiden seiner Patienten in Tränen ausbricht? Das wäre eher ungeschickt. Andererseits aber kann man sich vorstellen, daß er, selbst als Liebender, besser als andere die Schwächen, die Zeichen des Unwohlseins der geliebten Person erkennt, daß er nicht erschrickt, nicht unwillig wird, darüber zu lächeln vermag.

Es gibt bei Čechov eine ständige Präsenz des Todes – er kennt dessen Verlauf allzugut –, aber ohne etwas Negatives oder

Ungesundes, wie man es bei den grotesken Karnevalen gewisser flämischer Meister feststellt. Dieses Bewußtsein findet sein Gegengewicht im Wunsch zu leben. Seine Figuren haben den Sinn für den Augenblick, das Bedürfnis, ihn voll auszukosten. Wie in den großen Tragödien findet man bei ihm ein perfektes Gleichgewicht zwischen Tod und Leben. Er ist jung gestorben, nachdem er viel gereist ist, viel geschrieben, geliebt hat, nachdem er an Plänen zur Verbesserung der Gesellschaft mitgewirkt hat. Er ist gestorben, kurz nachdem er Champagner verlangt hat, und sein Sarg ist in einem Eisenbahnwaggon mit der Aufschrift »Frische Austern« transportiert worden ... Dieses Bewußtsein des Todes und der kostbaren Augenblicke des Lebens verleihen ihm den Sinn für das Relative, das heißt eine Distanz, die ausreicht, um die komische Seite der Dramen nie aus den Augen zu verlieren.

Wenn man ihn nicht verraten will, dann muß man diese beiden Elemente in Übereinstimmung bringen. Wenn man ihm treu bleiben will, ihm, der das moderne Theater erfunden hat, dann ist es notwendig zu erfinden. Man kann sich nicht dessen bedienen, was vor und nach ihm gemacht worden ist. Unsere Begegnungen mit Theatertruppen von Taubstummen haben uns viel geholfen. Ich habe sonst nie bei jemandem diese Art von ruhigem, großzügigem Humor gesehen. Es ist etwas absolut Einmaliges, denn diese Leute verbringen ihr Leben damit zu beobachten. Und da nichts sie ablenkt, entgeht ihnen nichts, und vor allem nicht die Absurdität der unnötigen Gesten.

Bei Čechov lebt jede Person ihr eigenes Leben, keine gleicht der anderen, vor allem im *Kirschgarten*, der aus historischer und politischer Sicht einen Mikrokosmos der Strömungen jener Zeit darstellt. Es gibt Personen, die die gesellschaftlichen Veränderungen ankündigen, Personen, die nach und nach verschwinden. Von außen gesehen mögen ihre Existenzen leer, lächerlich erscheinen. Aber die Sehnsüchte in ihnen bleiben lebendig. Sie sind nicht desillusioniert, im Gegenteil. Auf ihre Weise streben sie alle nach besseren Eigenschaften, im gesellschaftlichen wie im affektiven Bereich, ohne sich dessen zu schämen, daß sie lavieren, daß sie Wandlungen nuancierter Gefühle voll ausleben. Ihr Drama liegt darin, daß die Gesellschaft, die äußere Welt sie behindert, ihnen

Fesseln anlegt. Aber sie sind nicht destruktiv. Die Komplexität ihrer Verhaltensweisen wird nicht in den Wörtern angezeigt, sie ergibt sich aus der mosaikartigen Konstruktion mit ihrer Unendlichkeit von Einzelheiten.

Das einzige, was man tun kann, ist, jedes Detail zu vertiefen, dann beginnt zwangsläufig etwas Gestalt anzunehmen. Deshalb repetiert man – der Ausdruck ist nicht richtig –, man sucht, und man beginnt von neuem. Es ist undenkbar, daß eines Tages jemand die endgültige Inszenierung erarbeitet. Kann man sich eine Mutter vorstellen, die ein endgültiges Baby auf die Welt bringt? Das Baby hat neun Monate Zeit, um eine gewisse Gestalt zu erlangen. Sobald es einmal auf der Welt ist, gerät es unter die Einflüsse seiner Umgebung, seiner Zeit. Und es entwickelt sich nach eigenen Gesetzen.

Genauso beginnt man mit der Realisation dieser geheimnisvollen Sache, ein geschriebenes Drama, eine Abstraktion, die zu verkörpern ist, hier und heute, mit einer Gruppe von Schauspielern, die ein gewisses Potential darstellen. Wir pflegen dieses Potential, und nach und nach stellen wir etwas her, was objektiv Zeugnis ablegt von der Begegnung zwischen der Gruppe, einem Ort und dem Text. Wenn die Theaterleute für ihre Zeit und für ihre Zeitgenossen empfänglich sind, wird die Begegnung mit dem Publikum stattfinden. Das Zeugnis wird für die Dauer der Aufführungen Gültigkeit haben. Das heißt Schauspiel. Danach muß man von vorn beginnen.

1981

Claude Régy

Die verschiedenen Gesichter des Todes

Ivanov: das heißt, es handelt sich nicht um die Čechovsche Welt, den Garten, das Haus, die Birken usw., sondern um ein genau umschriebenes Stück, das einzigartig ist, wie es – jedes auf seine Weise – alle seine Stücke sind, denn es dünkt mich nicht, Čechov

habe immer dasselbe geschrieben, gar nicht. Das Stück *Ivanov*
also, das er, noch jung, in einigen Tagen schrieb und auf das er
dann über Jahre hinweg immer wieder zurückkam. *Ivanov*, das
Stück, das er liebte, er für wichtig hielt: das ihm so sehr am
Herzen lag, daß er es manchmal haßte. Wir haben mit beiden Versionen gearbeitet, die Übersetzerin und ich, ganz nah, ganz hart
am Text. Diesem Text, der durchsichtig ist wie ein Geheimnis.

Das ist sogar eines der verwirrendsten Merkmale des *Ivanov*,
den man für ein Melodrama halten könnte, diese blendende
Durchsichtigkeit. Es wird alles ausgedrückt, von der Liebe bis
zum Haß, von der Langeweile bis zum Überdruß. Die Personen
tun sich keinen Zwang an, sie sind schrecklich frei, ohne jeden
Respekt vor den Umgangsformen oder vor dem anderen. Wie
wenn das, was in ihnen spricht, eine ganz laute innere Stimme
wäre, von der sie nicht genau Kenntnis haben. Ein deutlicher
Lärm, den niemand wirklich hört.

Diese seltsame, äußerste Aufrichtigkeit des Intimen entspringt
dem Tod. Darin liegt das Geheimnis, glaube ich, das Geheimnis,
das sichtbar wird wie der entwendete Brief. Das Stück beginnt mit
einem Pistolenschuß, endet mit einem Pistolenschuß und wird
heimgesucht von den verschiedenen Gesichtern des Todes. Ein
einleitender Schuß, »zum Spaß« abgegeben, der Ivanov aus einer
unbestimmten Betäubung reißt und ihn so erschreckt, daß er
wütend wird. Ein abschließender Schuß, im Ernst abgegeben, mit
dem sich Ivanov umbringt. Sich umbringt, ohne daß man ihn
wirklich daran zu hindern sucht, sich umbringt, ohne daß um ihn
herum große Aufregung herrscht.

Der Tod ist aber auch die Habsucht der beiden reichen Frauen,
dieser Wahn, der Zinaida wie eine absolute Notwendigkeit
beherrscht; spricht man mit ihr über Geldschwierigkeiten, rea-
giert sie mit Entsetzen. Der Tod ist der Alkoholismus von Ivanovs
altem Freund, die Monomanie des Kartenspielers, der außerstande ist, von etwas anderem zu reden, der Tod ist das Alter von
Ivanovs Onkel, die Schwindsucht seiner Frau. Der Tod ist
überall, siegreich, nicht wie eine Sehnsucht, sondern greifbar.
Er hat seine Arbeit getan, und im *Ivanov* scheinen alle in
Übereinstimmung mit dem Tod zu reden und zu handeln, wie

wenn sie ihr Leben nach alten Photos nachspielen würden. Der Tod ist das, was bereits stattgefunden hat. Er ist das Geheimnis – eine Spannung in der Vergangenheit, für alle Zeiten verwirklicht.

Das, woran Ivanov leidet, ist nicht eine Neigung zum Selbstmord; er leidet an Faulheit, an einer dumpfen Trägheit, die dennoch, merkwürdigerweise, voller Energie ist. Sein inneres Grauen ist aber, daß er für diese Energie kein Objekt findet. Er hat Kraft, Schwung, er ist nicht bläßlich, verschwommen, er ist empfindsam, die anderen ebenso. Aber es gibt nichts, was dieser Kraft Form verleihen könnte. Und so ist Ivanov toxisch. Er verfügt über diese ziellose Energie, und was die anderen in ihm sehen, ist genau das Antlitz dessen, was sie aushöhlt, was sie unterminiert, diese Verausgabung ohne Konkretisierung; Ivanov ist derjenige, von dem man die ganze Zeit spricht, über den man herzieht, der aber die Gespräche erotisiert, denn er ist das Geheimnis ihres entkräfteten Lebens. Ivanov wird ausgezehrt von dieser Trägheit des Herzens, die es ihm verbietet, einen Mittelpunkt der Sorge oder des Gleichgewichts zu haben. Er wird, in seinem Mittelpunkt, vom Tod ausgehöhlt. Wie auch die sehr zahlreichen Komparsen: ebensoviele andere mögliche Ivanovs und umgekehrt. Und sie bewegen sich alle wie große, nachgiebige Kreise, die sich ausdehnen und sich überschneiden.

Ivanov ist, unerbittlich, ein der Leere geweihtes Stück. Beim Botho Strauß der *Trilogie des Wiedersehens* stach die Verwandtschaft zwischen Strauß und Čechov ins Auge, deutlicher als die Verwandtschaft mit Gorkij, die man verkündigt hatte. Noch klarer wird dies beim Vergleich mit *Ivanov*. Alle diese Leute, die versuchen, sich eine Geschichte zuzulegen, obschon sie von Anfang an geschlagen, betrogen sind. Aus diesem Grund haben wir einen Ort gewählt, der nicht auf Čechovsche Weise nostalgisch-grau ist, sondern der es ermöglicht, das Gewicht der Leere und ihre Spannung zu spüren. Ein Ort, der nur das Theater ist und seine Wiederholungen. Ein Saal, der diesen Verlust des Mittelpunkts anzeigt, und die Kopflosigkeit, die daraus entsteht. Sobald Ivanov bei sich zu Hause ist, möchte er woanders sein, und sobald er woanders ist, möchte er bei sich zu Hause sein – und die anderen machen es genauso, die anderen in *Ivanov*. Folglich keine großen

Dekors, sondern einfach ein Kreislauf, ein Schwingen verlorener Kreise.

Dieser vollbrachte Tod, der die Unerbittlichkeit der Sprache rechtfertigt, ihre Ausrutscher, ihre Löcher, der ein fiebriges, heftiges Pulsieren in den Rhythmus der einfachen Worte bringt, verleiht dem Stück den Charakter einer drastischen Farce, denn man findet sich in der Hölle der fehlenden Hoffnung. Borkin, der Verwalter Ivanovs, steht in einer wahrhaft teuflischen Beziehung zu seinem Herrn. Er ist es, der zu den Drehs anregt, die niemand, und vor allem nicht er selbst, anwendet, aber er erwähnt sie, und das genügt. Er spricht vom Abscheu vor Geldangelegenheiten, vor diesem Geld, das nicht aufhört, zwanghaft in den Worten der Personen zu zirkulieren: da es nicht in ihren Händen zirkuliert, da ein anderer Austausch fehlt. Das Geld der Schulden, des Kartenspiels, der Mitgift. Das Geld, das sich zwar im Kreise dreht, das sich aber immerhin dreht. Borkin redet, hetzt auf, fordert heraus. Fiebriger Spitzbube, so wie Ivanov ein fiebriges Wunschobjekt ist, unmöglich. Auf immer miteinander verbunden. Nichts geschieht, nichts ändert sich, kann sich ändern, denn der Tod führt immer nur zu dem zurück, was zuvor gelebt worden ist. Das hin- und herbewegte Geld dient als falscher Schein. Der Tod Annas, der Frau Ivanovs, erlaubt es, die Liebesszene mit einer anderen noch einmal zu spielen, oder mit der mehr oder weniger gleichen? Der Tod Ivanovs, sobald beschlossen, erlaubt es ihm zu glauben, die Zeit seiner Integrität, seiner früheren Identität, die Zeit der Kindheit sei zurückgekehrt. Der Tod spielt noch einmal den Tod. Durch das »Schrankenlose« dieser seelischen Leere, das den Gesten und den Worten eine tolle Banalität, eine heftige Gewalt verleiht, steckt Ivanov seine Nächsten an, eigentliches Rätsel eines vollzogenen Unheils, steckt er uns an. Dieses Unheil, das vorzuspiegeln das Eigentümliche des Theaters ist. So wie es Čechov mit seinem Leugnen greifbar machte, er, der Arzt, der Blut hustete und sagte, nein, das ist keine Tuberkulose, bevor er daran starb.

1984

Splitter

II

Wenn ein betrunkener Arzt auf dem Sofa liegt und es draußen regnet, so wird das, nach Meinung Čechovs, ein Theaterstück und, nach Meinung Stanislavskijs – Stimmung; meiner Meinung nach wird das nur furchtbar langweilig, und auf dem Sofa liegen kann man, solange man will – eine dramatische Handlung wird daraus nie...

Lev Tolstoj, Frühjahr 1903

Maksim Gorkij

Vor einigen Tagen sah ich *Onkel Vanja*, sah ihn – und habe geweint wie ein altes Weib, obwohl ich durchaus kein nervöser Mensch bin, ich kam nach Hause, von Ihrem Stück betäubt, zerknirscht, habe einen langen Brief an Sie geschrieben und – ihn zerrissen. Man kann unmöglich schön und klar sagen, was dieses Stück in der Seele hervorruft, aber ich hatte beim Anblick seiner Helden das Gefühl: als würde man mich mit einer stumpfen Säge zersägen. Die Zähne gehen mitten durchs Herz, und das Herz krampft sich unter ihnen zusammen, ächzt, zerfetzt. Für mich eine schreckliche Sache, Ihr *Onkel Vanja*, eine vollkommen neue Art dramatischer Kunst, ein Hammer, mit dem Sie dem Publikum auf die leeren Schädel schlagen...

Im letzten Akt des *Vanja*, als der Arzt, nach langer Pause, über die Hitze in Afrika sprach, – habe ich vor Begeisterung gezittert über Ihr Talent und vor Schrecken um die Menschen und unser farbloses Bettlerleben. Wie fest haben Sie da auf die Seele geschlagen und wie genau! Sie haben Riesentalent. Aber hören Sie, was denken Sie mit solchen Schlägen zu erreichen? Ersteht der Mensch davon wieder auf? Erbärmliche Menschen sind wir – das stimmt, »stumpfsinnige« Menschen. Mürrische, widerwärtige Menschen, und man müßte ein Ausbund an Tugend sein, um sie zu lieben, zu bemitleiden und diesen Drecksäcken mit Därmen, die wir sind, beim Leben zu helfen. Und dennoch tun einem die Menschen leid. Ich zum Beispiel bin durchaus kein tugendhafter Mensch, aber ich habe geheult beim Anblick von Vanja und seinesgleichen, obwohl es sehr dumm ist zu heulen, und noch dümmer, darüber zu reden. Wissen Sie, mir scheint, Sie sind in diesem Stück den Menschen gegenüber kälter als der Teufel. Sie sind ihnen gegenüber gleichgültig wie Schnee, wie der Schneesturm. Verzeihen Sie, vielleicht irre ich mich, auf jeden Fall spreche ich nur von meinem persönlichen Eindruck.

November 1898

Rainer Maria Rilke

Eine Aufführung der »чайка« hier ist nicht ohne Gefahr, denn viele Gestalten sind stark an die Grenze der Übertreibung geführt, und es ist leicht möglich, daß das hiesige Publikum sie für Karikaturen hält, obwohl sie ernst gemeint und empfunden sind. Auch ist es auffallend, daß die drei Akte mit den langen Gesprächen kaum einen Fortschritt enthalten und daß während ihres Verlaufes die handelnden Personen leichthin im Stil einer Komödie entworfen werden, in schwachen andeutenden Konturen, – bis im letzten Akt die bewegte Handlung als Schlußkatastrophe von Ereignissen erscheint, in deren Stürmen andere Personen als die, welche wir aus den drei Akten ungefähr kennen, gestanden haben müssen. Faßt man die handelnden Gestalten im Sinne der ersten Akte auf, nämlich komödienhaft, so sind sie unfähig, den vierten Akt zu betreten, andrerseits glaube ich kaum, daß man mit einer ernsten Auffassung durch die zögernden Szenen jenes ersten Teiles wird durchkommen können. Ich sage das alles, weil es mir wichtig erscheint, daß wir Tschechow auf dem Theater mit einem sicheren Erfolg einführen... Einer Aufführung ist die »чайка« ja wohl wert, aber sie ist nicht geeignet, einen Dichter bei einem fremden Volke als Dramatiker einzuführen.

5. März 1900

Otto Brahm

Berlin NW 3, 3. Februar 1901

Sehr geehrter Herr!

Ihre freundlichst eingereichte Übersetzung der ländlichen Szenen *Onkel Wanja* von Anton Tschechow haben uns als stimmungsvolle Schilderung verrotteter Familienzustände auf einem russischen Gut lebhaft interessiert. Leider ist die dramatische Handlung nur gering, die fein angelegten Charaktere treten zumeist nicht rund genug heraus und erläutern sich selbst durch lange, undramatische Monologe, und die ganze Reihe verfehlter

Existenzen, von dem alten Phrasen-Professor mit seiner jungen gelangweilten Frau bis zu dem sich stumpf arbeitenden Gutsbesitzer mit seiner Nichte, dem von seinem Beruf unbefriedigten Landarzt nebst all ihren fruchtlosen Liebesanläufen geben zusammen das Bild einer trübsäligen Entsagung, das auch durch die zuletzt angedeutete Aussicht auf ein vergeltendes Jenseits nicht erhellt wird.

Von einer Aufführung des Stückes am »Deutschen Theater« vermögen wir deshalb, trotz seines litterarischen Gehalts, zu unserem aufrichtigen Bedauern, nicht einen nachdrücklichen Erfolg zu erhoffen und beehren uns mit freundlichstem Dank Ihnen das Manuskript beifolgend zurückzustellen.

Hochachtungsvoll Ergebenst
Deutsches Theater Berlin O. Brahm

Vsevolod Mejerchold

Wenn ein Autor durch sein Genie sein Theater zum Leben erweckt, so erlangt letzteres das Geheimnis der Darstellung seiner Stücke... Aber wenn der Autor beginnt, die Technik zu vervollkommnen, und sich in seinem Schaffen emporschwingt, beginnt das Theater, als ein Ganzes aus mehreren Schöpfern, folglich ein schwergewichtiger Schöpfer, diesen Schlüssel zu verlieren. So, zum Beispiel, hat das »Deutsche Theater« in Berlin bei Hauptmanns Stücken den Schlüssel verloren (der Mißerfolg einer großartigen Tragikomödie wie *Der rote Hahn, Schluck und Jau, Der arme Heinrich*). So, scheint mir, hat sich das Künstlertheater verloren, als es an Ihren *Kirschgarten* ging. Ihr Stück ist abstrakt wie eine Symphonie von Čajkovskij. Und der Regisseur muß es vor allem mit dem Gehör erfassen. Im dritten Akt tritt auf dem Hintergrund des dumpfen »Gestampfes« – und eben dieses »Gestampfe« muß man hören – für die Menschen unmerklich das Entsetzen ein:

»Der Kirschgarten ist verkauft.« Sie tanzen. »Er ist verkauft.« Sie tanzen. Und so bis zum Schluß. Wenn man das Stück liest, erzeugt der dritte Akt denselben Eindruck wie jener Ton in den Ohren des Kranken in Ihrer Erzählung *Typhus*. Eine Art Jucken. Heiterkeit, in der die Klänge des Todes hörbar sind. Dieser Akt hat etwas von Maeterlinck, etwas Schreckliches. Diesen Vergleich nur, weil ich außerstande bin, es genauer zu sagen. Wenn man die Stücke ausländischer Autoren liest, stehen Sie in Ihrer Originalität allein da. Im Drama wird der Westen bei Ihnen lernen müssen.

Im Künstlertheater hinterläßt der dritte Akt diesen Eindruck nicht. Der Hintergrund ist kaum verdichtet und kaum distanziert. Im Vordergrund: die Geschichte mit dem Billardqueue, die Kunststücke. Und: isoliert. All das ergibt nicht die Kette des »Gestampfes«. Dabei sind das doch alles »Tänze«: die Menschen sind sorglos und ahnen nichts Böses. Im Künstlertheater wird das Tempo dieses Akts verschleppt. Man hat Langeweile darstellen wollen. Fehler. Die Sorglosigkeit muß dargestellt werden. Ein Unterschied. Sorglosigkeit ist aktiver. Sie würde die Tragik des Akts konzentrieren.

8. Mai 1904

Arthur Schnitzler

Ich liebe Ihren Dichter Čechov. Das ist einer der besten modernen Schriftsteller. Welche Stimmungen, welche Tiefe der Gedanken und wie edel seine Beziehung zu den Menschen! (In Berlin findet gerade das Gastspiel des Moskauer Künstlertheaters statt.) Ich fürchte, daß die Deutschen nicht die ganze Feinheit und Schönheit von *Onkel Vanja* und *Drei Schwestern* zu schätzen vermögen. Sie begeistern sich ja gerade an Gorkij. Aber meiner Ansicht nach steht Gorkij weit unter Čechov. Gorkij ist als Persönlichkeit interessant, aber eher effektvoll denn als Schriftsteller künstlerisch hochstehend.

1906

Gerhart Hauptmann

Das Drama Tschechows ist das modernste. Er hat, verbunden mit den Schauspielern des Moskauer Künstlerischen Theaters, der Bühne neue Gebiete des Daseins erobert: scheinbar undramatische Gebiete, durch eine neue, dramatische Ausdrucksform. Was gibt es Höheres, als das Gebiet einer Kunst wahrhaft zu erweitern.

Wenn es einem gelingt, scheinbar undramatische Vorgänge dramatisch darzustellen, so schreien, von ihrer banalen, oberflächlichen und auch konventionellen Stoffkenntnis aufgebläht, gewisse Pächter der öffentlichen Meinung: das sei undramatisch. Anstatt zu bekennen: welches Wachstum dramatischer Kraft! welche Steigerung dramatischen Begreifens.

Das Ritardando bei Tschechow.

August 1907

Aleksandr Blok

Am Abend bin ich völlig erschüttert aus den *Drei Schwestern* heimgekommen. Das ist eine Ecke der großen russischen Literatur, eine der zufällig unversehrt gebliebenen, dank wunderbarer Fügung nicht bespieenen Ecken meiner verdreckten, schmutzigen, stumpfen und blutigen Heimat, welche ich morgen, Gott sei gelobt, verlasse. Und sogar das Publikum, – das dumme –, selbst das versteht. Der letzte Akt läuft unter hysterischen Schreien ab. Wenn Tuzenbach zum Duell abgeht, bricht oben Hysterie aus. Wenn der Schuß fällt, schreit ein Dutzend Menschen auf, weinend, gräßlich und aufrichtig, von der schrecklichen Anspannung, so, wie auch nur eigentlich in Rußland aufgeschrieen werden kann. Wenn Andrej und Čebutykin weinen, weinen viele, auch ich – beinahe. Maeterlinck und Hamsun habe ich nicht abgesessen, zum *Revisor* habe ich mich trotz allem durch eine Schicht von Halbjahrhundertdicke hindurchzwängen müssen, aber Čechov habe ich ganz, so wie er ist, ins Pantheon meiner Seele aufgenommen und seine Tränen, seine Trauer und Erniedrigung geteilt; und am aufrichtigsten wahrscheinlich denn doch im Theater, obwohl ich auf einem großartigen Staatsplatz saß.

13. April 1909

D. H. Lawrence

Die Stücke sind ungemein interessant. Ich hoffe, Sie lesen sie. Čechov ist etwas Neues im Drama.

22. April 1912

Desmond MacCarthy

Čechov folgt den Spuren Turgenevs. Sein Lieblingsthema ist die Desillusionierung, und auch die Art von Schönheit, die er schafft, ließe sich unterschreiben mit dem Satz »Einsamkeit ist ein schwierig Ding«. Er bevorzugt für seine Geschichten den gleichen Hintergrund wie Turgenev; Sommerwälder, ein altes Landhaus voll mit kultivierten Leuten, die reden und reden. Da begegnet man dem Idealisten, der über der Sinnlosigkeit des eigenen Idealismus dahinschmilzt; dem Mädchen, das sich fester in seine alltäglichen Pflichten verstrickt, um zu vergessen, daß ihm die Jugend unter den Füßen entgleitet; dem etwas robusteren, gewandten Mann, der zum larmoyanten Zyniker geworden ist, nachdem es ihm nicht gelungen ist, einen Sinn zu finden, der ihn halten könnte – nicht auszudenken, so zumindest empfindet er, daß auch er nutzlos vergeudet werden sollte; der alten Frau, die nur möchte, daß die Dinge weiterhin friedlich in den alten, eingefahrenen Geleisen sich bewegen. Die Tage fließen hier langsam dahin; die Luft, die sie atmen, ist stickig von ungenutzter Energie, und nervöse Entladungen bringen, ohne zu erfrischen, die einzige Veränderung. Es ist eine Atmosphäre erfüllt von Seufzern und Gähnen, von Selbstvorwürfen, Vodka, endlosem Tee und endlosen Diskussionen. Diese Leute sind wie die aneinanderhängenden Stöckchen und Strohhalme, die sich langsam in einem trägen Strudel drehen. Sie möchten sich voneinander lösen und den dahineilenden Strom hinabfahren, von dem sie meinen, er glitzere irgendwo in der Nähe für immer an ihnen vorbei. Wohin er fließt, wissen sie nicht. Das ist die Atmosphäre, in der Čechovs Intellektuelle leben ... Sie hüllt jeden von ihnen, ob Mann oder Frau, ein wie ein warmer Nebel, der die Welt am Gartentor enden läßt. Wir haben nicht das Recht, diese Atmosphäre als »russisch« abzustempeln und mit selbstgefälliger Neugier zu betrachten. Haben Sie noch nie auf englischem Rasen und in englischen Häusern diesen Nebel in der Kehle gespürt? Der Hauptunterschied zwischen dieser gelähmten russischen Gesellschaft und der englischen Variante spricht wahrlich nicht zu unseren Gunsten. Wenn Čechovs Intellektuelle zur Hälfte tot sind, so ist die andere Hälfte doch sehr lebendig, sehr schmerzhaft lebendig. Sie leiden bewußter; in ihrer Erschöpfung ist mehr Intensität; zumindest quälen sie sich selbst und gegenseitig, indem jeder seinen eigenen Bankrott offen zur Schau trägt. Sie sind nicht im Koma und nicht äußerlich zufrieden, sondern sind empfindsam, selbst-bewußt und kritisch.

16. Mai 1914

Jacques Copeau

Diner und Abendgesellschaft bei Georges Pitoëff, mit Fournier und Gournac. Pitoëff liest, gemeinsam mit seiner Frau, die *Möwe* von Čechov. Große Ergriffenheit, ausgelöst durch das Stück, die Aufrichtigkeit des Vortrags, das Fluidum, das von den beiden ausgeht (sie sind seit drei Monaten verheiratet), und vor allem durch die außergewöhnliche kleine Russin von einundzwanzig Jahren, die große Momente hat, eine Kraft in ihrem bleichen Gesicht, eine Glut. Ich möchte sie ihm wegnehmen. Ich nähme alles: das Stück, den Mann und die Frau.

24. Oktober 1915

George Bernard Shaw

Kennen Sie Čechovs Stücke? Das ist ein Dramatiker für Sie – ein Mann, der vollendeten Sinn fürs Theater hatte. Ihm gegenüber komme ich mir wie ein Anfänger vor.

1916

Vasilij Kačalov

Im Künstlerzimmer des Theaters ein lebhaftes Gespräch: Vladimir Iljič Lenin mit Gorkij. Aleksej Maksimovič wendet sich mir zu und sagt: »Sehen Sie, ich streite mit Vladimir Iljič über das neue Theaterpublikum. Daß das neue Publikum nicht schlechter ist als die alten Theatergänger, daß es aufmerksamer zuhört, – keine Frage. Aber was braucht dieses Publikum? Ich sage, es braucht nur Heroismus. Vladimir Iljič dagegen behauptet, es bräuchte auch Lyrik, es bräuchte Čechov, bräuchte Lebenswahrheit.«

1919

Frank Swinnerton

Čechov war ein Künstler und ein Humorist. Sein Interesse war nicht, Dinge mit Etiketts wie »Belanglosigkeit«, »Tragödie« und so weiter zu versehen, denn so verfährt das cliché; sondern seine Fähigkeit, auf die menschliche Natur in ihren vielen Erscheinungsformen einzugehen, in überzeugende Begriffe zu übersetzen. Er war weder Scharfmacher noch sentimental. Was er von seinen Personen ganz natürlich ausgedrückt haben will, gelingt ihm, durch das gesprochene Wort auszudrücken. Er selbst liefert keine bedeutungsvolle Schwere, sondern die Synthese, die den verschiedenen Selbstäußerungen ihren Sinn gibt. Er hat es nicht nötig, feierlich zu sein; und seine Interpreten haben es nicht nötig, feierlich zu sein; denn während wir alle unsere eigenen Gefühlsregungen ernst nehmen, könnten wir von Schauspielern eine

Distanzierung erwarten, die über das bloße Aufgehen in ihren angenommenen Rollen hinausgeht, und ein Auge für das zum Gesamtbild Nötige. Das Gesamtbild sollte in der Farbe des Lebens geschaffen werden und nicht in der eines Versuchs in Dekadenz. Solange diese Tatsache nicht begriffen wird und man Čechov nicht mit einer gewissen Leichtigkeit und Natürlichkeit der Haltung spielt, wird uns der wahre Wert seines dramatischen Werkes immer entgehen...

Der Kirschgarten ist das beste von Čechovs Stücken, weil es das reichste und am schönsten vielfältige ist. Es ist voller Verständnis und Einsicht gegenüber dem naiven Egoismus aller Menschen und ihrer Freiheit von jeglichem Sinn für ein vorbestimmtes Ziel. Sprunghaft verfolgen die Personen ihre Absichten, die ihnen ihre Impulse oder augenblicklichen Bedürfnisse auferlegen. Sie lassen sich leicht ablenken, so wie wirkliche Menschen sich leicht ablenken lassen, so daß sie, selbst wenn sie unter dem starken Einfluß von Gefühlsregungen stehen, noch nicht glauben können, daß Unglück im Verzug ist und eine Apostrophe immer wieder durch eine Lappalie unterbrochen wird. Im allgemeinen sind sie von schneller Einfühlungsgabe, werden bewegt von Erinnerung und Assoziationen, folgen jeder Art von leichtfertigem Nützlichkeitsdenken und übersehen blind die Konsequenzen ihres Handelns. So geschieht es, daß der betagte Firs achtlos in dem aufgegebenen Haus zurückgelassen wird. So geschieht es, daß sie alle umherirren, umherstreunen auf der Suche nach dem unausweichlichen, vergeblichen Ende ihres Lebens. Sie lernen nicht aus Erfahrung. Sie lassen sich treiben... Nur Čechov läßt sich nicht treiben, denn aus dem Sich-Treibenlassen seiner dramatis personae gewinnt er die Inspiration und die Komposition seines Stückes. Aus all diesen Beutestücken des müßigen, konfusen und unwichtigen Geredes gestaltet er Schönheit und ein Kunstwerk.

17. Juli 1920

Tschechow, das heißt: eine wissende, stille, verzichtende Kunst, keine titanische. Klarer Blick, Durchschauen, Wehmut, Schluß.

18. März 1922

Charles Du Bos

Bei Shakespeare gibt es so etwas wie den robusten Hintergedanken, ein Laster rechtfertige sich durch seinen positiven Charakter – manchmal sei es solide, während die Sittsamkeit zittrig bleibe. Übrigens legt sich Shakespeare mit der Tugend nicht an: im Gegenteil, niemand hat wie er vermocht, bestimmten Tugenden einen derart positiven Charakter zu verleihen. Wogegen er sich erhebt, ist die Sittsamkeit, die der Erfahrung vorgreifen und sich ihr entziehen will (mir scheint, der einzige, bei dem man etwas davon wiederfindet, ist Čechov: die einzigen Personen, die von Čechov ab und zu mit Sarkasmen bedacht werden, sind eben diese Sittsamen: sie scheinen sich als Zielscheiben für Shakespeare und Čechov geradezu zu empfehlen, denn der eine wie der andere betrachtet im Grunde die Verurteilung von allem, was auf irgendeine Weise wirklich lebendig ist, als eine Art von Ungerechtigkeit).

26. April 1922

Georges Pitoëff

Unter allen Stücken Čechovs nimmt die *Möwe* einen besonderen Platz ein. Vor dem Hintergrund des Lebens, des kleinen Lebens in der Provinz, eröffnet sich in großen Linien das Problem des künstlerischen Schaffens, das des Schriftstellers, des Schauspielers, so wie es, Jahre später, Pirandello in den *Sechs Personen* wiederaufgenommen hat. Zweifellos ist die Konzeption von der Pirandellos unterschieden. Es ist nicht die Analyse des Lateiners, sondern die Intuition, das so pathetische Unterbewußtsein in der slavischen Seele. Das menschliche Wesen ist im Schaffen ewig, frei; im täglichen Leben ist es beschränkt und zur Destruktion bestimmt. In welchem Maße hängt künstlerisches Schaffen ab von der Passion der Liebe? Kann der Künstler, der durch seine Arbeit von den anderen isoliert ist, ihre Gesellschaft ertragen? Die Kunst ist ein Kreuz, das Gott auferlegt, eine Mission, mit der er nur einige wenige Erwählte betraut. Der Heroismus erklärt, die Kunst erhebe sie, hebe sie auf bis in Regionen, in denen sie Schicksalsschläge entginge. Im Gegensatz zu diesem jungen Apostel sieht man die Künstler, die trunken sind von einem Bedürfnis der Zurschaustellung und sich auf halber Höhe die Flügel brechen. Sie haben es vorgezogen, der Menge zu opfern und, wie es in dem Stück heißt, »auf dem Wagen Agamemnons« Parade zu fahren.

1922

Jean-Richard Bloch

Der Mechanismus der Stücke Čechovs ist so wenig gemacht, so fein, daß man von einer Operation sprechen könnte, bei der die Messer des Chirurgen unsichtbar bleiben.

April 1922

Konstantin Lipskerov

Čechov ist nicht länger denkbar – die Geschichte hat die Tempi des Massenaktes angenommen. Ihr eigen ist die heroische Geste. Die Bilder, die sie gebiert, sind monumental... Das Theater Čechovs, das Stimmungstheater, das Theater, in dem die Pause eine fast größere Rolle spielte als die Rede, hat die Meister des Wortes nicht zu fesseln vermocht. Warten wir auf die neue Dramatik!

1922

Lev Trockij

Die unbestrittensten »Insulaner« sind in der Gruppe des Moskauer Künstlertheaters vereint. Sie wissen nicht, wohin mit ihrer hohen Technik und mit sich selbst. Was rings um sie geschieht, erscheint ihnen feindlich oder zumindest fremd. Man stelle sich vor: Menschen, die heute noch im Geiste des Čechovtheaters leben. *Drei Schwestern* und *Onkel Vanja* im Jahre 1922!

1922

Lev Lunc

Ich hatte nicht bezweifelt, daß Sie mich vergessen würden, obwohl ich auch nicht bezweifelt habe, daß Sie, böser Mensch, mit Zamjatin streiten würden. Dafür habe ich, Ihnen zum Trotz, meine Ansichten nicht geändert und habe im Fieber, bei 41°, gerufen: Čechov ist ein schlechter Dramatiker! Ja, ja, ja! Mein Herr Papa, der Sie zärtlich grüßen läßt, versichert, das käme alles, weil man mich als Kind zu selten geschlagen habe.

24. Januar 1924

Eugene O'Neill

Gorkijs *Nachtasyl*, das große proletarische Revolutionsstück, ist wirklich wunderbarere Propaganda für die Unterdrückten als jedes andere Stück, das je geschrieben worden ist, einfach weil es keine Propaganda enthält, sondern einfach das Menschsein zeigt, wie es ist – Wahrheit im Ausdruck des menschlichen Lebens. Sobald ein Autor Propaganda in ein Stück hineinbringt, spürt es jeder, und das Stück wird einfach ein Argument.

Die perfektesten Stücke ohne plot sind die von Čechov.

16. März 1924

Konstantin Stanislavskij

Alle Schauspieler, die voller Dünkel und Arroganz von der Rückständigkeit Čechovs sprechen, sind noch gar nicht reif für ihn. Gerade sie sind die Rückschrittlichen in unserer Kultur, die, ohne zu erfassen, worum es geht, oder aus purer Trägheit mit Nichtachtung an Čechov vorübergehen wollen.

Čechov stellt einen der Marksteine auf dem Weg unserer Kunst dar, der durch Shakespeare, Molière, Luigi Riccoboni, den großen Schröder, Puškin, Gogol, Ščepkin, Griboedov, Ostrovskij, Turgenev gekennzeichnet ist. Wenn wir Čechov studiert und ihn uns angeeignet haben, so erwarten wir einen anderen Führer, der die nächste Strecke der ewigen Straße erfühlt, sie mit uns durchschreitet und einen Wegweiser für die kommende Schauspielergeneration errichtet. Von jener neu eroberten Bastion aus eröffnet sich ein großer Horizont für die weitere Vorwärtsbewegung.

Die Werke aller Genies, die wie Čechov einen Eckpfeiler darstellen, überflügeln die Generationen und nicht die Generationen sie. Viele aus dem Leben gegriffene, von Künstlern behandelte Themen veralten, verlieren das Originelle ihrer Aktualität und büßen ihre Anziehungskraft auf alle ein, die keine Beziehung zur Geschichte haben. Doch wirklich künstlerische Werke sterben dadurch keinesfalls und verlieren auch ihren dichterischen Wert nicht. Wenn auch das Čechovsche »Was« in diesem oder jenem seiner Werke veraltet wirkt und für die nachrevolutionäre Periode als nicht annehmbar gilt, so hat das Čechovsche »Wie« noch nicht einmal begonnen, sein volles Leben in unseren Theatern zu entfalten.

Das Kapitel Čechov ist noch nicht abgeschlossen, man hat es noch nicht eingehend genug studiert, ist nicht in sein innerstes Wesen eingedrungen und hat das Buch vorzeitig zugeschlagen.

Mag man es getrost von neuem aufschlagen, um es zu studieren und bis zu Ende zu lesen.

1926

Alfred Kerr

Drei Schwestern: Kostbar, dies dösende Novellenschauspiel bedrückter, geduckter, willensgelähmter Menschen in der Provinz. Ohne Sendung – mit Versandung.

Heute darum ein geschichtliches Schauspiel: ein vorbolschewistisches. Denn jetzo kennen ja die Russen eine Sendung. Einen Inhalt. Einen Vorstoß, einsam in der Welt – bei dem es um Dauern oder Verrecken geht.

Tschechoff malt noch in Lebensinhaltlosigkeit.

Als historisches Werk ist es entzückend ... mit aller eintönig-hintönenden Leere fahlen Undaseins. Des Aussichtslosen. Des kümmerlich-schmerzlichen Humors der Ödnis.

(Kern aller Tschechoffschen Spiele bleibt: Novellistik der Schlappen, auf die Bretter gesetzt.)

22. Dezember 1926

Kurt Pinthus

Wäre dieses wundervolle Stück halb so traurig, halb so lang, es wäre, in diesem Augenblick, so gespielt, immer noch eins der traurigsten und langweiligsten Stücke der Weltliteratur.

Und ist doch, nochmals, ein wundervolles Stück. Ein Stück voll Wunder der hier ganz und gar nach außen gewendeten russischen Seele ... Seele kleinstädtischen Mittelstands, der hoffnungslos, wehrlos zerrieben ward zwischen zaristischem Druck von oben und andrängendem Ansturm des Proletariats von unten. Dünkt uns wie eine ferne Vorzeitmythe und ward doch erst gedichtet 1901 und ist verloschen, als Zustand, erst vor wenigen Jahren, vielleicht gar noch weiterschwelend irgendwo, überall, in der Provinz.

22. Dezember 1926

Brooks Atkinson

Trotz der Melancholie seines Schlusses ist der *Kirschgarten* in Wirklichkeit eine Komödie, wie Čechov immer behauptete. Mehr noch, er ist eindeutig die Apotheose des Čechovschen Dramas, genauer, tiefer als *Drei Schwestern* – eine Myriade von menschlichem Licht und Schatten. Und sein unaufdringlicher Symbolismus artikuliert sich in Anjas fröhlicher Begeisterung für das »neue Leben« wie der genügsame Tod des »alten Lebens« in Firs' gebrummelter Resignation, indes die Waldarbeiter, bei der Arbeit singend, die Kirschbäume umhacken und die Diener die Fensterläden von außen fest verrammeln. Welch totale Endgültigkeit in diesem allmählich verlöschenden Schluß! Mit seinem letzten Vorhang versiegelt Čechov eine Epoche.

In den letzten zehn Jahren haben viele Getreue geduldig die Augenbrauen zusammengezogen über der Literatur des Unbewußten – der Literatur »des Bewußtseinsstroms«, wie sie manchmal beschrieben wird. Čechov hat schon vor über einem Vierteljahrhundert mit diesem subtilen Ausdrucksmittel gearbeitet. Er hat es nicht mit einem Etikett versehen; vielleicht war er sich seiner als wissenschaftlicher Methode gar nicht sonderlich bewußt. Aber das Vermischen von Relevantem und offenkundig Irrelevantem – über das Tolstoj sich ärgerte – ist, was wir bereitwillig als die »neue Methode« akzeptiert haben. Obwohl Čechov Arzt war, hat er sie eher im Künstlerischen als in der Wissenschaft entwickelt; sein Herz war ebenso dabei wie sein Verstand. Und nichts seit dem *Kirschgarten* hat diese Methode zu solch einem leuchtenden Muster betörenden Lebens verwoben. Die ganze Welt schleppt sich langsam durch Madame Ranevskajas Salon.

18. November 1928

Joseph Wood Krutch

Čechov bedeutet das Ende einer Ära, deren elegantester Vertei-
diger und, zugleich, deren gnadenlosester Kritiker er ist. Er
durchschaut die Traditionen seiner Welt, aber er möchte nicht
von ihnen absehen; er glaubt nicht mehr an die Wichtigkeit ihrer
Werte, aber er wünscht sich auch keine neuen. Letzteres erklärt
seine Grundhaltung, in der weniger Komödie und Tragödie
vermischt sind, als daß sie aus der Wahrnehmung gewonnen
wird, daß sich in dieser bestimmten Gesellschaft gewisse tragische Muster so oft und so sinnlos wiederholt haben, daß sie am
Ende komisch geworden sind. Er behandelt immer noch die
alten romantischen Ideen – Liebe, Ehrgeiz und das Verlangen
nach dem Unendlichen. Seine Personen sind immer noch mit
ihren Seelen verbunden, opfern sich immer noch für ihre Kunst
und erschießen sich immer noch aus Liebe. Aber beide, er und
sie, haben begonnen, sich zu fragen, wie wirklich all diese Dinge
eigentlich noch sind und ob sie sie tun, weil sie müssen, oder nur,
weil es eine Tradition ist, von der sie nicht wissen, wie sie zu
brechen sei. Selbst wenn sie sich für eine Idee töten, ist ihnen
halb bewußt, daß die Idee ausgespielt hat, obwohl sie nicht
wissen, wofür sie sonst leben oder sterben sollten. Die heroische
Geste hat ihre Selbstsicherheit verloren, das heroische Motiv ist
verschlossen. Es gibt die Tragödie noch, aber der Zweifel, die
Skepsis und die Sinnlosigkeit der Komödie scheinen durch.

22. Mai 1929

Stark Young

Von den wichtigen europäischen Dramatikern ist Čechov gegenwärtig derjenige, den wir am besten nutzen können. Die Technik
Ibsens ist inzwischen überall in das moderne Stückeschreiben
integriert, sofern eine technische Methode, von der ihr zugrundeliegenden moralischen Ernsthaftigkeit getrennt, überhaupt
integriert werden kann. Im anderen Extrem scheint die poetische

Methode weit von dem entfernt, was für die Bühne gedacht wird. Von allen Methoden ist die Čechovs diejenige, die für unsere Zwecke am intensivsten nutzbar zu machen ist. Ohne mehr Management oder Stilisierung, als wir sie anwenden, ohne abgewandtere oder traditionellere Schreibweise, als wir sie benützen, hat sein Realismus dieselbe Welt zum Gegenstand wie unser Realismus, die einzige Welt, die unsere Kunst gegenwärtig kennt. Was Čechov uns geben kann, ist einfach. Größeres Feingefühl der Wahrnehmung, tiefer ineinander verwobene Themen, mehr Schärfe, Aufrichtigkeit und Wahrheitstreue. Für unsere amerikanischen Dramatiker von heute bietet er den nächstliegenden großen Einfluß, der zu haben ist.

9. Oktober 1929

Stanislavskij
an Gerhart Hauptmann

Hauptmann ist einer derjenigen Dramatiker, die der Bühnenkunst neue Wege gewiesen haben, weil er die Kunst vor wesentliche Aufgaben stellte. Er zwang uns – in einer Reihe mit Čechov und Ibsen –, tiefen Einblick in die kompliziertesten Erlebnisse eines Menschen zu tun, und forderte von uns, den Wiedergebenden, künstlerische Aufrichtigkeit, Reinlichkeit und die Darstellung des Typischen im Einzelschicksal. Mit den *Einsamen Menschen* ist eine ganze Epoche des russischen Theaters verbunden. Die Aufführung stand bei uns in dem Rahmen eines Ibsen-Zyklus. Durch die *Einsamen Menschen* wurde Čechov angeregt, für das Theater zu schreiben, und kurze Zeit danach hat er uns tatsächlich zwei Stücke geschenkt: *Drei Schwestern* und den *Kirschgarten*. Die Verwandtschaft zwischen diesen beiden Schriftstellern ist keine zufällige. Hauptmanns wie auch Čechovs Stärke besteht darin, daß ihre mit Wahrhaftigkeit und Innerlichkeit erfüllten Stücke stets Probleme berührten, die nicht nur die führende russische Intelligenz interessierten. Diese Stücke, welche von Motiven gesellschaftlicher Art gespeist wurden und sie in den Vordergrund stellten, spielten in die Zeit hinein, da das reine Vergnügungstheater herrschte und das Verhältnis Gesellschaft–Theater entscheidende Bedeutung hatte.

1. März 1932

Malcolm Muggeridge

Heute abend besuchten wir eine hinreißende Aufführung des *Kirschgartens* im Künstlertheater (dem Theater Stanislavskijs, noch immer von ihm geleitet). Es war mit Sicherheit die beste Čechov-Inszenierung, die ich je gesehen (nicht sonderlich viele) oder mir vorgestellt habe, und sie war eine der besten Inszenierungen und enthielt einige der besten schauspielerischen Leistungen, die ich je in meinem Leben gesehen habe. Čechovs Witwe spielte die Rolle der mittellosen Primadonna, die sich auf ihr Landgut zurückzieht, nur um es dann zu verkaufen. Ihr Spiel war großartig. Das Stück schien irgendwie prophetisch. Man spürte, wie unvermeidlich das Fällen des Kirschgartens und der Gesellschaftsklasse war, die zwar eine starke sentimentale Bindung an den Kirschgarten besaß, doch jeden Kontakt zu ihm verloren hatte. Der alte Onkel, der meinte, daß er immer Billard spielen würde, war sehr schön gespielt. Ich mag den dritten Akt am liebsten – die Gesellschaft, die jähen Stimmungswechsel, die kleinbürgerliche Jovialität, die eine so seltsame Grazie besitzt, unerklärlich, fast tragisch – (vielleicht bedeutet das, daß ich ständig an die Revolution denke). Ich persönlich verzeihe dem Stück seine Sentimentalität und rechne es neben Ibsen zu den besten seit Shakespeare. Nach all dem Gerede vom Aufbau des Sozialismus, dem Klamauk, dem Geschwätz vom gesunden Menschenverstand, brach ich unter der Schönheit des Stückes fast zusammen. Große Kunst enthüllt mir das Leben, und ein Stück wie *Der Kirschgarten* drückt die essentielle Traurigkeit des Lebens selbst aus.

Die Inszenierung war ein wahres Ereignis. Čechov hatte man

in Acht und Bann getan. Den *Kirschgarten* hatte man erlaubt, weil die adeligen Kreise darin zu Fall kommen.

24. November 1932

Friedrich Bethge

Gutachten

Über das hauchzarte Seelendrama *Eine Seele in Not* von L. Berner (Vertriebsstelle Deutscher Bühnenschriftsteller), das nur in einem Kammerspieltheater zur Wirkung gelangen kann. Jeder größere Bühnenraum – wie etwa das Schauspielhaus der Städtischen Bühnen – tötet es ab. In Frankfurt käme etwa der *Raum* des Neuen Theater in Frage.

Es fragt sich nun, ob das Werk dem Rhein-Mainischen Künstlertheater, Intendanten Werkhäuser, zu empfehlen wäre, wofür die geringe Personenzahl spräche. Ich stelle diese Empfehlung der Gau- und Landesstellenpropagandaleitung anheim. Ich selber kann als Gaukulturwart diese Empfehlung trotz des unleugbaren dichterischen Wertes und Gehaltes als Nationalsozialist nicht verantworten. Es handelt sich – wie schon oben angedeutet, um ein überzartes Seelendrama aus der Atmosphäre etwa Jens Peter Jakobsen, Hermann Bangs, Ibsens, Tschechows oder *Der einsamen Menschen* von Gerhart Hauptmann, also um eine Kunst- und Menschengattungs-Äußerung, deren bloße Existenz wir, wie alles Kranke, Überfeinerte negieren müssen. Der einzige Gedanke, der für uns von programmatischem Interesse sein könnte, der der Vererbung krankhafter Veranlagung, spielt eine zu untergeordnete Rolle und wird vor allem in einem überempfindsamen Bürgermilieu abgehandelt, das selbst in den gesunden Vertretern dieser Schichten von unserem nationalsozialistischen Publikum mit Recht abgelehnt wird. Das Motto des Gesamtwerkes steht für mich am Anfang der Seite 40:

A: »Es gibt zu viel kaputte Menschen heutzutage, wollen alle geflickt werden«, B: »und noch mehr kaputte Seelen«. –

Das sind die untergehenden problematischen Geschlechter der nahen Vergangenheit, deren bloße Existenz in unserer Erinnerung gespenstig wirkt und einen Schauer erweckt. All diese Kranken hat der Krieg und nach ihm unser Führer hinweggefegt.

Alle diese Menschen, sofern sie noch leben sollten, sind schon lange tot, ohne es zu wissen. Es gibt keine »einsamen Menschen« mehr, sondern nur noch eine Volksgemeinschaft.

Ich stelle anheim, von dieser meiner Stellungnahme weitgehenden Gebrauch zu machen.

Der Chef-Dramaturg, Gau-Kulturwart f. Hessen-Nassau
Friedrich Bethge, *Frankfurt am Main, den 13. Okt. 1933*

Osip Mandelštam

Čechov. Die handelnden Personen des *Onkel Vanja*: Serebrjakov, Aleksandr Vladimirovič, Professor im Ruhestand. Elena Andreevna, seine Frau, 27 Jahre alt, Sofja Aleksandrovna (Sonja), seine Tochter aus erster Ehe. Vojnickaja, Marja Vasiljevna, Witwe eines Geheimrats, Mutter der ersten Frau des Professors. Vojnickij, Ivan Petrovič, ihr Sohn. Astrov, Michail Lvovič, Arzt. Telegin, Ilja Iljič, verarmter Gutsbesitzer. Marina, die alte Kinderfrau. Ein Knecht.

Um die inneren Beziehungen dieser handelnden Personen als System zu begreifen, muß man die Čechovsche Liste auswendig lernen, sie büffeln. Welch ausdruckslose und trübselige Sinnesanstrengung. Warum sind sie alle beisammen? Wozu da ein Geheimrat? Bestimmen Sie mal Zugehörigkeit oder Herkunft Vojnickijs, des Sohnes jenes Geheimrats, der Mutter der ersten Frau des Professors, zu Sofja Aleksandrovna – der Tochter des Professors aus erster Ehe? Um klar zu sehen, warum jemand jemandes Onkel sein soll, muß man eine ganze Tabelle auswendig lernen. Mir, zum Beispiel, fällt es leichter, die trichterförmige Zeichnung der Danteschen Komödie mit all ihren Kreisen, Bahnen und ihrer Sphärenastronomie zu begreifen, als diesen kleinkarierten Reisepaß-Wirrwarr.

Der Biologe würde Čechovs Prinzip ökologisch nennen. Das Zusammenleben ist das für Čechov bestimmende Prinzip. In seinen Dramen gibt es keinerlei Handlung, es gibt lediglich Nachbarschaft mit den aus dieser resultierenden Unannehmlichkeiten.

Čechov fischt mit dem Kescher eine Probe aus dem menschlichen »Sumpf«, den es nie gegeben hat. Die Menschen leben zusammen und können nicht voneinander lassen. Das ist alles. Gäbe man Fahrkarten an sie aus, zum Beispiel an die »drei Schwestern« – das Stück wäre zu Ende.

Nehmen Sie dagegen die Liste der handelnden Personen etwa bei Goldoni. Das ist eine Weintraube mit Beeren und Blättern, ein lebendiges Ganzes, das man mit Freude in die Hände nimmt: *personaggi*: Fabrizio – ein alter Mann, Bürger; Eugenia – Fabrizios Nichte; Flaminia – Nichte Fabrizios, Witwe; Fulgenizio – ein Bürger, in Eugenia verliebt; Clorinda, Fulgenizios Cousine; Roberto, ein Adeliger, usw. Hier haben wir es mit einer blühenden Vereinigung zu tun, mit dem geschmeidigen und freien Zusammenspiel aller handelnden Kräfte an ein und demselben biegsamen Ast.

Aber Čechov und Geschmeidigkeit sind unvereinbare Begriffe.

In der Antike hat der Athener Herrscher Aiakos, als sein ganzes Volk an einer Ansteckung, an Luftvergiftung gestorben war – aus Ameisen Menschen gemacht. Aber unser Čechov ist auch gut: bei ihm werden aus Menschen Ameisen.

1936

Graham Greene

Nostalgie, allzu viel Nostalgie ist die Gefahr, die jeden Regisseur des *Kirschgartens* bedroht, wenn man den beißenden, kritischen Ton von Čechovs Werk ignoriert: zwischen dem bezaubernden Anfang, wenn Mme. Ranevskaja und ihre Tochter in das alte Familienhaus zurückkehren: der Kaffee, das lange müde Gähnen, das Zubettgehen bei Tageslicht; und der endgültigen Abreise mit den Staubhüllen auf den Möbeln, dem vermummten Schaukelpferd, dem vergessenen alten Diener und dem Klang der Axthiebe, unter denen die Bäume fallen. In unser altes Theater des neunzehnten Jahrhunderts mit seinen Melodramen, seinen Ehebrüchen und der Moralität der endlosen Sonntage ist dieses Stück wie die Jugend hereingebrochen – mit der Frische und dem lyrischen Ton von *Was ihr wollt*. Aber das ist die Falle, denn Čechovs Werk ist nicht jung: es ist so alt wie das seltsame Land, aus dem es hervorging: es ist gebleicht von der Erinnerung des Arztes an die Cholera, an endlos leidende Bauern; verzehrt von Krankheit taumelt die Langeweile nach Jalta, um zu sterben. Trotz einer kurios falschen Notiz im Programmheft – die den vordergründigen Optimismus zu akzeptieren scheint – ist die Inszenierung schön und feinnervig. Beobachten Sie nur den ewigen Studenten (der interessanterweise so hergerichtet ist, daß er Čechov ähnlich sieht), der sich am Gesäß kratzt, während er prahlerische Reden über die Menschheit schwingt. Beobachten Sie den müden, gebrochenen Gaev, der beim Klicken der Billardkugeln die Nase in die Höhe reckt wie ein alter Kriegsgaul, und wie in der letzten Szene die alberne Gouvernante Šarlotta sich wie die weggeworfene Puppe eines Bauchredners in der Ecke des Zimmers herumlümmelt, das gleich verlassen werden wird. Es sind diese kleinen Augenblicke, die blitzartige individuelle Erkenntnis, die ein Stück frisch bleiben lassen, so oft wir es auch sehen mögen.

5. September 1941

George Bernard Shaw

In der Plejade der großen europäischen Dramatiker – der Zeitgenossen Ibsens – strahlt Čechov als ein Stern erster Größe, sogar neben Tolstoj und Turgenev.

Schon in der Reife meines Schaffens, war ich bezaubert von seinen dramatischen Lösungen zum Thema der Untauglichkeit jener kultivierten Nichtstuer, die keine produktive Arbeit leisten. Unter dem Einflusse Čechovs schrieb ich ein Stück zum selben Thema und nannte es *Heartbreakhouse – Eine Phantasie in russischem Stil über englische Themen.*

Es ist nicht das schlechteste meiner Stücke, und ich hoffe, meine russischen Freunde werden es verstehen als ein Zeichen bedingungsloser, aufrichtiger Verehrung für einen der größten unter ihren großen dramatischen Dichtern.

15. Juli 1944

Bertolt Brecht

Die besten Radikalen sind nicht von ihrem Gewissen gebissen, sondern besitzen oder sind besessen von einem merkwürdigen Sinn für praktische, viele befriedigende, produktive Lösungen sozialer Probleme; für gewöhnlich kämpfen sie für Kompromisse und bleiben in den Klassengrenzen. Es ist da nicht ohne Interesse, das Drama Ibsens mit dem Tschechows zu vergleichen; Ibsen sah Lösungen innerhalb des herrschenden Systems, Tschechow sah keine. Die skandinavische Bourgeoisie hatte noch einige Jahrzehnte länger zu leben als die russische.

Herbst 1945

Paul Rilla

Liest man, mit welchen Urteilen Čechovs Stücke vor drei und vier Jahrzehnten in Deutschland aufgenommen wurden, so bleibt eins erstaunlich: wie hier alles auf die elegische Auflösung eines verdrießlichen Gefühlspessimismus zurückgeführt und nirgends bemerkt wird, was diese Gefühlsauflösung nicht als allgemeine Lebensstimmung, sondern als Zeitkritik bedeutet.

Wie konnte übersehen werden, daß das Schauspiel *Die Möwe* keineswegs die Hoffnungslosigkeit des Lebens in Stimmungsreflexen einfängt, sondern eine ganz bestimmte historische Situation der bürgerlichen Hoffnungslosigkeit ins Auge faßt? Es konnte übersehen werden, weil in Deutschland zur gleichen Zeit (in den neunziger Jahren) eben diese Bürgerlichkeit sich mit scheinradikalen literarischen Parolen erfolgreich über sich selbst betrogen hatte. Gerade die Literatur, gerade die Rolle des Intellektuellen, gerade die Selbstkritik des Schriftstellers bleibt ein wesentlicher Inhalt des Stückes. Und hoffnungslos ist die Rolle des Intellektuellen in einer Gesellschaft, die von der Literatur nichts anderes mehr verlangt als Stimmungssensationen, von den Künstlern nichts anderes mehr als die Gelegenheit, das »Höhere« ihrer faulen Einbildung als attraktiven Salonreiz zu genießen (»man nennt das«, heißt es im Stück, »Idealismus«). Hoffnungslos: die Rolle des Schriftstellers, wenn er mit dem Notizbuch hinter Augen- und Nervenimpressionen herhetzt. Hoffnungslos: wenn er aus diesem toten Zirkel zu entkommen glaubt, indem er für unerhörte innere Gesichte neue Formen sucht. Es ist die Hoffnungslosigkeit einer Kunst ohne soziale Funktion, aber mit allen Ambitionen einer immer leereren, immer hektischeren Betriebsamkeit.

Der alternde Schriftsteller und der junge Dichter, die alternde und die junge Schauspielerin: das sind im Stück die Personen dieses Konflikts. Die Altersroutine rettet sich in eine Attrappenwelt komfortabler Gefühle, die Jugend geht unter in einer echten, doch nicht minder egoistischen Gefühlsanarchie. Worauf Čechov zielt, kann nicht mißverstanden werden. Auch das übrige Ensemble gliedert sich nach seinem Verhältnis zu dem zentralen Konflikt. Privattragödien des krank wuchernden Gefühls und Resignationen der gut oder mangelhaft gespielten Gesellschaftsrolle. In die Ecke gedrückt eine armselige Figur, die an dem Gesellschaftsspiel nur als Opfer beteiligt ist: der Schullehrer Medvedenko. Das Gesellschaftsspiel ist das Spiel einer Gesellschaft, die noch nicht gemerkt hat, in welchem Grade sie ihre soziale Wirklichkeit eingebüßt hat.

20. Januar 1949

André Barsacq

Der Einfluß Čechovs auf das zeitgenössische Theater ist ohne Zweifel tiefer, als es auf den ersten Blick scheinen mag. Es gibt ein »Phänomen« Čechov, es ist einzigartig. Diese tiefe Zartheit für alle Wesen, die Mittelmäßigen wie die Pechvögel, die für ihr Schicksal Verantwortlichen wie die von einem sozialen Klima, das sie nicht ertragen konnten, Zerbrochenen... dieser Respekt vor der menschlichen Person kommt daher, daß Čechov an den Menschen glaubte, und dieses diskrete Mitleid für diejenigen, die Opfer ihrer eigenen Lebensunfähigkeit sind, ist das Kennzeichen eines Optimismus, der diskret erscheint, der aber nur sehr tief ist.

Ich glaube wirklich an einen Einfluß von Čechov. Der Vergleich seiner Kunst mit anderen Werken, in denen die Personen und ihre Art zu leben und sich auszudrücken äußerlicher und geschwätziger sind, ist eine Lektion der totalen Tiefe. Für alle Dramatiker unserer Zeit, die sich nicht der Leichtigkeit und der Gefälligkeit verschreiben und die der Meinung sind, daß dem Schriftsteller gegenüber seinen Zeitgenossen die Mission zukommt, die Menschen besser zu verstehen, d.h. sie mehr zu lieben, für sie alle existiert der Einfluß Čechovs.

Čechov hat ein originelles Instrument des Ausdrucks gefunden, aber seine Botschaft ist universell und überschreitet bei weitem die Grenzen einer Kunst und einer Epoche.

1955

Eugène Ionesco

Die großen Meisterwerke, die großen Dichter scheinen sich gegenseitig zu rechtfertigen, zu ergänzen und zu bestätigen. Weder wird Aischylos durch Calderón beschränkt noch Shakespeare durch Čechov, oder Kleist durch die japanischen Nô-Spiele. Eine wissenschaftliche Theorie kann eine andere wissenschaftliche Theorie ungültig machen, die Kunstwerke aber stützen sich gegenseitig.

1957

Für viele Dichter der neuen Zeit mag gelten, was man zur Charakteristik des einen Hundertjährigen, Arthur Schnitzlers, einmal erkannt hat: sein Werk spiegelt »das Wissen vom Ende«. Bei ihnen allen scheint mit dem ersten Wort schon das letzte, mit der anklingenden Stimmung schon der Ausklang vorweggenommen. Die Botschaft wird nicht so sehr verkündet als stillschweigend vorausgesetzt und rückt vom Text in den Raum zwischen den Zeilen – so ists bei Hamsun und Schnitzler, bei Strindberg und O'Neill, bei dem, was von Hauptmann lebendig bleiben konnte, bei Gorkij und bei Tschechow.

Die Dichtung des Wissens vom Ende ist die Dichtung der Kontaktlosigkeit, des gestörten Gesprächs, der verlorenen Form. Durch allzu große Nähe verführt, hat man viele Dichter sozial zu deuten versucht, als Kämpfer oder Propheten gesellschaftlicher Krisen und Umwälzungen. Die Zukunft wird den begreiflichen Irrtum berichtigen, und dies notfalls gegen das erklärte Programm der Autoren. Weder Rose Bernd noch Fräulein Julie, weder die Deklassierten im *Nachtasyl* noch das »süße Mädel«, nicht einmal die Weber scheitern an Klassengegensätzen; die Familie und die Liebe sind ebenso brüchig wie das soziale Gefüge, der Mensch scheitert am Menschen, über allem Trennenden steht ein Gemeinsames: die Ratlosigkeit.

So müssen wir auch den *Kirschgarten* vom Klischee der »untergehenden Gesellschaftsschicht« lösen und ebenso von einer allzu spezifisch russischen Lokalisierung. Im Jahr eins des zweiten Jahrhunderts seiner Existenz nehmen wir das Phänomen Anton Tschechow ganz in unsere Zeit und unser Wissen herein. Und wenn wir hören, daß sich hier angeblich die Russische Revolution von 1905 und später ankündigen, denken wir uns die Vorgänge nach einem deutschen Rittergut oder einer amerikanischen Baumwollplantage verlegt ... und dann merken wir unter anderem, und müssen herzlich lachen, wo der Glasmenageriebesitzer seine süße Endstation mit dem tätowierten Blechdach her hat – nicht als legitimer Nachfahre allerdings, sondern als gerissener Epigone und Imitator.

17. Mai 1960

Arthur Miller

Ich habe es nie verstanden, wieso man unsensibel sein soll, weil man hinter das Individuum sieht und in der Gesellschaft nach bestimmten Ursachen und Hoffnungen sucht. Mir erscheint es genau umgekehrt. Ich hatte nie die Illusion, daß Čechov nur über ein paar müde Großgrundbesitzer geschrieben hätte. Die Bolschewiken haben ihm das natürlich vorgeworfen, und die Konservativen in der Defensive hofften auch, daß es stimmte. Aber wenn es wirklich so wäre, wäre er heute nur noch als Genremaler bekannt, als Kuriosität. Es ist sogar heute noch ein fast international verbreiteter Irrtum, ihn als Schriftsteller anzusehen, der damit zufrieden war, die Absurditäten des Lebens aufzudecken, gar als habe er die Vergeblichkeit gefeiert. In Wahrheit quälte Čechov seine Unfähigkeit, sich für bestimmte Lösungen zu entscheiden. Er warf sich vor, sein Publikum zu betrügen, weil er ihm nicht zu sagen vermochte, was es tun sollte. Die Stücke sind unter anderem deshalb großartig, nicht weil sie keine Antwort geben, sondern weil sie so gewaltige Anstrengungen unternehmen, um sie zu finden, und in diesem Prozeß eine historisch gewordene Welt lebendig machen.

Es ist nicht recht, Čechovs Bescheidenheit mit seinen Leistungen zu verwechseln. Wenn im *Kirschgarten* der Grundstücksmakler mit seiner Axt die wunderschöne, aber unproduktive Lebensbasis der Personen zerstört, hat Čechov nicht nur einen reizvollen Kontrast beschrieben, sondern auch, wie der Materialismus in brutalem Zugriff die Herrschaft über das Zeitalter eroberte. Seine Stücke sind voll von Passagen, in denen davon die Rede ist, daß man arbeiten gehen und irgendwie Teil der produktiven Bevölkerung werden müsse. Er suchte nach einer Versöhnung zwischen diesen von ihm so geliebten Figuren und den Mächten, die sie verdrängten. Ein Dramatiker liefert Antworten durch die Fragen, die er aufwirft, durch die Konflikte, in die er seine Figuren stellt. Čechov hat geschrieben: »Ein bewußtes Leben ohne eine bestimmte Philosophie ist kein Leben, eher eine Last und ein Alptraum.« Ein Autor, der nicht sein ganzes Leben lang versucht hat, Antworten zu finden und zu artikulieren, hätte das nicht schreiben können.

November 1960

Albert Schulze-Vellinghausen

Entschiedenheit in einer Sache, in welcher eine verlorene Generation und zugleich eine verlorene Schicht auf die Waage der Zeiten komplimentiert wird: Es war die Krankheit einer ganzen Epoche, zu »erkennen« und sich dennoch nicht aufzuraffen. Was im christlichen Mittelalter als Sünde galt, die Acedia melancholischer Untätigkeit – sie führte hier zum Verfall einer ganzen Kultur. Diesen Zerfall so ahnungsvoll bildhaft zu machen – darin beweist sich Tschechows Genie; und auch sein hintergründiger Humor. Da steckt seine Kraft – und mittels ihrer verwandelt er seine duftigen Stimmungsbilder (wie diese *Drei Schwestern*) zu unerbittlichen Durchleuchtungen nicht allein sozialer und geschichtlicher Konstellationen (die sind vergänglich!), es sind vielmehr allgemein menschliche Grundsituationen, die da vor dem Röntgenschirm durchsichtig werden. Tschechow rückt da neben Proust.

Das »Moskau der Seele«, das hier so vielstimmig gesucht wird, ist Rom der Renaissance, das Paris Balzacs, das New York oder Hollywood amerikanischer Literatur. Es ist illusionär; in der Substanz schon ist es Ersatz für das Handeln aus eigener Initiative. Zugleich aber ist es – hier bei Tschechow – auch schon das Nirgendwo Samuel Becketts und die trübe City Harold Pinters. Der Einfluß Tschechows auf die Angelsachsen ist enorm groß – wir haben uns, mehr oder minder gut, mit Gerhart Hauptmann statt dessen beholfen.

17. März 1966

Willi Schmidt

Sein dramatisches Œuvre, kritisch und voller Teilnahme, ironisch und zärtlich genau in der Schilderung des Versagens, ist diktiert von tiefer Sympathie zu der Unzulänglichkeit aller menschlichen Bemühungen und von der Aufforderung, ihrer dennoch Herr zu werden. Wir sollten es spielen, der kühlen Aufnahme ungeachtet, die es bei uns noch immer findet, denn Tschechows Werk verlangt seinen eigenen Leser, seinen eigenen Zuhörer. Es hat uns heute mehr zu sagen denn je, da wir es nicht weit gebracht haben, seitdem er verstummt ist.

Juni 1966

Elsa Triolet

Es gibt im Werk Čechovs eine Art von Zärtlichkeit ohne Sentimentalität, eine Art von taktvollem Mitleid mit »dem Menschen, der wie alle Menschen ist«, eine heftige Abneigung gegen die »Vulgarität« im Leben und in der Kunst, die auf seine Zeit ein unbarmherzig helles Licht werfen.

Denn man darf sich nicht täuschen, die Stücke Čechovs sind nur scheinbar einfach. Die bescheidensten Personen Čechovs, ihre Intimität, haben einen umfassenden allgemeinen Sinn. Ihre Schicksale lösen die Erschütterung aus, die schließlich nicht nur einzelne Saiten, sondern den ganzen Klangkörper des unendlichen Rußland ertönen läßt. Wenn wir zusehen, wie diese Personen leben – die sich überhaupt nicht um den Zuschauer kummern –, dann nehmen wir teil an einem naturwissenschaftlichen Unterricht, der uns soziale Schichten vorführt, historische Probleme, und man gibt sich Rechenschaft darüber, daß diese »Stücke, in denen nichts geschieht«, ein außergewöhnliches soziales und menschliches Zeugnis darstellen. Und dies ist nicht ein Zufallsprodukt: genau das ist es, was Čechov sich zum Ziel gesetzt hat.

1967

Peter Brook

Es ist ein leicht zu begehender Fehler, daß man Čechov als naturalistischen Schriftsteller versteht, und tatsächlich halten sich einige der dünnsten und schlampigsten Stücke der letzten Jahre, die sich »ein Ausschnitt aus dem Leben« nennen, für čechovisch. Čechov hat niemals nur einen Ausschnitt aus dem Leben gemacht – er war ein Arzt, der mit unendlicher Zartheit und Sorgfalt Tausende und Abertausende dünner Schichten vom Leben entfernt hat. Diese hat er kultiviert und sie dann in einer ausgesucht schlauen, vollständig künstlichen und sinnvollen Ordnung arrangiert, wobei ein Teil der Schlauheit darin lag, daß er die Künstlichkeit so getarnt hat, daß das Ergebnis wie ein Blick durchs Schlüsselloch aussah, was es nie gewesen war. Jede Seite der *Drei Schwestern* vermittelt den Eindruck, als entfalte sich das Leben wie ein Tonband, das man nicht abgestellt hat. Wenn man das Stück genau untersucht, wird man feststellen, daß es so mehr aus Zufällen aufgebaut ist, wie bei Feydeau – eine Blumenvase, die umfällt, die Feuerwehr, die gerade im richtigen Augenblick vorbeikommt; das Wort, die Unterbrechung, die ferne Musik, das Geräusch in den Kulissen, der Auftritt, der Abschied – Zug um Zug schaffen sie durch die Sprache der Illusion die umfassende Illusion der Lebensausschnitte. Diese Serie von Eindrücken ist in gleicher Weise eine Serie von Verfremdungen: jeder Bruch ist eine listige Provokation und ein Aufruf zum Denken.

1968

Botho Strauß

Wie will man, wovon der *Kirschgarten* handelt, heute ausdrücken, wenn nicht darin, wie man es behandelt: man wird sich selber flüchten müssen in die Schönheit des Stücks und sie allmählich an jene Grenze führen, wo sie verschwindet: wo die Kirschbäume fallen, denn man wird das Verschwindende, nach einem Hegel-Wort, selbst als das Wesentliche betrachten müssen.

1970

Hartmut Lange

Es ist unter der »Neuen Linken« Mode geworden, der Literatur jegliche soziale Aufklärung abzusprechen, ja, die blutjungen Politökonomen sehen geradezu mit Verachtung auf alles Literarische herab. Es ist also an der Zeit, daran zu erinnern, daß Marx sehr viel von Balzac, Lenin sehr viel von Lev Tolstoj gelernt hat, und was die Literatur an Anschaulichkeit, zum Beispiel zur Politischen Ökonomie von Marx, beisteuern kann, davon haben die blutjungen Politökonomen meist keine Ahnung. *Der Kirschgarten* von Čechov zum Beispiel informiert mich am eindringlichsten über die Entstehung der Grundrente. Das Drama ist auch beispielhaft für die irrige Auffassung, Brecht hätte mit der sozialen Wissenschaft als Dramaturgie angefangen. Die soziale Wissenschaft, die bei Brecht nie ganz zur Dramaturgie aufsteigt (und dadurch verschwindet!), ist bei Čechov so beispielhaft in dramatische Kunst umgesetzt, daß auch nicht ein Quentchen von jener Dialektik übrigbleibt, die, und das glaubten alle Dramatiker der Brecht-Nachfolge, unbedingt zur sozialen Aufklärung der Dramenliteratur gehört.

Das ganze Stück zeigt in klassischer Deutlichkeit, wie sich die kapitalistische Grundrente zwischen Landschaft und Eigner der Landschaft schiebt, wie Mensch und Natur, Landeigner nebst sozialem Anhang (Firs) ihre Identität mit der unmittelbaren Umgebung und damit mit sich selbst verlieren. Der Kirschgarten als Surplus einer naturalwirtschaftlichen Lebensart kann von der Ranevskaja gesehen, genossen, erinnert werden. Der Kirschgarten als Grundrente, kahlgeschlagen, parzelliert als Kapitalanlage, treibt sowohl Lopachin als auch die Ranevskaja samt Anhang in die Anonymität der kapitalistischen Warenwirtschaft, und der alte Firs, dessen Weltordnung 1861 ins Wanken geraten war, wird bei dem Kahlschlag gleich mit abgeholzt.

1972

377

Antoine Vitez

Wenn Čechov heute die Modernität selbst repräsentiert, beispielsweise im Vergleich zu einem Stück wie *Der Revisor*, so
erinnere ich mich doch noch sehr wohl der Zeit, als Čechovs
Stücke nicht gespielt wurden und als unspielbar galten und die
meisten Theaterleute sagten, sie seien zu lang, sehr langweilig, in
ihnen geschehe und verstehe man nichts ... Als junger Schauspieler hatte ich keine Ahnung, worum es da ging. Die vorherr-
schende Auffassung war, es handle sich um einen flüchtigen,
impressionistischen Text, um Nebel aus dem Norden, um
russischen Dunst, und sei viel zu lang: zu viel Nebel für wenig
Handlung, man mußte also kürzen. Die ersten Aufführungen,
die den Sinn der Werke Čechovs wieder aufgriffen oder freige-
setzt haben, waren die von Sacha Pitoëff. Allerdings waren sie in
einer bestimmten Vorstellung von Čechovs Theater befangen,
nämlich der, dieses Theater setze sich zur Aufgabe, das alltägliche Leben mit seinen Sinnlosigkeiten darzustellen, daß es in den
Dialogen unzählige Stellen gebe, die nichts bedeuten, die da
sind, um nichts zu bedeuten, es sei denn Banalität – wie viele
kleine, welke oder ablösbare Blätter des »Lebens«... Daß
gerade das der Charme Čechovs sei. Ich war selbst lange davon
überzeugt. Dies um so mehr, als diese »unwichtigen« Dinge,
diese Collagen, mir literarisch als sehr legitim erschienen und
mich an Apollinaires *Lundi rue Christine* erinnerten, das aus
Gesprächen besteht, aus Bildern des normalen Lebens. Wo man
nicht versteht, wovon die Leute reden.

Als ich dann die *Möwe* bearbeitete und inszenierte, war ich
enttäuscht, enttäuscht von etwas, worüber ich nun froh bin:
Diese Sprache-die-nichts-bedeutet, die ich wunderbar fand,
dieses Collageverfahren, das mich entzückte – das war ja gar
nicht wahr, das ist ganz und gar nicht so geschrieben. Man wird
getäuscht, absichtlich. Nachdem ich mich intensiv mit Čechovs
Stücken auseinandergesetzt habe, weiß ich nun im Gegenteil mit
Bestimmtheit, daß absolut nichts, nicht ein Wort, nicht eine
Regieanweisung ohne Sinn ist. Bei Čechov findet sich sehr viel
mehr Sinn als im Leben, eine Sinnbesessenheit: sein Stil zielt

darauf ab, von der Welt und von den Gesprächen und den Beziehungen zwischen den Menschen eine Theorie zu liefern. Von dem, was scheinbar zufällig ist, ist nichts ohne Absicht, etwas auszusagen oder auszulegen. Im Gegensatz zu *Lundi rue Christine* bewies uns Čechov, daß die Menschen einander verstehen, einander antworten und uns etwas sagen. Ich spreche nicht vom addierbaren Sinn des Werks, ich sage nur, jede Dialogstelle hat einen für die Figur, für die Fiktion nützlichen Sinn. Was dagegen dessen allgemeinen Sinn betrifft, so ist er bei Čechov ebenso wenig gegeben wie beispielsweise im *Tartuffe*, und man kann auf dieser Ebene, wo nichts geschlossen ist, weiß Gott träumen.

15. März 1980

Tennessee Williams

Welche Schriftsteller mich als jungen Menschen beeinflußt haben? Čechov!
  Als Dramatiker? Čechov!
  Als Erzähler? Čechov!

1981

Rolf Hochhuth

Čechov, der im Gegensatz zu Ibsen der Technik der Architektur seiner Stücke weniger Aufmerksamkeit zuwandte – er schrieb seiner Frau, er mache nunmehr den vierten Akt, hätte jedoch den *Kirschgarten* geradesogut auch in drei Akten machen können – ist als Meister der Charakterisierungskunst möglicherweise mindestens in seinem Jahrhundert unerreicht. Ob das erklärt, daß er seit nunmehr zehn Jahren der Mode-Dramatiker aller deutschsprechenden Bühnen ist? Mag sein, daß die Lust aller Schauspieler, Čechov-Rollen zu übernehmen, die Vielzahl der – inzwischen doch langweilig werdenden Inszenierungen erklärt. Oder ist Čechov deshalb an unseren Theatern so willkommen, weil er

– politisch an der Schwelle der Revolution stehend, ja sie mitfördernd – nunmehr doch harmlos geworden ist, ganz unanstößig?

15. September 1982

Michelangelo Antonioni

Ich habe mich stets gefragt, ob es richtig sei, den Geschichten, ob in der Literatur, im Theater oder im Film, immer ein Ende zu geben. Einmal in ihrem Flußbett eingeschlossen, läuft eine Geschichte Gefahr, darin zu versickern, wenn man ihr nicht eine andere Dimension gibt, wenn man nicht zuläßt, daß sich ihre Zeit nach außen hin verlängert, dorthin, wo wir, die Protagonisten aller Geschichten, leben. Wo nichts abgeschlossen ist.

»Gebt mir neue Schlüsse«, hat Čechov einmal gesagt, »und ich erfinde euch die Literatur neu.«

1983

Peter Stein

Čechov ist sozusagen für jedes Theaterensemble eine Selbstverständlichkeit. Daß man irgendwann einen Čechov machen will, das ist genauso selbstverständlich, wie man irgendwann einen Shakespeare oder ein antikes Stück machen will oder einen Ibsen. Weil Čechov einer der Autoren ist, die ein bestimmtes Theater erfunden haben. Auf der Suche danach, was denn Theater alles wohl sein kann, was Theater ausmacht, kommt man um Čechov nicht herum. Čechov selbst ist eine sehr geschlossene künstlerische Veranstaltung, vergleichbar mit der Partitur eines Mozart-Streichquartetts. Kann man Noten lesen und beherrscht man ein Instrument, kann man spielen, sonst läßt man es lieber bleiben. Und es beweist sich an dieser Partitur, ob man ein guter Musikant ist oder nicht, genauso wird sich an einem Čechov beweisen, ob man wirklich ein Schauspieler oder ein Regisseur ist oder nicht. Dementsprechend versucht man natürlich, solch einen Prüfstand zu meiden, auf dem man zeigen muß, was mit einem los ist.

Andererseits ist es natürlich das größte Ziel für einen Schauspieler, einen Čechov zu spielen, und zwar so, daß man das Gefühl hat, man kann in ihm leben, man kann seine Textur zum Leben erwecken. Auch paßt zu unseren Kriterien, nach denen wir unsere Stücke auswählen, die Tatsache, daß das Stück von Čechov eine polyphone Struktur hat, das heißt: jeder Schauspieler, der darin eine Rolle übernimmt, ist gleichberechtigt an der Sache beteiligt. Das ist sehr wichtig. Bei der Arbeit an den *Negern* war der Spielraum dessen, was man erfinden mußte und was man an Einfällen haben mußte, relativ groß, notwendigerweise, bei Čechov ist genau das Gegenteil der Fall, da weisen Einfälle eigentlich immer nur auf sich selbst oder nach innen. Die jeweilige Situation ist präzis vorgeschrieben, es gibt über sie keinen Zweifel, keinen Streit, wenn man sie herstellen will.

1983

Ernst Wendt

Vor Tschechow versagt zunächst alle »Lesetechnik«, die wir erobert oder uns angewöhnt haben. Die herkömmlichen Entzifferungsraster passen nicht. Zeitweise scheint es gar so, als gäbe es bei Tschechow überhaupt nichts zu dechiffrieren, als seien die Figuren mit dem, was sie aussprechen, identisch. Dieses scheint dann als jeweilige Illusion rasch erkennbar, die Figuren als deren Opfer, Gefangene also jener Sätze, mit denen sie einander verfehlen, weil sie – sprechend – immer nur an sich selber denken.

Nun ist es durchaus so: sie arbeiten an der Vervollkommnung von Illusionen, indem sie ihre jeweils einzelnen Erfahrungen nicht an denen der anderen entwickeln oder reiben, sondern individuell verabsolutieren. Und sie täuschen sich um so mehr, je inniger sie zu sich selbst aufbrechen. Am Ende des *Kirschgartens* scheinen sie alle »befreiter« – aber befreiter wozu? Für den Fortschritt der Selbsttäuschung: ein Glücksverlangen, das sich in falschem Bewußtsein erfüllt.

Aber stimmt das – nur weil es so ist? Ist diese erste Lesart die umfassende? Und Tschechows Menschenbild wirklich so eng, wie es in einer solchen Interpretation, die auf dem Theater ja auch schon zu sehen war, erscheint; und die er selber, in manchen Aufzeichnungen und Briefen, und vor allem in der Auseinandersetzung mit Stanislavskij, gefördert hat?

Warum denn schafft er so viele Spiegel-Paare: ein kompliziertes System von Reflektionsflächen, in dem, was die eine Figur tut, denkt, sagt, träumt und stolpert, vom Tun und Denken, vom Reden und Träumen und Stolpern einer anderen oder mehrerer gebrochen wird – um dadurch noch einmal eine andere Qualität zu erhalten und auf eine Meta-Ebene gehoben zu werden, die sich aller vulgären Verhaltenskritik an den Figuren verschließt?

Wir kommen seinem Menschenbild nur näher, wenn wir den Code entschlüsseln, in den er es verschlüsselt hat: ein ironisches System von sozialen und erotischen Spiegelungen, von Brechungen des Widerscheins der einen Figur in einer ihr zugeordneten – ihr antwortenden oder sie verfehlenden oder sich ihr entziehenden – nächsten Figur, die wiederum im Licht von weiteren gesehen sein will.

1983

Edward Albee

Čechov steht am Beginn aller dramatischen Dichtung des xx. Jahrhunderts.

13. Dezember 1984

Marguerite Duras

Die Lektüre der *Möwe* wurde für mich immer von vier schrecklichen Personen behindert: Arkadina, Trigorin, Treplev und Nina. Zwar bevölkerten die übrigen Personen das Stück mit vertrauter Anmut, allen voran Sorin und Maša, aber sobald diese vier – und mit ihnen Theorie und Moral – auf der Bühne erschienen, verschwanden die zeitlosen Figuren des *Kirschgartens*, des *Onkel Vanja*, der *Drei Schwestern*.

Im Zusammenhang mit der *Möwe* hat man von Theater auf dem Theater gesprochen. Wenn es hier überhaupt um Theater geht, so nicht um jenes, das Treplev schreibt und das er Nina spielen läßt, sondern um dasjenige, das diese vier Personen einander vorspielen. Čechov hat in diesem Fall theatralisches Theater gemacht, während er sein ganzes Theater sonst als Romancier gemacht hat. Und wenn er diese vier Personen viel reden läßt, so liegt das meiner Meinung nach daran, daß es ihm nicht gelungen ist, zu schreiben, was er sie hat sagen lassen wollen, was er gern gehört hätte. Er hat Schwätzer aus ihnen gemacht.

Das eigentliche Problem der *Möwe* ist die Zeit, in der dieses Stück geschrieben worden ist. Es ist ein Problem der Epoche, der Zeit. Heute kann man das langweilige lachhafte Geschwätz Ninas nicht mehr mitanhören. Und die Geschraubtheit Trigorins und der Arkadina ist unerträglich. In der modernen Dimension existieren sie nicht mehr.

1985

Urs Widmer

Wenn ich die wunderbare Prosa vernachlässige: am meisten mag ich an Čechov, wie er, auf der Bühne, mit dem Begriff der Komödie umgeht. Sie steht bei ihm für das Doppelgesicht des Lebens selbst, das stets, in der gleichen Sache und dem gleichen Ereignis, Komik und Jammer gleichzeitig bereithält. Erst innerhalb einer Komödie im Čechovschen Sinn sind Lachen und Weinen gleichwertig möglich: eine freiwillige Entscheidung des Zuschauers, das heißt, eine unfreiwillige natürlich, denn ein geheimnisvolles Etwas in uns entscheidet ja, ob wir losprusten oder losheulen.

5. September 1985

Woody Allen

Ich versuche, Komisches und Tragisches zu verbinden. Čechov konnte das sehr schön, man ist von einer Sache wie am Boden zerstört, und im nächsten Moment lacht man. Er ist überhaupt der Größte.

11. Oktober 1985

Samuel Beckett

I don't think I ever uttered my admiration for Chekhov. There was never a smile like his.

Mai 1986

Anlage

Čechov in deutscher Provinz

Vor dem Auslande macht der Deutsche immer noch seine Reverenz, und fremde Poeten haben bei gleichen Leistungen den Einheimischen gegenüber fast immer einen Vorsprung. Besonders, wenn sie feierliche Langeweile atmen; das gilt dann als bedeutend und tief. (Oder man setzt raffinierte Finessen der Regie auf das Konto des Dichters, wie in den Berliner Aufführungen von Gorkijs *Nachtasyl.*) Der Naturalismus gilt als überwunden. Er hat seine Dienste getan, um die Technik des Dichters zu verbessern, aber er darf nicht Selbstzweck sein. Wir verlangen von einem Kunstwerk doch noch etwas mehr als eine getreue Wirklichkeitsschilderung. So sagt man – bei Hauptmann. Gorki und Tschechoff – à la bonheur! Anton Tschechoff ist dem deutschen Publikum bisher wohl nur durch Skizzen und Novelletten bekannt, die hier und da in Zeitungen und Zeitschriften veröffentlicht wurden. Er mag ein guter Kenner des russischen Lebens sein; daß er es künstlerisch hervorragend darzustellen weiß, können wir nicht finden. Wir haben nun schon bis zum Überdruß gehört, daß ein müder, fatalistischer Zug durch die russische Volksseele geht – was zum größten Teil durch politische und soziale Verhältnisse zu erklären ist –, aber verwandte Saiten unserer Seele schwingen nicht mit bei dieser Eröffnung. Warum muten uns die Gestalten Shakespeares noch heute so menschlich vertraut an? Weil Shakespeare in die menschliche Seele hineinleuchtet, Ewigkeitszüge schildert und nicht als Hauptsache nationale Eigentümlichkeiten. Auch von seinem Landsmann Dostojewski könnte Tschechoff lernen. – Wenn man von der *Möwe* das spezifisch russische Milieu abstrahiert, bleibt eine recht alltägliche Geschichte übrig. Wie der Jäger aus Zeitvertreib eine Möwe schießt, so verführt ein russischer Schriftsteller, bei dem Oskar Blumenthal Pate gestanden zu haben scheint, ein junges Mädchen. Es nimmt sich das Leben, und ein junger Mann, der schlechte Theaterstücke macht und den seine Mutter sehr knapp hält, tut das gleiche. Auch aus diesem abgebrauchten Motiv ließe sich natürlich ein Kunstwerk machen. Aber alles wird in unerträglich breiter, uninteressanter Manier vorgetragen; nicht ein einziger Satz haftet in unserer Erinnerung oder ist es wert, im Gedächtnis behalten zu werden.

T., General-Anzeiger für Elberfeld-Barmen,
10. Februar 1904

Anton Tschechows *Drei Schwestern* im Kleinen Haus: ich hatte eigentlich vor zu schreiben, daß dies keine so tolle Idee der Dramaturgie sei, denn die vier Hauptwerke des bedeutendsten russischen Dramatikers werden landauf, landab in einem solchen Maße gespielt, daß sie einem allmählich zum Halse heraushängen.

Frankfurter Rundschau, 18. April 1984

Čechov in Buchhandlungen
und Bibliotheken

Varvarei

Brüder und Schwestern im Duden, vergeßt euren Streit um die Rechtschreibreform, um Groß- und Kleinschreibung, um Vereinfachung schwieriger Regeln – wenigstens für einen kleinen Augenblick und betrachtet, was im Schutz dieser Debatten derweilen geschehen ist: Eitle Slawisten haben Kuckuckseier gelegt, über denen wir noch häufig brüten werden. Sie haben nämlich nach langem Studium herausgefunden, daß wir Idioten seit vielen Jahren alles falsch gemacht haben, ohne es wenigstens zu ahnen! Wir haben z. B. Tschechow gespielt, gesehen und gelesen, ohne überhaupt zu wissen, daß schon sein Name nicht stimmt! Das hat uns Peter Urban gründlich klargemacht: wir Trottel haben ihn bislang immer unter T in Büchereien und Registern gefunden, was zwar im Ergebnis richtig, aber bereits im Ansatz völlig falsch war; denn eigentlich dürfte er – mit Genehmigung aller Fachidioten – nur unter C gesucht werden, wo er dann ein kleines Häubchen trüge: Č.

Ach, was ergeben sich mit dieser Findung für wahrhaft verwirrende Möglichkeiten, man denke auch an Čaikovski (Peter, nicht Čik), und vielleicht müßte Tolstoj richtiger mit einem R oder Z geschrieben werden; was wissen wir schon von der Kunst der Slawisten.

Bitte, der Wahnsinn grassiert bereits: am 5./6. Oktober war in der SZ zu lesen, jemand habe in den »Vakhtangow-Studios« inszeniert. Wer ahnt schon, daß sich dahinter der gute alte Wachtangow verbirgt? Mit solchen Vorkenntnissen muß ab jetzt ein Ende sein, der Hahn des Gemeinverständnisses muß schleunigst zugedreht werden: die Leute wissen einfach zu viel, und dabei haben sie gar nicht Slawistik studiert. Tschechow kennt heute jeder Nichtslawist – her mit dem neuen, unbekannten Čechov, nur echt mit dem Häubchen. Der mit der großen Verwirrung, mit Eurer elitären Besserwisserei, die uns in Zukunft ratlos durch Register und Kataloge blättern läßt, bis wir japsend Euren Rat erflehen. Barbara siehe unter Varvara – oh, Ihr Šlaviner!

PS: Gerade höre ich, den Vakhtangow hätten weder Slawisten noch Germanisten, sondern die Anglisten zu verantworten: das kann noch eine heitere wawylonische Schreibverwirrung geben!

Mikhael Scáza
Süddeutsche Zeitung, 8. Oktober 1974

Čechov im Gaststättengewerbe

»Lieber Herr Keel,

ich muß Ihnen etwas sagen, das mich derart empört und entsetzt, daß ich Sie sozusagen um Hilfe bitte.

Ich lese kürzlich ein Inserat in der Basler Zeitung, in dem die Direktion des Park-Hotels in Badenweiler zum Besuch in die einlädt.

Das Park-Hotel in Badenweiler ist das Haus, in dem der Dichter 1904 starb.

Nachdem ich dieses Inserat gelesen hatte, schrieb ich sofort an den Direktor des Hotels und habe natürlich keine Antwort erhalten.

Ich meine, wir müssen uns wehren gegen diese unüberbietbare Geschmacklosigkeit, wir müssen Tschechow, der in seinem Werk immer wieder auf die zerstörerische Wirkung des Alkohols hinwies (z. B. in der *Möwe*, 2. Akt, aber auch in Erzählungen), schützen.

Sie sind der Verleger Tschechows, vielleicht haben Sie eine Macht oder wissen einen Weg, diese Bezeichnung »Tschechow-Bar« verbieten zu lassen. Oder wenigstens in der Öffentlichkeit darauf hinweisen, was der Direktor dieses Hotels mit Tschechows Namen treibt.

Tschechow-Bar, das ist schlimmer als Mozart-Kugeln oder Schiller-Locken.

Hilde Z., 8. Oktober 1985

Čechov in der U-Musik

Ich muß selbst immer wieder staunen, mit welcher synthetischen Kraft der Tango in ein paar Worten eine kleine Welt beschreiben kann. Ich betrachte mich als große Tschechow-Verehrerin, und die Nähe zu diesem Dichter finde ich in den Tango-Liedern immer irgendwie wieder. Tschechow wie auch der Tango gehen mit den sparsamsten Mitteln der Sprache um, um damit den größten Effekt zu erzielen.

Josefina, Tango-Interpretin, Januar 1984

Čechov im Weltraum

Raumflüge dauern heute immer länger. Kosmonauten wie Forscher stehen vor dem Problem, wie sich der sensorische Hunger bekämpfen läßt, der Weltraumfahrer unweigerlich erfaßt. Vieles wird in dieser Hinsicht unternommen: da gibt es spezielle Rundfunk- und Fernsehsendungen, Musikprogramme, Unterhaltungsnummern. Und natürlich spielt auch die Literatur eine nicht unwesentliche Rolle. Welchen Schriftsteller nimmt man in den Weltraum mit? Ein auf die Erdumlaufbahn gebrachtes Buch ist schon buchstäblich Gold wert. Diese Frage wird von Psychologen sorgfältig studiert, denn sie ist doch ziemlich kompliziert, berücksichtigt man die unzähligen Möglichkeiten, die da in Frage kommen. Natürlich wird auch der persönliche Geschmack der Besatzung berücksichtigt, denn die Begegnung mit einem Buch im All soll den Menschen ja wie ein wunderbares, lang erwartetes Geschenk erfreuen.

Der Leser könnte jetzt fragen: was denn, fliegen Sie etwa da hinauf, um zu lesen? Natürlich nicht, aber stellen Sie sich einmal die Situation vor: hinter dir liegt ein angestrengter Arbeitstag. Die Bullaugen sind verhängt – es ist Schlafenszeit. Vor deinen Augen aber rollt das Panorama der Erdoberfläche ab, das du nach einigen Tagen Flug wie deine Westentasche kennst. Du legst dich lang, knüpperst dich gut am Schlafsack fest, damit du dich beim Aufwachen nicht plötzlich in der Schwerelosigkeit herumschwimmend findest. In solchen Augenblicken fällt dir so stark dein Heim ein, preßt sich das Herz so stark zusammen, erscheinen dir alle Menschen dort auf der Erde, von denen dich das schweigende All trennt, so nahe und teuer, daß dir deine eigene Existenz, dein Leben fast unwirklich vorkommen.

In diesen Minuten vor dem Einschlafen wollte ich für eine halbe Stunde ein Buch zur Hand nehmen, um mich ein bißchen von unserem Raumalltag abzulenken, und auch um das Gefühl zu haben, zu Hause zu sein.

Also Čechov. Auch er wurde für mich ein kosmisches Rätsel. Andere Bücher nahm ich irgendwie gewohnter auf. Natürlich waren mir die Kurzgeschichten nicht völlig neu, diese anspruchslosen und lichten Schöpfungen eines Genies, das die Literatur eben erst abtastete. Aber niemals, weder in der Jugend, als ich sie zum ersten Mal las, noch später, nach meiner Rückkehr, als ich sie wieder aufschlug, um meine Eindrücke zu überprüfen, haben sie mich in eine so ausgelassene Fröhlichkeit versetzt wie während des Fluges.

So anspruchslos sind diese Geschichten, daß sie, soviel ich weiß, wenn man von Čechov spricht, kaum erwähnt werden. Aber die Müdigkeit nehmen sie einem blitzartig. Tausende bekannter Gesichter ließen sie im Gedächtnis erstehen, Tausende von Assoziationen, und jegliche Bedrückung über unser Losgelöstsein von der Menschheit schwand. Welche Heilkraft hatte ihr Verfasser in sie hineingelegt? Warum war das so? Natürlich läßt sich alles in der Welt formulieren, und nach einigem Überlegen hätte ich vermutlich sagen können: in ihnen ist offenbar jenes Gute, Vernünftige, Ewige, das in den späteren Erzählungen Čechovs so deutlich wird. Aber diese Erklärung klingt irgendwie gequält, wie eine Art Entschuldigung: nun ja, immerhin die ersten Versuche eines angehenden Schriftstellers, und dem Humor in den Geschichten fehlt doch anscheinend die größere soziale Bedeutung. Fehlt sie wirklich? Eigentlich zeigt doch jede Geschichte einen Charakter.

Deshalb sollte man warten mit der Antwort auf die Frage, was den seltenen Reiz der Werke des jungen Čechov ausmacht. Das Anspruchslose? Jawohl. Und wir – schließlich ist ein Jahrhundert vergangen – sind um hundert Jahre erwachsener geworden. Selbstverständlich ist die Sensibilität im Kosmos geschärft. Auf der Erde erscheinen die Sketches irgendeines Conférenciers manchmal zum Umfallen lustig. Im Kosmos hörst du sie dir viel gelassener an. Es kommt dir so vor, als holtest du den Sketch aus dem Kühlschrank – eingefroren, zum Gebrauch aufzutauen. Čechovs Humor dagegen ist ein vollblütiger, warmer, erdnaher Humor.

Anatolij Sevastjanov,
Fliegerkosmonaut der UdSSR,
zweifacher Held der Sowjetunion
Sowjetliteratur, 1980

Čechov überhaupt

Sydney Harris, Influences
The New Yorker, 8. April 1985

Anhang
Editorische Notiz

Der vorliegende Band versammelt einige wichtige, verstreut, meist an entlegener Stelle erschienene Aufsätze, Essays und Zeugnisse deutscher und ausländischer Autoren über Anton Čechov; hiervon viele erstmals in deutscher Sprache.

Wer sich in Deutschland nach deutsch geschriebener Literatur über Čechov umsieht, ist mit seinem Alphabet rasch am Ende. Da ist Thomas Manns berühmter *Versuch über Tschechow* aus dem Jahre 1954, einer Zeit, zu der sich kaum jemand in Deutschland ernsthaft mit Čechov beschäftigte; da ist das kurze Čechov-Kapitel in Peter Szondis *Theorie des modernen Dramas*; da ist Siegfried Melchingers streitbare Monographie über den Dramatiker Čechov, die ihrerseits den empfindlichen Mangel an verfügbarem Material deutlich macht; da ist Elsbeth Wolffheims schlanke, vor allem auf Selbstaussagen Čechovs gestützte Gesamtdarstellung – aber viel mehr ist da nicht. In Sachen Sekundärliteratur haben sich deutsche Verlage, denen es schon um Čechov wenig zu tun war, mit meist schlampig edierten Importen beholfen. Und die vielberufene Čechov-»Renaissance« auf deutschen Bühnen während der letzten fünfzehn Jahre hat dem Denken über Čechov kaum wesentlich Neues hinzugefügt.

Dieser Befund entspricht einigermaßen genau der Aufnahme, die Čechovs Werk im deutschen Sprachraum gefunden hat.

Über siebzig Jahre lang stand Čechov, etikettiert als der »russische Maupassant«, als der »Höhepunkt des Pessimismus«, schließlich als »religiöser Atheist« im Westen, in der DDR als »Dichter der Morgendämmerung« im Schatten der großen Romanciers des XIX. Jahrhunderts, im Schatten Turgenevs und, vor allem, Tolstojs und Dostoevskijs. Beinahe ebenso lang wurden Čechovs Theaterstücke und ihre wenigen deutschen Inszenierungen gemessen am überwältigenden Eindruck, den das Moskauer Künstlertheater 1906 und, noch einmal, 1921/1922 in den Theatermetropolen Wien und Berlin mit dem vermeintlich autorisierten, authentischen Čechov hervorgerufen und so, auch für das Ausland, den »Čechov-Stil« über Jahrzehnte maßgeblich bestimmt hat.

Die erste seriöse, kommentierte deutsche Čechov-Werkausgabe erschien 1964–1968 im Verlag Rütten & Loening, Berlin/DDR, und selbst diese Ausgabe konnte noch 1966 mit deutschen Čechov-Erstveröffentlichungen aufwarten, beispielsweise mit der *Erzählung eines Unbekannten*. Im deutschsprachigen Westen wurde diese Ausgabe, wenn überhaupt, erst Anfang der 70er Jahre wahrgenommen.

Anders verlief die Čechov-Rezeption bekanntlich in Frankreich und vor allem im englischsprachigen Raum.

In England begann eine höchst intensive Aneignung Čechovs noch vor dem Ersten Weltkrieg, nachdem George Calderon und Constance Garnett erste Übersetzungen vorgelegt hatten und eine umfangreiche Werkausgabe im wesentlichen noch in den 20er Jahren abgeschlossen wurde. Von Čechov fasziniert, schrieben John Middleton Murry, Katherine Mansfield und Virginia Woolf um 1920 gleich mehrmals über ihn. Der literarische Diskurs in England kennt eine ganze Literatur zu Geschichte und Theorie der short story, aus der Čechov als Begründer einer neuen Sehweise ebensowenig wegzudenken ist wie aus den Spielplänen der Theater von London und bald auch New York. Čechovs Dramen galten dort seit Jahrzehnten als der Prüfstand schlechthin, als höchster Maßstab für Regisseure und Schauspieler gleichermaßen, und kaum ein englischer, irischer oder amerikanischer Bühnenautor, der Čechov nicht öffentlich Reverenz erwiesen hätte, sei es George Bernard Shaw, sei es Sean O'Casey, seien es Tennessee Williams oder Arthur Miller, um nur die modernen Klassiker zu nennen.

Über die englische Čechov-Diskussion gelangte Čechov zum zweiten Mal nach Frankreich, wo er zwar schon zu Lebzeiten übersetzt worden, wo indes die Rezeption seines Werkes ähnlich zäh verlaufen war wie im deutschen Kaiserreich. In Paris war es der zweisprachig aufgewachsene Kritiker und Essayist Charles Du Bos, der im angesehenen Verlag Plon eine groß angelegte Čechov-Werkausgabe anregte, die, wenn auch erst nach 1945 abgeschlossen, dem französischen Leser bereits in den 20er Jahren sämtliche wichtigen Werke Čechovs zugänglich gemacht hat. Auf dem französischen Theater ist der Name Čechovs engstens verbunden mit dem des Schauspielers und Regisseurs Georges Pitoëff, der, gebürtiger Georgier und in der Stanislavskij-Nachfolge stehend, Čechov als Dramatiker in Frankreich durchsetzte und eine Tradition begründete, an die nach 1945 Regisseure wie Jean-Louis Barrault, André Barsacq, Jean Vilar und andere anknüpfen konnten.

Widersprüchlich, wie schon zu Lebzeiten, verlief die öffentliche Auseinandersetzung um Čechov in Rußland. Teilte man, wie Vladimir Nabokov in seinen Vorlesungen zur russischen Literatur berichtet, in Kreisen der Intelligenz schon vor 1917 seine Bekannten in Čechov-Leser und Nicht-Čechov-Leser ein, so hat die Oktoberrevolution diesen Zwiespalt zweifellos vertieft. Auf der einen Seite die Autoren der neuen Inhalte, für die Čechov das Alte, überwunden Geglaubte verkörperte, so viel sie Čechov künstlerisch immer verdanken mochten – eingeschlossen Gorkij, dem der russische Čechov-Leser den Kult wohl nie verzeihen wird, den Gorkij als Stammvater des sozialistischen Realismus unwidersprochen mit seiner Person hat treiben lassen. Auf der anderen Seite das Moskauer Künstlertheater als vielfach belächelter Hort der Tradition, das sich, umbenannt in das »Moskauer Akademische Künstlerische A. M. Gorkij-Theater«, mehr und mehr zu einem Institut musealer Exerzitien entwickelte. Schließlich Autoren, die weder mit Čechov noch mit den verordneten Literaturrezepten etwas im Sinn hatten, z. B. Anna Achmatova, z. B. Osip Mandelštam. Trotz ständig verbesserter Čechov-Editionen selbst in schwersten Jahren – die erste kommentierte Čechov-Gesamtausgabe begann im Kriegsjahr 1944 zu erscheinen – befanden sich die Čechov-Leser auch in der Sowjetunion jahrzehntelang in der Defensive; von der 20bändigen Werkausgabe 1944–1951 bis zu der neuen, diesmal vorzüglich edierten Akademie-Ausgabe des Verlags Nauka, erschienen 1974–1982, war es ein langer, beschwerlicher und oft mühseliger Weg. Die kritische Prüfung des bisherigen Umgangs mit Čechov, die Auseinandersetzung mit den überlieferten Interpretationsklischees hat auch in der Sowjetunion erst in jüngster Zeit eingesetzt.

Es wäre schon aus Gründen des Umfangs unmöglich, alle diese Entwicklungen lückenlos und vollständig zu dokumentieren, selbst in der Weise, wie es Victor Emeljanows *Chekhov*, erschienen in der Critical-Heritage-Reihe bei Routledge & Kegan, London 1981, für den englischsprachigen Raum von den Anfängen bis 1945 versucht. Es wäre aber auch sehr die Frage, ob eine Anthologie zur Čechov-Rezeption, die sich ausschließlich auf deutschsprachige Zeugnisse beschränkte, nicht Gefahr liefe, mehr über germanisches Vorurteil und großdeutsche Überheblichkeit auszusagen als Erhellendes über Anton Čechov.

Dagegen zeigt ein Blick in den Nachlaß so manchen deutschen Autors, daß Čechov unter deutschen Schriftstellern weit mehr aufmerksame Leser besaß als allgemein angenommen und als Auflagenhöhen, Aufführungsziffern etc. vermuten lassen. Die Erhebung dieser Nachlässe ist jedoch bei weitem noch nicht abgeschlossen, sie schreitet vielmehr nur zögernd voran, weshalb auch schon deshalb Vollständigkeit ein Phantom bleiben muß. Im Zweifelsfall beansprucht ein funkelnder Satz Robert Musils, eine vergessene Bemerkung Thomas Manns zur deutschen Erstveröffentlichung des *Duells* größeres Interesse als manches schnellformulierte Kritikeretikett. Die bislang unveröffentlichten Tagebucheintragungen Arthur Schnitzlers, die hier zum ersten Mal publizierte Beobachtung Gerhart Hauptmanns aus dem Notizbuch von 1907 oder Brechts brieflicher Vergleich der dramatischen Systeme Ibsens und Čechovs unterstreichen eindrucksvoll den anderen Zugang, das professionellere Interesse, das Schreibende, Praktiker am Werk des fremden Kollegen nahmen. Čechov hat dies in einem Brief vom 23. Dezember 1888 an A. S. Suvorin selbst so formuliert: »Lobeshymnen ärgern mich nur. Die Literarische Gesellschaft, die Studenten, die Evreinova, Pleščeev, die jungen Damen usw. – sie alle haben meinen *Anfall* über den grünen Klee gelobt, aber die Beschreibung des ersten Schnees hat nur der alte Grigorovič bemerkt.« Diese Čechov-Bemerkung ist während der Arbeit an der vorliegenden Sammlung mehr und mehr zum obersten Auswahlkriterium geworden.

Für das hier vorgelegte Lesebuch über Čechov bot sich folglich eine Mischform an aus rezeptionsgeschichtlich relevanten Daten und Zeugnissen, Schlaglichtern, kurzen Resümees, je nachdem im diametralen Gegensatz zur allgemeinen Meinung oder auch als deren unmittelbarer Ausdruck; zweitens aus Beobachtungen, Reflexionen, Anmerkungen und Urteilen einzelner, mehr oder weniger bekannter Autoren; drittens aus Texten, die ihrerseits längst Bestandteil der Čechov-Literatur geworden sind und ohne die ein Lesebuch über Čechov nicht auskäme. Hierher gehört Thomas Manns *Versuch über Tschechow* ebenso wie der Erinnerungsaufsatz Gorkijs; hierher gehören die besten Sätze Lev Tolstojs ebenso wie Ivan Bunins Erinnerungen an Čechov, der, als Emigrant und erster russischer Literatur-Nobelpreisträger, in der Sowjetunion seinerseits eine höchst widerspruchsvolle Rezeption erfahren hat; hierher gehört der jahrzehntelang totgeschwiegene Nekrolog Aleksej Suvorins als der einzige zusammenhängende Text desjenigen, dem Čechov ein Jahrzehnt lang die offensten, rückhaltlosesten Briefe geschrieben hat (Suvorins Briefe an Čechov gelten als verschollen), hierher gehört der Čechov-Aufsatz des auch im deutschen Kaiserreich einflußreichen Kritikers Dmitrij Merežkovskij, der die Kritik des christlich-orthodoxen Rußland an Čechov klarer und auf höherem literarischen Niveau zusammenfaßt als alle, die Čechov später, in der Emigration, zum »religiösen Atheisten« umzustilisieren versucht haben; hierher gehören schließlich Autoren wie Evgenij Zamjatin und Boris Ejchenbaum, die, in einer Čechov-feindlichen Zeit, über Čechov Dinge formuliert haben, die weit über den gegebenen Anlaß – des Jubiläumsdatums – hinausweisen; hierher gehört nicht zuletzt Ilja Erenburgs versöhnliches Schlußwort zu dem abgegriffenen Vergleich Čechovs mit Maupassant.

Die Materialfülle einerseits, zum anderen das Bestreben, Doppelungen und stereotype Wiederholungen (etwa der Biographie Čechovs, Inhaltsangaben von Texten etc.) zu vermeiden, machten Kürzungen unausweichlich, die manche Äußerungen über Čechov auf deren Kern oder auf eine aus heutiger Sicht wesentliche Bemerkung reduzieren. Dafür bringt der Band in den nachstehenden Anmerkungen zu den Autoren die nötigen bibliographischen Hinweise, die das Auffinden der zitierten Texte ermöglichen, sowie weiterführende Angaben, die den Interessierten in die Lage versetzen, sich selbst auf die Suche nach Weiterem zu begeben. Der Band enthält ferner einige rezeptionsgeschichtliche Eckdaten sowie ein vergleichendes Aufführungsverzeichnis, die den Hintergrund umreißen, vor dem die dokumentierten Äußerungen zu sehen sind.

Verweise auf Briefe und Tage- bzw. Notizbucheintragungen Čechovs beziehen sich, soweit nicht anders angegeben, immer auf die Diogenes-Ausgabe.

Die Übersetzungen stammen, wo nicht anders vermerkt, vom Herausgeber. Verlag und Herausgeber danken den Originalverlagen für die freundliche Genehmigung des Abdrucks, den Übersetzern des Bandes sowie für Rat und wertvolle Hinweise: Michel Bataillon, Walter Boehlich, Christoph Cobet, Johanna Renate Döring-Smirnov, J. Hellmut Freund, Michael Fröhling, Dieter Hadamczik, Gerd Haffmans, Stefani Hunzinger, Juliane und Ljudmila Klotz, Rosemarie Koch, Peter Krumme, Martin Machatzke, Irene Riesen-Bitterli, Maren Sell, Igor Smirnov, Winfried Stephan, Christian Strich, Michael Töteberg, Reinhard Urbach, Rudolf Weys, Katharina Wolff-Wagenbach und Hermann Wündrich.

Die Autoren der Beiträge
Nachweise und Anmerkungen

Achmatova, Anna, eigtl. A. A. Gorenko, 1889–1966, russische Lyrikerin.
Die hier zitierte Äußerung von Anna Achmatova wird mitgeteilt von Isaiah Berlin in: *Personal Impressions*, London, Hogarth Press, 1980, dort in dem Aufsatz *Meetings with Russian Writers 1945 and 1956;* das zitierte Gespräch fand 1945 statt. Deutsche Erstveröffentlichung.
Anna Achmatovas negative Einstellung gegenüber Čechov dokumentiert auch → Lidija Čukovskaja in ihrem Buch *Zapiski ob Anne Achmatove*, Paris, YMCA-Press, 1976, eine Sammlung von Gesprächen, in denen der Name Čechovs des öfteren fällt, so z. B. in dem Gespräch beider Autorinnen vom 26. Dezember 1962:
»Ich brauche Čechov nicht wieder zu lesen, denn ich trage ihn in mir. Erinnern Sie sich, Sie haben mir einmal gesagt, das Meer fehle Ihnen nicht, weil es immer an Ihrer Seite sei, in Ihnen. Bitte, Čechov ist für mich dasselbe. Ich erinnere mich mit größerer Klarheit an die Erzählung *Mein Leben* als an Ereignisse meines eigenen Lebens. *Rothschilds Geige, Eine langweilige Geschichte, Erzählung eines Unbekannten, Drei Jahre, Der Bischof, Der Namenstag, Meine Frau, Die Dame mit dem Hündchen, Über die Liebe* – alle diese Erzählungen haben mein Wesen geformt. (Ich zitiere diese Titel aus dem Stegreif. Čechov hat Dutzende und Dutzende von Meisterwerken geschrieben. Die Tatsache, daß sie – A. Achmatova – Čechov nicht liebt, spiegelt nicht ihre intime Überzeugung wider, ich habe den starken Verdacht, es ist ein Gruppengefühl, eine akmeistische Attitüde, das unbegreifliche Ordnungswort einer Generation und eines kleinen Dichterzirkels (der Akmeisten).«

Albee, Edward, *1928, amerikanischer Dramatiker. Äußerungen über Čechov in Interviews; die hier zitierte im Januar 1985. Deutsch von Stefani Hunzinger.

Allen, Woody, *1935, amerikanischer Filmregisseur und Schauspieler. Allens Äußerung steht im Zusammenhang mit seinem Film *Purple Rose of Cairo* und entstammt einem Interview von Siegfried Schober *Der gefangene, verzweifelte Spaßmacher*, erschienen in der *Zeit*, Hamburg, vom 11. Oktober 1985.
Allen über Čechov vgl. auch in dem Interview anläßlich des Films *Hannah und ihre Schwestern* im *Spiegel* vom 6. 10. 1986 mit Hellmuth Karasek: »Ich habe vor Jahren den *Kirschgarten* mit Meryl Streep gesehen, es war eine wunderbare Aufführung, sie war sehr, sehr komisch. Es war der Humor der Verzweiflung.«
Im Film *Radio Days* wird Čechov mehrmals direkt zitiert; Benjamin Henrichs in der *Zeit* vom 2. 10. 1987: »Aber *Radio Days* hat noch einen anderen Star, Gast-Star gewissermaßen. Anton Pavlovič Čechov. Ihm huldigt Woody Allen an vielen Ecken und Enden seiner Geschichte. Und beim großen Finale, in der Silvesternacht 1944, auf einer verschneiten, von Reklamelichtern überfluteten Dachterrasse, läßt er ihn selber sprechen: ›Wir werden alt und erfahren nie, wa das Ganze bedeutet. Ich frage mich, ob zukünftige Generationen überhaupt je etwas von uns erfahren werden. Das ist nicht wahrscheinlich. Nach einer gewissen Zeit ist alles vergangen.‹ Da ist reiner Čechov, aus dem Russischen ins Amerikanische ins Deutsche übersetzt.«

Antonioni, Michelangelo, *1912, italienischer Filmregisseur, Drehbuchautor, Erzähler, auch Schauspieler und, in jungen Jahren, Autor von Theater- und Filmkritiken.

Der zitierte Passus entstammt Antonionis Erzählung *Einfach nur zusammen sein*, enthalten in dem Band *Bowling am Tiber*, Turin 1983, in deutscher Übersetzung von Sigrid Vagt erschienen im Klaus Wagenbach Verlag, Berlin 1985.

»Gebt mir neue Schlüsse« – vgl. Čechov an A. S. Suvorin am 4. 6. 1892: »Ich habe ein interessantes Sujet für eine Kommödie, habe aber noch keinen Schluß dafür gefunden. Wer neue Schlüsse für Theaterstücke erfindet, der wird eine neue Ära einleiten. Die gemeinen Schlüsse gelingen mir einfach nicht! Der Held kann entweder heiraten oder sich erschießen, einen anderen Ausweg gibt es nicht.«

ATKINSON, Brooks, 1894–1984, amerikanischer Kritiker, 1926–1966 Theaterkritiker der *New York Times*. Zahlreiche Besprechungen von Čechov-Inszenierungen, davon mehrere auszugsweise zitiert in V. Emeljanow, *Chekhov. The Critical Heritage*, London, Routledge & Kegan Paul, 1981. Das hier zitierte Statement erschien am 18. 11. 1928 in der *New York Times* anläßlich der *Kirschgarten*-Premiere in der 14th Street, New York, vom 14. 10. 1928, Nachdruck bei V. Emeljanow. Deutsche Erstveröffentlichung, übersetzt von Birgit Flos.

Čechov zu einer Schülerin – gemeint ist Lidija Avilova, an die Čechov am 19. 3. 1892 schrieb:
»Ihre Erzählung *Unterwegs* habe ich gelesen. Wenn ich Herausgeber einer illustrierten Zeitschrift wäre, würde ich diese Erzählung mit großem Vergnügen bei mir drucken. Nur hier mein Rat als Leser an Sie: wenn Sie Trauerklöße und Talentlose darstellen und den Leser erweichen wollen, so bemühen Sie sich, kälter zu sein – das gibt einem fremden Kummer eine Art Hintergrund, vor dem er sich plastischer abhebt. Sonst weinen bei Ihnen die Helden, und Sie seufzen. Ja, seien Sie kalt.«

BANU, Georges, *1943 , französischer Theaterkritiker, Publizist, Autor einer Brecht-Monographie *B. B., Le petit contre le grand,* die 1982 mit dem Prix de la Critique ausgezeichnet wurde. Der hier zitierte Aufsatz erschien erstmals in dem Čechov gewidmeten Heft Nr. 16 der Zeitschrift *silex*, 1980, und ist nachgedruckt in dem Essayband G. B., *Le théâtre, sorties de secours*, Paris, Aubier, 1984, der Čechov ein ganzes Kapitel mit mehreren Aufsätzen widmet. Deutsche Erstveröffentlichung, übersetzt von Irene Riesen.

Heiner Müller, Schreiben oder – vgl. Heiner Müllers *Absage* (der Mitarbeit an einem neuen Band über Brechts Lehrstücke): »Was bleibt. Einsame Texte, die auf Geschichte warten. Und das löchrige Gedächtnis, die brüchige Weisheit der Massen, vom Vergessen gleich bedroht. Auf einem Gelände, in dem die LEHRE so tief vergraben und das Außerdem vermint ist, muß man gelegentlich den Kopf in den Sand (Schlamm Stein) stecken, um weiterzusehn. Die Maulwürfe oder der konstruktive Defaitismus.«

BARRAULT, Jean-Louis, *1910, französischer Schauspieler, Regisseur, Theaterleiter. Inszenierte 1954 in Paris den *Kirschgarten*, in Begleitung dazu erschien in den *Cahiers de la Compagnie M. Renaud-Barrault*, Nr. 6/1954, der Aufsatz *Pourquoi ›La Cérisaie‹?* Nachdruck in Auszügen in der Zeitschrift *Théâtre en Europe*, Heft 2/1984. Der hier vorgelegte Text entspricht weitgehend der Kurzfassung von 1984. Deutsche Erstveröffentlichung, übersetzt von Irene Riesen.

»Es ist doch so klar…« – Trofimov im 2. Akt, vgl. detebe 20083, S. 40

»Oft heißt es bei mir…« – Brief vom 23. x. 1903 an V. I. Nemirovič-Dančenko, *Briefe* v/Nr. 1148.

BARSACQ, André, 1909–1973, französischer Bühnenbildner, Regisseur und Theaterleiter russischer Herkunft, leitete ab 1940 das Théâtre de l'Atelier und inszenierte dort
1955 *Die Möwe*, 1967 eine Dramatisierung der Čechov-Novelle *Das Duell*. Zu
beiden Inszenierungen Beiträge im Programmheft des Theaters. Der hier zitierte Text
ist dem Begleitkatalog der Barsacq-Ausstellung *50 ans de Théâtre* der Bibliothèque
Nationale, Paris 1978, entnommen. Deutsche Erstveröffentlichung.

BATES, Herbert Ernest, 1905–1974, englischer Schriftsteller, Erzähler, Verfasser einer
Monographie über *The Short Story. A Critical Survey*, London 1942, Thomas Nelson
& Sons. Das hier gedruckte Fragment entstammt dem Kapitel *Tchekhov and
Maupassant* dieses Buches. Deutsche Erstveröffentlichung, übersetzt von Birgit Flos.
   Edward Garnett – englischer Kritiker und Dramatiker, 1868–1937, Ehemann von
   Constance Garnett, der Übersetzerin der ersten englischen Čechov-Ausgabe
   1916–1923; Autor von Monographien über Tolstoj (1914), Turgenev (1917),
   Aufsätzen über Ostrovskij und Čechov in dem Band *Friday Nights. Literary
   Criticisms and Appreciations*. L. 1929.
   Sarah Orne Jewett – 1849–1909.
   »Auf dem Wagen« – vgl. detebe 20266.

BECKETT, Samuel, *1906
   Beckett, dessen dramatisches Œuvre spätestens seit Martin Esslins Monographie *The
   Theatre of Absurd* mit Anton Čechov in Verbindung gebracht wird, vgl. hierzu auch
   → J. C. Oates vorn im Band, hat sich nie öffentlich über Čechov geäußert. Die hier
   zitierten Sätze entstammen einem Brief Becketts vom Mai 1986 an Frau Rosemarie
   Koch, Berlin, die Beckett auf Bitten von → Ernst Wendt nach seinem Verhältnis zu
   Čechov fragte.
   Ihre Wiedergabe muß wegen der schwer leserlichen Handschrift Becketts jedoch
   unter Vorbehalt erfolgen. So lesen sie sich in ihrer Erstveröffentlichung im Programmheft des Theaters in der Josefstadt, Wien, zur *Drei Schwestern*-Inszenierung
   von Ernst Wendt am 6. September 1986 wie folgt: »I don't think I ever *altered* my
   admiration . . .«
   Ernst Wendt, der schon in seiner Münchner *Kirschgarten*-Inszenierung den Diener
   Firs Beckett-Sätze sprechen ließ, über *Drei Schwestern*, Beckett und Čechov (in
   einem Gespräch mit Michael Fröhling am 13. Juni 1986, gedruckt im Programmheft
   des Theaters in der Josefstadt, Wien):
   »*Drei Schwestern* ist vielleicht ein Stück übers Weiterleben. Es hat etwas Trotziges.
   Bei Beckett gibt es einen Satz, der heißt ungefähr: Die Sonne schien, weil sie keine
   andere Wahl hatte, auf nichts Neues. Damit hätten wir eigentlich, glaube ich, das
   Weltbild von Tschechow. Seine Figuren, die den Beckett noch nicht gelesen, die
   selbst den Tschechow noch nicht gelesen haben, reden unendlich viel von einer
   Zukunft, die eintreten möge – sie denken in Zeiträumen von zwei-, dreihundert
   Jahren . . . Beckett, unser Endzeit-Poet, muß alles von Tschechow gekannt und
   wahnsinnig viel von ihm gelernt haben: in seinem Pausenfetischismus, in seinen
   Angaben übers Lachen und Weinen und in der Art und Weise, wie er selbst seine
   eigenen Stücke zu inszenieren pflegte, begründet er sich von Tschechow. Auf nichts
   anderes Wert legend als auf die Befolgung seines Notationsprinzips – so wird es
   jedenfalls von Beckett-Proben berichtet. Der hat nie Interpretationen, Auslegungen
   seiner Stücke gegeben, sondern darauf vertraut, daß die Lesart sich durch die
   Befolgung der Struktur herausstellen würde.
   Die Figuren aus Becketts Stücken können alle auch in einem Stück von Tschechow
   auftreten. Beckett findet dann für etwas, das Tschechow im Bild eines Kirschgartens,

im Bild eines Salons, einer Garnisonsstadt noch scheinbar realitätsorientiert, natur-
orientiert formuliert, geraffte Bilder: Sandhügel und eine Straße. Auch einen
Bunker. Aber auch in Tschechows Salon wird ja mit einer Bunkermentalität
philosophiert. Irgendeine Sehnsucht dieser Figuren, da – so Gott will – nie wieder
rauszumüssen, steckt wohl unbewußt in vielen drin; der Abschied derer, die da
endlich herauskommen, ist ja gar keiner; er ist keine Erlösung für die einen, noch für
die anderen. Also, Zeitgenossenschaft zwischen diesen beiden Autoren, insofern sie
Menschen zeigen, die philosophierend sich ins Glück hineinbetrügen, die auch, wenn
das Ding schon *Endspiel* heißt und sie ein Bewußtsein haben, daß das Ende ja kommt,
doch so tun, als gäbe es irgendwann noch Glück, irgendwann dennoch Erfüllung,
irgendwann doch so etwas wie den Umsturz aller Umstände, die die Menschen
unglücklich machen. Diese Umstände werden aber nicht als materiell bestimmte
beschrieben, sondern als in den Menschen von Grund auf angelegte, nämlich
gottgewollte. Beide Autoren, Beckett und Tschechow, sind ja sowas wie ironische
Gottsucher, theologische Satyrspieler. Wenn sie immer nur von der Zukunft träumen
lassen, dann handeln sie unausweichlich von den ›letzten Dingen‹, die finden immer
erst nach unserem Ableben, Verblühen statt. Beide Autoren haben eine ganz große
Ironie zu dem, was sie ihre Figuren sagen lassen, und man hat trotzdem das Gefühl,
daß sie hinter jedem Satz, in jedem Satz auch verborgen sind als Autor; in der Summe
der sich widersprechenden Sätze. Und daß diese Summe der sich widersprechenden
Sätze erst eigentlich den Autor ergibt. Er steckt in jeder einzelnen Figur unauflöslich
drin.«

BELYJ, Andrej, eigtl. Boris Bugaev, 1880–1934, russischer Lyriker, Romancier, Kritiker, Theoretiker (nicht nur) des russischen Symbolismus, dessen bedeutendster
Vertreter er neben → Aleksandr Blok war. Außer dem hier zitierten Aufsatz von 1907
gibt es von Belyj einen Nekrolog auf Čechov von 1904; beide Texte erschienen in dem
Aufsatzband *Arabeski*, St. Petersburg 1911 (Reprint München, Fink Verlag, 1969).
Deutsche Erstveröffentlichung. Der hier vorgelegte Text ist um eine Passage gekürzt,
in der sich Belyj kritisch mit den Moskauer Symbolisten (V. Brjusov) auseinander-
setzt und die mit Čechov wenig zu tun hat.
   »Znanie« – »Das Wissen«, von Gorkij ins Leben gerufene Verlagsgenossenschaft in
Petersburg, die zu autorenfreundlichen Bedingungen auf dem Gebiet der schön-
geistigen Literatur sehr erfolgreich war. Zu den Autoren von *Znanie*, in dessen
Almanach auf das Jahr 1904 auch Čechovs *Kirschgarten* erschienen war, gehörten
neben Gorkij: Leonid Andreev, Skitalec, A. Kuprin, E. Čirikov, Veresaev u. a.
Vgl. auch weiter unten die *Realisten mit symbolistischem Sauerteig.*
   Maeterlinckmode – für Maurice Maeterlinck hatte sich schon Čechov 1895, als
Suvorin ein Theater gründete, später auch beim Moskauer Künstlertheater immer
wieder eingesetzt; zur »Mode« wurde Maeterlinck in Rußland erst nach 1904.
   Ivan Ivanovič – der russische Jedermann.
   Balzac wurde in Berdičev getraut – bei Belyj versehentlich »wurde geboren«.

BENN, Gottfried, 1886–1956
   Die zitierte Passage findet sich in einem Brief Benns an Thilly Wedekind vom 30.
Juli 1935, deutsch erstmals in: G. B., Briefe an Thilly Wedekind, 1930–1955, hrsg.
v. Marguerite Valerie Schlüter, Stuttgart, Klett/Cotta, 1986. In demselben Band
abgedruckt auch ein Brief vom 27. Juli 1935, in dem es heißt: »Sitze zu Hause und
lese. Momentan: Tschechow, mein Liebling, Onkel von Olga.« (Olga: Tsche-
chowa.)

Bethge, Friedrich, 1891–1963, deutscher Schriftsteller, Dramatiker, Theaterleiter, bis 1945 stellvertretender Generalintendant der Städtischen Bühnen Frankfurt am Main, unter Hitler auch Präsidialrat der Reichstheaterkammer. Der hier zitierte Text, gedruckt in der verdienstvollen Dokumentation von J. Wulf, *Theater und Film im Dritten Reich*, Frankfurt-Berlin-Wien 1983, ist eines der wenigen Nazi-Dokumente, in denen der Name Čechovs explizit genannt wird. Hinsichtlich der russischen Literatur war 1933 im Zuge der Bücherverbrennungskampagne Unsicherheit entstanden, die ein Kommentar der *Münchner Neuesten Nachrichten* vom 18. 5. 1933 ausräumte: die Literatur des »intellektuellen Nihilismus hat vorwiegend, jedoch nicht nur jüdische Vertreter. Nicht jeder russische Schriftsteller ist Kulturbolschewist. Dostojewsky und Tolstoi gehören nicht auf den Index. Neuanschaffungen von Russischen sind nicht nötig, ebensowenig wie alle neuen Russen vernichtet zu werden brauchen.«
Diese Linie wurde allgemein befolgt bis zum Hitler-Stalin-Pakt 1938, danach erschienen, bis Sommer 1941, wieder russische Klassiker in den Verlagsprogrammen und Spielplänen.
Jacobsen – Jens Peter, 1847–1885, dänischer Schriftsteller.
Bang – Herman, 1857–1912, dänischer Schriftsteller.

Bloch, Jean-Richard, 1884–1947, französischer Schriftsteller, Essayist, Kritiker. Der in diesem Band zitierte Kernsatz fiel im Zusammenhang mit der *Möwe*-Inszenierung von Jacques Hebertot am Théâtre des Champs-Elysées, Premiere am 25. 4. 1922, mit → Georges Pitoëff als Trigorin und Ljudmila Pitoëff als Nina Zarečnaja. Zitiert nach Michel Bataillons Aufsatz *Quand la France découvre Anton Tchékhov* in der Zeitschrift *silex*, Nr. 16, 1980, deutsche Erstveröffentlichung.

Blok, Aleksandr Aleksandrovič, 1880–1921, russischer Lyriker, Dramatiker, mit → Andrej Belyj bedeutendster Vertreter des russischen Symbolismus. Äußerungen über Čechov nur in Briefen, die hier zitierte ist dem Band iii der deutschen Blok-Ausgabe des Verlags Volk & Welt entnommen, hrsg. v. Fritz Mierau, Berlin/DDR 1978. Deutsch von Elke Erb.
Maeterlinck, Hamsun – Das Moskauer Künstlertheater zeigte während seines Frühjahrsgastspiels in Petersburg seine neuesten Inszenierungen: *Der blaue Vogel* von Maeterlinck (Premiere am 30. 9. 1908), *An des Reiches Pforten* von Knut Hamsun (Premiere am 9. 3. 1909) sowie die *Revisor*-Inszenierung, die am Künstlertheater am 18. 12. 1908 herausgekommen war.

Boehlich, Walter, *1920, deutscher Kritiker, Publizist, Übersetzer. Der hier zitierte Passus entstammt der Laudatio Boehlichs auf den Träger des Helmut M. Braem-Preises 1980, gehalten in Bergneustadt am 24. November 1980 im Rahmen des 13 Eßlinger Gesprächs. Der vollständige Text ist gedruckt im Mitteilungsblatt des Verbandes deutschsprachiger Übersetzer *Der Übersetzer*, Nr. 1/2, 1981.
Eine andere Nennung Čechovs im Nachwort Walter Boehlichs zur eigenen Übersetzung von Herman Bang, *Das weiße Haus. Das graue Haus*, Frankfurt am Main, Suhrkamp Verlag, 1978.
fuit antea tempus – latein. »Es war einmal eine Zeit«.
»*Ich bin froh, daß in meiner künstlerischen Garderobe ...*« – Brief Čechovs an A. S. Suvorin vom 2. 1. 1894, vgl. *Briefe* iii/Nr. 445.
»*Aus den Büchern, die ich gelesen habe*« – an A. S. Suvorin am 9. 3. 1890, *Briefe* ii/ Nr. 271.

Böll, Heinrich, 1917–1985

Der zitierte Passus entstammt einem Brief Bölls vom 28. 12. 1984 an den Herausgeber und erschien erstmals in: H. B., *Die Fähigkeit zu trauern*. Schriften und Reden 1983–1985, Bornheim-Merten, Lamuv, 1986, Nachdruck in: H. B., *Feindbild und Frieden*. Schriften und Reden 1982–1983, München, dtv, 1987, mit der etwas kryptischen Erklärung »Brief an... anläßlich des 125. Geburtstags von Anton Čechov.« Bölls Brief geht zurück auf die Bitte Moskauer Literaturwissenschaftler um einen Beitrag zu dem damals in Vorbereitung befindlichen Sammelwerk *Čechov und die Weltliteratur*. Böll war nach seinem Eintreten für politisch Verfolgte, insbesondere für Solženicyn, in der Sowjetunion, wo er lange der meistgelesene Autor Nachkriegsdeutschlands war, offiziell zur persona non grata geworden. Hierauf bezieht sich Böll im ersten Absatz seines Briefes:
»Die merkwürdigen Verkrampfungen im Verhältnis ›Moskaus‹ zu mir – an denen ich natürlich auch meine ›Schuld‹ habe – werden wir nicht lösen, und obwohl ich weiß, daß ich als Autor dort trotz allem meinen ›Platz‹ habe, früh ›erobert‹ (ohne Gewalt natürlich! und ohne mein Zutun) und mit einer gewissen Wirkung fast als ›Trojanisches Pferd‹ (auch ungewollt natürlich, aber es ergab sich einfach aus der ›Natur der Sache‹) – ich bedaure es sehr, daß meine Bücher dort nicht mehr greifbar sind, weil ich einfach glaube, daß ich auch dort hingehöre. Zu Čechov will ich Ihnen gern – allerdings improvisiert – etwas schreiben, das Sie getrost als ›offiziellen Beitrag‹ weitergeben können:« – es folgt der im Band zitierte Passus.
Auf die besondere Bedeutung der *Insel Sachalin* hatte Heinrich Böll bereits vor 1983 mehrmals hingewiesen.

Brahm, Otto, 1856–1912, deutscher Kritiker, Theaterleiter, Begründer des Deutschen Theaters Berlin, dort entscheidend an der Durchsetzung des Werkes von Henrik Ibsen beteiligt, Entdecker Gerhart Hauptmanns, Theoretiker des Naturalismus.
Der hier zitierte Brief an den Übersetzer August Scholz erschien erstmals in der Zeitschrift *Theater heute*, Heft 8, 1969. Abdruck mit freundlicher Genehmigung der Redaktion.

Brecht, Bertolt, 1898–1956, deutscher Dramatiker, Lyriker, Regisseur und Theaterleiter, Begründer der Theorie des epischen Theaters, als solcher erklärter Gegner der »Stanislawski-Schule« und damit Čechovs, den er mit dem Stanislavskijschen System gleichsam identifizierte; vgl. die *Dialoge zum Messingkauf*, vgl. auch die nachstehende Notiz aus dem *arbeitsjournal* vom 2. 8. 1940:
»der naturalismus (der goncourts, zolas, tschechows, tolstois, ibsens, strindbergs, hauptmanns, shaws) markiert die einflußnahme der europäischen arbeiterbewegung auf die bühne. die komödie verwandelt sich in die tragödie (weil der point of view klassenmäßig nicht geändert wird?). immer mehr treten die hemmnisse von seiten der aristotelischen dramaturgie hervor. die abbildungen werden nicht praktikabel.«
Bertolt Brechts Brief vom Herbst 1945, er ist an Ogden Stewart gerichtet, erschien deutsch erstmals in der Ausgabe: B. B., *Briefe*, hrsg. v. Günter Gläser, Frankfurt am Main, Suhrkamp Verlag, 1981.
Vgl. zu Bertolt Brecht, dem Naturalismus Ibsens, der Historizität von Theaterstücken Heiner Müllers *Notate zu Fatzer*, erstmals veröffentlicht in der Hamburger *Zeit* vom 17. 3. 1978:
»Für mich ist jetzt eine Phase abgeschlossen, und diese Arbeit mit dem Fatzer-Material gehört zu diesem Abschluß. Jetzt muß ich einen neuen Ansatz finden.

Die historische Substanz ist für mich jetzt unter dem Gesichtspunkt, unter dem ich sie versucht habe zu notieren – verbraucht. Jetzt wäre interessant, die Geschichte der Beziehung von zwei oder drei Leuten, und zwar in ihrer privaten oder sogenannten privaten Beziehung zu beschreiben. Das wäre jetzt interessant. Ibsen-Renaissance jetzt, und Tschechow sowieso, deuten da auf ein Bedürfnis und die Möglichkeiten des Eingreifens in eine Mikrostruktur. In die Makrostrukturen kann man nicht mehr eingreifen mit Literatur. Jetzt geht es in die Mikrostruktur. Dafür hat Brecht nur in seinem Frühwerk Techniken und Formen angeboten, Instrumentarien angeboten, aber nicht in den ›klassischen‹ Stücken. Deshalb sind sie jetzt auch so sakrosankt und langweilig.«

BROCH, Hermann, 1886–1951, österreichischer Schriftsteller, Theoretiker, Kritiker. Andere Äußerungen über Čechov, außer der hier zitierten, sind bislang nicht überliefert; die hier gedruckte entstammt Brochs Essay *Hofmannsthal und seine Zeit. Eine Studie*, erstmals in H. B., *Dichten und Erkennen. Essays*, Zürich 1955.

BROOK, Peter, *1925, englischer Regisseur, Theaterleiter, Theoretiker, lebt und arbeitet seit etwa 1970 vorwiegend in Paris. Peter Brook inszenierte dort, im Theater Bouffes du Nord, 1981 Čechovs *Kirschgarten*, der, des großen Erfolges wegen, 1983 in veränderter Besetzung wieder aufgenommen wurde.
Brooks Aufsatz über Čechov entstammt dem Programmheft der *Kirschgarten*-Inszenierung 1981 und ist ins Deutsche übersetzt von Irene Riesen. Deutsche Erstveröffentlichung. Ein weiterer Aufsatz Peter Brooks über Čechov und den *Kirschgarten* erschien im Čechov-Heft der Zeitschrift *Théâtre en Europe*, Heft 2, 1984.
Der Splitter über das »Mißverständnis Čechov« findet sich in Brooks Klassiker *The Empty Space*, London 1968, deutsch von Walter Hasenclever 1969 im Verlag Hoffmann & Campe; Neuauflage 1983 im Alexander Verlag, Berlin.
zusammen mit Jean-Claude Carrière – französischer Schriftsteller, Drehbuch-Autor des späten Buñuel, enger Mitarbeiter Brooks, zeichnete mit Peter Brook für die *Kirschgarten*-Übersetzung 1981. Für den vorliegenden Band wurde der erste Absatz des Aufsatzes von Brook gestrichen, er hat folgenden Wortlaut: »Ich habe die vier oder fünf Versionen des *Kirschgartens* gelesen, die es auf französisch gibt, dann die zahlreichen englischen und den Originaltext. Als Student habe ich in Oxford Russisch gelernt, und ich kann es noch ein wenig lesen. Ich habe mit der Mutter meiner Frau Natasha Parry, die Russin ist, und mit Jean-Claude Carrière eine völlig neue Fassung erarbeitet. Man muß immer wieder auf die Adaptationen zurückkommen. Wie Inszenierungen sind sie stets ein bißchen von ihrer Zeit gekennzeichnet.«

BUNIN, Ivan Alekseevič, 1870–1953
Die Geschichte seiner Bekanntschaft mit Čechov, auch seiner Bewunderung für ihn, erzählt der hier vorgelegte Aufsatz von September 1904, der übrigens – Ivan Bunin war 1920 emigriert und starb im Exil – in frühen Ausgaben des Sammelbandes *Čechov in Erinnerungen von Zeitgenossen* (1947, 1952) fehlt. Nach Lektüre dieses Bandes 1952 und nachdem er die 20bändige Čechov-Gesamtausgabe kennengelernt hatte, begab sich Bunin 1952 erneut an eine größere Arbeit über Čechov. Dieses Buch ist Fragment geblieben und erschien posthum in New York 1955; Teile daraus sind veröffentlicht im Čechov-Band des *Literaturnoe nasledstvo* (Literarisches Erbe), Bd. 68, Moskau, Nauka, 1960.
Bunins Čechov-Erinnerungen von September 1904 erschienen deutsch erstmals in

der Zeitschrift *Sinn und Form*, Nr. 10, 1958, in der Übersetzung von Monica Huchel; diese Übersetzung wird hier reproduziert, ergänzt durch das de Lille-Zitat, das in *Sinn und Form* fehlte.

Von Ivan Bunin existiert außerdem ein Text über Čechov *Aus dem Notizbuch*, er erschien erstmals in Band VI, 1915, der Bunin-Werkausgabe im Verlag A. F. Marks, St. Petersburg.

Aleksej Tolstoj – Aleksej Konstantinovič Tolstoj, 1817–1875, russischer Lyriker, Satiriker.

Sachalin interessierte ihn – vgl. hierzu ausführlich Čechovs Brief an A. S. Suvorin vom 9. März 1890.

Tod seines Bruders Nikolaj – Nikolaj Pavlovič, geb. 1858, Maler, der zahlreiche frühe Humoresken Čechovs illustriert hatte, war am 17. Juni 1889 gestorben.

Lunge, »Geräusche« – Briefe zu diesem Punkt aus dem Jahr 1887 an seine Schwester Marija Pavlovna sind nicht bekannt. Über Lungenblutungen hat Čechov erstmals dem Redakteur N. A. Lejkin berichtet (am 10.12.1884), vgl. *Briefe*, Bd. 1.

Petersburg, »Die Möwe« – am 17. Oktober 1896.

Sergeenko – Pëtr A. Sergeenko, 1854–1930, Schriftsteller, Publizist, wie Čechov aus Taganrog gebürtig, hatte in seinen Čechov-Erinnerungen in der Zeitschrift *Niva* (Oktober 1904) in diesem Sinne geschrieben.

Pavel Egorovič – Čechovs Vater, 1825–1898.

»Die Hasen und die Chinesen« – dieses Gedicht hatte Čechov am 19.6.1887 der Tochter seiner Wirtsleute in Babkino, Saša Kiseléva, ins Poesiealbum geschrieben.

Lermontovs »Taman« – Gestalt und Kapitel aus Michail Lermontovs Roman *Ein Held unserer Zeit*.

»Der Student« – Erzählung von 1894, vgl. detebe 20265.

»Eine langweilige Geschichte« – von 1889. vgl. detebe 20267.

»Skorpion« – Moskauer Verlag, existierte von 1900–1916 als Verlag vor allem für moderne Literatur aus dem Ausland (Verlaine, Verhaeren u.a.), wurde später zum Verlag der russischen Symbolisten (V. Brjusov, F. Sologub, → A. Belyj u.a.). Zwischen 1904 und 1911 erschienen fünf Ausgaben des Almanachs *Severnye cvety* (Blumen des Nordens), in dem neben Symbolisten auch Arbeiten von Bunin, Čechov und anderen publiziert wurden, in der ersten Ausgabe 1904 Čechovs frühe Erzählung *Auf See* (1883).

»mein Stück« – *Der Kirschgarten* hatte am 17.1.1904 Uraufführung; der Brief, den Bunin zitiert, datiert vom 8.1.1904.

Sofja Pavlovna – S. P. Bonnier, Jaltaer Bekannte Čechovs.

L. de Lisle – Lecomte de Lisle, 1818–1894, französischer Lyriker. Deutsche Übersetzung:
»Ich, ich beneide dich in deinem Grabe still und schwarz,
Wo du befreit vom Leben bist und nicht mehr kennst
Die Schmach zu denken und den Schrecken, Mensch zu sein.«

»Ausdrucks des Glücks…« – Zitat eines Briefes von G. B. Iollos, dem Korrespondenten der *Russkie vedomosti*, der Čechov durch Berlin begleitet hatte und auf die Todesnachricht nach Badenweiler gefahren war; sein Brief vom 4.7.1904 an den Redakteur der Zeitung, V. M. Sobolevskij, wurde in den *Russkie vedomosti* vom 9.7.1904 auszugsweise veröffentlicht.

COPEAU, Jacques, 1879–1949, französischer Schauspieler, Regisseur, Theaterleiter, Begründer des Théâtre du Vieux Colombier in Paris, Entdecker von → Ljudmila und Georges Pitoëff und damit Čechovs für das Pariser Theater.

Die hier zitierte Tagebucheintragung Copeaus findet sich in *Les Registres du Vieux Colombier*, hrsg. v. Marie-Hélène Dasté und Suzanne Maistre Saint-Denis, dem Band III. 1 der *Registres* von Jacques Copeau, hrsg. v. Marie-Hélène Dasté, Paris, Gallimard, 1979. Deutsche Erstveröffentlichung, übersetzt von Irene Riesen.

COPPARD, Alfred Edgar, 1878–1957, englischer Schriftsteller, Lyriker, Erzähler. Sohn eines Schneiders, Laufbursche, zeitweise Berufssportler, Autodidakt, ab 1919 freier Schriftsteller.
Die hier zitierten Sätze über Čechov beziehen sich, wie der Hinweis auf Constance Garnetts Übersetzungen nahelegt, auf Anfang der 20er Jahre, sie stehen in Coppards 1957 erschienener Autobiographie *It's Me, oh Lord!* Deutsche Erstveröffentlichung. V. Emeljanow zitiert in seiner Čechov-Dokumentation eine weitere Äußerung Coppards über Čechov, und zwar eine Rezension der Čechov-Monographie von William Gherardi, erschienen im *Spectator* vom 8. 12. 1923.

ČUKOVSKAJA, Lidija Korneeva, *1907, russische Schriftstellerin, Kritikerin, Tochter des Schriftstellers → Kornej Čukovskij. Die Kernsätze über Čechov entstammen ihrem Buch *Zapiski ob Anne Achmatove*, Paris, YMCA-Press, 1976, und beziehen sich auf ein Gespräch mit Anna Achmatova vom 26. Dezember 1962.
Die *Zapiski* erschienen 1980 bei Albin Michel, Paris, in französischer Übersetzung mit dem Titel *Entretiens avec Anna Akhmatova* und enthalten mehrere Verweise auf Čechov. Deutsche Erstveröffentlichung.

ČUKOVSKIJ, Kornej Ivanovič, 1882–1969, russischer Schriftsteller, Lyriker, Essayist, Publizist, Kritiker. Obwohl den Strömungen der zeitgenössischen Literatur näherstehend, beispielsweise den frühen Futuristen um Chlebnikov und → Majakovskij, zahlreiche Äußerungen über Čechov, deren Summe zusammengefaßt ist in dem umfangreichen Essay *O Čechove. Čelovek i master* (Über Čechov. Mensch und Meister), Moskau 1967, mehrere Nachauflagen; deutsch erschien dieser Essay geringfügig gekürzt in Band 3 der Čechov-Werkausgabe des Ellermann Verlages, München 1973.
Der hier zitierte Auszug aus einem Brief an Aleksej N. Tolstoj erschien erstmals in der Exilzeitung *Nakanune*, Berlin, und zwar in der Literaturbeilage vom 4. 6. 1922; er ist nachgedruckt in dem Band *Russkij Berlin* (Das russische Berlin), hrsg. v. L. Fleishman, R. Hughes und O. Raevsky-Hughes, Paris, YMCA-Press, 1983. Deutsche Erstveröffentlichung.
London Mercury – meint die Übersicht von W. J. Turner, Chronicles. Drama, im *London Mercury*, Heft 1/1922.
Hugh Walpole – 1884–1941, englischer Schriftsteller.
Evreinov – Nikolaj N., 1879–1953, russischer Schriftsteller, Dramatiker.

CVETAEVA, Marina, 1892–1941, russische Lyrikerin, Dramatikerin.
Zu Čechov ein zeitlebens negatives Verhältnis, wie die hier wiedergegebene Passage aus einem Brief an → Boris Pasternak unterstreicht. Pasternak hatte der Cvetaeva seine Verserzählung *Leutnant Šmidt* gewidmet; in ihrer Antwort darauf kritisierte Cvetaeva Pasternaks Titelhelden als einen typisch Čechovschen Intellektuellen, als Mitglied jener »Pince-nez tragenden Intelligentsia, die ich nicht mag, zu der ich nicht gehöre«: »Sie haben Šmidt geschildert, wie er war, als einen Čechovschen, Blokschen Intellektuellen.«
Erstmals veröffentlicht wurde dieser Brief 1972 in dem Band: M. Cv., *Neizdannye pis'ma*, Paris: vgl. auch *Rainer Maria Rilke – Marina Zwetajewa – Boris Pasternak,*

Briefwechsel, hrsg. v. Jewgenij Pasternak, Jelena Pasternak und Konstantin Asadowskij, Frankfurt am Main, Insel-Verlag, 1983, S. 204.
Vgl. auch die folgende Gegenüberstellung von Čechov und Heinrich Mann, den Cvetaeva in einem Brief vom 5. Januar 1911 an Maksimilian Vološin emphatisch lobt: Heinrich Mann hat eine erstaunlich langweilige Sache, das ist *Die kleine Stadt.* Das ganze Buch spottet aller früheren, es ist sogar noch langweiliger als Čechov.«
(Russisch in: *Ežegodnik rukopisnogo otdela Puškinskogo doma* auf das Jahr 1975, Leningrad 1977.)

Du Bos, Charles, 1882–1939, französischer Schriftsteller, Kritiker, Essayist und homme de lettres, befreundet mit nahezu allen wichtigen Autoren seiner Zeit, u. a. →
A. Gide, → Edmond Jaloux, Paul Valéry, F. Mauriac, → A. Maurois, mit ihnen Teilnehmer an den regelmäßig stattfindenden, von P. Desjardins organisierten öffentlichen Literaturgesprächen von Pontigny (ab 1922); für die französische Čechov-Rezeption die mit Sicherheit wichtigste Gestalt des literarischen Lebens nach 1918.
Die literarischen Essays von Charles Du Bos (über A. Gide, Marcel Proust, Goethe u. a.), gesammelt unter dem Titel *Approximations*, mit einem schönen Vorwort von André Maurois 1965 in den Editions du Vieux Colombier erschienen (zuvor in zahlreichen Einzelausgaben), enthalten etliche verstreute Verweise auf Čechov, nicht jedoch einen zusammenhängenden, eigenen Čechov-Aufsatz, obwohl sich Du Bos jahrelang mit dem Gedanken getragen hat, ein Buch über Čechov zu schreiben. Auskunft hierüber gibt das literarische *Journal*, das Du Bos von 1921–1929 geführt hat und das erst posthum veröffentlicht wurde: die ersten vier Bände (1921–1928) Paris 1948/49, Band V (1929) in den Editions du Vieux Colombier, Paris 1954.
Du Bos hat sich mit Čechov ab 1921 kontinuierlich und gründlich befaßt, nicht nur in seiner Eigenschaft als Herausgeber der *Collection d'auteurs étrangers* im Pariser Verlag Plon, sondern als Literaturkritiker und Bewunderer Čechovs. Er hat im Sommer 1924 bei den oben erwähnten Gesprächen von Pontigny eine Vortragsreihe über Čechov gehalten (sie ist m. W. nie im Druck erschienen), die geplante Čechov-Monographie, von der Du Bos in seinem *Journal* immer wieder spricht, ist jedoch nie zustandegekommen. Vielmehr liest sich das *Journal*, auf den Namen Čechov hin gelesen, als die jahrelange Geschichte eines scheiternden Plans, eines Scheiterns aus übergroßer Hochachtung und Bewunderung für Čechov.
Schließlich erschien in der »Collection d'auteurs étrangers, publiée sous la direction de Charles Du Bos« die erste umfangreiche Čechov-Werkausgabe: A. Tchékhov, *Œuvres complètes, traduction du Russe par Denis Roche (seule traduction autorisée par l'auteur)*, 18 (en 16) volumes, Paris, Plon, 1922–1956.
Daten dieser ersten französischen Gesamtausgabe:
1922 – *La salle Nr. 6* (Band I), *Théâtre I. L'Oncle Vania. Une demande en mariage. La Cérisaie* (Band XIV);
1923 – *Les moujiks* (II), *Une banale histoire* (III), *Mai vie* (VI), *Théâtre II. La mouette. L'Ours. Les trois sœurs* (XV);
1924 – *Ma femme* (IV);
1925 – *Trois ans* (V), *La steppe* (X), *Théâtre III. Ivanov. Sur la grand' route. Le tragique malgré lui. Les méfaits du tabac. Une noce. L'Anniversaire de la fondation. Le chant du cygne* (XVI);
1926 – *Le jour de fête* (IX), *Récit d'un inconnu* (XI);
1927 – *Le duel* (VIII), *Voisins* (XII);
1928 – *Le moine noire* (VII);

1929 – *Un cas de pratique médicale* (XIII);
1930 – *L'homme à l'étui* (XIII).
Die beiden Briefbände erschienen: Band 1 (Briefe 1876–1890) als Band XVII der
Ausgabe, 1934; Band II (1890–1904) als Band XVIII erst 1956.
Die beiden hier zitierten Fragmente entstammen dem *Journal* von Charles Du Bos,
der, Sohn eines französischen Vaters und einer Engländerin, nicht nur zweisprachig
aufgewachsen war, sondern das Tagebuch auch zweisprachig führte, oft innerhalb
eines Satzes aus dem Französischen ins Englische wechselte und umgekehrt. Beide
Fragmente sind deutsche Erstveröffentlichungen. Übersetzt von Irene Riesen.

DURAS, Marguerite, *1914, französische Schriftstellerin, Dramatikerin, Drehbuchautorin; bearbeitete für eine Inszenierung von Jean-Claude Amyl im Februar 1985 am
Théâtre de Boulogne Billancourt, *Die Möwe* neu; ein Übersetzer wird nicht genannt,
vgl. die Buchausgabe der Bearbeitung: Anton Tchekhov, *La Mouette*. Pièce en quatre
actes, texte français de Marguerite Duras, Paris, Gallimard, 1985.
Der hier in deutscher Erstveröffentlichung gedruckte Passus, übersetzt von Irene
Riesen, bildet die Begründung für ihren Entschluß: »Ich habe gekürzt und neu
geschrieben. Und selbst Čechovs neue Philosophie der Anspielung, die die Veränderung des Lebens zum Gegenstand hat, habe ich versucht, weniger explizit, weniger
fordernd zu gestalten, konkreter vor allem, umfassender. Kurzum, ich habe versucht, zum großen Roman von *Kirschgarten* und *Onkel Vanja* zurückzukehren, zum
Gleichgewicht der Stimmen.«

EJCHENBAUM, Boris Michajlovič, 1886–1959, russischer Schriftsteller, Literaturwissen-
schaftler, Kritiker, Essayist, gehörte mit Jurij Tynjanov, Roman Jakobson und
Viktor Šklovskij zu den wichtigsten Vertretern der russischen Formalisten der 20er
Jahre und war zugleich deren Chronist in dem glänzenden Überblick-Aufsatz *Die
Theorie der formalen Methode* 1925, deutsch in dem Band: B. E., *Aufsätze zur
Theorie und Geschichte der Literatur*, Frankfurt am Main, Suhrkamp Verlag, 1965;
einer der berühmtesten Aufsätze Ejchenbaums (in dem Suhrkamp-Band enthalten)
trägt den Titel *Wie Gogols »Mantel« gemacht ist* (1918). In den 30er Jahren rückte
neben Lermontov und Puškin vor allem → Lev Tolstoj ins Zentrum von Ejchenbaums wissenschaftlichem Interesse (3 Bde., 1928–1960).
Über Čechov, auf den Ejchenbaum 1944 in dem hier ungekürzt wiedergegebenen
Essay zurückkommt, findet sich nachstehende Äußerung schon in dem Aufsatz *Auf
der Suche nach der Gattung* von 1924: »Die Krise der Prosagattungen hat sich bei uns
schon lange angekündigt, sie ist nicht unverhofft gekommen. Ein scharfäugiger
Kritiker hätte ihre Symptome bereits in den Erzählungen von Čechov wahrnehmen
müssen. Die Prosa nach Čechov war eine Prosa ohne Gattungen. Die Romane und
Erzählungen fügten sich aus überlieferten Elementen zusammen wie Bilder aus
Würfelsteinen.« Um, bereits hier auf Tolstoj verweisend, fortzufahren mit der
Wiedergabe einer Meinung Lev Tolstojs über die Prosa nach Čechov:
»Tolstoj hat seinen Eindruck von der Erzählung eines gewissen B. mit folgenden
Worten wiedergegeben: ›Zuerst kommt eine vortreffliche Beschreibung der Natur, es
regnet, und das ist so beschrieben, daß es selbst Turgenev nicht besser hätte machen
können, von mir ganz zu schweigen. Dann kommt eine Jungfrau, sie träumt von
ihm ... Und alles: das dumme Gefühl und der Regen – alles ist nur dazu da, daß B.
seine Erzählung schreiben kann. So wie man gewöhnlich, wenn man nichts zu sagen
hat, vom Wetter redet, so geht es den Schriftstellern: wenn sie nichts zu schreiben
haben, dann schreiben sie eben vom Wetter; das sollten sie aber endlich bleiben

lassen. Nun, es hat geregnet, der Regen hätte genausogut auch ausbleiben können. Ich denke, das alles muß endlich ein Ende haben, in der Literatur. Man hat einfach nicht mehr die Kraft, so etwas zu lesen.«

Boris Ejchenbaums Čechov-Aufsatz – er erschien 1944 in der Literaturzeitschrift *Zvezda* anläßlich des 40. Todesjahres Čechovs – ist einer der glänzendsten russischen Essays über Čechov, er steht in diesem Band auch als Beispiel für eine Diktion, die in der Sowjetunion unter Stalin *auch* möglich war und stellvertretend für die Arbeiten zahlreicher russischer und sowjetischer Philologen, Literaturwissenschaftler und Autoren, die das sowjetische Čechov-Bild in den letzten zwanzig Jahren vom stalinistischen Schwulst der → Ermilovs gereinigt, konkretisiert und vertieft haben. Deutsche Erstveröffentlichung, übersetzt nach der Ausgabe: B. E., *O proze* (Über die Prosa), Leningrad 1969.

Turgenev – Ivan Sergeevič, geb. 1818, war am 22.8.1883 gestorben.

Dostoevskij – Fëdor Michajlovič, geb. 1821, gestorben am 28.1.1881.

Ostrovskij – Aleksandr Nikolaevič, geb. 1823, starb am 2.6.1886.

Saltykov-Ščedrin – Michail Egrafovič, geb. 1826, starb am 28.4.1889.

Pomjalovskij – Nikolaj Gerasimovič, 1835–1863.

Rešetnikov – Fëdor Michajlovič, 1841–1871.

Levitov – Aleksandr Ivanovič, 1835–1877.

Slepcov – Vasilij Alekseevič, 1836–1878.

Garšin – Vsevolod Michajlovič, 1855–1888.

Gleb Uspenskij – 1843–1902.

wie Čechov sagte – in seinem Brief an M. O. Menšikov vom 28.1.1900, vgl. *Briefe* IV/ Nr. 818.

humoristische »Splitter« – Anspielung auf den Titel der Petersburger humoristischen Zeitschrift *Oskolki*, in der Čechov zwischen 1883 und 1886 publizierte, hrsg. v. N. A. Lejkin.

Boborykin – Pëtr Dmitrievič, russischer Romanschriftsteller, 1836–1922.

keine Rudins, keine Bazarovs – Rudin: Held des gleichnamigen Romans von I. S. Turgenev, Bazarov: Gestalt aus dem Roman *Väter und Söhne*.

keine Raskolnikovs, keine Rachmetovs – vgl. Dostoevskijs Roman *Schuld und Sühne* und Černyševskijs Roman *Was tun?*

Pisemskij – Aleksej Feofilaktovič, 1820–1881, vgl. Čechov an A. S. Suvorin am 26.4.1893, *Briefe* III/Nr. 431: »Ich kenne unter allen modernen Schriftstellern keinen einzigen, der ein so leidenschaftlicher und überzeugter Liberaler wäre, wie Pisemskij es war. Bei ihm sind alle Popen, Beamten und Generale ausgemachte Schufte. Niemand hat auf das alte Gerichtswesen und das Soldatentum so gespuckt wie er.«

Leskov – Nikolaj Semënovič, 1831–1895. Seinen »Lieblingsschriftsteller« nennt Čechov in einem Brief an seinen Bruder Aleksandr vom 25./28.10.1883, vgl. *Briefe* I/Nr. 17.

Korolenko – Vladimir Galaktionovič, 1853–1921; Autor von *Erinnerungen an Čechov*, die Ejchenbaum zitiert nach der sowjetischen Gesamtausgabe.

Šelgunov – Nikolaj Vasiljevič, 1824–1891, russischer Publizist, Literaturkritiker, ideologisch den Kritikern Černyševskij und Pisarev nahe, Autor der in den 80er Jahren sehr populären *Skizzen des russischen Lebens* (Očerki russkoj žizni), veröffentlicht in der *Russkaja mysl*, aus denen Ejchenbaums Zitat stammt: Nr. 7, 1888, S. 112.

warf Korolenko vor – Brief an A. N. Plešceev vom 5.2.1888, *Briefe* I/Nr. 106.

»Ich habe eine Armee von Menschen« – Brief an A. S. Suvorin vom 27.10.1888, *Briefe* I/Nr. 153.

»Die Tolstojsche Moral hat aufgehört...« – an A. S. Suvorin am 27. 3. 1894, *Briefe* III/Nr. 454.

Stachelbeeren – von 1898, detebe 20266, S. 134. Die Formulierung »Der Mensch braucht keine drei Aršin« spielt an auf L. N. Tolstojs Erzählung *Wieviel Erde braucht der Mensch.*

Ein Fall aus der Praxis – von 1898, dtb *Die Dame mit dem Hündchen.*

Tragik des Kleinen – vgl. Maksim Gorkij, *A. P. Čechov.*

Gorkij-Aufsatz 1900 – meint die Besprechung *Anläßlich der neuen Erzählung von A. P. Čechov »In der Schlucht«,* erschienen am 30. 1. 1900 in der Zeitung *Nižegorodskij listok.*

»Ich zweifle nicht, daß die Medizin...« – Brief an den Mediziner Grigorij Ivanovič Rossolimo vom 11. 10. 1899 mit beigelegtem autobiographischen Stichwort für ein Nachschlagewerk. Vgl. *Briefe* IV/Nr. 791.

Čechov lobte P. Bourget – Paul Bourget, 1852–1935, französischer Romancier; vgl. Čechovs Brief an A. S. Suvorin vom 7. 5. 1889. *Briefe* II/Nr. 212.

»In Goethe...« – an A. S. Suvorin am 15. 5. 1889, *Briefe* II/Nr. 215.

6oer Jahre, die »heilige Zeit« – nicht ermittelt; vom »heiligen Geist« jener Jahre spricht Čechov in der berühmten Tagebuchnotiz vom 19. Februar 1897, vgl. *Tagebücher. Notizbücher,* S. 32.

die »richtige Stellung der Frage« – an A. S. Suvorin am 27. 10. 1888, *Briefe* I/Nr. 153.

Lermontov – Michail Jurjevič, 1814–1841.

Korolenko »ein bißchen konservativ« – Brief an A. N. Pleščeev vom 26. 6. 1889, vgl. *Briefe* III/Nr. 220: »Korolenko ist ein bißchen konservativ; er hält fest an veralteten Formen (in der Ausführung) und denkt wie ein 45jähriger Journalist; ihm fehlen Jugend und Frische; aber alle diese Mängel sind nicht so wichtig und scheinen mir erträglich, für Außenstehende; mit der Zeit wird er sich davon freimachen können.«

»Alles, was ich geschrieben habe...« – Brief an A. S. Lazarev-Gruzinskij vom 20. 10. 1888, *Briefe* I/Nr. 151.

»Čechov ist ein unvergleichlicher Künstler« – vgl. L. N. Tolstoj vorn im Band; Ejchenbaum zitiert diese Passage (abweichend) nach dem Band: P. A. Sergeenko, *Tolstoj und seine Zeitgenossen* (russisch), Verlag V. M. Sablin, Moskau 1911.

»Merkwürdig, ich habe eine Manie...« – Brief an A. S. Suvorin vom 6. 2. 1889, *Briefe* I/Nr. 186.

»Ich vermag es, über lange Gegenstände...« – Brief vom 23. 11. 1888 an E. M. Lintvarëva, nicht in der Brief-Ausgabe bei Diogenes.

Typhus – von 1887, detebe 20263.

In der Mühle, Vanka – beide 1886, detebe 20262.

Er sagte zu Kuprin – Aleksandr Ivanovič Kuprin, 1870–1938, russischer Schriftsteller, Autor von *Erinnerungen an Čechov,* aus denen Ejchenbaum zitiert: A. I. Kuprin, *Pamjati Čechova,* in: *O Čechove,* Moskau 1910.

»Man vermeidet besser die Beschreibung...« – Brief an Aleksandr, 10. 5. 1886, vgl. *Briefe* I/Nr. 49.

»Man muß schreiben, daß...« – Ejchenbaum zitiert die Erinnerungen an Čechov von S. Ščukin, erschienen in der Zeitschrift *Russkaja mysl,* Heft 10, Moskau 1911.

der Reisende Prževalskij – Nikolaj Michajlovič Prževalskij, 1839–1888, russischer Geograph, Reisender, Erforscher Zentralasiens; auf ihn schrieb Čechov einen Nachruf, der, anonym, in Suvorins Zeitung *Novoe vremja* am 26. 10. 1888 erschien. »Ihre Persönlichkeiten...« Zitat dieses Nachrufs.

Čechov schrieb an Suvorin – am 9. 3. 1890, vgl. *Briefe* II/Nr. 271.

»Jede neue Erzählung...« – aus dem Gorkij-Aufsatz von 1900, s. o.

»*Das Leben ist lang…*« – vgl. detebe 20266, die Erzählung *In der Schlucht*, Kapitel VIII, S. 322.

»*An der Volga…*« – aus Čechovs Reisebericht *Aus Sibirien* 1890, Kapitel IX, gekürzt von B. Ejchenbaum, vgl. detebe 20270, Anlagen, S. 432.

»*in seinen grauen traurigen Augen…*« – vgl. Gorkij, *A. P. Čechov*, vorn im Band. *Stachelbeeren* – vgl. detebe 20266.

EISENDLE, Helmut, *1938, österreichischer Schriftsteller.
Aus einem Brief an den Herausgeber.

EISENREICH, Herbert, *1915–1986, österreichischer Schriftsteller, Kritiker. Äußerungen über Čechov sonst nicht bekannt, der hier zitierte Aufsatz ist eine Besprechung der 10bändigen Kassette *Das erzählerische Werk* im Diogenes Verlag 1976, die am 18.10.1976 vom ORF, Studio Wien, gesendet wurde.
»*Zum Teufel mit aller Philosophie*« – Čechov am 8.9.1891 an A. S. Suvorin, vgl. *Briefe* II/Nr. 351: »Der Teufel soll sie holen, die Philosophie der Großen dieser Welt!«
»*Der Künstler muß so objektiv sein wie der Chemiker*« – Čechov am 14.1.1887 an M. V. Kiselëva, *Briefe* I/Nr. 58: »Für Chemiker gibt es auf der Erde nichts Unreines. Der Schriftsteller muß genauso objektiv sein wie ein Chemiker« usw.

ERENBURG, Ilja, 1891–1967, russischer Schriftsteller, Romancier, Essayist.
Erenburgs Memoiren *Menschen, Jahre, Leben (1961–1965)* enthalten zahlreiche, keineswegs marginale Verweise auf Čechov. 1959, wenige Jahre nach Erscheinen des Romans *Tauwetter*, widmete Erenburg Čechov einen längeren Essay, der 1960 als Einzelband erschienen, für die Čechov-Rezeption in der Sowjetunion von großer Bedeutung war: *Čechov, wiedergelesen*.
Der hier zitierte Passus ist das 8. Kapitel dieses Essays, der als Ganzes zugänglich ist in der Ausgabe: Ilja Ehrenburg, *Über Literatur. Essays, Reden, Aufsätze*, hrsg. v. Ralf Schröder, im Rahmen der Ehrenburg-Ausgabe des Verlags Volk und Welt, Berlin/DDR 1986, dort in der Übersetzung von Brigitta Schröder.
Elpatjevskij – Sergej Jakovlevič, 1854–1933, russischer Schrifsteller, Arzt, Bekannter Čechovs in Jalta, Autor von Erinnerungen an Čechov sowie eines Nekrologs, den Erenburg hier zitiert.
Nachwort zur ›Kreutzer-Sonate‹ – Lev Tolstoj hatte sich durch das außergewöhnliche und höchst zwiespältige Echo, das seine Novelle in der Öffentlichkeit hervorrief, veranlaßt gesehen, seine moralphilosophischen Thesen in einem *Nachwort* zu erklären; das *Nachwort* erschien, mit der Erzählung, 1891 in Band XIII der Werkausgabe. Vgl. hierzu Čechov in seinem Brief vom 8.9.1891 an Suvorin, *Briefe* II/351.
wie wütend Čechov wurde – vgl. Brief Čechovs an V. M. Lavrov, den Herausgeber der Zeitschrift, vom 10.4.1890, *Briefe* II/281.

ERMILOV, Vladimir Vladimirovič, 1904–1965, sowjetischer Literaturwissenschaftler, Kritiker, Publizist, Absolvent einer stalinistischen Bilderbuchkarriere: Mitglied der KP seit 1927, Funktionär der RAPP schon 1928 – Titel aus jenen Jahren: *Über Stimmungen der kleinbürgerlichen ›Linken‹ in der Literatur* 1930, *Gegen den Menševismus in der Literaturkritik* 1931; Autor, der sich aufgemacht hatte, die gesamte russische Klassik neu zu interpretieren und der dabei jede Änderung der Parteilinie derart überfüllte, daß selbst die in solchen Dingen eher zurückhaltend wertende *Kratkaja literaturnaja enciklopedija* (Kurze Enzyklopädie der Literatur),

Moskau, bei bestimmten Arbeiten Ermilovs »Einseitigkeit« konstatiert, noch ohne zu vermerken, daß der Autor »früher begangene Fehler« später korrigiert habe. Ermilov ist Autor zahlreicher Monographien über russische Klassiker, u. a. einer Arbeit über *Čechov als Dramatiker* sowie einer Monographie über Čechov, die 1946 erstmals im Verlag Molodaja gvardija, Moskau, erschien; eine überarbeitete Version folgte 1949, für die Ermilov 1950 den Staatspreis erhielt; eine abermals überarbeitete, nun um sämtliche Stalin-Zitate bereinigte Fassung erschien 1954. Die deutsche Übersetzung von Ingrid Tinzmann, die 1951 in Berlin/DDR erschien, basiert auf der Fassung von 1949 und galt bis in die 60er Jahre hinein als das maßgebliche Standardwerk über Čechov.
Der hier zitierte Passus, mit Sicherheit eines der eindrucksvollsten Zeugnisse stalinistischer Literaturbehandlung im Zusammenhang mit Čechov, entstammt dem Schlußkapitel der Monographie und folgt dem Wortlaut der deutschen Übersetzung von 1951. Er ist um drei Passagen gekürzt, damit allerdings weit weniger radikal, als Ermilov 1954 gekürzt hat, und ohne den Gedankengang als Ganzes zu beschädigen: es fehlt ein Trinkspruch Stalins auf die »kleinen Leute«, ein Stanislavskij-Zitat, das Ermilov ›bestätigt‹, Čechov hätte »alles von ihm Vorausgesagte bejahend aufgenommen«, sowie der Schluß, in dem Ermilov ausführt, wieweit Čechovs Name auch beim Sieg über den Faschismus beteiligt gewesen sei.
»*Welch ein Genuß, die Menschen zu achten!*« – eine der unverfrorensten Klitterungen, wie sie zu Stalins Zeiten gang und gäbe waren, die den Sinn der Čechov-Notiz geradezu ins Gegenteil verkehrt. Čechovs Notiz (vgl. Notizbücher 1/66,2) im Wortlaut: »Welch ein Genuß, die Menschen zu achten! Wenn ich Bücher sehe, habe ich nichts damit zu schaffen, wie die Autoren gelebt, wie sie Karten gespielt haben, ich sehe nur ihre wunderbaren Werke.«

EROFEEV, Venedikt, *1938, russischer Schriftsteller, Erzähler; deutsch von ihm erschien die 1969 geschriebene, als russische Einzelausgabe jedoch erst 1979 in Paris gedruckte Erzählung *Die Reise nach Petuschki* (Moskva – Petuški).
Die hier zitierte Bemerkung stammt aus der Erzählung *Glazami ekscentrika* (Mit den Augen des Exzentrikers), geschrieben 1973, russisch, New York, 1982. Deutsche Erstveröffentlichung.

FADEEV, Aleksandr Aleksandrovič, 1901–1956, russischer Schriftsteller, Kritiker, Literaturfunktionär, unter Stalin Sekretär und Generalsekretär des Schriftstellerverbandes, ZK-Mitglied seit 1939. Die hier zitierten Čechov-Notizen sind entstanden im Čechov-Jahr 1944 (40. Todesjahr) und hier nur in ihren Schlußfolgerungen wiedergegeben; deutsch erschienen sie in dem Sammelband: A. Fadejew, *Über Literatur*, hrsg. v. Willi Beitz, Berlin/DDR, Volk und Welt, 1973.
Die Notizen sind datiert mit »24. 5. und 8. 6. 1944« und beziehen sich auf folgende Erzählungen: *Die Braut, Die Steppe, Eine langweilige Geschichte, Das Duell* und *Die Bauern*.
Mičurins usw. – alle Namen im Sinne von »Großen« auf ihrem Gebiet: *I. V. Mičurin*, 1860–1935, Biologe; *D. I. Mendeleev*, 1834–1907, Chemiker; *I. E. Repin*, 1844–1930, Maler; *M. N. Ermolova*, 1853–1928, Schauspielerin, *P. I. Čajkovskij*, 1840–1893, Komponist.

FAULKNER, William, 1897–1962
Mehrfach Verweise, Berufung auf Čechov, vor allem in Interviews, vgl. *Lion in the Garden: Interview with William Faulkner 1926–1962*, hrsg. v. James B. Meriwether

& *Michael Milligate, New York, Random House,* [2]*1968. Die hier zitierten Äußerungen entstammen dem Band Faulkner in the University*, Gespräche mit Frederick L. Gwynn und Joseph Blotner, University of Virginia Press 1959, deutsch bei Fretz & Wasmuth, Zürich 1961.

Vgl. auch William Faulkners Brief an Frederick A. Colwell vom 31. Mai 1958: »Ich habe lange und ernstlich über die Einladung nachgedacht, mich einer Gruppe amerikanischer Schriftsteller zu einem Besuch in Rußland anzuschließen. Ich glaube, wenn ich diese Einladung ablehne, Rußland als Gast der jetzigen Regierung zu besuchen, so wäre es von größerem Wert im ›Kalten Krieg‹ menschlicher Beziehungen, als es meine Anwesenheit in Rußland wäre. Das Rußland, zu dem ich mir, wie ich hoffe, ein gutes Recht auf geistige Verwandtschaft verdient habe, war das Rußland, das Dostoevskij, Tolstoj, Čechov, Gogol etc. hervorgebracht hat. Dieses Rußland ist nicht länger da. Ich meine nicht, daß es gestorben ist; es wird mehr als einen Polizeistaat erfordern, um die geistig tätigen Erben dieser Männer auszurotten und auf ewig ausgerottet zu belassen. Ich bin überzeugt, daß sie noch immer von der gleichen Wahrheit des menschlichen Herzens schreiben, wie es ihre gigantischen Vorfahren getan haben; daß sie wahrscheinlich unter Lebensgefahr schreiben, die beschriebenen Seiten – die Romane, Kurzgeschichten und Schauspiele – unter dem Fußboden und im Kamin verstecken, irgendwo verstecken bis zu dem Tag (der kommen wird), an dem sie auch wieder frei sein können.

Wenn ich dadurch, daß ich unter allen Umständen nach Rußland ginge, sogar mit dem Risiko einer möglichen oder tatsächlichen Aufopferung meines Lebens (ich bin jetzt 60 und habe vermutlich all die gute Arbeit geleistet, deren ich fähig war und zu der ich bestimmt war) eine einzige *Anna Karenina* oder einen *Kirschgarten* retten könnte, würde ich es tun.

Aber jetzt dort hinzugehen, als Gast der gegenwärtigen Regierung, die, wie ich glaube, die Erben der alten Geistesriesen Rußlands in den Untergrund getrieben hat und sie ausrotten würde, wenn sie es könnte, wäre nicht nur eine Lüge, sondern Verrat. Wenn ich, der ich mein Leben lang die Freiheit hatte, um die Wahrheit genauso niederzuschreiben, wie ich sie sah, jetzt Rußland besuchte, dann wäre selbst der äußere Anschein, den Zustand nicht zu beachten, den die heutige Regierung eingeführt hat, ein Verrat: nicht an den Riesen, nichts kann sie verletzen, sondern an ihren geistigen Erben, die mit jeder Seite, die sie schreiben, ihr Leben aufs Spiel setzen; und eine Lüge insofern, als es die Beschämung all derer nicht beachten würde, die ihre Erben hätten sein können und mehr als ihr Leben verloren haben, deren Seelen zerstört wurden wegen des Vorrechts, öffentlich zu schreiben.

Ich bedaure diesen Entschluß. Ich habe hier und dort ein paar moderne Russen kennengelernt, Angehörige von Gesandtschaften und Konsulaten. Zwischen den erschrockenen und besorgten Gruppen anderer Männer Europas, zwischen denen ich sie sah, standen sie wie Pferde knietief in einem Teich voll aufgescheuchter Kaulquappen. Falls sie ein gutes Beispiel des heutigen Russen sind, dann ist alles, was uns andere rettet, der Kommunismus. Wenn die Russen frei wären, würden sie wahrscheinlich die Welt erobern.   Ihr ergebener William Faulkner.«

Deutsch in: W. F., *Briefe*, Zürich, Diogenes, 1982, übersetzt von Elisabeth Schnack.

FEUCHTWANGER, Lion, 1884–1958, deutscher Schriftsteller, Dramatiker, Essayist, ab 1908 Münchner Theaterkritiker für die in Berlin erscheinende *Schaubühne* S. Jacobsohns; zur Entstehungszeit des hier ungekürzt wiedergegebenen *Kirschgarten*-Aufsatzes war Feuchtwanger Dramaturg, Regisseur und Hausautor an den Münchner Kammerspielen. Sein Aufsatz erschien am 24. August 1916 in der *Schaubühne*.

Feuchtwanger hat über den *Kirschgarten* nicht nur geschrieben, er hat, wie Gerhard Dick herausfand, das Stück auch ins Deutsche übersetzt. Der erste deutsche Text des *Kirschgartens* erschien 1912 bei Georg Müller, München; als Übersetzer ist Siegfried Aschkinasy angegeben, ein in München ansässiger russischer Literat, der eines Tages zu Feuchtwanger kam und ihn auf Čechov aufmerksam machte: »Er rühmte mir vor allem eines seiner Stücke, *Der Kirschgarten*, und da ihm mein Deutsch Eindruck gemacht hatte, schlug er mir vor, zusammen mit ihm das Stück zu übersetzen. Ich sprach nur wenige Worte Russisch; Aschkinasy konnte sich deutsch sehr gut verständlich machen, aber er war sich bewußt, daß das nicht genügte, um einen Dichter zu übersetzen. So übersetzten wir dann zusammen und diskutierten, bis ihm und mir auch die letzte Nuance wiedergegeben schien.« (Aus einem unveröffentlichten Brief Feuchtwangers vom 15. April 1955 an Gerhard Dick, in: G. D., *Čechov in Deutschland*, Berlin, Diss., 1956, S. 87.)

Bei dieser Übersetzung, die übrigens auch der deutschsprachigen Erstaufführung am 12. 10. 1916 an der Neuen Wiener Bühne der Inszenierung von Emil Geyer zugrunde lag, handelt es sich, wie Hans Dahlke ergänzend mitteilt, um den Text in der »Einrichtung durch das Moskauer Künstlertheater«, der sich von dem Čechovs vor allem durch sehr viel längere Regieanweisungen unterscheidet. In seinem *Kirschgarten*-Aufsatz zitiert Feuchtwanger diese Übersetzung, weshalb die benützten Zitate unverändert übernommen wurden, desgleichen die Form und Transliteration der Namen (»Frau Ranjewski« statt »Ljubov Andreevna« bzw. Ranevskaja).

Von G. Dick auf mögliche Čechov-Einflüsse im eigenen dramatischen Werk befragt, verwies Feuchtwanger im selben Brief vom 15. 4. 1955 auf sein Stück *Der Amerikaner* (Dick, a.a.O., S. 176), eine »melancholische« Komödie, die am 7. 12. 1920 mit nur wenig Erfolg an den Münchner Kammerspielen uraufgeführt worden war und die von Hans Dahlke nicht in die zweibändige Edition der Dramen Feuchtwangers aufgenommen wurde. Vgl. hierzu Hans Dahlke in seinem ausführlichen Nachwort in Band II der *Dramen*, Berlin/DDR, Aufbau-Verlag, 1984, S. 687 f.

1917 brachte Feuchtwanger den *Kirschgarten* außerdem zur reichsdeutschen Erstaufführung an den Münchner Kammerspielen. Gerhard Dick gibt, gestützt auf den *Deutschen Bühnen-Spielplan*, als Premierendatum den 9. 12. 1917, als Übersetzer »v. Waltershausen« an und weiß von insgesamt 6 Vorstellungen. Hans Dahlke (a.a.O.) nennt den 9. November 1917 und, als Regisseur, Lion Feuchtwanger selbst. In Wolfgang Petzets umfassender Darstellung *Theater. Die Münchner Kammerspiele* (von den Anfängen bis 1972), München, Verlag Kurt Desch, 1973, fehlen für ausgerechnet diese Inszenierung jegliche Angaben.

Ferdinand Freiligrath – deutscher Dichter, 1810–1876; den Vergleich Deutschlands mit Hamlet benützt Freiligrath in der Liedersammlung *Glaubensbekenntniß*, 1844, mit dem er sich unter die politischen Lyriker Jung-Deutschlands einreihte, dort in dem Gedicht *Hamlet* vom April 1844.

»Bei uns in Rußland gibt's so wenige...« – Monolog Trofimovs im II. Akt in der Übersetzung von Feuchtwanger/Aschkinasy, vgl. oben.

Rußlands größter Kritiker – wer dies, nach Feuchtwangers Informationen, gewesen sein mag, konnte nicht ermittelt werden.

Alexander der Zweite – Alexander Nikolaevič, 1818–1881, der »Reformzar« nach Nikolaus I. (gestorben 1855), in dessen Regierungszeit die Aufhebung der Leibeigenschaft sowie die Reformen der 6oer Jahre fielen, aber auch deren Zurücknahme; die Hoffnungen, die Liberale und Demokraten 1856 in Alexander gesetzt hatten, sahen sich spätestens 1866 enttäuscht. Alexander II. fiel 1881 einem Terrorattentat zum Opfer.

Spring vom Turm! – indirektes Zitat aus dem Stück, vgl. Simeonov-Piščik im IV. Akt.

Keyserling – Eduard Graf von, 1855–1918, deutscher Schriftsteller und Dramatiker. A. Soergel über den gebürtigen Balten: »Reich an schönen, duftigen Stimmungen, an lyrischen Einzelschönheiten, an manchem guten Wort und Spruch, an mancher sich einschmeichelnden oder einprägenden Gestalt, aber sie haben, zwischen Lyrischem und Dramatischem, zwischen Naturalismus und Romantik hin und her schwankend, keinen rechten einheitlichen Stil. Diesen Stil, der Eigentümlichkeiten Turgenjews, Fontanes und Herman Bangs zu einer neuen Einheit verbindet, haben erst die seit 1903 erschienenen, inhaltlich den Dramen ähnlichen Romane und Novellen, sämtlich Meisterwerke der erzählenden Kunst unserer Zeit« (*Dichtung und Dichter der Zeit*, Leipzig ¹⁹1928).

Herman Bang – 1857–1912, dänischer Schriftsteller, Erzähler.

Defregger – Franz, 1835–1921, österreichischer Maler, zuletzt in München, Sittenbilder, oft idealisierend, aus dem bayerischen Bauernleben.

Schönherr – Karl, 1868–1943, österreichischer Dramatiker, Naturalist an der Grenze zum Expressionismus, Heimat- und Mundartdichter, Verfasser vaterländischer Heldenstücke wie *Volk in Not* 1915 oder *Die Fahne weht* 1936; andere Titel: *Erde* 1907, *Glaube und Heimat* 1910, das vielleicht erfolgreichste Stück Schönherrs.

FRAYN, Michael, *1932, englischer Dramatiker, Romancier, Journalist, Čechov-Übersetzer u. a. des *Kirschgarten,* Autor einer Bearbeitung des *Platonov* unter dem Titel *Wild Honey* 1984, die auch in Deutschland zu sehen war (Württembergische Staatstheater Stuttgart, 10. November 1985) und die, im Stuttgarter Programmheft, von Frayn ausführlich begründet worden ist.
Der hier zitierte Passus über Čechov entstammt dem Vorwort Frayns zu seiner *Kirschgarten*-Übersetzung, London, Methuen, 1978, und erschien, übersetzt von Lothar Ruff, im *Kirschgarten*-Programmheft des Renaissance-Theaters Berlin 1987.

FRISCHMUTH, Barbara, *1941, österreichische Schriftstellerin. Aus einem Brief an den Herausgeber. Die erwähnte Erzählung in B. F., *Rückkehr zum vorläufigen Ausgangspunkt,* Salzburg, Residenz Verlag, 1973.

GADDA, Carlo Emilio, 1893–1973, italienischer Schriftsteller, Erzähler, Dramatiker, in den 50er Jahren auch Theaterkritiker.
Gaddas *Drei Schwestern*-Aufsatz entstand 1952 anläßlich der Visconti-Inszenierung am Teatro della »Compagnia stabile« in Rom, er ist nachgedruckt in dem Band: C. E. G., *Un radiodramma per modo di dire e scritti sullo spettacolo,* hrsg. v. Claudio Vela, Milano 1982.
Deutsche Erstveröffentlichung, übersetzt von Renate Heimbucher-Bengs. Der Aufsatz erscheint hier gekürzt um den zweiten Teil, in dem Gadda, gestützt auf die 1950 erschienene italienische Übersetzung der Dramen von Carlo Grabher und dessen Einleitung, die Aufführungsgeschichte der Dramen Čechovs in Rußland referiert und, im Anschluß daran, Einzelkritik der Darsteller betreibt.

GALSWORTHY, John, 1867–1933, englischer Schriftsteller, Dramatiker, war eng befreundet mit Edward Garnett, dem Ehemann der Čechov-Übersetzerin Constance Garnett. Galsworthy, in den 20er Jahren vielgespielter Bühnenautor, ist mehrfach mit Čechov verglichen worden, zuungunsten der eigenen Stücke. Der hier auszugsweise veröffentlichte Aufsatz erschien 1932 unter dem Titel *Four Novellists in Profile* in Heft 11 (November) der *English Review*; er ist nachgedruckt bei V. Emeljanow. Deutsche Erstveröffentlichung, übersetzt von Susanne Schaup.

GIDE, André, 1869–1951, französischer Schriftsteller, Lyriker, Dramatiker, Mitbegründer der *Nouvelle Revue Française*, hielt 1936 die Totenrede auf Maksim Gorkij. Befreundet mit → Charles Du Bos, der eine Gide-Monographie geschrieben hat. Mit Čechov wurde Gide möglicherweise durch Du Bos näher bekannt, er las ihn in französischen (Denis Roche) und englischen Übersetzungen (Constance Garnett). In Gides *Journal* befinden sich mehrere Lektürevermerke, die sich auf Anfang der 20er Jahre beziehen und die durchwegs positiv ausfallen: »Lu avec admiration« u. ä. Der hier zitierte Auszug entstammt dem *Journal 1889–1939*, Paris, Gallimard, 1951. Deutsche Erstveröffentlichung, übersetzt von Irene Riesen.

GORKIJ, Maksim, eigtl. Aleksej Maksimovič Peškov, 1868–1936. Mit Čechov trat Gorkij, in Nižnij Novgorod lebend, Ende 1898 in Briefwechsel, der besonders in den Anfangsjahren von beiden Seiten mit Intensität geführt wurde und bis Ende 1902 produktiv war. Erhalten sind 51 Briefe Gorkijs an Čechov, 39 Briefe Čechovs an Gorkij.

Persönlich bekannt wurden beide Autoren im März 1899 in Jalta, nachdem Gorkij, aus der Polizeiaufsicht in Nižnij Novgorod entlassen, die Genehmigung erhalten hatte, ein Lungenleiden auf der Krim auszuheilen. Es folgten häufige Begegnungen beider Schriftsteller sowohl auf der Krim als auch in Moskau; Čechov besuchte Gorkij 1901 auf seiner Reise ins Gouvernement Ufa in Nižnij, reiste mit Gorkij in den Kaukasus; gemeinsame Begegnungen mit → L. N. Tolstoj in Gaspra auf der Krim während des Winters 1901/02.

Čechov, der Gorkijs Begabung und deren Grenzen früh erkannt hatte, förderte Gorkij in den ersten Jahren der Bekanntschaft, begleitete Gorkijs Veröffentlichungen mit distanziertem Lob und kritischen Ratschlägen, führte ihn während des Krim-Gastspiels des MChT in Kreise des Künstlertheaters ein, riet ihm zum Stückeschreiben und nahm ihn, trotz Vorbehalten, gegen kritische Einwände Dritter stets in Schutz; beispielhaft hierfür Čechovs Brief an den Schauspieler und Regisseur A. I. Sumbatov-Južin vom 26. 2. 1903: »Ich bin mit dir der Meinung, über Gorkij zu urteilen ist schwierig, man muß sich erst zurechtfinden in der Masse dessen, was über ihn geschrieben und gesagt wird. Sein Stück *Nachtasyl* habe ich nicht gesehen und kenne es zu wenig, aber schon allein Erzählungen wie, zum Beispiel, *Mein Weggefährte* oder *Čelkaš* genügen mir durchaus, um ihn für einen nicht unbedeutenden Schriftsteller zu halten. *Foma Gordeev* und *Die Drei* kann man nicht lesen, das sind schlechte Sachen, und die *Kleinbürger* sind, meiner Ansicht nach, eine Gymnasiastenarbeit, aber das Verdienst Gorkijs besteht ja nicht darin, daß er gefällt, sondern darin, daß er als erster in Rußland und überhaupt auf der Welt mit Verachtung und Ekel vom Kleinbürgertum gesprochen hat, und das genau zu dem Zeitpunkt, da die Gesellschaft vorbereitet war für diesen Protest. Sowohl vom christlichen als auch vom ökonomischen, von jedem beliebigen Standpunkt aus ist das Kleinbürgertum ein großes Übel, es hat, wie ein Wehr in einem Fluß, immer nur dem Stillstand gedient, und da kommen auf einmal die Bosjaki, sie sind zwar nicht gerade elegant, sie sind zwar betrunken, aber dennoch sind sie ein zuverlässiges Mittel, zumindest haben sie sich als solches erwiesen, und das Wehr hat, wenn es auch nicht geborsten ist, so doch ein mächtiges und gefährliches Leck bekommen . . . Meiner Meinung nach wird eine Zeit kommen, da werden Gorkijs Werke vergessen sein, aber er selbst wird kaum je vergessen werden, nicht einmal in tausend Jahren. So denke ich, oder so kommt es mir vor, vielleicht irre ich mich auch.«

Als 1902 die Zuwahl Gorkijs in die Akademie der Wissenschaften auf Intervention des Zaren Nikolaus II. annulliert wurde, gaben Čechov und V. G. Korolenko aus Protest den Titel eines Ehrenmitglieds der Akademie der Wissenschaften zurück.

Dennoch war Čechovs Beziehung zu Gorkij (»äußerlich ein Bosjak, aber innerlich ein ziemlich eleganter Mensch«) durchaus zwiespältig, zum einen bedingt durch die immer offenkundiger werdenden künstlerischen Schwächen Gorkijs, vgl. hierzu → D. S. Merežkovskij in seinem Aufsatz *Čechov und Gorkij* vorn im Band; zum anderen durch den stetig wachsenden Ruhm Gorkijs im In- und Ausland. Čechovs langjähriger Vertrauter, der Publizist und Verleger → A. S. Suvorin resümiert in seinem Tagebuch unter dem 4.9.1902 das nachstehende Gespräch mit Čechov:

»Ich verbrachte zwei Tage ausschließlich mit ihm und in seinem Hause. Wir unterhielten uns die ganze Zeit freundschaftlich über die verschiedensten Dinge, vor allem aber über Literatur. Er war erstaunt darüber, daß man Gorkij im Ausland für einen Führer der Sozialisten hält. ›Nicht des Sozialismus, aber der Revolution‹, bemerkte ich. Čechov verstand dies nicht... Die Popularität Gorkijs kränkt Čechovs Eigenliebe. ›Früher sagte man: Čechov und Potapenko. Das ist nun vorbei. Jetzt sagt man: Čechov und Gorkij.‹ Er wollte damit sagen, daß er auch dies überleben werde. Er meint, Gorkij würde binnen 3 Jahren nichts mehr zu bedeuten haben, weil ihm der Stoff ausgehen werde. Ich glaube das nicht.

›Ist es wahr, daß er krank ist?‹ fragte ich.

›Er hat Lungentuberkulose, wie ich, aber er ist gesünder als ich. Sie wissen, daß er überall leben darf. Man hat keinen Grund gefunden, ihn aus einer Stadt in eine andere zu verbannen.‹«

Abgesehen von Gorkijs Erfolgen, auch beim ausländischen Publikum – allein in Deutschland erfuhr Gorkijs Prosa zu Lebzeiten Čechovs mehrere Werkausgaben, und mit Max Reinhardts legendärer Inszenierung von *Nachtasyl* 1903 errang Gorkij einen beispiellosen Erfolg – dürfte ein gewisses Rivalitätsgefühl auf seiten Čechovs auch die Einsicht genährt und verstärkt haben, mit dem Verkauf der Verlagsrechte an A. F. Marks aufs falsche Pferd gesetzt zu haben: der genossenschaftlich organisierte Verlag der offiziell geduldeten Linken, *Znanie*, Petersburg, in dem Gorkij eine führende Rolle spielte, florierte zum Nutzen aller Beteiligten und erreichte phantastische Auflagenziffern; Gorkij selbst bedrängte Čechov, die Rechte von Marks zurückzukaufen, um zu *Znanie* überzuwechseln. Vgl. hierzu *Briefe*, Bd. v.

Die bekannteste Äußerung Gorkijs über Čechov ist zweifellos sein Aufsatz *A. P. Čechov* von 1905/1915; zu Lebzeiten Čechovs schrieb Gorkij im Januar 1900 im *Nižegorodkij listok* eine längere Besprechung der Erzählung *In der Schlucht*. Gorkijs zweiteiliger Čechov-Nachruf verrät noch am wenigsten von dem grundlegenden Mißverständnis, das Gorkij von Čechov trennt und das im Kern bereits formuliert ist in seinem Brief vom 5.1.1900, in dem Gorkij zumindest eines der wesentlichen Postulate des Sozialistischen Realismus vorwegnimmt: »Es ist doch wahr – eine Zeit ist angebrochen, die das Heroische braucht: alle wollen das Aufrüttelnde, Helle, wissen Sie, das, was es im Leben nicht gibt, sondern das über ihm steht, besser, schöner ist. *Es ist unbedingt nötig*, daß die heutige Literatur damit beginnt, *das Leben ein bißchen schöner zu färben – und sowie sie damit beginnt, wird sich auch das Leben schöner färben*, d. h. die Menschen werden schneller, bewußter leben.« (Hervorhebung vom Hrsg.)

Im Spannungsfeld dieser beiden Pole – der Bewunderung für die Wahrhaftigkeit des Künstlers Čechov und dem »Bedarf nach dem Heroischen« – bewegen sich beinahe alle Äußerungen Gorkijs über Čechov.

Für die Einschätzung Čechovs durch Gorkij nach 1917 ist die Spielplanüberlegung von 1918 bezeichnend, im Zusammenhang mit der von → V. Kačalov geschilderten Diskussion zwischen Gorkij und V. I. Lenin.

Gorkijs Čechov-Nachruf, Teil 1, erschien erstmals im *Nižegorodskij sbornik* des Verlags *Znanie*, St. Petersburg, 1905, ³1906.

Teil II, beginnend mit den Worten: »Fünf Tage erhöhte Temperatur«, offenbar 1914/15 geschrieben, erschien unter dem Titel *Aus dem Tagebuch* 1923 in der Zeitschrift *Beseda*, Berlin, Nr. 2 (Juli/August).

Zu einem Aufsatz zusammengefaßt wurden beide Teile dann in den sowjetischen Gorkij-Gesamtausgaben. In dieser Gestalt übernahm der Suhrkamp Verlag Frankfurt 1962 die (anonyme) Übersetzung des Aufbauverlages Berlin/DDR für den Band: M. G., *Erinnerungen an Zeitgenossen*, Bibliothek Suhrkamp, Nr. 89.

Dort weitere Erwähnungen Čechovs in Gorkijs Erinnerungen an → Lev Tolstoj.

Gorkijs Briefe an Čechov sind in sämtlichen Gorkij-Briefausgaben enthalten, ferner in mehreren Einzelausgaben des Briefwechsels mit Čechov, hier zitiert nach der Ausgabe: *M. G. i. A. Čechov, Perepiska. Stat'i. Vyskazyvanija*, hrsg. v. N. Gitovič, Moskau, AN SSSR, 1951.

Kučuk-koj – Tatarendorf auf der Krim in der Nähe von Jalta, wo Čechov zu Beginn seines Aufenthalts ein Häuschen am Meer gekauft hatte, das er jedoch bald wieder abstieß.

Erzählung »Der Übeltäter« – von 1885, vgl. dtb *Ein unbedeutender Mensch*.

morbus pritvorialis – Wortspiel, zusammengesetzt aus latein. ›morbus‹ die Krankheit und dem russischen Verbum für ›heucheln, simulieren‹ (privtvorjat'sja).

Skabičevskij – Aleksandr Michajlovič, 1838–1910, russischer Literaturkritiker und -historiker. Die hier zitierte Äußerung über Čechov fiel im Zusammenhang mit dem Erscheinen des Bandes *Bunte Erzählungen* 1886.

Zmiev – sprechender Name, von russ. ›zmeja‹, der Drache, die Schlange.

Smorgon – sprechender Name, von russ. ›smorgat'sja‹, sich zuzwinkern, zublinzeln.

Albions Tochter – von 1883, vgl. detebe 20261.

Autka – zu Čechovs Zeiten Vorort von Jalta, wo Čechov gebaut hatte.

Vaska Buslaev – Tragödie in Versen, dramatisches Gedicht aus Gorkijs Frühzeit, eine jener »heroischen« Dichtungen.

A. N. Aleksin – Aleksandr Nikolaevič, 1863–1923, Arzt in Jalta, gemeinsamer Bekannter von Gorkij und Čechov.

Savva Morozov – Savva Timofeevič, 1862–1905, Moskauer Industrieller, Theaterbegeisterter und Mäzen des Moskauer Künstlertheaters.

B. Lazarevskij – Boris Lazarevskij, 1874–1919, russischer Jurist und Schriftsteller, zum Kreis um den Verlag *Znanie* gehörend.

N. Oliger – Nikolaj Fridrichovič, 1882–1919, russischer Schriftsteller, aus dem Umfeld des *Znanie*-Kreises.

Suleržickij – Leopold (Lev) Antonovič, 1872–1916, familiär »Suler« genannt, Schriftsteller des *Znanie*-Kreises, ab 1905 Regisseur am Moskauer Künstlertheater.

GRAF, Oskar Maria, 1884–1967, deutscher Schriftsteller, Romancier, Erzähler.

Grafs Brief zu Čechov wurde erstmals bekannt wie die Äußerungen von → A. Zweig und → H. Hesse in Gerhard Dicks Dissertation *Čechov in Deutschland*, maschinenschriftlich, Berlin/DDR 1956, er erscheint hier ungekürzt als deutsche Erstveröffentlichung mit freundlicher Genehmigung des Adressaten.

Wie aus einem erst kürzlich bekanntgewordenen Brief an Kurt Kersten hervorgeht, hat Graf Čechov schon in den 30er Jahren, spätestens Anfang 40er Jahre kennengelernt, vgl. *Oskar Maria Graf in seinen Briefen*, hrsg. v. Gerhard Bauer und Helmut F. Pfanner, München, Süddeutscher Verlag, 1984. In einem dort zitierten Brief schreibt O. M. Graf am 24. 5. 1943 an K. Kersten:

»Von Tolstoi darf ich schon gar nicht anfangen, denn da bin ich versessen und einseitig. Dostojewski mochte ich nie! Turgenjew habe ich in der Jugend sehr geliebt, dagegen mag ich Tschechow ungemein gern und Gorki hat so viel geschrieben, das ich immer wieder lesen mag. Ja, diese Russen, mein Gott, und jetzt ist so ein Narr wie Hitler und meint, er kann dies Große der Welt zertrampeln! Einer, der ihm sehr ähnelte, der humorlose Karl XII., hat auch so gedacht, einmal, und hat gar nicht gemerkt, daß dieser scheinbare Barbar Peter der Große doch eine erste Potenz in der Erschaffung oder vielmehr in der Erweiterung der europäischen Zivilisation war. Ich meine immer, diese Friedrichs, Napoleons, Karls und Hitlers werden diesmal doch endgültig liquidiert...« (a.a.O., S. 172).

Bemerkenswert in demselben Band auch O. M. Grafs Brief vom 4. 10. 1963 an Günter Grass, der sich vor allem auf die *Blechtrommel* bezieht:

»Sie haben außerdem noch den robusten Humor, der Sie überlegen macht. Alles ist noch Chaos – aber es ist dieses Buch (nach meiner Kenntnis) die bisher einzige Dokumentation des zwanzigsten Jahrhunderts, alles Vorherige ist noch neunzehntes. Und eben deswegen beschwöre ich Sie: Schreiben Sie Kurzgeschichten! Darin werden Sie größer sein als O'Henry, Hemingway, Maupassant, Tschechow und Johann Peter Hebel! Damit wird Ihr Schaffen Weltliteratur.« (a.a.O., S. 316)

An Walter Jens am 16. 1. 1964 schrieb Graf mit Bezug auf den Briefwechsel zwischen Čechov und Gorkij:

»Es kommt mir nämlich, nach allem Schrecklichen, das wir durchleben mußten, wertlos vor, wenn wir Schriftsteller einander nicht die Wahrheit sagen. Wenn man z.B. den erst kürzlich herausgebrachten Briefwechsel Tschechows mit Gorki liest, wie wohltuend, wie schön ist so eine Aufrichtigkeit. Nur so haben Auseinandersetzungen etwas Fruchtbares.« (a.a.O., S. 320).

sechsbändige Ausgabe – meint sehr wahrscheinlich die Čechov-Werkausgabe der *Romane und Novellen* in fünf Bänden, hrsg. v. Alexander Eliasberg, München, Musarion Verlag, 1919/1920; eine umfangreichere Ausgabe von Čechovs Prosa hat es vor 1945 nicht gegeben.

GREENE, Graham, *1904, englischer Schriftsteller, Dramatiker, Drehbuchautor, Kritiker.
Äußerungen über Čechov sind sonst nicht bekanntgeworden, die hier zitierte ist Auszug aus einer Besprechung der *Kirschgarten*-Inszenierung von Tyrone Guthrie am Londoner New Theatre vom 28. August 1941 und erschien im *Spectator* vom 5. September 1941; in Auszügen nachgedruckt bei V. Emeljanow.
Deutsche Erstveröffentlichung, übersetzt von Susanne Schaup.

HANDKE, Peter, *1942, österreichischer Schriftsteller, Dramatiker.
Mehrfach Äußerungen Handkes zu Čechov, die sich vor allem auf Ende der 6oer Jahre beziehen. Eine der ersten 1968 in dem Aufsatz *Horváth und Brecht*, nachgedruckt in dem Sammelband: P. H., *Ich bin ein Bewohner des Elfenbeinturms*, Frankfurt am Main, Suhrkamp Verlag, 1972:
»Die verwirrten Sätze seiner [Horváths] Personen erschrecken mich, die Modelle der Bösartigkeit, der Hilflosigkeit, der Verwirrung in einer bestimmten Gesellschaft werden bei Horváth viel deutlicher. Und ich mag diese IRREN Sätze bei ihm, wie man das sonst nur bei Tschechow oder Shakespeare findet.«
1970 findet sich in den gesammelten Sätzen *Ritt über den Bodensee. Notizen zu einem Stück*, gedruckt in den Grazer *manuskripten*, Heft 29/30, u. a. folgender Satz: »In *Onkel Wanja* von Tschechow kommt jemand dazu, setzt sich, trinkt, OHNE AUFZUSEHEN.«
Aus dem Jahr 1970 stammt auch das Interview Rainer Littens mit Handke, am

31. 1. 1970 im Bremer *Weser-Kurier* erstmals erschienen und nachgedruckt unter dem Titel *Theater der Verstörung* in dem von M. Scharang herausgegebenen Band *Über Peter Handke*, Frankfurt am Main, Suhrkamp Verlag, 1972:
»Ich habe Ionescos Stücke früher gerne und mit Spannung gelesen, aber ich sehe da überhaupt keine Ähnlichkeit, weil – ach, das ist immer so blöd, etwas zu definieren! – weil ich immer mehr dazu komme, spontan zu arbeiten, ohne vorher Thesen aufzustellen. Früher habe ich das so gemacht. Aber bei Ionesco ist das wirklich eine »écriture automatique«, glaube ich, eine Traumschreibe, während bei mir jeder Satz eine bewußte Struktur hat. – Nein, ich möchte mich nicht vergleichen. Er ist natürlich ein großer Autor. Eher würde ich eine Ähnlichkeit erstreben, wenn ich weiterschreiben sollte fürs Theater, eine Ähnlichkeit mit Tschechow oder Horváth vielleicht. Das schwebt mir viel eher vor ... oder Lessing, das finde ich am schönsten eigentlich, so ein ganz vernünftiges, aber trotzdem ganz empfindliches und emotionales Theater. Daß das zusammenkommt: Emotion und Vernunft! Daß das kein Widerspruch ist!«
Die hier zitierten Sätze erschienen erstmals in Heft 1/1980 der Zeitschrift *Sowjetliteratur* und fielen in einem Gespräch, das Handke im April 1978 mit Redakteuren der Zeitschrift in Moskau führte.
Dostoevskij – 1966 hatte Peter Handke für die ORF-Sendereihe »Der dramatisierte Sonntagsroman« Dostoevskijs *Schuld und Sühne* für den Hörfunk bearbeitet; die Fassung wurde vom 6. 2. bis zum 8. 5. 1966 vom ORF ausgestrahlt.

HAUPTMANN, Gerhart, 1862–1946
Von → Otto Brahm am Deutschen Theater Berlin durchgesetzt, war Hauptmann am Moskauer Künstlertheater noch zu Lebzeiten Čechovs eine Art Hausautor, den auch Čechov sehr schätzte; bis 1904 wurden am Künstlertheater gespielt: *Die versunkene Glocke* als zweite Premiere der Eröffnungsspielzeit, noch vor dem legendären Erfolg der *Möwe*, Premiere am 19. 10. 1898; es folgte *Fuhrmann Henschel*, Premiere am 5. 10. 1899, noch im selben Jahr *Einsame Menschen* am 16. 12. 1899; *Michael Kramer* hatte am 27. 10. 1901 Premiere.
Wann Hauptmann mit dem Werk Čechovs bekanntgeworden ist, ist nicht hinreichend geklärt. In dem Teil der Hauptmannschen Bibliothek, der in Westberlin aufbewahrt wird, befinden sich insgesamt drei Čechov-Titel, darunter Band III mit den Dramen (*Die Möwe, Onkel Vanja, Drei Schwestern*) in der Ausgabe bei Diederichs, Jena 1902, mit Anstreichungen Hauptmanns. Den entscheidenden Eindruck von Čechovs Dramen dürfte Hauptmann, wie viele Berliner, dem Gastspiel des Moskauer Künstlertheaters 1906 verdanken. Vgl. hierzu Stanislavskij, für den Hauptmann 1906 in Berlin einen Empfang gab: »Bei der ersten Vorstellung, die er sah (es wurde *Onkel Vanja* gegeben), mußte er sich nun zum erstenmal mit der russischen Bühnenkunst bekanntmachen. In den Pausen sprach Hauptmann, der mit seiner Frau und seiner nächsten Umgebung in der Loge saß, ganz ungeniert und ziemlich laut seine schmeichelhafte Meinung über Čechov und unser Theater aus ...« (*Mein Leben in der Kunst*, Berlin, Bruno Henschel & Sohn, 1951, S. 495.)
Der hier zitierte Auszug aus Hauptmanns Tagebuch bezieht sich auf August 1907 und ist eine deutsche Erstveröffentlichung, sie erfolgt mit freundlicher Genehmigung und Dank an die Staatsbibliothek Preußischer Kulturbesitz Berlin. In der Handschriftenabteilung ist dieses Tagebuch katalogisiert unter der Nr. GH HS 217, es handelt sich um Blatt 28 recto. Blatt 29 recto scheint den Gedanken vom »scheinbar undramatischen« fortzuspinnen mit dem Satz: »Es gibt keine dichterische Komposition, die nicht dramatisch in ihrem Wesen ist, ebensowenig eine, die nicht episch ist.« Und 29 verso: »Im Homer stecken tausend Dramen, und doch ist es ein Epos.«

HAY, Julius, 1900–1975, deutsch schreibender ungarischer Schriftsteller, Dramatiker, Erzähler; die genaueste Biographie des im Westen nahezu vergessenen Hay gibt das Theaterlexikon des Henschelverlags Berlin/DDR 1978: »Wurde z. Z. der Räterepublik Kommunist, nach deren Niederschlagung Emigration nach Deutschland, zuerst Dresden, dann Berlin, 1923–29 illegal in Budapest, erneut Emigration nach Berlin bis 1933, anschließend Wien (Teilnahme an den Februarkämpfen, Verhaftung), Zürich, seit 1935 Sowjetunion, 1945 Rückkehr, erhielt hohe Ehrungen, geriet durch Kritik an Widersprüchen der sozialistischen Entwicklung in Widerspruch zum Sozialismus und auf die Seite der ungarischen Konterrevolution, 1957 Verurteilung zu Haft, 1960 begnadigt, lebte seit 1965 in Ascona (Schweiz).«

Hay, der zeitweise mit → Bertolt Brecht befreundet und von ihm beeinflußt war, hat sich, soweit bekannt, sonst nicht über Čechov geäußert. Der hier in Auszügen zitierte Essay erschien deutsch erstmals in der Zeitschrift *Theater der Zeit*, Berlin, 1950, und zwar in vier Fortsetzungen: *Der mißverstandene Tschechow*, Heft 9; *Die Gesellschaft in Tschechows Dramen*, Heft 10; *Der Mensch und die Arbeit in Tschechows Dramen*, Heft 11, und *Der Optimist Tschechow*, Heft 12. Das in diesem Band nachgedruckte Zitat bildet das Schlußkapitel *(Der Optimist Tschechow)*, erweitert um die abschließenden Absätze aus der vorausgegangen Folge *(Mensch und Arbeit in Tschechows Dramen)*; Titel vom Herausgeber.

Hays Čechov-Aufsatz, die erste ausführliche linientreu stalinistische Čechov-Auslegung in deutscher Sprache, kam der deutschen Übersetzung der Monographie von → V. Ermilov (1951) um ein Jahr zuvor; entscheidende Bedeutung für das Čechov-Bild des Theaters in der DDR kam ihm nicht zu, denn in den 50er Jahren verschwanden Čechovs Stücke aus den Spielplänen der DDR-Theater, von wenigen Ausnahmen abgesehen, fast ganz.

HELLMAN, Lillian, 1905–1984, amerikanische Schriftstellerin, Dramatikerin, Dramaturgin bei Metro Goldwyn Mayer, Drehbuchautorin für Hollywood. Über Čechov, soweit bekannt, sonst keine Äußerungen.

Der hier vorgelegte Text ist Lillian Hellmans Einleitung zu einer Neuausgabe von Čechovs Briefen entnommen: *The Selected Letters of Anton Chekhov*, edited and with an introduction by Lillian Hellman, London, Hamish Hamilton, 1955. Deutsche Erstveröffentlichung, übersetzt von Otto Bayer.

HEMINGWAY, Ernest, 1889–1961

Hemingway stand Čechov eher reserviert gegenüber, in seiner Bibliothek befanden sich nur zwei Čechov-Titel: die Erzählungssammlung *Der Lehrer* und *The Wife*, beide in der Übersetzung von Constance Garnett. Die giftigere der beiden bislang bekanntgewordenen Äußerungen Hemingways über Čechov gilt mehr der emphatischen Bewunderung Katherine Mansfields für Čechov; sie findet sich in Hemingways Erinnerungen *Paris – ein Fest fürs Leben*, deutsch von Annemarie Horschitz-Horst, Reinbek, Rowohlt Verlag, und bezieht sich auf Mitte der 20er Jahre:

»In Toronto hatte man mir erzählt, daß Katherine Mansfield eine gute Kurzgeschichten-Autorin, ja selbst eine bedeutende Kurzgeschichten-Autorin sei, aber als ich versuchte, sie nach Čechov zu lesen, war es, als ob man die sorgsam gekünstelten Geschichten einer jugendlichen alten Jungfer anhörte und sie mit den Geschichten eines ausdrucksmächtigen und wissenden Arztes, der ein guter und einfacher Schriftsteller war, verglich. Die Mansfield war wie Fastbier. Besser, man trank Wasser. Aber Wasser war Čechov nicht – bis auf die Klarheit. Es gibt einige Geschichten, die mir wie reiner Journalismus erschienen. Aber es gab auch ganz herrliche.«

Die hier wiedergegebene Hemingway-Äußerung über Čechov entstammt einem
Brief an Archibald Mac Leish vom 20. Dezember 1925 und ist enthalten in dem Band:
E. H., *Glücklich wie die Könige. Ausgewählte Briefe 1917–1961*, Reinbek, Rowohlt
Verlag 1984. Deutsch von Werner Schmitz.
Es rattert – vorletzte Skizze aus den *Aufzeichnungen eines Jägers*, 1852, von Ivan
Turgenev, in deutschen Ausgaben meist in einem Band erschienen; auf welche
englische Übersetzung Hemingway sich bezieht, ist nicht ermittelt.

HESSE, Hermann, 1877–1962
Entsprechend dem hier erstmals veröffentlichten Brief Hesses findet Čechov keine
Erwähnung in Hesses *Bibliothek der Weltliteratur*, 1929, auch nicht in den *Vermischten Schriften zur Literatur*, hrsg. v. Volker Michels, Frankfurt, Suhrkamp Verlag,
1970/1972.
Hesses Brief ist gerichtet an den Berliner Slavisten Gerhard Dick, der im Frühjahr
1955 auch die Autoren → Oskar Maria Graf und → Arnold Zweig nach einem
möglichen Einfluß Čechovs auf ihr Werk befragte. Die Antworten sind auszugsweise
zitiert in Dicks Dissertation *Čechov in Deutschland*, maschinenschriftlich, Berlin
1956. Abdruck mit freundlicher Genehmigung von Gerhard Dick.

HOCHHUTH, Rolf, *1931, deutscher Schriftsteller, Dramatiker, Theaterkritiker. Der
hier zitierte Passus entstammt einer Besprechung des Basler *Kirschgartens* von 1982,
erschienen in der Zürcher *Weltwoche* vom 13. September 1982.

HOHL, Ludwig, 1904–1980, deutschschweizer Schriftsteller, Erzähler, Kritiker, Theoretiker.
Die zitierte Bemerkung findet sich in den *Notizen oder Von der unvoreiligen
Versöhnung* im ersten Band, der, mit den Teilen I–VI, 1944 in Zürich bei Artemis
erschien – fertiggestellt war das Manuskript indes bereits 1937; Band II der *Notizen*
erschien 1954. Zitiert nach dem Frankfurter Nachdruck von 1981.
Auf Čechov ist Hohl offenbar durch → Katherine Mansfield gestoßen, die Hohl im
Zusammenhang mit den Begriffen Kunst und Konstruktion – in bezug auf Van Gogh –
mit folgendem Briefauszug zitiert:
»Katherine Mansfield bemerkt dazu (November 1920): ›Was Sie von Van Gogh zitieren,
ist ausgezeichnet. Ich könnte Ihnen das Parallelstück geben, wenn ich Tschechows
Briefe hier hätte. Tschechow empfindet genau *gleich*. Auch ich habe Mißtrauen und ein
ungemütliches Gefühl gegenüber diesem ›Kunsttreiben.‹« (Teil V, 18)
Dunkel bleibt die Feststellung, wonach Čechov »zu seinem eigentlichen Leben
erwachte durch die Novelle *Der Tod des Iwan Iljitsch*«; weitergeführt wird der
Gedanke des Künstlerischen in Art. 32: »*Prätentiöse Künstler* nenne ich nicht den
Verfasser von Faust II, Valéry, Proust, Thomas Mann oder Karl Kraus, sondern
Beethoven, Schiller und Victor Hugo. Es gibt vielleicht in der Kunst nur zwei
Grundelemente: Die Zartheit (nicht Zärtlichkeit! diese ist feucht), die Goethe
besessen hat, Katherine Mansfield besessen hat; das Gewaltige, das Hölderlin,
Michelangelo, Dostojewski, Goethe besessen haben. (Wer nicht das eine oder das
andere erreicht – ist nichts.)

HUSTON, John, 1906–1987, amerikanischer Filmregisseur.
Aus einem Interview zu Hustons letztem Film *The Dead* nach der Erzählung *Die
Toten* von James Joyce.

IONESCO, Eugène, *1909
　　Zum Verhältnis Ionesco–Čechov vgl. → J. C. Oates vorn im Band. Die hier zitierte
Äußerung Ionescos entstammt dem Aufsatz *Ganz einfache Gedanken über das
Theater* in dem Band *Das Abenteuer Ionesco*, Zürich, Arche, 1957.

JACOBSOHN, Siegfried, 1881–1926, deutscher Theaterkritiker, Publizist, Begründer und
Redakteur der Berliner *Schaubühne*, ab 1918 umbenannt in *Weltbühne*.
　　Als Chronist des Berliner Theaterlebens hat Jacobsohn mehrfach über Čechov-
Inszenierungen geschrieben, nicht zuletzt über die beiden Gastspiele des Moskauer
Künstlertheaters 1906 und 1921, die er übrigens weit skeptischer beurteilte als die
übrige Kritik, etwa → Alfred Kerr. Jacobsohns Aufsätze sind wieder zugänglich
durch den Reprint der *Schaubühne* und *Weltbühne*, vgl. außerdem Jacobsohns
Theater-Jahrbücher *Jahre der Bühne*, Rowohlt Verlag.
　　Der hier nachgedruckte Auszug entstammt einer Doppelbesprechung, die zwei
Berliner Ibsen-Inszenierungen sowie die erste wirklich erfolgreiche deutsche *Kirschgarten*-Inszenierung zum Gegenstand hatte, nämlich die von Friedrich Kayßler an
der Berliner Volksbühne im Theater am Bülowplatz 1918; der Text erschien unter
dem Titel *Ibsen und Tschechow* in der *Weltbühne* vom 17.10.1918.
　　In diesen Blättern... – Verweis auf → Lion Feuchtwangers *Kirschgarten*-Aufsatz,
erschienen am 14.8.1916, vgl. vorn im Band.
　　Am 31.x.1916 war in der *Schaubühne* Alfred Polgars Besprechung der deutsch-
sprachigen Erstaufführung des *Kirschgartens* gefolgt, die an der Neuen Wiener
Bühne am 12. Oktober 1916 in der Regie von Emil Geyer stattgefunden hatte.
　　In dieser Kritik geht Polgar auf das Stück recht ausführlich ein, beginnend mit dem
Satz: »*Der Kirschgarten* eine Tragikomödie von Anton Tschechow, der ein großer
Novellist war, auch als Dramatiker.« Um zu diesem Schluß zu gelangen: »Daß ein
erlesener Geist dieses Gartens Gärtner, scheint in keinem Augenblick zweifelhaft.
Ein Schriftsteller, der aus Winzigkeiten Schicksale zu gestalten, in wenigen Sätzen
ein Menschenantlitz scharf zu silhouettieren weiß; ein Literat, in dessen kleinster
Skizze noch ein ganz besonderer Saft kreist, ein glühender Tropfen, geschöpft aus
der tragisch brodelnden Lächerlichkeit des Daseins.
Für den Organismus der Novelle reicht solcher Tropfen aus, für eine vieraktige
Komödie nicht. Die dünne Höhenluft in diesem *Kirschgarten* wirkt ein Weilchen
anregend, bei längerem Aufenthalt durchaus einschläfernd. Der gänzliche Mangel
an irgend etwas wie Steigerung, Höherführung ermüdet; das eintönige Dämmerlicht, das um Menschen und Dinge schwimmt, wirkt narkotisch; die Teilnahme
des Zuhörers, die im Theater ›gepackt‹, nicht drei Stunden lang sanft gekitzelt
werden will, hört auf; und seine Neugier wird ganz und gar bedürfnislos.«

JALOUX, Edmond, 1878–1948, französischer Schriftsteller, Essayist, Kritiker.
　　In Jaloux' Kritikensammlung *Figures étrangères*, Band 1, Paris 1925, erscheinen zwei
Besprechungen, die Čechov gewidmet sind und beide im Zusammenhang mit der bei
Plon erscheinenden Čechov-Gesamtausgabe stehen. In einer Notiz in seinem *Journal*
vermerkt Charles Du Bos das Erscheinen der Kritikensammlung von Jaloux mit dem
Satz, die besten Aufsätze darin seien die über Čechov.
　　Die hier zitierten Bemerkungen von Edmond Jaloux entstammen dem Band *Figures
étrangères*, Paris 1925. Deutsche Erstveröffentlichung. Übersetzung von Irene
Riesen.

KAČALOV, Vasilij Ivanovič, eigtl. Šverburovič, 1875–1948, russischer Schauspieler, am Moskauer Künstlertheater seit 1900, bis zu seinem Tode. Spielte zu Lebzeiten Čechovs in *Drei Schwestern* Tuzenbach, im *Kirschgarten* Trofimov.

Autor von Erinnerungen an Čechov, die 1914 im Almanach des Petersburger Verlags Šipovnik erschienen; diese Erinnerungen sind nachgedruckt in dem Band *Čechov v vospominanijach sovremennikov* (Čechov in Erinnerungen von Zeitgenossen), Moskau, Chudožestvennaja literatura, 1954 und Folgeausgaben. Autor auch von Erinnerungen an Maksim Gorkij, die, unter dem Titel *Vospominanija artista* (Erinnerungen eines Schauspielers) erstmals am 21.6.1936 in der Zeitung *Trud* erschienen. Das hier veröffentlichte Fragment daraus bezieht sich auf Ende Januar (möglicherweise den 25.1.) 1919 und findet sich in der russischen Gorkij-Chronik *Letopis' žizni i tvorčestva A. M. Gork'ogo*, Bd. III (1917–1929), Moskau, Izdatel'stvo Akademii Nauk SSSR, 1959.

Seinen Standpunkt hatte Gorkij in der Zeitschrift *Novaja žizn'* vom 4. Juni 1918 wie folgt formuliert:

»Ich gehe zur Bühnenkunst über und werfe die scheinbar paradoxe Frage auf: was ist für die soziale und ästhetische Erziehung der Massen nützlicher: *Onkel Vanja* von Čechov oder *Cyrano de Bergerac* von Rostand? *Das Heimchen am Herd* von Dickens oder ein Stück von Ostrovskij? Ich bin für Rostand, Dickens, Shakespeare, die griechischen Tragiker und die geistreichen, heiteren Komödien des französischen Theaters. Ich bin deshalb für dieses Repertoire, weil ich – ich wage es zu sagen – die geistigen Bedürfnisse der Arbeitermasse kenne. Das Bewußtsein von der Klassenfeindschaft und den sozialen Unterschieden ist bei ihr weit genug entwickelt; sie will die Erscheinungsformen universaler Brüderlichkeit und Einigkeit sehen und begreifen; sie fühlt, daß das Bewußtsein von der Einigkeit der Gefühle und Gedanken die Grundlage der menschlichen Kultur ist, das Streben aller Menschen nach Freude und Glück und dem Feiertag auf Erden kennzeichnet.

Die Arbeitermasse will, daß ihre Seele mit dem Besten in Berührung kommt, was das Fühlen und Denken des Menschen geschaffen hat; sie will den Genius des Menschen bewundern, begreifen und lieben.«

(Deutsch erstmals in: M. G., *Unzeitgemäße Gedanken über Kultur und Revolution*, hrsg. u. kommentiert von Bernd Scholz, Frankfurt am Main, Insel-Verlag, 1972.)

Aleksej Maksimovič – bürgerlicher Vor- und Vatersname von → Maksim Gorkij.

Lenin – vgl. zu Lenins Entgegnung auf Gorkij, die präzise den Leninschen Standpunkt umreißt, auch das Lenin-Zitat im Aufsatz von → Sean O'Casey.

KERR, Alfred, eigtl. Kempner, 1867–1948, deutscher Schriftsteller, Publizist, Theaterkritiker, vor dem Ersten Weltkrieg am *Tag*, Berlin, u. a. Zeitungen, von 1917–1933 am *Berliner Tageblatt*.

Zahlreiche Äußerungen Kerrs über Tschechoff, dann Tschechow, in der 5bändigen Kritiken-Sammlung A. K., *Die Welt im Drama*, Berlin, S. Fischer Verlag, 1917; die ersten dort zitierten im Zusammenhang mit dem Gastspiel des Moskauer Künstlertheaters in Berlin 1906, das für Kerr, wie für die meisten Theaterkritiker, Čechov eindeutig in den Schatten Stanislavskijs rückte und das Čechovbild in Deutschland nachhaltig verstellte, bestenfalls in dem Sinne, daß Čechovs Stücke in den Aufführungen des Moskauer Künstlertheaters, personifiziert in der Gestalt des künstlerischen Leiters Stanislavskij, kongenial dargeboten seien; die ›Stunde der Wahrheit‹ kam mit der Besichtigung der Inszenierung des *Volksfeinds* durch »die Russen«, und die war, nach einhelliger Meinung der Berliner Kritik, von → Jacobsohn bis Kerr, mißlungen.

Kerr ging noch weiter; er widmet Stanislavskij in der *Welt im Drama* ein ganzes

Kapitel, Čechov allenfalls Nebensätze. In dem Aufsatz *Stanislawskis Kern*, einer Analyse des Spiels der Truppe und, vor allen anderen, Stanislavskijs im *Onkel Vanja*, versucht Kerr, seine anfängliche Begeisterung für das Zusammenspiel des Künstlertheaters – nach dem Reinfall der *Volksfeind*-Inszenierung und der allgemeinen Enttäuschung – retirierend einzuordnen, auf Kosten von Čechov.

»Mit Brahms Ineinanderspiel kann man die Truppe nicht gut vergleichen: weil die Russen in den Tschechowstücken zu schmale geistige Werte, verglichen mit dem Inhalt etwa von Ibsens *Wildente*; zu schmale seelische Tiefen, verglichen etwa mit dem *Michael Kramer*, vorführen. Ich sehe, daß Brahms große Leistungen durch die Russen nicht nur nicht erschüttert werden, sondern rein unberührt bleiben. Diese, die Brahmschen Leistungen, waren in etlichen Ibsenwerken … wie der Extrakt einer ernsten, seelisch-tiefen Europakunst. Die Russen haben keine Gelegenheit, Ähnliches zu erweisen, solange sie nur diese fünf Stücke spielen. An Tschechow nicht – (aber ich will noch sagen, was uns dennoch an seinen Szenen wertvoll ist). Tschechows Wirklichkeitshandlungen sind Ausschnitte mit Zufälligkeiten: während Ibsens Wirklichkeitshandlungen Ausschnitte mit Ewigkeitsbezug sind … Die Russen werden den *Volksfeind* spielen, auch daraus wird man allzuviel nicht ersehen: weil es ein Ibsen-Stück zweiten Ranges ist, ein halbjournalistisches. Kurz: es fehlt ihnen, um sie mit Brahm vergleichen zu können, ein ebenbürtiges Stoffgebiet.« (18. 3. 1906)

In diesem Sinne auch Kerrs *Totenrede auf Otto Brahm*: »Den Gewaltigsten der Zeit [Ibsen] holt Brahm – wie er aus Deutschland den uns Liebsten [Hauptmann] holt. Dann erst kommt der große Russe Stanislawski und lernt von Brahm, er bekennt es offen – wie Tschechoff von Hauptmann lernt.« (*Die Welt im Drama*, Bd. v) Zu der Behauptung des ›Voneinander Lernens‹ vgl. die Glückwunschadresse → Stanislavskijs an → Gerhart Hauptmann 1932.

Kerrs Einschätzung von Čechovs »Wirklichkeitshandlungen als Ausschnitten mit Zufälligkeiten« scheint sich indessen doch gewandelt zu haben, vgl. seine *Drei Schwestern*-Kritik aus dem *Berliner Tageblatt* vom 22. 12. 1926.

KROPOTKIN, Pëtr Alekseevič, 1842–1921, Fürst und gelehrter Geograph, russischer Schriftsteller, Kritiker, Theoretiker des Anarchismus. Autor einer 1901 entstandenen Vortragsreihe über russische Literatur, die 1906 in deutscher Übersetzung von B. Ebenstein erschien: *Ideale und Wirklichkeit in der russischen Literatur*; neu aufgelegt 1975 im Suhrkamp Verlag, Frankfurt am Main. Dem Čechov-Kapitel dieses Buches entstammt der hier verwendete Auszug.

KRUTCH, Joseph Wood, 1893–1970, amerikanischer Schriftsteller, Publizist, Theaterkritiker der *Nation* von 1924–1952. Autor zahlreicher Čechov-Besprechungen, einige hiervon auszugsweise zitiert bei V. Emeljanow, *The Critical Heritage*.

Das hier zitierte Fragment bezieht sich auf eine Inszenierung der *Möwe* an der Comedy, New York, 1929, und erschien in *The Nation* vom 22. Mai 1929. In der Spielzeit 1928/29 wurden in New York allein drei der großen Čechov-Stücke gezeigt: *Der Kirschgarten* (Premiere am 14. 10. 1928), *Die Möwe* (9. 4. 1929) und *Onkel Vanja* (14. 5. 1929). Vgl. dazu auch → Brooks Atkinson über die New Yorker *Chekhov-Season*, in: V. Emeljanow. Deutsche Erstveröffentlichung, übersetzt von Birgit Flos.

LANGE, Hartmut, *1937, deutscher Schriftsteller, Dramatiker, dessen Theaterstücken des öfteren Čechov-Einflüsse nachgesagt worden sind. Autor einer Bearbeitung des

Krankensaals Nr. 6, die, in der Regie Hartmut Langes, am Theater der Stadt Bonn uraufgeführt wurde (1983). Soweit bekannt, keine umfassenderen Äußerungen über Čechov, mit Ausnahme des hier zitierten Aufsatzes von 1972, der erstmals in der Essay-Sammlung *Die Revolution als Geisterschiff* 1973 bei Rowohlt erschien. Er erscheint hier gekürzt um die ausführlichen Čechov-Belege aus dem *Kirschgarten*: 1) Lopachins Vorschlag (I. Akt), 2) Lopachins Triumph (III. Akt) und 3) Lopachins Gespräch mit Trofimov aus dem IV. Akt.

LAWRENCE, David Herbert, 1885–1930, englischer Schriftsteller. Zitat eines Briefs an Philip Smith vom 22. April 1912, der enthalten ist in der von James T. Boulton herausgegebenen Sammlung *The Letters of D. H. Lawrence*, Bd. 1. Deutsche Erstveröffentlichung und vermutlich die einzige Äußerung von Lawrence über Čechov.
D. H. Lawrence bezieht sich auf folgenden Band: A. Ch., *Two Plays: The Seagull. The Cherry Orchard*, Translated from the Russian and with an Introduction by George Calderon, London 1912 (Februar).

LIPSKEROV, Konstantin Abramovič, 1889–1954, russischer Schriftsteller, Übersetzer, Dramatiker. Sein Theaterstück *Carmencita* (nach Motiven von Prosper Merimée) 1923 wurde 1927 im 2. Studio des Moskauer Künstlertheaters von → Vl. Iv. Nemirovič-Dančenko inszeniert.
Das hier verwendete Zitat entstammt einem Aufsatz Lipskerovs in der Zeitschrift *Hotel für Reisende im Schönen*, Nr. 1, 1922.

LUKÁCS, Georg, 1885–1971, ungarischer Philosoph, Literaturtheoretiker, Kritiker, Publizist.
Der hier veröffentlichte Auszug über Čechov erschien 1943 in Georg Lukács' Essay *Dostojewski* im Zusammenhang mit dem Realismus-Band, nachgedruckt in der Werkausgabe *Probleme des Realismus* II, Werke Bd. 5, Neuwied, Luchterhand Verlag, 1964, der wiederum einen Nachdruck der 3. Auflage der *Probleme des Realismus* 1951 darstellt. Erwähnungen Čechovs nach 1943 immer wieder im Zusammenhang mit *Problemen des Realismus*.
Interesse gewinnt der (nicht ermittelte) Zeitpunkt, zu dem Georg Lukács Čechov kennengelernt hat insofern, als in seinem Frühwerk *Zur Soziologie des modernen Dramas*, das auch → Peter Szondi zitiert, die Abhandlung des modernen Dramas noch gänzlich ohne Čechov stattfindet. Dieser Essay, 1908/09 niedergeschrieben, erschien 1914 in den Heften 2 und 3 von Bd. 38 des *Archivs für Sozialwissenschaft und Sozialpolitik*; er enthält seitenweise Beobachtungen, Diagnosen, Fragestellungen zum zeitgenössischen Drama, die unmittelbar auf Čechovs Stücke gemünzt erscheinen, so, als wären sie direkt nach ihrer Lektüre notiert worden. Lukács bezieht sich jedoch, nach ausführlicher Behandlung der deutschen Klassik, vor allem auf → Gerhart Hauptmann und die Skandinavier (bis einschl. Strindberg) und gelangt zum Ergebnis, daß »Ibsen der einzige wahrhaft große Dichter der neuen Entwicklung« sei (a.a.O., S. 687, vgl. dazu auch → S. Jacobsohn).
Lukács diagnostiziert ein Absterben des Dramatischen im Naturalismus (vgl. dazu→ G. Hauptmann, vorn im Band). »Die Helden des neuen Dramas sind – im Verhältnis zu den alten – mehr passiv als aktiv; es geschieht eher etwas mit ihnen, als daß sie es selbst täten; sie verteidigen sich mehr als sie angreifen« (a.a.O., S. 343).
»Die Menschen sind gar nicht imstande, das anzusprechen, was wahrhaft wesentlich in ihnen und wirklich das Bewegende ihres Tuns ist, und vermöchten sie auch in seltenen Momenten Worte zu finden für das Unaussprechliche, so würden diese

doch ungehört vorbeihuschen an der Seele des andern, oder bloß in ihrem Sinn gewandelt zu ihnen gelangen können.« (a.a.O., S. 678)

»Hieraus folgt zunächst das Überflüssig- ja Störendwerden der Intrigue.« (a.a.O., S. 682)

»Insbesondere darin, daß die Konflikte immer stärker und ausschließlich innerlich, rein seelisch werden, derart, daß sie einem andern kaum mehr wirklich mitzuteilen sind und daß keine Tatsache denkbar ist, keine Handlung, in welcher sie restlos zum Ausdruck kommen könnten. Die Handlung wird nicht darum überflüssig, weil sie nicht unbedingt vonnöten ist, um die tragischen Gefühle auszulösen, sondern sie kann geradezu störend wirken.« (a.a.O., S. 684)

»Das Leben als Stoff ist nicht mehr dramatisch... Das neue Leben hat kein Pathos... Das Pathos des Lebens: Verschweigen des Leidens, das Verbergen des innern Elends, große Einsichten, großes Begreifen, immer nachträglich, immer zu spät, in einem großen stummen Augenblick. Auch die Vornehmheit ist passiv. Vornehm ist, der nicht verletzt, der stumm an dem Verletzenden vorbeischreitet. Vornehm ist das Schweigen, das Abwinken alles Lärmenden durch eine stille Geste; das Geheimhalten der Tragödien, der tiefsten seelischen Inhalte, das in Distanzhalten der Menschen und Dinge vom Menschen.« (a.a.O., S. 685/86)

»*das richtige Stellen der Frage*« – Čechov am 27. 10. 1888 an A. S. Suvorin, vgl. *Briefe* 1/Nr. 153.

LUNAČARSKIJ, Anatolij Vasiljevič, 1875–1933, russischer Schriftsteller, Dramatiker, Essayist, Kritiker, erster »Volkskommissar für Volksbildung« der UDSSR, als Kritiker bereits Čechov aufgefallen (vgl. *Briefe*), Herausgeber der ersten Čechov-Werkausgabe in der Sowjetunion (zusammen mit S. D. Baluchatyj), die im 25. Todesjahr Čechovs erschien.
Hier veröffentlicht ein Auszug aus einem Interview für die Zeitschrift *Ogonëk*, das im Zusammenhang mit dem Erscheinen der Čechov-Ausgabe 1929 gegeben wurde, in *Ogonëk* aber nicht erschien, es ist datiert auf den 8. Dezember 1928 und erstmals veröffentlicht im *Literaturnoe nasledstvo* Nr. 68, Moskau 1960. Deutsche Erstveröffentlichung.

LUNC, Lev Natanovič, 1901–1924, russischer Schriftsteller, Dramatiker, Mitglied der Schriftstellergruppe der Serapionsbrüder nach 1917, zusammen mit → V. Šklovskij und → E. Zamjatin.
Der literarische Nachlaß von Lev Lunc liegt bei weitem noch nicht gesammelt vor, der hier in deutscher Erstveröffentlichung zitierte Brief vom 24. Januar 1924 an Kornej Čukovskij entstammt dem Bändchen: L. L., *Zaveščanie Carja* (Das Vermächtnis des Zaren), hrsg. v. W. Schriek, München 1983.

MACCARTHY, Desmond, 1877–1952, englischer Kritiker, Publizist, Doyen der englischen Theaterkritik, Mitarbeiter des *New Statesman*, der *Sunday Times*, Herausgeber des *New Quarterly* ab 1907. Bewunderer des Dramatikers Čechov, schrieb MacCarthy über nahezu alle englischen Čechov-Inszenierungen, vgl. V. Emeljanow, op. cit.
Eine der frühesten Čechov-Besprechungen MacCarthys galt einer *Onkel Vanja*-Inszenierung in Aldwych (London) v. 11. 5. 1914, sie erschien am 16. Mai 1914 im *New Statesman*, Nachdruck bei V. Emeljanow, S. 130/131. Deutsche Erstveröffentlichung.
Der Künstler des Abschieds (Titel vom Herausgeber) ist ein Überblick über die

Londoner Čechov-Spielzeit 1925/26 – damals waren in London folgende Inszenierungen zu sehen: *Der Kirschgarten* (25.5.1925), *Die Möwe* (19.10.1925), *Ivanov* (6.12.1925), *Onkel Vanja* (17.1.1926) und *Drei Schwestern* (16.2.1926); am 28.9.1926 folgte eine Neuinszenierung des *Kirschgartens*. MacCarthys Aufsatz erschien am 6.März 1926 im *New Statesman*. Deutsche Erstveröffentlichung.

MAJAKOVSKIJ, Vladimir Vladimirovič, 1893–1930, russischer Lyriker, Dramatiker, Theoretiker, einer der Hauptvertreter des russischen Futurismus. Als Futurist und, nach 1917, Verfechter einer revolutionären Avantgardekunst (*Mysterium Buffo*, Regie → Vs. Mejerchold) war Majakovskijs Beziehung zu Anton Čechov nicht sonderlich innig. Der Aufsatz *Zwei Čechovs*, im 10. Todesjahr Čechovs erschienen in der Zeitschrift *Novaja žizn'*, 1914, Heft VI, trägt unverkennbar Züge der futuristischen Manifeste jener Zeit, für Majakovskij ein Anlaß, die futuristischen Positionen einmal mehr öffentlich zu propagieren.

MANDELŠTAM, Osip Emiljevič, 1891–1938, russischer Lyriker, Schriftsteller, Essayist. In einem Aufsatz von 1923, der den Dramatiker Čechov streift, setzt sich Mandelštam vor allem mit der Spielweise des Moskauer Künstlertheaters auseinander und plädiert für eine Rückkehr des Theaters zum Theater des Worts, d.h. einem Theater, das nicht die Atmosphäre, sondern das Dichterwort in den Mittelpunkt rückt (*Der ungläubige Thomas*, 1923).
Der hier gedruckte Entwurf eines Essays aus dem Jahr 1936 entstand in der Verbannung in Voronež und ist in der Sowjetunion nicht erschienen, er findet sich in Band IV der von G. Struve, N. Struve und B. Filippov herausgegebenen Mandelštam-Werkausgabe, Paris, YMCA-Press, 1981,
Deutsche Erstveröffentlichung, gekürzt um einige böse Bemerkungen zur Spielweise Čechovs Mitte der 20er Jahre in Theatern der UDSSR.
der menschliche Sumpf – Anspielung auf Čechovs Erzählung *Im Sumpf* von 1886, detebe 20262.
Goldoni – Carlo Goldoni, 1707–1793, italienischer Dramatiker.
Aiakos – sagenhafter Herrscher Athens, Sohn des Zeus und Stammvater des Geschlechts der Aiakiden, schuf sich, der Sage nach, wie Mandelštam erzählt, ein Volk aus Ameisen.

MANN, Thomas, 1875–1955
Thomas Manns Verhältnis zur russischen Literatur des XIX. Jahrhunderts war, wie das essayistische Werk belegt, zeitlebens ein sehr enges, geprägt von tiefer Verehrung; Mann nannte die russische Literatur »heilig«. Bestand diese Verehrung für die Russen bereits um die Jahrhundertwende, vgl. *Tonio Kröger*, so wurde Manns Verhältnis zu den Russen entscheidend geprägt durch die Essays → Dmitrij Merežkovskijs und die Freundschaft zu dessen Übersetzer Alexander Eliasberg, der 1919/1920 in München u.a. auch die 5bändige Čechov-Werkausgabe edierte. Über Thomas Mann und die russische Literatur vgl. ausführlich: Alois Hofmann, *Thomas Mann und die Welt der russischen Literatur*, Berlin/DDR, Akademie-Verlag, 1967; dort besonders das Kapitel *Die letzten Fragen zwischen Zweifel und Zuversicht*, in dem der *Versuch über Tschechow* behandelt wird.
Folgt man dem 1954 in der Zeitschrift *Sinn und Form* erstveröffentlichten *Versuch über Tschechow* – 1956 nachgedruckt in: Th. Mann, *Nachlese. Prosa 1951–1955*, Frankfurt am Main, S. Fischer Verlag –, so scheint sich Manns Verhältnis zum Werk Čechovs in der Zeit vor 1945 wenig zu unterscheiden von dem, was → Oskar Maria Graf, → Hermann Hesse und → Arnold Zweig dazu berichten. Aus Manns Briefen

aus dem Jahr 1898 geht jedoch hervor, daß Mann die Bücher des Albert Langen Verlags und die Čechov-Übersetzungen seines Freundes Korfiz Holm durchaus verfolgte. Manns Äußerung über *Das Duell (Ein Zweikampf)* von 1898 wurde erst 1978 bekannt durch die Ausgabe: Th. M., *Briefe 1889–1936*, hrsg. v. Erika Mann, Frankfurt am Main, S. Fischer Verlag. Zum *Versuch über Tschechow* schreibt Peter de Mendelssohn in seinen Nachbemerkungen zum Band *Leiden und Größe der Meister*, Frankfurter Ausgabe der Werke Thomas Manns, Frankfurt am Main, S. Fischer Verlag, 1982: »Tschechow war, wie gleich die ersten Sätze seines Aufsatzes bekennen, eine späte Entdeckung Thomas Manns; der *Versuch über Tschechow*, in seinem letzten Lebensjahr geschrieben, ist das letzte Porträt in seiner Galerie russischer Meister, und nicht wenige werden finden, daß es sein wärmstes und ergreifenstes und zugleich sein ernstestes und am tiefsten blickendes ist. Gewiß würde niemand hinter dem heiter-wehmütigen Bildnis des bescheidensten aller Meister die unsäglich niedergedrückte und elende seelische Verfassung vermuten, in der Thomas Mann diese von hundert autobiographischen Lichtern funkelnde, von hundert zu ihm selbst führenden Fäden durchschossene Schilderung zu Papier brachte. Das Tagebuch des Juli 1954 ist voller Klagen der Hinfälligkeit und Verzweiflung über seine ›elende Existenz‹ und den Unwert seines Schaffens: ›Nicht einmal zu dem Tschechow-Artikel kann ich mich aufraffen.‹ Es sollte eine Huldigung zu Tschechows fünfzigstem Todestag sein, die das Dritte Programm des Britischen Rundfunks und die Zeitschrift *Sinn und Form* von ihm erbeten hatten, und er mußte sich in den Dichter, von dem er sehr wichtige Werke eingestandenermaßen noch gar nicht kannte, erst hineinlesen. Es besaß die von Johannes von Guenther übersetzten *Kleinen Romane* Tschechows in einer Ostberliner Neuausgabe von 1952, mit dem Nachwort von Armin G. Kuckhoff, dem er viele Auskünfte entnahm, und die *Neuen Meistererzählungen*, übersetzt von Reinhold Trautmann, in der Ausgabe von Dieterich, Leipzig, von 1949, in welcher er in der *Langweiligen Geschichte* die Antwort an die arme Katja anstrich, die das Leitmotiv seines Aufsatzes ist – beide Ausgaben aus vergleichsweise jüngster Zeit und noch nicht lang auf seinem Bücherbord; er hatte vor Zeiten das eine oder andere Stück von Tschechow auf der Bühne gesehen, aber vom Dramatiker Tschechow ist im Essay nur am Schluß ganz obenhin die Rede. Ihn fasziniert der Erzähler.

Beim Lesen, so heißt es in einem Brief, ›ist meine Bewunderung für den Dichter sehr gestiegen‹, und das Tagebuch bestätigt es. ›Die tiefe Melancholie von Tschechows *Langweiliger Geschichte*, Werk eines ca. 30jährigen‹, notiert er am 21. Juni; ›Tschechows *Weiber*, meisterlich‹, am 22.; ›In Tschechows Novellen. *Die Bauern* um nichts schlechter als Tolstoi‹, am 7. Juli. Dann nahm er, mitten in der Arbeit, Mereschkowskis *Gogol* noch einmal vor und las ihn eine Woche lang wieder von Anfang bis Ende. Er hatte mit der Niederschrift des Essays am 22. Juni 1954 begonnen und schrieb die letzten Sätze am 27. Juli. ›Neunundzwanzig Seiten. Vermutlich ebenso viele Tage daran geschrieben.‹ ›Ich gebe mir Mühe damit‹, sagte er in einem Brief während der Arbeit, und er wußte warum: er schrieb, wieder einmal, über sich selbst, diesmal aber über den Herbst seines schaffenden Lebens. In dem so lange unbekannten, so spät entdeckten Meister fand er dunkle Akkorde der Lebensnot und Ratlosigkeit, die jetzt seine eigenen Tage erfüllten. In einem anderen Brief sagte er: ›Schon mancher gewissenhafte Schriftsteller hat sich gefragt: Betrüge ich nicht die Leser mit meinem Talent, da ich die letzten Fragen doch nicht zu beantworten weiß? Ich citiere da Anton Tschechow, über den ich eben arbeite, weil er mir unendlich sympathisch ist, und zwar gerade durch die ›Angst‹, die sein Ruhm ihm einflößte. Mit 29 Jahren konnte er sich in die Gefühle eines dem Tode nahenden Greises versetzen...‹ Der Leser möge zurückblättern zum Schlußabsatz des *Versuchs über Tschechow*. Wenn überhaupt irgendwo, dann spricht der alte Thomas Mann hier von sich selbst.«

Die Liste der von Thomas Mann benützten deutschen Čechov-Ausgaben, die Peter de Mendelssohn anführt, ist um mindestens zwei, möglicherweise auch mehr Positionen zu ergänzen:

1. Die Nennung des Titels *Taugenichts* verweist auf die Übersetzung der Novelle *Mein Leben* durch Alexander Eliasberg, erschienen in: Anton Tschechow, *Geschichten in Grau*, Band II der Werkausgabe des Musarion Verlages, München 1920; diese Übersetzung ist später nicht wieder aufgelegt worden. Thomas Mann zitiert, wenn auch mit etlichen stilistischen Veränderungen, Eliasberg, nicht Johannes von Guenther, in dessen Ausgabe der *Kleinen Romane*, Band 2, *Mein Leben* ebenfalls enthalten war.

2. Thomans Manns Zitate aus dem *Onkel Vanja* entstammen der Übersetzung von Hilde Angarowa in dem Band: Anton Tschechow, *Schauspiele*, Moskau, Verlag für fremdsprachige Literatur, 1947.

In den übrigen Fällen zitiert Mann, auch hier immer wieder stilistisch korrigierend, die Übersetzung Reinhold Trautmanns.

3. Ungeklärt ist, auf welchem Wege sich Thomas Mann Kenntnis der Briefe Čechovs verschafft hat; eine erste deutsche Auswahl aus den Briefen erschien 1960, besorgt von Gerhard Dick, im Rahmen der *Gesammelten Werke in Einzelbänden* im Verlag Rütten & Loening, Berlin/DDR. Das Nachwort von Armin G. Kuckhoff zu den *Kleinen Romanen* bringt andere und weit weniger Zitate als Thomas Manns *Versuch*, verweist aber an mehreren Stellen ausdrücklich auf die 1951 in deutscher Übersetzung bei Bruno Henschel, Berlin/DDR, erschienene Čechov-Monographie von → V. Ermilov, die ihrerseits mit zahlreichen, auch längeren Zitaten aus den Briefen arbeitet, doch decken sich auch diese Zitate nicht mit denen Thomas Manns. Zudem muß die Sprache der deutschen Ermilov-Übersetzung auf Mann eher wie eine Provokation gewirkt haben. Dennoch legt die Formulierung eines der Schlüssel-Zitate (»Führe ich den Leser nicht hinters Licht, da ich ja doch die wichtigsten Fragen nicht zu beantworten weiß?«) die Vermutung nahe, daß Mann auch Ermilov eingesehen hat. Nicht auszuschließen ist, daß Thomas Mann auch englische Ausgaben der Briefe Čechovs zu Rate gezogen und daraus übersetzt hat.

Tolstoj, nach Gorkij – vgl. M. Gorkij, *Lev Tolstoj* (1919/1923), Teil II; Gorkij zitiert Tolstoj wörtlich mit diesen Sätzen: »Ach, was für ein lieber, prächtiger Mensch! Er ist so bescheiden und still wie ein junges Mädchen. Er geht auch wie ein Mädchen. Einfach wunderbar.« (Zitiert nach M. G., *Erinnerungen an Zeitgenossen*, Frankfurt am Main, Suhrkamp Verlag, 1962)

»Welch ein sauertöpfischer...« – Čechov an A. S. Suvorin am 17. 12. 1890, *Briefe* II/ Nr. 312.

»Der Teufel hole die Philosophie...« – an A. S. Suvorin am 8. 9. 1891, *Briefe* II/Nr. 351.

»Tolstojs Moral rührt mich nicht mehr« – an A. S. Suvorin am 27. 3. 1894, *Briefe* III/ Nr. 454.

»Solche Feldzüge...« – an A. S. Suvorin am 7. 5. 1889, *Briefe* II/Nr. 212.

»Disciple« von Bourget – 1889 erschienener Roman von Paul Bourget, 1852–1935, den A. S. Suvorin im *Novoe vremja* in mehreren Folgen vorstellte, während gleichzeitig auch eine russische Übersetzung erschien; der Roman wurde zum Gegenstand mehrerer Briefe Čechovs an Suvorin.

»Führe ich nicht den Leser hinters Licht...« – Diese Formulierung so in Čechovs Briefen nicht zu finden, dagegen zahlreiche Äußerungen des Selbstzweifels, auch der Befürchtung, das Publikum »zu betrügen«, in den Briefen der Jahre 1888/1889.

Vgl. hierzu Ermilov, S. 134/35: »Es gefällt mir nicht, daß ich Erfolg habe«, sagt er in einem Brief. In einem anderen heißt es, ihm sei, als ›betrüge‹ er den Leser. Wozu schreiben – fragte er sich immer wieder –, wenn man die wichtigsten Fragen nicht beantworten kann?«

»Literatur war seine Geliebte« – an A. S. Suvorin am 11. 9. 1888, *Briefe* I/Nr. 137.

Pobedonoscev – Konstantin Petrovič, 1827–1907, russischer Staatsmann, Prokuror des Hl. Synod und graue Eminenz der Politik der Zaren Alexanders III. und Nikolaus II.

Das Los Gleb Uspenski's – Uspenskij, Gleb Ivanovi, russischer Schriftsteller, 1843–1902, starb in geistiger Umnachtung. Vgl. hierzu Čechovs Brief vom 22. 3. 1890 an I. L. Leontjev-Ščeglov: »Warum entdeckt sie (die Kritik) uns nicht die Wahrheit und die unabänderlichen Gesetze? Wenn sie sie wüßte, glauben Sie mir, dann hätte sie uns längst den rechten Weg gewiesen, dann wüßten wir, was wir zu tun hätten, dann säße Fofanov nicht im Irrenhaus, Garšin wäre noch am Leben, Barancevič litte nicht unter Depressionen, und wir würden uns nicht so stumpfsinnig langweilen, wie wir es jetzt tun.«

Garšin – Vsevolod Michajlovič, 1855–1888, Schriftsteller, der sich überaus enthusiastisch über Čechovs *Steppe* geäußert hatte und dessen Selbstmord Čechov daher sehr nahegegangen war.

Levitan – Isaak Iljič, 1861–1900, russischer Maler, mit Čechov eng befreundet, unternahm 1895 einen Selbstmordversuch.

»Als Stilist ist Čechov unerreicht« – Zitat aus M. Gorkijs Besprechung der Erzählung *In der Schlucht*, erschienen im Januarheft der Zeitschrift *Žizn* 1900; Quelle Thomas Manns nicht ermittelt.

Grigorovič – Dmitrij Vasiljevič, 1822–1899, russischer Schriftsteller, nach dem Tode Dostoevskijs 1881 und Turgenevs 1883 neben Tolstoj, Suvorin und A. N. Pleščeev einer der letzten großen alten Männer der russischen Literatur.

Grigorovičs Brief an Čechov – vom 25. 3. 1886, vgl. *Briefe* I/Nr. 44 sowie Anmerkungen; Čechov antwortete am 28. 3. 1886. Hervorhebungen von Thomas Mann. Beide Briefe nicht in dem Nachwort Kuckhoffs, bei Ermilov ebenfalls anders zitiert.

Schon beim Neunundzwanzigjährigen – von ersten Lungenblutungen berichtete Čechov bereits im Dezember 1884, vgl. *Briefe* I/Nr. 28 vom 10. 12. 1884.

Als der junge Lenin… – mitgeteilt in den Erinnerungen von Lenins Schwester A. I. Uljanova-Elizarova, zitiert bei Ermilov, S. 181.

Die »allgemeine Idee«; »jedes Gefühl, jeder Gedanke lebt in mir abgesondert« – vgl. die *Langweilige Geschichte* in der Übersetzung von Reinhold Trautmann.

Man müßte das Leben wie durch ein Prisma betrachten« – vgl. Čechovs letzte Erzählung *Die Braut*.

»Ich-Erzählung ›Der Taugenichts‹« – meint den kleinen Roman *Mein Leben* in der Übersetzung von Alexander Eliasberg 1920.

»Sie ist von Natur ironisch« – vgl. nachstehende Beobachtung von Rudolf Kassner 1931: »Da sind also die einen: die sich verstecken, in ihre Geschöpfe hineinkriechen und dort im ›Dunkeln‹ bleiben. Bei andern hängt noch ein Zipfel von Persönlichkeit heraus, und so kommt es bei diesen zu dem, was ich die ironische Beziehung zwischen Held und Dichter nennen will. Die Ironie ist da, weil das Sich-Verstecken nicht ganz gelingen will. Ich denke an Hamsun, Tschechow, auch an Thomas Mann… Die Untertauchenden oder Sich-Versteckenden haben mehr Herz. Und um des Herzens, um der Mitte des Herzens willen, lieben sie die Beschränkung oder nehmen sie hin: die Beschränkung durch Heimat, die Provinz usw. Thomas Hardy war sein ganzes Leben lang ein Mann der Provinz gewesen,

wenn sich der Begriff der Provinz bei einem Engländer überhaupt gebrauchen läßt, der Mann aus Wessex. Die anderen mit dem Zipfel der Ironie haben mehr Geist. Jene sind mehr Dichter, diese (Hamsun, Tschechow, Thomas Mann) mehr Künstler. Hardys Künstlerschaft war keine von den großen.« (Thomas Hardy, 1931, Nachdruck in: R. K., Sämtliche Werke, Pfullingen, Neske, Band 11, 1982)

»Ich achte Sie, Sie sind eine edle Seele...« – vgl. die Novelle *Mein Leben.*

Wir zeichnen nur das Leben, wie es ist...« – an A. S. Suvorin am 25. 11. 1892, vgl. *Briefe* 11/Nr. 412.

»Wie die Dinge liegen...« – vgl. die Erzählung *Das Haus mit dem Zwischen*stock aus dem Jahr 1896, vgl. hierzu aber auch den Schlußabsatz des Aufsatzes: *Es ist nicht anders...*

Ein Biograph – nicht ermittelt.

»Leben, das, wie er sagte, auf Sklaverei aufgebaut ist« – vgl. *Mein Leben.*

Sturmvögel der Revolution – Anspielung auf Gorkijs *Lied vom Sturmvogel.*

»Onkel Vanja« gesehen – in München zu sehen war die deutschsprachige Erstaufführung am Schauspielhaus, 23. März 1903, sowie eine Inszenierung am Residenztheater am 14. Juni 1913. Textzitate aus *Onkel Vanja* aus der Übersetzung von Hilde Angarowa.

Lidija Mizinova – Lidija Stachievna, 1870–1937. Zum Ton der Čechovschen ›Lettre d'amour‹ vgl. vor allem *Briefe*, Band 111.

Potapenko – Ignatij Nikolaevič, 1856–1928, russischer Schriftsteller, Modeautor der 90er Jahre, in denen er mit Čechov befreundet war.

»Die Unverfrorenheit und der Müßiggang der Starken« – vgl. die Erzählung *Stachelbeeren*, hier zitiert in der Übersetzung Reinhold Trautmanns.

»Es ist nicht anders« – Bekräftigung des Zitates aus der Erzählung *Das Haus mit dem Zwischenstock*, zugleich aber Anspielung auf den von W. Muschg erhobenen Einwand gegen Thomas Mann: »...und (er) ergötzte eine verlorene Welt..., ohne ihr die Spur eines rettenden Gedankens zu geben.« (Walter Muschg, *Tragische Literaturgeschichte*, 1948, zitiert nach Th. M., Essays, Band 1, hrsg. v. Michael Mann, Frankfurt am Main, 1977.)

MANSFIELD, Katherine, eigtl. Kathleen Beauchamp, 1888–1923, englische Schriftstellerin, Erzählerin, Klassikerin der englischen Kurzgeschichte. Zahlreiche, oft emphatische Äußerungen über Čechov in ihren Briefen, vor allem an ihren Ehemann → John Middleton Murry, sowie in den Tagebüchern, die sich zumeist auf Anfang der 20er Jahre beziehen und mit dem Erscheinen der englischen Čechov-Übersetzungen von Constance Garnett in Zusammenhang stehen.
Der hier zitierte Vergleich Čechovs mit Proust findet sich in Katherine Mansfields Brief an John Middleton Murry vom 1. 12. 1920 und entstammt der Ausgabe *Katherine Mansfield's Letters to John Middleton Murry* 1913–1922, hrsg. v. J. M. Murry, London 1951, desgl. die Äußerung vom 14. 10. 1922.

MAUGHAM, William Somerset, 1874–1965, englischer Schriftsteller, Erzähler, Dramatiker, Kritiker und Essayist, studierte, ehe er 1897 mit dem Roman *Liza of Lambeth* debütierte, Medizin. Zu Čechov, mit dem er verglichen wurde, hatte Maugham lange ein eher reserviertes Verhältnis, dem er mehrfach Ausdruck verlieh, am deutlichsten in dem Band *The summing up*, London 1938, in dem Maugham mehr als auf Čechov auf die Zulässigkeit des Vergleichs mit ihm eingeht (deutsche Übersetzung: Juliane Lehmann):
»Es war ungünstig für mich, daß ich ernsthaft begann, Kurzgeschichten zu schreiben, als die betterclass-Schriftsteller in England und Amerika dem Einfluß von Čechov

ausgeliefert waren. Der literarischen Welt fehlt es ein wenig an Ausgewogenheit, und wenn sie an etwas Gefallen findet, so ist es angemessen, das nicht als eine vorübergehende Mode, sondern als oberstes Gebot des Himmels zu betrachten; und es setzte sich die Vorstellung durch, daß jeder, der künstlerische Neigungen hatte und Kurzgeschichten schreiben wollte, Geschichten schreiben mußte wie Čechov. Verschiedene Schriftsteller verpflanzten russische Melancholie, russischen Mystizismus, russische Untauglichkeit, russische Verzweiflung, russische Sinnlosigkeit, russische Charakterschwäche nach Surrey oder Michigan, Brooklyn oder Clapham, und machten sich durchaus einen Namen. Man muß einräumen, daß es nicht schwer ist, Čechov zu imitieren. Wie ich zu meinem Schaden weiß, gibt es Dutzende von russischen Flüchtlingen, die es ziemlich gut machen: zu meinem Schaden, denn sie schicken mir ihre Geschichten, auf daß ich das Englisch korrigiere, und dann fühlen sie sich durch mich beleidigt, wenn ich von amerikanischen Zeitschriften keine beträchtlichen Summen für sie bekommen kann. Čechov war ein sehr guter Kurzgeschichtenautor, aber er hatte seine Grenzen, und klugerweise machte er sie zur Grundlage seiner Kunst. Er hatte nicht das Talent, eine dichte, spannende Geschichte zu erfinden, eine, die man wirkungsvoll bei Tisch erzählen konnte, wie *L'Héritage* oder *La Parure*. Als Mensch scheint er fröhlich und praktisch veranlagt gewesen zu sein, aber als Schriftsteller war er von bedrückender, schwermütiger Natur, auf Grund derer er sich mit Abscheu von lebhafter Handlung oder Überschwenglichkeit abwandte. Seine oft so schmerzliche Haltung ist die entrüstete Reaktion eines Menschen, dessen ausgeprägte Sensibilität verletzt worden ist. Er sah das Leben in Eintönigkeit. Seine Menschen sind nicht scharf charakterisiert. Er scheint an ihnen als Einzelnen nicht sonderlich interessiert gewesen zu sein. Vielleicht kann er einem deshalb das Gefühl geben, daß sie alle Teil voneinander sind, sonderbare, tastende Protoplasmaschichten, die ineinander übergehen, der Sinn des Mysteriums, Leben und seine Nichtigkeit , wodurch er seine eigenartige Qualität erlangt. Es ist eine Qualität, die seinen Nachfolgern abhanden gekommen ist.

Ich weiß nicht, ob ich jemals Geschichten in der Art Čechovs hätte schreiben können. Ich wollte es nicht.«

»I never got farther than being able to read the plays of Chekhov«, schreibt Maugham in *The summing up* über seine Versuche, Russisch zu lernen; »plays of atmosphere« nennt er die Stücke und in ihrer Art »the best-known«.

Auf seine Lektüre der russischen Literatur kommt Maugham auch in dem Band *A Writer's Notebook*, New York, Doubleday, 1949, zu sprechen, in dem er ausführlich die Erlebnisse auf seiner Rußlandreise von 1917 schildert. Ihm entstammt, in der Übersetzung von Birgit Flos, der Vergleich von Gorkij, Čechov und Maupassant.

Die ausführlichste Äußerung Maughams über Čechov – der Essay über die short story – ist enthalten in dem Band: W. S. M., *Points of View*, London, Heinemann, 1958, und zeigt eine veränderte Einstellung zu Čechov. Dieser Aufsatz ist als Ganzes zugänglich in dem *Diogenes-Lesebuch englischer Erzähler*, hrsg. v. Gerd Haffmans, Zürich, 1976, übersetzt von Marlis Pörtner und Claudia Schmölders; er ist in der hier vorgelegten Form gekürzt um die einleitende Darstellung der Biographie Čechovs.

Erster Besuch in Petersburg – Dezember 1885, vgl. darüber den Brief an seinen Bruder Aleksandr vom 4. 1. 1886, *Briefe* I/Nr. 36.

»Alles, was keinen Bezug zur Geschichte hat...« – meint vermutlich Čechovs Satz vom 21. 1. 1883 an N. A. Lejkin: »Alles, was zu lang ist, würde ich streichen«, *Briefe* I/Nr. 10.

»*Das Meer lacht...*« – über Anthropomorphismus (Maksim Gorkijs) in Čechovs Briefen nur der an Gorkij vom 3. 1. 1899 und, zuvor, vom 3. 12. 1898, *Briefe* IV/ Nr. 704 und 715: »Nur die häufigen Vergleiche mit dem Menschen (Anthropomorphismus), wenn das Meer atmet, der Himmel blickt, die Steppe sich räkelt, die Natur flüstert, spricht, trauert usw. – solche Vergleiche machen die Beschreibungen ein wenig monoton, manchmal süßlich, manchmal unklar; Farbigkeit und Ausdruckskraft in Naturbeschreibungen erreicht man nur durch Einfachheit, mit solch einfachen Sätzen wie ›die Sonne war untergegangen‹, ›es wurde dunkel‹, ›es fing zu regnen an‹ usw. – und diese Einfachheit ist Ihnen in hohem Maße eigen, wie selten einem unserer Belletristen.«

»*Die Menschen gehen nicht zum Nordpol*« – vgl. die Erinnerungen von A. I. Kuprin, zitiert im Čechov-Essay von → Boris Ejchenbaum.

Koteliansky – S. S. Koteljanskij, 1880–1955, englischer Schriftsteller, Kritiker russischer Herkunft, übersetzte Čechov, Gorkij, Dostoevskij ins Englische, arbeitete zusammen mit → Katherine Mansfield an einer Übersetzung von Čechovs Briefen.

»*Für spezielle Probleme – Spezialisten*« – Čechov an A. S. Suvorin am 27. 10. 1888, *Briefe* I/Nr. 153.

Trollope – Anthony, 1815–1882, englischer Schriftsteller; die *Barchester-Chronicles* erschienen 1857.

der gute Mr. Browning – Robert Browning, 1812–1889, englischer Lyriker.

MAUROIS, André, eigtl. Emile Salomon Herzog, 1885–1967, französischer Schriftsteller, befreundet mit → Charles Du Bos. Hier zitiert sind Absätze aus einem Aufsatz *Anton Tchekhov*, erstmals erschienen in *Le monde* vom 23. März 1950, Nachdruck in Band x, *Destins*, der *Œuvres complètes*, Paris, Fayard, 1952. Deutsche Erstveröffentlichung, übersetzt von Irene Riesen.

»*Ein Mann, dem vom Rad...*« – vgl. Čechov, *Notizbücher*, 1/74,6.

»*X., ehemaliger Unternehmer...*« – *Notizbücher*, 1/98, 2.

»*Titel Stachelbeeren*« – *Notizbücher* 1/56,6.

MEJERCHOLD, Vsevolod, eigtl. Theodor Kasimir Meiergold, 1874–1942, russischer Schauspieler, Regisseur, Theaterleiter, Theoretiker. Schüler von → Vl. I. Nemirovič-Dančenko, 1898–1902 Schauspieler am Moskauer Künstlertheater, spielte dort 1898 in der *Möwe* Treplev, 1901 in *Drei Schwestern* den Baron Tuzenbach. Gründete 1903 ein eigenes Ensemble in Cherson, wo er nahezu alle Čechov-Stücke inszenierte. 1906 Engagement als Regisseur und Schauspieler an das Theater von V. F. Komissarževskaja in Petersburg.

Mejerchold stand mit Čechov, auch nach Verlassen des Künstlertheaters, in Briefwechsel und hat sich mehrfach über Čechov und seine Stücke geäußert, am ausführlichsten in seinem Band *Zur Geschichte und Technik des Theaters* 1906, dort im Kapitel *Naturalistisches und atmosphärisches Theater* (über die zwei Gesichter des Moskauer Künstlertheaters – vor allem anhand der Čechov-Inszenierungen → Stanislavskijs), in dem der Schwerpunkt indes auf der theatralischen Realisierung liegt. Deutsch erschien dieses Kapitel erstmals in dem Band *Theateroktober: Meyerhold, Tairov, Wachtangow*, hrsg. v. L. Hoffmann und D. Wardetzky, Leipzig, Reclam Verlag, 1967. Es ist erneut zugänglich gemacht worden in dem Band *Čechov und das Moskauer Künstlertheater*, Berlin, Schaubühne am Lehniner Platz, 1984, und dort als Ganzes nachzulesen, ergänzt durch ein Fragment aus Mejercholds Analyse *Russkie dramaturgi* (Russische Dramatiker) aus dem Jahre 1911, in der Mejerchold zwei Traditionslinien der russischen dramatischen Literatur herausarbeitet und, im Zeichen der eigenen Entwicklung als Regisseur, von Čechov abrückt: Gogol, Ostrovskij als Dramatiker des theatergerechten Theaters, Turgenev und Čechov als Autoren eines undramatischen Theaters.

Übersetzung des Briefs vom 8. Mai 1904 vom Herausgeber, gekürzt als deutsche Erstveröffentlichung.

MELCHINGER, Siegfried, *1906, deutscher Theaterwissenschaftler, Publizist, Essayist, Theaterkritiker der *Stuttgarter Zeitung* und, ab 1960, zusammen mit Henning Rischbieter, Begründer und Mitherausgeber der Zeitschrift *Theater heute*.

An der Durchsetzung Čechovs auf den deutschsprachigen Bühnen des Westens hatte S. Melchinger entscheidenden, am veränderten Čechov-Bild der 70er Jahre prägenden Anteil durch seine Monographie *Anton Tschechow*, Hannover, Friedrich Verlag, 1968, deren Erscheinen zusammenfiel mit dem 100. Heft von *Theater heute*, Dezember 1968, das mit einem Auszug aus Melchingers Monographie aufmachte: *Hat Stanislawsky Tschechow verfälscht?* und diesen Auszug einleitete mit folgendem Vorspruch:

»Eine Tschechow-Revision bahnt sich an. Siegfried Melchinger tritt in dem folgenden Beitrag den Beweis an, daß Stanislawsky, der als erster Tschechows Stücke inszeniert hat, seinen Autor niemals wirklich verstanden hat. Denn – so Melchinger – die von Stanislawskys Moskauer Künstlertheater begründete, bis in unsere Tage reichende Tradition, Tschechows Stücke als melancholische und stimmungshafte Schilderungen zu spielen, beruht offenkundig auf einem Mißverständnis. Tschechow selbst hat von Stanislawsky gesagt, er habe seine Stücke ruiniert. Inszenierungen von Ingmar Bergman, Strehler, Noelte und Zadek haben bewiesen, daß es den anderen Tschechow gibt und daß es gilt, ihn auf unseren Bühnen durchzusetzen.«

Der hier gedruckte Auszug aus der Monographie Melchingers erschien als Vorabdruck und eigener Text in der *Süddeutschen Zeitung* vom 2. 11. 1968 unter dem Titel *Stanislawsky und die Folgen. Wie Tschechow gespielt werden sollte*, er faßt die Argumentation Melchingers am bündigsten zusammen und erscheint hier unwesentlich gekürzt.

Melchingers Monographie, energische Streitschrift und Appell, Čechov neu und unbelastet von überkommenen Klischees zu sehen, hat vielfache Meriten. Sie ist die erste zusammenhängende deutsche Gesamtdarstellung von Čechovs dramatischem Werk, sieht man ab von Swetlana Geiers Nachwort zur Ausgabe der *Dramen*, übersetzt von Johannes von Guenther, in der Ausgabe der Rowohlt-Klassiker (Nr. 61/62), Reinbek 1960; schon dies eine große Anstrengung, bedenkt man, daß Čechovs Theaterstücke auch 1968 auf deutsch nicht vollständig übersetzt vorlagen, daß etwa *Platonov* (oder, wie das Stück auch genannt wurde: »Das Stück ohne Titel«), Kernstück der Darstellung Melchingers, nur als Bearbeitung zugänglich war. Zudem verwies Melchingers *Tschechow* auf die erschreckend schlechte Materiallage an deutsch zugänglicher Literatur: einen Großteil seiner Belege mußte Melchinger sich aus englischen und französischen Quellen zusammensuchen.

Zum zweiten, und dies ist sicher Melchingers Hauptverdienst, forderte die Monographie eine Klärung der Standpunkte nicht nur in bezug auf die Čechov-Spielweise des deutschsprachigen Theaters, sondern auch auf das Čechov-Verständnis allgemein, indem Melchinger Čechov wegrückte sowohl vom überkommenen »Russen«-Sentiment als auch vom Klischee des wehmütig-melancholischen Dramatikers des Untergangs und Weltendes. Melchinger entwarf ein Čechov-Bild, das durch die Spielweise Stanislavskijs verstellt und verfehlt worden sei und Čechov als »Shakespeare unseres Jahrhunderts« für das moderne Welttheater reklamierte.

Melchingers Monographie erfuhr nicht nur Lob, sondern auch etlichen Wider-

spruch, so noch 1978 von Joachim Kaiser: »Das... radikal unformulierte Tsche-
chow-Interpretationsziel heißt: der tränenselige und naturalistisch-stimmungsüber-
ladene Tschechow-Stil, wie ihn einst Stanislawskij und Nemirowitsch-Dantschenko
im Moskauer Künstlertheater entwickelten und zum überall bewunderten, imitierten
Vorbild machten, sei eine Mischung aus Irrtum und Einseitigkeit gewesen! Tschechow selbst habe sich von Stanislawskij verkannt gefühlt, er habe seine Stücke viel
farcenhafter, komischer gewünscht, viel weniger erdrückt von naturalistischem
Samowar-Brimborium. Freilich kann keine Rede davon sein, daß wir jetzt einfach im
Besitz des richtigen neuen Tschechow-Bildes wären und das falsche alte als historischen Irrtum zu den Akten der Theatergeschichte legen müssen. Tschechows wohl
unanfechtbare Äußerungen, er habe seine Zuschauer nicht zum Weinen über ewig-
menschliches Unglück, sondern vielmehr zum Lachen über die Passivität, die
Hilflosigkeit seiner (wenn überhaupt, dann unselig handelnden, meist aber bloß
redenden und inaktiv von der Zukunft träumenden) Geschöpfe bewegen wollen –
diese Äußerungen erklären und klären ja noch lange nicht, ob Erstarrung und
träumerisch tatenlose Todesangst entweder komisch wirken oder komisch sind.
Falls man dies Leiden aus der Ferne und mit dem harten Blick des zur Aktivität
auffordernden Propheten erblickt, kann man gewiß darüber lächeln.« (*Süddeutsche
Zeitung* vom 24. 6. 1978)
Melchingers Čechov löste bald nach Erscheinen den ersten und bislang einzigen, im
übrigen recht absurden Streit um Čechov in Deutschland aus. 1970 hatte Rudolf
Noelte, dessen bewunderte *Drei Schwestern*-Inszenierung Čechov bereits 1965 der
komischen Elemente entledigt hatte und deshalb der Einseitigkeit gezogen worden
war, in München *Kirschgarten* inszeniert, und auch diese Inszenierung (Text und
Bearbeitung: Rudolf Noelte) war eine Endzeit-Vision. Dem damaligen Kritiker der
Zeit, Marcel Reich-Ranicki, fiel anläßlich des Berliner Theatertreffens 1971 auf, daß
Noelte Čechov »kastriert« und »seines Sinns und seiner Poesie beraubt« habe:
»...politische und sozialkritische Passagen, zumal die Verurteilung der herrschenden Klasse und die optimistischen Visionen einer künftigen Gesellschaft fallen meist
weg« (*Viele Könner verderben den Brei*, in der *Zeit* vom 4. 6. 1971); Noelte habe aber
nicht nur unzulässig gekürzt, sondern auch Eigenes hinzugeschrieben. Zwei Leser-
briefe in der *Zeit* vom 18. 6. 1971 bestritten Reich-Ranickis Behauptungen,
woraufhin der Kritiker (*In Sachen Noelte und Tschechow*, *Die Zeit* vom 2. 7. 1971)
die zweite Behauptung zurücknahm, die erste jedoch anhand zweier Zitate unter-
mauerte, die in Noeltes Text nicht zu hören, aber nachzulesen waren in der
Kirschgarten-Übersetzung des Verlags der Autoren, die Hans Lietzau im selben Jahr
1970 in Hamburg inszeniert hatte. Es handelte sich um die zwei Umschreibungen in
Monologen Trofimovs, zu denen Čechov 1903 von der Zensur gezwungen worden
war und die in russischen Ausgaben nach 1917 im Urtext, nicht in der umschriebenen
Form zitiert werden. Darauf meldete sich Noelte selbst zu Wort: *Der rote Kirschgar-
ten. Wie Kritiker und Übersetzer Tschechow verfälschen, um aus ihm einen Vorläufer
des Kommunismus zu machen*, erschienen in der *Welt* vom 9. 10. 1971. In diesem
Rundumschlag – gegen die Neuübersetzung des *Kirschgarten* als auch gegen die
Monographie Siegfried Melchingers – unterstellte Noelte dem Übersetzer (»eines
Verlags, der Autoren gehört und der sich auf die Herstellung von rotgebundenen
Büchern spezialisiert hat«) bewußte Fälschungen, angefertigt von »roten Knopfgie-
ßern«, ebenso Melchinger linke Fälschermanieren, indem er ihm zweifelhaften
Umgang mit Čechov-Zitaten nachwies; in der Tat zwingt Melchinger des öfteren
Zitate ohne Quellenangabe in Sätze und Absätze, die verschiedenen Zusammenhän-
gen entstammen. (Fortsetzung des Streits in Daten: Peter Urban, *Rudolf Noelte sieht
Gespenster*, Gegendarstellung in der *Welt* vom 11. 12. 1971, und: Rudolf Noelte,

Beweise, Herr Urban, Beweise!, Welt vom 11. 12. 1971, wobei Noelte so weit ging, die Existenz der Zensur zu bezweifeln, schließlich *Theater heute*, Heft 5/1972, in dem der Slavist Witold Kośny die Existenz zweier alternativer Texte Čechovs – des Urtexts und der abgemilderten Umschreibung – nachwies.)

Die Transkription russischer Namen, die bei Melchinger uneinheitlich oft der englischen bzw. französischen Umschreibung folgt, wurde vereinheitlicht auf die in dieser Ausgabe benutzten, nachdem sich auch Siegfried Melchinger (in seiner Besprechung der *Čechov-Chronik* im Süddeutschen Rundfunk vom 7. 10. 1981) ihrer bedient hat.

»Stanislavskij hat mein Stück ruiniert« – an O. L. Knipper, 29. 3. 1904, *Briefe* V/Nr. 1202.

Strehler, Mailänder Inszenierung – Platonov 1960, Piccolo Teatro.

Gorkij, »Sie erschlagen den Realismus« – Brief an Čechov vom 5. 1. 1900, vgl. vorn im Band.

Ilja Erenburg, jüngst – I. Erenburg, *Perečityvaja Čechova*, 1954 (Beim Wiederlesen von Čechov), erschienen in französischer Übersetzung, Paris 1962, *A la Rencontre de Tchékhov*.

»Protestiere ich denn nicht…« – Čechov an A. N. Plešceev am 10./11. 10. 1888, vgl. *Briefe* I/Nr. 146.

»Objektivität« – an A. S. Suvorin am 1. 4. 1890, *Briefe* II/Nr. 280.

Als Stanislavskij in der »Möwe« – vgl. → V. E. Mejerchold in dem Auszug aus dem Tagebuch, vorn im Band.

Das »Platonov«-Programm nannte Čechov – unbekannt, woher. Čechov hat *Platonov* oder *Das Stück ohne Titel* – die neuere russische Forschung hat sich inzwischen auf den Titel *Vaterlosigkeit* (bezotcovščina) geeinigt – in seinen Briefen nie erwähnt. »Programm« ist dieser Stück-Entwurf insofern und nur insoweit, als darin bereits sämtliche Personentypen, Situationen und Grundkonstellationen der späteren Čechov-Dramen vorgeformt sind.

Kein Freund von Ibsen – bezieht sich auf die Stanislavskij-Erinnerungen, denen zufolge sich Čechov mehrfach negativ über den Dramatiker Ibsen geäußert hat.

Mejerchold, Nervosität – Čechov schrieb Mejerchold, dem Treplev-Darsteller, nicht im Zusammenhang mit der *Möwe*-Inszenierung, sondern im Zusammenhang mit Hauptmann, vgl. *Briefe* IV/Nr. 788, Anfang Oktober 1899.

»Grazie« – vgl. Čechov an Gorkij am 3. 1. 1899, *Briefe* IV/Nr. 715.

»Wissen Sie…« – vgl. Stanislavskijs Erinnerungen, das Kapitel über den *Kirschgarten*.

Gorkij riet er – vgl. Čechov an Gorkij am 3. 1. 1899, *Briefe* IV/Nr. 715.

»Das Meer war groß« – vgl. die Erinnerungen Ivan Bunins vorn im Band.

Einer Schriftstellerin sagte er – Čechov an L. A. Avilova m 3. 11. 1897, *Briefe* IV/Nr. 638.

MEREŽKOVSKIJ, Dmitrij Sergeevič, 1865–1941, russischer Lyriker, Romancier, Essayist, Literatur- und Kulturkritiker, Autor religionsphilosophischer Schriften, anfangs dem religiösen Flügel der russischen Symbolisten nahestehend, beeinflußt von dem Philosophen Vladimir Solovjëv. Schrieb noch zu Lebzeiten Čechovs, den er 1891 in Venedig kennengelernt hatte und der zu ihm eine eher distanzierte Bekanntschaft pflegte, eine Reihe historischer Romane, die auch im westlichen Ausland erfolgreich waren. 1905 bis 1912 lebte Merežkovskij in Paris, wohin er nach der Oktoberrevolution ins Exil ging. Erbitterter Gegner der Bolševiki und einer der Stammväter des Antikommunismus.

Merežkovskij spielte, zumindest bis 1914, in Deutschland eine nicht zu unterschät-

zende Rolle als Vermittler und berufener Interpret der russischen Gegenwartsliteratur und des russischen kulturellen Lebens. Aufsehen erregte seine 1903 in deutscher Übersetzung erschienene Gegenüberstellung *Tolstoj und Dostoevskij*, ebenso wie der Essayband *Der Anmarsch des Pöbels*, erschienen bei R. Piper, München, 1907. Im Piper Verlag beteiligte sich Merežkovskij 1908–1914 auch beratend und mit einem einführenden Essay an der groß angelegten Dostoevskij-Gesamtausgabe: »unter Mitarbeiterschaft von Dmitri Mereschkowski, Dmitri Filosofow und anderen heraus- gegeben von Moeller van den Bruck«.
Merežkovskijs Gegenüberstellung Čechovs mit Gorkij findet sich in dem Aufsatzband *Grjaduščij cham*, der 1907 in der Übersetzung von Harald Hoerschelmann unter dem Titel *Der Anmarsch des Pöbels* erschien; als Vorabdruck war in Maximilian Hardens Zeitschrift *Die Zukunft*, Band 59, 1907, der Aufsatz *Tschechoff* erschienen, bei dem es sich um eine vom Autor gekürzte Fassung des Essays *Tschechoff und Gorki* handelte. Die hier vorgelegte Fassung entspricht im wesentlichen dem Text der Zeitschriftenpu- blikation, er wurde durch einige Passagen aus der Buchfassung ergänzt.
Tjutčev – Fëdor Ivanovič, 1803–1873, russischer Lyriker.
Kürzlich . . . »Das Meer ist groß« – Zitat der Erinnerungen Ivan Bunins, vgl. vorn im Band.
»Ich sah ihn« – russisch, onomatopoetisch: »ja vidjel«.
»Es kommt ein Unwetter herauf . . .« – in der Übersetzung von 1907 belassen; Worte Baron Tuzenbachs aus den *Drei Schwestern*, 1. Akt.
Djagilev – Sergej Pavlovič, 1872–1929, Begründer und Redakteur der Zeitschrift *Mir iskusstva*, an der mitzuarbeiten Djagilev Čechov bewegen wollte.
Briefe vom 12. Juli 1903 und 30. Dezember 1902 – beide im Wortlaut der Brief- Ausgabe bei Diogenes, vgl. *Briefe* v/Nr. 1113 bzw. 1063.
Vl. Solovjëv – Vladimir Sergeevič, 1853–1900, Philosoph, Kritiker, von großem Einfluß nicht nur auf die russischen Symbolisten.
Der Barfüßer auf dem Grunde – Barfüßer, russisch Bosjak, Typ des vagabundierenden Strolchs, den Gorkij in die Literatur einführte; »auf dem Grunde« – wörtliche Übersetzung des Titels von Gorkij *Nachtasyl* (na dne).
Luka, der Prediger – vgl. Gorkij, *Nachtasyl*.
»Bin ich einmal Schriftsteller . . .« – Aus dem Monolog Trigorins in der *Möwe*, II. Akt.
Der »Unbekannte« – in der *Erzählung eines Unbekannten*, 1893.
»Langweilige Geschichte« – 1889, vgl. dtb *Kleine Romane* 1.

MILLER, Arthur, *1915, amerikanischer Schriftsteller, Dramatiker. Wie der hier gedruckte Auszug aus dem Essay *The Shadows of Gods*, *Harper's* Nr. 217, August 1958, zeigt, ein Bewunderer Čechovs, insbesondere des Dramatikers. In deutscher Übersetzung ist dieser Essay enthalten in: A. M., *Theateressays*, Frankfurt am Main, S. Fischer, 1981. Deutsche Übersetzung von Ingrid von Rosenberg. Der zweite Miller- Text (»Der insgesamt ausgeglichenste Mensch unter den Schriftstellern«) entstammt einem Gespräch zwischen Arthur Miller und Phillip Gelb, veröffentlicht unter dem Titel *Morality and Modern Drama* im *Educational Theatre Journal*, Oktober 1958. Deutsch, übersetzt von Hans Walter Sundermann, in: A. M., *Theateressays*. Zahlreiche Erwähnungen Čechovs auch in Arthur Millers Autobiographie *Zeitkurven* (deutsch im Herbst 1987 im S. Fischer Verlag, Frankfurt am Main).

MUGGERIDGE, Malcolm, *1903, englischer Publizist.
Von 1927–1930 war er Redakteur, 1932–1933 Moskauer Korrespondent des *Manche- ster Guardian*. In den Jahren 1946–1952 gehörte er zur Redaktion des *Daily Telgraph*; 1953–1957 gab er die satirische Zeitschrift *Punch* heraus.

Die Tagebucheintragung über die *Kirschgarten*-Inszenierung ist zitiert nach: *Like it was. A Selection from the Diaries of Malcolm Muggeridge,* hrsg. von John Bright-Holmes, London, Collins, 1981. Deutsch von Susanne Schaup.

MURRY, John Middleton, 1889–1957, englischer Kritiker, Essayist, Publizist, verheiratet mit Katherine Mansfield, zeitweilig befreundet mit D. H. Lawrence, letzter Herausgeber des *Athenaeum*, Gründer der Zeitschrift *Adelphi* 1923.
J. M. Murry, der seine literarische Tätigkeit 1911 begann, hat sich als Kritiker und Essayist mehrfach zu Čechov, den er bewunderte, geäußert. Die meisten dieser Aufsätze stehen in Zusammenhang mit dem Erscheinen der ersten englischen Gesamtausgabe, veranstaltet vom Verlag Chatto and Windus, in der Übersetzung von Constance Garnett, *Tales of Tchehov,* 13 Bde., 1916–1923; 1923 erschienen in New York *Complete Plays*, ebenfalls in der Übersetzung von Constance Garnett, wie auch, bereits 1920, *Letters from Anton Tchehov to his family and friends,* N. Y., McMillan; 1921 war in englischer Übersetzung von S. S. Koteliansky und L. Woolf auch *The Note-Book of Anton Tchekhov* erschienen (Hogarth Press, London).
Čechov-Essays von J. M. Murry: *The Humanity of Tchehov,* 1920 im *Athenaeum*; *Thoughts of Tchehov,* in. J. M. M., *Aspects of Literature,* N. Y., 1920; *Anton Tchehov,* in: *Discoveries. Essays on Literary Criticism,* L. 1924. Außerdem: *The Significance of Russian Literature,* ebenfalls in: *Discoveries.*
Teil 1 der hier zitierten *Gedanken über Čechov* entstammt den *Thoughts on Tchehov,* geschrieben anläßlich des Erscheinens des Bandes *The Bishop and Other Stories,* 1919, er ist übersetzt von Susanne Schaup. Teil 2 ist ein Auszug aus dem Essay *The Significance of Russian Literature* und erscheint hier, in der Übersetzung von Birgit Flos, als deutsche Erstveröffentlichung.
Alëša – Karamazov, vgl. Dostoevskij, *Die Brüder Karamazov.*
Hardy – Thomas, 1840–1928, englischer Schriftsteller, der von englischen Kritikern oft zum Vergleich mit Čechov herangezogen wurde.
russischer »Punch« – meint wohl die in Petersburg erscheinende satirische Wochenzeitung *Oskolki* (Splitter), in der Čechov von 1883–1887 vorrangig publizierte und durch die er bekannt wurde.
»Eine langweilige Geschichte« – vgl. detebe 20267, S. 81/2.

MUSIL, Robert, 1880–1942, österreichischer Schriftsteller, Erzähler, Dramatiker, Essayist, Kritiker.
Während seines Studiums 1903–1908 in Berlin hatte Musil das erste Gastspiel des Moskauer Künstlertheaters nicht versäumt und zumindest *Onkel Vanja* gesehen.
1921–1923 berichtete Musil, der den österreichischen Staatsdienst quittiert hatte, für verschiedene Prager Zeitungen über das Wiener Theatergeschehen. Dem zweiten Gastspiel des Künstlertheaters in Wien, April 1921, widmet Musil einen Aufsatz, der weit über eine übliche Theaterkritik hinausgeht, der gleichsam Musils eigene Vorstellungen von Theaterspielen und Theaterästhetik zusammenfaßt. Musil schreibt in diesem Aufsatz, *Das Moskauer Künstlertheater,* der am 24. 4. 1921 in der *Prager Presse* erschien:
»Vor Jahren, in Berlin, war ich dabei, wie diese Künstler *Onkel Wanja* darstellten, damals noch unter Stanislawskij selbst; ich gestehe, daß ich vor dem Wiederzusammentreffen zauderte; Krieg lag dazwischen, und was man so Kunst nennt, hatte inzwischen das Gesicht gewechselt; Stanislawsky und Nemirowitsch-Dantschenko, die geistigen Beweger dieser Künstlerschar, hat der russische Umsturz in Moskau zurückgehalten, während er einen Teil der Darsteller und Regisseure, der in Denikins Hände gefallen war, in die Freiheit des Westens vertrieb oder entließ – ich weiß nicht,

wie ich es richtiger sage, aber es ist gleich: keinesfalls war zu erwarten, selbst wenn man den Kern der Truppe vor sich hatte, daß er durch diese Entfernung von der Quelle seiner Kraft nicht gelitten haben sollte.« Diese Erwartung aber trog, wie Musil weiter ausführt: »Es handelt sich um ein Wunder.«

Wie schon in den Kritiken von 1906 war auch diesmal, war auch bei Musil von Anton Čechov nur am Rande die Rede, in Musils Aufsatz in der nachstehenden Passage: »Es wäre ein Mißverständnis, ihren Stil für naturalistisch oder impressionistisch zu halten, trotzdem in den Stücken von Gorki, Tschechow und den Illustrationen zu Dostojewski die Grundierung nach dieser Richtung verleiten könnte, und zu meinen, daß sie die späte Blüte einer verklungenen Kunstrichtung sind. Was die spielen, – abgesehen davon, daß der Impressionismus genau so ein Asyl für Obdachlose war, wie es der Expressionismus heute ist, – kommt nicht als eine seit zwanzig Jahren vergehende Kunst zu uns, sondern als die Kunst der Zukunft, sofern eine Zukunft dem europäischen Theater überhaupt noch beschieden sein soll.«

Zum zweiten Gastspiel des Künstlertheaters in Wien vgl. auch die Tagebuchnotizen von → Arthur Schnitzler in den Anmerkungen dieses Bandes; über beide Gastspiele die Dissertation von Tomoya Watanabe, *Gastspiele des Moskauer Künstlertheaters im deutschsprachigen Gebiet 1906 und 1922. Kritische Abhandlung der Entwicklungsphase des Stanislawskij Systems bis 1922.* Wien, Diss. masch., 1972. 1921 zeigte die Truppe, die sich 1919 vom Künstlertheater abgespalten hatte und über Südrußland und Georgien, Konstantinopel, Belgrad und Zagreb nach Wien gekommen war, Gorkijs *Nachtasyl, Drei Schwestern, Onkel Vanja, Kirschgarten* sowie eine Dramatisierung von Dostoevskijs Roman *Die Brüder Karamazov.*

Der Kernsatz Robert Musils über Čechov entstammt der Besprechung der deutschsprachigen Erstaufführung des *Paquebot Tenacity* von Charles Vildrac, 1882–1971, in der Übersetzung von Theodor Däubler am Burgtheater Wien vom 16. 3. 1922; er folgt als Gegensatz auf die Umschreibung der Bedeutung Vildracs: »Ich kenne von V. außer Kleinigkeiten nur dieses Stück, das ihm als große Leistung angerechnet wird; wenn es für die geistige Physiognomie des besten Frankreich als repräsentativ gelten soll, so wäre danach zu sagen: Tschechow« usw. Zitiert nach: R. M., *Essays und Reden. Kritik,* hrsg. von Adolf Frisé, Reinbek, Rowohlt Verlag, 1978. Musils Theaterkritiken erschienen deutsch erstmals gesammelt in der Taschenbuchreihe »rororo-Klassiker«, 1965.

NABOKOV, Vladimir, 1899–1977, russischer und amerikanischer Schriftsteller, Kritiker, Literaturwissenschaftler, emigrierte 1919 zunächst nach England, ging, nach Zwischenstationen in Deutschland und Frankreich, 1940 in die USA, wo er 1941–1948 am Wellesly College, 1948–1958 an der Cornell University Literatur unterrichtete. Aus dieser Zeit datieren Nabokovs Vorlesungen über Literatur, die erst 1981 aus dem Nachlaß publiziert wurden. Sie erschienen deutsch in zwei Bänden unter dem Titel *Die Kunst des Lesens* bei S. Fischer, Frankfurt am Main, 1982 und 1984. Der zweite Band der Vorlesungen, übersetzt von Karl A. Klewer, ist ausschließlich der russischen Literatur gewidmet. Das Kapitel *Anton Čechov* besteht aus einem allgemeinen Überblick über Čechovs Werk sowie drei anschließenden Vorlesungen über die *Dame mit dem Hündchen,* die Erzählung *In der Schlucht* und schließlich einer Analyse der *Möwe.* Im vorliegenden Band wird Nabokovs Čechov-Überblick zitiert, verkürzt um die biographischen Einzelheiten, bei denen sich Nabokov übrigens auf frühere Arbeiten von → Kornej Čukovskij über Čechov stützt. Zu dem Satz »ein schlampiger Satz im Zeitungsstil machten ihm nichts aus«, teilt der amerikanische Herausgeber Fredson Bowers folgende Lesart mit:

»Vladimir Nabokov hatte ursprünglich formuliert: ›machten ihm wenig aus‹, fuhr dann aber mit einer Aussage fort, die es wert scheint, festgehalten zu werden, auch wenn er sie später strich: ›...machten ihm weniger aus als beispielsweise Conrad, der einmal (Ford Maddox Ford zufolge) ein aus zweieinhalb Silben bestehendes Wort suchte – weder zwei noch drei, sondern genau zweieinhalb – weil er glaubte, das sei für die Beendigung einer Beschreibung unerläßlich. Und natürlich hatte Joseph Conrad völlig recht damit, denn so war sein Talent beschaffen. Čechov hätte den Satz mit einem *rein* oder *raus* beendet und wäre sich dieses Satzendes nie bewußt gewesen – dabei war er ein weit bedeutenderer Autor als der gute, alte Conrad.‹«

NEMIROVIČ-DANČENKO, Vladimir Ivanovič, 1858–1943, russischer Schriftsteller, Dramatiker, Regisseur, Theaterleiter, mit → K. S. Stanislavskij 1898 Gründer des Moskauer Künstlertheaters und Co-Regisseur aller dort gezeigten Čechov-Inszenierungen. Bekanntschaft mit Čechov noch während der 80er Jahre.

Das hier zitierte Fragment ist Auszug aus Nemirovič-Dančenkos Erinnerungen *Iz prošlogo* (Aus der Vergangenheit), Moskau, Academia, 1936; es gehört, ausführlicher, zu den Herzstücken des Sammelbandes *A. P. Čechov in Erinnerungen von Zeitgenossen* (russisch), Moskau 1947, 1952, 1954 usf. Deutsche Erstveröffentlichung, Titel vom Herausgeber.

Als Čechov seine Werke verkauft hatte – Čechov verkaufte 1899 die Exklusivrechte am Druck seines Gesamtwerks an den Petersburger Verleger A. F. Marks, vgl. *Briefe*, Bd. 4.

»Dämmerungen« – A. P. Čechov, *In der Dämmerung*, St. Petersburg, A. S. Suvorin, 1887.

Michajlovskij – Nikolaj Konstantinovič, 1842–1903, russischer Publizist, Literaturkritiker, der, als Anhänger der Narodniki, Čechov immer wieder das Fehlen einer weltanschaulichen Richtung vorgeworfen hatte.

Grigorovič – Dmitrij Vasiljevič, 1822–1899, russischer Schriftsteller, nach dem Tode Dostoevskijs (1881) und Turgenevs (1883) einer der letzten Großen aus der Zeit der 60er Jahre. Berühmt ist Grigorovičs Brief vom 25. 3. 1886 an Čechov, vgl. diesen sowie Čechovs Antwort vom 28. 3. 1886 in den *Briefen*, Bd. 1.

»Gute Nerven« – vgl. detebe 20263.

Boborykin – Pëtr Dmitrievič, 1836–1922, russischer Schriftsteller, Romancier.

Mißerfolg der »Möwe« – am 17. Oktober 1896 am Alexandra-Theater Petersburg.

OATES, Joyce Carol *1938, amerikanische Schriftstellerin, Erzählerin, Kritikerin und Literaturwissenschaftlerin.

Der Čechov-Aufsatz von J. C. Oates entstammt dem Essayband *The Edge of Impossibility: Tragic Forms in Literature*, erstmals erschienen in New York, The Vanguard Press, 1972. Deutsche Erstveröffentlichung, übersetzt von Otto Bayer.

wie Čechov selbst sagt – zitiert bei David Magarshak, *Chekhov the Dramatist*, London, 1952, S. 264. (Meint den Čechov-Brief vom 15. 9. 1903 an Stanislavskijs Frau M. P. Lilina, vgl. *Briefe* v/Nr. 1125.)

Am häufigsten »verwandelt sich...« – zitiert bei Martin Esslin *The Theatre of Absurd*, New York, 1961, S. 105. (Deutsch Reinbek, Rowohlt Verlag, rde Nr. 414, S. 122.)

Raymond Williams – Raymond Williams, *Ibsen, Miller and the Development of Liberal Tragedy*, in: *Studies of the Left*, Frühjahr 1964, S. 97.

»der Schatten am Ende...« – Samuel Beckett, *Molloy*, New York, 1955, S. 33.

»Selbstentfremdung des Menschen durch ...« – Martin Esslin, op. cit., S. 66 (In der deutschen Ausgabe S. 85).
Pound definiert das »Geheimnis« – Ezra Pound, *A Few Don'ts by an Imaginist,* in: *Poetry* 1, März 1913, S. 200–201.
Sämtliche Čechov-Zitate folgen der dtb-Ausgabe; die Beckett-Zitate der Übersetzung von Elmar Tophoven im Suhrkamp Verlag, Frankfurt am Main. Ionesco, *Die kahle Sängerin* wird zitiert nach der Ausgabe des Luchterhand Verlags, Neuwied 1959, in der Übersetzung von Serge Stauffer.

O'CASEY, Sean, eigtl. John Casey, 1884–1964, irischer Schriftsteller, Erzähler, Dramatiker, Essayist. Heinrich Böll (in seinem Vorwort zu O'Caseys Autobiographie, deutsch in sechs Bänden bei Diogenes): »Diese wilde Flut von Seligpreisungen und Flüchen ist das protestantische Gegenstück zu Joyces *Ulysses* ... Die aufgeklärte Intelligenz hat ihren Propheten Joyce schon früh erkannt, die neue Linke hat ihren Propheten noch nicht entdeckt. Seine Autobiographie enthält hinreichend Theorie und praktische Beispiele zum Thema Repression in Schule, Ehe, Kirche und Kulturleben. Mir scheint, die neue Linke hat bisher zu viel ›Theologie‹ gelesen und zu wenig ›Bibel‹. Hier wird die Bibel vorgelegt.«
Flüche und Seligpreisungen (Blasts and Benedictions) ist Titel der von Ronald Ayling herausgegebenen und eingeleiteten Sammlung von *Articles and Stories* von O'Casey, die posthum 1967 bei MacMillan in New York erschien und die den hier abgedruckten Aufsatz über Čechov enthält; er stammt aus dem Jahr 1943 und wurde, wie der Herausgeber, ohne sich in Einzelheiten zu verlieren, mitteilt, »written for publication in the U.S.S.R; this is the first publication in English« (a.a.O., S. 42). Ob der Aufsatz, wahrscheinlich gedacht für eine Publikation zu Čechovs 40. Todestag 1944, in der Sowjetunion erschienen ist oder nicht, ist unbekannt und (angesichts der wenn auch nur zitierten Anmerkungen O'Caseys zur sowjetischen Aufführungspraxis von damals) wenig wahrscheinlich. Der 1960 erschienene Čechov-Band des *Literaturnoe nasledstvo,* der ein Kapitel *Englische Autoren über Čechov* enthält und in der Regel sämtliche Äußerungen von Autoren berücksichtigt, die sich über Čechov geäußert haben, enthält keinen Hinweis auf diesen O'Casey-Text.
Der hier gedruckte Aufsatz erscheint, in der Übersetzung von Susanne Schaup, als deutsche Erstveröffentlichung.
Vgl. auch O'Casey, *On Tchekhov,* in: *National Affairs,* Nr. 11, 1954, S. 19–20.
»Zwei schöne Inszenierungen der ›Drei Schwestern‹« ... – O'Casey hatte, nach dem Skandal um die Aufführung seines Stückes *Der Pflug und der Pfau* 1926, Irland verlassen und war nach London übersiedelt; welche beiden *Drei Schwestern*-Inszenierungen gemeint sind, ist unklar, die eine von beiden ist vermutlich die von F. F. Komisarjewsky von 1929, vgl. w. u. »ein russischer Regisseur«. Ab 1926 wurden in London *Drei Schwestern* in diesen Inszenierungen gezeigt: am 16. 2. 1926 (Barnes), am 23. 10. 1929 (Fortune), am 12. 11. 1935 (Old Vic), am 28. 1. 1938 (Queen's) und am 14. 10. 1939 (Longacre).
eine von »Onkel Vanja« – gemeint ist die *Vanja*-Inszenierung vom 17. 1. 1926 am Barnes, London; dies geht aus einer hier gestrichenen, weil Čechov nicht direkt betreffenden Parenthese O'Caseys hervor: »Jean Forbes-Robertson bot eine gute Darstellung der Sonja (übrigens gaben Jean und ihr Mann vor kurzem eine Aufführung von *Ferner Punkt* in einer Stadt unserer Nähe als einen kurzen Urlaub ihrer Tournee durch die Rüstungsfabriken), und die ganze Inszenierung entzückte mich.«
eine vergleichsweise schwache des »Kirschgartens« – *Der Kirschgarten* zwischen 1926 und 1943 in London: 28. 9. 1926 (Barnes), 9. 10. 1933 (Old Vic, mit Charles

Laughton als Lopachin) und 28. 8. 1941 (New) – sämtliche Daten nach V. Emeljanow.

ein russischer Regisseur inszenierte für uns . . . – meint Fёdor F. – englisch »Theodore« – Komissarževskij/Komirsarjewsky, 1882–1954, russischer Regisseur, Bruder von Vera F. Komissarževskaja, der, 1919 nach England emigriert, in London, am Fortune, 1929 *Drei Schwestern* herausbrachte (am 23. Oktober) und, am 25. September am selben Theater, *Die Möwe.*

Agate – James Evershed, 1877–1947, englischer Theaterkritiker, von 1923–1947 bei der *Sunday Times.* Die Auffassung, Čechov sei in der Sowjetunion »verboten«, war weit verbreitet, vgl. dazu → M. Muggeridge, vgl. aber auch die Äußerungen russischer Autoren (höchst unterschiedlicher Richtung) nach 1917 in diesem Band. Die Aufführungsziffern, die der russische Čechov-Forscher S. Baluchatyj in seinem Band *Čechov, der Dramatiker* (Čechov dramaturg), Moskau 1936, nennt, bestätigen eher Agate als O'Casey.
Baluchatyj nennt folgende Aufführungsziffern:
Onkel Vanja als das populärste Čechov-Stück erreichte bis einschl. 1934 insgesamt 2037 Vorstellungen, davon im Moskauer Künstlertheater vor 1917: 196, danach 124;
Drei Schwestern, insgesamt 809, am Künstlertheater vor 1917: 277, danach (»während der Sowjetjahre«) 57;
Der Kirschgarten, bis 1917 auch in anderen russischen Städten inszeniert, lief nach 1917 nur noch am Moskauer Künstlertheater, und zwar 1918 – 26×, 1919 – 16×, danach bis 1928 nicht (Baluchatyj führt die Auslands»reise« des Künstlertheaters mit auf), 1928 – 21×, 1929 – 31×, 1930 – 71×, danach im Durchschnitt 30×.

Worte Lenins – nicht ermittelt, aus welchem Lenin-Aufsatz und welchem Zusammenhang; auf jeden Fall umreißt das von O'Casey wiedergebene Zitat hinlänglich Lenins Position im Gegensatz zu → L. Trockij (*Literatur und Revolution*) sowie den Propagandisten einer ad hoc zu schaffenden neuen, »proletarischen Kultur«, vgl. V. I. Lenin, *Über Kultur und Kunst,* Berlin, Dietz, 1960; vgl. auch das Fragment aus den Erinnerungen von → V. Kačalov.

O'CONNOR, Frank, eigtl. Michael O'Donovan, 1903–1966, irischer Schriftsteller, Romancier, Erzähler, Dramatiker und Theaterleiter (des Abbey-Theatres), Kritiker und Literaturtheoretiker. William Butler Yeats über O'Connor 1932: »Wer seine Heimat so verewigt, der tut für Irland, was Čechov für Rußland tat.«
O'Connor ist wie → H. E. Bates, wie → S. O'Faolain Autor einer Monographie über die Kurzgeschichte: *The Lonely Voice. A Study on the Short Story,* erstmals erschienen in Cleveland, World Publishing, 1962. Diesem Buch entstammt der hier gedruckte Aufsatz über Čechov, er bildet das dritte Kapitel und erscheint ungekürzt. Deutsche Erstveröffentlichung, übersetzt von Otto Bayer.
Vorschlag, eine »Erzählung über einen jungen Mann . . .« – Čechov am 7. 1. 1889 an A. S. Suvorin, *Briefe* I/Nr. 181.
Steegmuller – englischer Literaturkritiker, Autor einer Monographie über G. de Maupassant, London 1950.
»Du côté de chez Swann« – deutsch *In Swanns Welt* und *Die Welt der Guermantes* von Marcel Proust.
»Die Choristin« – von 1886, detebe 20262; Čechov war 26, als er diese Erzählung schrieb.
»Boule de soif« – von Guy de Maupassant, deutsch *Fettklößchen,* auch *Schmalzpummel,* aus dem Jahr 1880.
Čechov warnt M. V. Kiselëva – im Brief vom 29. 9. 1886, vgl. *Briefe* I/Nr. 53.

»*Die Apothekersfrau*« – 1886, detebe 20262 wie auch die nachstehend genannten Geschichten: *Die Hexe*, *Die Seelenmesse* und *Gram*.

»*Die Kostgänger*« – ebenfalls aus dem Jahr 1886, nicht in der dtb-Ausgabe enthalten; nachzulesen etwa in der Übersetzung J. v. Guenthers, Tschechow, Werke in drei Bänden, München, Ellermann Verlag, 1963.

»*Der Alpdruck*« – 1886, detebe 20262.

»*Feinde*« – 1887, detebe 20263. Die Übersetzung der Čechov-Zitate folgt dieser Ausgabe.

»*Flattergeist*« – 1892, detebe 20264.

Levitan – Isaak Levitan, 1861–1900, russischer Landschaftsmaler, mit Čechov eng befreundet und nach dem Zwischenfall, auf den O'Connor hier anspielt (vgl. *Čechov-Chronik*, S. 173/74), bald auch wieder versöhnt.

»*Das Duell*« – 1891, vgl. dtb *Kleine Romane* I.

Jane Austen – 1775–1817, englische Schriftstellerin.

Trollope – Anthony, 1815–1882, englischer Schrifsteller; die *Barchester Chronicles* erschienen 1857.

Gorkij – vgl. vorn im Band.

»*Der Brief*« – Geschichte von 1887, nicht in der dtb-Ausgabe enthalten; das Zitat wurde anhand des russischen Texts verifiziert.

»*Verbrechen und Strafe*« – englischer Titel (Crime and Punishment) des in Deutschland unter dem moralisierenden Titel *Schuld und Sühne* bekannten Romans von Dostoevskij.

»*Der Diakon...*« – aus der Erzählung *Der Brief*.

»*Tod eines Beamten*« – 1883, detebe 20261.

»*Rothschilds Geige*« – 1894, detebe 20265.

»*Der Mensch im Futteral*« – 1898, detebe 20266.

»*Der Kirschgarten*« – 1903 geschrieben, uraufgeführt am 17. 1. 1904.

»*Von der Liebe*« – 1898, detebe 20266.

David Magarshak – englischer Literaturwissenschaftler, Čechovforscher, Autor einer Biographie *Chekhov*, London 1952, sowie einer Monographie über Čechovs Dramen *Chekhov the Dramatist*, New York 1960.

Browning – Robert, 1812–1889, englischer Dichter, Lyriker.

Yeats – William Butler, 1865–1939, irischer Lyriker, Dramatiker.

»*Die Dame mit dem Hündchen*« – 1899, detebe 20266, desgl. die Erzählung *Der Bischof* aus den Jahren 1900/1902.

O'Faolain, Sean, *1900, irischer Schriftsteller, Erzähler, Kritiker und Literaturtheoretiker. Verfasser einer umfassenden Monographie über die Kurzgeschichte, *The Short Story* 1948, deren erstes großes Kapitel (*The Personal Struggle*) den Autoren Alphonse Daudet, Anton Čechov und Guy de Maupassant gewidmet ist; der Band enthält im dritten Kapitel (»Illustrative«) eine Analyse von Čechovs Erzählung *Stachelbeeren*.

Das hier verwendete Fragment entstammt dem Čechov-Kapitel *Anton Chekhov or The Persistent Moralist* und enthält die beiden Schlußabschnitte von O'Faolains Anmerkungen zu Čechov. Deutsche Erstveröffentlichung, übersetzt von Juliane Lehmann.

»*Feldzüge*« in der Literatur – vgl. Brief vom 7. 5. 1889 an A. S. Suvorin, *Briefe* Bd. II/ Nr. 212.

»*Ich weiß nicht, was die Norm ist*« – an A. N. Plešćeev am 9. 4. 1889, vgl. *Briefe* II/ Nr. 204.

Lermontov – Michail, 1814–1841, russischer Lyriker, Dramatiker, Romantiker, wie auch
Tjutčev – Fëdor Ivanovič, 1803–1873, russischer Lyriker.
»Veročka« – Erzählung von 1887, vgl. dtb *Die Steppe*, der O'Faolain eingangs eine detaillierte Analyse widmet.
Faguet – Emile Faguet, 1847–1916, französischer Kritiker.

O'NEILL, Eugene Gladstone, 1888–1953, amerikanischer Schriftsteller, Dramatiker, irischer Abstammung.
O'Neills hier zitierte Äußerung entstammt einem Interview über das Stückeschreiben, das O'Neill dem *New York Herald Tribune* am 16. März 1924 gab. Es ist nachgedruckt in dem Band *O'Neill and his Plays*, hrsg. v. O. Cargill, N. B. Fagin und W. J. Fisher, New York 1961.

PASTERNAK, Boris Leonidovič, 1890–1960, russischer Lyriker, Erzähler, Romancier.
Die bekannteste Äußerung Pasternaks über Čechov findet sich im Roman *Doktor Živago*, Buch II, im Kapitel *Varykino*, wo Živago in seinem Tagebuch notiert:
»Von allem, was russisch ist, liebe ich zur Zeit am meisten die russische Kindlichkeit eines Puškin und eines Čechov, ihre scheue Zurückhaltung vor so hochtönenden Begriffen wie den ›letzten Zielen der Menschheit‹ sowie ihre Unbesorgtheit um ihr eigenes Wohlergehen. Natürlich hatten auch sie von diesen Dingen ihre bestimmten Vorstellungen, aber sie hätten ihren Ideen nie auf so unbescheidene Weise Ausdruck verliehen – das widersprach ihrem Geschmack und ihrer Denkweise. Gogol, Tolstoj und Dostoevskij haben sich voller Unruhe auf den Tod vorbereitet. Sie suchten nach dem Sinn des Lebens und kamen zu gewissen Schlußfolgerungen. Puškin und Čechov hingegen waren bis zuletzt abgelenkt durch die Sorgen des Alltags, die ihr Künstlerberuf mit sich brachte. Ihr Leben war eine Kette von Einzelereignissen persönlicher oder beruflicher Art, die niemanden außer sie selbst etwas angingen. Aber gerade diese individuellen Zufälligkeiten ihres Daseins sind jetzt Allgemeingut geworden. Wie Äpfel, die noch grün vom Baum gepflückt wurden, sind sie erst nach und nach gereift und süß geworden und haben erst in der Nachwelt ihre wahre Bedeutung erlangt.«
In früheren Prosawerken, auch den autobiographischen, finden sich keine Verweise auf Čechov; an brieflichen Äußerungen Pasternaks ist, abgesehen von ganz marginalen in Pasternaks Briefwechsel mit Olga Frejdenberg, nichts bekannt, wobei angemerkt werden muß, daß der epistolarische Nachlaß Pasternaks noch bei weitem nicht zu überblicken ist.
Die im vorliegenden Band zitierte mündliche Äußerung Pasternaks wird, ebenso wie die von → Anna Achmatova, mitgeteilt von Isaiah Berlin in dessen Aufsatz *Meetings with Russian Writers 1945 and 1956*, enthalten in dem Band: I. B., *Personal Impressions*, London, Hogarth Press, 1980, und erscheint hier als deutsche Erstveröffentlichung. Im Zusammenhang liest sich der Pasternak und Achmatova betreffende Passus bei Isaiah Berlin so:
»Der georgische Dichter Tizian Tabidze, Pasternaks großer Freund, war während der Großen Säuberung umgekommen; seine Witwe, Nina Tabidze, wollte wissen, ob Shakespeare, Ibsen und Shaw immer noch die großen Namen des westlichen Theaters seien. Ich sagte ihr, das Interesse an Shaw habe nachgelassen, dafür werde Čechov sehr bewundert und oft aufgeführt, und fügte hinzu, daß mir Anna Achmatova gesagt habe, sie könne diese Anbetung Čechovs nicht verstehen: seine Welt sei doch so eintönig mausgrau; nie scheine die Sonne, nie blitzten Schwerter auf, alles sei von

einem schrecklichen grauen Nebel bedeckt – Čechovs Welt sei ein schlammiges Meer, das die armseligen menschlichen Kreaturen in ihrer Hilflosigkeit gefangenhalte – es sei eine Travestie des Lebens. (Yeats habe ich einmal ein ähnliches Gefühl äußern hören: ›Čechov‹, sagte er, ›weiß nichts über Leben und Tod, er weiß nicht, daß der Boden des Himmels voll ist vom Klang klirrender Schwerter.‹) Pasternak sagte, die Achmatova habe ganz und gar unrecht: ›Sagen Sie ihr, wenn Sie sie sehen – wir können nicht frei nach Leningrad reisen, wie Sie es vermutlich können – sagen Sie ihr von uns allen hier, daß alle russischen Schriftsteller dem Leser Predigten halten: sogar Turgenev sagt ihm, die Zeit sei ein großes Heilmittel und Dinge dieser Art; allein Čechov tut dies nicht. Er ist ein reiner Künstler – alles ist in Kunst aufgelöst – er ist unsere Antwort auf Flaubert.‹ Er fuhr fort und sagte, die Achmatova werde sicher mit mir über Dostoevskij sprechen und über Tolstoj herfallen. Aber Tolstoj habe recht, Dostoevskij betreffend: ›Seine Romane sind ein fürchterliches Durcheinander, eine Mischung aus Chauvinismus und hysterischer Religion, Čechov dagegen – sagen Sie das Anna Achmatova, und zwar von mir! Ich liebe sie sehr, aber ich war nie imstande, sie von irgend etwas zu überzeugen.‹«   *1945*

PINTHUS, Kurt, 1886–1975, deutscher Kritiker, Publizist, Herausgeber der berühmten Anthologie expressionistischer Lyrik *Menschheitsdämmerung* 1920.
Die hier zitierte Äußerung bezieht sich auf die *Drei Schwestern*-Inszenierung von Jürgen Fehling am Berliner Schillertheater vom 21. 12. 1926 – der deutschsprachigen Erstaufführung, vgl. dazu → A. Kerr, ebenfalls 1926 – und erschien am 22. Dezember 1926 im Berliner *Achtuhrblatt*. Abdruck mit freundlicher Genehmigung der Berliner Akademie der Künste, Kritikarchiv der Theatersammlung.

PITOËFF, Georges, russisch: Georgij Pitoev, 1884–1939, französischer Schauspieler, Regisseur, Theaterleiter russischer Herkunft, aus Tiflis, Georgien, gebürtig. Begann mit Theater 1912 in Petersburg, ging 1915 nach Genf, heiratete dort die Schauspielerin Ljudmila Smanova, 1895–1951; mit ihr in Genf bis 1916 Aufführungen russischer Klassiker in russischer Sprache, danach Bildung eines eigenen Ensembles aus französischen Laien und Berufsschauspielern.
Neben vielen anderen Verdiensten ist es das von Georges und Ljudmila Pitoëff, Čechovs Stücke auf dem französischen Theater bekanntgemacht und durchgesetzt zu haben. Durch sie erfährt der französische Schauspieler, Regisseur und Gründer des berühmten Théâtre du Vieux-Colombier in Paris, → Jacques Copeau, erstmals von Čechov.
Copeau holt Pitoëff 1921 nach Paris an das Vieux-Colombier. In der Zwischenzeit haben Ljudmila und Georges Pitoëff die vier großen Stücke (*Möwe*, *Onkel Vanja*, *Drei Schwestern* und *Kirschgarten*) ins Französische übersetzt. Am 15. April 1921 geben die Pitoëffs auf Einladung von J. Copeau im Vieux-Colombier *Onkel Vanja*, den sie zuvor (8. 1. 1921) im Salle de Plainpalais herausgebracht hatten. Dort folgt, am 3. 10. 1921, die *Möwe*. Beide Inszenierungen spielen 1922 im Théâtre des Champs-Elysées, dem Theater, in dem im Dezember 1922 das Moskauer Künstlertheater mit Stanislavskij gastiert. 1925 arbeiten Ljudmila und Georges Pitoëff zusammen mit Pierre-Jean Jouve an einer neuen französischen Fassung der *Drei Schwestern*, die am 26. Januar 1929 am Théâtre des Arts, Paris, herauskommt: Ljudmila spielt Irina, Georges Pitoëff den Baron Tuzenbach. Am 17. Januar 1939, wenige Monate vor seinem Tode, bringt Georges Pitoëff am Théâtre des Mathurins, das er seit 1934 leitet, noch einmal *Die Möwe* heraus.
Im selben Jahr spricht Pitoëff in einem Rundfunk-Interview ausführlich über das Thema Čechov in Frankreich:

»Čechov ist in Frankreich wenig bekannt. Wahrscheinlich, weil sein Werk weniger unmittelbar beeindruckt, weniger ›sensationell‹ ist als das Werk Gorkijs beispielsweise. Es liegt vielleicht auch daran, daß Gorkij gegenwärtig internationaler ist als Čechov. Gorkijs Held ist immer, oder beinahe immer, ein außergewöhnlicher, erstaunlicher Mensch, ein erdachter Mensch, Träger eines großen Gedankens, ein symbolisches Wesen, während Čechovs Held – es gibt ihn nicht.

In allem, was Čechov geschrieben hat, wird man nicht einen einzigen Helden finden. Keine Helden. Darin liegt der ganze Čechov. Er zeigt uns das Leben, wie es ist. Er erzählt uns von diesen Männern, diesen Frauen, die wir überall und immer sehen. Im unendlichen Rußland hat er es verstanden, all jene zu sehen und zu begreifen, die nichts Außergewöhnliches darstellen, die keine Helden sind, die indes Rußland entstehen lassen. Er ging in die entlegensten Winkel Rußlands, und er schaute, wie die Menschen dort leben, was sie tun, was sie denken. Und das alles erzählt er uns.

Wieviel Kraft, wieviel Liebe, wieviel Tränen und Leid hat er an diesen unbekannten Orten gefunden! Doch diese Kraft und diese Liebe münden nicht in große Taten, schaffen keine Helden – nein, alles bleibt dort, in dieser weit entfernten kleinen Stadt, alles lebt ohne aller Wissen, begraben unter dem Schnee, erstickt vom Leben. Trotzdem existiert das alles. Und diese Wesen, die leiden und sich mühen und die groß hätten werden können und Heldentaten vollbringen, sind diese Wesen nicht auch unserer Aufmerksamkeit würdig? Diese Wesen sind es, die Čechov wählte, um sie uns zu zeigen, um uns zu sagen, daß diese dem großen Leben nicht bekannten Wesen, die er zutiefst geliebt hat, es verdienen, näher betrachtet zu werden, daß wir vielleicht gerade in ihren Seelen die ›wahre‹ Schönheit, die ›echte Liebe‹ finden werden.«

Über Pitoëff vgl. ausführlich Jean Mort, *La vie héroique des Pitoëffs*, Genf, Pierre Cailler, 1966. Sämtliche Angaben und Texte vgl. Michel Bataillons Zusammenstellung *Quand la France découvre Anton Tchékhov*, in Heft Nr. 16 der Zeitschrift *silex*, 1980. Dort auch das vorn im Band verwendete Pitoëff-Zitat zu seiner *Möwe*-Inszenierung von 1922, für das eine genauere Quellenangabe fehlt. Das Fragment aus dem Rundfunk-Interview 1939 übersetzte Irene Riesen.

Über Pitoëffs Čechov-Inszenierungen 1922 und 1924 schrieb Antonin Artaud in seinem Aufsatz *Le théâtre d'après-guerre à Paris*, 1924, unter anderem:

»Im Bereich der Inszenierung erstreckten sich die Entdeckungen Pitoëffs auf die Beleuchtung und auf die Atmosphäre. Dank Pitoeff wurden dem französischen Publikum zum ersten Male russische Stücke – *Die Macht der Finsternis* von Tolstoj und *Onkel Vanja* von Čechov – in einer wirklich russischen Atmosphäre gezeigt. Zum ersten Mal auch hatte man auf einer französischen Bühne mit Georges Pitoëff das Gefühl, daß hier ein Schauspieler mit seinem Leben spielte und daß er bereit war, sein Leben zu geben. Die größte Entdeckung des Pariser Theaters aber war Ludmilla Pitoëff. Wer Ludmilla Pitoëff nicht hat weinen sehen über dem Leichnam Lilioms, der weiß nicht, was Weinen ist – nicht nur auf der Bühne, sondern im Leben, denn Ludmilla ist eine Seele, in der man das Leben pochen fühlt.«

Powys, John Cowper, 1872–1963, englischer Schriftsteller, Romancier, Essayist, Publizist.
Die hier zitierte Čechov-Charakteristik entstammt Powys' Band *One hundred best Books*, in dem unter Ziffer 51 Čechovs *Möwe* erscheint – unter insgesamt fünf russischen Autoren (neben Dostoevskij und Turgenev nur Gorkij und Arcybašev); dieser Band erschien erstmals 1916 in New York, als von Čechov – mit Ausnahme der *Möwe* und einiger Erzählungen – erst wenig ins Englische übersetzt vorlag. Die

deutsche Fassung der *100 besten Bücher* erschien, übersetzt von Werner Morlang, im Amman Verlag, Zürich 1986.

Priestley, John Boynton, 1894–1984, englischer Dramatiker, Erzähler, Publizist, Kritiker.
Der hier abgedruckte Aufsatz Priestleys ist die Besprechung des Auswahlbandes *Letters on the Short Story, The Drama and Other Literary Topics by Anton Chekhov*, Selected & Edited by Louis S. Friedland, erstmals bei Geoffrey, Bles und Minton, 1924. Priestleys Rezension erschien am 17. Oktober 1925 in der *Saturday Review*, also noch vor seinem Debut als Romancier und Dramatiker, und ist nachgedruckt bei V. Emeljanow, *Critical Heritage*, Nr. 123.
Deutsche Erstveröffentlichung, übersetzt von Roswitha Drees.
Noch 1970 widmete Priestley Čechov eine ganze Monographie über den Erzähler und Dramatiker (*Anton Chekhov*). Daraus einige Sätze:
Über *Kirschgarten*: »Das Stück handelt nicht davon, wie das Haus vernagelt oder der Garten verkauft wird. Was sollte es dann auch? Es geht um die Zeit und die Wandlungen, die Unvernunft, das Bedauern, das schwindende Glück wie auch um die Hoffnung auf die Zukunft... *Der Kirschgarten* ist ein Stück über das Leben in dieser Welt. Betrachtet man seine Personen kühl, so begeistern sie uns keineswegs. Doch Čechov, der tiefer blickt als wir, betrachtet sie nicht kühl. Ich meine, weit mehr, als wir ahnen, gestaltet er sie in jenem eigentümlichen Licht, das undefinierbar zart und mitfühlend ist und das ein Mensch ausstrahlen kann, wenn er von diesem Leben für immer Abschied nimmt. Čechov hat angedeutet, er wolle ein nächstes Stück schreiben, aber ich glaube, er hat selbst nicht ernsthaft daran gedacht. Er hat sich mit dem *Kirschgarten*, seinem Meisterwerk, bereits von uns verabschiedet.«
Über Čechov, den Schriftsteller, Arzt und Mann der Öffentlichkeit: »Die einen Schrifsteller konnten die gleiche scharfe Beobachtungsgabe haben wie er, andere konnten ebenso reiche soziale Erfahrungen gesammelt haben wie er, wieder andere konnten das gleiche Mitgefühl, das gleiche Mitleid haben mit allen Leidgeprüften. Aber bei wem verband sich all das mit einem solch absoluten Gefühl – für die Situation, die Atmosphäre, den Charakter? Dabei setzte er die geringsten Mittel ein. So stehen auf der einen Seite wissenschaftliche Beobachtung, die wissenschaftliche Methode und auf der anderen Seite die feinsten Töne der russischen Literatur...
Früh morgens konnte er den Bauern Geschwüre aufschneiden, ohne eine Kopeke zu nehmen, tagsüber entwarf er einen neuen Garten, eine Bibliothek oder eine Schule, nachts schrieb er ein kleines Meisterwerk. All das tat er mit feinem Empfinden, mit sanftem Humor und Mitgefühl, ohne Dogmatismus und hinhaltendes Theoretisieren. Ich wiederhole, er war das Muster eines Menschen neuen Typs; doch das Modell zerbrach, ehe unser blindes Jahrhundert fünf Jahre alt war. Es gab nur einen Anton Čechov.«
Mr. Bernard Shaw – vgl. → Shaws *Vorrede zu Haus Herzenstod* und dazu → V. Woolf (*Über den »Kirschgarten«*); den Vergleich Shaws mit Čechov hatte auch Desmond MacCarthy 1920 im *New Statesman* zurückgewiesen mit dem Hinweis auf den Dramatiker George Gissing, der Čechov bedeutend näherstünde.
»Ja! Irgendwann...« – an L. A. Avilova am 29. 4. 1892, *Briefe* II/Nr. 390.
»Sie machen gute Fortschritte...« – an L. A. Avilova am 10. 3. 1893, dieser Brief ist in der Brief-Auswahl bei Diogenes nicht enthalten. Übersetzung dieses Passus aus dem Russischen: »Sie machen große Fortschritte, aber erlauben Sie mir meinen Rat zu wiederholen – kälter zu schreiben. Je gefühlsträchtiger die Situation, desto kälter sollte man schreiben und desto gefühlsträchtiger wird es. Man soll nicht verzuckern.« (Brief Nr. 1287 der 30bändigen Gesamtausgabe, Moskau, Nauka.)

»Wenn ich schreibe...« – an A. S. Suvorin am 1. 4. 1890, *Briefe* II/Nr. 129.
»Die Pickwickier« – Roman von Charles Dickens.

RÉGY, Claude, *1923, französischer Regisseur, begann als Regie-Assistent bei → A. Barsacq, Inszenierungen seit 1952. Der hier zitierte Text zu *Ivanov* steht im Zusammenhang mit Régys Inszenierung des Stückes für das Théâtre de Nice, Premiere am 28. 4. 1984, und wurde, redigiert von Evelyne Pieiller, abgedruckt in Nr. 2/1984 der Zeitschrift *Théâtre en Europe*, Paris. Deutsche Erstveröffentlichung, deutsch von Irene Riesen.
mit beiden Versionen – vgl. *Ivanov* in der Diogenes-Ausgabe, dtb, Variantenteil: nach der Moskauer Uraufführung 1887 am Theater Korš hatte Čechov das Stück für die Petersburger Premiere im Januar 1889 nochmals gründlich überarbeitet.
der entwendete Brief – vgl. Edgar A. Poe, *The purloined letter*.
Botho Strauß – Trilogie des Wiedersehens, 1976, liegt der Auseinandersetzung der Berliner Schaubühne mit Čechov (im Zusammenhang mit Steins Inszenierung der *Sommergäste*) zeitlich am nächsten; an Steins Gorkij-Inszenierung war Strauß als Dramaturg und Bearbeiter des Stücktexts beteiligt. Vgl. hierzu auch Peter Iden, *Die Schaubühne am Halleschen Ufer 1970–1979*, München, Hanser Verlag, 1979.

RILKE, Rainer (René) Maria, 1875–1926, deutscher Lyriker, Romancier, Dramatiker. Über Rilkes Verhältnis zu Rußland, das er im Frühjahr 1899 und, noch einmal, länger, nämlich von April bis August 1900 besuchte – Begegnungen u. a. mit → Lev Tolstoj und dem Maler Leonid Pasternak, dem Vater → Boris Pasternaks – vgl. ausführlich Sophie Brutzer, *Rilkes Russische Reisen*, Königsberg, Dissertation, 1934, Nachdruck durch die Wissenschaftliche Buchgemeinschaft, Darmstadt 1969, dort über Čechov S. 60–65. Sehr viel ausführlicher dokumentiert ist Rilkes Verhältnis zu Rußland in dem Band *Rilke und Rußland. Briefe, Erinnerungen, Gedichte*, hrsg. v. Konstantin Asadowski, Berlin und Weimar, Aufbau-Verlag, 1986.
Rilkes Brief ist gerichtet an Sophie Schill, russisch Sofja Nikolaevna Šill, 1863–1928, Schriftstellerin und Übersetzerin, die unter dem Pseudonym Sergej Orlovskij publizierte. Sie hatte Rilke während seiner ersten Rußlandreise kennengelernt, und sie zählte zu den glühenden Verehrerinnen Čechovs und der Inszenierungen des Moskauer Künstlertheaters. Ein erster Beleg für Rilkes Interesse an Čechov und seiner Beschäftigung mit ihm ist ein Brief vom 2. 2. 1900 an S. Šill, aus dem hervorgeht, daß Rilke, der Russisch gelernt hatte und so weit beherrschte, daß er nicht nur Nachdichtungen, sondern eigene Gedichte auf russisch verfaßte (auch sie zitiert Sophie Brutzer) im Frühjahr 1900 damit beschäftigt war, Čechovs *Möwe* ins Deutsche zu übertragen; den russischen Text hatte ihm S. Šill in einer handschriftlichen Abschrift geschickt. Am 23. 2. 1900 bat Rilke Sofja Nikolaevna Šill um eine vollständige Ausgabe der Dramen Čechovs:
»Es hat sich nämlich einer der ersten deutschen Verleger (Langen) sehr für die Stücke interessiert, und er wünscht dringend, sie zu lesen. Die undeutliche Abschrift der »чайка« kann ich ihm nicht geben, auch will er *Onkel Wanja* sehen. Er liest selbst nicht russisch, hat aber einen russisch-baltischen Herren (Korfiz Holm) im Verlag, der Einsicht zu nehmen bestimmt ist. Das könnte den Stücken den Weg bedeutend erleichtern, wenn es mir gelänge, diesen Mann dafür zu gewinnen.«
Die Adressatin konnte der Bitte Rilkes nicht entsprechen, da der Band *Dramen* im Verlag → A. S. Suvorin, erschienen 1897, nicht mehr nachgedruckt werden durfte, im neuen Verlag Čechovs – bei A. F. Marks in Petersburg – jedoch noch nicht wieder vorlag.

In seinem Brief vom 5. März 1900 an S. N Šill berichtet Rilke eingangs, daß die Möwe-Übersetzung bereits abgeschlossen sei. Am selben Tag richtete er den folgenden Brief an Anton Čechov:

Schmargendorf près Berlin,
le 5 Mars 1900

Très honoré Monsieur Tchechoff,

je viens de traduire votre »Чайка«, et j'ai l'espérance non seulement que ma traduction paraîtra ici mais aussi que la pièce même sera jouée. En faisant ma traduction je n'ai pu me servir que d'une copie manucrite, maintenant j'ai bien besoin d'un exemplaire imprimé parce que j'ai l'intention de traduire aussi »Дядя Ваня«. Comme toutes mes démarches pour procurer l'èdition imprimée de vos œuvres dramatiques ont été en vain, je prends la liberté de m'adresser à vous même et de vous prier d'avoir la bonté de m'envoyer un exemplaire de vos drames et de me mettre ainsi à même d'exécuter mon intention sans délai.

Agréez, très honoré Monsieur Tchechoff, l'expression de mes hommages respectueux avec laquelle je suis

Votre
très avoué

Allemagne, Berlin, Schmargendorf   Rainer Maria Rilke
Villa Waldfrieden.

Dieser Brief, in der Sowjetunion erstmals veröffentlicht in der Zeitschrift *Vestnik istorii mirovoj kul'tury*, Heft 2, 1961, erschien, in deutscher Übersetzung, erstmals in der Monographie *Anton Tschechow, Dichter der Morgendämmerung* von Wolf Düwel, Halle/S., veb Verlag Sprache und Literatur, 1961. Den französischen Wortlaut vgl. Asadowski (Hrsg.), *Rilke in Rußland.*
Von einer Antwort Čechovs an Rilke ist nichts bekannt. Die Akademie-Ausgabe von 1974–1983, die aufgrund von Briefen an Čechov auch die verlorengegangenen Briefe Čechovs rekonstruiert, enthält in bezug auf den Rilke-Brief keinerlei Hinweis.
Die Vermutung liegt nahe, daß Čechov, der sich im März 1900 in Jalta aufhielt, Rilkes nach Moskau adressierten Brief erst bei seinem Moskau-Aufenthalt im Mai 1900 gelesen hat und Rilkes Bitte für bereits erfüllt oder überholt hielt; im übrigen hätte er sie auch dann nicht erfüllen können: der Stücke-Band des Verlags Suvorin von 1897 war vergriffen und durfte aufgrund des Vertrages mit Čechovs neuem Verleger A. F. Marks nicht nachgedruckt werden, während der Stücke-Band der Marks-Ausgabe, auf dessen Erscheinen Čechov drängte, als vorgezogener Band vii der Gesamtausgabe erst im Dezember 1900 vorlag.
Rilke versuchte auch auf anderem Wege, an ein Exemplar der Stücke-Ausgabe zu gelangen. Am 1. März 1900 schreibt I. I. Levitan an Čechov nach Jalta: »Hast Du nicht ein Exemplar der *Möwe* und des *Onkel Vanja*? Es wird gebraucht für einen Deiner Übersetzer ins Deutsche (seinen Namen habe ich gerade vergessen), der übrigens diese beiden Stücke in München auf die Bühne zu bringen wünscht. Wenn nicht, gib mir einen Hinweis, wo ich es herbekommen kann.« (Vgl. den Band I. I. Levitan, *Pis'ma, dokumenty, vospominanija*, Moskau, Iskusstvo, 1956.)
Чайка, Дядя Ваня– von Rilke kyrillisch geschrieben. Die Möwe und *Onkel Vanja. einer der ersten deutschen Verleger* – Albert Langen, 1869–1909, Verleger in München ab 1894, Herausgeber des *Simplicissimus*, dessen Erscheinen den Verlag mit einem Schlage bekannt machte. Im *Simplicissimus* veröffentlichten nicht nur Rilke, Wedekind, die Gebrüder Heinrich und Thomas Mann, dort erschienen in der Übersetzung von Wladimir Czumikow auch etliche Humoresken und Kurzgeschichten Čechovs. Der *Simplicissimus* erschien ab 1. 4. 1896, hatte ein Jahr später

bereits eine Auflage von 15000 und am 1. 4. 1901 eine von 71000 Expl. Durch ihn sind Čechovs Kurzgeschichten erstmals einem breiteren Publikum bekanntgeworden. Parallel zum *Simplicissimus* erschien die *Kleine Bibliothek Albert Langen*, in der ebenfalls einige Čechov-Titel erschienen, darunter, übersetzt von Langens Lektor Korfiz Holm, *Das Duell* unter dem Titel *Der Zweikampf*, vgl. die Briefstelle von → Thomas Mann 1898.

RILLA, Paul, 1896–1954, deutscher Kritiker, Publizist, Essayist, Theaterkritiker; vor 1933 Feuilletonchef in Breslau, nach 1945 jahrelang Leiter der Kulturredaktion der *Berliner Zeitung*, Berlin/DDR, erhielt als erster Kritiker 1950 den Nationalpreis der DDR.
Die hier zitierten Überlegungen zu Čechov stehen im Zusammenhang zur Berliner *Möwe*-Inszenierung von → Willi Schmidt 1949 und erschienen in der *Berliner Zeitung* vom 20. 1. 1949.

ROSEI, Peter, *1946, österreichischer Schriftsteller, Romancier, Erzähler, Dramatiker.
Beide Bemerkungen Peter Roseis zu Čechov in Briefen an den Herausgeber.
Die Wassermelone, Gurov – vgl. *Die Dame mit dem Hündchen*.
Der rosafarbene Rauch, Marja Vasiljevna – vgl. die Erzählung *Auf dem Wagen*.

SARRAUTE, Nathalie, *1902, französische Schriftstellerin, Romanautorin, Essayistin, Autorin von Hörspielen.
Äußerungen über Čechov sonst nicht bekannt. Das Stichwort *Ich sterbe* entstammt dem Band *Der Wort Gebrauch*, deutsch von Elmar Tophoven, erschienen bei Kiepenheuer & Witsch, Köln, 1984; im französischen Wortlaut: *Le sage de la parole*, Paris, Gallimard, 1980.

SAVINIO, Alberto, eigtl. Andrea de Chirico, 1891–1952, italienischer Schriftsteller, Musiker und Maler. Savinios Čechov-Stichwort entstammt der in den 30er und 40er Jahren entstandenen *Neuen Enzyklopädie*, vgl. dort auch das Stichwort *Söhne*. Deutsch, übersetzt von Christine Wolter, erschienen im Insel Verlag, Frankfurt am Main 1984.

SCHICKELE, René, 1883–1940, deutscher Erzähler, Dramatiker, Lyriker, Publizist, Essayist.
Der hier zitierte Spruch ist Stichwort zu Čechov in dem von Hans Ewers herausgegebenen *Führer durch die moderne Literatur. Dreihundert Würdigungen der hervorragendsten Schriftsteller unserer Zeit*, hrsg. v. Dr. H. Ewers unter Mitwirkung der Schriftsteller: Victor Hadwiger, Erich Mühsam, René Schickele, Peter Hamecher und Dr. Walter Bläsing, Berlin, Globus Verlag; zitiert nach der mir vorliegenden Auflage: 11.–15. Tsd. 1910. 1921 erschien, »nochmals vollständig neu bearbeitet«, die Auflage 23.–25. Tausend, das Čechov-Stichwort war bei der Bearbeitung unberücksichtigt geblieben.

SCHMIDT, Willi, *1906, deutscher Regisseur, Bühnenbildner, Theaterpädagoge, seit 1952 Professor an der Hochschule für Bildende Künste in Berlin, wo er vorrangig auch als Regisseur wirkte. 1949 inszenierte Willi Schmidt am Kammerspiel des Deutschen Theaters Berlin *Die Möwe* (Premiere am 18. 1. 1949), wo er Bühnenbild und Regie besorgte.
Der hier zitierte Auszug entstammt einem Aufsatz im Zusammenhang mit Willi

Schmidts *Möwe*-Inszenierung für die Münchner Kammerspiele, Premiere am 25. Mai 1966; der Aufsatz *Gedanken zu Tschechow* erschien in *Theater heute*, Heft 7, 1966.

SCHNITZLER, Arthur, 1862–1931, österreichischer Schriftsteller, Erzähler, Dramatiker, wie Anton Čechov der Ausbildung nach Mediziner, praktizierte als Arzt.

Schnitzler wurde, als Dramatiker wie als Prosaschriftsteller, in Rußland ab Mitte der 90er Jahre übersetzt und, ab 1900, auch vermehrt inszeniert, nicht nur an den Kaiserlichen Theatern der Metropolen (dem Alexandratheater Petersburg und dem Kleinen Theater Moskau), sondern z. B. auch bei → Vsevolod Mejerchold an dessen Theater in Cherson. 1903 begann in Moskau (bei V. M. Sablin) eine 11bändige Werkausgabe zu erscheinen. Hierüber ausführlich Elisabeth Heresch, *Schnitzler in Rußland*, Wien 1982.

Bereits 1901 überschrieb der Kritiker E. L. Obolenskij eine Besprechung der russischen Übersetzung von Schnitzlers *Trilogie* mit dem Vergleich »der deutsche Čechov« (E. Heresch, S. 39). Čechovs Briefe enthalten keinen Hinweis darauf, daß er Schnitzler gelesen oder auch nur von ihm Kenntnis genommen hätte.

Anders Schnitzler, der Čechov zeitlebens bewundert und sich mehrfach öffentlich zu ihm bekannt hat. So in dem hier nachgedruckten Brief an Peter Swesditsch aus dem Jahr 1910 (zitiert nach dem *Briefwechsel* Schnitzlers, Frankfurt am Main, S. Fischer Verlag), so in dem Interview, das der russische Publizist E. Norvežskij 1906 mit Schnitzler in Wien führte und das von E. Heresch zitiert wird: *Schnitzler in Rußland*, S. 95–97. Schnitzler hat bei Bekannten und Freunden für Čechov geworben, wie die nachstehende Postkarte von Hugo von Hofmannsthal an Schnitzler belegt:

»Wir sind brav und haben uns die Herzogin von Assy (von Heinrich Mann, 1903) und einiges von Tschechow gekauft. Viele Grüße Hugo Gerty Sept. 1904.«

Schnitzlers Aufmerksamkeit und Bewunderung für Čechov werden vor allem belegt durch die zum größten Teil noch unveröffentlichten Tagebücher. Sie enthalten – über den Zeitraum von 1902 bis 1926 – nicht weniger als siebzehn Erwähnungen Čechovs, und diese sprechen für sich.

Die Lektürevermerke in diesem Tagebuch gestatten die Feststellung, daß Schnitzler bis ins hohe Alter deutsche Čechov-Novitäten wahrgenommen hat, so zuletzt 1925 das Erscheinen der von Hans Halm edierten Sammlung *Bunte Geschichten*, Wien, Rhombus Verlag, 1924. Schnitzler notiert:

»Lese Tschechow Novellen (das vom Übersetzer Halm mir gewidmet). –« Das Widmungsblatt dieses Bandes lautet: »Arthur Schnitzler, dem Schätzer von Anton Tschechows Kunst gewidmet – Halm.«

Am 18. 8. 1925 notiert Schnitzler:

»Beginne Tschechow *Tragödie auf der Jagd* zu lesen.« – Diese Eintragung bezieht sich auf die deutsche Erstausgabe des *Dramas auf der Jagd*, übersetzt von H. Halm und R. Hoffmann, Wien-Berlin, Paul Zsolnay Verlag, 1925.

Andere Čechov-Titel, die Schnitzler mit Sicherheit gelesen hat:

Schatten des Todes 1902, d. i. *Eine langweilige Geschichte* in der Übersetzung von Korfiz Holm, München, Albert Langen, 1902; *Ein Zweikampf* 1904, d. i. *Das Duell*, möglicherweise in der Übersetzung Korfiz Holms, München, A. Langen, 1897, ²1901, möglicherweise aber auch in der 1904 unter demselben Titel erschienenen Übersetzung von Theo Kroczek, Halle, O. Hendel; sowie *Dramen* (*Drei Schwestern. Onkel Wanja. Die Möwe*), übersetzt von Wladimir Czumikow, Band III der Werkausgabe bei Eugen Diederichs, 1902.

Schnitzler am 24. 8. 1920:

»Im Zug gelesen Tschechow, die Schwestern und Onkel Wanja (zum 2. oder 3. Mal.) –«

Andere Tagebucheintragungen betreffen den Dramatiker Čechov auf deutschen Bühnen, vor allem in Wien, aber auch in Berlin. Daraus geht hervor, daß Schnitzler nicht nur das »Russengastspiel« 1906 in Wien gesehen hat, sondern auch die deutschsprachige Erstaufführung des *Kirschgarten* an der Wiener Neuen Bühne 1916, daß er mehrmals Vorstellungen des Moskauer Künstlertheaters im April und Oktober 1921 in Wien besucht und auch die deutschsprachige Erstaufführung der *Drei Schwestern* 1926 am Berliner Schillertheater gesehen hat, in der, unter Regie Jürgen Fehlings, Schnitzlers Sohn Heinrich die Rolle des Fedotik spielte.

Hier die entsprechenden Tagebuch-Notizen Schnitzlers, die, als deutsche Erstveröffentlichung, mit freundlicher Genehmigung der Österreichischen Akademie der Wissenschaften, Wien, erfolgen:

18. 4. 1906

»Abd mit O bei *Onkel Wanja* (Russen). Außerordentlich. Hinter den Coulissen gesprochen Wischnewski, Stanislawski, Frau Tschechow u. a. –«

12. 10. 1916

»In d N. W. B. *Kirschgarten* von Tschechow; schön – verstand das wenigste, ging vor letztem Akt. –«

8. 4. 1921

»*Stadttheater; Russ. Theater Drei Schwestern* von Tschechow; wunderbare Aufführung, wenn auch manche Schauspieler zweiten Ranges. Der Regisseur bat mich (u Devrient) auf die Bühne; sprach einige; auch *Frau Tschechow* die nicht stolz ist, nicht in Moskau zu sein; aber sie können nicht zurück, da sie dort von den Bolschewisten vielleicht erschossen würden. Einer der Schauspieler hatte kürzlich in Tiflis den *Anatol* gespielt, der jetzt wieder in Russland großen Erfolg habe; auch den *Reigen* gebe man viel. –«

11. 4. 1921

»Mit Heini Russen, *Onkel Wanja*. –«

15. 4. 1921

»Mit Heini russ. Theater *Tschechow, Kirschgarten*«

20. 10. 1921

»Ins Russ Theater, als Gast Mr Thayers, mit ihm Pilsenetzer soupiert und herumgeautelt. – *Kirschgarten* wieder; – noch stärkrer Eindruck als beim ersten Mal. –

Sprach *Leonidow*, den Leiter; der russ Pianist Borowski wünsche mir in meinem Hause vorspielen. –«

5. 11. 1921

»Bei den Russen. (*Drei Schwestern*) Mit Freddy Niernstein, hatte das schöne Stück vorher rasch wieder durchgelesen. Wundervolle Aufführung.«

25. 12. 1926

»Schillertheater, Tschechow die *drei Schwestern*; – schöne Aufführung, besonders Höflich, Lossen, Lucie Mannheim. *Heini* sehr nett die kleine Rolle des photogr. Lieutenants. – Hörte so ziemlich nichts Fehlings vortreffliche von den Russen bewußt beeinflußte Regie. –

Mit Heini, Paul, Lucie Fehling beim Austernmeyer genachtm. –«

SCHULZE-VELLINGHAUSEN, Albert, 1905–1967, deutscher Schriftsteller, Publizist, Theaterkritiker, nach 1945 zunächst für den Düsseldorfer *Mittag*, dann für die *Frankfurter Allgemeine Zeitung*, dort vor allem für den Raum Nordrhein-Westfalen. Das hier zitierte Fragment aus Schulze-Vellinghausens *Drei Schwestern*-Kritik erschien am 17. März 1966 in der *Frankfurter Allgemeinen Zeitung* im Zusammenhang mit Hans Schallas Inszenierung am Schauspielhaus Bochum.

SEVASTJANOV, Vitalij, Kosmonaut, zweifacher Held der Sowjetunion. Die Čechov-Betrachtungen Sevastjanovs erschienen deutsch, in anonymer Übersetzung, erstmals in der Zeitschrift *Sowjetliteratur*, Nr. 1, 1980, einem Heft, das ausschließlich Anton Čechov gewidmet ist.

SHAW, George Bernard, 1856–1950, irischer Dramatiker. Kritiker. In der Vorrede zu seinem 1917 entstandenen Stück *Heartbreak-House*, deutsch *Haus Herzenstod*, bezieht sich Shaw ausdrücklich auf Čechov, insbesondere auf den *Kirschgarten*, eine Parallele, die von britischen Kritikern nach der Uraufführung des Stückes entschieden (→ Desmond MacCarthy) oder indirekt (→ Virginia Woolf) zurückgewiesen wurde. Von Čechov spricht Shaw bereits 1916 gegenüber seinem Biographen Hesketh Pearson, der davon in seiner Shaw-Biographie Mitteilung macht (*Bernard Shaw*, London, Methuen, 1942).
Shaw konnte Čechovs Stücke um diese Zeit kennenlernen aus den folgenden Ausgaben: Anton Tchekhoff, *Two Plays. The Seagull. The Cherry Orchard*, Translated from the Russian and with an Introduction by George Calderon, London 1912, sowie: Anton Tchekhoff, *Plays (Uncle Vanya, Invanoff, The Seagull, The Swan-Song)*, Translated from the Russian and with an Introduction by Marian Fell, London 1912. Außerdem in folgenden Londoner Čechov-Inszenierungen: *Der Kirschgarten*, Aldwych (London) vom 29. 5. 1911; *Die Möwe*, Little (London), 31. 3. 1912; *Onkel Vanja*, Aldwych, 11. 5. 1914 – welche dieser Inszenierungen Shaw gesehen hat, wurde nicht ermittelt.
Die *Vorrede zu ›Haus Herzenstod‹* ist in den gesammelten *Vorreden zu den Stücken* enthalten, Band II, übersetzt von Siegfried Trebitsch, Frankfurt am Main, Suhrkamp Verlag o.J. [1953].
Die hier in deutscher Erstveröffentlichung gedruckte Äußerung Shaws erschien erstmals auf russisch in der Čechov gewidmeten Ausgabe Nr. 29, 1944, der Wochenzeitung *Literatura i iskusstvo* vom 15. Juli 1944, die Shaw offenbar um einen Originalbeitrag gebeten hatte; über den Verbleib des englischen Originals ist nichts bekannt, auch der Čechov-Band des *Literaturnoe nasledstvo* reproduziert den Shaw-Text nur auf russisch und ohne Quellenverweis.

SIMENON, Georges, *1903, belgischer Schriftsteller, Romancier, seit 1922 in Paris. Der hier zitierte Passus über Čechov erschien deutsch erstmals in dem Aufsatz von Eleonore Schraiber, *Georges Simenon und die russische Literatur*, 1973, deutsch von Renate Nickel, in: *Über Simenon*, hrsg. v. Claudia Schmölders und Christian Strich, Zürich, Diogenes Verlag, 1978.

STANISLAVSKIJ, eigtl. Alekseev, Konstantin Sergeevič, 1863–1938, russischer Schauspieler, Regisseur, Theaterleiter, Theoretiker und Pädagoge, mit → Vl Iv Nemirovič-Dančenko Begründer des Moskauer Künstlertheaters 1898, mit Nemirovič-Dančenko der (künstlerisch entscheidende) Regisseur aller Čechov-Inszenierungen am Künstlertheater, spielte in sämtlichen Čechov-Stücken große Rollen: 1898 in der *Möwe* Trigorin, 1899 in *Onkel Vanja* Doktor Astrov, 1901 in *Drei Schwestern* Veršinin, 1904 im *Kirschgarten* Gaev.
Mit Čechov eher bekannt denn befreundet, über das reservierte Verhältnis Čechovs gegenüber Stanislavskij und vor allem seinen Čechov-Inszenierungen vgl. Čechovs Briefe ab 1898. Äußerungen Stanislavskijs über Čechov die Menge, am ausführlichsten in den Erinnerungen *Mein Leben in der Kunst*, erstmals 1926, ³1936. Der hier vorgelegte Ausschnitt aus diesem Band bildet nur die abschließende Zusammenfassung; Stanislavskijs Erinnerungen an Čechov vgl. die deutsche Ausgabe des Bandes

Mein Leben in der Kunst, deutsch von Jürgen Roose, Berlin/DDR, Henschelverlag, 1951, dem der hier gedruckte Auszug entnommen ist.
Stanislavskijs Glückwunschadresse an Gerhart Hauptmann zu dessen 70. Geburtstag erschien 1932, in ungezeichneter Übersetzung, möglicherweise von Stanislavskij deutsch verfaßt, in der Berliner Tagespresse unter dem Titel *Dank an einen Dichter* und findet sich, als Zeitungsausschnitt, wieder in: G. H., *Diarium 1917–1933*, hrsg. v. Martin Machatzke, Berlin, Propyläen-Verlag, 1980.

Luigi Riccoboni – Ludovico R., 1674–1753, italienischer Schauspieler, Regisseur, Dramatiker, Theaterleiter, Reformator der italienischen Bühne (in Paris), auf der er die Commedia dell'arte durch das neue italienische Drama abzulösen versuchte.

Griboedov – Aleksandr Sergeevič, 1795–1829, russischer Lyriker, Dramatiker, neben N. V. Gogol der Klassiker der russischen Komödie mit dem Stück *Verstand schafft Leiden*.

Ščepkin – Michail Semënovič, 1788–1863, russischer Schauspieler, ab 1824 am Moskauer Kleinen Theater, gilt als Begründer des realistischen Spiels im russischen Theater.

Ostrovskij – Aleksandr Nikolaevič, 1823–1886, russischer Dramatiker, Übersetzer dramatischer Literatur, Gründer der »Gesellschaft russischer Theaterschriftsteller und Opernkomponisten«, an der 1888/90 auch Čechov mitarbeitete. Begründer des heute sogenannten kritisch realistischen Theaters, Autor sozialkritischer Komödien über das Moskauer Kleinbürgertum.

Durch die »Einsamen Menschen« wurde Čechov angeregt – »für das Theater zu schreiben« ist zumindest mißverständlich: Čechov hatte lange vor *Drei Schwestern* für das Theater geschrieben. Übersetzungsfehler, oder, falls Stanislavskij den Aufsatz deutsch geschrieben hat, klarzustellen: für »unser« Theater, für das (Moskauer Künstler)Theater – für Stanislavskij existierte nur »das« und kein anderes Theater.

STEIN, Peter *1937, deutscher Regisseur, Theaterleiter, von 1970 bis 1985 Intendant der Schaubühne am Halleschen Ufer, später am Lehniner Platz, Berlin.
Nach Steins berühmter *Sommergäste*-Inszenierung von 1975 in der gemeinsamen Bearbeitung des Gorkij-Stückes mit → Botho Strauß, die intensive Beschäftigung mit Čechov verriet, wartete man auf Peter Steins Čechov-Inszenierung jahrelang vergebens; Stein inszenierte *Drei Schwestern* erst 1984 im neuen Haus am Lehniner Platz, am 4. 2. 1984.
Mit dieser Inszenierung steht das von Peter Krumme geführte Interview im Zusammenhang, das in Heft 1 der Zeitschrift *Théâtre en Europe*, Paris, 1984, erschien. Die hier zitierten Auszüge erscheinen im deutschen Originalton, nicht aus dem Französischen übersetzt, als deutsche Erstveröffentlichung.

STRAUSS, Botho, *1943, deutscher Schriftsteller, Dramatiker, Lyriker, Ende der 60er Jahre Kritiker für die Zeitschrift *Theater heute*, ehe Strauß als Dramaturg zu Peter Stein wechselte. Intensive Auseinandersetzung mit Čechov im Zusammenhang mit den Vorbereitungen der *Sommergäste*-Inszenierung Peter Steins 1975; vgl. hierzu Peter Iden in seiner Darstellung *Die Schaubühne am Halleschen Ufer 1970–1979*, München, Carl Hanser Verlag 1979. Reflexe dieser Beschäftigung mit Čechov in Strauß' eigenen Stücken sicher vor allem in der *Trilogie des Wiedersehens*, München, Carl Hanser Verlag, 1976; vgl. dazu auch die Bemerkung von → Claude Régy in diesem Band.
Während der Jahre 1967 bis 1970, als Redakteur von *Theater heute*, hat Strauß einige prominente Čechov-Inszenierungen kommentiert, darunter die Noelte-Inszenierung des *Kirschgartens* von 1970: *Zehn unfertige Absätze über Tschechow*, Noelte

und das realistische Theater im Sonderheft 1970 von *Theater heute*, nachgedruckt in dem Kritikenband *Versuch, ästhetische und politische Ereignisse zusammenzudenken*, Frankfurt am Main, Theaterbibliothek des Verlags der Autoren, 1987.

Der hier nachgedruckte Absatz entstammt einer Besprechung der *Kirschgarten*-Inszenierung von Claus Peymann an der Freien Volksbühne Berlin vom 30. November 1969, erschienen in der Sammelbesprechung *Die schönen und die schlechten Szenenbilder: Sie hängen alle schief...* in: *Theater heute*, Heft 1, 1970.

STREHLER, Giorgio, *1921, italienischer Schauspieler, Regisseur, Theaterleiter, Kritiker, zusammen mit Paolo Grassi Gründer und bis 1968 künstlerischer Direktor des Mailänder Piccolo Teatro, nach seiner Rückkehr dorthin ab 1972 alleiniger Leiter. Künstlerischer Direktor des *Théâtre d'Europe*, Paris.

Giorgio Strehler ist immer wieder auf Čechov zurückgekommen. Den *Kirschgarten* inszenierte er am Piccolo Teatro erstmals 1955, es folgte 1960 *Platonov*; für die deutsche Čechov-Rezeption wichtig war die *Kirschgarten*-Inszenierung am Piccolo Teatro Mailand 1974 in mehrfacher Hinsicht, vor allem aber, weil sich die Sensibilität der deutschen Öffentlichkeit Čechov gegenüber, Čechov-Spielweisen gegenüber, seit Ende der 60er Jahre verschärft hatte. Im Zusammenhang mit dieser Inszenierung steht das hier in Auszügen wiedergegebene Probentagebuch Strehlers. Es erschien deutsch erstmals in dem Band: G. St., *Für ein menschliches Theater*, Frankfurt am Main, Suhrkamp Verlag, 1975, in der deutschen Übersetzung von Sinah Kessler. Ein neuerer Aufsatz über Čechov erschien 1984 in Heft 2 der Zeitschrift *Théâtre en Europe*, in den das Probentagebuch von 1974 eingearbeitet ist.

Svoboda – Josef, *1920, tschechischer Bühnenbildner, entwarf die Bühnenbilder für die Čechov-Inszenierungen von Otomar Krejča.

Pitoëff – sehr wahrscheinlich nicht → Georges Pitoëff, sondern sein Sohn Sacha Pitoëff, der ebenfalls Regisseur war und mehrere Čechov-Stücke inszenierte; nicht ermittelt, auf welche *Kirschgarten*- bzw. Čechov-Inszenierung sich Strehler bezieht.

Visconti – Luchino, 1906–1976, italienischer Regisseur, Filmregisseur, inszenierte in Rom 1952 *Drei Schwestern*, (vgl. dazu → Carlo Emilio Gadda vorn im Band), 1955 *Onkel Vanja* und 1965 in Rom, am Teatro della Compagnia Stabile, *Kirschgarten*.

Comisso – Giovanni, 1895–1969, italienischer Schriftsteller, *Jugend, die stirbt* (Gioventú che muore)

Čechov sagte »Jeder schreibt...« – meint wahrscheinlich die Worte Trigorins aus der *Möwe*, III. Akt.

SUVORIN, Aleksej Sergeevič, 1834–1912, russischer Schriftsteller, Dramatiker, Publizist, Journalist, Verleger, Herausgeber der auflagenstärksten Tageszeitung in Petersburg, des *Novoe vremja* (*Die Neue Zeit*), in der Čechov von 1886 bis 1892 publizierte, Verleger Čechovs von 1887 bis 1899 und neben → L. N. Tolstoj (1828–1910) und D. V. Grigorovič (1822–1899) einer der großen alten Männer der russischen Literatur, und nicht nur in der Literatur, eine der einflußreichsten Persönlichkeiten in Petersburg.

Werke: *Medea*, Tragödie in Versen (zusammen mit V. P. Burenin) 1883; *Tatjana Repina*, Tragödie, 1887 (dt. *Der Frauenjäger*); *Am Ende des Jahrhunderts. Die Liebe*, Roman, 1893, u. a.

Suvorin hatte seine journalistische Laufbahn als Liberaler mit humoristischen Skizzen und Aufsätzen in den linken Zeitschriften *Sovremennik* und *Otečestvennyja zapiski* begonnen. 1876 erwarb er damals die Hoffnung der Liberalen, die Tageszeitung *Novoe vremja*, die jedoch bereits in den 80er Jahren ins konservative Lager

abwanderte. 1878 eröffnete Suvorin, parallel zur Zeitung, einen florierenden Verlags-
buchhandel, aus dem u. a. eine Reclam nachgebildete »Billige Bibliothek« hervorging, preiswerte Klassikerausgaben – in den 90er Jahren unterhielt der Verlag A. S.
Suvorin Filialen in Moskau, Charkov und Odessa und besaß die Lizenz zum
Buchhandel auf den Bahnhofskiosken. Die Redaktion der Zeitung überließ Suvorin
schon während der 80er Jahre mehr und mehr seinen Söhnen, unter deren Leitung das
Blatt einen zunehmend konservativ-regierungsfrommen Kurs steuerte (als eine der
wenigen Tageszeitungen war das *Novoe vremja* von der Vorzensur befreit); Suvorin
selbst trat in der Zeitung nurmehr als Leitartikler und, anonym, als Theaterkritiker in
Erscheinung und widmete sich zunehmend seinen Steckenpferden – der schönen
Literatur und vor allem dem Theater; 1895 übernahm er in Petersburg das Kleine
Theater.

Čechov lernte Suvorin im Dezember 1885 in Petersburg kennen, worüber er seinem
Bruder Aleksandr am 4. 1. 1886 Bericht erstattete; Čechovs erster Brief an Suvorin
datiert vom 21. 2. 1886 (vgl. *Briefe* 1/42) und ist die Antwort auf Suvorins Angebot, in
den samstäglichen Literaturbeilagen des *Novoe vremja* zu publizieren. Čechov nahm
dieses Angebot an, nicht nur des höheren Honorars halber, sondern auch wegen des
literarischen Ansehens, das diese Beilagen genossen, und trennte fortan noch strenger
zwischen literarisch ambitionierten Arbeiten, die er im *Novoe vremja* veröffentlichte, und humoristischen Texten für *Oskolki* und andere Blätter. Sein Briefwechsel mit
Suvorin erstreckt sich über insgesamt 17 Jahre, umfaßt 337 erhalten gebliebene Briefe
an Suvorin und enthält, zumindest im ersten Jahrzehnt, den intensivsten Gedanken-
austausch, den Čechov brieflich je mit einem anderen geführt hat; dabei unterschied
Čechov streng und genau zwischen der persönlichen Meinung Suvorins, an der ihm
lag, und den offiziellen Verlautbarungen – auch von seiten Suvorins – im *Novoe
vremja*.

Während dieses Jahrzehnts der engen Freundschaft reisten Suvorin und Čechov
zweimal gemeinsam ins Ausland, 1891 und 1894 nach Österreich, Italien und
Frankreich; Čechov besuchte Suvorin mehrmals in dessen Villa in Feodosija am
Schwarzen Meer. Im Verlag A. S. Suvorin erschienen u. a. diese Erzählungsbände
Čechovs: *In der Dämmerung* 1887; *Erzählungen* 1888; *Mürrische Menschen* 1890;
Bunte Erzählungen (zweite, verbesserte Auflage) 1891 sowie 1897 die *Theaterstücke*
– einzelne Titel erreichten bis 1899 dreizehn Auflagen.

Im Verhältnis beider Autoren trat ab 1897 eine Abkühlung ein, bedingt durch
grundsätzliche Meinungsverschiedenheiten über die Affaire Dreyfus und das Eintreten Emile Zolas für Dreyfus in seinem berühmten *J'accuse*, Januar 1898 – als Čechov
in Nizza Gelegenheit hatte, die Affaire Dreyfus aus unmittelbarer Nähe aufgrund
französischer Zeitungen zu verfolgen und, aus der Distanz, auch das Verhalten des
Novoe vremja (das im politischen Teil Zola beschimpfte, während es gleichzeitig und
honorarfrei Zolas neuesten Roman im Feuilleton abdruckte), sowie, ein Jahr später,
durch Meinungsunterschiede über Suvorins Haltung in der Frage der Petersburger
Studentenunruhen von 1899. Hinzu kam, daß Čechov, nach seinem schweren
Blutsturz 1897 darauf bedacht, seine Dinge zu ordnen, und der Nachlässigkeiten,
falschen Abrechnungen und Schlampereien im Verlag Suvorin überdrüssig, Anfang
1899 mit seinem Gesamtwerk zu dem Verleger A. F. Marks überwechselte. Zu dem
vielbeschworenen »Bruch« zwischen beiden kam es indessen nicht; Čechov und
Suvorin sahen sich auch nach 1899 noch mehrmals, Suvorin besuchte Čechov in Jalta,
und bis zu Čechovs Tod 1904 stand in Čechovs Jaltaer Arbeitszimmer eine
Bronzestatuette seines Freundes und Förderers Suvorin.

Die Briefe Suvorins an Čechov sind verloren; unmittelbar nach Čechovs Tod
verlangte Suvorin seine Briefe von M. P. Čechova zurück, um sie zu vernichten, wohl

in der Befürchtung, er habe in diesen Briefen manch liberalen Gedanken geäußert, der, in falsche Hände gelangt, gegen ihn verwendet werden könnte.

Zahlreiche Erwähnungen Čechovs finden sich im *Tagebuch* von A. S. Suvorin, das, herausgegeben von M. Kričevskij, 1923 publiziert wurde und, in der Edition von Otto Buek und Kurt Kersten, 1925 in Berlin auf deutsch erschien unter dem Titel *Das Geheimtagebuch*. Dieses Tagebuch enthält zwar eine Reihe sehr genauer und glänzend formulierter Beobachtungen, doch spielt Čechov darin eine durchgehende, durchaus jedoch keine Hauptrolle. Zudem fehlen gerade diejenigen Jahre 1897, 1898, 1899, die über Suvorins Einstellung zu den strittigen Punkten, Čechovs Vorwürfen, Aufschluß geben könnten.

So ist Suvorins Nachruf auf Čechov, erschienen am 4. Juli 1904 im *Novoe vremja*, das einzige Dokument, das Zeugnis ablegt von einer langjährigen, oft komplizierten Freundschaft zweier ungleicher Männer, ein Dokument übrigens, das in der russischen Čechov-Forschung jahrzehntelang verschwiegen worden ist und einem breiteren Publikum erst 1980 zugänglich gemacht wurde durch die Januar-Ausgabe der Zeitschrift *Novyj mir*. Suvorins Nekrolog erscheint hier, als deutsche Erstveröffentlichung, ungekürzt.

Aus Jalta im April 1894 – Suvorin zitiert diesen (in der *Brief*-Ausgabe bei Diogenes nicht enthaltenen) Brief vom 1. 4. 1894 aus dem Gedächtnis.

Den ersten Bluthusten – hatte Čechov nicht 1890, sondern bereits 1884 (vgl. hierüber Čechovs Brief vom 10. 12. 1884 an N. A. Lejkin), was die Annahme stützt, daß Čechov selbst engsten Freunden gegenüber seinen wahren Gesundheitszustand verbarg.

Den ersten schweren Schwindsuchtsanfall – 1897, im März, kurz vor Eröffnung des Ersten Kongresses der russischen Schauspieler, zu dem sich Čechov und Suvorin in Moskau getroffen hatten.

Ausgerechnet an dem Tag – als Suvorin Čechov in der Klinik aufsuchte, berichtete er ihm, daß auf der Moskva der Eisgang begonnen habe; einem alten Aberglauben zufolge nehmen die Frühlingsfluten die Schwachen und Kranken des Winters mit (Suvorin, *Tagebuch*).

Einer von ihnen befreundet – gemeint ist der Arzt N. N. Obolonskij, der auch Čechovs Bruder Nikolaj behandelt hatte, der 1889 an Lungentuberkulose gestorben war.

Zu schreiben begonnen hatte Čechov – die Umstände der ersten Veröffentlichung Čechovs, die Suvorin hier beschreibt, gehören offenbar in den Bereich der Legende, möglicherweise von Čechov selbst in die Welt gesetzt. Čechovs erste Humoreske, *Der Brief des Gutsbesitzers Stepan Vladimirovič an seinen gelehrten Nachbarn Dr. Fridrich*, erschien am 9. 3. 1880 in der humoristischen Zeitschrift *Strekoza*. Erste Schreibversuche unternahm Čechov noch als Gymnasiast in Taganrog, und zwar durchaus im Hinblick auf Publikation.

Kaftan oder Bauernkittel – Anspielung auf die Bekleidung der Boheme, auch Čechov hat sich mehrfach lustig gemacht über den Bauernkittel, den Gorkij trug; das russische Bauernhemd pflegte auch Leonid Andreev zu tragen.

In meinen Adern fließt Bauernblut... – Brief vom 27. 3. 1894, vgl. *Briefe* III/454.

Mamaj – Tatarenchan, Führer der Goldenen Horde seit 1361, der von den russischen Fürsten in der Schlacht auf dem Schnepfenfeld 1380 vernichtend geschlagen wurde.

Ich habe Čechov vor sehr langer Zeit kennengelernt – vgl. oben, Dezember 1885; hierüber Čechov am 4.1.1886 an seinen Bruder Aleksandr: »Ich war betroffen von dem Empfang, den mir die Piterianer bereitet haben. Suvorin, Grigorovič, Burenin... Alles hat mich eingeladen, mich gefeiert... und mir wurde unheimlich zumute, daß ich so nachlässig geschrieben habe, so mit der linken Hand. Hätte ich gewußt, daß ich so viel gelesen werde, hätte ich nicht so auf Bestellung geschrieben.«

eine seiner Erzählungen im Badehaus geschrieben – meint die Erzählung *Der Jäger*, erschienen 18. 7. 1885, vgl. dtb *Ein unbedeutender Mensch*; Čechov an D. V. Grigorovič am 28. 3. 1886: »Ich erinnere mich keiner einzigen Erzählung, an der ich länger als vierundzwanzig Stunden gearbeitet hätte, und den *Jäger*, der Ihnen gefiel, habe ich im Bad geschrieben!« (*Briefe* I/44)

Verkauf an Hrn. Marks – über die Umstände und Einzelheiten des Verkaufs der Verlagsrechte am Gesamtwerk Čechovs vgl. die Briefe Čechovs, Januar 1899, an den Vermittler P. A. Sergeenko, *Briefe*, Bd. IV.

nach den ersten beiden Akten der »Möwe« – meint die Uraufführung des Stücks am Alexandra-Theater in Petersburg vom 17. 10. 1896, vgl. hierzu *Briefe* III, Nr. 551 f., 557 und 574 vom 14. 12. 1896.

Erstes Buch, Dämmerungen – meint Čechovs ersten Erzählungsband im Verlag A. S. Suvorin, *In der Dämmerung*, 1887, vgl. oben. Čechovs erster Erzählungs-band, *Märchen der Melpomene*, erschien 1884, sein zweiter, *Bunte Erzählun-gen*, 1886 im Verlag der Zeitschrift *Oskolki*, in Petersburg, erst danach wechsel-te Čechov in der Verlag A. S. Suvorin über.

SWINNERTON, Frank Arthur, 1884–1982, englischer Schriftsteller, Erzähler, Kritiker, debütierte 1917 mit dem Band *Nocturne*. Autor einer Monographie *The Georgian Literary Scene* 1934. Schrieb in den 20er Jahren Theaterkritiken für die Londoner *Nation*.
V. Emeljanow zitiert in seiner Sammlung *The Ciritical Heritage* zwei Swinnerton-Kritiken, eine vom März 1920 zur *Drei Schwestern*-Inszenierung am Royal Court Theatre, Premiere am 8. März 1920. Die hier in Auszügen wiedergegebene Bespre-chung galt dem *Kirschgarten* am St. Martin's Theatre vom 12. 7. 1920, sie erschien ebenfalls in *The Nation* am 17. Juli 1920.
Deutsche Erstveröffentlichung, übersetzt von Birgit Flos.

SZONDI, Peter, 1929–1971, deutscher Literaturwissenschaftler, Kritiker, Literatur-theoretiker. Szondis Čechov-Kapitel entstammt der *Theorie des modernen Dra-mas*, erstmals erschienen in Frankfurt am Main, Suhrkamp Verlag, 1956, ²1959. Für die Veröffentlichung in der ›edition suhrkamp‹ 1963 wurde der Text nochmals revidiert, er erscheint hier in der revidierten Fassung.
Szondi zitiert *Drei Schwestern* durchwegs in der Übersetzung von August Scholz, Berlin, I. Ladyschnikow, 1921; auf die Fußnoten, die lediglich Seitenverweise beinhalten, wurde hier verzichtet.

T. – Theaterkritiker des *General-Anzeigers für Elberfeld-Barmen*; Anlaß dieser Besprechung, eines schönen Beispiels deutscher Theaterkritik aus wilhelminischer Provinz, war die Fünfte literarische Matinee des Elberfelder Theaters, das, nach der mißglückten deutschsprachigen Erstaufführung der *Möwe* am Breslauer Lobe-Theater (11. 1. 1902), *Die Möwe*, Schauspiel in 4 Aufzügen von Anton Tschechoff, vorstellte.
die Berliner Aufführungen von Gorkis »Nachtasyl« – Seitenhieb des Provinzlers auf Max Reinhardts ungemein erfolgreiche und bald legendäre Inszenierung des *Nachtasyls* am Deutschen Theater, die nach der Premiere am 23. 1. 1903 prak-tisch en suite gezeigt wurde (100. Vorstellung schon am 4. Mai, 500. Vorstel-

lung am 5. Mai 1905). Gorkij erreichte mit dem *Nachtasyl* Aufführungsziffern, die, mit mehreren Stücken, kaum der Erfolgsautor jener Zeit, Heinrich Sudermann, erzielte.

Oskar Blumenthal – deutscher Schriftsteller, Dramatiker, 1852–1917, Gründer und Leiter des Berliner Lessingtheaters, »worin er seine Lustspiele zur Aufführung bringt, die von dort zum Teil die Runde über die deutschen Bühnen machen. Sie zeichnen sich zumeist durch witzigen Dialog aus, auch bringen sie manche neue und glücklich gezeichnete Figur, doch fehlt es dem Ganzen oft an der künstlerischen Einheit, und sie vermeiden auch nicht die Trivialität.« (Meyers Konversationslexikon, 5. Aufl., Lpz. 1893)

TICHONOV, Aleksandr Nikolaevič, eigtl. A. N. Serebrov, 1880–1956, russischer Schriftsteller, der Ausbildung nach Bergbauingenieur, Autor von Erinnerungen an Čechov (*O Čechove*), veröffentlicht in dem Band *Čechov v vospominanijach sovremennikov* (*Čechov in Erinnerungen von Zeitgenossen*), Moskau 1952, 1954 und Folgeausgaben.

Serebrov-Tichonov begegnete Čechov im Juni 1902 auf dem Landsitz und Fabrikgelände des Industriellen und Mäzens des Moskauer Künstlertheaters S. T. Morozov im Gouvernement Perm, wo sich Serebrov, damals noch Student, als Praktikant aufhielt und wohin Čechov im Juni 1902 eine Besuchsreise unternahm.

Der gesamte Text der Erinnerungen Serebrov-Tichonovs erschien, übersetzt von Tania Alexander, im April 1968 in der Zeitschrift *Der Monat*. Von besonderem Interesse sind indes nur die von Tichonov wörtlich zitierten Čechov-Sätze.

TOLSTOJ, Lev Nikolaevič, 1828–1910.

Čechov und Tolstoj sind einander, nach Čechovs Besuch in Jasnaja Poljana am 7./8. August 1895, mehrfach begegnet; Čechov besuchte Tolstoj mehrmals in dessen Moskauer Stadthaus in Chamovniki, Tolstoj suchte Čechov nach dessen erstem Zusammenbruch 1897 in der Klinik von Professor A. A. Ostroumov auf, beide Autoren sahen sich im Winter 1901/02 mehrmals auf der Krim, als Tolstoj sich in Gaspra von den Folgen einer schweren Krankheit erholte. Ein Briefwechsel zwischen beiden Schriftstellern existiert jedoch nicht; Kontakt nahmen beide zueinander meist über Mittelsleute auf. Von Čechov gibt es einige Briefe an Mitglieder der Familie Tolstojs, vor allem an Tolstojs Töchter.

Der ersten Begegnung mit Tolstoj ging auf seiten Čechovs, der Tolstoj als Schriftsteller hoch schätzte und ihn 1886 in seiner scherzhaften *Rang-Tabelle in der Literatur* neben Gončarov unter die »Geheimräte« einreihte, eine mehrere Jahre während Auseinandersetzung mit der Ideologie des Tolstojanertums voraus, die in den Briefen Čechovs, vor allem an → A. S. Suvorin, nachzuvollziehen ist und die Čechov, am 27. März 1894, wie folgt resümiert:

»Vielleicht hat, weil ich nicht mehr rauche, die Tolstojsche Moral aufgehört mich zu rühren, im tiefsten Innern meines Herzens bin ich ihr gegenüber feindselig eingestellt, und das ist natürlich ungerecht. In meinen Adern fließt Bauernblut, mit Bauerntugenden setzt mich darum niemand in Erstaunen. Ich habe von klein auf an den Fortschritt geglaubt und gar nicht anders gekonnt, als an ihn zu glauben, denn der Unterschied zwischen der Zeit, als ich geschlagen wurde, und der, als man aufhörte, mich zu schlagen, war schrecklich. Ich liebte kluge Menschen, Nervosität, Höflichkeit, Scharfsinn, daß dagegen Leute an ihren Hühneraugen herumpulten und ihre Fußlappen einen atembenehmenden Geruch verbreiteten, war mir ebenso gleichgültig, wie wenn junge Fräuleins morgens mit Lockenwicklern in den Haaren herumlaufen. Aber die Tolstojsche Philosophie hat mich stark berührt, hat mich 6–7

Jahre lang beherrscht, und beeindruckt haben mich nicht die Grundthesen, die mir früher schon bekannt waren, sondern Tolstojs Art sich auszudrücken, seine Bedachtsamkeit und, wahrscheinlich, eine besondere Art von Hypnose. Jetzt dagegen protestiert etwas in mir; Überlegung und Gerechtigkeitssinn sagen mir, daß in Elektrizität und Dampfkraft mehr Menschenliebe liegt als in Keuschheit und Ablehnung des Fleischgenusses. Der Krieg ist ein Übel, Gerichtsverhandlungen sind ein Übel, aber daraus folgt nicht, daß ich in Bastschuhen gehen und neben dem Arbeiter und seiner Frau auf dem Ofen schlafen müßte usw. usw. Aber darum geht es ja nicht, nicht um das ›für und wider‹, sondern darum, daß es so oder anders sein mag, nur daß Tolstoj für mich bereits dahin ist, er ist nicht mehr in meinem Herzen, er ist von mir gegangen mit den Worten: siehe, ich verlasse euer leeres Haus. Ich bin von Einquartierung frei.«

Dessenungeachtet und sicher auch unter dem Eindruck der persönlichen Begegnung nach 1895, hat Čechov Tolstoj bis an sein Lebensende geschätzt und verehrt, als Schriftsteller und einen der letzten »Großen« der russischen Literatur, vor allem aber als moralische Instanz. Tolstojs soziales Engagement war für Čechov immer über jeden Zweifel erhaben und Vorbild. So schrieb er über Tolstojs Engagement im Hungerwinter 1891/92 im Gouvernement Samara am 11. Dezember 1891 an Suvorin: »Tolstoj, ja, Tolstoj! Für den *Almanach* hat er einen Aufsatz über Speisungsstätten geschrieben, und der ganze Aufsatz besteht aus Ratschlägen und praktischen Hinweisen, dermaßen sachdienlich, einfach und vernünftig, daß dieser Aufsatz, wie der Redakteur der *Russkie vedomosti* es ausdrückte, nicht in dem *Almanach*, sondern im *Regierungsboten* gedruckt werden müßte.«

Im Januar 1900, als ganz Rußland mit dem Ableben Tolstojs rechnete, schrieb Čechov an M. O. Menšikov: »Wenn und solange es Tolstoj gibt, ist es leicht und angenehm, Literat zu sein. Sein Tun ist Rechtfertigung all der Hoffnungen und Erwartungen, die in die Literatur gesetzt werden. Tolstoj steht stark und fest, er hat eine Riesenautorität, und solange er lebt, wird jeder schlechte Geschmack in der Literatur, alle mögliche Trivialität, ob frech oder tränenselig, wird alle struppige, zornentbrannte Eitelkeit weit und tief im Schatten stehen. Allein seine moralische Autorität ist in der Lage, die sogenannten literarischen Stimmungen und Strömungen auf einem gewissen Niveau zu halten. Ohne ihn wäre das eine Herde ohne Hirten oder ein Brei, in dem man sich nur schwer zurechtfände.«

Tolstoj hat erste Arbeiten Čechovs vermutlich Mitte der 80er Jahre kennengelernt. 1889 notiert er, wahrscheinlich nach Lektüre des Bandes *In der Dämmerung*, der im selben Jahr den Puškin-Preis errang: »Lese hübsche Sachen von Čechov. Er liebt Kinder und Frauen, aber das ist zu wenig.« Zwei Tage später: »Čechov gelesen. Schlecht – unbedeutend.« 1890 konstatiert Tolstoj, im Gespräch mit G. A. Rusanov, eine Nähe zu Maupassant und »ein großes Talent«.

Anfang der 90er Jahre wächst Tolstojs Interesse an dem Autor Čechov, er liest *Die Steppe, Krankensaal Nr. 6*, den *Schwarzen Mönch*, über den er sich, gegenüber G. A. Rusanov, »lebhaft und mit besonderer Zärtlichkeit« äußert: »Ach, ist das herrlich! Ach, was ist das herrlich!« Auf »wärmste Empfehlung von L. N. Tolstoj« bringt der Tolstojaner V. G. Čertkov, Leiter des Verlags Posrednik, bei sich eine Einzelausgabe des *Krankensaals Nr. 6* heraus. Auf Anraten Tolstojs erwarb der Petersburger Verleger A. F. Marks die Verlagsrechte an Čechovs Gesamtwerk.

Dagegen stehen immer wieder Äußerungen schroffster Ablehnung. 1894, nach Lektüre der *Familiengeschichte* von I. N. Potapenko, notiert Tolstoj: »Ich habe lange nicht mehr so etwas Empörendes gelesen. Schrecklich ist, daß alle diese Schreiber – diese Potapenkos, Čechovs, Zolas, Maupassants nicht einmal wissen, was gut ist und was schlecht; größtenteils halten sie das, was schlecht ist, für gut und setzen es, unter dem Vorwand der Kunst, dem Publikum vor, um es zu verderben.«

Zwischen schroffer Ablehnung und zärtlicher Liebe, zwischen Spott und höchster Anerkennung schwanken Tolstojs Äußerungen über Čechov. Ihre Zahl – festgehalten im Tagebuch, vor allem aber von Gesprächspartnern Tolstojs – ist Legion. Bekannt ist Tolstojs Ablehnung der Dramen Čechovs, die, auch im Zusammenhang mit Tolstojs Abrechnung mit Shakespeare zu sehen ist, vgl. den Essay *Was ist Kunst?* aus den Jahren 1897/98. Zu Tolstojs Lieblingserzählung von Čechov wurde, nach übereinstimmender Aussage mehrerer Tolstoj nahestehender Personen, die Erzählung *Herzchen* (Dušečka), die Tolstoj wiederholt und »mit Begeisterung« vorlas und zu der er 1905, für eine Einzelausgabe, ein Nachwort beisteuerte. Dieses Nachwort, die ausführlichste zusammenhängende Äußerung Tolstojs über Čechov, basiert auf dem Grundgedanken, der Autor habe hier – im Gegensatz zu einer Erzählung wie *Die Dame mit dem Hündchen* – gleichsam aus Versehen die hingebungsvolle Liebe einer von Grund auf guten Frau geschildert, die er zwar habe karikieren wollen, deren Schilderung ihm jedoch wider Willen ins Gegenteil gelungen sei. Der Text dieses Nachworts ist deutsch zugänglich in dem Band: L. N. Tolstoj, *Ästhetische Schriften*, im Rahmen der 20bändigen Werkausgabe des Verlags Rütten & Loening, Berlin, 1968, übersetzt von Günter Dalitz.

Eine Liste der von Tolstoj bevorzugten Čechov-Erzählungen übermittelte Tolstojs Sohn Ilja Lvovič in einem Brief an Čechov vom 25.5.1903 (wie I. L. Tolstoj einschränkt, zitiere er die Liste aus dem Gedächtnis):

»1. Klasse – 1) *Kinder*, 2) *Die Choristin*, 3) *Ein Drama*, 4) *Zu Hause*, 5) *Gram*, 6) *Der Flüchtling*, 7) *Vor Gericht*, 8) *Vanka*, 9) *Damen*, 10) *Der Übeltäter*, 11) *Jungen*, 12) *Finsternis*, 13) *Schlafen, nur schlafen*, 14) *Die Gattin*, 15) *Herzchen*.

2. Klasse: 1) *Der Fehltritt*, 2) *Kummer*, 3) *Die Hexe*, 4) *Eine Begegnung*, 5) *In der Fremde*, 6) *Die Köchin heiratet*, 7) *Eine schwierige Geschichte*, 8) *Durcheinander*, 9) *Ach, das Publikum!*, 10) *Die Maske*, 11) *Frauenglück*, 12) *Die Nerven*, 13) *Die Hochzeit*, 14) *Ein schutzloses Wesen*, 15) *Weiber*.«

Über Tolstojs Beziehung zu Čechov vgl. die Monographie von V. Ja. Lakšin, *Tolstoj i Čechov* (russisch), Moskau 1963, ²1975. Vgl. auch M. Gorkij in dem Band *Erinnerungen an Zeitgenossen*.

Čechov war ein unvergleichlicher Künstler… – Tolstojs Reaktion auf die Nachricht von Čechovs Tod, mitgeteilt von A. Zenger in der Zeitung *Rus'* vom 15.7.1904.

Čechov!… Čechov ist der Puškin der Prosa – Gespräch mit B. A. Lazarevskij aus dem Jahr 1903, nachgedruckt in dem Band *L. N. Tolstoj v vospominanijach sovremennikov* (russisch, Tolstoj in Erinnerungen von Zeitgenossen), 2 Bde., Moskau 1978, Band 2.

Wenn ein betrunkener Arzt… – Brief von P. P. Gnedič an seine Frau, Paris 1903.

TRIOLET, Elsa, 1896–1970, französische Schriftstellerin, Übersetzerin, Ehefrau Louis Aragons und Schwägerin von → Vladimir Majakovskij, übersetzte und kommentierte für die Edition der *Pléiade* das dramatische Werk Čechovs, Paris, Gallimard, 1967. Dem *Avant-propos* zu Band 1 dieser Ausgabe entnommen ist der hier zitierte Passus. Deutsche Erstveröffentlichung, deutsch von Irene Riesen.

TROCKIJ, Lev Davidovič, eigtl. Bronštejn, 1879–1940, russischer Politiker, Revolutionsführer und Staatsmann, Erster Außenminister der Sowjetunion, während des Bürgerkriegs Organisator und Oberbefehlshaber der Roten Armee, 1928/29 durch Stalin entmachtet.

Trockij hat vor der Revolution Literaturkritik betrieben, und er hat mit *Literatur und*

Revolution, erschienen 1924, einen der wichtigsten theoretischen Beiträge zur Frage einer neuen revolutionären Literatur und Kultur verfaßt.

Aus Trockijs Jugendzeit, die er für Jahre in Wien verbrachte, stammt der Aufsatz → *Arthur Schnitzler*, den man in Rußland als den »deutschen« Čechov apostrophierte; in diesem Aufsatz notiert Trockij: »Arthur Schnitzler ist für europäische Verhältnisse ein noch junger Autor: er ist vierzig Jahre alt (1862 geboren). Wie unser Čechov ist er der Ausbildung nach Arzt und übt diesen Beruf zum Teil auch aus. Wenn wir dem hinzufügen, daß Schnitzler ein sehr talentierter Schriftsteller ist, so ist dies wohl auch alles, was ihn mit Čechov verbindet.« (Vgl. den Band: L. D. Trockij, *Literaturtheorie und Literaturkritik*, München, Wilhelm Fink Verlag, 1973).

Nach Beendigung des Bürgerkriegs und der ersten Konsolidierung der Revolution begann die Partei, sich verstärkt der Literatur anzunehmen, Trockijs Analyse *Literatur und Revolution* 1924 ist eines der Ergebnisse dieser Beschäftigung. Anders als Lenin, der die Pflege der besten Traditionen der bürgerlichen Literatur vorn anstellt (vgl. → V. Kačalovs Erinnerung an das Gespräch zwischen ihm und Gorkij 1919), anders auch als die Aktivisten des Proletkults, die die Schaffung einer genuin proletarischen Kultur förderten, beantwortet Trockij die Frage, wie die revolutionäre, der Revolution entsprechende Literatur und Kultur auszusehen habe.

Čechov spielt in Trockijs kritischer Bestandsaufnahme nurmehr die Rolle eines Synonyms für »veraltet«, »gestrig«, ganz im Sinne des hier gedruckten Ausschnitts aus *Literatur und Revolution*, der enthalten ist in der deutschen Ausgabe von 1968, Berlin, Gerhardt Verlag, Übersetzung von E. Schaefer und H. v. Riesen.

»Insulaner« – ein Begriff, der sich im sowjetischen Sprachgebrauch nicht durchgesetzt hat, im Gegensatz zu dem des »Mitläufers«, den Trockij ebenfalls prägte.

VERCORS, *1902, eigtl. Jean Bruller, französischer Schriftsteller, Erzähler, bekannt geworden durch seinen 1942 erschienenen Roman *Le Silence de la Mer*. Der hier zitierte Passus über Čechov steht, unter dem Titel *L'influence de Tchekhov*, einem Sonderheft der Zeitschrift *Europe* voran, das Čechov gewidmet war und August/September 1954 in Paris erschien. Deutsche Erstveröffentlichung.

VILAR, Jean, 1912–1971, französischer Schauspieler, Regisseur, Theaterleiter. Regisseur am Théâtre Vieux Colombier, Gründer des Théâtre National Populaire 1951, das er bis 1963 leitete. Äußerungen über Čechov, außer dem hier vorgelegten Aufsatz, sind nicht überliefert. Vilar war Dezember 1956 Regisseur einer vielbeachteten *Platonov*-Inszenierung am T.N.P. im Palais de Chaillot, Paris, in der er selbst die Titelrolle spielte. Diese *Platonov*-Bearbeitung (französischer Titel: *Ce fou de Platonov*) von Pol Quentin wurde, übersetzt von Robert Schnorr (*Dieser Platonow...*), auch in Deutschland mehrfach inszeniert, DEA: Württembergische Staatstheater Stuttgart, April 1959. Vilars Aufsatz erschien erstmals als Vorwort zu der französischen Neuübersetzung von *Möwe* und *Kirschgarten* durch Genia Cannac und Georges Perros, Paris, Gallimard, 1963. Er ist nachgedruckt in der Aufsatzsammlung J. V., *Le théâtre service public et autres textes*, Paris, Gallimard, 1975. Deutsche Erstveröffentlichung, übersetzt von Irene Riesen.

»Die Geschichte ist gründlich...« – Karl Marx, *Zur Kritik der Hegelschen Rechtsphilosophie. Einleitung* (1844), vgl. K. M., *Frühschriften*, hrsg. v. S. Landshut, Stuttgart, Kröner, 1953.

Gorkij erzählt – vgl. M. G., *A. P. Čechov*, im zweiten, 1915 geschriebenen Teil.

Stanislavskij, »An seinem Grabe« – vgl. Stanislavskijs Erinnerungen *Mein Leben in der Kunst*.

Ich besitze die vollständige Übersetzung – »500 maschinenschriftliche Seiten« müssen vom französischen Übersetzer mit sehr viel Durchschuß geschrieben worden sein, der gedruckte russische Text umfaßt knapp 200 Seiten, die normalerweise 300 Manuskriptseiten ergeben. Zum Vergleich: ein abendfüllendes Čechov-Stück umfaßt im russischen Druck 60 bis 65 Seiten.

Vitez, Antoine, *1930, französischer Schauspieler, Regisseur, Theaterleiter, seit 1981 Direktor des Théâtre National de Chaillot in Paris. Inszenierte 1970 *Die Möwe* für das Théâtre du Midi in Carcassonne, 1984 erneut *Die Möwe* am Théâtre de Chaillot. Hier abgedruckt ein Auszug aus einem längeren Interview, das am 15.3.1980 → Georges Banu und Daniel Bougnoux mit Vitez führten, es erschien in voller Länge in Nr. 16 der Zeitschrift *silex*, 1980. Deutsche Erstveröffentlichung, übersetzt von Irene Riesen.
Sacha Pitoëff – Sohn von → Georges und Ljudmila Pitoëff, der ebenfalls Schauspieler und Regisseur wurde und die von seinen Eltern begründete Čechov-Tradition in Frankreich fortführte: 1951/1952 *Onkel Vanja*. 1962 gastierte die Compagnie Sacha Pitoëff mit der *Möwe* (auf französisch) im deutschsprachigen Westen (Zürich, Baden-Baden), mit Romy Schneider als Nina und Pitoëff als Trigorin.
Apollinaire – Guillaume, 1880–1918, französischer Dichter.

Walser, Robert, 1878–1956, deutsch-schweizer Schriftsteller, Erzähler, Lyriker.
Der *Brief an einen Besteller von Novellen*, aus dem hier der Anfang zitiert wird, ist postum in der großen Robert-Walser-Gesamtausgabe erschienen, das Robert-Walser-Archiv datiert ihn in die Zeit von 1928/1929; Nachdruck dieses Briefes in dem Band: R. W., *Maler, Poet und Dame, Aufsätze über Kunst und Künstler,* hrsg. v. Daniel Keel, Zürich, Diogenes, 1981.

Weigel, Hans, *1908, österreichischer Schriftsteller, Publizist, Theaterkritiker und Übersetzer, Dramatiker.
Hans Weigels Betrachtung zum *Kirschgarten* ist Teil seiner Besprechung der *Kirschgarten*-Inszenierung von Josef Gielen aus Anlaß des 100. Geburtstags von Čechov am Wiener Akademie-Theater, die am 13.5.1960 Premiere hatte. Weigels Kritik erschien in der Wiener *Illustrierten Kronenzeitung* vom 17.5.1960.

Weiss, Ernst, 1884–1940, deutscher Schriftsteller, Kritiker.
Äußerungen über Čechov sind sonst nicht überliefert, der hier zitierte Aufsatz erscheint ungekürzt, er ist die Besprechung des Erzählungsbandes *Der schwarze Mönch*, der, übersetzt von Richard Hoffmann, 1926 bei Paul Zsolnay erschienen war.
Ernst Weiß' Rezension erschien am 14.7.1926 im *Berliner Börsencourier* unter dem Titel *Anton Tschechow, Der Schwarze Mönch,* sie ist nachgedruckt in: E. W., *Die Kunst des Erzählens. Essays, Aufsätze, Schriften zur Literatur,* Frankfurt am Main, Suhrkamp Verlag, 1982. Titel vom Herausgeber.
Ein berühmter russischer Schriftsteller – A. I. Herzen, 1812–1870.
Akaki Akakiewitsch – Held der Novelle *Der Mantel* von N. V. Gogol.
Von Gogol, dem Negerblütigen – mißverständlich, nicht Gogol, sondern Puškin hatte einen Schwarzen unter seinen Vorfahren (den »Mohren des Zaren«).
»Der schwarze Mönch« – Erzählung von 1894, vgl. detebe 20265. Der von Weiß in der Hoffmannschen Übersetzung zitierte Text vgl. dort S. 41.
Auch in der zweiten Erzählung... – Der Band bei Zsolnay enthielt folgende

Erzählungen: *Meine Frau, Drei Jahre* und *Schläfrig*. Weiß bezieht sich offensichtlich auf die Novelle *Meine Frau*.

WENDT, Ernst, 1937–1986, deutscher Regisseur, Dramaturg, Essayist und Theaterkritiker; schrieb, ehe er 1969 als Dramaturg zu Hans Lietzau nach Hamburg ging, Kritiken für *Theater heute*, wo er Redakteur war, dort mehrfach über Čechov bereits zu Beginn der 60er Jahre. Wendt betreute Lietzaus *Kirschgarten*-Inszenierung von 1970, für die er eine Neuübersetzung anfertigen ließ und damit die Neuübersetzung der Dramen Čechovs im Diogenes Verlag initiierte. Eigene Inszenierungen ab 1974, darunter 1983 an den Münchner Kammerspielen *Kirschgarten*, 1986 im Theater in der Josefstadt, Wien, *Drei Schwestern*.
Über Čechov, außer den erwähnten Kritiken in Theater heute: *Tschechow lesen* (anläßlich der *Kirschgarten*-Inszenierung in München) im Programmheft der Münchner Kammerspiele, nachgedruckt in: E. W., *Wie es euch gefällt, geht nicht mehr*, München, Carl Hanser Verlag, 1985; diesem Aufsatz ist der hier zitierte Passus entnommen. Und: *»Die Harmonie der Dissonanzen...«* – Ein Gespräch mit dem Regisseur Ernst Wendt von Michael Fröhling, Programmheft des Theaters in der Josefstadt, Wien 1986, vgl. die Autorennotiz → Samuel Beckett.

WIDMER, Urs, *1938, schweizerischer Schriftsteller, Erzähler, Dramatiker. Äußerungen über Čechov, mit dem sich Widmer seit Anfang der 70er Jahre beschäftigt hat, keine; die hier zitierte in einem Brief an den Herausgeber, deutsche Erstveröffentlichung.

WILLIAMS, Tennessee, 1911–1983
Williams' Äußerung über Autoren, die ihn als jungen Autor beeinflußt hätten, entstammt einem Gespräch zwischen Dotson Rader und Williams im Rahmen der Interview-Reihe der *Paris Review*, New York, und erschien dort in der Nr. 81, 1981. Der mit *Influences* überschriebene Absatz fährt fort (und endet) mit dem Satz: »D. H. Lawrence natürlich auch, durch seinen Geist, sein Verständnis der Sexualität, des Lebens überhaupt.« Deutsche Erstveröffentlichung.
In Tennessee Williams' *Memoiren*, New York 1972, deutsch von Kai Molvig im S. Fischer Verlag, Frankfurt am Main 1977, lautet eine auf Čechov bezogene Stelle zurückhaltender:
»Mein erstes Stück wurde aufgeführt, als ich vierundzwanzig Jahre alt war und den Sommer 1934 bei meinen Großeltern in Memphis verbrachte... Im selben Sommer verliebte ich mich in das Werk von Anton Čechov, oder doch zumindest in seine vielen Kurzgeschichten. Hier lernte ich eine literarische Sensibilität kennen, der ich mich damals sehr verwandt fühlte. Heute will mir scheinen, daß er zu viel unausgesprochen läßt. Doch die zarte Poesie, die sein Werk durchzieht, greift mir nach wie vor ans Herz, und die *Möwe* ist, meiner Meinung nach, immer noch das hervorragendste aller neueren Theaterstücke, vielleicht mit Ausnahme von Brechts *Mutter Courage*. Es ist oft gesagt worden, ich hätte mich in meiner Arbeit von Lawrence beeinflussen lassen. Nun, Lawrence war mir als Schriftsteller in der Tat während meiner eigenen schriftstellerischen Entwicklung höchst ›simpatico‹, doch wenn es um ›Einfluß‹ geht, dann steht Čechov an erster Stelle – das heißt, wenn überhaupt irgendein Einfluß bestand.«
In einem frühen Einakter von Williams, der *Lady of Lakespur* (deutsch: *Die Dame mit dem Oleandergeist*) tritt ein Schriftsteller mit Namen Tchekhov auf.

WILSON, Edmund, 1895–1972, amerikanischer Schriftsteller, Kritiker, Essayist, Dramatiker, u. a. befreundet mit → Vladimir Nabokov, bei dem er Russisch lernte; bereiste 1935 die Sowjetunion, Autor mehrerer Aufsätze und Bücher über Rußland und russische Literatur, zuletzt *A Window to Russia*.

Das hier vorgelegte Zitat entstammt einem Brief Wilsons an John Dos Passos, vgl. E. Wilson, *Briefe über Literatur und Politik 1912–1972*, hrsg. v. Elena Wilson, deutsch von Hans-Henning Werner, München, Carl Hanser Verlag, 1981. In dieser Brief-Auswahl mehrere Erwähnungen Čechovs, die erste im Jahr 1934; in einem Brief an Mamaine Koestler vom 3. April 1950 schreibt Wilson erstmals, er habe Čechov gelesen – »zum ersten Mal ganz und auf russisch... Ich glaube, daß er Dir gefallen würde. Ich fürchte, englische und amerikanische Leser haben oft eine falsche Vorstellung von ihm. Er ist sehr viel solider und gediegener als ich nach all dem, was ich über ihn wußte, erwartet hatte.«

Bei der russischen Gesamtausgabe, auf die Wilson sich in seinem Plädoyer für chronologisch geordnete Werkausgaben bezieht, handelt es sich um die 20bändige Ausgabe des Verlages OGIZ, Moskau, 1944–1951.

WOOLF, Virginia, 1882–1941, englische Schriftstellerin, eine der Hauptvertreterinnen des Neopsychologismus in der englischen Literatur, führendes Mitglied der Gruppe *Bloomsberry*. V. Woolf äußerte mehrfach Hochachtung für russische Autoren wie Tolstoj, Dostoevskij und, vor allem, für Čechov. In ihren Tagebüchern (*The Diary of V. W.*, hrsg. v. Anne Olivier Bell, N.Y. 1977) zahlreiche Lektürevermerke zwischen 1918 und 1921. Wie → John Middleton Murry besprach V. Woolf 1919 den Band *The Bishop and Other Stories*, übersetzt von C. Garnett (*The Russian Background*, im *Times Literary Supplement* vom 14. 8. 1919).

Die beiden hier zitierten Auszüge über den Erzähler Čechov – Titel vom Herausgeber – entstammen dem Essayband *The Common Reader* von 1925: Teil 1 dem Aufsatz *The Russian Point of View*, Teil 2 dem Essay *Modern Fiction*. Deutsche Erstveröffentlichung, deutsch von Karin Graf und Birgit Flos.

Das Fragment über den *Kirschgarten* ist Teil einer Besprechung für den *New Statesman* vom 24. Juli 1920, anläßlich der *Kirschgarten*-Premiere in St. Martin's, London, 12. 7. 1920. Deutsche Erstveröffentlichung in der Übersetzung von Karin Graf nach dem Nachdruck bei V. Emeljanow, *The Critical Heritage*.

»Nur wie?« – vgl. detebe 20266, Schlußabsätze.

Ein Postbote fährt einen Studenten . . . – vgl. die Erzählung *Auf der Post*, 1887, detebe 20263.

Henry James – amerikanischer Schriftsteller, 1843–1916.

»Gusev« – vgl. detebe 20264.

YOUNG, Stark, 1881–1963, amerikanischer Publizist, Theaterkritiker, Autor theoretischer Texte über das Theater; zwischen 1921 und 1947 Kritiker der Zeitschrift *New Republic*, zeitweise auch der *New York Times*.

Der hier zitierte Passus über Čechov entstammt Youngs *Möwe*-Besprechung der Inszenierung des Theaters 14th Street vom 16. 9. 1929 und erschien am 9. Oktober 1929 im *New Republic*, nachgedruckt bei V. Emeljanow, *Chekhov: The Critical Heritage*.

ZAMJATIN, Evgenij Ivanovič, 1884–1937, russischer Schriftsteller, Dramatiker, Kritiker. Stand nach 1917 der Gruppe der Serapionsbrüder nahe, schrieb 1920 den herrlichen utopischen Roman *My* (Wir), der in zahlreichen Übersetzungen erschien

(1924f.), in vollständiger russischer Fassung jedoch erst 1952 in New York, in der Sowjetunion bis heute nicht: Zamjatin, mit dem Theaterstück *Der Floh* (nach Leskov) 1925 am Moskauer Künstlertheater noch erfolgreich gespielt, emigrierte mit offizieller Genehmigung 1932 nach Frankreich.

Zamjatins Aufsatz über Čechov, geschrieben vor 1924, ist der Text einer Rede, gehalten anläßlich eines Čechov-Gedenkabends im Moskauer Künstlertheater, Januar 1925. Er erschien in dem Sammelband E. Z., *Lica* (Gesichter), New York 1955, und erscheint hier erstmals als Übersetzung aus dem Russischen. Eine deutsche Übersetzung von Peter Naujack nach der englischen Version, Chicago 1970, erschien 1976 im *Tintenfaß* Nr. 26 bei Diogenes.

Teile des für diesen Band aus dem Russischen neu übersetzten Essays hatte Zamjatin schon zu Beginn der 20er Jahre formuliert; sie erschienen, vermehrt um einen biographischen Teil, als Vorwort einer dreibändigen Čechov-Auswahl Zamjatins im Verlag Z. I. Gržebin, Berlin–Petersburg–Moskau 1922.

»*So, wie ich allein im Grabe liegen werde*...« – vgl. Čechovs *Tagebücher, Notizbücher*, Notizbuch 1/121, 14.

»*Eine Religion habe ich heute nicht*...« – Brief an I. L. Leontjev-Ščeglov vom 8. 3. 1892, vgl. *Briefe* III/Nr. 379.

»*Das Glück*« – 1887, vgl. detebe 20263.

»*Die Steppe*« – 1888, vgl. detebe 20263.

»*Eine langweilige Geschichte*« – 1889, vgl. detebe 20267.

»*Der Literaturlehrer*« – 1894, vgl. detebe 20265.

»*Flattergeist*« – 1891/92, vgl. detebe 20264.

»*Mein Leben*« – 1896, vgl. detebe 20269.

»*Ionyč*« – 1898, vgl. detebe 20266.

»*Die Braut*« – 1903, Čechovs letzte Erzählung, vgl. detebe 20266.

»*Budilniks, Strekozas*« – humoristische Zeitschriften aus Moskau, während der 80er Jahre, in denen Čechov publizierte; in der *Strekoza* (*Die Grille*) debütierte er.

»*Novoe vremja*« – *Die neue Zeit*, Petersburger Tageszeitung, erschien von 1868–1917, ab 1876 herausgegeben von A. S. Suvorin, in den 90er Jahren mehr und mehr ein Organ mit regierungsfreundlich-reaktionärem Kurs, vgl. → A. S. Suvorin.

Burenin, Žitel – Viktor Petrovič *Burenin*, 1841–1926, Literaturkritiker des *Novoe vremja*; *Žitel*: Pseudonym für Aleksandr Aleksandrovič Djakov, 1845–1895, Journalist, Mitarbeiter des *Novoe vremja*.

»*Sie sind mir einfach widerwärtig*...« – Brief an Aleksandr Pavlovič Čechov vom 4. 4. 1893, vgl. *Briefe* III/Nr. 430.

»*Wenn ich Žitel, Burenin*...« – an A. S. Suvorin am 24. 2. 1893, *Briefe* III / Nr. 426.

Sachalin 1890 – bei Zamjatin »1890/91«; Čechov war Anfang Dezember 1890 nach Moskau zurückgekehrt.

»*Der Anfall*« – 1888, vgl. detebe 20264.

»*Der Mord*« – 1895, vgl. detebe 20265.

»*Die Bauern*« – 1897, vgl. detebe 20266, desgl. »*In der Schlucht*« – 1899/1900.

»*Unverfrorenheit und Müßiggang der Starken*...« – vgl. die Erzählung *Stachelbeeren* von 1898, detebe 20266, von Zamjatin mit Kürzungen zitiert.

»*Das Haus mit dem Zwischenstock*« – 1896, vgl. detebe 20265, gekürzt.

»*Der Mensch*...« – vgl. Maksim Gorkij in seinem Čechov-Aufsatz, Teil II, 1914/15.

»*An Gott zu glauben ist nicht schwer*...« – Aus der *Erzählung des Obergärtners*, 1894, vgl. detebe 20265. Der von Zamjatin zitierte Satz fehlt in dieser Ausgabe, er ist erst, aufgrund des Čechov-Briefes vom 31. 12. 1894 (vgl. *Briefe* III/Nr. 480), in der Akademie-Ausgabe von 1974ff. wiederhergestellt worden (vgl. A. P. Čechov, *Polnoe sobranie sočinenij i pisem*, Abt. Werke, Bd. VIII, Moskau 1977, S. 343). Der

Satz folgt, gleich zu Beginn der Erzählung, S. 175 in der dtb-Ausgabe, auf: »Urteilen Sie doch, meine Herren: wenn Richter und Geschworene mehr dem *Menschen* glauben als den Beweisstücken, Indizien und Plädoyers, steht dann dieser *Glaube an den Menschen* nicht an und für sich höher als alle alltäglichen Erwägungen?« Danach: »An Gott zu glauben ist nicht schwer. An ihn haben die Inquisitoren, Biron und Arakčeev geglaubt. Nein, Sie sollten Glauben an den Menschen fassen!« »Dieser Glaube ist nur den wenigsten zugänglich« usw.

Biron, Arakčeev – Ernest Ioann Biron, 1690–1772, kurländischer Adeliger, Günstling der Zarin Anna (1730–1740). Graf Aleksej Andreevič Arakčeev, 1769–1834, einflußreichster Staatsmann unter Zar Alexander I., Inbegriff des Zarismus, der Autokratie Anfang des XIX. Jahrhunderts.

»Oh, wenn es doch nur bald käme...« – vgl. *Die Braut*, 1903, detebe 20266, Schluß.

»Tendenziosität liegt Unvermögen zugrunde...« – Brief vom 18. 10. 1888 an A. S. Suvorin, vgl. *Briefe* I/Nr. 150: »Dem Terminus ›Tendenz‹ liegt eben jenes Unvermögen des Menschen zugrunde, sich über die Einzelheiten zu erheben.«

»Der Künstler soll nur ein leidenschaftsloser Zeuge sein« – an A. S. Suvorin vom 30. 5. 1888, *Briefe* I/Nr. 127. Beginn des Satzes: »Er soll nicht Richter seiner Personen und Gespräche sein, sondern nur ein leidenschaftsloser Zeuge.«

»Ich bin kein Liberaler...« – Čechov an A. N. Pleščeev vom 4. 10. 1888, vgl. *Briefe* I/Nr. 142.

Worte Herzens – Aleksandr Ivanovič Herzen, 1812–1870.

»Angst« – 1892, vgl. detebe 20264.

»Schwere Naturen« – 1886, vgl. detebe 20262.

»Erzählung eines Unbekannten« – 1893, detebe 20268.

»Der Denker« – 1885, nicht in detebe.

»Maupassant zu übersetzen, wie es sich gehört« – Zitiert nach dem Tagebuch von → A. S. Suvorin, Notiz vom 23. 7. 1897: »Čechov sagte, er werde Maupassant übersetzen. Er gefällt ihm sehr. Er hat genügend Französisch gelernt.«

»Das Stück habe ich abgeschlossen...« – vgl. Čechov am 21. XI. 1895 an A. S. Suvorin, *Briefe* III/Nr. 516.

»Ich schreibe ein Stück... fünf Pud Liebe« – an A. S. Suvorin am 21. X. 1895, *Briefe* III/ Nr. 510.

Bunin – s. d.

Šmelëv – Ivan Sergeevič, 1873–1950, russischer Schriftsteller, 1922 emigriert nach Paris, Autor des Vorworts zu A. Č., *Meistererzählungen*, Zürich, Manesse, 1946.

Trenëv – Konstantin Andreevič. 1876–1945, russischer Schriftsteller, Dramatiker.

Zᴡᴇɪɢ, Arnold, 1887–1968, deutscher Schriftsteller, Romancier, Erzähler, Essayist. Der hier zitierte Brief Arnold Zweigs über Čechov wird in Auszügen zitiert in: Gerhard Dick, *Čechov in Deutschland*, Berlin, Dissertation, 1956, S. 176, und erscheint hier, mit freundlicher Genehmigung von Gerhard Dick, erstmals ungekürzt in deutscher Erstveröffentlichung.

Čechov, deutsch
Eine Auswahl

Vorbemerkung

Jeder Versuch eines deutschsprachigen Čechov-Katalogs, seien es die deutschsprachigen Buchpublikationen, seien es deutschsprachige Čechov-Inszenierungen, bietet ein notwendigerweise verzerrtes Bild.

Zählt Gerhard Dick in seiner Dissertation *Čechov in Deutschland*, Berlin/DDR 1956, einschließlich der Neuauflagen, Anthologien mit Čechov-Beiträgen sowie zweisprachiger Ausgaben bis 1955 eine Liste von 202 deutschen Čechov-Titeln, so kann diese Ziffer nicht darüber hinwegtäuschen, daß Čechov in Deutschland nie ein Massenautor gewesen ist; der Umfang der meisten Čechov-Auswahlbändchen ging über 100 Seiten selten hinaus, die Auflagen der Werkausgaben vor 1949 erreichten nie mehr als 5000 Exemplare.

Die nachstehende Auswahlbibliographie führt das Verzeichnis deutscher Čechov-Übersetzungen zu Lebzeiten Čechovs – vgl. die *Čechov-Chronik*, Zürich, Diogenes, 1981 – unter dem Gesichtspunkt der deutschsprachigen Erstveröffentlichungen ab 1905 fort. Dieser Aspekt scheint am ehesten geeignet, die Spreu ungezählter Doubletten von echten Čechov-Novitäten in deutscher Sprache zu trennen.

Bibliographie

I

Werkausgaben

A. Tschechoff, Gesammelte Werke, 5 Bde., H und Ü: Wladimir Czumikow und M. Budimir, Leipzig, Eugen Diederichs, 1900–1904
  Schlafen, nur schlafen; Die Schönen; Der Namenstag; Gusev; Der Student; Die Bauern; Bei Bekannten; Die Dame mit dem Hündchen; In der Schlucht; Die Möwe; Onkel Vanja; Drei Schwestern
A. Tschechow, Ausgewählte Werke, 2 Bde., Ü: C[lara]. Berger, Leipzig–Berlin, J. Gnadenfeld, 1901–1902
  Der schwarze Mönch; Krankensaal Nr. 6
A. Tschechow, Romane und Novellen, 5 Bde., H: Alexander Eliasberg, Ü: W. Czumikow, Korfiz Holm und Alexander Eliasberg, München, Musarion, 1919–1920, später im Vertrieb des Verlages Kurt Wolff
  Das neue Landhaus; Ein Fall aus der Praxis; Verwirrung der Geister [Gärung der Gemüter]; Der Gast; Ein Drama; Der Dramatiker; Der Kater; Ein Unikum [Ein ungewöhnlicher Mensch]; Die Nacht vor der Verhandlung; Typhus

A. Tschechow, Gesammelte Werke in [acht] Einzelbänden, H: N. N., Ü: Johannes von
Guenther, Gerhard Dick, Potsdam-Berlin, Rütten & Loening, 1949–1960; in der Ü v. J.
v. Guenther: Heitere Erzählungen, 2 Bde. Erzählungen, 2 Bde. Kleine Romane, Dramen
1955; Ü Gerhard Dick: Briefe, Die Insel Sachalin

    Die Krähe; Viel Papier; Die Nerven; Nach dem Theater; Der Triumph des Siegers; Die
    Kunst; Die Insel Sachalin [gekürzt]; Briefe

A. Tschechow, Werke in einem Band, H und Ü: Richard Hoffmann, Wien-München-
Basel, Kurt Desch, 1958

    An der Landstraße

A. Tschechow, Werke in drei Bänden, H und Ü: Johannes von Guenther, Hamburg-
München, Heinrich Ellermann Verlag, 1963

A. Tschechow, Gesammelte Werke in [acht] Einzelbänden, H: Gerhard Dick und Wolf
Düwel, Ü: Gerhard Dick, Ada Knipper, Wolf Düwel, Gudrun Düwel, Georg Schwarz,
Michael Pfeiffer und Hertha von Schulz, Berlin, Rütten & Loening, 1964–1969

    Auf dem Wagen; Erzählung eines Unbekannten
    Der Waldschrat
    Die Insel Sachalin [ungekürzt]; Aus Sibirien; Feuilletons;
    Die ›literarischen Notizhefte‹
    Briefe [in erweiterter Auswahl]

A. Tschechow, Gesammelte Werke in [sechs] Einzelbänden, H: Gerhard Dick und Wolf
Düwel, München, Winkler, 1968–1971 [Lizenzausgabe des Verlags Rütten & Loening]

A. Čechov, Werkausgabe im Diogenes Verlag, Zürich 1973 ff. Das dramatische Werk [in
Zusammenarbeit mit dem Verlag der Autoren, Frankfurt am Main]: 1973: Die Möwe,
Der Waldschrat, Onkel Vanja, Der Kirschgarten; 1974: Drei Schwestern, Ivanov,
Platonov; 1980: Sämtliche Einakter

    Platonov; Tatjana Repina; Fragmente
    Das erzählerische Werk in [zehn] Einzelbänden, Zürich 1976 [Lizenzausgabe des
    Winkler Verlags]
    Briefe in fünf Bänden, H und Ü: Peter Urban, Zürich 1979
    Čechov-Chronik, zusammengestellt von Peter Urban, Zürich 1981
    Tagebücher. Notizbücher, Ü: Peter Urban, 1983

2

Prosa: Teilsammlungen, Anthologien, Einzelausgaben

A. Tschechoff, Müde. Die Fürstin. Rothschilds Geige. Drei Skizzen, Ü: S. W.
Mierzinski, Leipzig, Bibliographisches Institut, 1905

    Die Fürstin

A. Tschechow, Im Glücksrausch und andere Novellen, Ü: St. Goldenring, Reutlingen,
Ensslin und Leiblin, 1905

    Das Ausrufungszeichen; Der Spiegel; Eine Unvorsichtigkeit; Sein Geschäft [Der
    Schriftsteller]; Eine Auskunft

Russisches Novellenbuch, H: Dr. H[ermann]. Röhl, 2 Bde., Halle, Otto Hendel, 1911

    Eine Unannehmlichkeit [Ein unangenehmer Vorfall]

A. Tschechow, Wandlungen. Neue Novellen, Ü: John Josephsohn, Berlin, Oesterheld
& Co., 1911

    Wandlungen [Anna am Halse]; Auf dem Gutshof; Der Literaturlehrer

A. Tschechow, Ein Weiberreich. Neue Novellen, Ü: John Josephsohn, Berlin,
Oesterheld & Co., 1911

    Die Nachbarn

A. Tschechow, Humoresken und Satiren, 3 Bändchen, H und Ü: Dr. H[ermann]. Röhl,
Leipzig, Reclam, 1911; ein 4. Bändchen erschien mit der 2. Aufl. der ersten drei, 1920

Das Album; Der Theaterdirektor unter dem Sofa; Leutselig [Der Hammel und das
Fräulein]; Die Feuerwehr; Die Herren Kleinbürger; Ein Holzkopf [Ein intellektueller
Holzkopf]; Der Pferdename; Der Rächer; Das Rendezvous [Auf dem Landhaus]; Eine
magnetische Sitzung; Die Quappa [Aalraupe]; Bei Regenwetter; Der Erste Liebhaber;
Eine Schreckensnacht

A. Tschechow, Der Bösewicht und andere Humoresken und Satiren, Ü: Angelo
Pankow, Leipzig, Hesse & Becker, 1912

In schlechter Laune; Mißlungen [Pech]; Die Freude

A. Tschechow, Die Maske und andere Erzählungen, Ü: Angelo Pankow, Leipzig, Hesse
& Becker, 1916

Die Maske; Am Tage vor den Fasten; Der Hase im Pfeffer [Der Sack hat ein Loch]

A. Tschechow, Von der Liebe. Novellen, Ü: Alexander Eliasberg, Weimar, Gustav
Kiepenheuer, 1917

Von der Liebe; Agafja

A. Tschechow, Der persische Orden und andere Grotesken, Ü: Alexander Eliasberg,
Berlin, Weltverlag, 1922

Ein jähzorniger Mensch [Aus den Aufzeichnungen eines J.]; Intrigen

Russische Verbrechergeschichten, H: Johannes von Guenther, München, Dreimaskenverlag, 1922

Der Mord

A. Tschechow, Dreißig komische Erzählungen, Ü: Johannes von Guenther, München,
Dreimaskenverlag, 1923

Der Schuster und der Teufel; Der Roman mit der Baßgeige; Mittel gegen Trunksucht;
Ein Scherz; Whist; Das Glück der Frauen; Perpetuum mobile; Der gescheite
Hausknecht

Russische Erzähler, H: Leopold Weber, München, Kunstverlag Georg D. V. Callwey,
1923

Der Kalmück [Der Pečenege]; Das Lesen [Lektüre]

Rußland in dichterischen Dokumenten, 3 Bde., H: Alexander Eliasberg und Johannes
von Guenther, München, C. H. Beck, 1924

Der Bischof

A. Tschechow, Bunte Geschichten, Ü: Dr. Hans Halm und Dr. Richard Hoffmann,
Wien, Rhombus Verlag, 1924 Humoresken 1880–1883, übersetzt nach der 2. Aufl. der
Werkausgabe A. F. Marks, die die frühen Texte nicht in der von Čechov bearbeiteten
Gestalt reproduziert

Brief eines Donischen Gutsbesitzers; Tausend und eine Leidenschaft; Papachen;
Briefe und Telegramme; Ländliche Bilder; Rechenaufgaben eines verrückten Mathe-
matikers; Künstlerfrauen; Jahrmarkt; Zwei Skandale; Die Rache; Ein Reinfall; Wenn
das Rendezvous auch nicht zustande kam ...; Ein mißglückter Besuch; Ein Idyll mit
Weh und Ach!; Der liebe Bekannte; Vergessen!!; Eine häßliche Geschichte; Durchleb-
tes; Masken; Wahrsager und Wahrsagerinnen; Betrogene Betrüger; Zwei Seelen;
Beichte; Das einzige Mittel; Zwei Romane; Sie hat ihn verlassen; Der Haken; Der
Dankbare; Ein Rat; Eine Geschichte, für die es schwer ist, einen Titel zu finden; Das
Brüderchen; Eine Frau ohne Vorurteile; Sechsundzwanzig; Ein Übereifriger; Ein
Patriot; Der Imbiß; Ein Schlaukopf

A. Tschechow, Heitere Erzählungen und Satiren, Ü: Dr. Hans Halm und Dr. Richard
Hoffmann, Wien, Rhombus Verlag, 1925 [wie Bunte Geschichten]

Ein Wohltäter; Ein giftiger Zufall; Der Weidenbaum; Ein Philantrop; Ein Fall aus der
Gerichtspraxis; Das Benefiz der Nachtigall; Meine Nana; Der Deputierte; Die Heldin;

Wie ich in den heiligen Ehestand trat; Der ganze Großpapa; Im Salon; Die nackte Wahrheit; Bock oder Taugenichts; Der Schankwirt als Wohltäter; Protektion; Im Landauer; Der erkenntliche Deutsche; Der Vormund; Im Zeichen der Zeit; Aus dem Tagebuch eines Mädchens; Der Stationsvorstand; Ein stolzer Mensch; Aus dem Tagebuch eines Menschen, der zu berechtigten Hoffnungen Anlaß gibt; Eine Ehe aus Berechnung; Der Bogen; Die Schwiegermutter als Advokat; Der Dummkopf; Er hat verstanden; 75 000; Marja Ivanovna; Der Komiker

A. Tschechow, Die Tragödie auf der Jagd, Ü: Hans Halm und Richard Hoffmann, Berlin-Wien-Leipzig, Paul Zsolnay, 1925 [Deutsche Erstausgabe]

A. Tschechow, Der schwarze Mönch. Novellen, Ü: Richard Hoffmann, Berlin-Wien-Leipzig, Paul Zsolnay, 1926

Meine Frau; Drei Jahre

A. Tschechow, Erzählungen, Ü: Arthur Luther, Berlin, Domverlag, 1926

Der Fahrgast erster Klasse; Die Wette; Der Mensch im Futteral; Die Braut

A. Tschechow, Der Lehrer, Erzählungen, zusammen mit ausgewählten Erzählungen von Kuprin, Ü: Adolf Heß, München, Georg Müller, 1927

Der Lehrer; Briefe aus Sibirien [von der Sachalinreise]

A. Tschechow, Anjuta. Novellen, Ü: Richard Hoffmann, Berlin-Wien-Leipzig, Paul Zsolnay, 1928

Seelchen [Herzchen]; In der Heimat; Anjuta; Gute Menschen

A. Tschechow, Sachalin. Rußlands Schreckensinsel, Ü: Alexander von der Ley, München, im Selbstverlag, 1931 [Auszüge]

A. Tschechow, Geschichten vom Alltag, Ü: Leo Borchard, Berlin, Gustav Kiepenheuer, 1938

Überflüssige Menschen; Geeignete Maßnahmen; Die vertauschten Schuhe [Die Stiefel]

A. Tschechow, Die Steppe. Geschichte einer Fahrt (durch russisches Land), Ü: Reinhold von Walter, Köln, Staufen-Verlag, 1940

Der Glockenturm. Russische Verse und Prosa, H: Sigismund von Radecki, 1940, 2. Aufl. München, Kösel Verlag, 1953

Das Beschwerdebuch

A. Tschechow, Meistererzählungen, H und Ü: Reinhold Trautmann, Leipzig, Diederichs Verlag, 1947

Die Erzählung des Obergärtners

A. Tschechow, Meisternovellen, Ü: Rebecca Candreia, Zürich, Manesse Verlag, 1947

A. Tschechow, Sieben lustige Geschichten zweisprachig, Ü: Arthur Luther, Jena, Karl Rauch, 1947

Chirurgie

A. Tschechow, Im Zwielicht des Lebens. Novellen, Ü: Georg H. Kaysser, Rottenburg-Neckar, Verlag Deutsche Volksbücher, 1949

Auf der Dienstreise

A. Tschechow, Neue Meistererzählungen, H. und Ü: Reinhold Trautmann, Leipzig, Dieterichs Verlag, 1950

Angst

A. Tschechow, Der Mensch im Futteral und andere Erzählungen, Ü: Ewald Behrens, Regensburg, J. Habbel, 1959

Geschichte eines Handelsunternehmens; Meine Häuslichkeit

A. Tschechow, Der Roman mit dem Kontrabaß und andere Erzählungen, Ü: Sigismund von Radecki, München, Braun & Schneider, 1953

In der Karwoche

Tschechow. Ein Lesebuch für unsere Zeit, H: Gudrun und Wolf Düwel, Weimar, Thüringer Volksverlag, 1954
    Zur Weihnachtszeit
A. Tschechow, Religiöse Erzählungen eines Atheisten, H und Ü: Johannes von Guenther, Hamburg-München, Ellermann, 1961

3
Dramen: Teilsammlungen, Einzelausgaben

A. Tschechow, Der Kirschgarten, Tragikomödie in vier Aufzügen, Ü: Siegfried Aschkinasy [und Lion Feuchtwanger], München, Georg Müller, 1912
    Deutsche Erstausgabe
A. Tschechow, Der Kirschgarten. Komödie in vier Akten, Ü: Fega Frisch, München, Georg Müller, 1919
A. Tschechow, Dramen in Einzelausgaben, Ü: August Scholz, Berlin, I. Ladyschnikow, 1918–1921
    1918: Der Kirschgarten; 1919: Bär; Heiratsantrag; Ivanov
    1921: Onkel Vanja, Drei Schwestern
A. Tschechoff, Der unnütze Mensch Platonoff. Schauspiel in vier Akten, Ü und Bearbeitung: René Fülöp-Miller, München, R. Piper, 1928
A. Tschechow, Dramen in Einzelausgaben, Ü: August Scholz, Berlin, Bruno Henschel, 1946–1947
A. Tschechow, Schauspiele, Ü: Hilde Angarowa, Moskau, Verlag für fremdsprachige Literatur, 1947
A. Tschechow, Dramen, Ü: Johannes von Guenther, Berlin, Rütten & Loening, 1955
A. Tschechow, dass., Reinbek, Rowohlt Verlag, 1960, Band 61–62 der rororo-Klassiker
A. Tschechow, Der Kirschgarten. Dramen, Ü: Gudrun Düwel, Berlin, Rütten & Loening, 1964
A. Tschechow, Dramatische Werke, Ü: Sigismund von Radecki, Zürich, Diogenes, 1968
A. Čechov, Das dramatische Werk in Einzelausgaben, Ü: Peter Urban, vgl. Čechov-Werkausgabe im Diogenes Verlag

Čechov auf der Bühne
Deutschsprachige Erstaufführungen

1900
Der Bär und *Ein Heiratsantrag*, Berlin, Sezessionsbühne, 12. 11. 1900

1901
Ein Sommerfrischler [Tragöde wider Willen], Nürnberg, Stadttheater, 13. 2. 1901

1902
Die Möwe, Breslau, Lobe-Theater, 1. 11. 1902, Ü: Heinrich Stümcke

1903
Onkel Vanja, München, Schauspielhaus, 23. 3. 1903, Ü: Wladimir Czumikow

1904
Onkel Vanja, Berlin, Berliner Theater, 1. 10. 1904, Ü: August Scholz, R: Ferdinand Bonn

1909
Die Möwe, Berlin, Hebbeltheater, 13. 4. 1909, R: Eugen Robert

1916
Der Kirschgarten, Wien, Neue Wiener Bühne, Ü: Siegfried Aschkinasy, R: Emil Geyer

1917
Der Kirschgarten, München, Kammerspiele, 9. 12. 1917, Ü: v. Waltershausen, R: Lion Feuchtwanger

1918
Der Kirschgarten, Berlin, Volksbühne, 9. 10. 1918, R: Friedrich Kayßler

1919
Ivanov, Berlin, Deutsches Theater, 17. 10. 1919, Ü: August Scholz, R: Felix Hollaender

1926
Drei Schwestern, Berlin, Schillertheater, 21. 12. 1926, Ü: August Scholz, R: Jürgen Fehling

1928
Der unnütze Mensch Platonoff, Platonov, Gera, Reußisches Theater, 25. 2. 1928, Bearbeitung: René Fülöp-Miller
Die Hochzeit, Braunschweig, Stadttheater, 9. 4. 1928

1929
Das Jubiläum, Gießen, Stadttheater, 20. 8. 1929

Chronologischer Vergleich
der Erstaufführungen
in England, USA, Deutschland und Frankreich

ENGLAND (LONDON)	USA (NEW YORK)
1911 *Der Kirschgarten* Aldwych, 29. 5. 1911 1912 *Die Möwe* Little, 31. 3. 1912	
1914 *Onkel Vanja* Aldwych, 11. 5. 1914	
	1916 *Die Möwe* Bandbox, New York, 22. 5. 1916
1919 *Die Möwe* Haymarket, 2. 6. 1919 1920 *Drei Schwestern* Royal Court, 8. 3. 1920 *Der Kirschgarten* St. Martin's, 12. 7. 1920 1921 *Onkel Vanja* Royal Court, 27. 11. 1921	
1925 *Der Kirschgarten* Lyric, 25. 5. 1925 *Die Möwe* Little, 19. 10. 1925 *Ivanov* Duke of York's, 6. 12. 1925	

1904 *Onkel Vanja*
Berliner Theater, 1. 10. 1904

1909 *Die Möwe*
Hebbeltheater, Berlin,
13. 4. 1909

1916 *Der Kirschgarten*
Neue Wiener Bühne,
12. 10. 1916

1918 *Der Kirschgarten*
Volksbühne, Berlin,
9. 10. 1918
1919 *Ivanov*
Deutsches Theater, Berlin,
17. 10. 1919

                         1921 *Onkel Vanja*
                              Vieux Colombier,
                              15. 4. 1921
                         1922 *Onkel Vanja*
                              Théâtre des Champs-Elysées,
                              4. 4. 1922
                              Die Möwe
                              Théâtre des Champs-Elysées,
                              25. 4. 1922

1926 *Onkel Vanja*
     Barnes, 17. 1. 1926
     Drei Schwestern
     Barnes, 16. 2. 1926
     Der Kirschgarten
     Barnes, 28. 9. 1926

1929 *Die Möwe*
     Arts, 16. 1. 1929
     Die Möwe
     Fortune, 25. 9. 1929
     Drei Schwestern
     Fortune, 23. 10. 1929

1933 *Der Kirschgarten*
     Old Vic, 9. 10. 1933

1935 *Drei Schwestern*
     New, 20. 5. 1935
1936 *Die Möwe*
     New, 20. 5. 1936
1937 *Onkel Vanja*
     Westminster, 5. 2. 1937
1938 *Drei Schwestern*
     Queen's, 28. 1. 1938

1941 *Der Kirschgarten*
     New, 28. 8. 1941

1943 *Onkel Vanja*
     Westminster, 2. 9. 1943

1945 *Onkel Vanja*
     New, 16. 1. 1945

1926 *Drei Schwestern*
     14th Street, 26. 10. 1926

1928 *Der Kirschgarten*
     Bijou, 5. 3. 1928
     Der Kirschgarten
     14th Street, 14. 10. 1928
1929 *Die Möwe*
     Comedy, 9. 4. 1929
     Onkel Vanja
     Morosco, 24. 5. 1929
     Die Möwe
     14th Street, 16. 9. 1929
1930 *Onkel Vanja*
     Court, 15. 4. 1930

1933 *Der Kirschgarten*
     New Amsterdam, 6. 3. 1933

1938 *Die Möwe*
     Shubert, 28. 3. 1938

1939 *Drei Schwestern*
     Longacre, 14. 10. 1939

1942 *Drei Schwestern*
     Barrymore, 21. 12. 1942

1944 *Der Kirschgarten,*
     National, 25. 1. 1944

1926 *Drei Schwestern*
    Schillertheater, Berlin,
    21. 12. 1926

                  1929 *Drei Schwestern*
                      Théâtre des Arts, 26. 1. 1929

1938 *Der Kirschgarten*
    Deutsches Theater,
    18. 11. 1938

                  1939 *Die Möwe*
                      Théâtre des Mathurins,
                      17. 1. 1939

1940 *Drei Schwestern*
    Theater in der Josefstadt, Wien
    29. 10. 1940
1941 *Drei Schwestern*
    Deutsches Theater, Berlin
    2. 1. 1941

                  1944 *Der Kirschgarten*
                  1945 Odéon, Winter 1944/45

Wichtige deutschsprachige und ausländische Inszenierungen seit 1945

1945
Der Kirschgarten, Schauspielhaus Zürich, 10. 3. 1945
Onkel Vanja, Wien, Die Insel in der Komödie, 18. 10. 1945, R: Leon Epp
Onkel Vanja, Berlin, Deutsches Theater, 30. 12. 1945, R: Ernst Legal

1947
Der Kirschgarten, Berlin, Komödie, 27. 2. 1947, R: Ernst Stahl-Nachbaur

1948
Die Möwe, Düsseldorf, Städtische Bühnen, 13. 4. 1948, R: Gustaf Gründgens

1949
Die Möwe, Berlin, Deutsches Theater, 18. 1. 1949, R: Willi Schmidt

1950
Der Kirschgarten, Leipzig, Volksbühne, 5. 5. 1950
Onkel Vanja, Studio des Champs-Elysées, R: Sacha Pitoëff

1952
Drei Schwestern, Rom, Compagnia Stabile, R: Luchino Visconti
Onkel Vanja, Paris, Théâtre de la Huchette, R: Sacha Pitoëff

1954
Der Kirschgarten, Göttingen, Deutsches Theater, 16. 10. 1954, R: Heinz Hilpert
Die Möwe, Berlin, Theater am Kurfürstendamm, 4. 11. 1954, R: Oscar Fritz Schuh
Drei Schwestern, Leipzig, Lustspielhaus, 28. 12. 1954
Der Kirschgarten, Paris, Théâtre Marigny, R: Jean-Louis Barrault

1955
Der Kirschgarten, Milano, Piccolo Teatro, R: Giorgio Strehler
Die Möwe, Paris, Théâtre de l'Atelier, R: André Barsacq

1956
Drei Schwestern, Wien, Volkstheater, 3. 3. 1956, R: Peter Scharoff
Drei Schwestern, Basel, Stadttheater, 27. 4. 1956, R: Heinz Hilpert
Drei Schwestern, Göttingen, Deutsches Theater, 2. 11. 1956, R: Heinz Hilpert
Ivanov, Paris, Théâtre d'aujourd'hui, R: Jacques Mauclair
Ce fou de Platonov, Bearbeitung Pol Quentin, Paris, Palais de Chaillot, R: Jean Vilar

1957
Der Kirschgarten, Paris, Union Théâtrale, R: Sylvain Domme

1958
Drei Schwestern, Berlin/DDR, Deutsches Theater, 17. 4. 1958, R: Heinz Hilpert
Der Kirschgarten, Düsseldorf, Schauspielhaus, 11. 1958, R: Peter Scharoff

1959
Dieser Platonow..., Wien, Akademietheater, 6. 2. 1959, R: Ernst Lothar
Onkel Vanja, Berlin, Schloßparktheater, 27. 2. 1959, R: Boleslaw Barlog
Die Möwe, Bochum, Schauspielhaus, 26. 12. 1959, R: Hans Schalla
Platonov und andere, Milano, Piccolo Teatro, R: Giorgio Strehler

1960
Drei Schwestern, Berlin, Schloßparktheater, 24. 2. 1960, R: Boleslaw Barlog
Der Kirschgarten, Wien, Akademietheater, 14. 5. 1960, R: Josef Gielen

1961
Der Kirschgarten, Berlin, Schloßparktheater, 7. 4. 1981, R: Bohumil Herlischka
Der Kirschgarten, Berlin/DDR, Deutsches Theater im Berliner Ensemble, 1. 10. 1961, R:
   Wolfgang Heinz
Die Möwe, Göttingen, Deutsches Theater, 4. 11. 1961, R: Heinz Hilpert
Die Möwe, Stockholm, Dramaten, R: Ingmar Bergman
Onkel Vanja, Paris, Comédie française

1962
Der Kirschgarten, Darmstadt, Staatstheater, 31. 2. 1962, R: Heinz Hilpert
Onkel Vanja, Chichester Festival Theatre, R: Laurence Olivier

1965
Drei Schwestern, Stuttgart, Staatstheater, 9. 1. 1965, R: Rudolf Noelte
Die Möwe, Wien, Volkstheater, 28. 2. 1965, R: Peter Scharoff
Der Kirschgarten, Rom, Compagnia Stabile, R: Luchino Visconti

1966
Die Möwe, München, Kammerspiele, 25. 5. 1966, R: Willi Schmidt
Drei Schwestern, Prag, Divadlo za branou, R: Otomar Krejča

1967
Drei Schwestern, München, Residenztheater, 7. 5. 1967, R: Heinz Hilpert
Drei Schwestern, London, Royal Court Theatre, R: William Gaskill
Drei Schwestern, London, National Theatre, R: Laurence Olivier

1968
Der Kirschgarten, Stuttgart, Staatstheater, 9. 1. 1968, R: Peter Zadek
Drei Schwestern, Düsseldorf, Schauspielhaus, 13. 1. 1968, R: Erwin Axer

1969
Der Kirschgarten, Berlin, Freie Volksbühne, 30. 11. 1969, R: Claus Peymann

1970
Drei Schwestern, Köln, Bühnen der Stadt, 24. 4. 1970, R: Rudolf Noelte
Der Kirschgarten, Hamburg, Deutsches Schauspielhaus, 17. 6. 1970, R: Hans Lietzau

Der Kirschgarten, München, Residenztheater, 20. 6. 1970, R: Rudolf Noelte
Onkel Vanja, Stuttgart, Staatstheater, 27. 6. 1970, R: Niels-Peter Rudolph

1971
Die Möwe, Basler Theater, 10. 12. 1971, R: Jan Kačer

1972
Onkel Vanja, Wien, Akademietheater, 30. 4. 1972, R: Leopold Lindtberg
Onkel Vanja, München, Kammerspiele, 28. 8. 1972, R: Erwin Axer
Onkel Vanja, Berlin/DDR, Deutsches Theater, 17. 5. 1972, R: Wolfgang Heinz

1973
Die Möwe, Bochum, Schauspielhaus, 9. 3. 1973, R: Peter Zadek
Onkel Vanja, Stratford, Royal Shakespeare Company, R: Nicol Williamson

1974
Ivanov, Berlin, Schillertheater, 19. 9. 1974, R: Hans Lietzau
Onkel Vanja, Frankfurt, TaT, 8. 12. 1974, R: Rainer Werner Fassbinder
Die Möwe, Hamburg, Deutsches Schauspielhaus, 8. 11. 1974, R: Dieter Giesing
Der Kirschgarten, Milano, Piccolo Teatro, R: Giorgio Strehler

1976
Onkel Vanja, Berlin, Schloßparktheater, 30. 1. 1976, R: Niels-Peter Rudolph
Der Kirschgarten, Düsseldorf, Schauspielhaus, 18. 9. 1976, R: Otomar Krejča
Die Möwe, Schauspiel Frankfurt, 9. 10. 1976, R: Peter Palitzsch

1977
Die Möwe, Wien, Burgtheater, 14. 10. 1977, R: Erwin Axer

1978
Die Möwe, München, Kammerspiele, 4. 3. 1978, R: Harald Clemen
Drei Schwestern, München, Residenztheater, 22. 6. 1978, R: Ingmar Bergman
Onkel Vanja, Hamburg, Thalia-Theater, 30. 9. 1978, R: Dieter Giesing
Drei Schwestern, Stuttgart, Staatstheater, 17. 11. 1978, R: Claus Peymann
Anton Tschechows Platonow, Berlin, Freie Volksbühne, 16. 12. 1978, R: Luc Bondy
Der Kirschgarten, Berlin, Schillertheater, 22. 12. 1978, R: Hans Lietzau
Der Kirschgarten, London, National Theatre, R: Peter Hall
Der Kirschgarten, Riverside Studio, Hammersmith, R: Peter Gill

1979
Die Möwe, Düsseldorf, Schauspielhaus, 6. 4. 1979, R: Michael Gruner
Drei Schwestern, Bremer Theater, 29. 6. 1979, R: Nicolas Brieger
Drei Schwestern, Berlin/DDR, Maxim-Gorki-Theater, 1.1979, R: Thomas Langhoff
Drei Schwestern, London, Royal Shakespeare Company, R: Trevor Nunn
Drei Schwestern, Paris, Théâtre de la Ville, R: Lucien Pintillié
Drei Schwestern, Paris, Comédie française, R: Jean-Pierre Roussillon
Platonov, Paris-Aubervilliers, Théâtre de la Commune, R: Gabriel Garran

1980
Onkel Vanja, Köln, Schauspiel, 7. 3. 1980, R: Jürgen Flimm
Drei Schwestern, Schauspiel Frankfurt, 29. 3. 1980, R: Thomas Langhoff

Die Möwe, Deutsches Theater Berlin/DDR, 5. 9. 1980, R: Wolfgang Heinz
Drei Schwestern, Hamburg, Deutsches Schauspielhaus, 18. 10. 1980, R: Niels-Peter Rudolph
Die Möwe, Zürich, Schauspielhaus, 27. 11. 1980, R: Werner Düggelin

1981
Platonov, München, Kammerspiele, 15. 3. 1981, R: Thomas Langhoff
Der Kirschgarten, Bochum, Schauspielhaus, 3. 7. 1981, R: Manfred Karge und Mathias Langhoff
Die Möwe, Zürich, Schauspielhaus, 26. 9. 1981, R: Gerd Heinz
Der Kirschgarten, Paris, Bouffes du Nord, 5. 3. 1981, R: Peter Brook
Drei Schwestern, Moskau, Theater an der Taganka, R: Jurij Ljubimov

1982
Onkel Vanja, Düsseldorf, Schauspielhaus, 27. 2. 1982, R: Peter Palitzsch
Onkel Vanja, Schauspiel Frankfurt, 8. 4. 1982, R: Nicolas Brieger
Ivanov, Zürich, Schauspielhaus, 11. 12. 1982, R: Arie Zinger

1983
Der Kirschgarten, Wien, Burgtheater, 27. 2. 1983, R: Achim Benning
Onkel Vanja, Mannheim, Nationaltheater, 25. 3. 1983, R: Harald Clemen
Onkel Vanja, Wien, Volkstheater, 8. 4. 1983, R: Dietmar Pflegerl
Der Kirschgarten, München, Kammerspiele, 29. 5. 1983, R: Ernst Wendt
Die Möwe, Stuttgart, Staatstheater, 9. 10. 1983, R: Günter Krämer
Der Kirschgarten, Köln, Schauspiel, 27. 11. 1983, R: Jürgen Flimm
Der Kirschgarten, Paris, Bouffes du Nord, R: Peter Brook (Wiederaufnahme der Inszenierung von 1981 in anderer Besetzung)

1984
Drei Schwestern, Berlin, Schaubühne, 4. 2. 1984, R: Peter Stein
An der Großen Straße, Berlin, Schaubühne, 14. 2. 1984, R: Klaus Michael Grüber
Platonov, Maxim-Gorki-Theater, Berlin/DDR, 15. 5. 1984, R: Thomas Langhoff
Die Möwe, Paris, Théâtre Chaillot, R: Antoine Vitez

1986
Drei Schwestern, Theater in der Josefstadt Wien, 6. 9. 1986, R: Ernst Wendt
Die Möwe, Wien, Burgtheater, 14. 12. 1986, R: Harald Clemen
Der Kirschgarten, Staatstheater Stuttgart, 22. 12. 1986, R: Niels Peter Rudolph

1987
Drei Schwestern, Mannheim, Nationaltheater, 31. 10. 1987, R: Jürgen Busse
Onkel Vanja, Münchner Kammerspiele, 11. 11. 1987, R: Hans Lietzau
Drei Schwestern, Budapest, Katona József Theater, R: Tamás Ascher
  Gastspiel in Stuttgart (Theater der Welt) Juni 1987 und Berlin
Platonov, Nanterre, Théâtre des Amandiers, R: Patrice Chéreau
  Gastspiel in Berlin November 1987 und Frankfurt am Main

Daten zu Leben und Werk

1860   *17. Januar*: Anton Pavlovič Čechov in Taganrog geboren.

1879   *15. Juni*: Abitur und Übersiedelung nach Moskau, wo die Familie Čechov seit 1876 lebt. Čechov nimmt das Studium der Medizin auf.

1880   *9. März*: In der humoristischen Zeitschrift *Strekoza* erscheint Čechovs erste Erzählung: *Brief eines Gutsbesitzers vom Don an seinen gelehrten Nachbarn Dr. Fridrich*. Čechov publiziert in den folgenden Jahren in humoristischen Journalen, *Kladderadatsch* und *Fliegenden Blättern* vergleichbar, jährlich bis zu 100 Humoresken und Kurzgeschichten, auch mehr.

1884   *Mai*: Abschluß des Medizinstudiums. Čechov übt den Arztberuf nur kurze Zeit aus. Der Erzählungsband *Die Märchen der Melpomene* erscheint.
      Dezember: Erster Blutsturz.

1885   *Dezember*: In Petersburg Bekanntschaft mit dem Verleger A. S. Suvorin, dem Schriftsteller Grigorovič.

1886   *Mai*: *Bunte Erzählungen*.

1887   *August*: *In der Dämmerung*, Erzählungen erstmals im Verlag A. S. Suvorin.
      19. November: Uraufführung des *Ivanov* im Theater Korš, Moskau.

1888   *März*: *Die Steppe*, *Mai*: *Erzählungen* im Verlag Suvorin.
      Oktober: Čechov erhält den Puškin-Preis der Akademie der Wissenschaften.
      28. Oktober: Uraufführung *Der Bär. Der Heiratsantrag* geschrieben.

1889   *März–Juni*: Čechovs Bruder Nikolaj stirbt an Tuberkulose.
      November: *Eine langweilige Geschichte*.
      27. Dezember: Uraufführung *Der Waldschrat* in Moskau.

1890   *März*: *Mürrische Menschen*, Verlag A. S. Suvorin.
      April–Dezember: Čechov reist durch Sibirien, um auf der Insel Sachalin die Situation der Strafgefangenen und Verbannten zu studieren; Rückkehr auf dem Seeweg über Hongkong, Indien.
      Erstes deutsches Bändchen mit Erzählungen, übersetzt von J. Treumann, im Leipziger Verlag Reissner.

1891   *März–April*: Erste Auslandsreise durch Westeuropa, gemeinsam mit Suvorin (Österreich, Italien, Frankreich).
      Oktober–November: *Das Duell*.

1892   *März*: Čechov erwirbt das Gut Melichovo im Kreis Serpuchov, Gouvernement Moskau. Zahlreiche soziale Aktivitäten: als Arzt Beteiligung an der Bekämpfung der Cholera, Mitarbeit im Zemstvo; Čechov organisiert den Bau dreier Dorfschulen im Umkreis.
      November: *Krankensaal Nr. 6*.

1893   *Februar*: *Erzählung eines Unbekannten*, im Oktober erscheinen die ersten Kapitel der *Insel Sachalin*.

1894   *Januar*: *Der schwarze Mönch*.
      September–Oktober: Zweite Reise ins westliche Ausland (Dalmatien, Italien, Nizza, Paris).
      Dezember: *Erzählungen und Novellen*, Verlag Suvorin.

1895 *Januar–Februar*: *Drei Jahre*.
   8.–9. August: Čechov zu Gast bei L. N. Tolstoj in Jasnaja Poljana. Arbeit an der Komödie *Die Möwe*.
1896 *17. Oktober*: Uraufführung und Mißerfolg der *Möwe* am Alexandratheater, Petersburg.
   Oktober–Dezember: *Mein Leben*.
1897 *April*: *Die Bauern*. Im selben Monat schwerer Blutsturz, danach Klinikaufenthalt; Diagnose: Lungentuberkulose. Auf Anraten der Ärzte verbringt Čechov den folgenden Winter in Nizza.
1898 *Januar*: Zerwürfnis mit Suvorin anläßlich der Affaire Dreyfus und des Auftretens von Emile Zola.
   Sommer: in Moskau gründen K. S. Stanislavskij und V. I. Nemirovič-Dančenko, ein Freund Čechovs, das Moskauer allgemein zugängliche Künstlerische Theater.
   17. Dezember: Premiere der *Möwe* am Moskauer Künstlertheater, die, für das Theater wie für den Dramatiker Čechov, zu einem überragenden Erfolg wird. Čechov erwirbt ein Grundstück in Autka, nahe Jalta.
1899 *Januar*: Čechov verkauft sein literarisches Gesamtwerk an den Verleger A. F. Marks, Petersburg, Beginn der Gesamtausgabe noch im selben Jahr.
   26. Oktober: Premiere des *Onkel Vanja* am Moskauer Künstlertheater.
   Dezember: *Die Dame mit dem Hündchen*.
1900 *8. Januar*: Wahl zum Ehrenmitglied der Sektion Schöngeistige Literatur der Akademie der Wissenschaften, gemeinsam mit L. N. Tolstoj.
   22. Juli: Čechovs Freund, der Maler Isaak Levitan, stirbt an Tuberkulose. Arbeit an *Drei Schwestern*. Čechov verbringt den zweiten Winter in Nizza. Band 1 der ersten deutschen Werkausgabe, herausgegeben von Wladimir Czumikow, erscheint bei Eugen Diederichs.
1901 *31. Januar*: Uraufführung der *Drei Schwestern* am Künstlertheater.
   25. Mai: Heirat mit der Schauspielerin Olga Knipper; Čechov lebt in Jalta, seine Frau in Moskau.
   Winter: Begegnungen mit M. Gorkij und L. N. Tolstoj, der vorübergehend in Gaspra nahe Jalta lebt.
1902 *April*: *Der Bischof*.
   25. August: Čechov erklärt, gemeinsam mit V. Korolenko, seinen Austritt aus der Akademie der Wissenschaften aus Protest gegen die Annullierung der Zuwahl M. Gorkijs; trägt sich mit dem Gedanken, den Vertrag mit Marks zu kündigen.
1903 *Mai*: Verschlechterung des Gesundheitszustandes. Arbeit am *Kirschgarten*.
   Dezember: *Die Braut*.
1904 *17. Januar*: Uraufführung des *Kirschgartens* am Künstlertheater, Ehrung Čechovs (25 Jahre literarischer Arbeit).
   3. Juni: Abreise Čechovs und seiner Frau in den Schwarzwald.
   2. Juli: Čechov stirbt in Badenweiler.

Anton Čechov
im Diogenes Verlag

● **Das dramatische Werk**
Neuübersetzung und -edition von Peter
Urban: jeder Band bringt den unzensurier-
ten, integralen, neutranskribierten Text und
einen Anhang mit allen Lesarten und Text-
varianten, mit Auszügen aus Čechovs Notiz-
büchern, Anmerkungen und einem editori-
schen Bericht.

Die Möwe
Komödie in vier Akten. detebe 20091

Der Waldschrat
Komödie in vier Akten. detebe 20084

Der Kirschgarten
Komödie in vier Akten. detebe 20083

Onkel Vanja
Szenen aus dem Landleben in vier Akten.
detebe 20093

Ivanov
Drama in vier Akten. detebe 20102

Drei Schwestern
Drama in vier Akten. detebe 20103

Platonov
Das ›Stück ohne Titel‹ in vier Akten und fünf
Bildern. detebe 20104

Sämtliche Einakter
detebe 20801

● **Das erzählende Werk**
Übersetzungen von Gerhard Dick, Wolf
Düwel, Ada Knipper, Hertha von Schulz,
Michael Pfeiffer, Georg Schwarz und Peter
Urban. Neutranskribiert, mit Anmerkungen
und Nachweis der Erstveröffentlichungen
von Peter Urban.

Ein unbedeutender Mensch
Erzählungen 1883–1885. detebe 20261

*Gespräch eines Betrunkenen mit
einem nüchternen Teufel*
Erzählungen 1886. detebe 20262

Die Steppe
Erzählungen 1887–1888. detebe 20263

Flattergeist
Erzählungen 1888–1892. detebe 20264

Rothschilds Geige
Erzählungen 1893–1896. detebe 20265

Die Dame mit dem Hündchen
Erzählungen 1897–1903. detebe 20266

Eine langweilige Geschichte
Das Duell
Kleine Romane I. detebe 20267

Krankenzimmer Nr. 6
Erzählung eines Unbekannten
Kleine Romane II. detebe 20268

Drei Jahre · Mein Leben
Kleine Romane III. detebe 20269

Die Insel Sachalin
Ein Reisebericht. detebe 20270

Das Drama auf der Jagd
Eine wahre Begebenheit. detebe 21379

● **Briefe**
in 5 Bänden. Die größte nicht-russische Brief-
ausgabe in der Neuübersetzung und -edition
von Peter Urban. Jeder Band enthält Faksimi-
les, einen umfangreichen Anhang mit editori-
schem Bericht, Anmerkungen und einer
Chronik; im letzten Band zusätzlich ein Per-
sonen- und Werkregister. Leinen
Auch als detebe 21064-21068

● **Tagebücher**
Notizbücher
Herausgegeben und vollständig neu übersetzt von Peter Urban. Mit Vorwort, editori-
schem Bericht, ausführlichen Anmerkungen
und Personenregister. Leinen

● **Čechov-Chronik**
Daten zu Leben und Werk, zusammengestellt
von Peter Urban. Mit Nachwort, ausführlicher Bibliographie und Register. Leinen

● **Anton Čechov**
  Sein Leben in Bildern
Herausgegeben von Peter Urban. Über 700
Abbildungen, mit einem Anhang, einer Zeitta-
fel und einem Personenregister. Leinen

● **Das Čechov Lesebuch**
Herausgegeben, kommentiert und mit einem
Vorwort von Peter Urban
detebe 21245

● **Denken mit Čechov**
Ein Almanach auf alle Tage, zusammengestellt von Peter Urban. Diogenes Evergreens

● **Über Čechov**
Herausgegeben von Peter Urban
detebe 21244

Frank O'Connor
im Diogenes Verlag

Gesammelte Erzählungen – über 30 davon erstmals
deutsch – in 6 Bänden, geordnet und übertragen
von Elisabeth Schnack

Und freitags Fisch
Gesammelte Erzählungen I. detebe 20170

Mein Ödipus-Komplex
Gesammelte Erzählungen II. detebe 20352

Don Juans Versuchung
Gesammelte Erzählungen III. 20353

Eine unmögliche Ehe
Gesammelte Erzählungen IV. detebe 20354

Eine selbständige Frau
Gesammelte Erzählungen V. detebe 20355

Brautnacht
Gesammelte Erzählungen VI. detebe 20356

Autobiographie I und II, deutsch von Elisabeth Schnack:

Einziges Kind
detebe 21021

Meines Vaters Sohn
detebe 21022

Hans Weigel
im Diogenes Verlag

Das Land der Deutschen
mit der Seele suchend
detebe 21092

Blödeln für Anfänger
Mit Zeichnungen von Paul Flora
detebe 21221

Von Hans Weigel herausgegeben und
ins Deutsche übertragen:

Molières Komödien
in 7 Einzelbänden. detebe 20199–20205

W. Somerset Maugham
Werkausgabe
in Diogenes Taschenbüchern

Woody Allen
im Diogenes Verlag

Werkausgabe seiner Drehbücher
mit zahlreichen Szenenfotos

Manhattan
Aus dem Amerikanischen von Hellmuth Karasek
und Armgard Seegers. Mit 20 Fotos
detebe 20821

Der Stadtneurotiker
›Annie Hall‹
Deutsch von Eckhard Henscheid und
Sieglinde Rahm. Mit 19 Fotos
detebe 20822

Interiors
Deutsch von Hellmuth Karasek und
Armgard Seegers. Mit 16 Fotos
detebe 20823

Stardust Memories
Deutsch von Hellmuth Karasek und
Armgard Seegers. Mit 32 Fotos
detebe 20824

Zelig
Deutsch von Armgard Seegers
Mit 16 Fotos
detebe 21154

Was Sie schon immer über Sex wissen
wollten, aber nie zu fragen wagten
Deutsch von Walle Bengs
Mit 10 Fotos
detebe 21346

Hannah und ihre Schwestern
Deutsch von Walle Bengs
Mit 22 Fotos
detebe 21470

Weitere Drehbücher in Vorbereitung